PURIFICACIÓN AGUILERA LÓPEZ
RAFAEL CAMPAÑA JIMÉNEZ
HELENA VALENCIA SÁNCHEZ

Aplicaciones informáticas para el comercio

EDITEX

ÍNDICE

CÓMO SE USA ESTE LIBRO

El libro de **Aplicaciones informáticas para el comercio** consta de diecisiete unidades de trabajo. Cada una de ellas comienza con un **Caso práctico inicial**, que presenta una situación real o simulada muy cercana al mundo profesional y directamente relacionada con el contenido de la unidad, con los siguientes apartados:

- **Situación de partida:** descripción del caso, con los personajes, condiciones, hechos y datos relevantes para analizarlo.
- **Estudio del caso:** cuestiones que se plantean para facilitar el análisis de la situación.

El **desarrollo de los contenidos** aparece estructurado de forma clara y ordenada. A lo largo de la unidad se destacan aquellos contenidos que tienen relación directa con el **caso práctico inicial**, y se explica dicha relación. Estas llamadas reiteradas a los contenidos convierten el caso práctico inicial en el eje vertebrador de la unidad.

La filosofía del libro es **aprender la teoría con la práctica**, por ello dejamos la teoría en los mínimos imprescindibles para que el aprendizaje se haga a través de las demostraciones expuestas en las **actividades resueltas**.

Recalcamos la **gran importancia que tiene realizar todas y cada una de las actividades resueltas** del libro, ya que son **casos prácticos expuestos paso a paso** que constituyen la **base** de aprendizaje de la unidad.

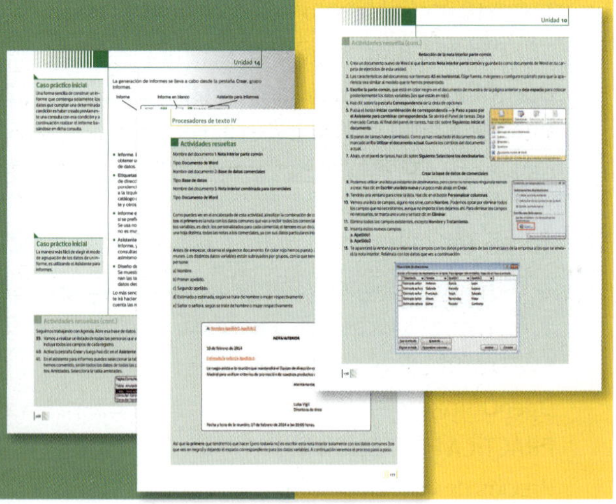

En cada unidad se proponen también actividades para ser realizadas de forma autónoma, y que incluyen contenidos similares a los de las actividades resueltas. Es en ese punto en donde te demostrarás que has asimilado los conceptos y su puesta en práctica.

Para la correcta realización de **actividades propuestas y resueltas** es preciso que se haya realizado la instalación completa, con ejecución desde el disco duro, de los programas informáticos correspondientes, a fin de disponer de todas las funciones y herramientas necesarias, principalmente en lo que respecta a Microsoft Office.

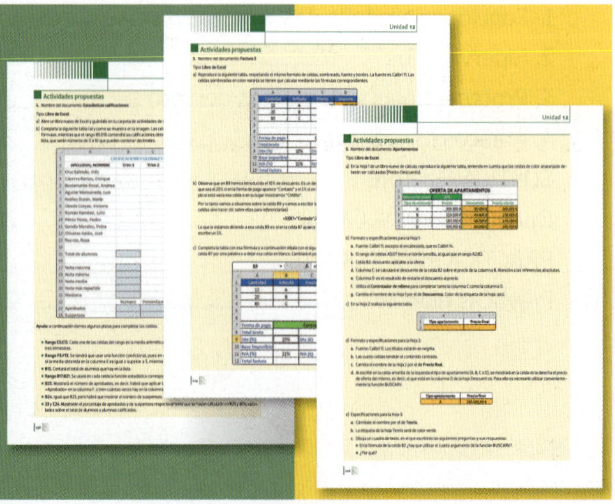

IMPORTANTE: Todas las actividades propuestas en este libro deben realizarse en un cuaderno de trabajo, nunca en el propio libro.

Al final de cada unidad se ha incorporado una sección denominada **Software libre** en la que se desarrollan con este tipo de software prácticamente todos los contenidos tratados en la unidad.

De esta manera, el libro te permite conocer y manejar con igual soltura tanto las herramientas de software propietario más comunes como sus equivalentes de software libre.

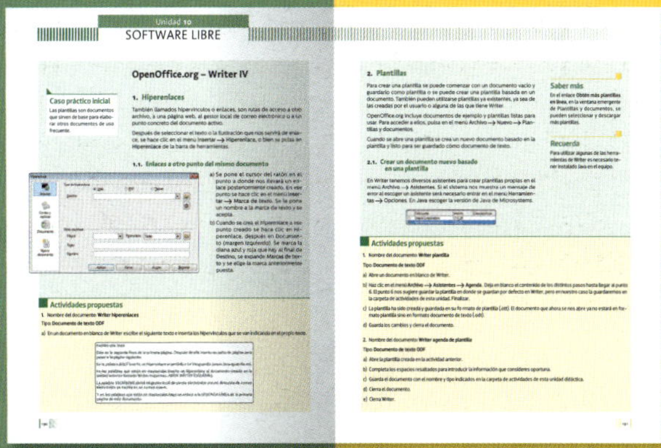

En la sección **Práctica profesional** te planteamos varios casos prácticos elegidos entre los más comunes que puedes encontrar en la práctica de tu profesión, situaciones reales vinculadas con los temas tratados, de modo que puedas ver la aplicación práctica de los contenidos y, al mismo tiempo, tener una visión conjunta de los mismos.

Estas prácticas profesionales representan una síntesis de los **resultados de aprendizaje** que deberás alcanzar al terminar tu módulo formativo.

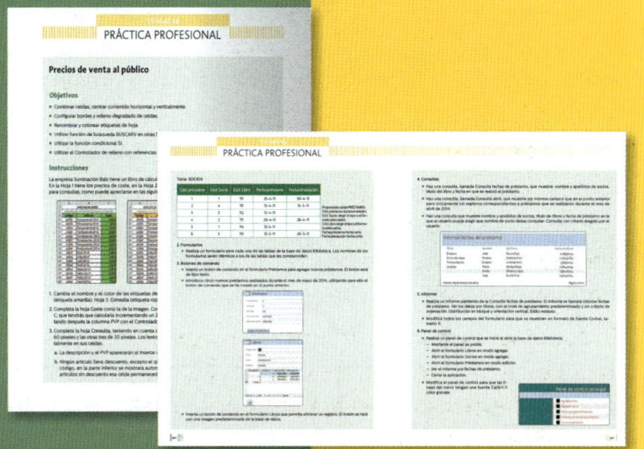

El libro se acompaña de unos **recursos adicionales** en los que se incluyen los archivos, carpetas y enlaces a programas que se utilizan en la realización de las actividades y que permiten agilizar y facilitar el proceso de enseñanza-aprendizaje.

Para descargarlos entra en la página web <**www.editex.es**> y regístrate en la zona de usuarios.

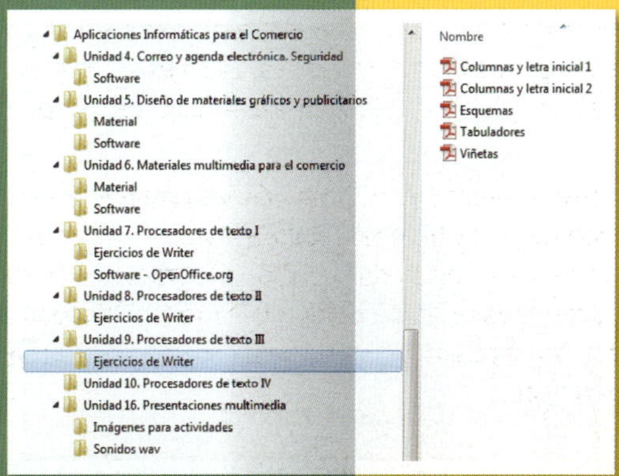

1 El ordenador, componentes y periféricos

Vamos a conocer...

1. El ordenador
2. Componentes y periféricos
3. El terminal punto de venta (TPV)

PRÁCTICA PROFESIONAL

Periféricos para el comercio

Y al finalizar esta unidad...

- Diferenciarás el *software* del *hardware*.
- Conocerás los principales componentes de un ordenador y las funciones que realizan.
- Identificarás las distintas tarjetas conectadas a la placa base.
- Distinguirás los principales periféricos de un ordenador y los distintos puertos de conexión.
- Sabrás elegir los periféricos adecuados para la actividad que hayas de realizar con el ordenador.
- Conocerás los TPV, sus tipos, componentes, *software* y funciones.

Caso práctico inicial

Situación de partida

Daniel y su compañera Marina están montando una pequeña cafetería con una barra con aforo máximo de 20 clientes, 12 sentados y 8 en la barra. Ya han alquilado y acondicionado el local y esperan comprar los productos para la venta en breve plazo. Pero antes de iniciar la actividad, han pensado que necesitan comprar un ordenador. Se han dirigido a un comercio especializado en informática en donde les han preguntado para qué propósito general o específico lo necesitarán. Les explican que se tratará de gestionar el negocio cuyo proyecto está a punto de convertirse en realidad. A partir de aquí les hacen determinadas preguntas y sugerencias sobre las que deberán decidir para conseguir el equipo más conveniente dentro del presupuesto del que disponen para esa partida.

Estudio del caso

Antes de empezar a estudiar y analizar el contenido de la unidad, trata de responder a las cuestiones que se plantean a continuación. Si alguna te resulta especialmente complicada o no sabes qué responder, no te preocupes. Al finalizar la unidad seguro que lo tienes mucho más claro.

1. ¿Cuánta memoria RAM sería conveniente instalar?
2. ¿Cuál ha de ser la capacidad del disco duro?
3. ¿Qué tipos de puertos necesitamos tener a disposición?
4. ¿Deseamos tener una grabadora de CD, DVD o *BLU-RAY?*
5. ¿Qué tipo de impresora necesitaremos?
6. ¿Necesitaremos una sola impresora o más?
7. ¿Nuestro monitor deberá tener la pantalla táctil?

Después de ver nuestras dudas al responder a las preguntas anteriores, en el negocio de informática nos sugieren que tal vez necesitemos un TPV y nos hablan de modulares y compactos. Nos dicen que aunque compremos uno compacto podremos agregarle periféricos.

8. ¿Qué es un TPV?
9. ¿Nos conviene uno modular o compacto?
10. ¿Tendrá pantalla táctil o normal?
11. ¿Necesitaremos imprimir tickets de venta?
12. ¿Nos hará falta alguna PDA para anotar y tramitar las comandas de los clientes?
13. ¿Qué *software* necesitaremos para gestionar nuestro negocio a través del TPV?
14. ¿Sería conveniente comprar también un SAI (sistema de alimentación ininterrumpida)?

1. El ordenador

Ordenador y periféricos.

Saber más

Otros ordenadores

Las tabletas y los teléfonos inteligentes de última generación también son ordenadores: Tienen *hardware*, sistema operativo, permiten la instalación de *software*, conectarse a la red y a periféricos.

Un ordenador es una máquina formada por una serie de circuitos integrados y otros componentes *(hardware)* que es capaz de recibir datos y procesarlos mediante programas *(software)* para ofrecer información al usuario o ejecutar las tareas solicitadas.

- *Hardware* y *software*

Llamamos *hardware* a cualquier elemento físico del ordenador, como la carcasa o torre, el disco duro, el cableado, la placa base, las tarjetas de expansión, el monitor, la impresora o la memoria RAM.

En cambio, el *software* constituye la parte lógica del ordenador, la que no se puede tocar: sistema operativo y aplicaciones instaladas.

- También son ordenadores

La definición de ordenador engloba más que a los ordenadores personales de sobremesa, los portátiles o las potentes computadoras de centros de datos, puesto que hay otras máquinas que funcionan con los mismos criterios, por ejemplo las tabletas *(tablets)*, teléfonos móviles de última generación *(smartphones)*, las PDA o agendas electrónicas. Sin embargo en esta unidad didáctica estudiaremos conceptos referidos al ordenador personal (PC) de sobremesa, que son en su mayor parte aplicables también a los portátiles.

- ¿Qué partes constituyen un ordenador?

Un ordenador está compuesto de una carcasa que contiene como mínimo un conjunto de componentes que, conectados entre sí, garanticen su funcionamiento. Los periféricos son máquinas que se conectan al ordenador a través de puertos o mediante conexión inalámbrica.

A continuación estudiaremos los componentes básicos de cualquier ordenador y los periféricos más comunes, así como los específicos de un terminal punto de venta (TPV).

Actividades propuestas

1. Creación de carpetas para cada unidad didáctica

En la próxima unidad didáctica se estudiarán, entre otras cosas, la creación de carpetas. No obstante, para poder organizar las actividades desde el principio es conveniente crear desde ahora una carpeta llamada **Aplicaciones Informáticas**. Dentro de ella se crearán **tantas subcarpetas como unidades** tiene este libro. De ese modo empezarás a guardar todas las actividades en las carpetas correspondientes. La creación de carpetas y subcarpetas requiere un conocimiento básico que se da por adquirido al llegar a este nivel de estudios. No obstante, si necesitas ayuda, solicítala a tu profesor o profesora.

Para trabajar con tus carpetas, podrás crearlas en el escritorio, en la carpeta Documentos o bien en una unidad de almacenamiento externo (un *pendrive* por ejemplo). Sigue las pautas que te indique tu profesor o profesora.

En la ubicación que se te indique, crea una carpeta llamada **Aplicaciones Informáticas**. Dentro de ella crea tantas subcarpetas como unidades didácticas tiene este libro.

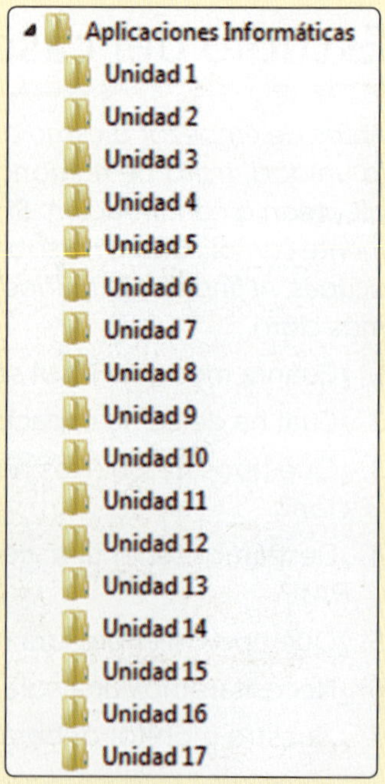

Carpetas y subcarpetas.

2. Componentes y periféricos

2.1. Componentes

También llamados dispositivos internos, son los elementos que van alojados en el interior de la carcasa o torre.

Básicamente tendremos los siguientes:

a. **Placa base o *mainboard*.** Contiene principalmente numerosos circuitos integrados, ranuras para conectar tarjetas de expansión (por ejemplo tarjeta gráfica), ranuras para memoria RAM, la BIOS, el procesador (más comúnmente llamado microprocesador), conectores y puertos de diferente tipo para conectar periféricos. Cada placa tiene su diseño particular, dependiendo del fabricante y del modelo.

Placa base de la marca Asus.

- Estos son los principales elementos que forman parte de la placa base:
  - **Puertos.** Son conexiones de entrada/salida para dispositivos externos o periféricos. En la imagen siguiente continuamos con la misma placa base del ejemplo anterior, en la que podemos distinguir algunos puertos con sus nombres.

Caso práctico inicial

Conectores y puertos

Mientras que los **puertos** comunican el ordenador con dispositivos externos (impresora, teclado, etc.), los **conectores** comunican la placa base con dispositivos internos: disco duro, grabadora, etc.

Además de los puertos estándar, que aparecen en la imagen, deberemos saber qué periféricos vamos a necesitar para agregarle al equipo otros posibles puertos.

Saber más

Puerto paralelo

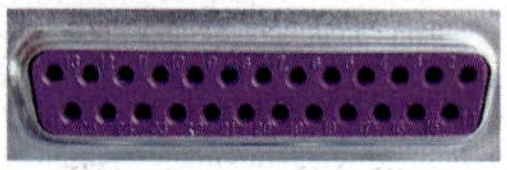

En los ordenadores más modernos no suele aparecer el puerto paralelo, utilizado para impresoras, puesto que estas en la actualidad suelen conectarse a través del puerto USB.

Saber más

Por qué «de expansión»

Se llaman tarjetas de expansión porque «expanden» o «amplían» las posibilidades de un ordenador.

- ***Slots* o ranuras de expansión.** Actualmente muchas placas base integran la mayor parte de las tarjetas (audio, vídeo, red, etc.), pero si dichas tarjetas se adquieren de forma independiente se conectarán a las ranuras de expansión de la placa base.
- ***Slots* o ranuras de memoria.** En ellas se insertan los módulos de memoria RAM.
- **BIOS**. La BIOS (memoria ROM) es la memoria programada que está integrada en la placa base. Al encender el ordenador, sirve para activar el sistema operativo y conectar el *hardware* con el *software*, además de chequear la memoria RAM, detectar el disco duro, el ratón y otros componentes y periféricos. Mantiene actualizada, entre otras cosas, la hora. Funciona gracias a una pila, con lo que está activa aunque se desconecte el equipo de la red.
- **Tarjetas de expansión.** Las hay de varios tipos, principalmente las gráficas (de vídeo), las de audio (sonido) y las de red. En ocasiones estas tarjetas forman parte de la placa base y no se han de instalar como módulos independientes. El diseño de las tarjetas depende de su fabricante y del modelo, pero visualmente distinguiremos unas de otras por el tipo de conexión al puerto. En las siguientes imágenes de ejemplo podemos ver qué conexión de entrada/salida tiene cada tarjeta, y con ello determinar qué tipo de tarjeta es. Todas ellas tienen *pines* de conexión para ser insertadas en la correspondiente ranura de expansión de la placa base.

Tarjeta gráfica.

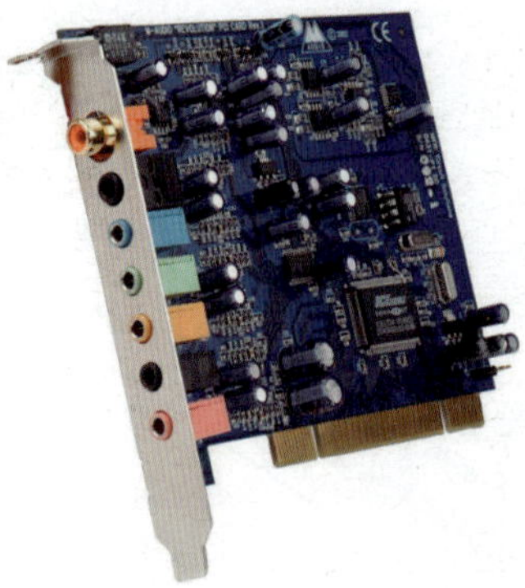

Tarjeta de sonido.

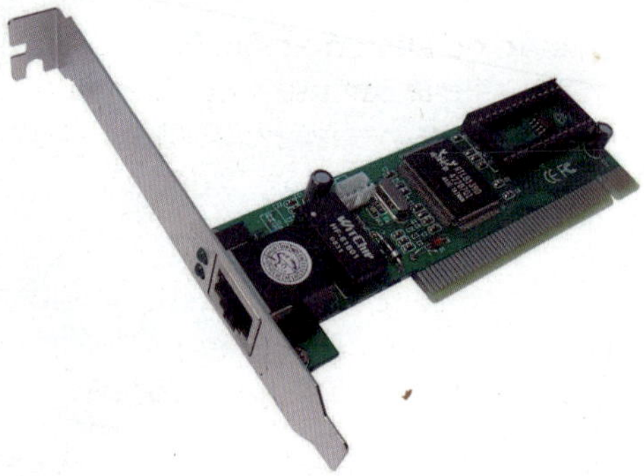

Tarjeta de red.

Caso práctico inicial

Antes de decidir la memoria RAM que tendrá nuestro ordenador, hay que saber qué aplicaciones ejecutaremos en él y los requerimientos mínimos.

A más memoria y mayor frecuencia del microprocesador, por lo general mejor rendimiento tendrá el equipo, aunque el rendimiento también depende de otros factores como la fragmentación del disco o del espacio disponible en el mismo.

- **Memoria RAM.** Es la memoria activa cuando estamos trabajando en el ordenador. Su contenido desaparece cuando el ordenador se apaga. En ella se van cargando las instrucciones que luego ejecutará el microprocesador. La memoria RAM se presenta en módulos, cada uno de los cuales se insertará en una ranura RAM de la placa base. Cuanta más memoria tengamos en el equipo, mejor y más rápidamente funcionará, aunque la velocidad depende también de la frecuencia del microprocesador.

Memoria RAM DDR3 de Trascend.

- Microprocesador. Podríamos llamarlo cerebro del ordenador y se inserta directamente en la placa base. Cuando se enciende el equipo recibe instrucciones de la BIOS, y a continuación de otros elementos como la memoria RAM, el sistema operativo y los programas. Con las instrucciones recibidas realiza operaciones aritméticas y lógicas y envía a los programas, componentes y periféricos los datos obtenidos. La velocidad con la que trabaja un microprocesador se mide en Megahercios (MHz) y Gigahercios (GHz), de lo que, junto con la cantidad de memoria RAM, depende básicamente la velocidad de un ordenador.

b. Disco duro. Es un dispositivo magnético que almacena el sistema operativo del ordenador, los programas y los archivos del usuario. Está formado por pistas y sectores, que son leídos y escritos mediante una serie de cabezales.

Normalmente se instala como componente interno, aunque también puede utilizarse un disco duro externo, conectado mediante un puerto USB, aunque esta segunda opción se suele utilizar para realizar operaciones que requieren menos velocidad.

c. Grabadora de disco. Incluimos en el apartado de componentes o dispositivos internos a la grabadora/lectora de discos, pues en general suele estar en el interior de la carcasa, aunque puede utilizarse una grabadora externa conectada a través de puerto USB. La grabadora puede ser de CD, de DVD o *BLU RAY*.

d. Fuente de alimentación. Por último, un elemento electrónico que va en el interior de la carcasa y que tiene como función convertir la corriente alterna que llega por la red eléctrica en corriente continua, necesaria para el funcionamiento del ordenador.

Microprocesador AMD.

Caso práctico inicial

La capacidad del disco duro ha de decidirse en función de las aplicaciones que se han de instalar, del sistema operativo y de las necesidades de almacenamiento local.

Caso práctico inicial

Una grabadora *Blu ray*, leerá tanto los discos compactos (CD) como los DVD y los *Blu ray*. Partiremos de este conocimiento para elegir la que más convenga a nuestra actividad.

Fuente de alimentación.

Actividades propuestas

2. Abre el bloc de notas, WordPad o un procesador de texto y responde a las siguientes preguntas. Guarda el documento con el nombre de **Actividades Unidad 1** en la carpeta de esta unidad didáctica.

- ¿Qué es el *hardware*? Pon un ejemplo.
- Qué es el *software*? Pon un ejemplo.
- Una carcasa que contiene una fuente de alimentación y un disco duro ¿es un ordenador? Razona tu respuesta.
- ¿Qué componentes mínimos se necesitan para que funcione un ordenador personal?
- ¿Es necesario que un ordenador tenga una tarjeta de sonido instalada como módulo independiente? Razona tu respuesta.
- ¿Qué diferencia existe entre puertos y conectores?
- ¿Qué es una placa base?
- ¿Son iguales todas las placas base?
- ¿En qué lugar de la placa base se coloca el microprocesador?
- Enumera 4 tipos de puertos de entrada/salida.
- ¿El contenido de la BIOS desaparece al apagar el ordenador? ¿Y el de la RAM?
- ¿Cómo puedes identificar si una tarjeta es gráfica o de red?

Actividades propuestas (cont.)

- ¿En qué parte de la placa base se insertan las tarjetas?
- ¿Qué parte de una tarjeta se inserta en la placa base?
- Si observas un ordenador abierto, verás que tiene varios ventiladores, como mínimo uno en la fuente de alimentación y otro sobre el microprocesador. Averigua en internet para qué sirven y escríbelo a continuación.

Disipador y ventilador (*cooler*) para microprocesador.

- Investiga ¿Puede una grabadora/lectora de CD leer un disco *blu ray*? Y si la grabadora/lectora es *blu ray* podrá leer un DVD?

Teclado flexible.

Cables del teclado.

2.2. Periféricos

También llamados dispositivos externos, realizan operaciones de entrada, salida, almacenamiento de la información o de comunicación y se conectan al ordenador mediante puertos o de forma inalámbrica.

2.2.1. Periféricos de entrada

Envían datos al ordenador, bien introducidos por el usuario, bien por otros dispositivos, para que sean procesados. Estos son los más comunes:

- Teclado

  Existen teclados de varios tipos: normales o expandidos, estos últimos contienen un mayor número de teclas; de Windows, que tienen teclas especiales para manejar determinadas funciones del sistema operativo; ergonómicos, que ayudan a mantener una mejor posición de brazos y manos; multimedia, que contienen teclas de acceso directo a aplicaciones como el correo electrónico, navegador, calculadora, reproductor multimedia, etc.; flexibles, realizados normalmente en silicona, inmunes a la caída accidental de líquidos y lavables.

  En cuanto a la interfaz de conexión con el ordenador, los hay inalámbricos, que se comunican mediante radiofrecuencia, *bluetooth* o rayos infrarrojos; con conexión a puerto PS/2 y a puerto USB.

- Ratón

  Las formas de conexión con el ordenador son las mismas que para el teclado. En cuanto a sus formatos, han ido evolucionando a lo largo del tiempo desde el primitivo ratón de bola.

  Actualmente los más utilizados son el óptico, el láser y, algo menos, el *trackball*. Este último no se mueve sobre una superficie, sino que tiene una bola que se maneja con los dedos para imprimir el movimiento. Todos ellos tienen conexión por cable o inalámbrica.

Trackball de la firma Logitech.

- Cámara web o *webcam*

  Sirve para grabar vídeos y almacenarlos en el el disco duro, enviarlos a una página web o retransmitirlos en directo a través de internet.

  El tipo de conexión suele ser mediante puerto USB y en los portátiles suele estar integrada.

- Cámara digital de imagen o de vídeo

  Pueden obtenerse datos (imágenes o vídeo) de cámaras conectadas al equipo.

  El tipo de conexión puede ser a puerto USB, aunque se logra una mayor velocidad de transferencia si se utiliza un puerto FireWire (IEEE 1394).

FireWire.

- Escáner

  Se utiliza para digitalizar texto o imágenes desde papel o soporte similar para ser guardados o procesados de forma digital con el ordenador. La conexión normalmente se realiza a través de puerto USB o FireWire.

  En cuanto a su tamaño y forma, los más comunes son los planos de sobremesa, encontrándose también de mano o más pequeños aún, de tipo bolígrafo.

Escáner de sobremesa, de mano y *pen scanner*.

- Micrófono

  Se conecta a través de uno de los puertos de audio *(jack)*, el que normalmente es de color rosa.

  Para que el micrófono esté activo para grabaciones es necesario configurarlo en el panel de control, en Hardware y sonido ⟶ Sonido, con el panel en vista Categoría.

- Lector de bandas magnéticas

  Este periférico suele ir asociado a un terminal punto de venta. Su cometido es leer las bandas magnéticas de las tarjetas a requerimiento del *software* del TPV para realizar operaciones de venta entre otras.

  Por ejemplo, puede estar configurado para leer el código del empleado que realiza una venta, las llaves (de tipo tarjeta) de habitaciones de hotel o la tarjeta de cliente de un supermercado para aplicar descuentos.

Lector-grabador de bandas magnéticas con conexión USB.

Escáner o lector de código de barras.

- **Escáner de códigos de barras**

  Un código de barras es un código formado por un conjunto de líneas de distinto grosor, que puede ser leído y decodificado por un escáner creado para ese propósito.

  ISBN 978-84-9771-973-5

  Los códigos de barras, que se hicieron populares a principios de la década de los 80, han sido y son de mucha utilidad a la hora de identificar un artículo.

  Una vez escaneado el código de barras —con un lector conectado al ordenador y mediante el *software* adecuado—, el número asociado al mismo (el que aparece debajo del código) se escribirá automáticamente en el programa. Por ejemplo, puede insertarse en una celda de una hoja de cálculo, como campo en una base de datos. Al configurar los códigos de barras de un negocio puede introducirse otra información, como nombre del fabricante o vendedor, CIF, estante donde está localizado, precio, etc.

El código QR empieza a utilizarse para complementar o sustituir al código de barras.

2.2.1. Periféricos de salida

Envían información al usuario o a otros dispositivos. Los principales periféricos de salida son:

- **Monitor**

  Es el principal dispositivo de salida, mediante el cual el usuario recibe información de los procesos que realiza el ordenador. Actualmente el sistema más utilizado es el de pantalla LCD (cristal líquido), quedando prácticamente desfasadas las pantallas de rayos catódicos.

  Debemos elegir un monitor cuya resolución máxima de pantalla sea la adecuada para las aplicaciones que vayamos a utilizar. Posteriormente la resolución se puede modificar en el panel de control.

  Dependiendo del tipo de monitor, la conexión con el ordenador se hace a los puertos DVI o VGA.

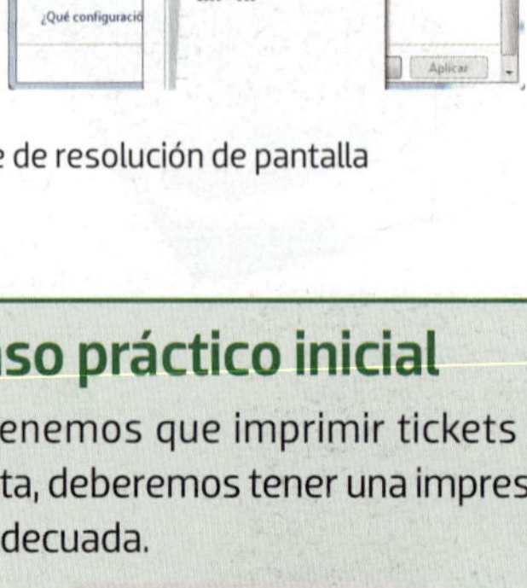

Ajuste de resolución de pantalla

- **Impresora**

  Otro de los periféricos de salida más utilizados y del que existen infinidad de tipos y tamaños, incluso la multifunción, que incorpora además escáner, fotocopiadora o fax. Por el color de impresión, se clasifican en monocromáticas o a color. Por el sistema de impresión, las más utilizadas son, en este orden: láser, chorro de tinta y térmicas. Por el modo de conexión, cableadas e inalámbricas.

- **Auriculares y altavoces**

  Ambos periféricos de salida permiten recibir sonidos del ordenador y se conectan a los correspondientes puertos de audio.

Caso práctico inicial

Si tenemos que imprimir tickets de venta, deberemos tener una impresora adecuada.

En la imagen, mini impresora térmica de la marca Epson.

2.2.3. Periféricos de entrada/salida

La comunicación de estos periféricos es bidireccional: el periférico recibe instrucciones del usuario, de un programa o de otro periférico, y a la vez es capaz de enviar información a algún programa, al usuario o a otro periférico. Por ejemplo, podemos citar:

- Disco duro externo.
- Memoria USB *(pendrive)*.
- Monitor táctil.

2.2.4. Periféricos de almacenamiento

Son periféricos en los que se almacena información fuera del ordenador. Por ejemplo un disco duro multimedia, una tarjeta de memoria o una memoria USB.

2.2.5. Periféricos de comunicación

Son periféricos que permiten comunicar al ordenador con otros ordenadores de la misma red (LAN) o internet. Por ejemplo un *router* (enrutador) o un *switch* (concentrador).

Saber más

Disco duro multimedia

Es un periférico en el que se almacenan archivos multimedia (imágenes, vídeos, animación...) que pueden verse en un televisor.

Actividades propuestas

El que recibe instrucciones del usuario.

3. Si no está abierto, abre el archivo **Actividades Unidad 1** y continúa escribiendo y contestando a las siguientes preguntas:
   - ¿Qué es un periférico de entrada? Indica el nombre de tres de ellos. -> Disco duro externo, USB y monitor táctil.
   - Un **lector de código de barras** es un tipo de escáner de mano que, mediante láser, lee códigos de barras de artículos que se utilizarán como datos en alguna aplicación instalada.

     Los hay de mano y empotrables en mostrador o en columna, como los que se utilizan en las cajas del supermercado.

     a) Investiga cuáles son las interfaces de conexión que pueden tener. cable, inalámbrico...

     b) Marca el tipo (o tipos) de periférico de que se trata:

     ☒ Entrada
     ❑ Salida
     ❑ Entrada/salida
     ❑ Almacenamiento
     ❑ Comunicación

   - Una **pantalla táctil** es un tipo de monitor que mediante el tacto envía instrucciones al ordenador. Las pantallas táctiles se utilizan en ordenadores personales y para el comercio, teléfonos móviles, cajeros automáticos, tablets PC, etc. Se trata de un periférico de (selecciona una o más opciones):

     a) ❑ Entrada
     ❑ Salida
     ☒ Entrada/salida
     ❑ Almacenamiento
     ❑ Comunicación

     b) Razona tu respuesta. Entrada porque manejas tu la pantalla y salida porque vemos todo lo que hacemos en la pant.

   - Una **lectora/grabadora de CD** es un periférico de:

     a) ❑ Entrada
     ❑ Salida
     ☒ Entrada/salida
     ❑ Almacenamiento
     ❑ Comunicación

     b) Razona tu respuesta. Entrada si grabamos y salida si escuchamos

Actividades propuestas (cont.)

- Indica de qué tipo o tipos son los siguientes periféricos:

– Impresora láser	❑ E	❑ S	❑ E/S	❑ A	❑ C
– Impresora multifunción con fax, fotocopiadora y escáner	❑ E	❑ S	❑ E/S	❑ A	❑ C
– Disco duro externo	❑ E	❑ S	❑ E/S	❑ A	❑ C
– Memoria USB o *pendrive*	❑ E	❑ S	❑ E/S	❑ A	❑ C
– Una pareja de altavoces	❑ E	❑ S	❑ E/S	❑ A	❑ C
– Cámara digital de vídeo	❑ E	❑ S	❑ E/S	❑ A	❑ C
– *Trackball*	❑ E	❑ S	❑ E/S	❑ A	❑ C
– Teclado multimedia	❑ E	❑ S	❑ E/S	❑ A	❑ C
– *Pen Scanner*	❑ E	❑ S	❑ E/S	❑ A	❑ C
– Disco duro multimedia	❑ E	❑ S	❑ E/S	❑ A	❑ C

Caso práctico inicial

Antes de comprar un equipo informático es necesario saber el *software* que vamos a utilizar y cuáles son los requisitos mínimos y recomendados del sistema.

2.3. Requisitos del sistema

En el momento de comprar un ordenador, es necesario conocer qué tareas deberemos realizar habitualmente con él y con qué *software* se llevarán a cabo, de modo que podamos elegir los componentes más adecuados, ya que cada aplicación que instalemos en nuestro equipo tendrá unos requerimientos tanto de *software* como de *hardware*.

- **Requisitos mínimos.** Son los requerimientos indispensables de *software* y de *hardware* que tiene un programa para poder funcionar correctamente.
- **Requisitos recomendados.** Parecidos a los requisitos mínimos, pero sus valores suelen ser algo mayores, ya que son los que permiten que el programa funcione correctamente y de forma aún más fluida.

Ejemplo

Requisitos mínimos para la instalación de Microsoft Office 2013

COMPONENTE	REQUISITO
Sistema operativo	Windows Server 2008 R2 Windows 7 Windows Server 2012 Windows 8 Office de 32 bits se puede instalar en sistemas operativos de 32 bits o de 64 bits y Office de 64 bits solo se puede instalar en sistemas operativos de 64 bits. Piense si quiere ejecutar Office de 32 bits o de 64 bits en Escoja la versión de Office 2013 de 32 bits o de 64 bits.
Equipo y procesador	Procesador de 1 GHZ o más rápido de x86 o de 64 bits con conjunto de instrucciones SSE2.
Memoria	1 GB de memoria RAM (32 bits) Se recomiendan 2 GB de memoria RAM (64 bits) para las características de los gráficos, la búsqueda instantánea de Outlook y determinadas funciones avanzadas.
Espacio en disco	3 gigabytes (GB)
Resolución del monitor	1024 × 768
Exploradores	Vea qué exploradores puede usar para aprovechar las características de Office al máximo en Exploradores compatibles en Office 2013 y Office 365.

Datos de <www.office.microsoft.com>

3. El terminal punto de venta (TPV)

Con cierta frecuencia oímos llamar TPV al conocido datáfono, un dispositivo que se utiliza en los negocios y conectado a un banco, para hacer efectivo el cobro mediante tarjeta de crédito o de débito. Generalmente este dispositivo es proporcionado por los bancos a las empresas que contratan con ellos el servicio de pago por tarjeta. Sin embargo aquí vamos a referirnos a la definición más correcta del mismo término.

Así podemos decir que un terminal punto de venta o TPV es un conjunto formado por:

- Un ordenador (CPU).
- Uno o varios periféricos generales y otros específicos para un establecimiento comercial.
- Sistema operativo.
- *Software* general y otro específico para operaciones de venta.

3.1. *Hardware* específico

Los periféricos que pueden formar parte de ese conjunto son:

- Lector de código de barras.
- Pantalla normal o táctil.
- Cajón portamonedas (caja registradora).
- Lector de bandas magnéticas.
- Impresora de recibos o tickets.
- Visor para clientes.
- PDA's para anotación y tramitación de comandas.

Algunos de estos periféricos pueden ser ensamblados en una unidad compacta. Para la gestión de las ventas es necesario contar con un *software* específico adecuado a la actividad comercial de que se trate.

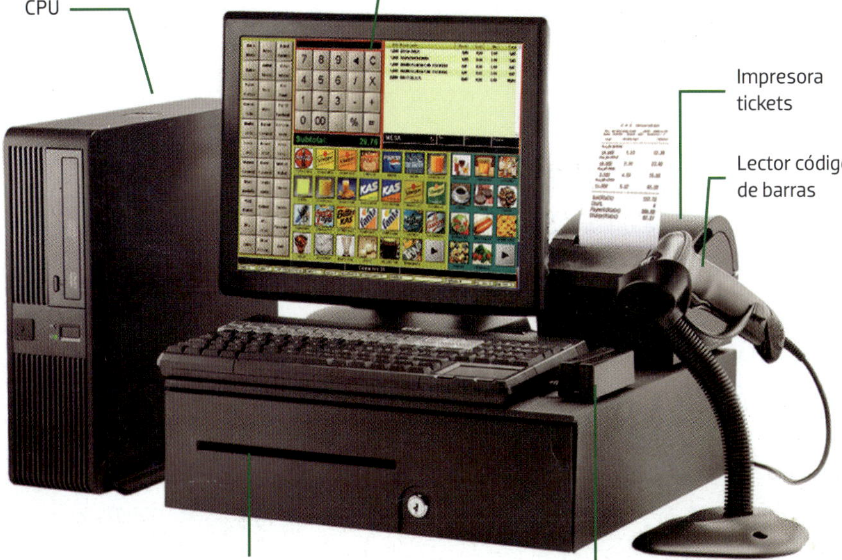

Saber más

El visor para clientes se utiliza principalmente para que el cliente pueda ver desde su posición el importe de la compra u otros datos relativos a la misma.

Visor para clientes.

Caso práctico inicial

En muchos establecimientos, principalmente los de hostelería/restauración, se utilizan las PDA para anotar y tramitar los pedidos o comandas de los clientes.

Caso práctico inicial

SAI (sistema de alimentación ininterrumpida)

Dispositivo que protege a los aparatos conectados a él de posibles picos de corriente, además de mantener la corriente durante unos minutos si hubiera un corte de fluido eléctrico.

Saber más

Conviene saber que a la hora de buscar hardware y software TPV podemos encontrar que lo llaman por sus siglas en inglés **POS terminal** (Point Of Sale terminal).

3.2. *Software* específico

Existe un *software* para la gestión de terminales punto de venta. Dependiendo de las posibilidades de cada empresa podemos optar por adquirir:

- Un *software* TPV genérico adaptado a cualquier tipo de venta al por menor (es decir, puede servir igualmente para una ferretería que para una tienda de golosinas).
- Uno configurado para un tipo de negocio concreto (por ejemplo, para cafeterías).
- O bien, encargar la creación de un *software* adecuado exactamente a las necesidades de nuestro negocio.
- También puede encontrarse *software* gratuito.

Actividades propuestas

4. Si no está abierto, abre el archivo **Actividades Unidad 1** y continúa escribiendo y contestando a las siguientes preguntas:

- A la hora de instalar un software, ¿a qué llamamos requisitos mínimos del sistema?
- ¿Qué diferencia hay entre requisitos mínimos y requisitos recomendados?
- ¿Qué es un datáfono? ¿Para qué sirve?
- ¿Qué es un SAI? ¿Para qué sirve?
- Un lector de bandas magnéticas es un periférico:
  1. De entrada.
  2. De salida.
  3. De entrada/salida.
  4. De almacenamiento.
  5. De comunicación.
- Un visor para clientes es un periférico:
  1. De entrada.
  2. De salida.
  3. De entrada/salida.
  4. De almacenamiento.
  5. De comunicación.
- Los distintos periféricos específicos de un TPV:
  1. Son módulos independientes.
  2. Están integrados en una unidad compacta.
  3. Cualquiera de las opciones 1 y 2 es posible.
  4. Ninguna de las respuestas 1, 2 y 3 es correcta.
- El terminal punto de venta, además de por sus siglas TPV, a veces es denominado por sus siglas en inglés. ¿Cuáles son esas siglas y a qué palabras del idioma inglés corresponden?
- Cuando montamos un negocio dedicado al comercio, es importante contar con un hardware adaptado a la venta, es decir, un TPV.

1. ¿Es necesario tener un software adecuado a las operaciones de compra-venta que realizaremos en ese terminal?
2. En relación al presupuesto que vamos a dedicar a la compra de software TPV, ¿qué opciones tenemos de mayor a menor presupuesto disponible?

PRÁCTICA PROFESIONAL

Periféricos para el comercio

En un comercio, además de los periféricos que hemos estudiado a lo largo de esta unidad didáctica, se utilizan otros específicos.

El terminal de punto de venta (TPV)

El TPV puede tener varias acepciones, como el conocido datáfono, un dispositivo que se utiliza en los negocios y conectado a un banco, para hacer efectivo el cobro mediante tarjeta de crédito.

Sin embargo en esta práctica profesional nos referiremos a otro concepto del mismo término: **TPV es un conjunto formado por un ordenador (CPU) y uno o varios periféricos específicos para llevar a cabo el proceso de venta.** Los periféricos que suelen formar parte de ese conjunto son: lector de código de barras, pantalla normal o táctil, cajón portamonedas, lector de tarjetas de crédito e impresora de recibos o tickets.

Estos periféricos pueden ser módulos independientes o estar ensamblados en una unidad compacta. Para su gestión conjunta o individual es necesario contar con un ***software* específico adecuado a la actividad comercial de que se trate.**

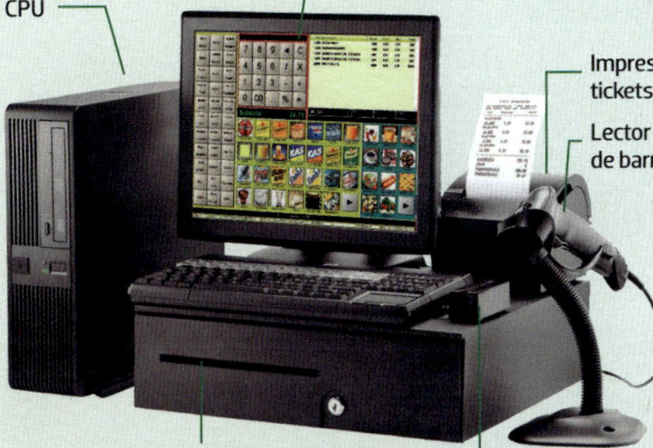

Investiga y responde a las siguientes preguntas:

1. En tu vida cotidiana, al comprar en algún comercio o supermercado o al consumir en algún bar o restaurante, ¿has visto alguna vez un TPV en funcionamiento?
2. ¿Qué tareas pueden realizarse con un TPV?
3. Con el *software* adecuado, un TPV puede gestionar varios perfiles de usuario. Por ejemplo, cada camarero de un bar tendría su propio perfil. ¿Qué ventajas consideras que tiene la posibilidad de gestionar varios perfiles de usuario?
4. Busca en internet y encuentra al menos tres marcas que fabriquen TPV compactos o módulos para TPV.
5. Busca en internet y encuentra al menos dos marcas de *software* de pago específico para TPV, indica el tipo de negocio para los que han sido creados y una relación de las tareas que permiten realizar.
6. Busca en internet y encuentra al menos dos marcas de *software* gratuito para TPV, indica el tipo de negocio para los que han sido creado y una relación de las tareas que permiten realizar.
7. Vas a gestionar una pequeña librería-papelería y cuentas con un máximo de 800 € para adquirir un TPV y su *software*. Busca componentes, marcas, *software* y precios y realiza un presupuesto a la medida.

2 Sistemas operativos. Windows 7

Vamos a conocer...

Y al finalizar esta unidad...

- Conocerás algunos de los sistemas operativos actuales de pago o de libre distribución.
- Te habrás familiarizado con la interfaz de Windows 7.
- Podrás utilizar los accesorios y herramientas más comunes.
- Conocerás herramientas y accesorios útiles y menos conocidos.
- Aprenderás a grabar CD y DVD con las herramientas de Windows 7.

Caso práctico inicial

Situación de partida

Te han contratado en una empresa que se dedica a la compraventa de productos.

Desempeñarás tu trabajo en el Departamento de publicidad y marketing, un puesto ocupado anteriormente por otra persona que ya no está en la empresa.

Tienes una compañera, con una deficiencia visual importante, que se encarga de diseñar la publicidad en radio y que ocasionalmente compartirá ordenador contigo.

Tu ordenador tiene instalado el sistema operativo Windows 7, aunque desconoces la versión.

Observas que el escritorio está completamente lleno de carpetas, archivos y accesos directos y que el sistema funciona de forma muy lenta.

Te dispones a analizar qué contiene cada carpeta del escritorio para ver si puedes organizar toda esa información de una manera más eficaz y si es posible limpiarlo y poner un bonito fondo de escritorio.

Estudio del caso

Antes de empezar a estudiar y analizar el contenido de la unidad, trata de responder a las cuestiones que se plantean a continuación. Si alguna te resulta especialmente complicada o no sabes qué responder, no te preocupes. Al finalizar la unidad seguro que lo tienes mucho más claro.

1. Tu compañera no puede ver bien los iconos y caracteres de la pantalla que para ti son de tamaño normal y perfectamente visible. ¿Cómo puedes ayudarla a paliar ese problema?
2. Una vez que has analizado las carpetas, archivos y accesos directos que hay en el escritorio, has decidido borrar los accesos directos que no son necesarios y mover esos archivos y carpetas a Documentos e Imágenes. ¿Copiarías o moverías esas carpetas y archivos?
3. Quieres poner una imagen fija como fondo de escritorio, concretamente una fotografía que tomaste y guardas en una memoria *flash*. ¿Cómo puedes poner una imagen fija personal como fondo de escritorio?
4. Las ventanas de carpetas y aplicaciones son de un color gris oscuro que no te agrada. ¿Cómo puedes hacer para que todas ellas tengan un verde claro que te gusta?
5. No sabes qué versión del sistema operativo tienes instalada, y como el ordenador va lento querrías saber cuánta memoria RAM tiene o si el disco duro está demasiado lleno. ¿Dónde puedes mirar toda esa información?
6. Decides poner una nota en el escritorio, como si fuera un *post-it* para acordarte de hacer una llamada. ¿Qué accesorio puedes utilizar para hacerlo?
7. El disco no está muy lleno, pero puede que esté muy fragmentado. ¿Cómo puedes solucionar ese problema?
8. Necesitas grabar un CD con unos archivos del disco duro, pero no hay ningún programa de grabación instalado. ¿Podrías hacerlo con las herramientas que proporciona Windows?

1. Sistemas operativos

El sistema operativo gestiona los recursos del ordenador, como la CPU, la memoria, la impresora y otros periféricos, sirve de interfaz (o forma de comunicación) entre el ordenador, las aplicaciones instaladas y el usuario, y controla la transferencia de la información entre memoria y periféricos, entre otras funciones.

1.1. Evolución de los sistemas operativos para PC

Los primeros ordenadores aparecieron en los años 40, pero no disponían de sistemas operativos, sino que ejecutaban instrucciones mediante la manipulación del *hardware* por parte del programador.

En la década de los 60, con la aparición del circuito integrado, se crean los primeros sistemas operativos en **lenguaje de alto nivel**. Uno de los primeros fue MULTICS, que constituyó la base de UNIX ya en los 70.

En los 80 se crea Mac OS para el ordenador Macintosh, el primer sistema operativo **multitarea** con una interfaz gráfica amigable al usuario que incorpora, además, el uso de ratón para interactuar con el ordenador.

En esa misma década Microsoft crea MS-DOS, que va evolucionando a lo largo de distintas versiones de Windows, un sistema operativo con interfaz gráfica de ventanas.

En los 90, cuando internet empieza a desarrollarse y expandirse, aparece GNU/LINUX, una mejora de UNIX.

A mediados de la década se crea Windows 95, la primera versión que incorpora el botón de inicio, la barra de tareas y la posibilidad de maximizar y minimizar ventanas. A finales de la década se publica Windows 98. Le siguen, ya a partir de 2000, Windows 2000, Windows Millenium (Me), Windows XP, Windows Vista, Windows 7 y Windows 8. Esta última versión de Windows, lanzada a la venta en 2012, permite utilizar pantallas táctiles.

También los sistemas operativos Mac OS y GNU/LINUX evolucionan desde su creación, a la par que nacen otros sistemas operativos de menor repercusión popular.

1.2. Los sistemas operativos más utilizados en PC's

En el momento de redactar este epígrafe los tres sistemas operativos más utilizados son, en sus más recientes versiones y en este orden, Windows, Mac OS X y GNU/LINUX.

Saber más

Lenguaje de alto nivel

Es un lenguaje de programación destinado a computadoras que puede ser comprendido por el ser humano.

Saber más

Sistemas operativos multitarea

Ejecutan varias tareas simultáneamente sobre uno o varios microprocesadores.

Saber más

Versiones de Mac OS X

- Año 2001 – 10.1 Puma
- Año 2002 – 10.2 Jaguar
- Año 2003 – 10.3 Panther
- Año 2005 – 10.4 Tiger
- Año 2007 – 10.5 Leopard
- Año 2009 – 10.6 Snow Leopard
- Año 2010 – 10.7 Lion
- Año 2012 – 10.8 Mountain Lion

Actividades propuestas

1. Consulta la página web <http://percentoftheinternet.com/> e indica cuál es el porcentaje de PC's bajo Windows, Mac OS X y Linux que están conectados a internet. Escribe la respuesta en un documento de texto o en el bloc de notas y guárdalo en una carpeta abierta para esta unidad didáctica con el nombre Porcentaje sistemas operativos en internet.

2. Windows 7

Es uno de los sistemas operativos de la familia Windows, de Microsoft Corporation. Se lanzó al mercado a finales de 2009 y ha creado tantos adeptos como el anterior Windows XP, a pesar de tratarse en realidad de un Windows Vista mejorado.

Como decíamos anteriormente, Windows XP fue uno de los sistemas operativos de Microsoft que más gustó a los usuarios. Tal vez por ese motivo Windows 7 se dotó de la capacidad de emular al XP, para lo cual es necesario usar unas herramientas que comprueben la compatibilidad del equipo y después descargar el emulador desde el sitio de Microsoft.

Las principales novedades que incluye Windows 7 con respecto a sus predecesores son:

- Incorpora innumerables controladores preinstalados, por lo que hay pocos dispositivos que se conecten a un equipo dotado de este sistema operativo que no sean reconocidos y configurados de forma automática. Esta era una de las asignaturas pendientes de su predecesor Vista.
- Dispone de una nueva barra para mostrar el escritorio: un pequeño rectángulo en la esquina inferior derecha que reemplaza el icono Inicio rápido de versiones anteriores. Al hacer clic sobre ese rectángulo **minimiza** todas las ventanas y nos muestra el escritorio.
- Consume menos recursos que sus predecesores.

A continuación estudiaremos el manejo de las funciones y herramientas de Windows 7, así como la localización de las mismas, lo que facilitará la gestión de los archivos y la búsqueda de información en el ordenador.

2.1. Escritorio y barra de tareas

En el escritorio tenemos el fondo elegido, las carpetas y archivos que deseemos tener a la vista, la papelera de reciclaje y la barra de tareas en la parte inferior.

2.1.1. Cambiar el fondo de escritorio

El fondo de escritorio puede cambiarse haciendo clic sobre él con el botón secundario del ratón. Se selecciona **Personalizar** y se escoge uno de los temas o de las imágenes que se muestran en la galería. Si se escoge un tema, el fondo irá cambiando con el tiempo con cada una de las imágenes que lo componen.

También pueden descargarse temas de internet o elegir como fondo imágenes que tengamos almacenadas.

Caso práctico inicial

El escritorio debería permanecer lo más limpio posible de carpetas y archivos, que se deberán ubicar en sus carpetas y subcarpetas correspondientes: Imágenes, Documentos, Vídeos u otras.

Un escritorio desordenado, lleno de carpetas, archivos y accesos directos es poco profesional y la forma más directa de entorpecer la búsqueda de aquello que se desea encontrar.

En la siguiente imagen podemos ver la ventana que se abre después de haber hecho clic en **Personalizar** el escritorio.

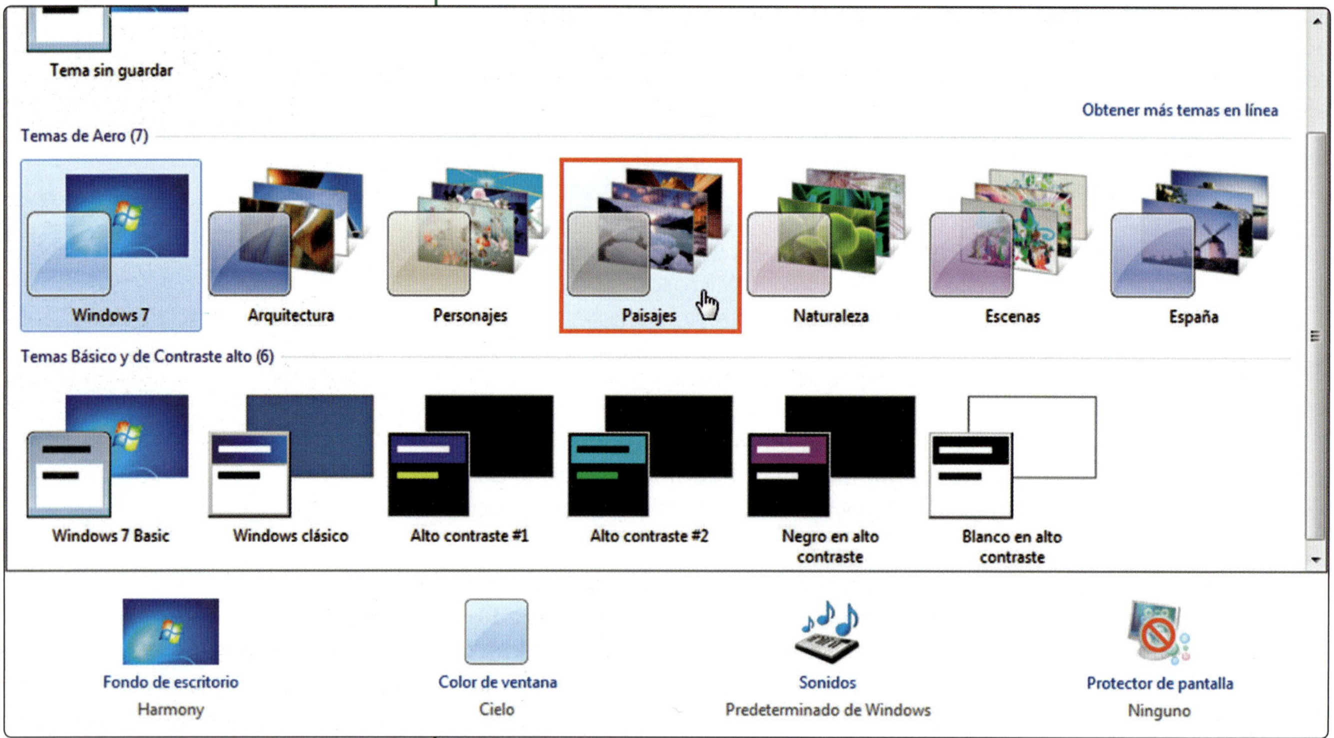

Caso práctico inicial

Apariencia y color de ventana

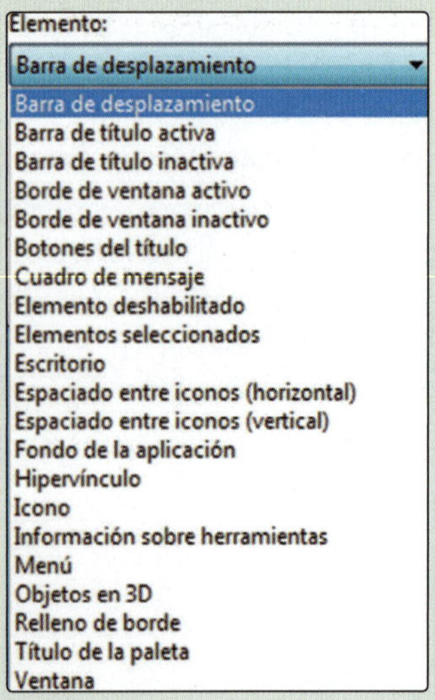

2.1.2. Temas

En la parte central están los **temas** instalados. Escoger un tema implica que las imágenes que lo componen se irán mostrando en el escritorio durante un tiempo, sustituyéndose después por otras del mismo tema.

2.1.3. Fondo fijo

Si, en cambio, lo que deseamos es tener una imagen fija como fondo, tendremos que pulsar sobre el botón Fondo de escritorio, que está en la parte inferior de la ventana. De ese modo podemos poner un fondo fijo de los que Windows 7 tiene instalados, o bien cualquier otra imagen almacenada.

2.1.4. Color y apariencia de las ventanas

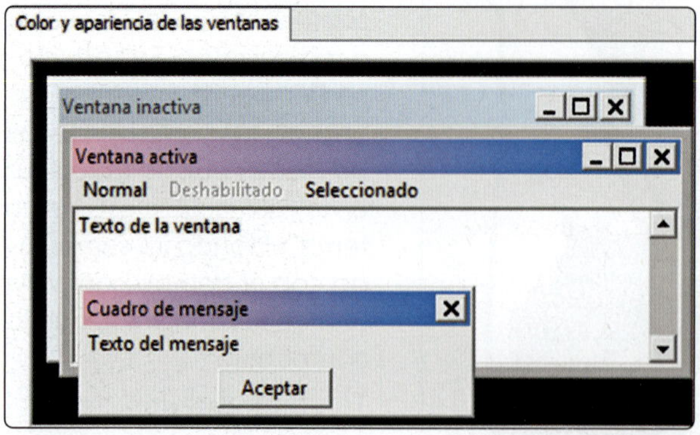

Si pulsamos sobre el botón **Color de ventana**, podemos elegir el color, el tamaño, el espaciado y la fuente de distintos elementos, como barra de título activa, barras de desplazamiento, iconos, fondo de aplicaciones, etc. En esta imagen de ejemplo se ha elegido una combinación de colores rosa y azul para la ventana activa.

2.1.5. Mostrar escritorio

Con frecuencia, mientras estamos trabajando y tenemos uno o varios programas o documentos abiertos, necesitamos ver el escritorio, lo que podremos hacer de forma inmediata sin necesidad de minimizar ni cerrar los documentos y ventanas abiertas si hacemos **clic en el ángulo inferior derecho de la pantalla**. De esa forma todo quedará minimizado y se podrá maximizar haciendo clic en el los correspondientes botones de la barra de tareas.

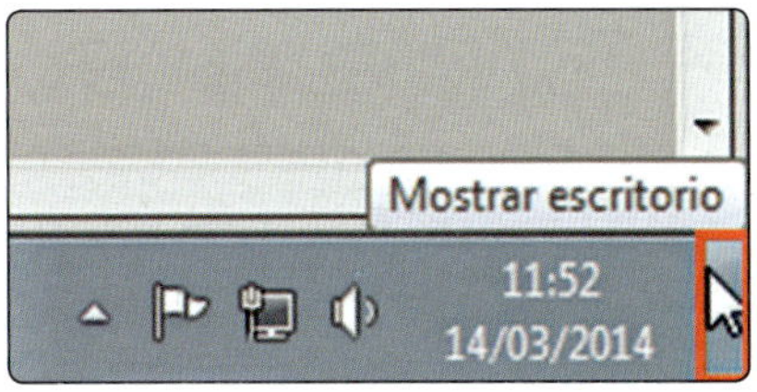

Acceso rápido a escritorio.

2.1.6. Botón Iniciar

Se encuentra en la parte inferior izquierda de la pantalla. Desde él podemos acceder a:

- Los programas instalados en el equipo, en la columna de la izquierda, mostrándose en primer lugar los más utilizados recientemente. Para ver todos los programas instalados, habrá que hacer clic en **Todos los programas**.
- El nombre de usuario activo, el panel de control, las bibliotecas de más frecuente uso, dispositivos e impresoras, equipo, ayuda y soporte técnico y las opciones de apagado. Todo ello en la columna derecha.
- El cuadro de búsqueda, a través del cual, y escribiendo la palabra o palabras convenientes, podremos encontrar aplicaciones y documentos guardados.

Botón Iniciar.

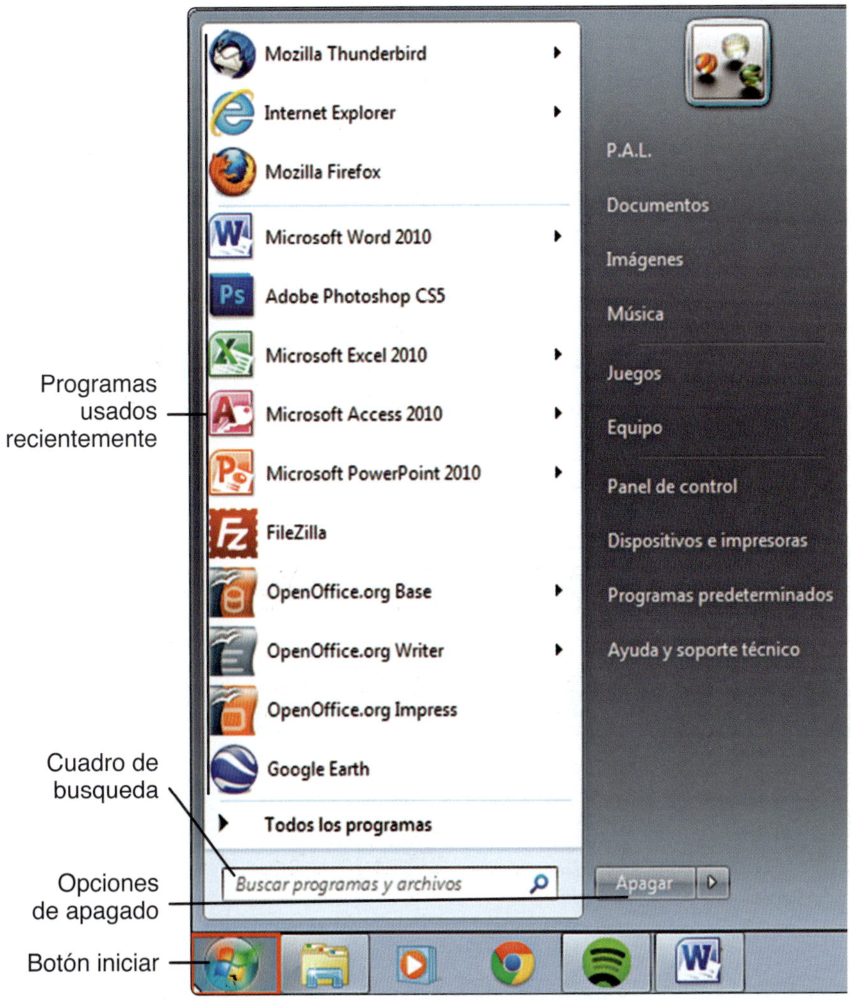

Saber más

Opciones de apagado

- **Cambiar de usuario:** cierra sesión actual y permite abrirla con otro usuario del equipo.
- **Cerrar sesión:** cierra sesión de usuario.
- **Bloquear:** se sitúa al inicio de sesión de usuario y no se cierra ningún programa abierto.
- **Reiniciar:** se apaga y vuelve a encenderse.
- **Suspender:** se queda como si estuviera apagado, no consume energía, pero todos los programas abiertos permanecen como tales.

Actividades resueltas

1. Abre varias aplicaciones, por ejemplo Word y Excel, o cualquier otra. Sus ventanas ocuparán ahora el escritorio.
2. Haz clic en el **acceso rápido al escritorio** y observa que esas ventanas de aplicaciones quedan de inmediato minimizadas y el escritorio queda a la vista.
3. Maximiza ahora las aplicaciones abiertas haciendo clic en los botones correspondientes de la barra de herramientas.
4. Vuelve a mostrar el escritorio mediante el botón de acceso rápido.
5. Haz clic con el botón secundario sobre el escritorio y escoge **Personalizar**.
6. Escoge uno de los temas Aero que se muestran, por ejemplo Paisajes. Entonces podrás ver que el fondo de escritorio se llena con una de las imágenes del tema elegido. Si se mantuviera ese tema durante un tiempo, podríamos ver que las imágenes van cambiando, pero todas ellas pertenecerían al tema elegido.

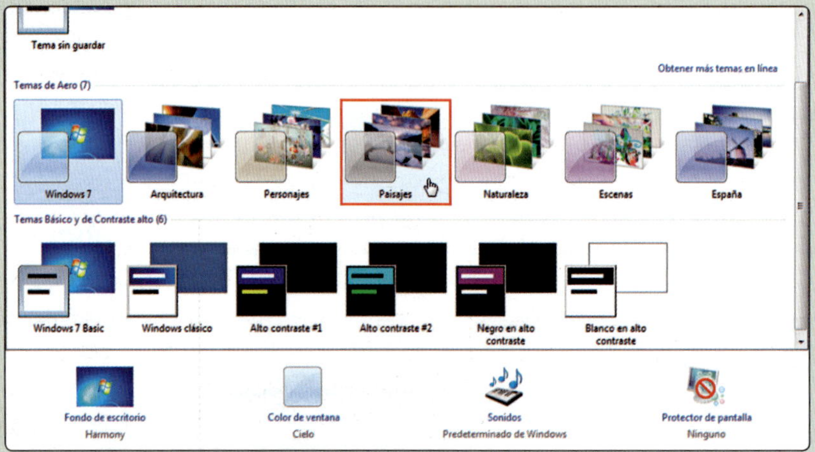

7. Vuelve a acceder al escritorio y haz clic sobre él con el botón secundario del ratón. Haz clic en **Personalizar**.
8. Haz clic en la parte inferior, en el botón **Fondo de escritorio**. Si haces clic en **Examinar**, puedes poner como fondo cualquier imagen que tengas almacenada. También puedes elegir una de las imágenes que se muestran en la galería en el centro de la ventana. En estos casos la imagen (propia o de la galería) quedará fija como fondo de escritorio y no se irá cambiando, como ocurriría si hubieras escogido un tema.
   Si se escogen varias imágenes a la vez, pueden rotarse temporalmente en el escritorio eligiendo el tiempo en que cada una permanecerá. Haz la prueba.

Actividades resueltas (cont.)

9. Cuando accedemos al escritorio con el botón secundario y elegimos personalizar, de esa ventana ya hemos visto cómo aplicar fondos y temas, pero también podemos elegir el color de las ventanas, los sonidos de Windows y el protector de pantalla.

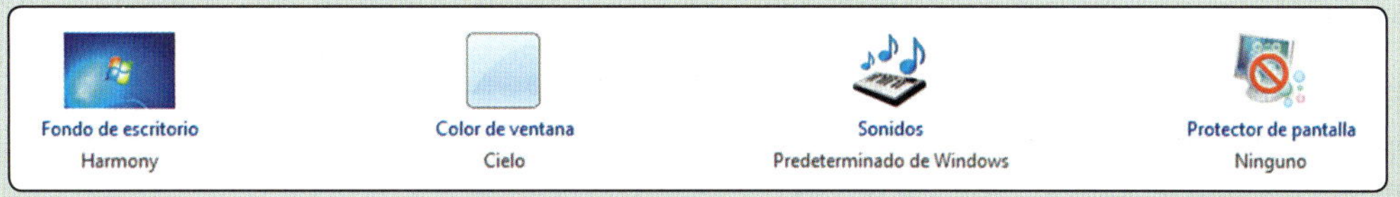

10. Vamos a cambiar el color de las ventanas: Haz clic sobre el botón Color de ventana. Haz clic en los colores uno a uno y verás cómo la propia ventana en que se muestran va cambiando de apariencia. Elige el que más te guste y haz clic en Guardar cambios. Desde ahora todas las ventanas que vayas abriendo, ya sea de aplicaciones, herramientas, configuración, etc., se mostrarán de ese color.

11. Veremos también cómo configurar los sonidos del sistema: haz clic en el botón Sonidos. Teniendo activa la pestaña Sonidos, podemos configurarlos de dos maneras:

a. **Combinación de sonidos**. Por defecto estará la combinación predeterminada de Windows, pero podemos cambiarla por otras configuraciones.

b. **Eventos de programa**. Ahí elegiríamos cada uno de los eventos que pueda producirse en un programa y debajo elegiríamos el sonido que queremos que se emita en ese momento, que puede ser «ninguno».

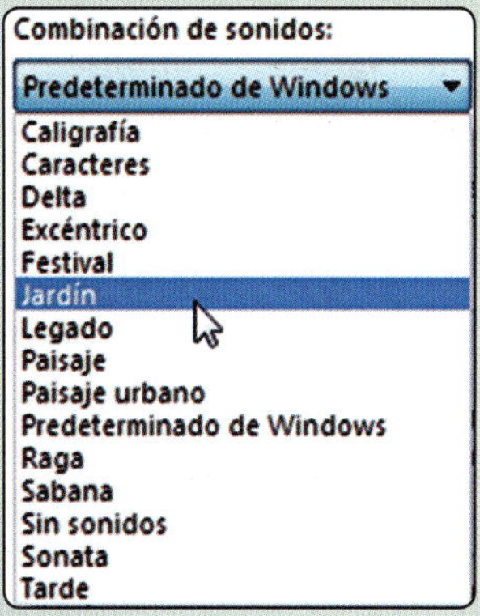

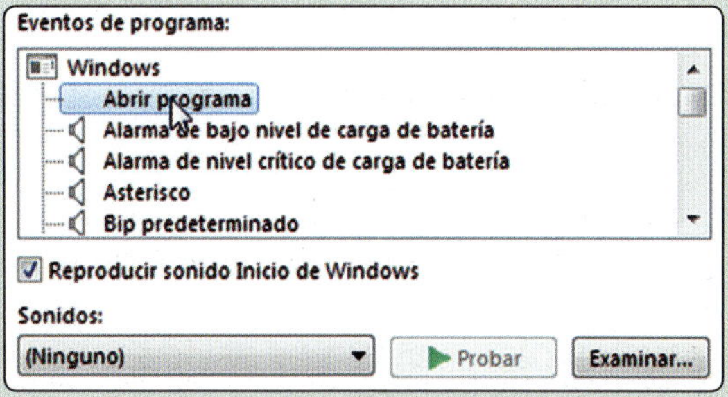

En **Eventos de programa**, vemos que abrir programas no tiene un sonido asignado por defecto. Asígnale uno de los que hay debajo de Sonidos. También podrías examinar en tu equipo y asignarle uno almacenado, que tendría que ser de tipo wav.

12. Por último, vamos a configurar un **protector de pantalla**. Haz clic en el botón **Protector de pantalla**. Elige el protector **burbujas**, que se activará automáticamente a los **3 minutos** de tener la pantalla inactiva. Si quieres ver el efecto antes de que pasen los 3 minutos, puedes hacer clic en **Vista previa**. Al final, haz clic en **Aceptar**.

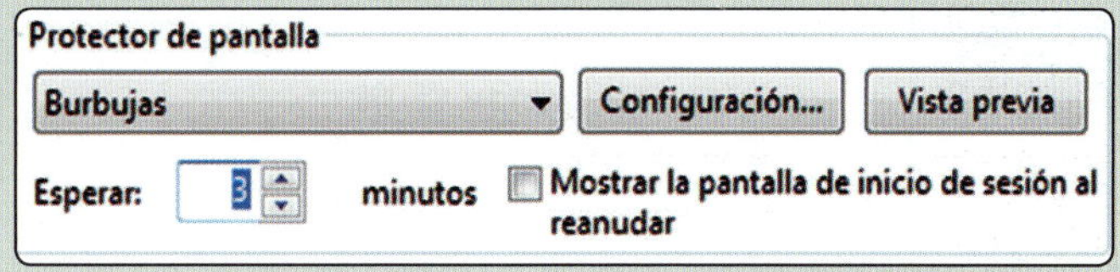

2.1.7. Otras acciones desde Personalizar escritorio

Cuando hacemos clic secundario sobre el escritorio y elegimos **Personalizar**, también podemos configurar otros aspectos, como la pantalla, ventana principal del panel de control, iconos del escritorio, punteros del ratón, cambiar la imagen de la cuenta o acceder al centro de accesibilidad.

El **centro de accesibilidad** permite configurar el equipo para personas que sufren alguna discapacidad.

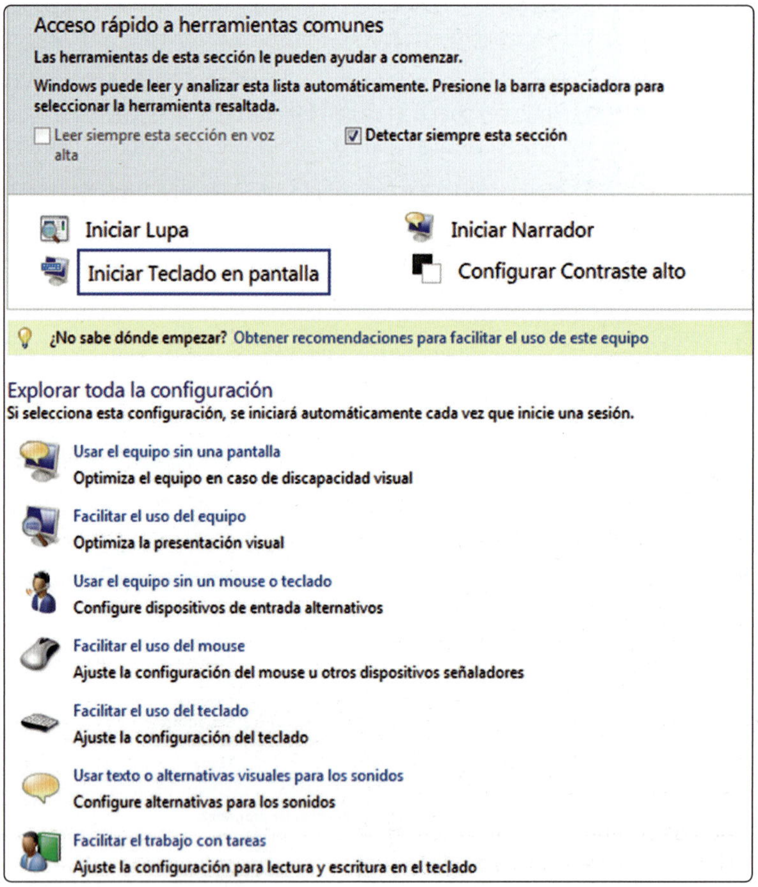

2.1.8. Pantalla

Por último y para dar por terminado el estudio de los elementos de escritorio, veremos la pantalla. Si hacemos clic en Pantalla, podremos configurar el tamaño del texto y de otros elementos:

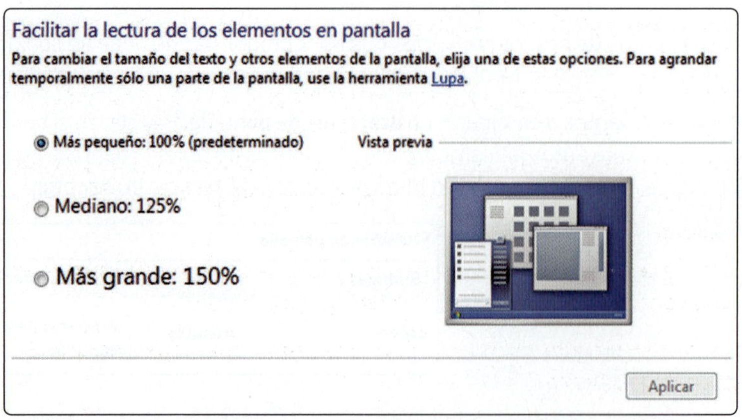

Caso práctico inicial

En el Centro de accesibilidad, la mayoría de los accesorios disponibles están indicados para personas con discapacidad visual, por ejemplo la Lupa.

2.2. El panel de control

Como hemos visto anteriormente, podemos tener acceso al panel de control desde la personalización del escritorio, pero la forma más directa es hacer clic en el **botón Iniciar** y después en **Panel de control**.

Desde el panel de control se puede configurar prácticamente todo el equipo: Administración de *software* y *hardware*, redes, usuarios, internet, seguridad, accesibilidad, apariencia, etc.

2.2.1. Vistas del panel de control

En la imagen podemos ver el panel de control en vista **Categoría**, pero también podemos elegir otras formas de verlo: **Iconos grandes** e **Iconos pequeños**.

Actividades propuestas

2. Abre un documento en blanco de Word o bien WordPad (botón Iniciar ⟶ Todos los programas ⟶ Accesorios ⟶ WordPad) y en él escribe las siguientes preguntas y sus respuestas:

a. Accede al Centro de accesibilidad desde Personalizar escritorio. Haz clic en Iniciar Lupa. ¿Para qué tipo de discapacidad estará recomendado este accesorio?

b. Desde Personalizar escritorio entra en **Pantalla**. Además de poder modificar en el centro los tamaños a más pequeño, mediano o más grande, en el margen izquierdo hay otras opciones. ¿Cuáles son?

c. Accede al Panel de control en vista Categoría. En la categoría Sistema y Seguridad haz clic sobre **Revisar el estado del equipo**. En el apartado Seguridad, ¿tienes algún programa de cortafuegos instalado? En caso afirmativo, ¿cuál es?

d. En el mismo apartado de la pregunta anterior, ¿tienes activada la protección de acceso a redes?

e. Con la misma ventana abierta que en las preguntas c y d, ¿se podría desde esa ventana restaurar el equipo a un momento anterior? ¿Dónde?

f. Desde el Panel de control en vista Categoría, ¿hay alguna manera de configurar el control parental? ¿En qué categoría se encuentra? ¿Para qué sirve el control parental?

g. Desde la categoría Hardware y sonido, averigua qué dispositivos e impresoras hay conectados a tu equipo y escribe aquí sus nombres.

Guarda el documento abierto con el nombre Teoría en la carpeta de actividades de esta unidad didáctica.

Saber más

Opciones del panel de control

Dependiendo de la versión de Windows 7 que tenga un equipo, el panel de control puede mostrar más o menos opciones. Algunas de ellas solo están disponibles para versiones más avanzadas.

Saber más

Ver contenido de carpeta

Paso 1.

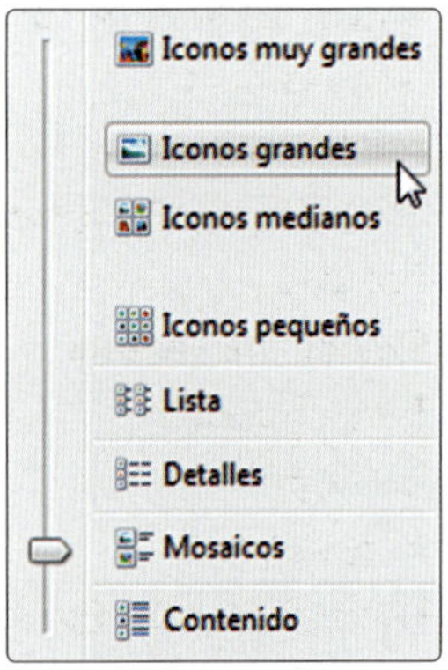

Paso 2.

Caso práctico inicial

Con doble clic sobre Equipo podemos ver por ejemplo si el disco duro está muy lleno. Con un clic sobre Equipo con el botón secundario del ratón, podemos ver otras informaciones como el sistema operativo y su versión o la RAM instalada.

2.3. Otras configuraciones, herramientas y accesorios

2.3.1. Archivos y carpetas

Los datos que se almacenan en las unidades de disco reciben el nombre de archivos o ficheros. Los archivos no deben guardarse de cualquier forma en el ordenador, sino ordenados dentro de carpetas donde puedan ser localizados fácilmente. Cada carpeta puede almacenar archivos de diferentes tipos y subcarpetas.

El usuario puede mover o copiar archivos o carpetas dentro del equipo.

- **Mover** significa cambiar de lugar, con lo que el elemento desaparece de su ubicación original para mostrarse en un lugar distinto que hayamos elegido.
- **Copiar** significa dejar el archivo o carpeta en su lugar, pero con una copia en un lugar diferente.

El contenido de una carpeta puede hacerse visible a los usuarios de varias formas: iconos muy grandes, iconos grandes, iconos medianos, iconos pequeños, lista, detalles, mosaicos y contenido. Esta elección se hace en dos pasos desde el borde superior derecho de las carpetas, como puedes ver en las imágenes laterales.

2.3.2. Búsqueda de archivos y carpetas

Podemos buscar un archivo o carpeta de dos formas:

- Si desconocemos su ubicación: desde el botón Iniciar en la parte inferior (buscar programas y archivos) escribimos una o más palabras que podrían estar en el nombre del archivo o carpeta o dentro del archivo y **sin pulsar la tecla Intro**, arriba se nos mostrará una lista de archivos y carpetas que tienen esas características.

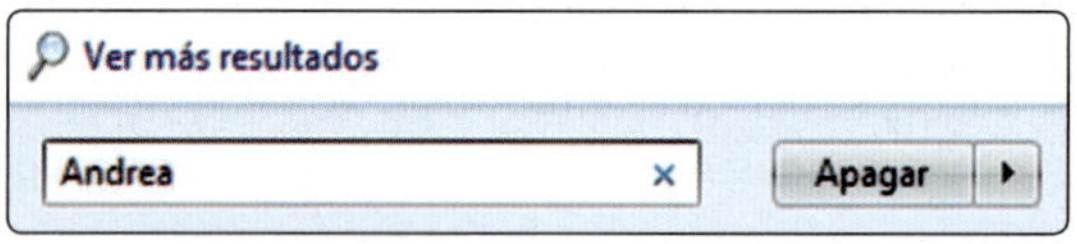

- Si conocemos su ubicación dentro de una carpeta: Abrimos la carpeta correspondiente y en el ángulo superior derecho escribimos la palabra o palabras que describan el archivo o carpeta que buscamos.

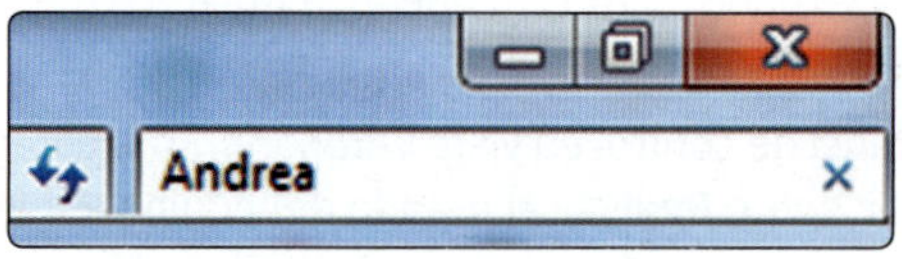

2.3.3. Equipo

Desde el botón Iniciar, en la columna de la derecha podemos ver **Equipo.** Si hacemos clic sobre él veremos el disco o discos duros y otros dispositivos conectados y podremos acceder a ellos. Si, en cambio, desde el botón Iniciar hacemos clic con el botón secundario sobre Equipo, lo primero que podremos ver es la información básica del mismo, tal como la versión del sistema operativo, el tipo de sistema, la memoria RAM, el nombre del equipo y el grupo de trabajo de red al que pertenece.

2.3.4. Accesorios de Windows

Desde el botón Iniciar ⟶ Todos los programas, podremos acceder a los **accesorios de Windows**, algunos muy conocidos como el Bloc de notas, la Calculadora, la Grabadora de sonidos, Paint o WordPad, y otros menos utilizados pero muy interesantes como Conectarse a un proyector, Panel de entrada matemática, Notas rápidas, Herramientas del sistema, Accesibilidad o Tablet PC, con reconocimiento progresivo de escritura.

Vamos a mencionar algunos de esos accesorios menos conocidos:

- **Conectarse a un proyector**. Permite de forma rápida conectar un equipo a un proyector y decidir si la imagen se verá solo en el equipo, solo en el proyector, en ambos o extendida.

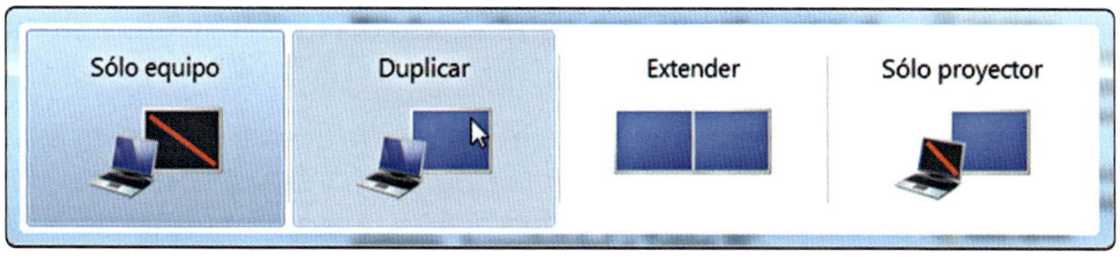

- **Notas rápidas**. Se crea una pequeña ventana a modo de *post-it*, donde se puede escribir un recordatorio que puede mantenerse en la barra de tareas y maximizarlo para situarlo encima de cualquier otra ventana que tengamos abierta. Tiene a la izquierda la opción de crear otra nota nueva y a la derecha, borrar la actual.

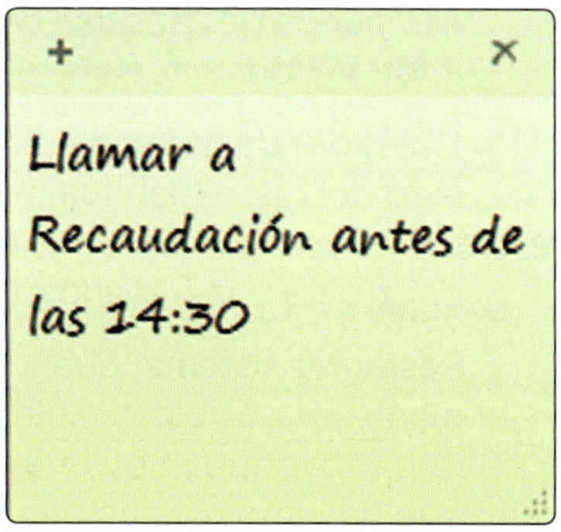

- **Panel de entrada matemática**. Si tenemos abierto cualquier procesador de texto o una hoja de cálculo, podemos escribir a mano en el panel de entrada matemática una expresión matemática e insertarla en dicho documento. Si la expresión que estamos escribiendo no se refleja arriba de forma correcta, podemos usar la goma de borrar y escribirla mejor. En la siguiente imagen puede ver cómo se escribe en el panel y también **cómo quedaría insertado en un documento de Word.**

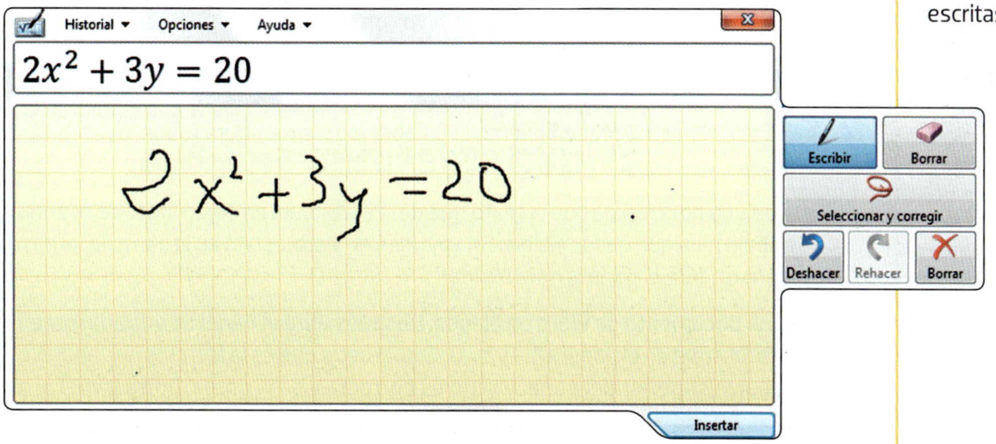

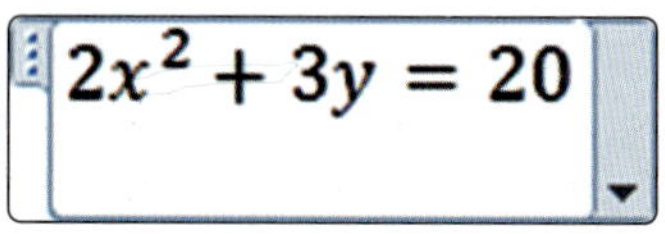

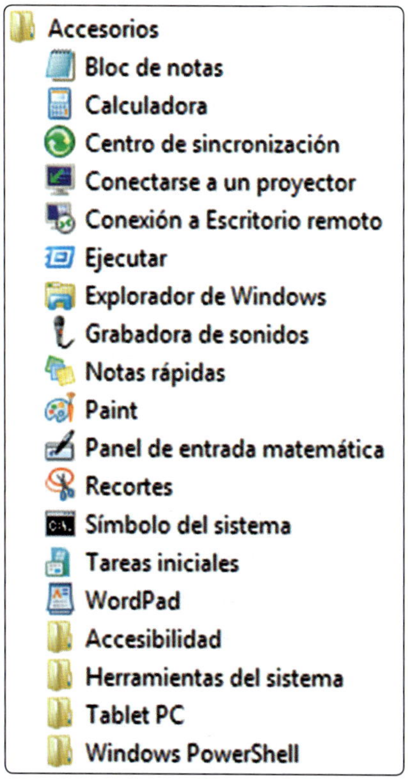

Saber más

Panel de entrada matemática

Probablemente aún no sepas cómo escribir fórmulas en Word. Si así es, de momento puedes utilizar el accesorio de Windows llamado Panel de entrada matemática e insertar en Word las fórmulas escritas a mano.

Saber más

Herramientas del sistema

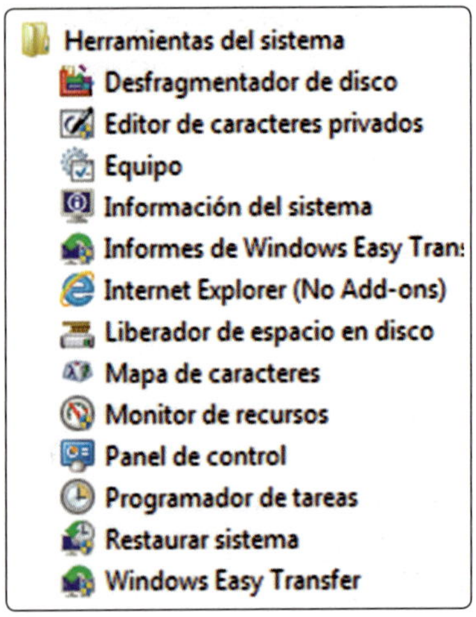

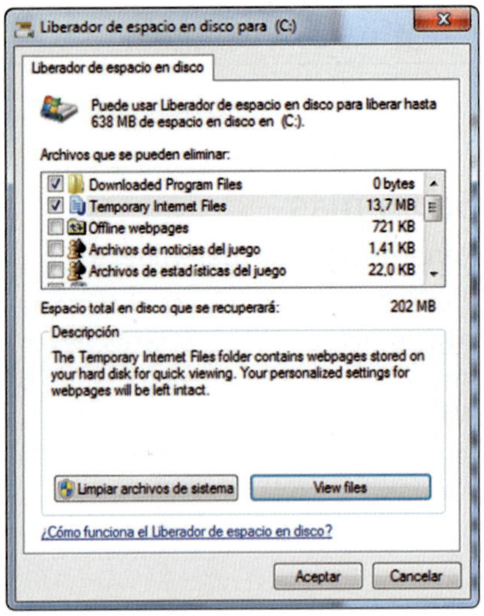

2.3.5. Herramientas del sistema

Herramientas del sistema es una subcarpeta de Accesorios. Ahí encontramos interesantes herramientas para la monitorización y optimización del equipo, tales como el Desfragmentador de disco, Información del sistema, Liberador de espacio en disco, Programador de tareas o Restaurar sistema.

- **Desfragmentador de disco**. Cuando un disco duro u otra unidad de almacenamiento ha sido muy utilizada o está demasiado llena, el acceso al dispositivo se ralentiza. La desfragmentación ordena el contenido dejando más espacio libre, lo que agiliza las tareas de entrada y salida al mismo.
- **Información del sistema**. Aporta información acerca de nuestro sistema, tal como el fabricante del sistema operativo y su versión, el tipo de sistema, el procesador que tiene instalado, la memoria RAM, la memoria virtual, recursos de *hardware*, dispositivos con problemas, etc. Y todo ello puede desglosarse desde el margen izquierdo para obtener mayor información.
- **Liberador de espacio en disco**. Al ejecutarlo hará un análisis del contenido del disco (habitualmente se ejecuta sobre el disco duro principal). Después mostrará una lista de elementos que podrán eliminarse sin peligro para la integridad del sistema.
- **Restaurar sistema**. Cuando un ordenador deja de funcionar correctamente, es posible que últimamente se haya instalado alguna aplicación que provoque el mal funcionamiento o que haya entrado un virus o que hayamos hecho alguna otra operación insegura. Una manera de resolver el problema es restaurar el equipo a un estado anterior. Windows va guardando fechas en que se han hecho cambios, de modo que nos las da a elegir para que decidamos a qué momento queremos restaurar el equipo.

Actividades propuestas

3. Busca desde el botón Iniciar algún archivo con el nombre **Pingüinos**. Si tienes las imágenes de muestra de Windows, seguramente te mostrará el archivo Pingüinos.jpg.
4. Busca por el mismo procedimiento la palabra **jpg**. Te mostrará todos los archivos de imagen que tengan esa extensión y que se encuentren en el equipo.
5. Escribe una nota rápida con el texto que desees. Sitúala en algún lugar de tu zona de trabajo para que quede visible. Si la pierdes de vista, estará en la barra de tareas. Posteriormente elimina la nota rápida.
6. Abre un documento de Word en blanco. Después abre el Panel de entrada matemática. Escribe en el panel x2 – y2 = 0. Comprueba que es la fórmula que aparece en la parte superior del panel y si no es correcta, usa la goma, borra y vuelve a escribir. A continuación pulsa con el ratón en el documento de Word para activarlo y luego en la fórmula haz clic en Insertar. La fórmula aparecerá en el documento de Word. Cierra el Panel de entrada matemática.
7. Si tienes un *pen drive* (unidad *flash*), insértalo en el puerto USB y desfragméntalo.
8. Libera espacio en tu disco duro.

2.4. Grabación de CD y DVD con Windows 7

La grabación de CD y DVD es una tarea que casi siempre hacemos utilizando un programa especializado en grabaciones. Los archivos que deseamos grabar, presentes en el disco duro o en cualquier dispositivo de almacenamiento conectado a él, se arrastran a la parte vacía de la ventana, y cuando se ha terminado con la selección se pulsa el botón de grabar.

Caso práctico inicial

Windows 7 proporciona las herramientas necesarias para grabar un CD o un DVD, permitiéndonos grabarlo como tal o darle la funcionalidad de una memoria *flash*, si así lo deseamos.

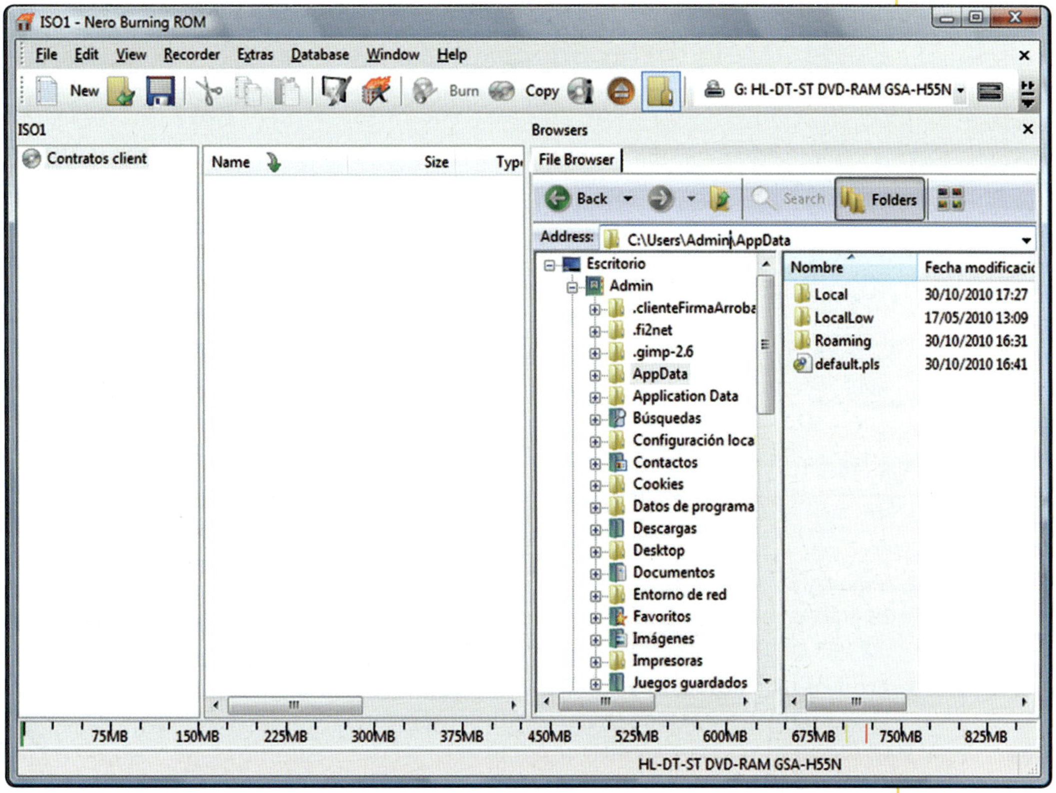

Sin embargo, la grabación de archivos y carpetas a un CD o DVD también puede hacerse aprovechando las utilidades del sistema operativo, pulsando en el archivo o carpeta con el botón secundario del ratón y seleccionando Enviar a (unidad de CD o DVD), arrastrándolo hacia el CD o DVD o siguiendo los pasos que se inician al introducir un CD o DVD en su dispositivo, tal como se muestra en el siguiente ejemplo.

Actividades resueltas

Copiar archivos y carpetas en un CD

Paso 1. Introduce un CD o DVD virgen en el lector y espera a que aparezca el cuadro de diálogo para decidir qué acción realizar. En nuestro caso, Grabar archivos en disco.

Paso 2. Ponle un título al disco. Por defecto mostrará como título el día de la fecha. Si deseamos volver a grabar sobre CD o DVD en otras sesiones, deberemos grabar como una unidad *flash* USB.

Paso 3. La unidad se prepara para la grabación.

Paso 4. Se muestra una carpeta que, al pulsar sobre ella, abre el explorador de Windows.

Paso 5. Arrastramos hacia la derecha los archivos y carpetas que vamos a grabar en el CD o DVD.

Paso 6. Se muestra la ventana informativa del proceso de copia de archivos. Cuando finaliza, los archivos estarán grabados en el CD o DVD.

Actividades resueltas (cont.)

Los pasos en imágenes:

Paso 1

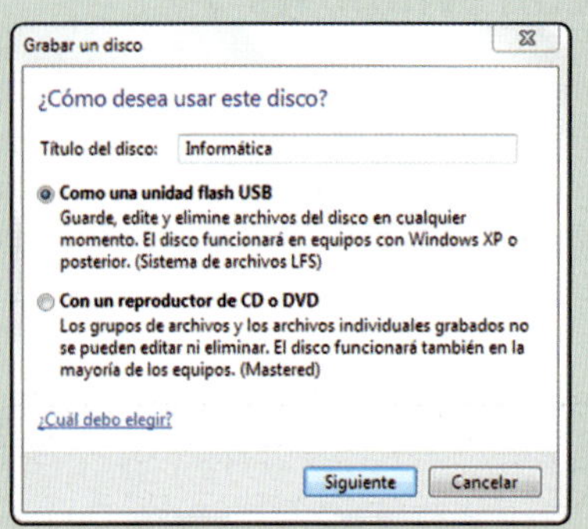

Paso 2

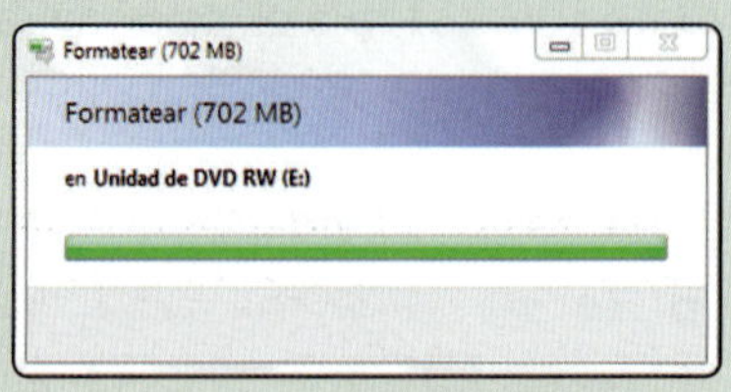

Paso 3

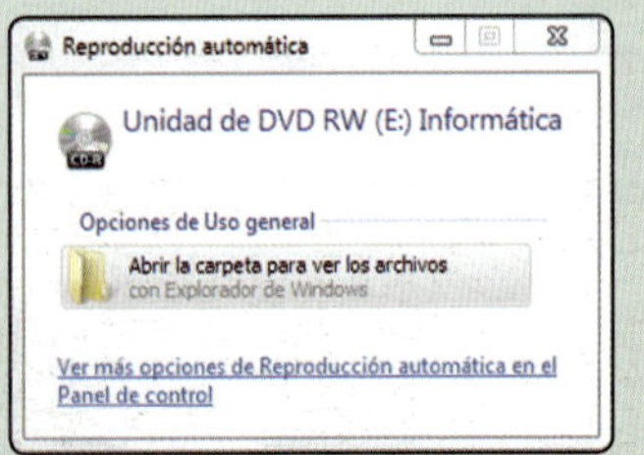

Paso 4

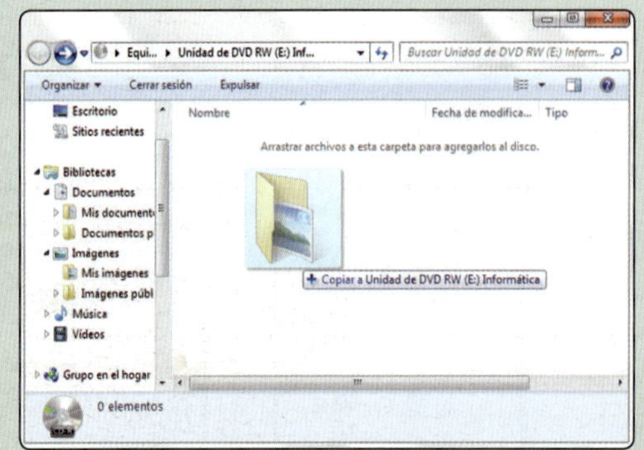

Paso 5

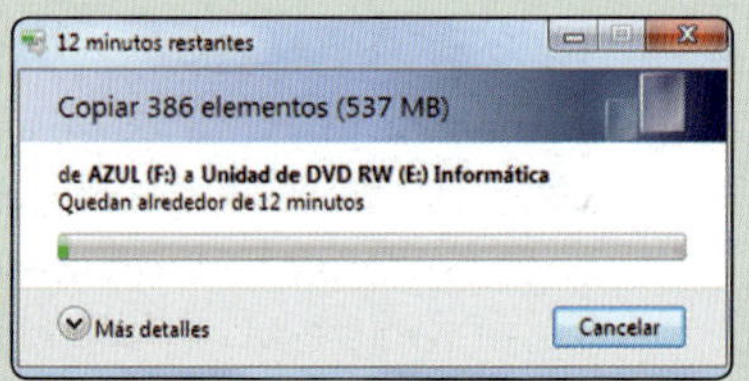

Paso 6

2. **Seguir grabando**
   La grabación se produce por defecto en modo multisesión, de modo que si deseamos agregar archivos al CD más adelante, bastará con arrastrarlos o enviarlos al CD.
3. **Archivos modificados**
   Cuando un archivo ha sido grabado a CD, pero posteriormente ha sido modificado en su ubicación original, puede copiarse de nuevo en el CD.
   Al arrastrarlo o enviarlo hacia el mismo se mostrará un cuadro que permitirá elegir entre tres posibles acciones, como muestra la imagen de la izquierda: Copiar y reemplazar, No copiar y Copiar conservando ambos archivos. Si lo que se va a volver a copiar es una carpeta, se mostrará previamente el aviso de que ya existe y la pregunta de si se desea combinar. Si contestamos afirmativamente, se mostrará un nuevo cuadro de diálogo con los archivos que encuentre duplicados.
   Si no se desea combinar, se detendrá ahí el proceso de copia.

Saber más

Algunos programas conocidos de compresión de pago y gratuitos:

- WinZip.
- WinRar.
- 7-Zip.
- IZArc.

2.5. Comprimir archivos y carpetas

La compresión de archivos puede realizarse mediante programas específicos pero también tenemos la posibilidad de hacerla utilizando la herramienta de compresión de Windows. Basta seleccionar con el botón secundario del ratón la carpeta o archivo que se desea comprimir ⟶ Enviar a ⟶ Carpeta comprimida (en zip).

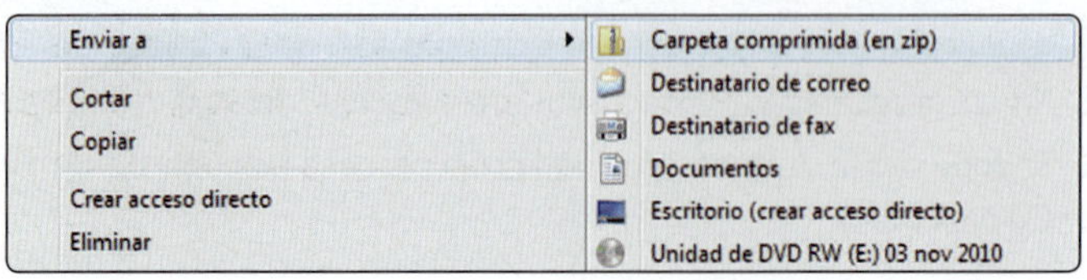

PRÁCTICA PROFESIONAL

Repaso práctico de la unidad

Realiza las actividades que se enumeran a continuación, y en un documento del accesorio de Windows **Bloc de notas**, ve explicando una a una cómo la has realizado. Guarda ese documento con el nombre **Práctica profesional** en la carpeta de actividades de esta unidad didáctica.

1. Crea en el escritorio una carpeta llamada PRIMERA y **copia** en ella varios documentos e imágenes que estén en otras ubicaciones, por ejemplo en Documentos y en Imágenes. Crea, también en el escritorio, otra carpeta que se llame SEGUNDA. Mueve todo el contenido de la carpeta PRIMERA a la carpeta SEGUNDA.
2. Pon como fondo de escritorio el **tema Escenas**.
3. Crea un protector de pantalla con un **texto en 3D** personalizado con tu nombre, en fuente **Algerian** estilo **normal**, con movimiento **Tambaleo**, que se active a los **5 minutos** de estar la pantalla inactiva.
4. Cambia en **Pantalla** los iconos a un **tamaño Mediano**. Los cambios solo pueden verse después de haber cerrado sesión; por lo tanto cierra sesión de usuario desde las opciones de apagado y observa los cambios. Vuelve a poner los iconos en el tamaño predeterminado.

5. Si no lo está, cambia el panel de control a vista **Categorías**.
6. Las cuentas de usuario en Windows 7 pueden ser Estándar o Administrador. Desde el panel de control crea una nueva cuenta de usuario de tipo **Estándar**. Ponle de nombre **Nuevo**.
7. Muestra ahora el panel de control en vista **Iconos grandes**. Con esa vista, elimina la cuenta de usuario que has creado en el punto anterior.
8. En el cuadro de búsqueda, tras pulsar el botón Iniciar, escribe **tulips** sin pulsar Intro a continuación. Si aparece algún archivo con este nombre o con el nombre Tulipanes, haz clic con el botón secundario sobre él y luego elige **Abrir la ubicación del archivo**. Entonces se abrirá la carpeta en donde el archivo se encuentra. Si no están borradas las imágenes de muestra de Windows, será esa la carpeta que se abrirá.
9. Con la herramienta de Windows **Liberador de espacio en disco**, libera espacio de tu disco duro principal (normalmente es la unidad C). Elimina solo los archivos temporales de internet *(temporary internet files)*.
10. Graba en un **CD**, en modo **unidad Flash USB,** la carpeta de actividades de esta unidad didáctica. Recuerda que para grabar un CD los archivos que van a ir dentro de este deberían estar cerrados para evitar errores de grabación. Por lo tanto, primero responde en el documento de texto Práctica profesional, cómo realizarías este punto, después cierra ese documento y cualquier otro que vaya a ir en el CD que esté abierto. Por último procede a la grabación del CD.

Al haber grabado este CD en modo unidad Flash USB, lo hemos dejado disponible para posteriores grabaciones, igual que si se tratara de un pen drive, con lo que puedes seguir reutilizando el CD más adelante si lo deseas.

3 Internet, mantenimiento y redes

Vamos a conocer...

1. Internet
2. Mantenimiento básico y seguridad de equipos
3. Redes locales

PRÁCTICA PROFESIONAL

Mantenimiento, navegadores y redes sociales

Y al finalizar esta unidad...

- Sabrás diferenciar entre navegador y buscador.
- Conocerás las características de diversos navegadores y la forma adecuada de hacer búsquedas en internet.
- Podrás realizar descargas de internet conociendo y respetando los distintos tipos de licencias.
- Conocerás otras actividades realizadas en internet, como el comercio electrónico, la banca electrónica, el trabajo, la enseñanza a distancia o las redes sociales.
- Sabrás cuáles son las tareas de mantenimiento básico del *hardware* y el *software*.
- Conocerás la configuración de tu red local y los requisitos que ha de cumplir para que se puedan compartir recursos y archivos.

Caso práctico inicial

Situación de partida

Vas a gestionar junto con otras personas, una pequeña empresa de servicios que operará en directo y también en internet. Para las oficinas se han comprado tres ordenadores que ya incorporan Windows 7 y todos sus complementos, entre ellos el navegador Internet Explorer 8. Como tienes conocimientos de informática, te han encargado configurar la red local para que todos los ordenadores puedan compartir determinados archivos y la única impresora que habrá en la oficina. También te han pedido que descargues de internet e instales en los equipos algunos programas y utilidades que consideres de interés para desarrollar la actividad de la oficina.

Estudio del caso

Una vez que hayas completado el estudio de esta unidad de trabajo, podrás responder a las siguientes preguntas:

1. Has estado leyendo las características y utilidades del navegador que está instalado en los ordenadores y te parece bueno, configurable para cada usuario, incluso en cuanto a medidas de seguridad, y con pestañas de navegación independiente.
   - ¿Qué aportación positiva ha supuesto agregar a los navegadores pestañas de navegación?
   - ¿Qué otros navegadores prácticos y seguros se podrían instalar en un entorno Windows 7?
   - ¿Qué buscador se utilizará por defecto? ¿Podría ponerse una barra de herramientas de tu buscador favorito en el navegador?
2. Vas a investigar por internet para tratar de encontrar programas interesantes para descargar y, por qué no, algunas imágenes y otros archivos de utilidad.
   - ¿Qué precauciones debes tomar antes de la descarga para proteger el *software* y para respetar los derechos de los creadores del *software* o de las otras obras que descargues?
3. Los servicios de la empresa se venderán también a través de internet.
   - ¿Sería necesario contratar con el servicio de alojamiento de nuestra web algún sistema de seguridad para la misma en el que puedan confiar nuestros clientes?
   - ¿A quién habrá que dirigirse si deseamos cobrar desde internet, para que el pago se realice en modo seguro?
4. Has instalado algunos programas que resultan muy útiles, incluido un antivirus y un *firewall*, y otros a los que al final no les encontráis utilidad alguna.
   - ¿Deberías desinstalar los programas innecesarios? ¿Cómo se desinstalan?
   - Ahora el ordenador tiene todo lo necesario y funciona bien. ¿Qué se puede hacer para crear un punto de restauración?
   - Después de instalar un programa nuevo, el sistema se ha vuelto inestable. ¿Qué herramientas puedo utilizar para que vuelva a funcionar correctamente?
5. Configurar la red no es tu especialidad, pero algo podrás hacer.
   - ¿Optarás por asignar IP privadas estáticas o dinámicas?
   - Para compartir la impresora y algunas carpetas y archivos, ¿hay que crear un grupo de trabajo? ¿Cómo se hace? ¿Habrá que decidir qué archivos, unidades y periféricos serán compartidos?
6. Es necesario cuidar del mantenimiento de los equipos tanto a nivel de *software* como de *hardware*.
   - ¿Qué precauciones hay que tener a nivel de *software* para mantener la integridad de los datos?
   - ¿Cuáles son los cuidados básicos del *hardware* que eviten averías y accidentes en la medida de lo posible?

1. Internet

1.1. Introducción

La idea de poder conectar varios ordenadores en red para poder compartir recursos ya se empezó a utilizar en la década de 1950, pero la base más firme para el desarrollo de internet tal y como hoy lo conocemos surgió con la publicación del concepto de web *(Word Wide Web)* en 1992. La web está formada por un conjunto indeterminado de documentos enlazados entre sí mediante hipertexto.

1.2. Navegadores y buscadores

1.2.1. Navegadores

Un navegador web es un programa que permite visualizar páginas escritas en HTML o en otros lenguajes de programación web, que estén alojadas en el equipo, en una red local o en internet.

La navegación es posible a través de los hipervínculos que contiene la página web y mediante el uso de los botones de herramientas presentes en el navegador.

Los navegadores más utilizados son Internet Explorer, Mozilla Firefox, Safari (de Apple) y Google Chrome, el de más reciente aparición.

Cada navegador tiene sus peculiaridades, que van cambiando con frecuencia en las sucesivas versiones o con el añadido de complementos. Todos ellos incorporan herramientas de personalización, configuración de seguridad, navegación hacia atrás, hacia delante o sobre el historial, gestión de favoritos, página (para buscar algo en la página actual, ampliar mediante *zoom,* cambiar el tamaño de los caracteres, etc.).

Internet Explorer 8.

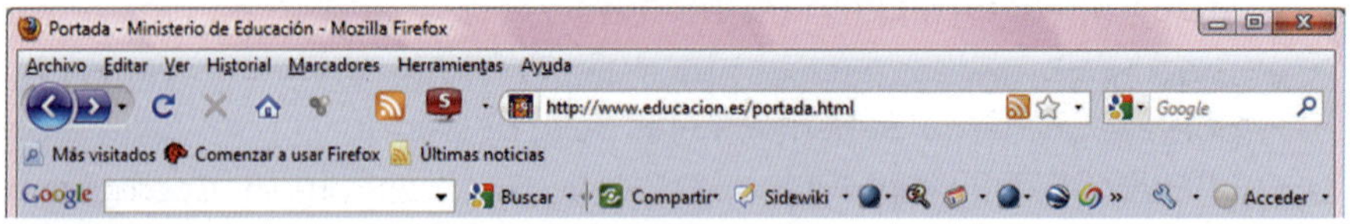

Mozilla Firefox 3.5.7.

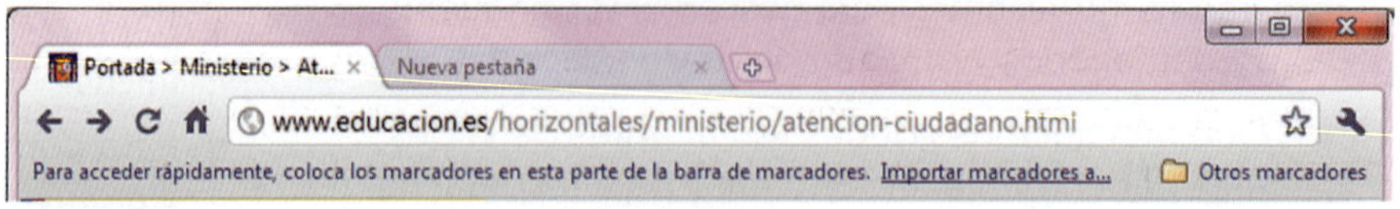

Google Chrome.

Actividades propuestas

1. Responde a las siguientes preguntas:
   - ¿Qué navegador o navegadores tienes instalados en tu equipo?
   - ¿Qué versión es la de tu navegador o la de tus navegadores si tienes más de uno? Puedes encontrarla en el apartado de Información o en Acerca de, de la ayuda del navegador.

Saber más

Tim Berners Lee (Sir Timothy «Tim») fue el creador del lenguaje HTML y del concepto de Word Wide Web.

Caso práctico inicial

Navegador con pestañas

Una característica que en principio era propia de Safari y Firefox, se ha hecho extensiva a otros navegadores. Cada pestaña abre una nueva vía de navegación dentro de la misma ventana.

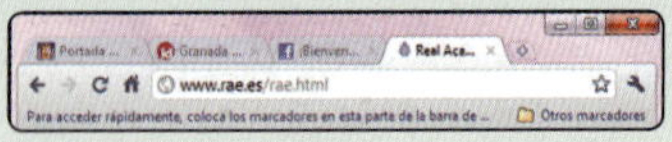

Caso práctico inicial

Los navegadores más conocidos actualmente son:

- Internet Explorer.
- Mozilla Firefox.
- Google Chrome.
- Safari (de Apple, cuya última versión se puede instalar bajo Windows).
- Opera.
- Netscape browser.
- Mozilla Sea Monkey.
- Maxthon.
- Avant Browser.

Cada usuario tiene sus preferencias en cuanto a navegadores.

1.2.2. Buscadores

Un buscador o motor de búsqueda es una web especializada en buscar información en internet mediante el llamado sistema araña *(spider)*, que consiste en enviar por la red unos programas robots que rastrean en todas las páginas existentes y van anotando en una base de datos palabras clave que las identifican o que contienen. Por otra parte, puntúan la importancia de esa página en función de una serie de parámetros, uno de los cuales es el número de visitantes que recibe o si las visitas van en aumento o disminuyen.

Cuando una persona escribe una palabra en la ventana de búsqueda de un buscador, se le ofrece una lista de páginas webs que la contienen en su título, en su descripción o en su contenido, mostrando en primer lugar aquellas que el motor de búsqueda considera más importantes o que se adaptan mejor a la palabra o grupo de palabras buscadas por el usuario.

Actualmente, el motor de búsqueda más utilizado y que arroja mejores resultados es Google, pero existen muchos otros como Ask, Yahoo Search, Altavista, etc.

1.3. Buscar información

Para encontrar información, se debe escribir en el cuadro de búsqueda del buscador una palabra, una frase o un grupo de palabras. Si se conocen las palabras exactas y en el orden en que se quieren encontrar, dicho grupo de palabras se escribirá entre comillas para afinar la búsqueda y obtener los resultados más inmediatos. Pueden escribirse dos o más grupos de palabras entrecomilladas en la misma búsqueda. En algunos buscadores, la información se puede filtrar para obtener el resultado en imágenes, vídeos, noticias, blogs, mapas, etc.

1.4. Descargas

Además de la búsqueda de información, mediante el uso de navegadores y con la ayuda de los buscadores podremos descargar de internet aplicaciones, música, vídeo, imágenes y otro tipo de archivos de texto o multimedia. Del mismo modo podemos subir a la red nuestros propios archivos y ponerlos a disposición de otras personas.

La idea, cada vez más extendida, es que **las aportaciones en internet por parte de cualquier persona del mundo enriquecen a la comunidad total,** por lo que se tiende a crear y fomentar sistemas de colaboración gratuita, y al día de hoy se han desarrollado grandes proyectos en este sentido, como por ejemplo las llamadas **wikis,** que son proyectos que cada usuario de internet puede no solo consultar, sino también modificar, o agregar información a la ya existente.

Pero no todo lo que hay en internet puede descargarse libremente. Existen imágenes, *software*, textos y archivos de audio o vídeo que pueden descargarse de acuerdo con una determinada licencia o que están sujetas a derechos de autor *(copyright)*.

1.4.1. Descarga e instalación de aplicaciones

En varias unidades de este libro veremos diversos ejemplos y actividades para descargar e instalar *software*, pero antes de descargar un programa debemos saber de qué tipo, por si tiene alguna limitación de uso o de licencia.

Saber más

Buscador telemático

Un buscador temático o directorio es una página web que encuentra y ofrece información a partir de su base de datos, que está organizada por temas o materias. Por ejemplo, Google directorio.

Caso práctico inicial

Buscadores y directorios en castellano y otras lenguas españolas. De algunos se puede instalar su propia barra de herramientas en el navegador.

Wikipedia una de las mayores wikis de internet.

Saber más

Intercambio p2p

Descargar películas, música y otros archivos a través de las redes *peer to peer* (p2p) es un tema controvertido en España, que comienza a legislar las relativas prohibiciones y restricciones. La controversia se centra en los derechos de autor, el alto consumo de ancho de banda y el concepto de copia privada.

Saber más

Download scheduler

Existen programas, utilidades y complementos de navegador (como en el caso de Mozilla Firefox) del tipo *Download scheduler* (planificador de descargas), que planifican las descargas de programas y otros archivos de gran tamaño para detenerlas y reanudarlas según los horarios que establezca el usuario.

Caso práctico inicial

Precauciones en descargas

Tomar las debidas precauciones antes de descargar e instalar un *software* u otros archivos de internet es importante para preservar la seguridad de nuestros equipos y respetar los derechos de los autores o creadores del *software* o de otro material descargado.

Logo Copyright.

Logo Copyleft.

- ***Software* libre.** Aquel que puede ser libremente utilizado, mejorado, copiado y distribuido por los usuarios del mismo, para lo cual se pone a disposición de dichos usuarios el código fuente. Suele estar sujeto a licencia gratuita o a precio de coste.
- ***Software* no libre.** También denominado ***software* de pago.** Autoriza su uso a quienes sean poseedores de licencia de uso. La licencia es de pago y está sujeto a derechos de autor, por lo que no podrá ser modificado, copiado o redistribuido.
- ***Shareware, demo* o de prueba.** El que se distribuye para su evaluación con validez limitada en el tiempo o con solo parte de su funcionalidad. Para obtener el *software* completo es necesario el pago de la correspondiente licencia.
- ***Freeware*.** Se distribuye con licencia gratuita y puede ser libremente ejecutado por los usuarios. El código fuente puede ser conocido o no, pero, si lo fuese, los usuarios no tienen autorización para modificarlo.
- ***Software* de dominio público.** Se distribuye gratuitamente y sin licencia para ser utilizado sin ánimo de lucro.
- ***Adware*.** Aplicaciones gratuitas y completas pero que contienen publicidad.

1.4.2. Otras descargas

A la hora de descargar audio, imágenes, presentaciones con diapositivas, texto o cualquier otro tipo de archivo, hay que tener en cuenta las condiciones bajo las que ha sido publicado y qué exigencias se han establecido para su descarga, utilización y redistribución. Veamos tres conceptos que nos orientarán en las descargas de archivos.

- ***Copyright*** es el derecho que tiene el autor del archivo para su modificación, para permitir que sea utilizado por terceros y para obtener beneficios económicos por su distribución. Los **derechos de autor** vienen recogidos en España por el texto refundido de la Ley de Propiedad Intelectual (LPI), cuyo hecho generador es que «la propiedad intelectual de una obra literaria, artística o científica corresponde al autor por el solo hecho de su creación». A partir de 1991 el *software* se asimila, en cuanto a tratamiento legal, a las obras artísticas o literarias.
- ***Copyleft*** implica la publicación de cualquier material –incluso *software*– bajo un tipo de licencia que impide jurídicamente que nadie en el futuro pueda apropiarse de ese material u obra bajo *copyright*. Los objetivos del *copyleft* son, por tanto, crear obras gratuitas, que puedan ser copiadas, modificadas o distribuidas, pero garantizando que nadie se pueda apropiar nunca ni el original ni sus derivados y exigir por ello derechos de autor. Estos objetivos se consiguen mediante las siguientes pautas:
  - El *software* se distribuye con licencia o contrato.
  - En los términos de la licencia o contrato se establece que el *software* puede ser usado sin ninguna limitación, redistribuirlo y modificarlo como se crea conveniente.
  - Los sucesivos propietarios del *software* que deseen distribuirlo tienen la obligación legal de hacerlo bajo el mismo tipo de licencia que el original.

Por lo tanto, *copyleft* es un término que legalmente garantiza que cualquier *software* derivado de un *software* libre permanecerá libre, y que quien no cumpla dicha obligación tendrá que asumir las consecuencias legales correspondientes, que son las mismas aplicables a quienes incumplan las leyes sobre el *copyright*.

- *Creative Commons* es una organización no gubernamental, sin ánimo de lucro, con sede en varios países del mundo, que establece licencias para la distribución y el uso de obras y creaciones. Las licencias permiten el uso de ese material original bajo algunas condiciones, que establecerá el autor, con base en determinadas restricciones:
  1. **Reconocimiento**: debe reconocerse la autoría de una obra en los términos que establezca el propio autor o licenciante.
  2. **No comercial**: la obra podrá utilizarse libremente, siempre que no se haga con ánimo de lucro.
  3. **Sin obra derivada**: se podrá distribuir, copiar y mostrar libremente, pero no así cualquier material derivado de la obra original.
  4. **Compartir igual**: el material creado puede ser copiado, distribuido y mostrado libremente. También se puede crear material derivado del mismo, pero su distribución debe hacerse obligatoriamente bajo la misma licencia que ampara al original.

La combinación de las cuatro primeras restricciones da lugar a los diferentes tipos de licencias *Creative Commons*.

5. **Dominio público**: incluido en el catálogo *Creative Commons* en octubre de 2010, para señalar las obras que no tienen ningún tipo de restricción.

1.5. Otras actividades en internet

Hemos hablado de la búsqueda de información y de las descargas, dos de las actividades más frecuentes en la gran red, pero hay otras tareas humanas cuya incidencia crece cada día en internet, como es el comercio electrónico *(e-commerce)*, la enseñanza *online (e-learning)*, el trabajo a distancia *(e-working)* o la comunicación humana mediante redes sociales, chats, vídeoconferencias, foros de discusión o blogs. A continuación estudiaremos algunas de ellas.

1.5.1. e-Commerce

Comprar y vender por internet es una actividad en crecimiento constante. Hoy día se compra *online* en supermercados, agencias de viajes, hoteles, librerías y todo tipo de tiendas. La desconfianza de los potenciales clientes está decreciendo conforme se incrementan las medidas de seguridad:

- De las páginas web de las tiendas *online* o centrales de reservas que pueden ofrecer sus productos y servicios a través de una **página segura**.
- De la seguridad en las transacciones dinerarias. El pago seguro se garantiza cuando el proveedor ha contratado **un terminal de punto de venta virtual** (TPVV) con alguna entidad bancaria.

  Las transacciones mediante TPVV se realizan del siguiente modo:
  1. El cliente conectado a la web del proveedor selecciona uno o más productos, los introduce en el carrito virtual y procede a realizar el pago mediante tarjeta de crédito.
  2. La tienda o central de reservas virtual envía *online* al banco los datos de la tarjeta y el importe que se deberá cargar al cliente.
  3. La entidad bancaria comprueba la validez de los datos recibidos y acepta la operación. En algunos bancos existe un proceso intermedio mediante el cual la entidad bancaria se comunica vía SMS con el cliente para solicitar su conformidad.

Logo *Creative Commons*.

Reconocimiento.

No comercial.

Sin obra derivada.

Compartir igual.

Dominio público.

Caso práctico inicial

Web segura

Un comercio electrónico puede contratar un servicio de web segura (páginas del tipo https) para garantizar a su clientela que la información que suministre no será interceptada por terceros.

4. La entidad bancaria comunica al cliente y al proveedor que la operación es conforme, carga el importe en la cuenta del cliente y la abona en la del proveedor.

Las empresas que se deciden a comerciar a través de internet deberán cumplir con los requisitos legales que imponen la Ley de Servicios de la Sociedad de la Información y Comercio Electrónico y la Ley Orgánica de Protección de Datos.

1.5.2. e-Learning

Universidad a distancia.

La **educación a distancia** ha ganado en facilidad y calidad gracias a los recursos que pueden utilizarse por internet o intranet. Muchos centros educativos, academias y universidades incluyen entre sus servicios la formación a distancia, en la que el alumnado puede comunicarse entre sí y con el profesorado en tiempo real o en diferido, utilizando como herramientas el correo electrónico, chat, páginas web o plataformas educativas.

El material de enseñanza-aprendizaje que se utiliza puede ser texto escrito, vídeos, imágenes, audio y programas de todo tipo, que se suben, se descargan y se comparten. Mediante el uso de plataformas y aplicaciones se puede identificar sin posibilidad de error a cada usuario-estudiante para recibir y evaluar su trabajo.

Caroline.net y moodle.org son dos plataformas educativas libres y personalizables que pueden adaptarse también al e-Working.

1.5.3. e-Working

«Trabaje desde casa» ha sido un recurso empleado durante muchos años, antes de la aparición de internet. Sin embargo, en la actualidad muchos de los trabajos que se realizan en una empresa, principalmente los que generan material que puede enviarse mediante internet y los que se basan en la información y la comunicación, pueden realizarse desde el propio domicilio. Esto tiene una doble ventaja:

- Para la empresa, que reduce costes en servicios, espacio e instalaciones y la tasa de absentismo laboral.
- Para el trabajador, que evita desplazamientos y organiza su entorno de trabajo —y en ocasiones también su horario laboral— como le resulte más cómodo.

e-Working.

1.5.4. e-Banking

Los clientes acceden mediante internet a los servicios e información que su entidad bancaria les ofrece, utilizando un nombre de usuario y contraseña o un certificado digital. La banca electrónica permite realizar gran número de operaciones con la garantía de contar con fuertes sistemas de protección para los usuarios. Como ejemplos de operaciones podemos citar las órdenes de compra de acciones, transferencias, consulta de saldo, consulta de operaciones realizadas en una cuenta, petición de talonario de cheques, gestión de domiciliaciones y pago de impuestos, contratación de seguros, etc.

1.5.5. Redes sociales

Logos de conocidas redes sociales.

La teoría sobre la que se basan las modernas redes sociales es la llamada «seis grados de separación», que fue propuesta mediante un cuento, en 1930, por el escritor Frigyes Karinthy. Según esta teoría, una persona podría llegar a conectar con todas las personas del planeta contando en principio solamente con cinco enlaces. Cada uno de esos enlaces tiene a su vez los suyos propios, de modo que, en teoría, un mensaje emitido por la primera persona y transferido por cada uno de sus enlaces a todos los suyos puede alcanzar en breve tiempo a toda la población mundial.

Las redes sociales pueden ser temáticas o de propósito general. Las más populares, en la actualidad, por número de usuarios, son las de propósito general. Entre las temáticas las hay por aficiones, profesionales, por situación geográfica, estado civil, grupos de edad, etc.

Con el tiempo se han convertido en uno de los recursos más utilizados en internet, después de los buscadores. Sin embargo, esa popularidad, que abarca a millones de personas en todo el mundo, a menudo las convierte en lugares no exentos de peligro, por la facilidad para obtener información privada y financiera de las personas, lo que puede suponer riesgos de diversa índole e importancia para usuarios, e incluso para las empresas en donde trabajan, si no se utilizan con las debidas precauciones.

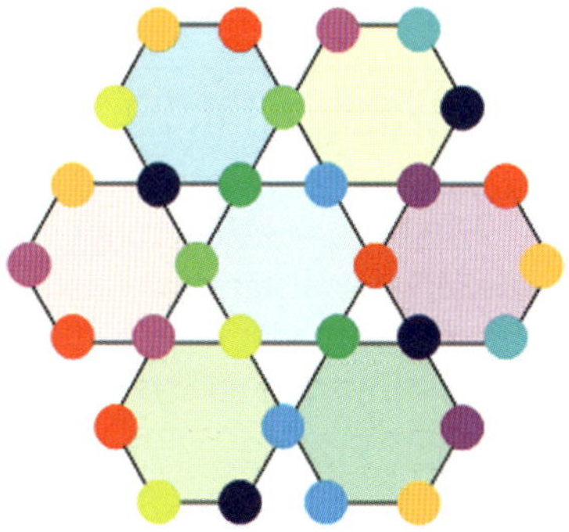

Abstracción de una red social. Los puntos son personas y las líneas conexiones entre ellas.

Actividades propuestas

2. Te gusta una canción que has oído, pero desconoces quién es su intérprete o cuál es su título. Está en portugués y recuerdas estos dos fragmentos de la canción: **E quanto mais o tempo passa (...) Do que viver o amor sem paz.**

a) Escribe todas esas palabras en el cuadro de búsqueda de Google y trata de dar respuesta al nombre del intérprete o grupo y el título de la canción. ¿Hallaste fácilmente la respuesta?

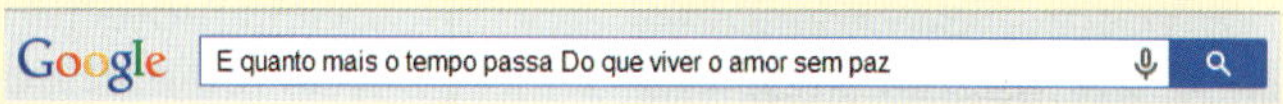

b) Haz la búsqueda ahora encerrando entre comillas ambos grupos de palabras «E quanto mais o tempo passa» «Do que viver o amor sem paz». ¿Has encontrado una canción que contenga ambos grupos de palabras? ¿Se ha facilitado la búsqueda? ¿Qué utilidad le ves al entrecomillado de frases?

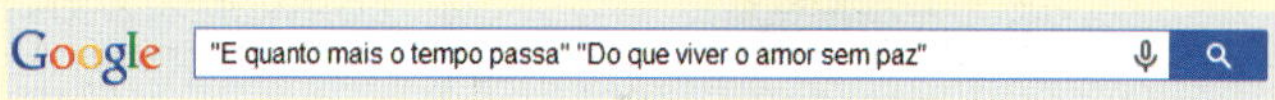

3. ¿Qué diferencia existe entre *software* libre y *software* de dominio público?

4. Si tenemos una obra que decidimos distribuir gratuitamente por internet a cualquier usuario que la necesite, ¿Qué sentido tendría que la publicásemos con una licencia *copyleft*?

5. Indica cuáles son y qué significado tienen las posibles restricciones de obras publicadas bajo licencia *Creative Commons*.

6. ¿Qué restricciones tiene una obra *Creative Commons* de dominio público?

7. Hemos encontrado una imagen, con licencia *Creative Commons*, que necesitamos para un trabajo que tenemos que publicar más adelante. Junto a la imagen aparecen los iconos que mostramos.

¿Qué significa el primero de ellos? ¿Podremos modificar la imagen para insertarla cambiada en nuestro trabajo?

8. Busca en internet alguna empresa (supermercado, agencia de viajes, librería, tienda de discos o ropa, etc.) que venda sus productos *online*.

a) ¿De qué empresa se trata?

b) ¿Tiene carrito de compra virtual?

c) ¿Qué opciones de pago ofrece a sus clientes?

d) ¿Crees que ofrece suficientes garantías en cuanto a la entrega, devolución y pago seguro?

9. ¿Se hace uso en tu centro educativo de alguna plataforma educativa? En caso afirmativo, ¿de cuál de ellas se trata y qué actividades se realizan a través de dicha plataforma?

10. ¿Qué diferencia existe entre e-Banking y e-Working?

11. ¿Utilizas alguna red social? ¿De cuál se trata? ¿Crees que ofrece suficientes garantías de privacidad? ¿Conoces algún caso de suplantación de personalidad en tu red social?

2. Mantenimiento y seguridad de equipos

Caso práctico inicial

La información –conjunto de datos almacenados– es el principal objeto de protección de un sistema informático. Mantener adecuadamente el *hardware* y el *software* contribuye a proteger los datos.

El mantenimiento y la reparación de averías en el ordenador y sus periféricos es competencia de personal técnico especializado. No obstante, el usuario no especialista en sistemas informáticos debe seguir unas pautas de mantenimiento básico de su equipo para evitar averías en el *hardware* y errores de *software* con la finalidad principal de salvaguardar la información.

2.1. Protección del *hardware*

El *hardware* es la parte física del ordenador: la carcasa y su interior, el teclado, el ratón y cualquier otro dispositivo que se conecte al equipo. A continuación se relacionan las medidas de seguridad básicas que se deben observar para mantener el *hardware* en buen estado.

2.1.1. Alimentación

SAI.

Utilización de un sistema de alimentación ininterrumpida (SAI) o de una regleta protectora. Ambos, protegen al equipo de los picos que se producen en la red eléctrica. El SAI, además, mantiene la alimentación durante unos minutos si falla el suministro eléctrico, pues proporciona, como mínimo, el tiempo suficiente para guardar los trabajos abiertos y apagar el ordenador. Un pico o un corte de corriente pueden dañar tanto al *hardware* como al *software* y a los datos.

2.1.2. Limpieza

- **Carcasa.** Es muy recomendable que el ordenador no se halle en un ambiente cargado de polvo y partículas, que obstruyen los filtros de aire y ensucian los circuitos. Periódicamente se debe limpiar el polvo de las entradas de aire a la carcasa y a la fuente de alimentación. La limpieza interior –disipadores, placa y tarjetas– es preferible que la realice un técnico que la llevará a cabo de forma más meticulosa y sabrá cómo evitar que se dañe algún componente.

  En tiendas de informática podemos encontrar filtros para colocarlos en las rendijas de entrada de aire al ordenador, que retienen el polvo para que no penetre en el interior de la carcasa.

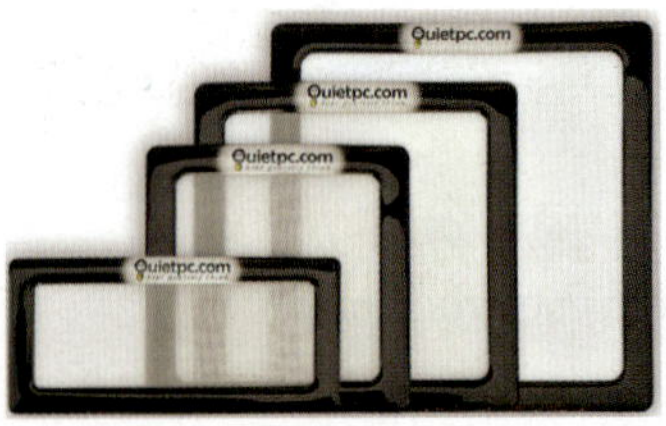

Juego de filtros antipolvo de distintas medidas.

- **Monitor.** Se limpiará con un paño humedecido en agua, limpiacristales o algún líquido especial para monitores, pero deberá estar desenchufado de la corriente mientras tanto.
- **Ratón.** El ratón óptico se mantendrá limpio, sobre todo en su base, en donde se pueden acumular polvo o fibras que dificultan la captación de la señal de la superficie. En cuanto al ratón de bola, con frecuencia es necesario sacar la bola y quitar la suciedad adherida a las ruedecillas interiores.

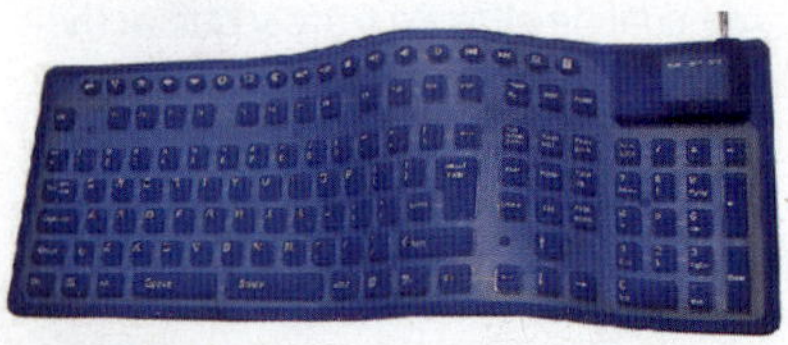

Teclado de silicona.

- **Teclado.** El mejor sistema para limpiar el teclado consiste en utilizar una aspiradora y, posteriormente, pasar un líquido limpiador por las teclas.
- **Impresora.** Debe limpiarse, con un paño húmedo, los rodillos de arrastre del papel y los cabezales de impresión, que en las de chorro de tinta pueden estar en la base de los cartuchos.

2.1.3. Electricidad

Es importante observar que se cumplen las medidas elementales de seguridad en la red eléctrica: tener enchufes con toma de tierra, apoyar el ordenador y los periféricos en mesas u otros soportes que eviten los daños que podrían causar escapes accidentales de agua, rotura de tuberías o inundaciones por accidentes meteorológicos, así como sustituir los cables que estén dañados para evitar el riesgo de cortocircuitos.

2.2. Protección del software

El *software* es la parte lógica del ordenador: el sistema operativo y los programas. Con el mal uso y la falta de mantenimiento pueden llegar a funcionar de manera irregular. A continuación veremos las reglas básicas para asegurar en lo posible un buen funcionamiento del equipo a nivel de *software*.

2.2.1. Instalación y desinstalación de programas

- Leer el manual de usuario del programa para saber si es soportado por el sistema operativo y si el ordenador reúne las características mínimas u óptimas de *hardware* y de *software*.
- Si el programa se descarga de internet, conviene verificar que el sitio que lo aloja es de confianza, para evitar la instalación simultánea de *malware* como virus o *spyware*.
- Leer las ventanas informativas durante la instalación de un programa para que no se instalen barras de herramientas en el navegador, iconos en la barra de tareas o accesos directos en el escritorio, si no deseamos que así sea.
- Desinstalar programas que dejan de utilizarse o barras del navegador no deseadas, bien sea desde el panel de control o desde la utilidad de desinstalación que tienen algunas aplicaciones.

Caso práctico inicial

Antes de limpiar cualquier elemento con agua o líquido, se debe desconectar de la red eléctrica.

Saber más

Desde el botón Iniciar ⟶ Todos los programas, puede verse que algunos programas que están en carpeta tienen la opción Desinstalar.

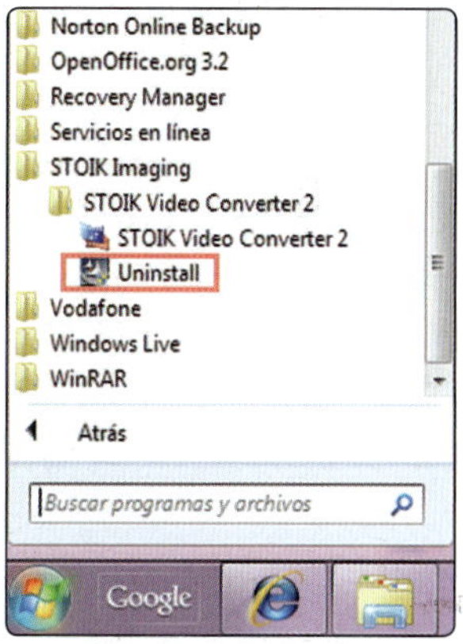

Actividades propuestas

12. ¿Cuál es la finalidad principal de seguir unas pautas de mantenimiento básico de los equipos informáticos?

13. ¿Cuáles son las medidas básicas que se han de seguir para mantener el *hardware* en buen estado?

a) En cuando al sistema de alimentación.

b) En cuanto a la limpieza.

c) En cuanto a la electricidad.

14. ¿Qué medidas básicas se habrán de seguir para mantener el *software* en buen estado?

15. ¿Cuál es la función de un *firewall*? ¿El *firewall* está en el sistema operativo o en el programa antivirus?

16. Investiga: Al restaurar el sistema a un punto anterior, los programas que hayamos instalado después de ese punto dejarán de estar ¿habrán desaparecido también los archivos creados desde aquel momento?

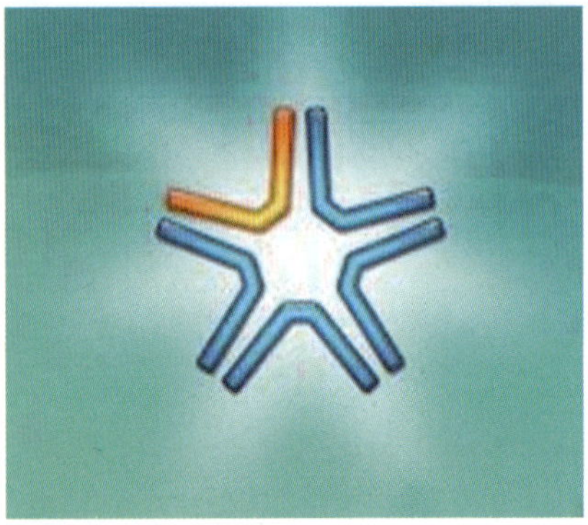

Si Microsoft comprueba que no se está utilizando *software* original, no podrán bajarse actualizaciones y aparecerá esta imagen como notificación y en la barra de tareas.

2.2.2. Actualizaciones del sistema operativo Windows 7

Las actualizaciones se pueden realizar de forma manual o automática. Tener el sistema operativo actualizado nos garantiza que se habrán instalado los controladores necesarios para el buen funcionamiento de nuestro equipo, así como los parches de seguridad, actualizaciones de la versión del sistema operativo o instalación del último *service pack*.

- De forma automática se pueden activar o desactivar las actualizaciones automáticas si se hace clic en el botón Iniciar ⟶ Todos los programas ⟶ Windows Update. A continuación se muestran las actualizaciones disponibles. A la izquierda están las opciones; una de ellas es la de modificar la configuración de las actualizaciones automáticas.

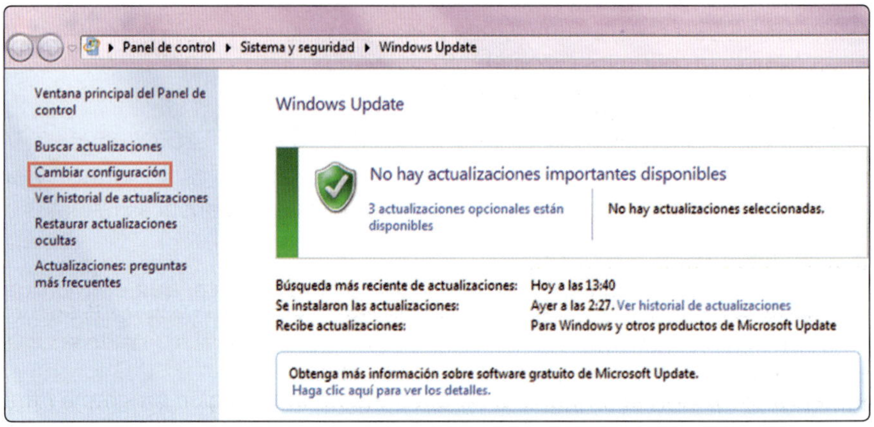

- De forma manual se puede acceder a Cambiar configuración, tal como muestra la imagen anterior, y elegir cualquiera de las opciones posibles excepto la automática.

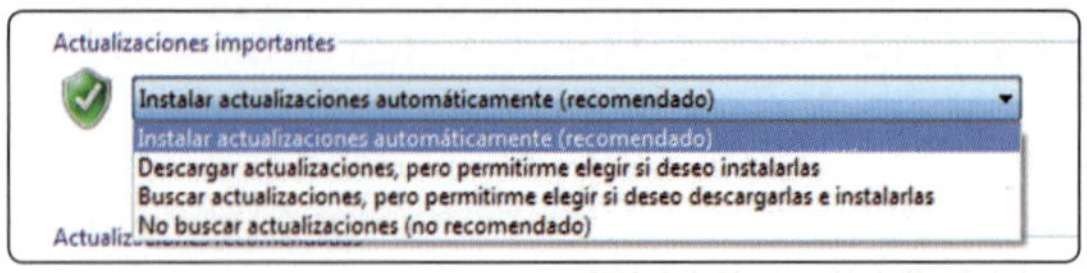

Saber más

Si accedemos a la página Windows Update de Microsoft, se activará la ventana Windows Update de nuestro panel de control.

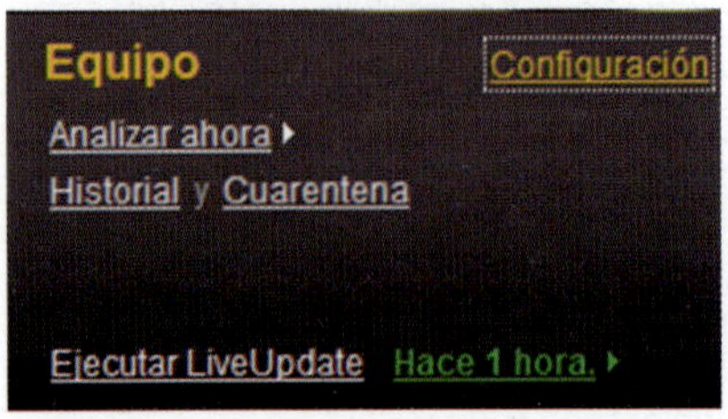

Configuración y análisis con Norton.

2.2.3. Antivirus

- Tener instalado un antivirus vigente y actualizado.
- Descargar las actualizaciones del programa antivirus.
- Descargar las actualizaciones de reconocimiento de virus y otro *malware*.
- Programar, mediante el programa antivirus, análisis periódicos del equipo para localizar y eliminar posible *malware*.
- Antes de abrir o explorar dispositivos de almacenamiento secundario, como memorias USB u otros, hay que analizarlos con el antivirus instalado. Se hace clic con el botón secundario del ratón sobre la unidad a analizar y se elige la opción que active el escaneo por parte del antivirus.

2.2.4. *Firewall*

También llamado cortafuegos, se trata de un programa que permite o prohíbe determinadas comunicaciones a través de internet o de una red local. Si el antivirus instalado no contiene *firewall* es posible utilizar el que incorpora Windows 7.

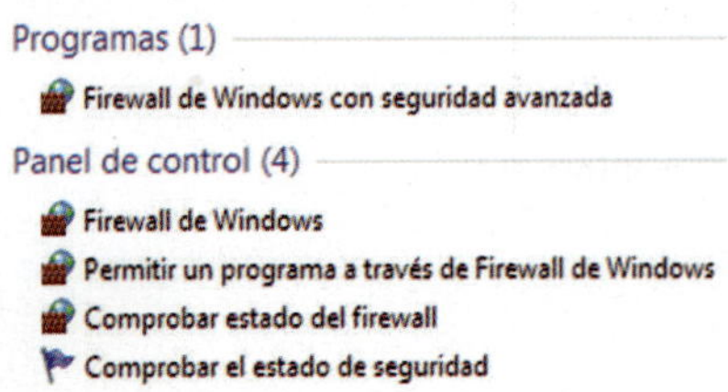

2.2.5. Mantenimiento de unidades

Las unidades de disco duro requieren también un mantenimiento periódico. Si se accede a Equipo desde el botón Iniciar, pueden verse todas las unidades de disco duro y las unidades de almacenamiento extraíble que hay conectadas al equipo.

Si se hace clic con el botón secundario en cada unidad y posteriormente en **Propiedades,** se abrirá una ventana que permitirá ejecutar las tareas de mantenimiento que sean necesarias en cada unidad.

2.2.6. Otras opciones de seguridad y mantenimiento

El panel de control, en vista por categorías, presenta un grupo de opciones de Sistema y seguridad.

- Revisar el estado del equipo nos mostrará un listado de problemas detectados en el equipo junto a las tareas de mantenimiento necesarias para solucionar cada uno de ellos.
- Buscar y corregir problemas ofrece una relación de los problemas más habituales en cualquier equipo.
- La copia de seguridad ya la hemos estudiado en la unidad anterior.

2.2.7. Restaurar sistema

Si algo falla en el sistema y se han probado las soluciones anteriores sin resultado, siempre queda la posibilidad de devolver el sistema al estado en que se encontraba en una fecha anterior a la actual, en la que funcionaba correctamente. En Windows 7 puede accederse a esta utilidad de varias maneras y una de ellas es desde el Panel de control ⟶ Sistema y seguridad ⟶ Revisar el estado del equipo. En la parte inferior de la pantalla puede verse el acceso a Recuperación, que guiará los pasos necesarios para restaurar el sistema un punto anterior que se haya creado automáticamente o que el usuario lo haya hecho de forma manual. Este mismo procedimiento se utiliza para crear de forma manual un punto de restauración utilizable en el futuro.

Saber más

El mantenimiento de unidades tiene que ver también con la protección del *software* (por ejemplo: detectar y reparar sectores defectuosos en el disco duro interno u otros discos y memorias USB).

Caso práctico inicial

Algunas medidas de seguridad para evitar futuros fallos y subsanar los existentes.

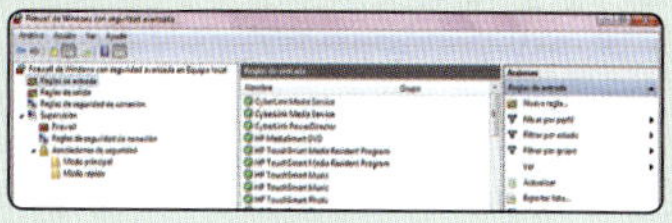

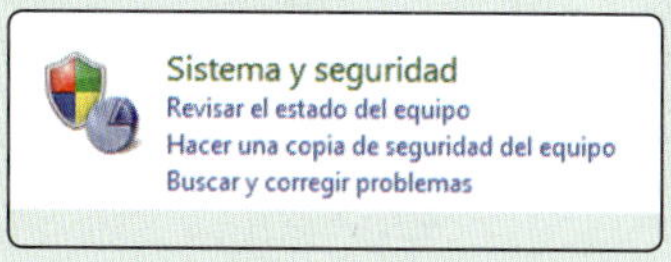

Actividades propuestas

17. Comprueba cómo están configuradas en tu equipo las actualizaciones del sistema operativo y si existe alguna actualización importante o crítica que no haya sido instalada.

18. Abre el *Firewall* de Windows, utilidad que se puede programar desde el Panel de control ⟶ Sistema y seguridad. Comprueba si está activo o si el papel de *Firewall* lo está realizando tu antivirus.

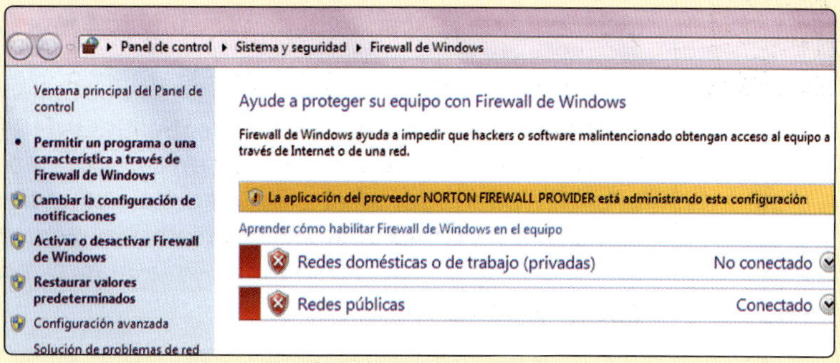

Nota:

Las funciones de *Firewall* de Windows pueden ser realizadas por un *Firewall* independiente.

3. Redes locales

La red local está constituida por uno o varios ordenadores conectados entre sí mediante algún tipo de concentrador o enrutador *(router* o *switch).*

3.1. IP privada

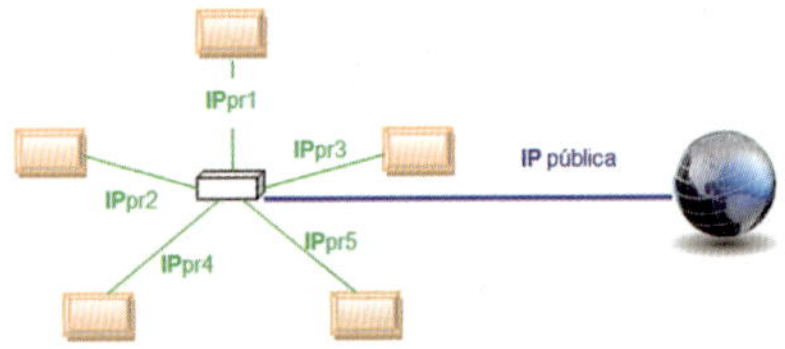

La IP privada es un identificador único del ordenador en la red. Cada ordenador conectado a su enrutador tendrá una IP privada y todas las IP privadas de la misma red en un mismo momento deben ser diferentes. En la siguiente imagen de la izquierda puedes ver el ejemplo de una red de cinco ordenadores, cada uno con su IP privada. Mediante el enrutador se pueden conectar a internet con una IP pública común a toda la red. La IP pública la estudiaremos más adelante.

3.1.1. IP privada dinámica

Si la IP es asignada por el *router* o *switch,* este dispositivo se encargará de asignarle una IP cada vez que el ordenador se encienda y cuidará de no asignarle la misma a ningún otro equipo.

3.1.2. IP privada estática

Si, en cambio, deseamos que la IP privada sea siempre la misma (IP privada estática) para un mismo ordenador, se debe configurar manualmente. Se hará la siguiente ruta: Botón Iniciar ⟶ Panel de control (vista por categorías) ⟶ Redes e internet ⟶ Centro de redes y recursos compartidos. Al llegar a este punto, en el margen izquierdo se hace clic en **Cambiar la configuración del adaptador.** Se mostrarán las conexiones de red disponibles. Haremos clic con el botón secundario del ratón sobre la red que estemos utilizando (inalámbrica o cableada) y elegiremos **Propiedades.** Marcamos el protocolo de internet versión 4 y hacemos clic en el botón **Propiedades.**

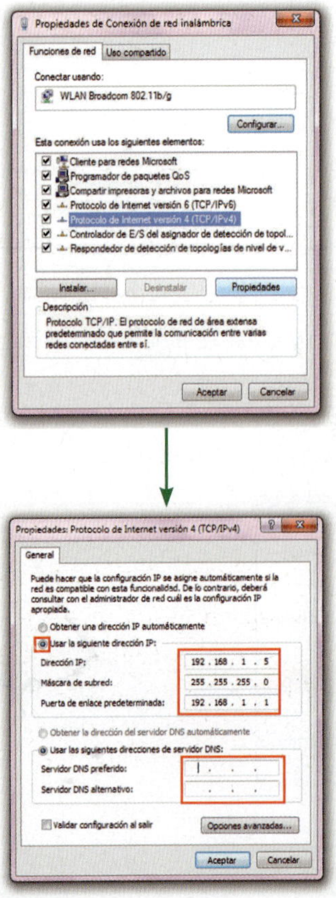

Proceso de asignación de una IP privada estática a un equipo.

Deberemos quitar la selección de **Obtener una dirección IP automáticamente** (que se activa para tener una IP privada dinámica) y marcaremos **Usar la siguiente dirección IP.** Escribimos la dirección IP que deseamos para este equipo. La máscara de subred aparece automáticamente y la puerta de enlace es la IP que tenga asignada nuestro *router*.

Los DNS preferido y alternativo dependerán de cuál sea nuestro proveedor de servicios de internet (la compañía que nos suministra el acceso a internet).

3.1.3. Conocer nuestra IP privada

Tanto si tenemos una IP privada dinámica como estática, podemos conocer fácilmente de cuál se trata de la siguiente forma: desde el botón Iniciar se escribe en la línea de búsqueda cmd. Veremos que existe un archivo llamado cmd.exe. Se hace clic en él y aparecerá una ventana negra. En el lugar donde está situado el cursor se escribe IPCONFIG y saldrá una larga lista de códigos. La información que buscamos está en el apartado **Adaptador de la LAN...** (puede ser local o inalámbrica, según la que estemos utilizando), como puedes comprobar en la siguiente imagen para un ordenador concreto, en donde puede verse también la máscara de subred y la puerta de enlace predeterminada.

```
Adaptador de LAN inalámbrica Conexión de red inalámbrica:

   Sufijo DNS específico para la conexión. . :
   Vínculo: dirección IPv6 local. . . : fe80::f8c6:6b90:dae3:8c0c%12
   Dirección IPv4. . . . . . . . . . . . . : 192.168.1.34
   Máscara de subred . . . . . . . . . . . : 255.255.255.0
   Puerta de enlace predeterminada . . . . . : 192.168.1.1
```

3.2. IP pública

Como vimos en el epígrafe anterior, cada red local puede estar conectada a internet mediante un identificador único para todos y cada uno de los ordenadores que la componen. Este identificador único que une a la red con internet se llama IP pública.

En cada instante ninguna red conectada a internet puede tener la misma IP pública de otra red conectada a internet en todo el mundo. En la imagen puedes ver dos redes locales conectadas simultáneamente a internet, cada una con su IP pública, que será distinta de la que tiene la otra red local.

La IP pública normalmente es dinámica, es decir, nuestro proveedor de internet nos asignará automáticamente una IP pública cada vez que nos conectemos a internet. Si deseamos tener una IP pública estática, es necesario solicitarlo al contratar nuestra conexión a internet.

Recuerda

Cada ordenador tiene una IP privada única dentro de su red. Cada red tiene una IP pública única dentro de internet.

3.2.1. Conocer la IP pública

Para conocer nuestra IP pública podemos buscar alguna página web que la proporcione. Basta escribir en cualquier buscador «mi ip pública» y encontraremos la página que nos la proporcione.

3.3. Grupo de trabajo y nombre de equipo

Dar nombre al equipo y a un grupo de trabajo es importante para identificar a cada ordenador dentro de una red, comunicarse entre ellos y compartir recursos comunes, como archivos e impresoras.

En Windows 7 se puede ver de dos formas el nombre de equipo y el del grupo de trabajo:

1. Panel de control (en vista categorías) → Sistema y seguridad. Dentro de Sistema se hace clic en **Mostrar el nombre de este equipo.**

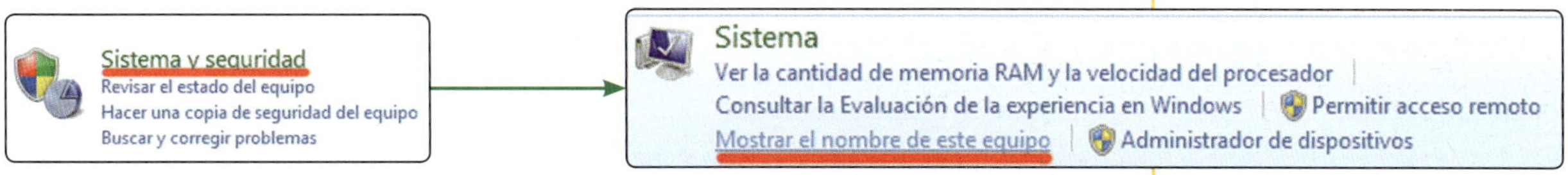

Si, además, se desea poder cambiar tanto el nombre del grupo de trabajo como el del equipo, haremos clic, en el margen izquierdo, en **Configuración de acceso remoto.**

En la ventana que se abre se activa la pestaña **Nombre de equipo** y se hace clic en **Cambiar.** En la nueva ventana se podrán modificar ambos nombres.

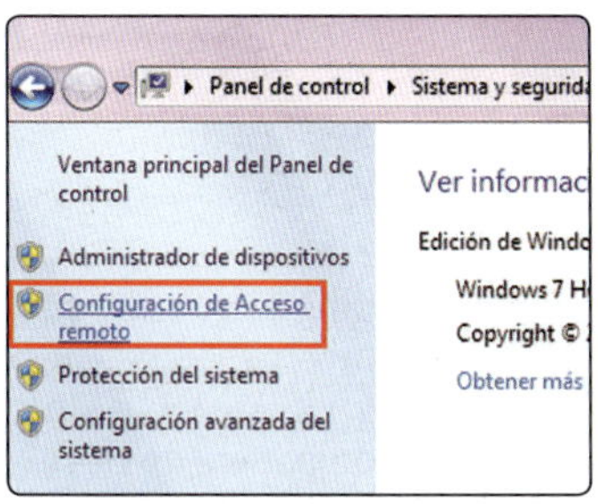

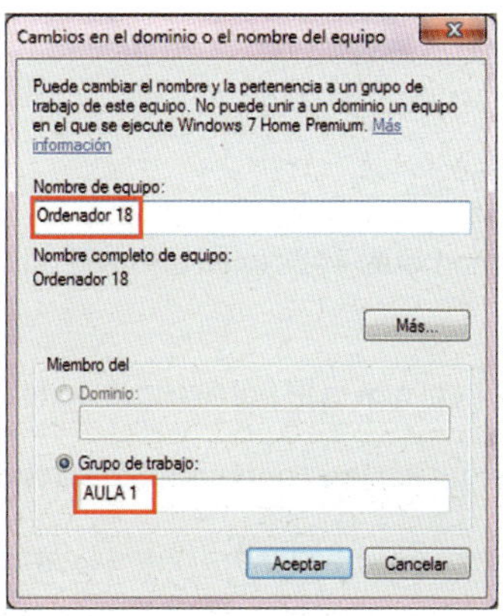

Caso práctico inicial

El nombre del equipo permite que otros equipos de la red lo identifiquen. La adscripción a un grupo de trabajo común es necesaria para poder compartir archivos y periféricos.

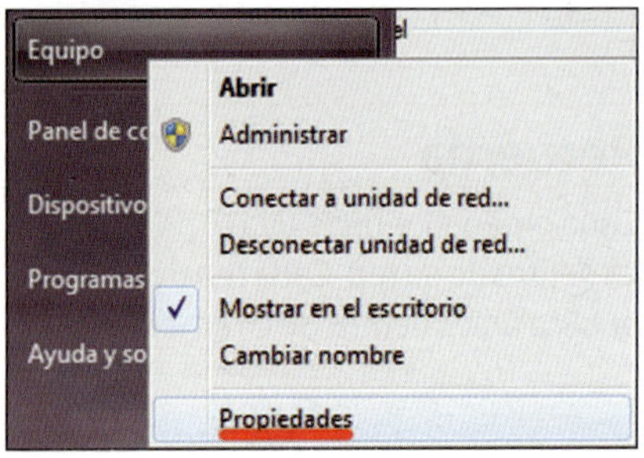

2. Otra posibilidad de llegar al mismo sitio del punto 1 es hacer clic con el botón secundario del ratón en Equipo y seleccionar **Propiedades**. El resto es igual a lo explicado en el punto anterior.

Actividades propuestas

19. Comprueba si tienes instalado en tu equipo el *Firewall* de Windows con seguridad avanzada. El archivo se encuentra en la unidad de disco duro, carpeta Windows, subcarpeta System32. El nombre del archivo es WF.msc, pero se puede acceder más fácilmente si haces una búsqueda desde el botón **Iniciar** y escribes la palabra Firewall.

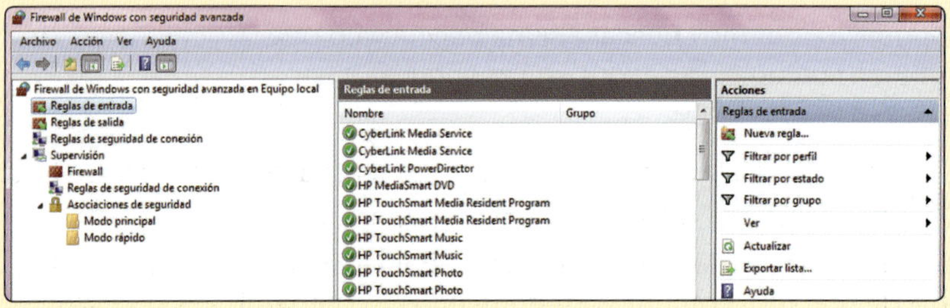

20. Inserta un *pendrive* en un puerto USB. Inserta un CD vacío o grabado en su unidad. Desde el botón Iniciar, haz clic en **Equipo** para ver todas las unidades que están en el equipo.

a) Haz clic con el botón primario del ratón sobre tu disco duro principal para seleccionarlo (normalmente es la unidad C:). A continuación, haz clic con el botón secundario y elige **Propiedades**. Se abrirá una ventana informativa.

b) Despliega cada una de las pestañas de la ventana recién abierta y responde a las siguientes preguntas:

¿Qué se puede hacer desde la pestaña General? ¿Y desde la pestaña Herramientas? Si haces clic en el botón Editar de la pestaña Seguridad, ¿qué información obtienes respecto a tu disco duro y los usuarios? ¿Qué información puede obtenerse desde la pestaña Cuota?

c) Repite la acción de la pregunta a), pero esta vez sobre la unidad de CD/DVD.

La ventana que se abre, ¿tiene las mismas pestañas que la que vimos cuando estudiamos las propiedades del disco duro? ¿Cuáles son las pestañas que tienes ahora a la vista?

d) Repite la acción de la pregunta a), pero esta vez sobre la unidad de memoria USB (*pendrive*).

Verás una pestaña ReadyBoost. Este complemento está incorporado en Windows a partir del sistema Vista y sirve para utilizar el *pendrive* para aumentar la velocidad del equipo. De la información que obtienes en esa pestaña, si se usa la unidad para ese incremento de velocidad, ¿podrá utilizarse para almacenar archivos? ¿Se pueden compartir con otros equipos los contenidos almacenados en esta unidad? ¿Cómo? Al analizar la ventana de Propiedades del disco duro vimos que existía la posibilidad de liberar espacio. ¿Existe esta posibilidad para la memoria USB?

21. ¿Tu equipo tiene IP privada dinámica o estática?

22. ¿Cuál es la IP privada de tu ordenador en este momento? ¿Es igual que la IP privada del ordenador de un compañero o compañera de clase?

23. ¿Cuál es tu IP pública en este momento? ¿Es igual que la IP pública que tiene algún otro compañero o compañera de clase?

24. ¿Qué pasos habría que dar para conseguir que un equipo configurado para tener IP privada dinámica la tuviese estática?

25. Si tenemos una IP pública dinámica ¿qué deberíamos hacer para tenerla estática?

PRÁCTICA PROFESIONAL

Mantenimiento, navegadores y redes sociales

Objetivos

- Descargar, instalar y desinstalar un navegador.
- Instalar y eliminar una barra de herramientas de navegación.
- Analizar una red social.
- Hacer labores de mantenimiento a un ordenador.
- Hacer comprobaciones de red.

Instrucciones

1. Descarga de internet el navegador gratuito que te indique tu profesor o profesora. Si tu sistema cumple los requisitos de instalación, instálalo y utilízalo para navegar. Observa y comenta en clase cuáles son sus características y las diferencias a favor o en contra con respecto al navegador que utilizabas habitualmente.
2. Desinstala el navegador que has instalado en el punto anterior.
3. Si tienes instalado Internet Explorer, comprueba si tiene incluida en su cabecera la barra de Google. Si es así, haz una búsqueda en Google desde esa barra en lugar de abrir la web de Google. Cuando hayas hecho la búsqueda, desinstala la barra desde el propio navegador, o desde el panel de control.
4. Si no está instalada la barra de Google, búscala en internet, descárgala e instálala. Haz una búsqueda en Google utilizando esa barra. A continuación, desinstálala con cualquiera de los sistemas indicados en el punto anterior.
5. Sigue el criterio de tu profesor o profesora sobre la barra de Google y, en consecuencia, vuelve a instalarla o déjala desinstalada.
6. **Actividad de investigación**. Si no tienes cuenta en una red social, hazte una. Si la tienes, utiliza tu propia experiencia y la información que puedas obtener en internet acerca de cuáles son los puntos débiles para la seguridad y la privacidad de los usuarios o cualquier otro aspecto que desees resaltar en positivo o en negativo sobre esa red social. Haz un informe de ello en el formato y características que te indique tu profesor o profesora.
7. Con el contenido de esta unidad y con el resultado de tus propias investigaciones, elimina los archivos temporales de internet y las *cookies* almacenadas en tu equipo.
8. Comprueba si hay actualizaciones importantes o críticas del sistema operativo que aún no hayas descargado. Pregunta a tu profesor o profesora si puedes proceder a instalarlas o no. Sigue sus instrucciones.
9. Comprueba si hay errores en tu disco duro.
10. Dado que la fragmentación del disco duro es una tarea que puede durar un tiempo superior al de una clase, harás la misma función sobre tu memoria USB. Antes de ello comprueba en qué tanto por ciento está fragmentada la unidad. Cuando termine la desfragmentación, comprueba si tiene algún porcentaje de fragmentación.
11. Pasa el antivirus que tengas instalado en tu equipo por la unidad de memoria USB.
12. Haz un escaneo de virus completo en todo el sistema.
13. Comprueba cómo se llama el grupo de trabajo en el que está incluido tu ordenador y coméntalo para saber si es el mismo grupo de trabajo que tiene el resto de tus compañeras y compañeros.
14. Comprueba cuál es el nombre de tu equipo y si es igual al del equipo de algún otro compañero o compañera de clase.

4 Correo y agenda electrónica

Vamos a conocer...

1. Correo electrónico
2. Cliente de correo electrónico: Mozilla Thunderbird
3. Agenda electrónica

PRÁCTICA PROFESIONAL

Correo y agenda electrónica

Y al finalizar esta unidad...

- Podrás utilizar correctamente y con seguridad un programa de gestión de correo electrónico.
- Conocerás la interrelación que existe entre los gestores de correo y las agendas electrónicas.
- Sabrás cómo fijar eventos y tareas en la agenda electrónica.
- Configurarás las notificaciones por correo electrónico a las personas involucradas en eventos y tareas fijadas en el calendario.
- Gestionarás la recepción de alertas de la agenda electrónica.

Caso práctico inicial

Situación de partida

Tras haber terminado la Formación en Centros de Trabajo en una empresa, te comunican que al día siguiente entrarás a formar parte de la plantilla de dicha empresa. Una de tus competencias será la de gestionar el correo electrónico y el calendario de eventos, tareas y fechas señaladas, así como de comunicar determinadas actividades fijadas en el calendario a las personas que deban estar involucradas en las mismas.

Te encomiendan configurar un programa gestor de correo electrónico que –además de la función que hará el antivirus instalado– esté dotado de medidas de seguridad para evitar en lo posible la entrada de virus, correo no deseado y fraudulento. Tendrás que introducir en el programa de correo electrónico una numerosa lista de nombres que te entregan en papel. Junto a cada nombre aparecen diversos datos como direcciones postales y electrónicas, números de teléfono... Entre paréntesis, al lado de cada fila de datos hay escrita una categoría a la que cada persona pertenece: amigo/a, cliente, personal de plantilla, proveedor, etc.

Por otra parte, la agenda electrónica es un elemento importante en tu departamento, por lo que se deberá utilizar con mucha frecuencia para reuniones de distintos equipos de trabajo y directivos, a quienes se deberá notificar por correo electrónico cada tarea o evento en los que participen, además de recibir en tu propio ordenador una señal de alerta de cada una de las anotaciones realizadas en el calendario con la suficiente antelación como para no dejar pasar la fecha inadvertidamente. Habrá que gestionar todo tipo de eventos, tareas y fechas señaladas: tareas que durarán varios días, reuniones que tienen previstas las horas de inicio y de finalización, cumpleaños, etc.

Estudio del caso

Una vez que hayas completado el estudio de esta unidad de trabajo, serás capaz de realizar las siguientes tareas:

1. Observo que la lista de contactos que me entregan en papel es bastante larga y que junto a cada persona y sus datos se muestra, entre paréntesis, una categoría a la que pertenece.
   - ¿Podrán crearse en el gestor de correo electrónico grupos de contactos pertenecientes a la misma categoría?
   - Si, por ejemplo, hay que enviar un correo electrónico a todas las personas de la categoría «Clientes», ¿habrá que introducir en la línea de direcciones de correo electrónico una a una las de todas esas personas?
2. Hoy día es frecuente la recepción de correo publicitario no deseado, fraudulento o que contiene virus u otro *software* malicioso.
   - ¿Qué se puede hacer para evitar la entrada de virus y para apartar o marcar de antemano el correo que sea sospechoso de contener publicidad no deseada o intento de fraude?
3. Tengo que comunicar a mi jefe, todos los días sobre las diez de la mañana, las reuniones que tendrá el próximo día.
   - ¿Qué puedo hacer para que no se me olvide ninguna cita?
   - ¿Tendré alguna opción en el calendario para reflejar que la reunión se alargará durante un día completo?
4. Se me comunica que con cierta frecuencia tendré que enviar correos a todos los comerciales o los directivos de la empresa para convocarlos a reuniones.
   - ¿Podré utilizar la agenda electrónica para que se encargue de notificarles la convocatoria de reunión mediante correo electrónico?
   - ¿La agenda electrónica puede utilizar la lista de contactos que ya he introducido en el gestor de correo electrónico?

1. Correo electrónico

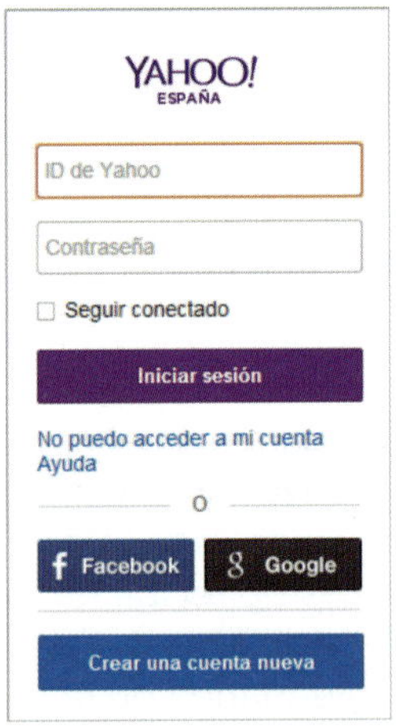

Acceso a correo web de Yahoo.

El correo electrónico también se suele denominar «e-mail», del inglés *electronic mail*. Se podría pensar que el correo electrónico es una consecuencia de internet, sin embargo, es anterior, ya que se utilizó por primera vez en 1961, mientras que internet data de 1969.

El correo electrónico se basa en protocolos:

- De entrada (para descargar correo desde un servidor a un programa gestor de correo electrónico): IMAP *(Internet Message Access Protocol)* y POP *(Post Office Protocol)*.
- De salida: SMTP *(Simple Mail Transfer Protocol)*.

1.1. Correo web y cliente de correo

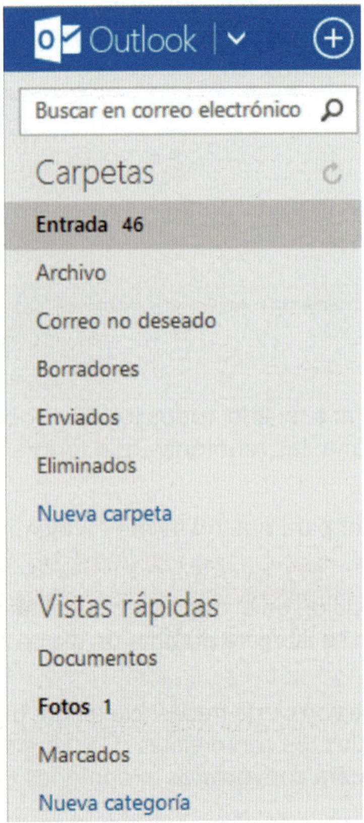

Carpetas básicas en el correo web de Outlook (Hotmail, Live).

El correo electrónico puede utilizarse en dos soportes distintos: un servidor web remoto que tiene su propia interfaz para el correo o un programa local que lo gestiona. En ambos casos suelen tener otras utilidades además del envío y recepción de correo, como calendarios y agendas, creación de carpetas de correo por temas o personas, filtros para enviar determinados correos a una carpeta concreta o a la papelera, filtros para el *spam*, etc.

También tienen sus ventajas e inconvenientes. El correo recibido en un servidor web ocupa espacio en dicho servidor, tanto para los correos de texto enviados y recibidos como para los anexos que pudieran contener, lo que evita ocupar ese espacio en el propio ordenador. Sin embargo, para consultar un correo recibido es necesario tener acceso a internet y acceder a la página que gestiona el correo. Mediante un gestor de correo instalado en el ordenador, la información puede seguir estando en el servidor de correo, pero se traslada una copia al propio ordenador, lo que permite que, incluso sin conexión, en un momento determinado podamos consultar los correos anteriormente recibidos y enviados. Otra ventaja del gestor de correo es que ofrece la posibilidad de gestionar diferentes cuentas simultáneamente.

Existen servidores de correo gratuitos en la red como los de Outlook, Gmail o Yahoo mail en donde podemos crear nuestras cuentas y gestionarlas mediante conexión a internet.

También podemos comprar un dominio y configurar, dentro de él, nuestra cuenta de correo para gestionarla a través de internet.

En cualquiera de los casos, podremos instalar en nuestro equipo algún programa cliente de correo electrónico —de los que existen gratuitos y de pago— como Eudora, Windows Live Mail, Opera Mail, Kmail o Mozilla Thunderbird.

Gestor de correo Microsoft Office Outlook 2010.

Actividades propuestas

1. Crea un documento nuevo de WordPad o Word, responde a las siguientes preguntas y guárdalo con el nombre **Teoría 1** en tu carpeta de trabajo de esta unidad didáctica:

a) ¿Cómo se llama a los programas instalados en el ordenador para gestionar el correo electrónico?

b) ¿Qué ventajas e inconvenientes encuentras en el uso del correo web y en la gestión del correo mediante programa cliente?

c) Indica al menos tres servidores de correo web y tres programas clientes gratuitos de correo electrónico.

2. Cliente de correo electrónico: Mozilla Thunderbid

Hoy día pocas personas desconocen el funcionamiento básico del correo electrónico: enviar, recibir y adjuntar. Excepto para tareas profesionales, se suele utilizar más el correo web que algún programa gestor. Las diferencias entre programas gestores de correo electrónico residen principalmente en la ubicación de los iconos para las acciones que pueden ejecutarse, aunque también hay unos programas que ofrecen más opciones que otros, como por ejemplo para la seguridad, las actualizaciones y la adición de complementos.

Para trabajar con un gestor de correo electrónico utilizaremos Thunderbird, que es un *software* gratuito de Mozilla, fácil de configurar, actualizable, con múltiples utilidades y complementos: seguridad anti-spam y antifraude, posibilidad de importar cuentas de correo web sin necesidad de conocer previamente la configuración IMAP, SMTP, SSL/TLS, agenda electrónica, etc.

Como explicamos en las Actividades propuestas de esta misma página, en los recursos del libro tienes a tu disposición Thunderbird Portable, la versión más recomendable para utilizar en ordenadores compartidos. No obstante, si se desea instalar la versión normal, puede descargarse desde el sitio de Mozilla y posteriormente agregarle el complemento Lightning.

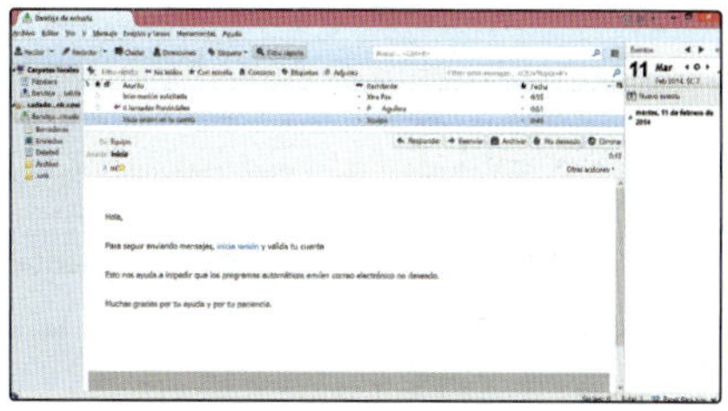

Bandeja de entrada en Thunderbird configurado con agenda.

2.1. Ventana principal de Mozilla Thunderbird

La interfaz de Thunderbird es similar a la de cualquier correo. En la parte superior tiene una barra de menús y una barra de botones con los más utilizados, como Recibir, Redactar, Direcciones, etc.

Actividades propuestas

El problema de los gestores de correo en los ordenadores compartidos

Sabemos de la dificultad que entraña utilizar un gestor de correo electrónico en los ordenadores que usa el alumnado de centros educativos. Por una parte estos ordenadores suelen estar protegidos (congelados) y, aunque no lo estuvieran, un gestor de correo debería estar compartido por varios alumnos o alumnas, con la problemática que esto supone a nivel de privacidad.

Gestor de correo portable

Por esa razón hemos optado en este libro por una solución personalizada: El uso del gestor de correo **Thunderbird portable,** que es gratuito y puede instalarse y utilizarse desde un pendrive.

Thunderbird portable en los recursos del libro

En el directorio raíz de los recursos que acompañan a este libro encontrarás una carpeta llamada **Thunderbird portable.**

Actividad:

2. Copia la carpeta y pégala en la raíz de tu pendrive (no dentro de ninguna otra carpeta).

   A continuación, ya trabajando desde tu pendrive, abre esa carpeta y haz doble clic sobre ThunderbirPortable, como ves en la siguiente imagen. De este modo comenzarás a utilizar el gestor de correo electrónico.

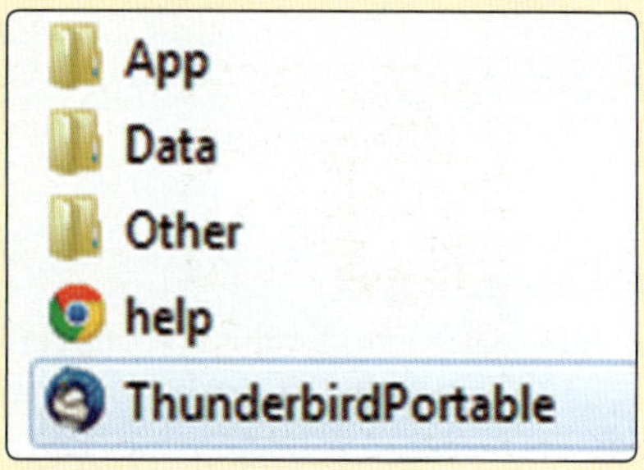

Saber más

Formato

Puedes modificar el **modo de ver los mensajes en pantalla** en Herramientas ⟶ Opciones, pestaña Pantalla.

2.2. Crear una firma para los correos enviados

Para crear una firma al pie del correo, entra en **Herramientas ⟶ Configuración de las cuentas**. En el apartado Texto de la firma se escribe lo que se desea que el destinatario lea cuando reciba el mensaje. También se puede adjuntar una firma digitalizada o cualquier otro archivo de imagen almacenado previamente en el ordenador o en un dispositivo conectado a él.

Actividades resueltas

Crear una cuenta de correo

1. Crea una cuenta nueva de correo electrónico en cualquier servidor gratuito de internet. No olvides anotar tu nueva dirección de correo electrónico y tu contraseña.
2. Abre Mozilla Thunderbird desde tu unidad USB, como hemos visto en la actividad anterior.

Importar la cuenta de correo web

3. Importa los datos de tu recién creada cuenta de correo electrónico haciendo clic en Correo electrónico, de Crear una cuenta nueva.

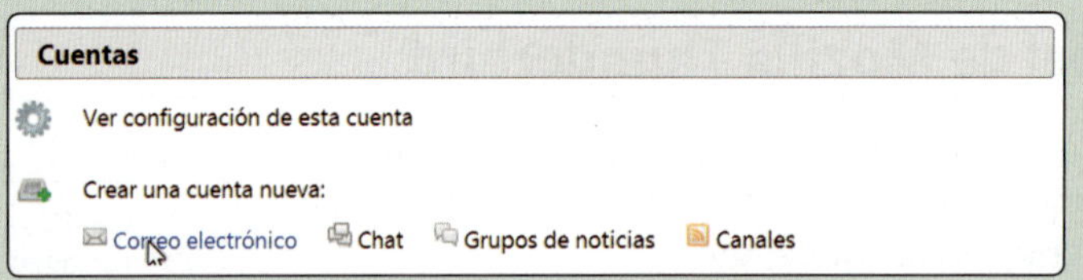

4. En la siguiente ventana se te ofrece la posibilidad de abrir un correo de pago en dos servidores distintos. Como ya has creado tu cuenta de correo, haz clic en Saltarse esto y usar mi cuenta de correo existente.

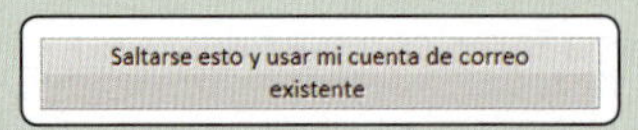

5. Escribir los datos que se necesitan: El nombre como quieres que aparezca en tu correo, la dirección de correo electrónico que has creado, su contraseña.

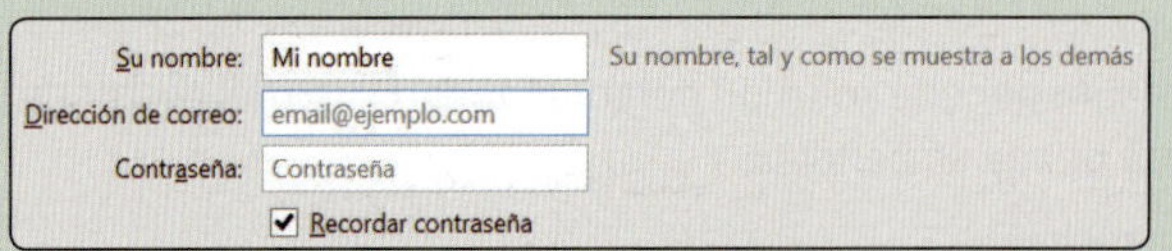

6. Elige IMAP como protocolo de correo entrante. Haz clic en Hecho.

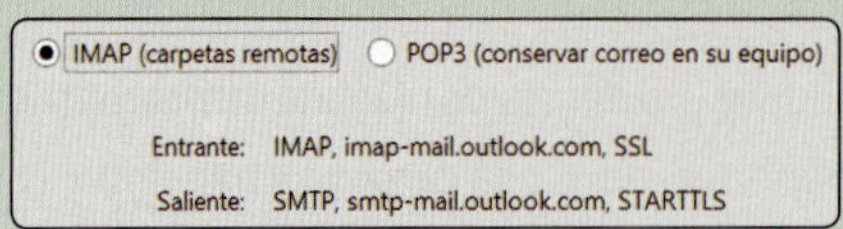

7. Si los datos introducidos han sido correctos, se habrá creado la cuenta y en unos segundos podremos verla en el margen izquierdo de Thunderbird.

Actividades resueltas (cont.)

8. Crea una firma para tu correo con tu nombre y apellidos.

9. Pulsa con el ratón en tu dirección de correo electrónico, que está en el margen izquierdo y tendrás a la vista en el centro de la pantalla el acceso a la configuración de tu cuenta. A esa configuración también se puede acceder desde el menú Herramientas → Configuración de las cuentas.

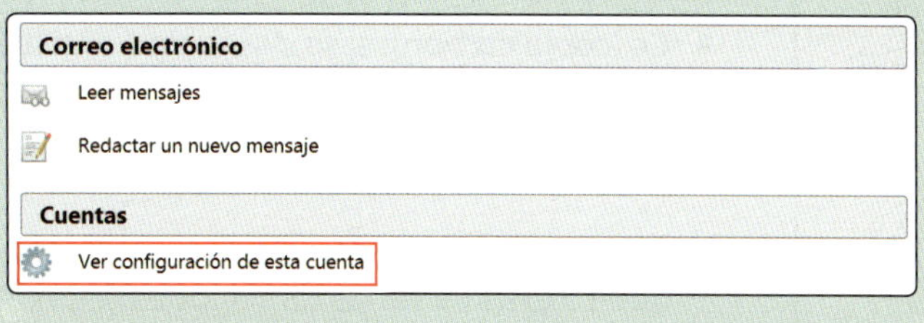

10. En el margen izquierdo de la ventana de configuración haz clic en **Redacción y direcciones.** Configúralo para que:

a) Los mensajes se escriban en formato HTML.

b) En tus respuestas a e-mails recibidos, aparezca el mensaje recibido.

c) Tu respuesta aparezca encima del texto del e-mail recibido.

d) La firma aparezca al final de tu respuesta.

e) Se incluya tu firma en tus respuestas.

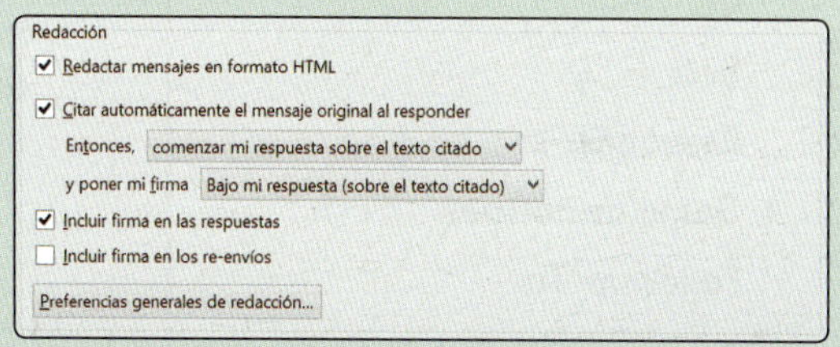

11. Por último, en la misma ventana, haz clic en **Preferencias generales de redacción.** En la siguiente ventana, haz clic en **Visualización.** Configura el tipo, color y tamaño de la fuente y el fondo que prefieras para tus correos. Recuerda que la visualización es solamente el aspecto con que verás tu correo, no con el que lo recibirán los destinatarios.

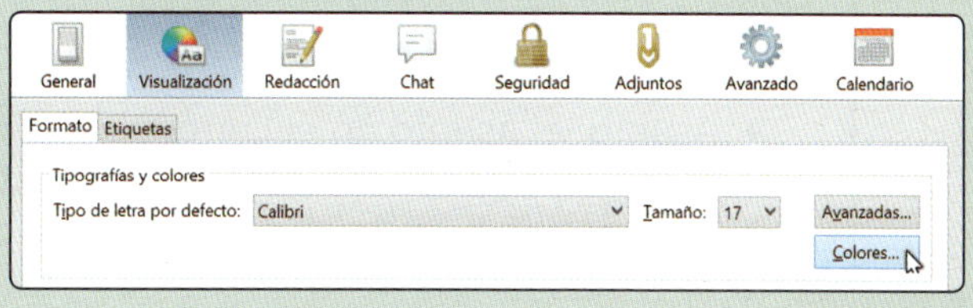

2.3. Crear y enviar mensajes

Redactar un mensaje de correo electrónico es parecido a escribir en un procesador de textos. Incorpora una barra de herramientas donde se puede seleccionar el tipo de fuente, tamaño y color, insertar viñetas, alinear párrafos, crear enlaces o insertar imágenes.

Si quieres escribir un mensaje, pulsa en el botón **Redactar** y se abrirá una ventana lista para redactar tu correo:

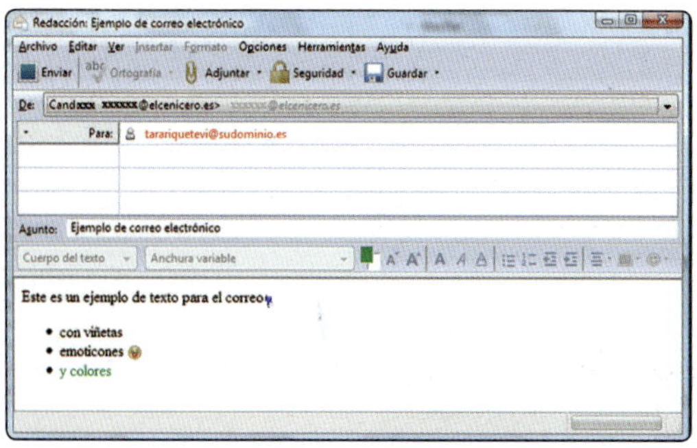

Saber más

LOPD

La dirección de correo electrónico es un dato de carácter personal y por tanto está protegida por la Ley Orgánica de Protección de Datos (LOPD). No se debe desvelar, sin permiso, la dirección de correo electrónico de otras personas.

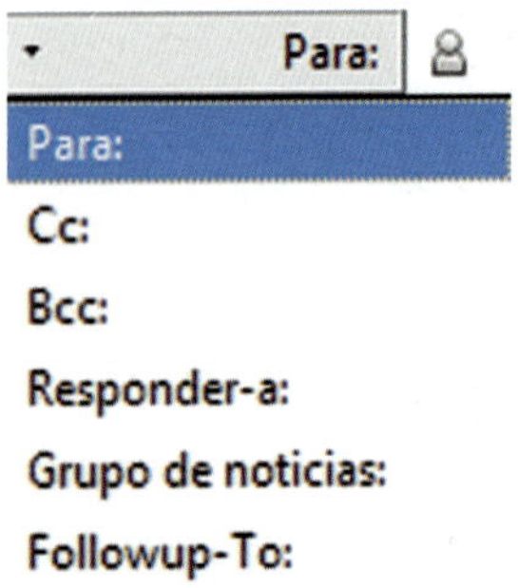

Botón Para.

- **Para:** en este recuadro se escribe la dirección de correo electrónico del destinatario. Si se desea enviar el mismo correo a varias personas, pueden seleccionarse varios destinatarios de la lista de contactos e insertarlos en sucesivos **Para,** o bien escribir manualmente todas las direcciones una a continuación de la otra separadas por una coma (,).

Pulsando sobre el botón **Para** aparecen otras posibles opciones:

- **Cc (copia carbón):** si se desea enviar una copia de un correo electrónico a otra persona, se escribe su dirección de correo electrónico en el apartado Cc. No obstante, con Thunderbird no es necesario usar la copia carbón al poder enviar copias con varios Para, como vimos en el punto anterior.
- **Bcc, o en otros gestores de correo CCO (copia carbón oculta):** un correo que se envía a varias direcciones mediante Para o Cc, mostrará a todos estos destinatarios, cuando lo reciban, las direcciones de todos los demás a los que ha sido enviado. Sin embargo, si se desea que una o más de esas direcciones permanezcan ocultas a la vista de los demás, deberemos escribir sus direcciones de correo en la casilla **Bcc.**

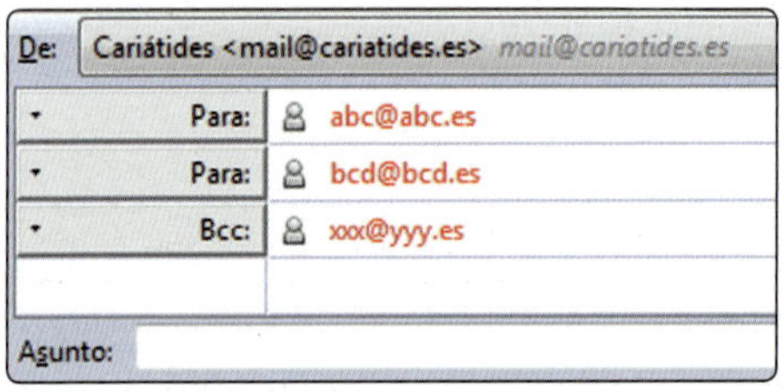

Al hacer clic en sucesivas líneas de dirección se abren nuevos **Para,** que pueden convertirse en **Cc,** en **Bcc** y en otras opciones.

- Asunto: el asunto en el correo, como en cualquier documento, debe resumir en pocas palabras el contenido del mismo, con el fin de que indique a la persona que lo recibe de qué se trata.

2.4. Comprobar nuevo correo

Para comprobar si has recibido correo electrónico nuevo, puedes programar Thunderbird para que se ocupe de ello automáticamente, o bien hacerlo manualmente. La comprobación manual es útil si no deseas esperar hasta la próxima comprobación automática de nuevos mensajes programada.

- Para comprobar si se ha recibido correo electrónico automáticamente, entra en **Herramientas ⟶ Configuración de cuentas ⟶ Configuración del servidor,** verifica la casilla **Buscar nuevos mensajes cada** y selecciona los minutos que desees; por defecto aparecen 10, pero puedes poner más o menos.
- Para comprobar de forma manual si se ha recibido correo, entra en el menú **Recibir ⟶ Todos los mensajes nuevos.**

Saber más

Mensajes nuevos

El tiempo de comprobación de mensajes nuevos se puede establecer a partir de un minuto.

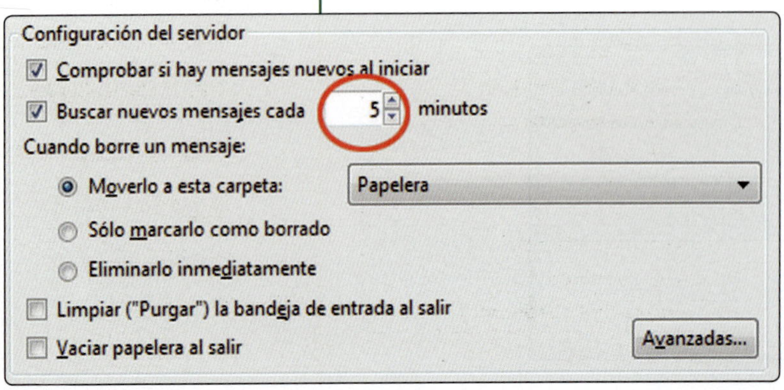

2.5. Mensajes recibidos

En la bandeja de entrada se mostrará la lista de mensajes recibidos, que pueden ordenarse cronológicamente de más a menos antiguo, o a la inversa, así como alfabéticamente por asunto o remitente. Básicamente, cada carpeta –de entrada, de salida, de borradores u otra– tiene las mismas posibilidades de ordenación y puede ser configurada para que se muestren más columnas de las que aparecen por defecto. Para agregar o eliminar columnas hay un pequeño botón en la parte superior derecha de la ventana, que puedes identificar en la siguiente imagen.

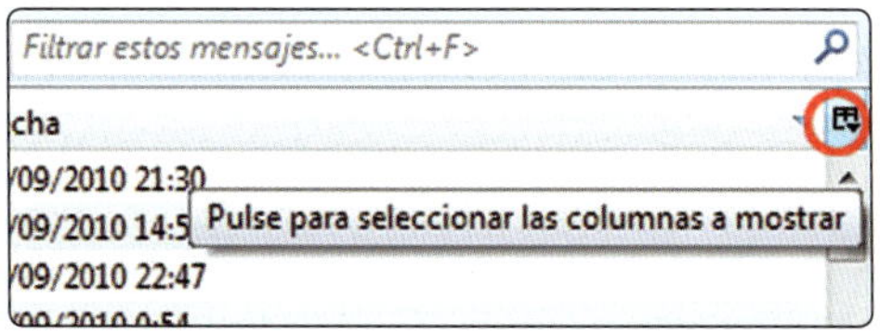

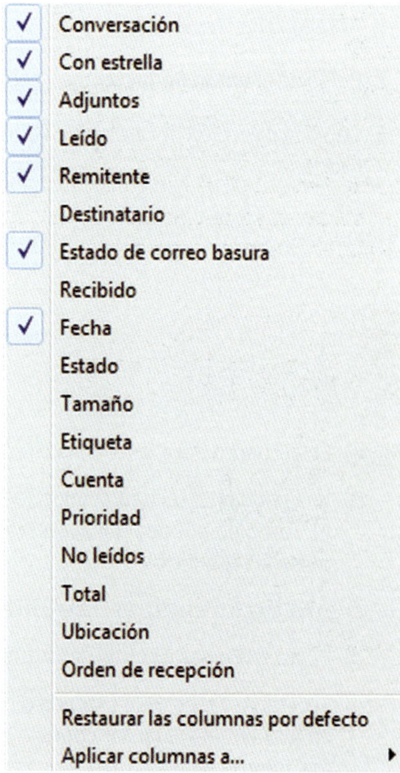

Listado de columnas que pueden mostrarse de cualquier carpeta de correo.

En la parte superior de la lista de mensajes existe un filtro para que se muestren en dicha lista solamente aquellos mensajes que se decida según el botón pulsado.

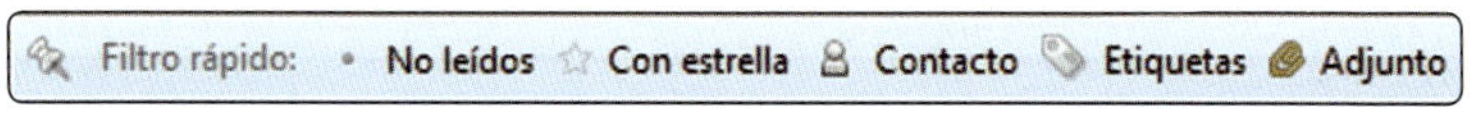

Cuando se ha seleccionado con el ratón un mensaje cualquiera de la lista, en la parte inferior de la pantalla puede leerse su contenido. Tanto si el mensaje está solo seleccionado como si se ha abierto por completo, en su parte superior tiene una serie de botones que permiten operar con dicho mensaje:

O esta otra serie de botones, en el caso de que el remitente del mensaje sea una lista de correo:

Justo debajo de esos botones hay un botón que nos permitirá realizar **otras acciones** con el correo seleccionado.

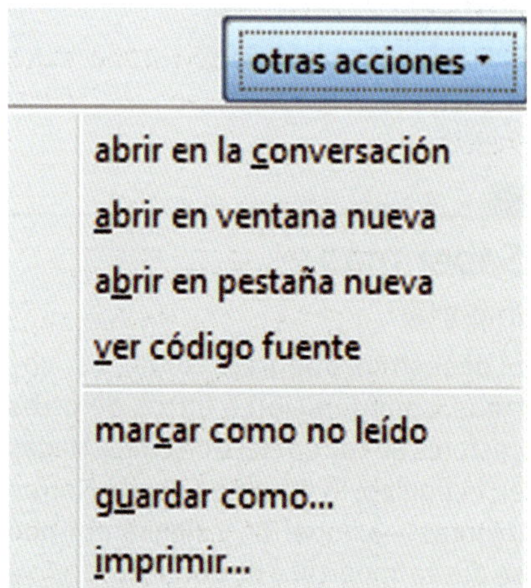

Otras acciones.

Al seleccionar con el botón secundario del ratón cualquier mensaje de la lista, se mostrará una lista de opciones entre las que se encuentran poner **etiquetas** y **marcar** el mensaje.

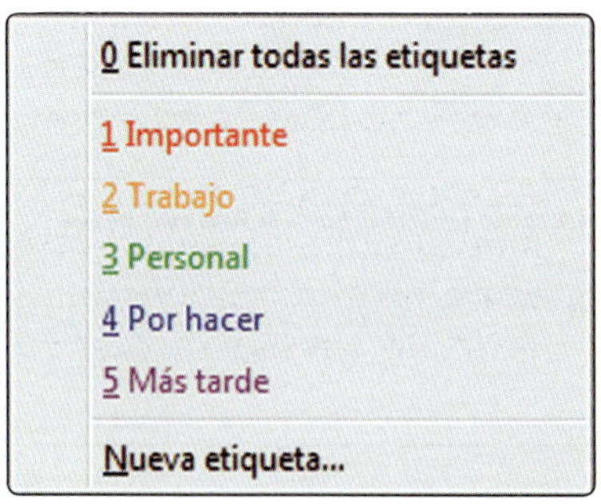

Etiquetar.

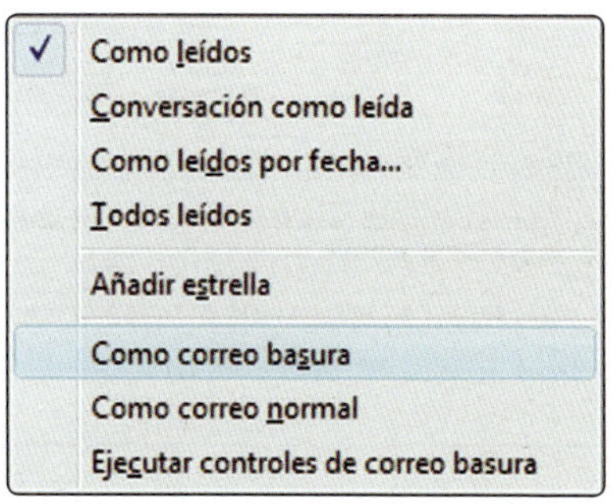

Marcar.

Actividades resueltas

1. Abre Mozilla Thunderbird.
2. Pulsa en el botón **Redactar** o en **Archivo ⟶ Nuevo ⟶ Mensaje.**
3. Copia la dirección de correo de varios compañeros o compañeras y envíales el mismo mensaje como copia de carbón oculta a todos:

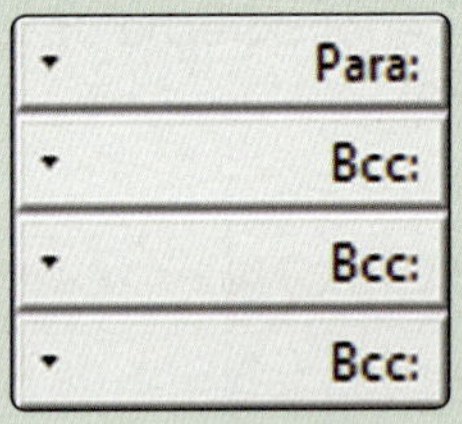

a) En el cuadro **Para,** escribe la dirección de uno de tus compañeros o compañeras.

b) En el siguiente recuadro selecciona **Bcc,** y escribe las direcciones de otros compañeros y compañeras separados por una coma (,). También puedes utilizar un recuadro para cada contacto, como se aprecia en la imagen; para agregar un nuevo recuadro pulsa la tecla Intro.

c) En el cuadro asunto escribe **Correo de prueba.** En la ventana principal escribe el mensaje.

d) Pulsa en **Enviar** y comprueba que todos lo han recibido.

e) Si el mensaje es muy extenso o no puedes terminarlo en el momento por cualquier motivo, tienes la posibilidad de guardarlo en **Archivo ⟶ Guardar como ⟶ Borrador,** y permanecerá en la carpeta Borrador, de donde lo puedes recuperar en cualquier momento.

f) Mira la bandeja de entrada y comprueba si has recibido algún mensaje de tus compañeros y compañeras.

Caso práctico inicial

La detección de correo fraudulento o la presencia de virus y otro software malicioso se puede configurar en las opciones de seguridad del gestor de correo electrónico.

Saber más

Importar

Si deseamos importar contactos, correos, configuración o filtros de otros gestores de correo electrónico instalados en el equipo, lo haremos desde Herramientas ⟶ Importar, y elegiremos qué se desea importar y de dónde.

2.6. Seguridad

En Thunderbird no viene configurada por defecto la opción de analizar los correos entrantes, pero podemos activarla en **Herramientas ⟶ Opciones ⟶ Seguridad ⟶ Antivirus** y verificar la casilla **Permitir a los antivirus poner en cuarentena mensajes individuales**. De este modo, estamos dando autorización al antivirus instalado en el equipo para que analice nuestro correo.

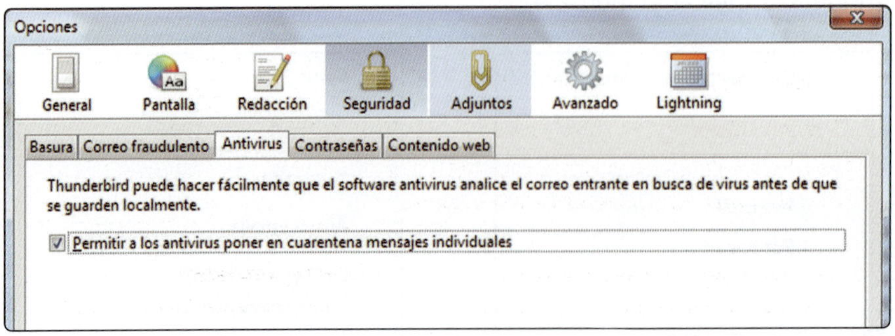

En la misma ventana de Seguridad, podemos configurar la protección contra el correo **basura** y el **fraudulento.** El programa se «entrena» mediante la acción del usuario para considerar en el futuro como basura determinados correos y para no considerar basura algunos que ha considerado erróneamente que lo son. En Mostrar el registro podemos ver qué correos ha considerado basura hasta el momento actual.

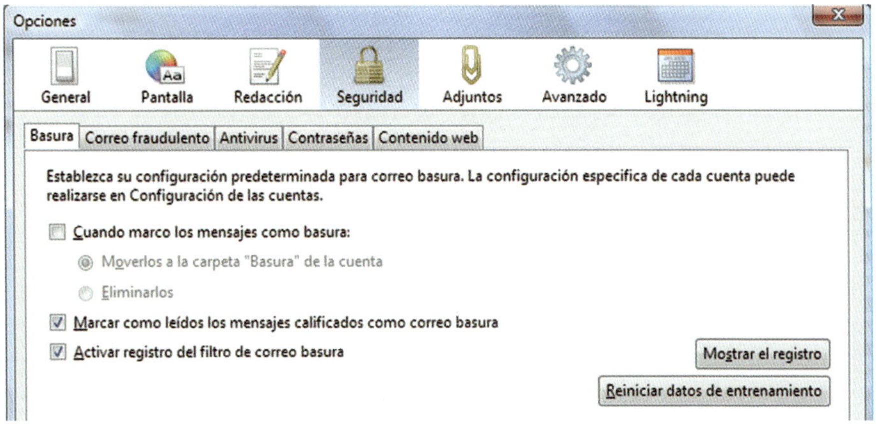

Ventana de configuración del correo basura.

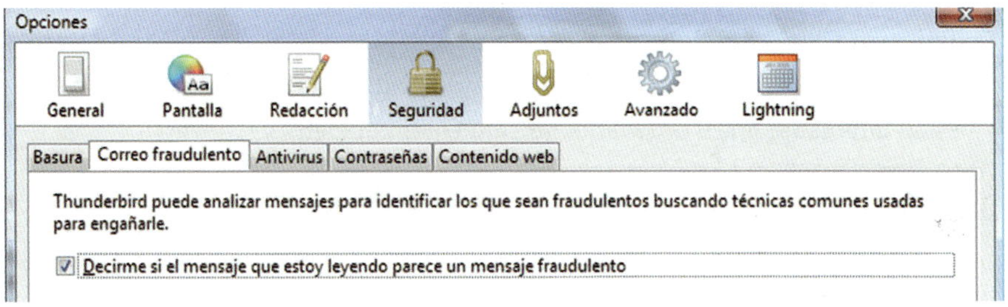

Ventana de configuración del correo fraudulento.

En la pestaña **Contraseñas** hay un botón de **Contraseñas guardadas** en el equipo para todas las cuentas de correo electrónico, incluso las que no están siendo gestionadas por Thunderbird. Si hacemos clic en ese botón se abrirá una nueva ventana con la lista de cuentas de correo y, debajo, otro botón para Mostrar contraseñas. Si se activa, y después de verificar, se verá la contraseña utilizada para cada cuenta. También puede utilizarse una contraseña maestra para todas las cuentas de correo, si se marca la casilla correspondiente. De esa manera todas las cuentas tendrán la misma, pero deberá introducirse en cada sesión.

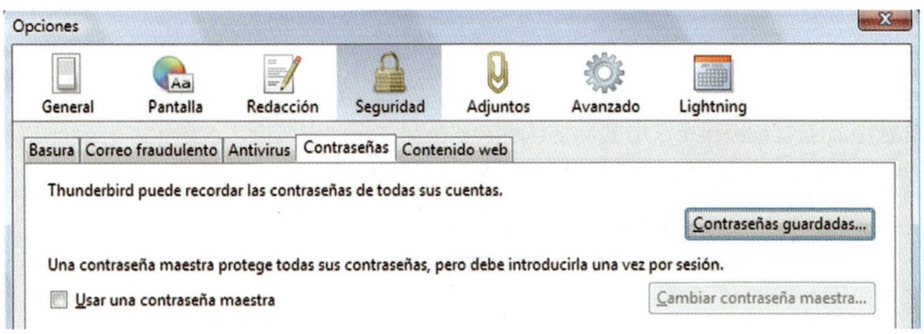

Ventana de configuración de contraseñas.

Saber más

Correo basura

Es el llamado *spam*. Se trata de correo publicitario no solicitado por el usuario o de correos de tipo «cadena».

Saber más

Correo fraudulento

Es el llamado *phishing*, generalmente correo que proviene de presuntas entidades bancarias o financieras y que pretende conocer los datos de acceso del usuario a las entidades verdaderas, con intención de cometer un fraude.

Saber más

Contraseñas seguras

Uno de los errores que más se cometen en un ordenador es el uso de contraseñas fáciles de recordar, como nombres, fechas o DNI, que encuentran en pocos minutos los programas hechos para tal fin.

Una contraseña segura debe tener como mínimo de 6 a 8 caracteres y contener una combinación de letras mayúsculas, minúsculas, números e incluso símbolos. En caso contrario es fácil de «pescar» por personas malintencionadas.

En la pestaña **Contenido web** se puede decidir si aceptamos o no aceptamos *cookies*. Se puede marcar la opción **Aceptar cookies de sitios** y a continuación, en el botón **Excepciones,** escribir los sitios desde los que no se aceptará su entrada.

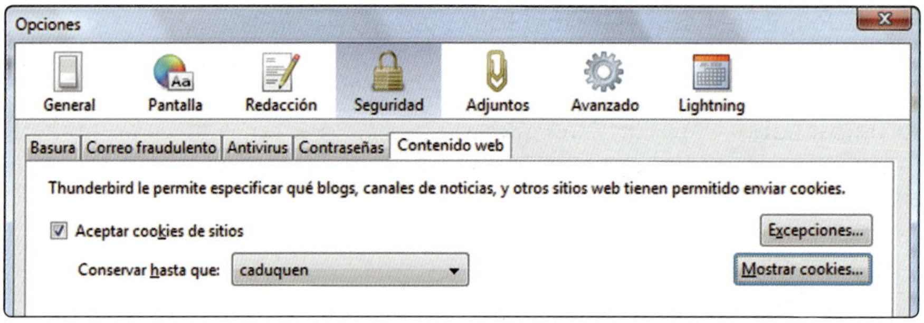

El botón **Mostrar cookies** muestra la lista de *cookies* guardadas en el ordenador, que pueden ser eliminadas una a una o en su totalidad con los botones inferiores. También, si la lista de *cookies* es muy larga, se puede buscar una *cookie* determinada en la línea de búsqueda de la parte superior.

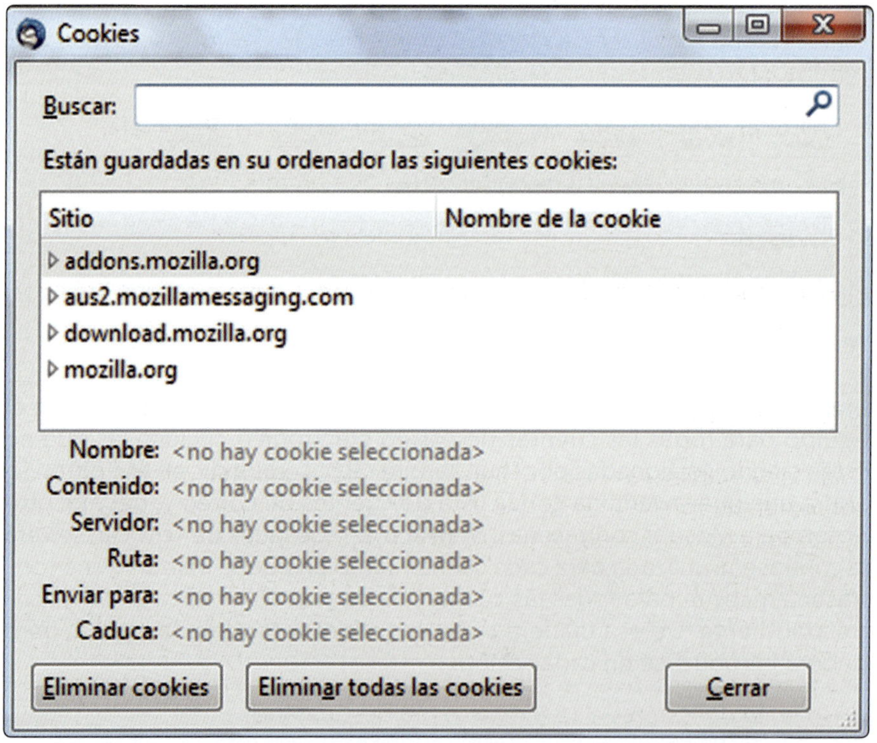

Otras opciones que nos permite el programa son las de conservar las *cookies* hasta que caduquen, hasta que se cierre Thunderbird o dejar abierta la posibilidad de que el programa nos pregunte en cada caso.

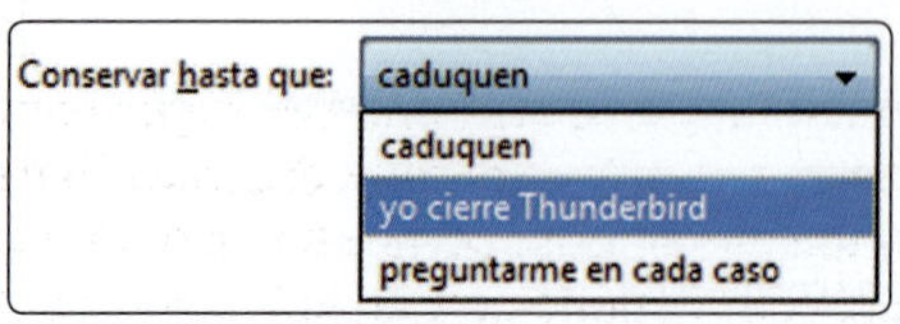

Saber más

Cookies

Las *cookies* son información que se guarda en el ordenador y que contiene datos de los lugares de internet que se ha visitado, a petición de esos mismos sitios. Las *cookies* pueden tener una intención beneficiosa para el usuario para facilitar la navegación, pero también pueden pretender conocer datos del usuario, como por ejemplo para enviarle publicidad personalizada en función de los lugares que visita. Algunas páginas no permiten la navegación si no se aceptan las *cookies* que envía.

Actividades propuestas

3. Crea un documento nuevo de WordPad o Word, responde a las siguientes preguntas y guárdalo con el nombre **Teoría 2** en tu carpeta de trabajo de esta unidad didáctica:

a) ¿Cómo podemos configurar de forma general la fuente con la que redactaremos todos nuestros correos tal y como los verán los destinatarios?

b) ¿Qué deberemos hacer para que nuestro programa antivirus analice los correos entrantes?

c) ¿Qué deberemos hacer si queremos que el programa nos avise de que un correo podría ser fraudulento?

d) ¿Cómo podemos ver cuáles son las contraseñas que tenemos guardadas para cada cuenta de correo configurada en Thunderbird?

2.7. Libreta de direcciones

Al pulsar sobre el botón **Direcciones** emerge una ventana como la de la imagen siguiente. Al margen están las carpetas que contienen distintos tipos de contactos. Las direcciones recopiladas son las de las personas de las que hemos recibido algún correo.

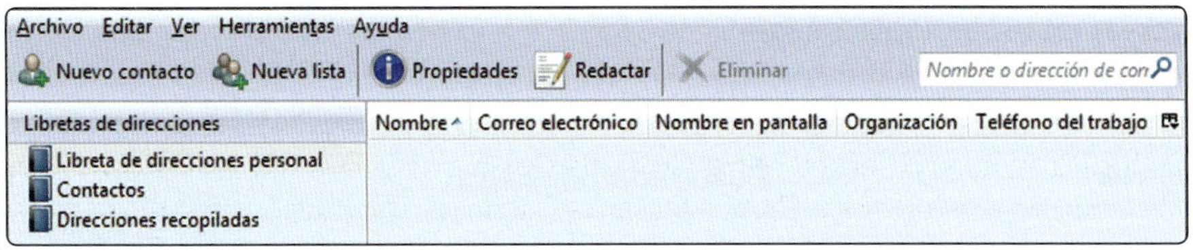

Vamos a ver lo principal del contenido del menú.

- En el menú **Archivo** están, entre otras opciones, Nuevo, Vista preliminar del contacto, Imprimir contacto, etc.
- En **Editar** tenemos Deshacer, Rehacer, Copiar, Cortar, Pegar, etc.
- En **Ver** encontramos las distintas barras de herramientas.
- En **Herramientas** tenemos Importar, Exportar y Opciones.
- En el menú **Ayuda** podemos ver lo referente a la ayuda, versión utilizada, novedades y actualizaciones.

2.8. Búsqueda

Cuando se empieza a acumular bastante correo, es posible que necesitemos encontrar un correo electrónico en concreto, algo que se facilita con las utilidades de búsqueda que proporciona el programa.

La búsqueda se puede realizar en la **barra superior derecha** y también desde el menú **Editar ⟶ Buscar**. En la barra superior derecha escribiremos una palabra con la que podamos identificar el mensaje buscado, que puede ser una palabra que esté en el texto del correo electrónico, en el asunto o incluso en la dirección del remitente o del destinatario.

Una vez escrita la palabra, y si se encuentra en algún correo de la cuenta de correo activa, se abrirá una ventana que, en el centro, tiene la lista de correos que cumplen la condición de búsqueda y a la izquierda un panel con más información y filtros, como puedes ver en la imagen de la derecha.

Saber más

Importar

Si deseamos importar contactos, correos, configuración o filtros de otros gestores de correo electrónico instalados en el equipo, lo haremos desde Herramientas ⟶ Importar, indicando de qué programa.

Caso práctico inicial

Los contactos que se agregan a la cuenta de correo de Thunderbird podrán utilizarse más tarde en la agenda electrónica.

Caso práctico inicial

Pueden crearse grupos de contactos, como el que vemos en esta imagen. Para ello se hace clic en Direcciones y después otro clic en el botón Nueva lista.

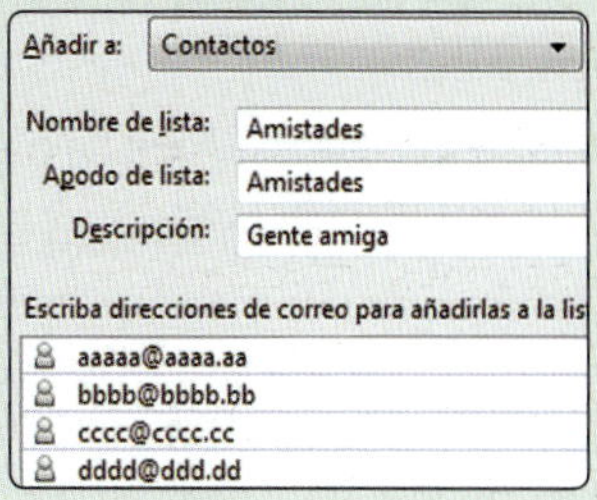

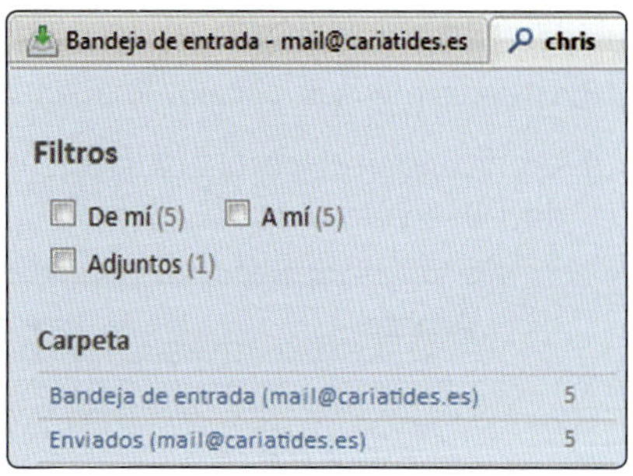

Si la búsqueda se realiza desde el menú **Editar ⟶ Buscar,** se despliega un menú para elegir dónde y de qué se hará la búsqueda.

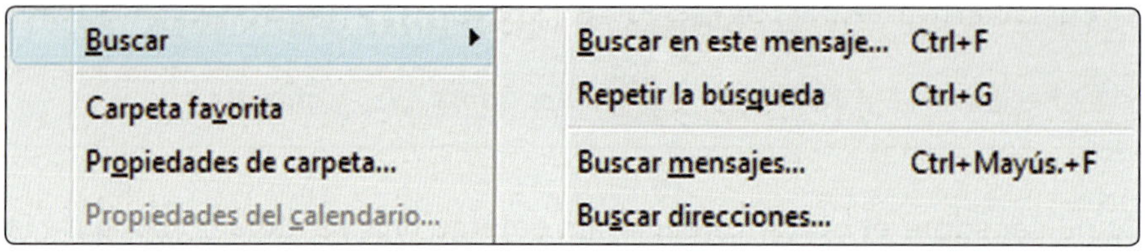

Si se trata de buscar direcciones, se abrirá la ventana correspondiente, y si es el caso de palabras en los correos, el cursor se situará en una barra que se halla debajo de la que habíamos visto anteriormente, como puedes observar en la siguiente imagen.

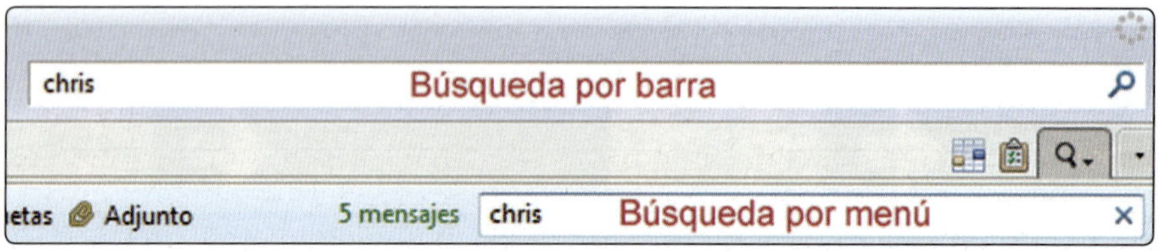

Actividades resueltas

1. Abre Mozilla Thunderbird.
2. Crearemos dos contactos nuevos. Pulsa sobre el botón **Direcciones,** selecciona **Libretas de direcciones personal** y haz clic sobre el botón **Nuevo contacto.**

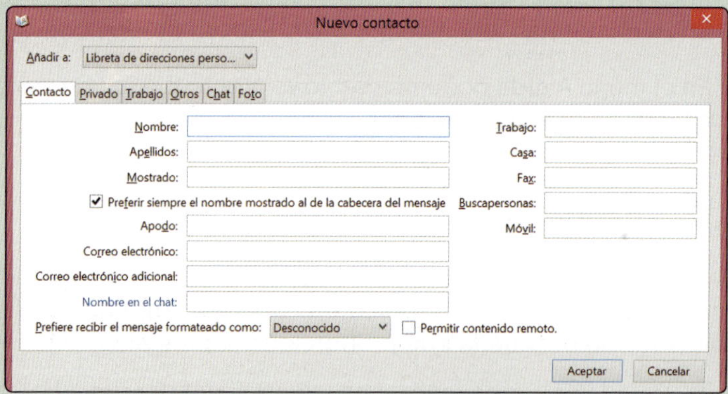

3. En la ventana Nuevo contacto tenemos varias pestañas para almacenar información referente a las personas u organizaciones con las que nos comunicaremos a través de mensajes.
4. Rellena los datos de dos de tus amigos o amigas.
5. Si haces clic sobre **Direcciones recopiladas,** comprobarás que aparecen todas las direcciones de los compañeros y compañeras a los que les enviaste un correo en el ejemplo anterior; Thunderbird guarda las direcciones que se utilizan, pero solamente las direcciones, no el resto de datos.
6. Vamos a completar las fichas de estos compañeros y compañeras.
7. Haz doble clic sobre el primero y aparecerá la ventana **Editar contacto,** que es igual a la de **Nuevo contacto,** con las mismas pestañas y campos. Rellena lo que consideres de cada uno de ellos. Si observas la última pestaña verás que tienes la opción de introducir una foto.
8. Envía un mensaje con una imagen, como dato adjunto, de las que tengas en el ordenador.
9. Con la opción de búsqueda, encuentra el mensaje que enviaste a tus compañeros y compañeras con el asunto **Correo de prueba.** Observa la imagen.

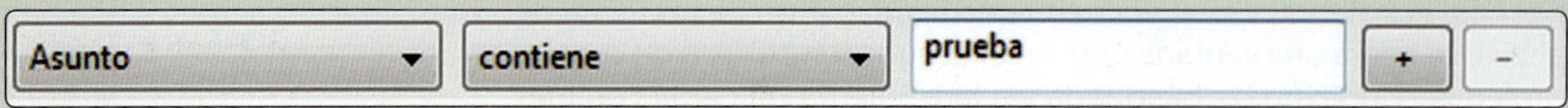

2.9. Archivo de mensajes

A veces recibimos mensajes que nos gustaría guardar por si los necesitamos en cualquier momento; con Thunderbird tenemos la posibilidad de hacerlo.

Para guardar un mensaje, seleccionamos con el botón secundario del ratón y pulsamos sobre **Archivar,** o bien hacemos clic sobre el botón **Archivar** que se encuentra en la línea de botones del propio mensaje. Si no se ha modificado la configuración por defecto, en la cuenta desde la que se haya archivado el mensaje crearemos una nueva carpeta con el nombre **Archivos** y, dentro de esta, otra con **el año en que se ha creado,** que contendrá todos los mensajes de ese año que han sido archivados.

A esta carpeta se le puede cambiar el nombre pulsando sobre ella con el botón derecho del ratón y seleccionando **Renombrar.**

Botón Archivar.

Nueva carpeta Archivos.

2.10. Correo no deseado

Thunderbird posee un filtro para correo basura, pero hay que ir «enseñándolo» para que sepa localizar el *spam*. Si se accede por **Herramientas ⟶ Ejecutar controles de correo no deseado en la carpeta ⟶ Aceptar,** es posible que varios mensajes aparezcan con el icono de correo basura. Si esto ocurre y los mensajes no son *spam,* seleccionaremos con el botón derecho y elegiremos **Marcar ⟶ Como correo normal.** Entonces el icono desaparece. Actuaremos de igual modo en el caso contrario: si recibimos un mensaje basura que el programa no lo marca como tal, en cuyo caso lo marcaremos manualmente. De estas gestiones el programa va «aprendiendo» para sucesivas entradas de correo.

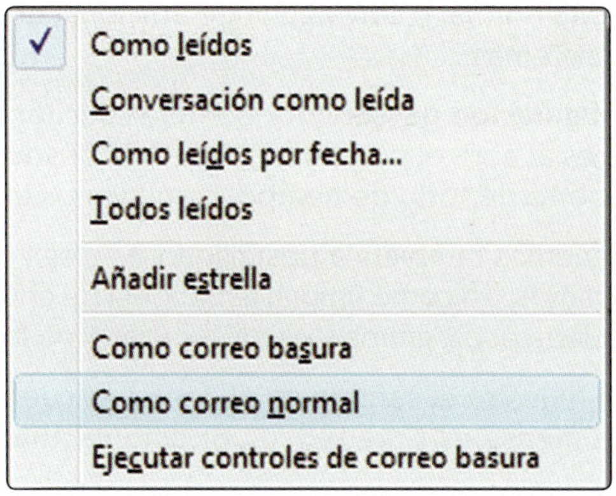

Icono correo no deseado.

2.11. Configuración

Si se desea aplicar a una cuenta de correo una configuración distinta a la predeterminada, es necesario entrar en la configuración desde **Herramientas ⟶ Configuración de las cuentas,** en donde podremos ver que cada una de las cuentas existentes en Thunderbird tiene varios apartados configurables.

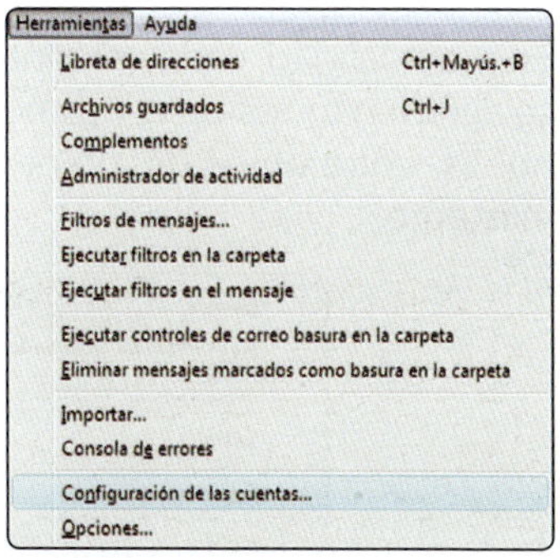

Acceso a la configuración de las cuentas.

Actividades propuestas

4. Crea un documento nuevo de WordPad o Word, responde a las siguientes preguntas y guárdalo con el nombre **Teoría 3** en tu carpeta de trabajo de esta unidad didáctica:

a) ¿A dónde se va un mensaje que ha sido archivado?

b) ¿Cómo nos muestra Thunderbird un mensaje que parece no deseado?

c) ¿Qué podemos hacer para que un mensaje que aparece como no deseado se muestre como correo normal?

d) ¿Qué tipos de seguridad de conexión al servidor de correo se pueden establecer?

e) ¿Cuáles son las buenas prácticas para el correo electrónico?

f) ¿Qué es el hoax?

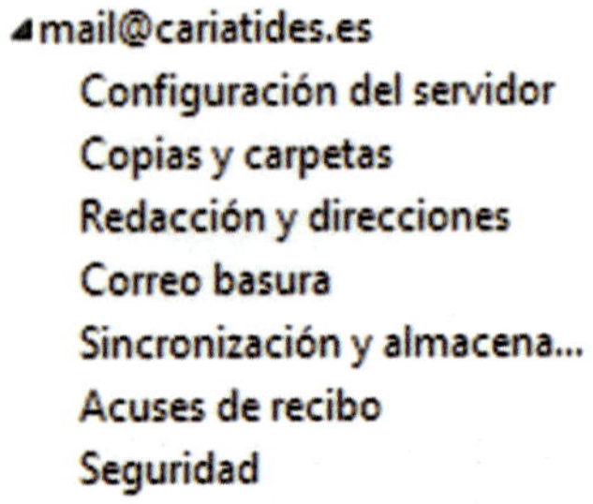

Apartados de una cuenta de correo que pueden ser configurados individualmente.

Saber más

Entre las carpetas de correo electrónico, al final se encuentran las Carpetas locales. Se pueden crear subcarpetas locales para ir guardando los correos enviados y recibidos. Si se traspasa un correo desde la carpeta normal del correo (de entrada, salida o papelera) a una de las subcarpetas locales, el mensaje no solamente se elimina de su ubicación anterior, sino que desaparece del servidor web en donde estaba alojado, pasando ahora a ser un correo puramente local.

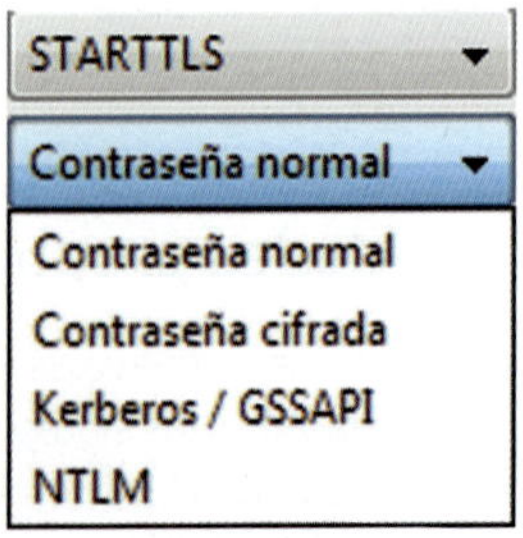

Tipos de autenticación de usuario mediante contraseña normal o cifrada o mediante otros protocolos o interfaces.

Saber más

Cada cuenta de correo está separada de las demás y contiene sus propias carpetas.

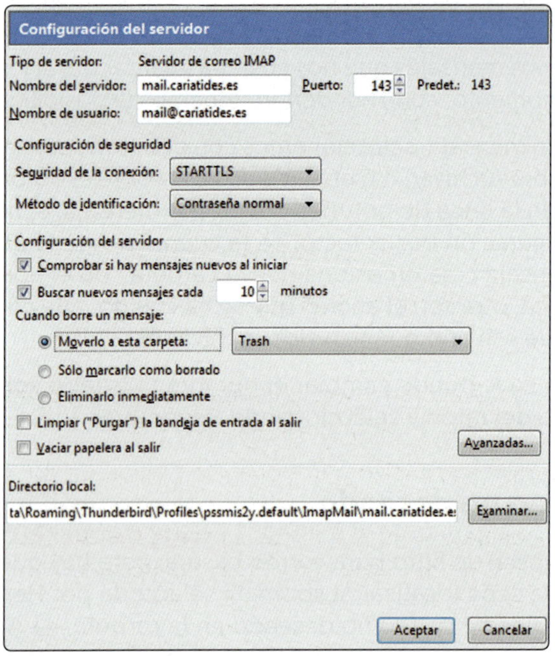

El **tipo de servidor** y el **nombre del servidor** son configurados automáticamente por el programa cuando se ha insertado el **nombre de usuario** en el momento de importar la cuenta.

La **seguridad de la conexión** puede ser la normal (STARTTLS) o en modo seguro (SSL/TLS), en tanto que el **modo de identificación** se puede ejecutar mediante contraseña normal o con algún tipo adicional de seguridad, como el cifrado u otros sistemas.

Por último, **la configuración del servidor** permite solicitar la comprobación de nuevos mensajes al abrir el programa y repetir la búsqueda de mensajes de entrada cada cierto periodo de tiempo, como vimos en el epígrafe 2.4.

En esta ventana tenemos también la posibilidad de elegir qué hacer con los mensajes que borramos, así como limpiar la bandeja de entrada de mensajes leídos cuando se cierra el programa y elegir si vaciar o no la papelera al salir.

El **directorio local** muestra el camino en el que se encuentran las carpetas que contienen los mensajes. Para ver su ubicación actual haremos clic en **Examinar**.

2.12. Agregar una nueva cuenta de correo en Thunderbird

En la actualidad, cada persona suele tener más de un correo y lo normal es que se agrupen todos en el mismo gestor local de correo. Para agregar una cuenta nueva, entraremos desde el menú **Archivo ⟶ Nuevo ⟶ Cuenta de correo existente**.

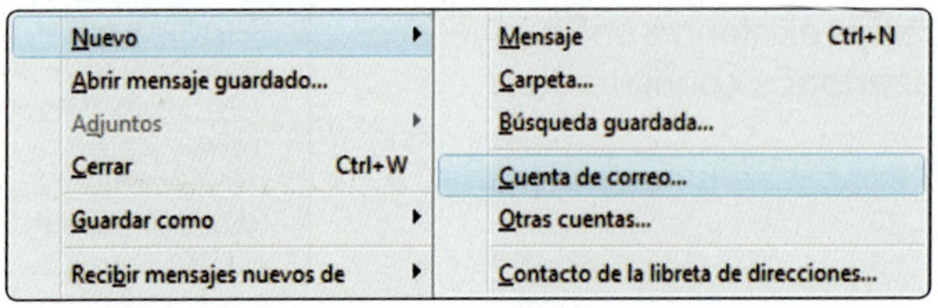

Aparecerá la misma ventana que cuando configuraste tu primer correo. Sigue el mismo procedimiento y tu nueva cuenta estará configurada en Thunderbird.

2.13. Buenas prácticas para el correo electrónico

- Prudencia antes de abrir archivos adjuntos, aunque el emisor sea de confianza.
- Utilizar la copia oculta para los envíos y reenvíos masivos.
- Borrar lista de direcciones *e-mail* del correo recibido antes de reenviarlo.
- Romper cadenas o correo ***hoax***.
- No hacer clic en direcciones web que aparecen en un correo electrónico, a no ser que el mensaje sea de **absoluta** confianza.
- Denunciar el correo abusivo o fraudulento. Si se trata de correo abusivo, puede informarse de ello al titular del servicio de correo desde donde ha partido el mensaje o incluso a nuestro propio ISP. Si el correo es un claro intento de fraude, se debe comunicar a la policía.

Saber más

Hoax

Es el nombre que se le da a los correos electrónicos de tipo cadena, que piden su reenvío, a veces anunciando desgracias si no lo haces.

Actividades propuestas

5. Busca las contraseñas de correo electrónico que tienes almacenadas en tu equipo.

6. Elimina las *cookies* que tienes almacenadas en Thunderbird.

7. Crea un grupo de contactos llamado **Clase,** en el que incluyas las direcciones de correo electrónico de varios de tus compañeros y compañeras de clase. Envía un correo electrónico a todo el grupo a la vez.

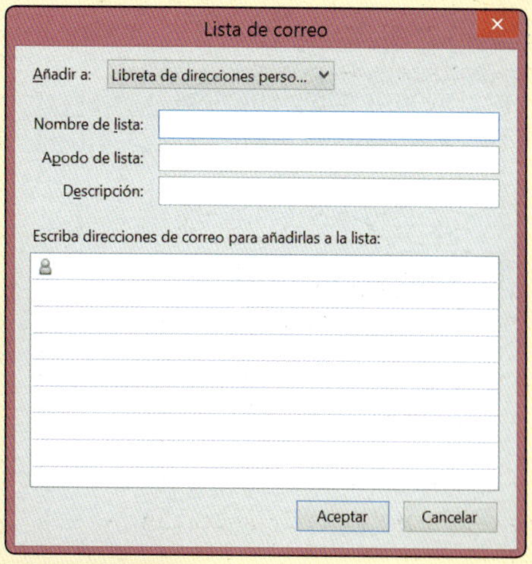

8. Marca cualquier correo de los que tienes en la bandeja de entrada como correo basura. Si no lo es, vuelve a ponerlo en modo normal.

9. En la configuración de la cuenta, epígrafe 2.11, hemos visto cómo se configura el servidor. ¿Qué otras cosas pueden configurarse para cada cuenta de correo de las que tienes en Thunderbird?

10. Crea dos contactos nuevos, que no pertenezcan a ningún grupo de contactos. En este caso agrega todos los datos que puedas, según muestra la pestaña de la ventana Nuevo contacto. Incluye en uno de ellos la foto de la persona que tiene esa dirección (sugerencia: a falta de otras, puedes poner tu propia dirección, tus datos y tu foto).

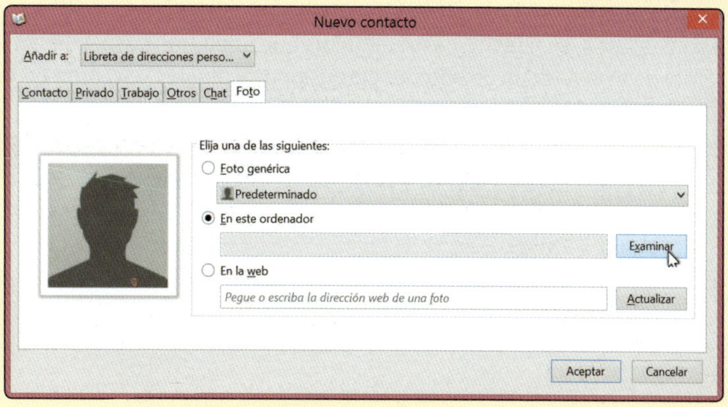

Saber más

Si conoces el funcionamiento de **Thunderbird** y **Lightning,** sabrás utilizar otros gestores de correo electrónico y sus agendas electrónicas asociadas.

No confundas la agenda electrónica de tipo *software* con la **PDA,** a la que también se suele llamar agenda electrónica (pero es *hardware* y realiza más tareas que una simple agenda).

3. Agenda electrónica

Una agenda electrónica es una aplicación *software* que permite organizar el calendario al igual que se haría con una agenda de papel, gestionando fechas, eventos, tareas y citas.

Microsoft Office 2010 tiene su gestor de correo electrónico, Microsoft Outlook 2010, que tiene asociado un calendario que funciona como agenda electrónica, al igual Lithtning, que es un complemento de Thunderbird.

3.1. Instalación de complementos

Al cliente de correo electrónico Thunderbird podemos agregarle complementos de muy diferentes tipos para realizar funciones complementarias asociadas con el correo electrónico.

A la versión portable, que es la que estamos utilizando para las actividades, es posible agregarle complementos y extensiones, aunque no siempre resultan operativos como lo serían en la versión normal del programa.

Para seguir con la idea de practicar con un *software* independiente del sistema operativo que estés utilizando y que pueda usarse en una versión portable, utilizaremos como agenda electrónica un complemento de Mozilla Thunderbird llamado Lightning, que ya está aplicada al cliente de correo tal y como lo tienes disponible en los recursos del libro.

Ejemplo

Instalación de complementos

1. Accede a Complementos desde el menú Herramientas ⟶ Complementos.

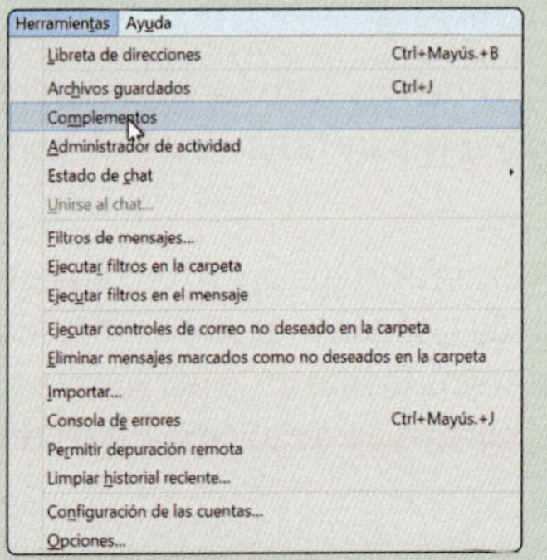

2. Observa los complementos ya instalados, en nuestro caso Lightning, que podemos desactivar temporalmente o eliminar. Desde la parte izquierda tenemos también la posibilidad de obtener extensiones y *plugins*, así como de temas para cambiar la apariencia del programa.

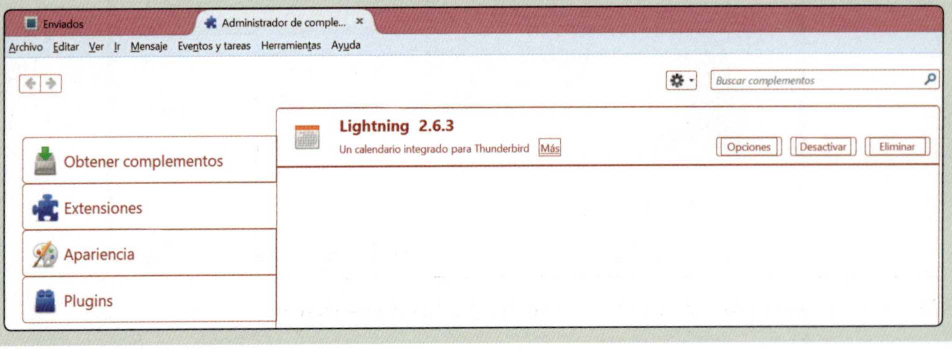

Ejemplo cont.

3. Observa cómo se define a los complementos desde el propio cliente de correo electrónico:

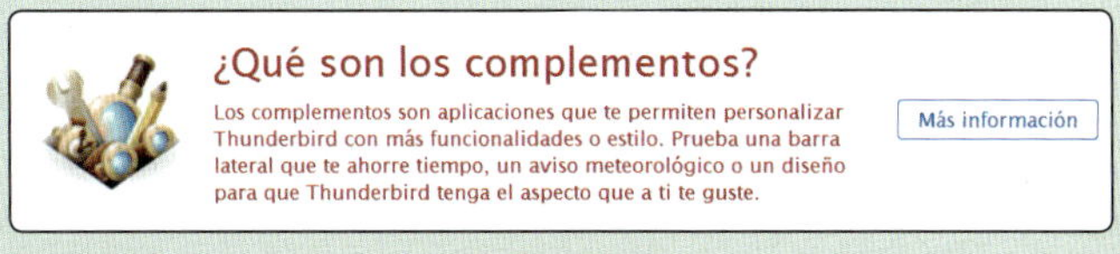

4. Si no tuviéramos instalado Lightning y quisiéramos hacerlo, lo podríamos buscar en el Administrador de complementos y obtendríamos la siguiente vista. Luego pulsaríamos sobre el botón Agregar a Thunderbird.

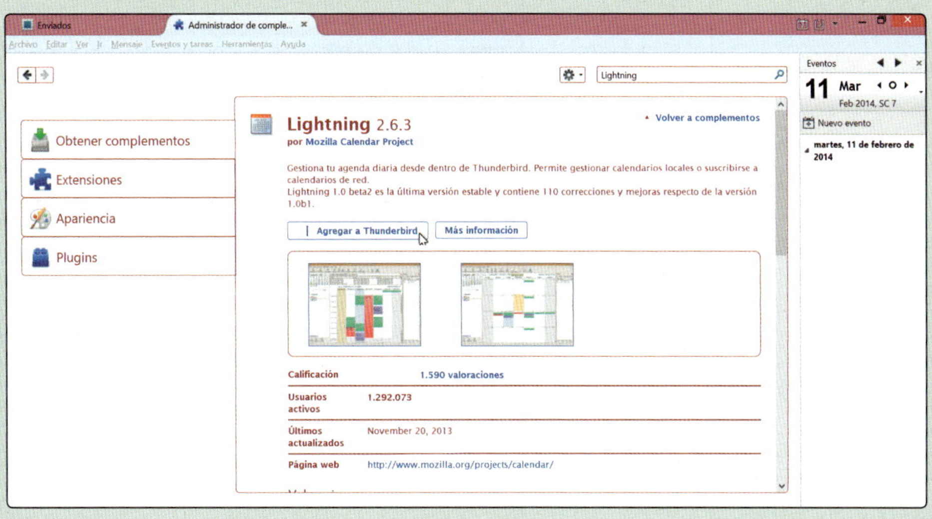

3.2. Calendario

El calendario ofrece múltiples funciones. La mayor parte de ellas pueden realizarse teniendo a la vista el Calendario, que presenta a la izquierda todo el mes sobre el que se desean agregar, borrar o modificar tareas o eventos.

Se puede ver la parte del calendario correspondiente al día de hoy a la derecha de la ventana de Thunderbird. Si deseamos verlo completo entraremos desde **Eventos y tareas ⟶ Calendario.**

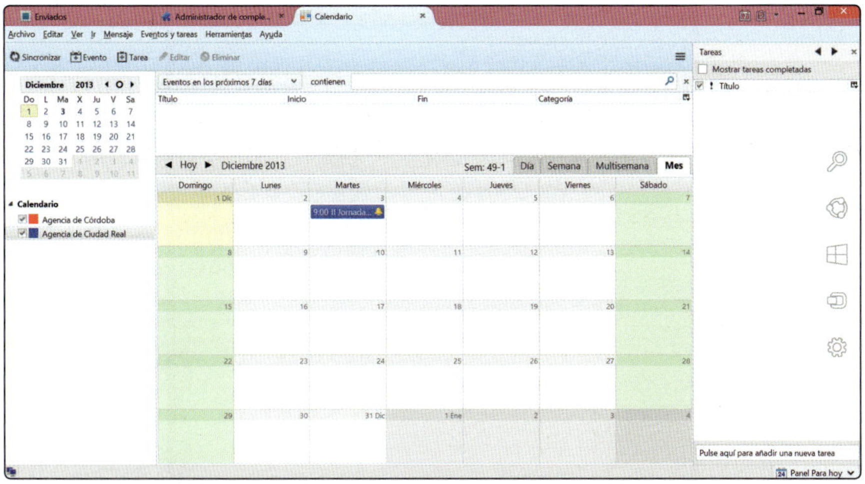

Calendario en vista «Mes» con un evento anotado con alarma para que el programa nos avise con antelación. Las vistas pueden ser Día, Semana, Multisemana y Mes.

Saber más

Nuevo calendario

En el margen izquierdo, debajo de la vista del mes, puedes ver todos los calendarios que estén configurados, así como elegir el **color de su diseño.**

Se agrega un **nuevo calendario** haciendo clic en el actual con el botón secundario ⟶ Nuevo calendario.

Saber más

Un **evento** es algo que tiene que ocurrir, como por ejemplo una reunión.

Una **tarea** es algo que se tiene que hacer y que puede comenzarse en una fecha y terminar en otra concreta.

Saber más

Los eventos y tareas pueden hacerse públicos o privados, o mostrar solamente la fecha y la hora.

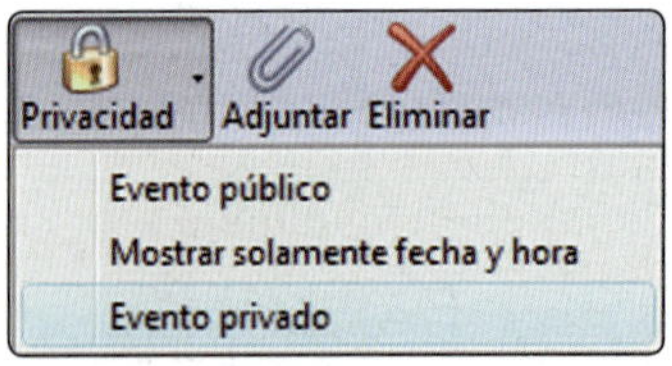

Caso práctico inicial

Para no olvidar tareas que se deben realizar, se ha de consultar la lista de tareas pendientes. Si se trata de reuniones u otras citas, se usan los Eventos y se pide que se envíe automáticamente uno o más recordatorios.

Caso práctico inicial

Para no olvidar tareas que se deben realizar, se ha de consultar la lista de tareas pendientes. Si se trata de reuniones u otras citas, se usan los Eventos y se pide que se envíe automáticamente uno o más recordatorios.

3.3. Agregar tareas y eventos

Se puede hacer desde Eventos y tareas, pero es más fácil elegir el calendario con el mes y el año donde se quiera agregar un evento o tarea. Se puede poner en vista Día, Semana, Multisemana o Mes. A continuación hacemos clic con el botón secundario del ratón sobre el día al que se quiera agregar algo. De la ventana emergente se selecciona Nuevo evento o Nueva tarea. Le daremos un nombre y lo configuraremos adecuadamente.

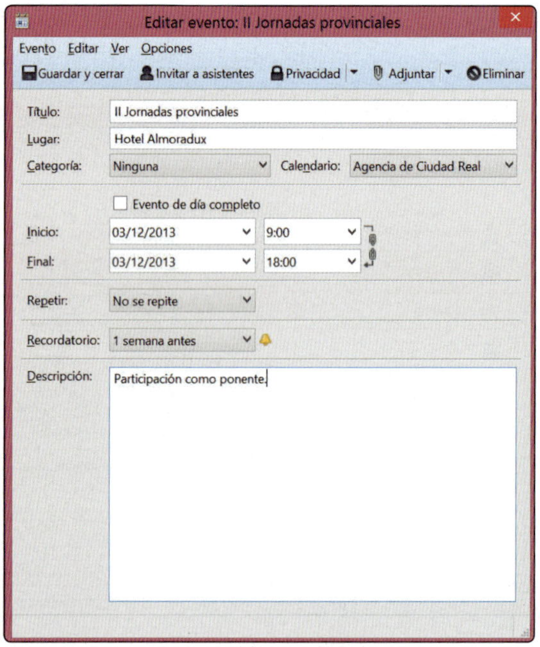

3.4. Eventos con lista de contactos

A los asistentes a cualquier evento se les puede invitar desde el botón **Invitar a asistentes**, que abrirá la lista de contactos de la cuenta de correo para la que fue creado el calendario.

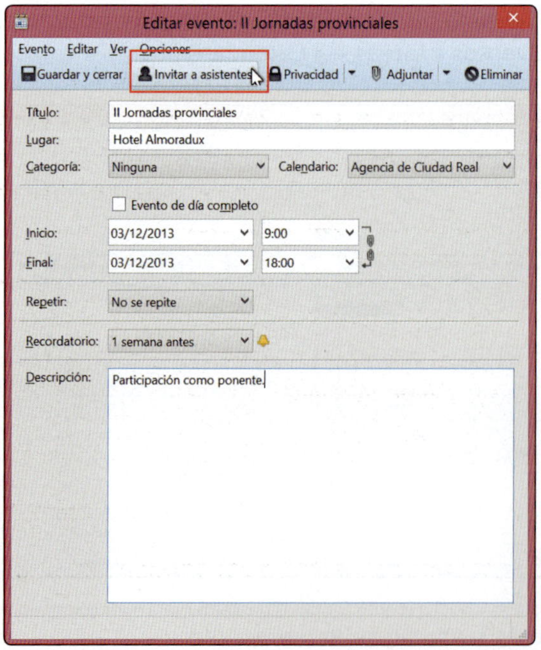

Los invitados pueden ser de tres tipos: presidencia, opcionales o necesarios. El cambio de uno a otro tipo se realiza sobre el **icono** que se encuentra a la izquierda de cada dirección de correo.

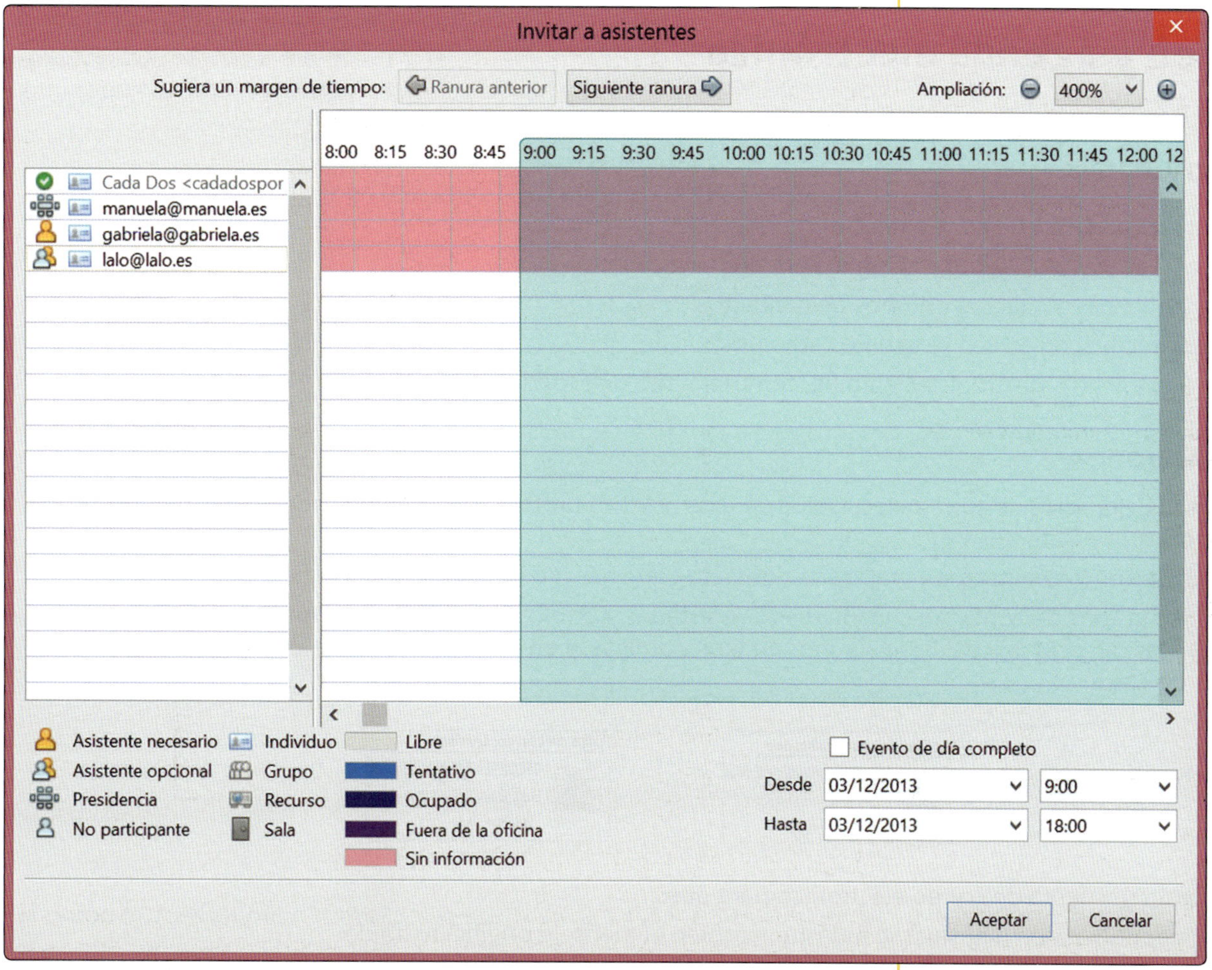

Actividades propuestas

11. Con el gestor de correo Thunderbird, crea un calendario al que llamarás **con tu nombre.**

12. Crea una invitación para una cita informal que tendrá lugar en una hora que tengas clase en el aula de informática, a la que invitarás a todos los compañeros y compañeras que tienes en tu lista de contactos. Pide que se les notifique la invitación. Comprueba que reciben un correo de notificación y que cuando hayas programado el aviso, recibes un mensaje similar al siguiente.

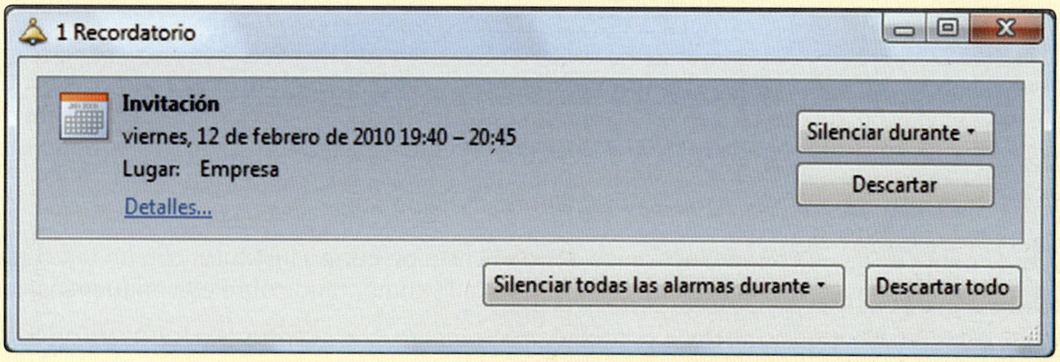

Correo y agenda electrónica

Objetivos

- Configurar el gestor de correo Mozilla Thunderbird.
- Aplicar medidas de seguridad para el correo electrónico.
- Crear y eliminar contactos y grupos de contactos.
- Enviar y recibir correo con y sin datos adjuntos.
- Utilizar la agenda electrónica **Lightning**, complemento de Mozilla **Thunderbird.**

Instrucciones

1. Todos los ejercicios de correo electrónico de esta práctica profesional se harán sobre la misma cuenta de correo.
2. Elimina todos los contactos y grupos de contactos que has ido creando con Mozilla Thunderbird.
3. Crea dos grupos de contactos, uno llamado **Amistades** y otro con el nombre **Instituto.** En el primer grupo incluye las direcciones reales de algunos amigos y amigas, y en el segundo, las de compañeros y compañeras de clase.

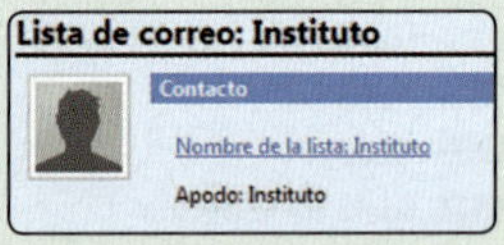

4. Configura tu cuenta de correo electrónico para que:
   a) Al responder a un mensaje, se muestre también el mensaje original recibido.
   b) La respuesta se escriba por encima del mensaje recibido.
   c) El correo electrónico lleve tu firma.
   d) La firma de tu correo electrónico aparezca debajo del texto de respuesta y no debajo del mensaje recibido.

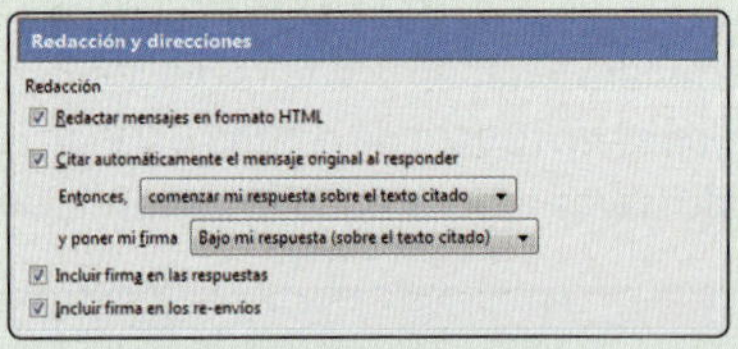

5. Configura **la cuenta de correo que estás usando para esta práctica,** de modo que todos los correos electrónicos que envíes desde ella tengan las siguientes características de **Redacción:** el texto será en HTML, el tipo de letra, de anchura variable y tamaño medio, y el color de la fuente azul, sobre fondo blanco.

   Ayuda: Herramientas → Opciones.

6. Desde esa cuenta envía un correo electrónico a toda la lista de correo **Instituto,** con un texto corto en el que comunicas que envías una imagen adjunta, y haz algún comentario sobre ella en tu mensaje.

   Recuerda: *el correo electrónico se debe escribir correctamente, con acentos, sin faltas de ortografía y sin hacer uso de lenguaje SMS.*

a) El mensaje se enviará en copia oculta (Bcc), de modo que ninguno de los destinatarios pueda conocer las direcciones del resto.
b) Comprueba que el mensaje está escrito con las características de texto que se han configurado en el punto anterior.
c) Adjunta una fotografía o una imagen cualquiera.
d) El texto deberá escribirse **una sola vez,** aunque los destinatarios sean todas las personas que están en la lista de correo **Instituto.**
e) El asunto del mensaje será **Adjunto imagen.**
f) Envía el mensaje.
g) Comprueba si tu mensaje llega a las personas destinatarias como correo normal o como correo no deseado (o correo basura).
h) Cuando alguno de tus compañeros o compañeras reciba tu mensaje, comprueba que en él no aparece ni su dirección de correo electrónico ni la de ninguna otra persona destinataria.

Recuerda: *la práctica de enviar correos con destinatarios ocultos es muy recomendable para preservar la privacidad de ese dato.*

7. Escribe un correo electrónico solamente a dos personas que estén en la lista de correo **Instituto.** A uno de los destinatarios se le enviará con dirección visible (**Para**) y al otro en correo oculto (**Bcc**).

8. En la dirección web que figura a continuación existe una amplia colección de complementos para Thunderbird.

<https://addons.mozilla.org/es-ES/thunderbird/extensions/>

Visítala, busca entre las categorías que aparecen y al final responde a las siguientes cuestiones:

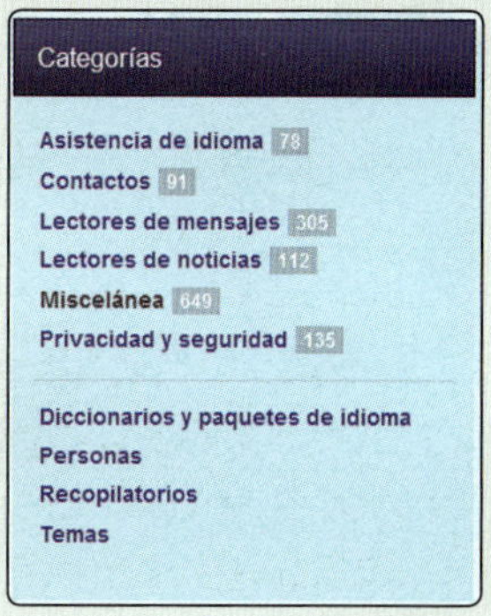

a) De entre todas las categorías, cita al menos el nombre de tres **complementos destacados** que te resultarían útiles o interesantes para tu gestor de correo electrónico, indica a qué categoría pertenece cada uno de ellos y qué utilidad proporciona.
b) ¿Tienes instalado algún complemento en tu Mozilla Thunderbird?

9. Crea un nuevo calendario en tu gestor de correo Thunderbird. Llámalo **Práctica profesional.** Será de color rojo.

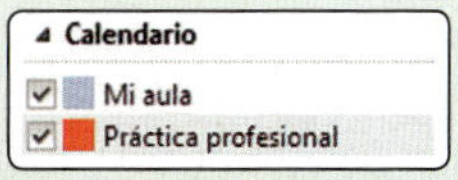

10. Crea un evento en tu nuevo calendario como si fuese una convocatoria de reunión de compañeros y compañeras de clase, para celebrar la finalización de esta unidad de trabajo. Esta hipotética reunión se celebrará a la hora y en el lugar que decidas, y la agenda electrónica te avisará del evento con la antelación que hayas configurado.

11. Invita a algunos de tus compañeros o compañeras a participar en el evento del punto anterior. Cada persona invitada recibirá la notificación del evento en su correo electrónico. Cuando llegue el momento que hayas decidido para recibir el recordatorio del evento, se producirá un aviso de tu agenda electrónica similar al que se muestra en la imagen.

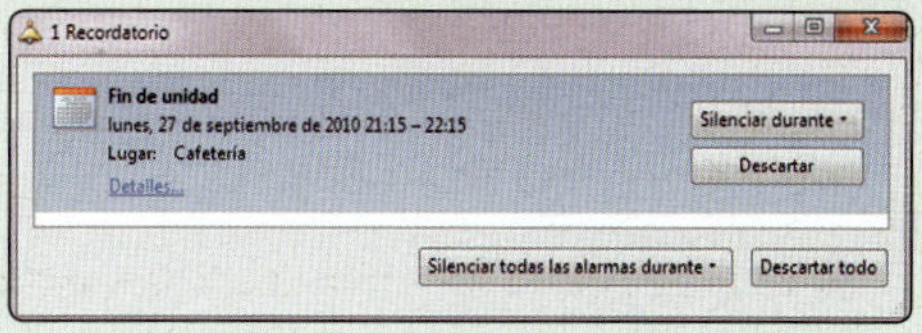

5 Diseño de materiales gráficos y publicitarios

Vamos a conocer...

Y al finalizar esta unidad...

- Serás capaz de interpretar imágenes a partir de las leyes de la percepción visual.
- Trabajarás con diferentes formas en imágenes vectoriales, editando sus atributos.
- Utilizarás las capas y los degradados.
- Realizarás selecciones de partes de una imagen que podrás transformar, gestionar su color...
- Añadirás textos.
- Exportarás archivos en distintos formatos.

Caso práctico inicial

Situación de partida

La tienda de discos *Vinilo*, en la que trabajas, se está planteando cambiar su imagen empezando por el logo. Sabiendo de tus dotes artístico-creativas y de tu conocimiento sobre el tratamiento de imágenes, te piden ayuda para esta tarea.

Los requisitos que quieren que tenga el nuevo logo de la tienda son los siguientes:

- El nombre de la tienda, *Vinilo*, tiene que ser legible.
- Debe combinar modernidad y elegancia.
- Tiene que remitir a música y discos.

Además, el nuevo logo irá integrado en una imagen en formato TIFF a 300 ppp de resolución, de la cual se sacarán unas tarjetas impresas de tamaño 10,5 x 15 cm.

Junto con el logo, en la tarjeta se incluirá un pequeño texto que deberá cumplir las funciones de aclarar qué es *Vinilo* y al mismo tiempo, servir de reclamo para los clientes.

La misma imagen de la tarjeta también aparecerá en la portada de la página web de la tienda, en formato JPG, a 72 ppp de resolución.

Estudio del caso

Una vez que hayas completado el estudio de esta unidad de trabajo, serás capaz de realizar este documento.

Esta imagen se compone de una fotografía de fondo en mapa de bits y unos textos, uno de los cuales es el logo de la tienda, realizado en un programa vectorial. Ya conoces algunos aspectos de los elementos que componen esta imagen, como la simbología del color (el negro es el color de la elegancia, la sofisticación, el naranja aporta dinamismo, un azul neón nos habla de modernidad) pero ahondaremos en otros aspectos relacionados con la percepción para aplicarlos a la imagen publicitaria.

1. El logo, elemento dominante del texto, se ha colocado arriba a la derecha. La imagen tiene una marcada dirección diagonal, de abajo a arriba a la izquierda.
   - ¿Qué connotaciones crees que tiene esta colocación?
   - ¿Qué intención se puede asociar a este punto de vista de la mesa de mezclas? ¿Qué transmitiría que esta estuviese en horizontal?
2. En el logo se ha combinado una tipografía y una forma que representa un disco de vinilo.
   - ¿Cómo puedes combinar varias formas y un degradado en una imagen vectorial? ¿Cómo editar el borde de una forma en color y tamaño?
3. Se ha hecho una gestión del color de la imagen, para que aparezcan esos tonos azul neón.
   - ¿Cómo modificar los colores de una imagen de mapa de bits?

1. El diseño gráfico en materiales publicitarios

El **diseño gráfico** es una parte fundamental de la comunicación y del marketing que en muchas ocasiones influirá fuertemente en la decisión del consumidor de adquirir o no un producto o servicio.

Utilizado como herramienta permite enviar información clara a los clientes, para que a través de la creatividad, la estética y la tecnología lleguen ideas impactantes directamente al consumidor.

A la hora de diseñar cualquier material gráfico hemos de tener en cuenta una serie de factores que influirán en el mismo:

- El mensaje o idea que queremos transmitir.
- El público hacia el que irá dirigido.
- El medio en el que se emitirá: sobre papel impreso, web, dispositivos móviles...

1.1. El diseño corporativo

El **diseño corporativo** es la representación gráfica de la **identidad corporativa** de una empresa o marca, es decir, del conjunto de atributos y valores que posee (su personalidad, visión, propósitos...).

A través de la marca, el consumidor reconoce a una organización y sus productos. Los logotipos o logos constituyen la representación visual de la marca.

Logotipos de algunas marcas de telefonía.

Es importante que una marca se diferencie de sus competidores mediante el color, la forma, etc. Es una manera de resaltar sus valores propios, que la diferencian del resto. En los logotipos de marcas de telefonía, ¿cuál es el rasgo que las diferencia más claramente? ¿Qué marcas asociarías con el concepto *dinamismo*? ¿Cuál con *tranquilidad*? ¿Con *tecnológico*? ¿Con *diversión*?

Saber más

Isologos

En algunos casos nos referimos a logotipos porque es la palabra usada y aceptada comúnmente. Sin embargo, en muchas ocasiones y para hablar con propiedad, se trata de isologos o imagotipos.

Saber más

Psicología del color

Los colores nos transmiten sensaciones, y es una de las herramientas más poderosas de comunicación (piensa en la famosa y controvertida campaña de la marca italiana Benetton).

De forma sintética:

- **Blanco**: pureza, sencillez.
- **Negro:** elegancia, muerte.
- **Gris:** neutralidad, indecisión, melancolía, elegancia.
- **Amarillo:** luz, fuerza, energía, ira.
- **Rojo:** pasión, calor, amor, demonio.
- **Rosa:** inocencia, juventud.
- **Naranja:** entusiasmo, dinamismo.
- **Azul:** frío, calma, reposo, sabiduría.
- **Verde:** equilibrio, frescura.
- **Violeta:** misticismo.
- **Marrón:** clasicismo, tradición.

1.2. Técnicas y principios de diseño gráfico

A continuación se van a exponer unas nociones muy generales de diseño gráfico que debes tener en cuenta a la hora de realizar cualquier diseño:

- Los **elementos básicos del lenguaje gráfico** son el punto, la línea, el plano y el volumen (en 3 dimensiones).
  - El **punto** tiene un gran poder de atracción.
  - La **línea** genera tensión y define una dirección, con su correspondiente lectura psicológica (recta horizontal: calma, estabilidad; vertical: ascenso, espiritualidad; diagonal: dinamismo). La línea curva es más dinámica que la recta. En función de su carácter, la línea puede ser muy expresiva (delicada, vacilante, rotunda, serena, sensual, fría). Una línea cerrada constituye un contorno. A partir de principios espaciales básicos como centro, perpendicularidad e inclinación, surgen contornos básicos como la circunferencia, el rectángulo/cuadrado y el triángulo. Los contornos también son estables o dinámicos dependiendo de su orientación, ten en cuenta, por ejemplo, un rectángulo o un triángulo apoyados en un lado o en un vértice.
  - El **plano** es una línea engrosada. Permite fragmentar el espacio, separando zonas en la composición. En el plano podemos hablar de textura, que es una cualidad de superficie.

- La **composición** hace referencia a la manera de ordenar los elementos gráficos en el soporte y a las relaciones que en consecuencia, se establecen entre ellos. En cualquier formato, por nuestra experiencia de las fuerzas gravitatorias, la parte inferior tiene mayor peso visual que la superior. Por otro lado, por la manera de leer y escribir, el peso visual aumenta hacia la derecha y hacia abajo, así como atribuimos el pasado al lado izquierdo, el presente al centro y el futuro a la derecha.

Caso práctico inicial

El logo de Vinilo está arriba a la derecha, lo que sugiere ligereza y avance hacia el futuro.

La mesa de mezclas es una diagonal hacia arriba, que aporta dinamismo ascendente. Si estuviese en horizontal transmitiría sensación de calma, que no es lo que se busca en esta ocasión.

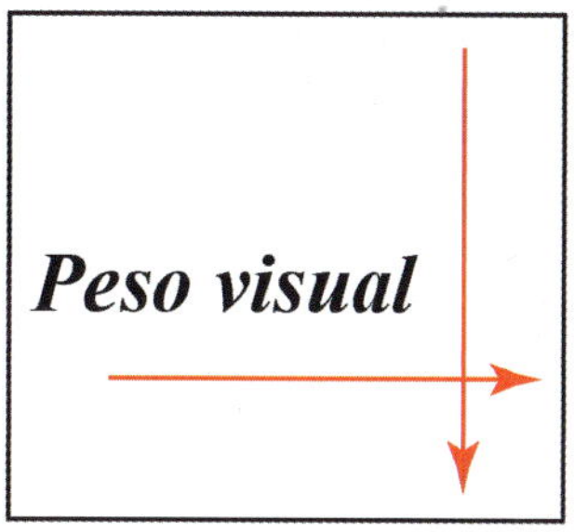

- Las **leyes de la percepción,** establecidas por los psicólogos de la Gestalt, regulan la experiencia que tenemos de los objetos. Es esencial conocerlas para poder dotar de significado a un diseño.
  - Ley de **figura-fondo**: centramos nuestra atención sobre un objeto o grupo de objetos (figura) que destacamos del resto (fondo). ¿Puedes ver el mapa de África? ¿Puedes ver a los niños que hay a los lados?

Las letras configuran a un ciclista sobre una bicicleta subiendo una pendiente.

Ley de continuidad.

— Ley de la **pregnancia** o la **buena forma:** es la que nos dice que tendemos a organizar los objetos de la manera más estable posible. Para concretar esta ley, se apuntaron estas otras:

- **Ley de continuidad:** la mente continúa una determinada tendencia o patrón.
- **Ley de cierre:** perceptivamente tendemos a completar las figuras que aparecen incompletas.
- **Ley de semejanza:** los elementos similares se agrupan.
- **Ley de proximidad:** los elementos cercanos se perciben como una unidad.
- **Ley de simetría:** las imágenes simétricas se perciben como iguales.
- **Ley de comunidad:** muchos elementos constituyendo un patrón se perciben como una unidad.
- **Ley del contraste:** percibimos los objetos en función de los que están a su alrededor.
- **Ley de la experiencia:** nuestro bagaje perceptivo nos condiciona.

Ley de cierre.

Actividades propuestas

1. A los elementos que constituyen el fondo de una figura también se los denomina espacios en negativo. Observa los siguientes logotipos:

- Indica si ves alguna forma reconocible como figura en los espacios en negativo.

2. Comenta, a partir de las leyes de la Gestalt, las imágenes del archivo que encontrarás en la carpeta correspondiente a esta unidad.

2. La imagen digital

Es una representación bidimensional que puede ser tratada por medio de equipos informáticos.

Se pueden obtener imágenes digitales a través de:

- Dispositivos de conversión analógica-digital: cámaras digitales, escáneres.
- Programas informáticos: creación o modificación de imágenes en programas como Inkscape, Illustrator, Gimp, Photoshop...

Las imágenes digitales pueden ser vectoriales o de mapa de bits (bmp). En ambas, la información de color puede venir en modo **RGB** (siglas en inglés de los colores luz, rojo, verde, azul), **CMYK** (correspondientes a los colores pigmento, cyan, magenta, amarillo y color llave o negro, también en inglés), modo **LAB** (relacionado con espacios de color).

En general, las imágenes que vayan a aparecer por pantalla (web, vídeo, etc.) se trabajarán en modo RGB, mientras que las que se vayan a imprimir, irán en CMYK.

Imagen vectorial.

2.1. Imagen vectorial

Una **imagen vectorial** está constituida por elementos geométricos definidos por fórmulas matemáticas, lo que les confiere ventajas e inconvenientes sobre las imágenes de mapa de bits:

- A iguales dimensiones, las vectoriales suelen ser menos pesadas.
- Son escalables sin perder calidad por ser ampliadas.
- No representan fielmente la realidad, como lo hace una fotografía.

Algunos programas de edición vectorial privativos son **Illustrator, Freehand, Corel.** En *software* libre están **Draw, Inkscape,** entre otros.

2.2. Imagen de mapa de bits (bmp)

Una **imagen de mapa de bits** es una rejilla de píxeles. Cada píxel contiene información del color de ese punto de la imagen.

Se definen por el número de píxeles que integran la imagen (altura x anchura en píxeles) y por la **profundidad de color** o cantidad de bits de información con la que se almacena el color en cada punto, medido en bits por píxel (bpp).

La profundidad de color suele tomar valores divisores o múltiplos de 8: 1, 2, 4, 8, 16, 24, 32. Las profundidades de color menores que 8, son tonos RGB indexados, es decir, un índice de colores limitados a un número concreto (1 bpp, representa 2^1 tonos, es decir, 2, el blanco y el negro generalmente; 8 bpp, son 2^8 tonos, 256 colores).

El color indexado solo usa un canal de color (8 bits) en lugar de los 3 de RGB y los 4 de CMYK, lo que se traduce en imágenes menos realistas pero que ocupan menos espacio y son más fáciles de manejar.

Photoshop es un programa de edición de imágenes de mapa de bits por cuya licencia hay que pagar, mientras que **Gimp** es libre y **Paint** viene como accesorio con el sistema operativo Windows.

Imagen de mapa de bits. Cuando se amplía se ven los píxeles.

Imágenes vectoriales. Inkscape

Inkscape en la versión 0.48.2, que es la que vamos a trabajar, tiene la siguiente interfaz:

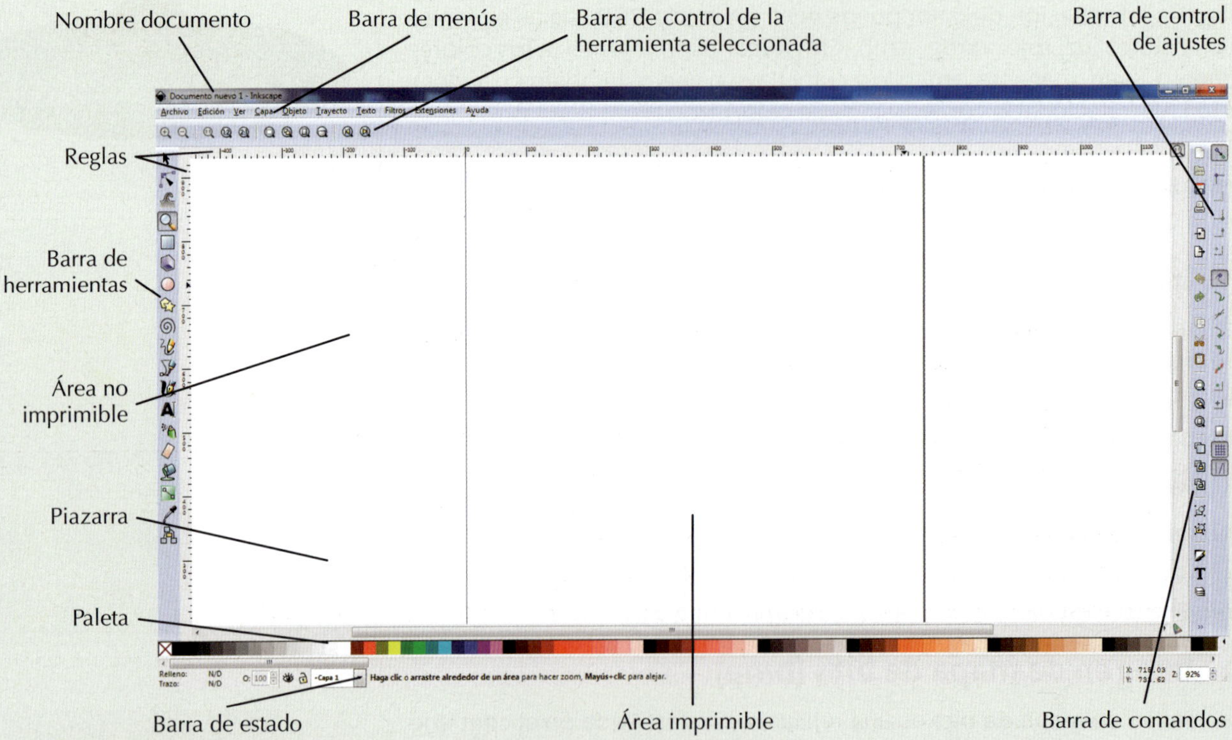

El formato en que se crean las ilustraciones de Inkscape es **SVG** *(Scalable Vector Graphics)*.

Para aprender a utilizar algunas de las herramientas y funciones de Inkscape, vamos a realizar la siguiente actividad.

Actividad resueltas

Nombre del documento: **Tarjeta floristería**

Tipo: **SVG de Inkscape y PNG**

1. Después de instalar el programa desde el archivo que encontrarás en la carpeta correspondiente a esta unidad didáctica, ábrelo. Te encontrarás con la interfaz de **Inkscape** descrita anteriormente.
2. Vamos a dibujar primero el rectángulo de la tarjeta, cuyas dimensiones son 90 mm de largo por 50 mm de ancho. Además, tiene las esquinas redondeadas, con un radio de curvatura de 5 mm. Para ello, haz clic en la herramienta **Crear rectángulos y cuadrados** ▢ de la Barra de herramientas que está a la izquierda. El cursor cambia a un rectángulo con una crucecita arriba a la izquierda.

Actividades resueltas (cont.)

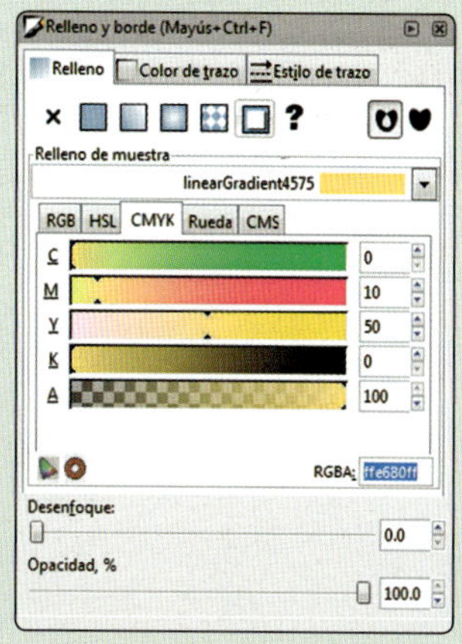

3. Dibuja sobre el área imprimible un rectángulo de dimensiones cualesquiera. Para darle color hay varias maneras. Una de ellas es hacer clic sobre el **color de la paleta,** con lo que la forma seleccionada tomará ese color como relleno. El **color del trazo** se modifica al hacer clic sobre el color al tiempo que mantienes pulsada la tecla mayúsculas. Pruébalo asignando al trazo de tu rectángulo un 50 % de gris.

   Para el relleno utiliza un color concreto, el **#ffe680ff.** Haz clic en el icono **Editar objetos**, que se encuentra en la barra de comandos. Se abrirá el panel **Relleno y Borde.**

4. Observa que en él hay tres pestañas, **Relleno, Color de trazo** y **Estilo de trazo.** En la primera de ellas, selecciona el botón **Muestra,** que se encuentra arriba a la derecha. De las pestañas que indican el sistema de color utilizado (RGB, HSL, CMYK, Rueda, CMS), selecciona CMYK, ya que la tarjeta está destinada a ser impresa, y en el campo RGBA introduce el código del color, **ffe680ff.** El rectángulo tomará el color crema de la muestra.

   A continuación, en la pestaña **Estilo de trazo,** cambia el **Ancho de trazo** a 2,5 píxeles, manteniendo el color que ya le has asignado antes. Puedes esconder el panel con la flecha que aparece arriba a la derecha. Para cerrarlo pulsa la × de arriba o F12.

   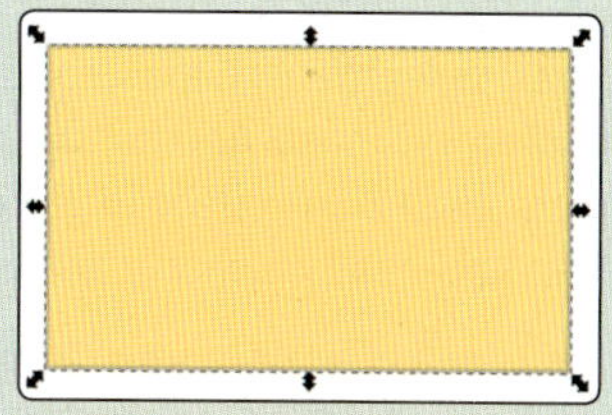

   La forma que has dibujado y coloreado puede editarse de dos maneras posibles con la herramienta **Seleccionar y transformar objetos**:

   - En el modo **Edición de objeto,** al que se accede haciendo clic sobre el objeto, aparecen alrededor unas flechas, los **transformadores**, que al ser arrastradas con el ratón, modifican las dimensiones de la forma.
   - Con otro clic, se entra en el modo **Edición de tiradores,** con unos nuevos transformadores que permiten rotar e inclinar el objeto respecto del centro marcado por la cruz. Compruébalo. Puedes volver a la forma inicial utilizando Ctrl+Z.

   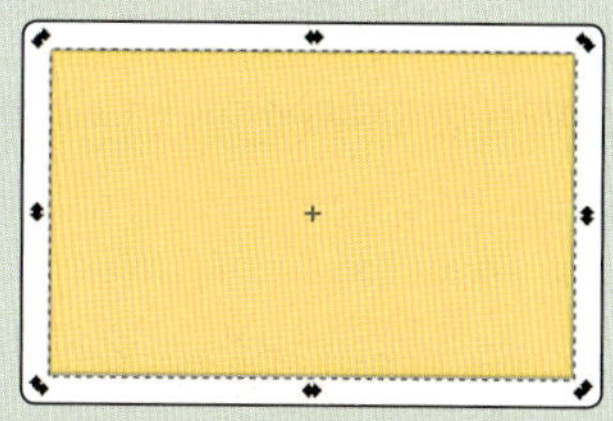

   También con esta herramienta puedes mover el objeto simplemente arrastrándolo con el ratón. Arrastra la figura a una zona no imprimible de la pizarra.

5. En nuestro caso vamos a dar al rectángulo las dimensiones concretas de la tarjeta.

   Con la herramienta **Crear rectángulos y cuadrados,** selecciona tu rectángulo. Observa que en la barra de control de esta herramienta, aparecen las dimensiones de la forma seleccionada. Pon como unidades mm, si no aparecieran, y escribe 90 en el rectángulo W (*Wide*, ancho en inglés), 50 en el H (*Height*, altura), y 5 en Ry, para dar la curvatura a las esquinas.

Caso práctico inicial

Para editar el borde de una forma en color y tamaño, ir a la pestaña **Estilo de trazo.**

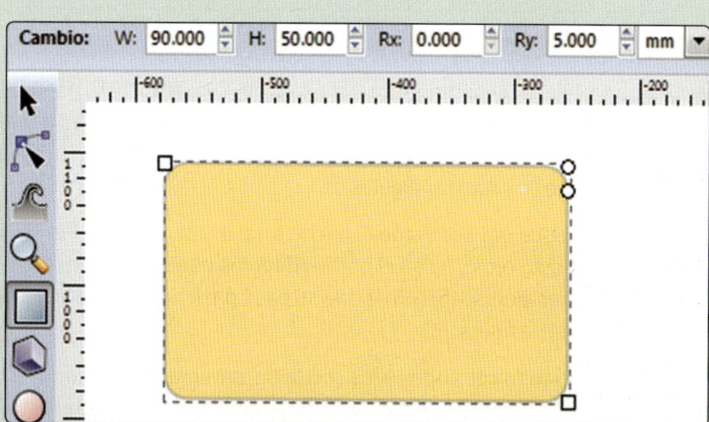

Nota: *También se pueden modificar las dimensiones arrastrando los cuadraditos de las esquinas. La curvatura de estas se regula desplazando verticalmente el circulito del ángulo superior derecho.*

Actividades resueltas (cont.)

6. Vamos a organizar el trabajo en capas. El trabajo por capas tiene el sentido de ordenar los elementos en un dibujo. Es imprescindible en ilustraciones complejas, por lo que aunque esta práctica sea bastante sencilla, las introducimos para que te acostumbres a su utilización. Por eso, aunque te parezca tedioso al principio, trata de acostumbrarte, ya que a la larga te facilitará el trabajo.

   Con el rectángulo seleccionado, ve a la barra de comandos y haz clic sobre **Ver capas** .

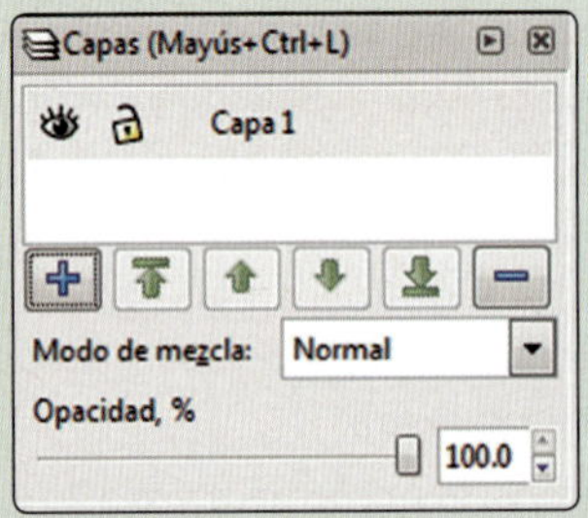

   Aparecerá el panel **Capas,** con la Capa 1, que se crea por defecto, activa (resaltada en gris). Esto quiere decir que nuestro rectángulo está en esta capa. Además aparece un ojo abierto, que indica que la capa está visible, y un candado también abierto, porque no está bloqueada. Comprueba lo que ocurre al hacer clic sobre el ojo y sobre el candado. Con este cerrado trata de mover el rectángulo. Deja la capa bloqueada y oculta por ahora.

   Para cambiar el nombre a la capa y hacer así identificable el contenido de cada una, haz clic sobre **Capa 1,** y cuando aparezca editable, escribe **Rectángulo.** Pulsa **Intro** al final.

   Nota: *Comprueba que en la barra de estado aparece información de la capa en la que se encuentra la forma que has seleccionado.*

7. Ahora dibujaremos el tiesto. Crea una nueva capa a la que llamarás **Maceta.** Para ello, desde el panel **Capas,** pulsa en el botón **Crear una nueva capa** y ponle el nombre en el cuadro de diálogo que aparece. Pulsa **Añadir.**

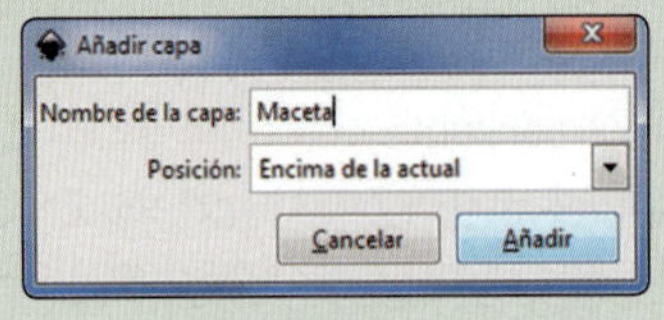

   Con la herramienta **Crear estrellas y polígonos** seleccionada, dibuja un pentágono regular. En la barra de control de esta herramienta, introduce los siguientes valores:

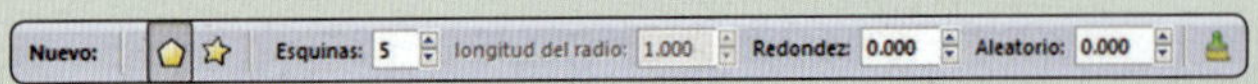

   Sobre la parte imprimible de la pizarra, dibuja un pentágono y rellénalo de color **ff6600ff.** Asegúrate de que su base quede horizontal, para ello puedes sacar una guía. Haz clic en la regla horizontal (si no están visibles las reglas, pulsa Ctrl+R) y arrastra hacia abajo el ratón. Aparecerá una guía horizontal. Para que los objetos se ajusten a las guías, en la barra de controles de ajuste deben estar activados los botones **Activar ajuste** y **Ajustar a guías** .

   Dibuja un rectángulo que sobrepase un poco por cada lado el ancho total del pentágono. Por defecto aparece un rectángulo de esquinas redondeadas. Para volver al ángulo recto, pulsa el botón **Afilar las esquinas** en la barra de control de la herramienta **Crear rectángulos y cuadrados.** Sitúa el rectángulo de forma que su base pase por los dos vértices que definen la diagonal horizontal, y cubra el vértice superior, como en la figura.

   Selecciona rectángulo y pentágono, haciendo clic sobre ellos con la herramienta **Seleccionar y transformar objetos** mientras mantienes pulsada la tecla mayúscula. Ve al menú **Trayecto ⟶ Diferencia.** De esta manera, restas la segunda forma a la primera que dibujaste (en el dibujo se ha bajado la opacidad del rectángulo a un 85 % para que se aprecien mejor las dos figuras).

Actividades resueltas (cont.)

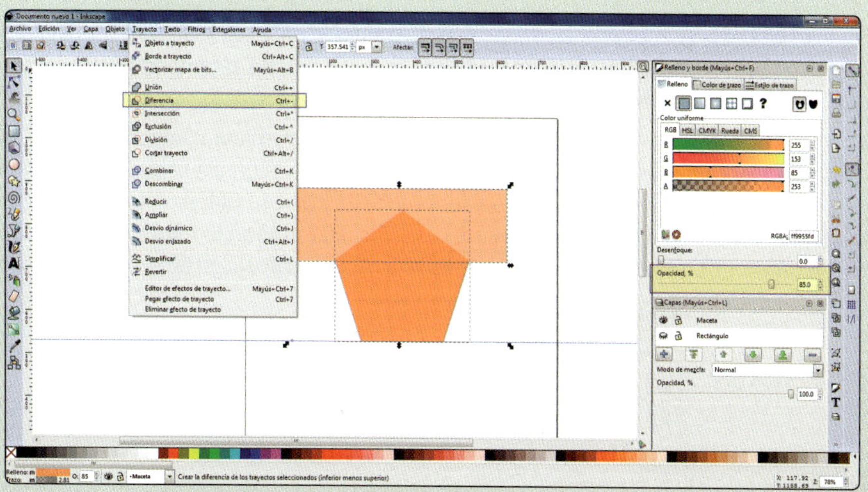

El resultado es una forma troncocónica. Selecciónala y en la barra de control de la herramienta **Selección,** introduce los valores 100 y 90 mm para el ancho (W) y el alto (T) respectivamente.

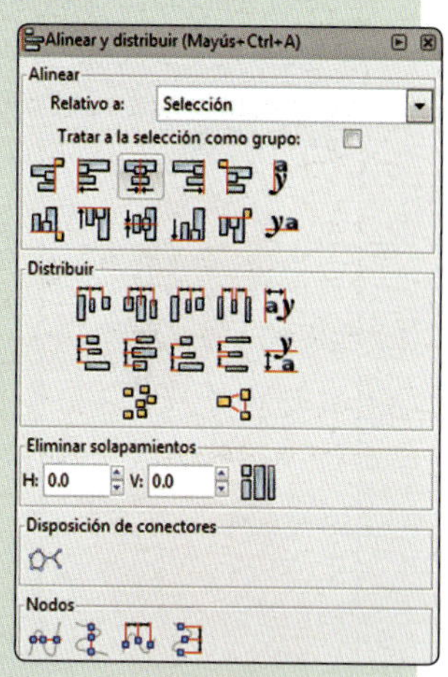

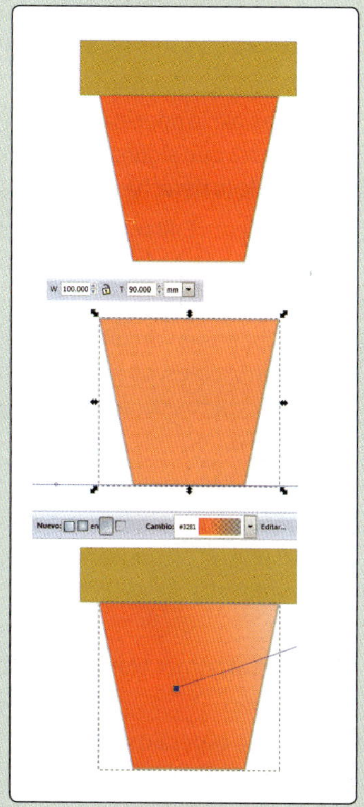

Dibuja ahora un rectángulo de 120 mm de anchura por 30 de altura. Rellénalo de color **d4aa00ff** y con opacidad 100 %. Selecciona ambos objetos y ve al menú **Objeto ⟶ Alinear y distribuir.** Aparece un panel, donde debes pulsar el botón **Centrar en el eje vertical.** El resultado es la maceta.

Ahora solo falta aplicar un degradado a ambas formas. Selecciona la parte de abajo, y con la herramienta **Crear y editar degradados**, selecciona el botón de **Degradado lineal** en su barra de control y dibuja una línea con cierta inclinación como la de la figura.

Repite lo mismo con la parte de arriba de la maceta.

Selecciona ambas formas y agrúpalas. En la barra de comandos, encontrarás el botón **Agrupar objetos seleccionados**.

Reducimos el tamaño de nuestra maceta, ya que por comodidad, hemos trabajado en una escala demasiado grande. Aunque aún no vamos a darle el tamaño final, por seguir con la comodidad, nos vamos aproximando. Selecciona la maceta y en su barra de control, bloquea el candado que se encuentra entre la anchura y la altura.

Escribe a continuación 50 mm en el campo de la anchura (W).

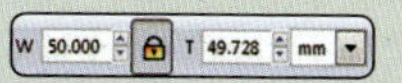

8. Vas a dibujar la planta utilizando la herramienta **Crear espirales.** Crea una capa que se llame Planta. Selecciona la herramienta **Crear espirales** en su barra de control, asegúrate que tenga 1,47 Vueltas, Radio interior 0 y Divergencia 1. Arrastra sobre la pizarra para crear una espiral. Después, con los tiradores, ajusta su tamaño, su posición y rótala hasta que parezca un tallo de la planta.

Caso práctico inicial

Para combinar formas y un degradado como en el disco del logo de Vinilo, se ha dibujado primero un círculo en negro (con la tecla Ctrl pulsada), se ha duplicado (Ctrl+D) en color blanco. Con este activado aplicarle un degradado lineal. Sitúalo arriba a la derecha. Selecciona el círculo negro, duplícalo y rellena de naranja. Con Ctrl+Mayúsculas, reduce su tamaño conservando la posición.

Actividades resueltas (cont.)

Ve a la barra de estado y haz doble clic sobre el color del trazo. Se abrirá el panel de **Relleno y borde.** Cambia el color del trazo de la espiral por el **004e00ff**, y pon un grosor de trazo adecuado al tamaño de tu espiral desde la pestaña **Estilo de trazo**, en **Ancho de trazo.**

Selecciona la espiral y duplícala con Ctrl+D. Ve a la barra de control de la herramienta **Seleccionar** y pulsa en el botón **Reflejar los objetos seleccionados horizontalmente** . Desplaza esta segunda espiral hasta situarla por encima de la primera, siguiendo su curvatura. Con ella seleccionada, Ve al menú **Objeto ⟶ Transformar**, y se abrirá el panel **Transformar**. En la pestaña **Escalar**, marca la casilla **Escalar proporcionalmente**, y en uno de los dos campos, **Ancho** o **Altura**, introduce el valor 80 %. Dale a **Aplicar**. Ajusta la posición de la espiral a la primera.

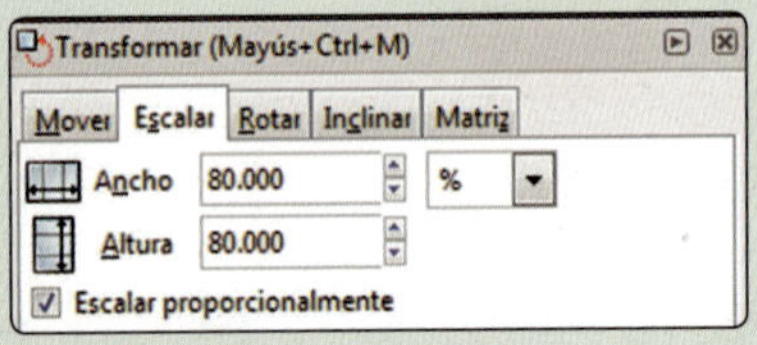

Vuelve a duplicar la espiral segunda (Ctrl+D). Refléjala horizontalmente y escálala al 50 %, pero esta vez, antes de darle a **Aplicar**, desactiva el botón **Afectar al ancho del trazo en la misma proporción al escalar**, Afectar: .

Haz lo mismo con esta última para escalarla al 60 %.

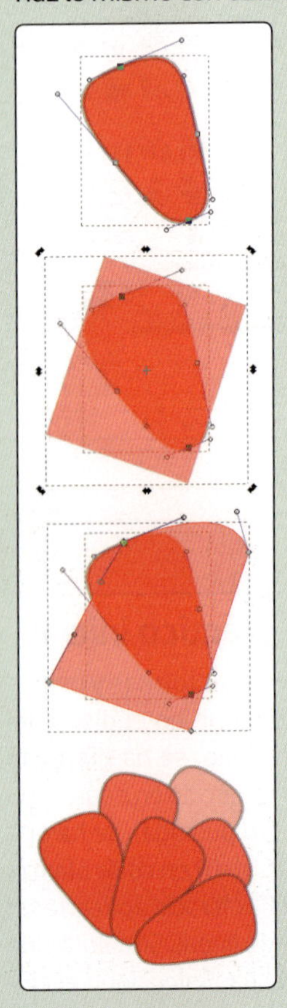

9. Para dibujar la flor, partiremos de un pétalo. Ve al menú **Archivo ⟶ Importar**, y selecciona de la carpeta correspondiente a este tema el archivo **Pétalo.tif**, que nos servirá de plantilla. Selecciona **Incrustar la imagen** y muévela a una zona despejada de la pizarra.

Dibuja un rectángulo y rellénalo de rojo **ff2a2af5**. Ponle un borde gris y bájale la opacidad a un 40 % para poder ver a su través. Colócalo encima del pétalo plantilla y gíralo hasta que alguna esquina del rectángulo quede alineada con algún nodo del pétalo, como en la figura de la derecha.

Ve al menú **Trayecto ⟶ Convertir objeto a trayecto.** Ahora, con la herramienta **Editar nodos de trayecto o tiradores de control** , podemos editar la forma del rectángulo para adaptarla a la del pétalo.

Para ello, desplaza cada nodo del rectángulo con dicha herramienta hasta hacerlo coincidir con uno del pétalo. Mueve también los manejadores de cada nodo (tiradores acabados en circulitos) tirando del circulo en su extremo hasta hacerlos tangentes a la curva. Si no están visibles, es porque están escondidos bajo líneas rectas que parten del nodo y tendrás que desplazarlos de ahí para luego afinar su posición, haciéndolos coincidir con los manejadores de la plantilla.

Cuando acabes, vuelve a ponerla opacidad del pétalo que has dibujado a 100 %.

Duplica el pétalo dos veces (Ctrl+D) y desplaza y rota los duplicados de forma que quede un abanico. Copia otros tres pétalos y rótalos para ponerlos detrás del abanico del primer plano. Para llevar un pétalo al fondo del dibujo, selecciónalo y pulsa **Bajar la selección al fondo** en la barra de control de la herramienta **Selección**.

Los otros botones bajan la selección un nivel, la suben un nivel o la suben al primer plano, respectivamente .

Pon un color de rojo más claro en los tres pétalos del fondo, seleccionando el pétalo y haciendo clic en el color correspondiente de la paleta a tu elección. Quedará algo así:

Agrupa todos los pétalos y colócalos sobre el tallo.

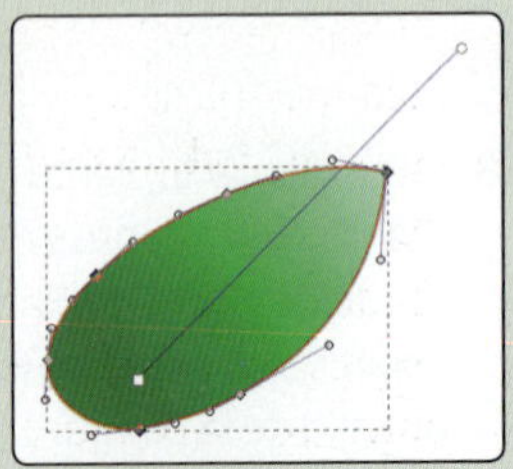

Para dibujar las hojas, parte de la plantilla **Hoja.tif** que encontrarás en la carpeta correspondiente a esta unidad. Procede como con el pétalo a partir de un rectángulo al que editarás sus nodos. Al resultado aplícale un degradado. Para ajustar su tamaño, utiliza las flechas de los transformadores al editar la hoja, con Ctrl pulsado para mantener la relación de aspecto.

Actividades resueltas (cont.)

La planta ya está completa. Agrupa todos sus elementos e insértala dentro de la tarjeta. Tendrás que reducir su tamaño manteniendo pulsada la tecla Ctrl, pero no olvides marcar el botón **Escalar el ancho del trazo en la barra de control.**

Para poner el texto, utiliza la herramienta **Crear y editar objetos de texto** A.

Arrastra sobre la pizarra para crear un cuadro de texto. En la barra de control de la herramienta podrás elegir el tipo de letra y la justificación del texto. Para un mayor control sobre el texto, saca la ventana **Texto y tipografía** (Mayúsculas+Ctrl+T). Utiliza varias fuentes tipográficas para poner el nombre de la floristería, la dirección, su página en Facebook, etc.

Cambia el color seleccionando la caja de texto y pulsando sobre un color de la paleta. Ajusta tamaños y posiciones, para que el resultado se aproxime a la imagen inicial de la actividad.

Finalmente ve a **Archivo ⟶ Exportar mapa de bits,** en la pestaña **Dibujo,** desde **Examinar,** busca una ubicación para exportar el archivo .png. En la misma ubicación, guárdalo también como archivo .svg con el mismo nombre.

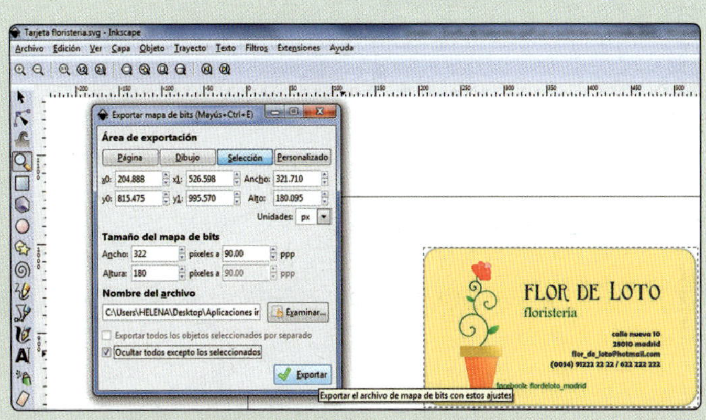

Actividades propuestas

1. Nombre de los documentos: **Fútbol** y **Remo**

   Tipos: **SVG de Inkscape** y **PNG**

   Abre un nuevo archivo de Inkscape y reproduce cada uno de estos logotipos de deportes. Utiliza rectángulos redondeados y círculos, editando su posición y tamaño.

2. Nombre del documento: **Huella**

   Tipos: **SVG de Inkscape** y **PNG**

   A partir de la imagen Huella.tif que encontrarás en la carpeta correspondiente a esta unidad en los recursos adicionales del libro, reproduce en Inkscape la huella de un lince con las herramientas **Crear círculos, elipses y arcos** y **Dibujar curvas Bézier y líneas rectas**. Con esta última puedes crear formas más orgánicas de forma similar a cómo dibujaste el pétalo. Ten en cuenta:

   Sitúa los nodos con un clic del ratón en los puntos donde la forma cambia su curvatura y no sueltes el botón para que arrastrando puedas darle la inflexión adecuada.

   Si mantienes pulsada la tecla mayúsculas, puedes mover solo el manejador de la derecha, y así adaptarte mejor a la tangente de la siguiente curva.

   Para acabar el trazado deberás cerrarlo con un clic en el nodo inicial. Puedes editar algún nodo por separado y suavizarlo con las opciones de la barra de control de la herramienta **Edición de nodos.**

Imágenes de mapa de bits. Gimp

Para el tratamiento de imágenes de mapa de bits con *software* libre utilizaremos el programa **Gimp.** La interfaz que nos encontramos al abrir el programa y una imagen es esta:

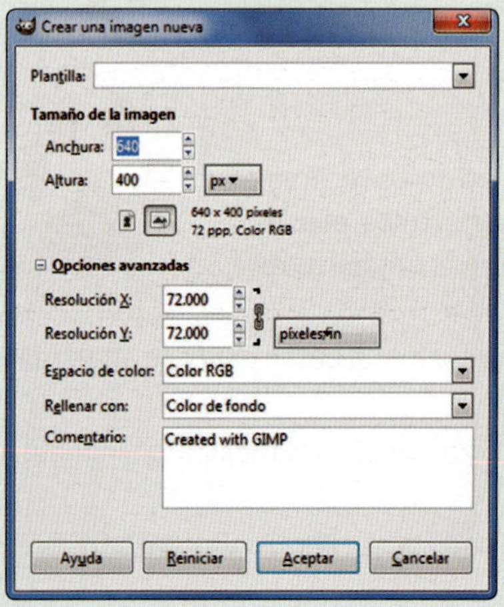

Al ir a **Archivo ⟶ Nuevo,** nos aparece la pantalla **Crear imagen nueva,** en la cual se elegirá el formato de la imagen (en plantilla hay un desplegable con varios formatos disponibles), tamaño personalizado en vertical o apaisado. Desplegando las **Opciones avanzadas,** se seleccionará la resolución de la imagen en *x* y en *y* (72 ppp es suficiente para web), el espacio de color (Gimp solo tiene RGB y escala de grises) y el color de fondo.

Al abrir varias imágenes desde **Archivo ⟶ Abrir,** Gimp guarda las imágenes en un formato propio, XCF *(eXperimental Computing Facility),* pero es capaz de reconocer diversos formatos, TIFF, BMP, PSD, algunos específicos para internet como JPEG, PNG, GIF y vectoriales como SVG y EPS.

Actividades resueltas

Nombre del documento: **Tarjeta floristería**

Tipo: **XCF y JPEG**

Abre en Gimp el archivo Tarjeta floristería que guardaste en el formato PNG. Guárdalo como un archivo XCF y JPEG.

1. Abre el archivo **Tarjeta floristería.png** de tu carpeta. Aparecerá en la ventana del documento.
2. Ve a **Archivo ⟶ Guardar como.** Vendrá por defecto Tarjeta floristería.xcf. Selecciona la carpeta donde guardarás el archivo y dale a **Guardar.**
3. Ve a **Archivo ⟶ Exportar.** En el nombre pon Tarjeta floristería.jpg y en el desplegable **Todas las imágenes** selecciona el formato .jpg. **Exporta.** Aparecerá una pantalla donde debes poner la calidad del archivo .jpg. Observa cómo varía el tamaño del archivo al modificar su calidad. ¿Cuál es el tamaño a 100 de calidad? ¿Y a 50?

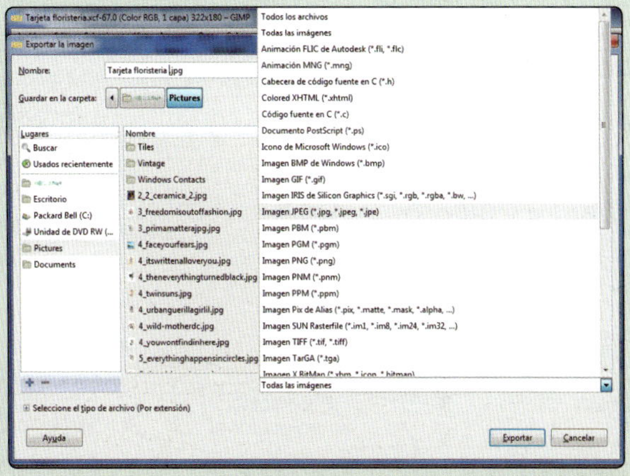

1. Cambiar el tamaño de una imagen

Es conveniente trabajar con imágenes de alta calidad para poder modificarlas sin que queden pixeladas. Abre una imagen de alta calidad, como la Flor.jpg que encontrarás en la carpeta correspondiente a este tema, ve a Imagen ⟶ **Escalar la imagen.** Aparece el cuadro **Escalar imagen** donde se puede cambiar la resolución por defecto de 72 a 300ppp. Cambia también la anchura de la imagen a 15 cm. Automáticamente cambiará su altura si tienes fijas las proporciones con el símbolo activo.

Para modificar el tamaño con el que se imprimirá una imagen, ir a **Imagen ⟶ Tamaño de la impresión.** Aparece la pantalla **Establecer la resolución de impresión de la imagen,** donde se introducirá el tamaño y la resolución a la que se imprimirá la imagen.

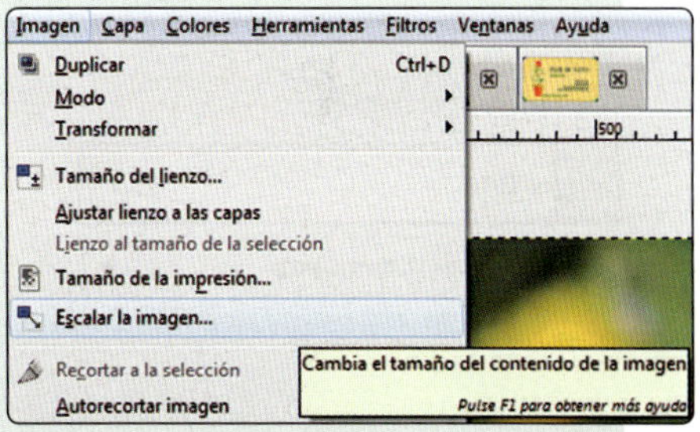

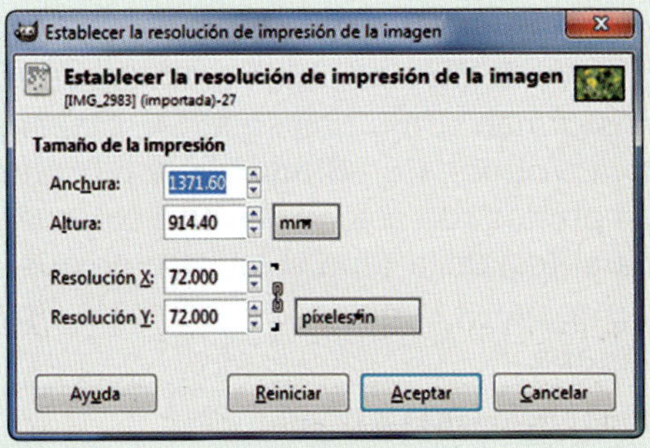

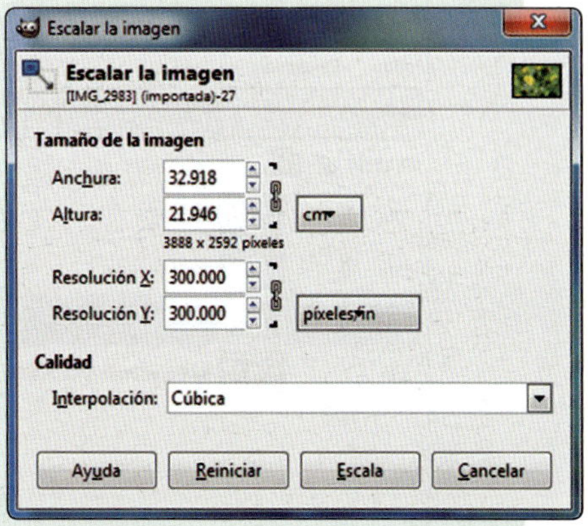

2. Selecciones

En la caja de herramientas hay varias herramientas para hacer selecciones. Con las opciones de la herramienta, se controla el modo en el que se combinan varias selecciones, los bordes y el umbral de selección en algunas herramientas.

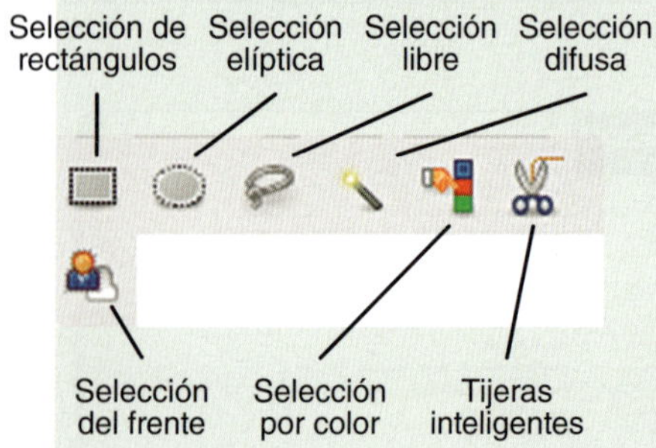

- **Selección de rectángulos.** Hace selecciones rectangulares, empezando por una zona de la imagen con un clic y arrastrando. Una vez hecha la selección, aparecen unos rectángulos en las esquinas, pinchando sobre ellos se puede editar la forma del rectángulo. Fuera de ellos se modifica la posición.

- **Selección elíptica.** Selecciona elipses de forma análoga a la selección de rectángulos.
- **Selección libre.** Realiza una selección irregular desde el punto donde se hace clic, sin soltar hasta el punto final, donde se cierra la selección.
- **Selección difusa** (varita mágica). Selecciona los píxeles contiguos a aquel donde se ha hecho clic. El número de píxeles viene controlado por el Umbral, en Opciones de la herramienta.
- **Selección por color.** Selecciona zonas de color contiguas y no contiguas, similares al píxel donde se ha hecho clic.
- **Tijeras inteligentes.** Se adaptan al contorno. Se pueden editar los puntos situándose encima de ellos con el ratón.
- **Selección del frente.** Selecciona zonas al frente.

Para deseleccionar utiliza la combinación de teclas **Ctrl+Mayúsculas+A.**

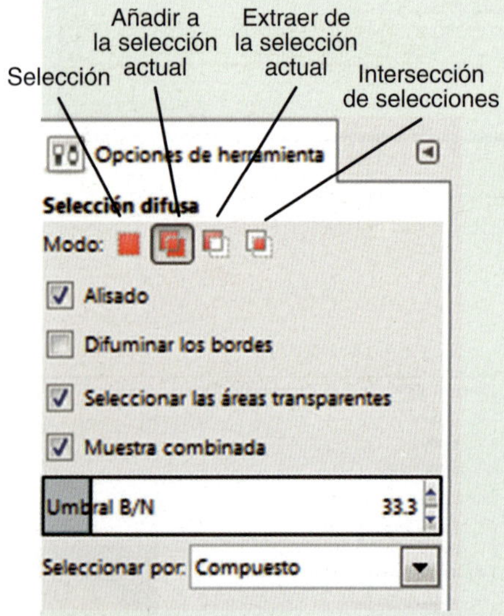

3. Capas

Las capas son como acetatos transparentes que contienen las diferentes partes de una imagen. En Gimp cada capa puede tener diferente tamaño, en función de su contenido (límites amarillos discontinuos). Se gestionan desde la ventana **Capas (Diálogos ⟶ Capas).**

Las que están arriba solapan a las de abajo. El nombre de la capa se puede cambiar haciendo clic sobre ella.

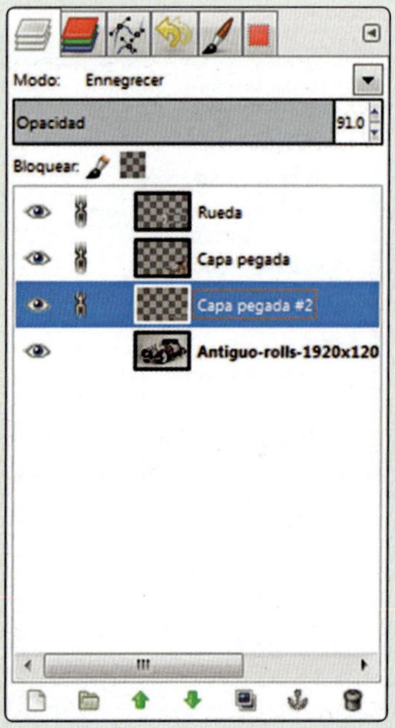

Los dos iconos que aparecen junto al nombre indican la visibilidad de la capa (ojo) y su vinculación con capas contiguas (cadena). Las capas vinculadas se transforman como una sola (Desplazamiento, Rotación, Cizalla, Perspectiva, Volteo). Con **Bloquear** se bloquean los píxeles (el pincel bloquea los píxeles con color y el icono con cuadraditos bloquea los píxeles transparentes) de la capa en el caso de que vayamos a pintar sobre ella. Desde este panel también se controla la **Opacidad** y el **Modo de fusión** de cada capa.

Podemos crear una nueva capa a partir de una selección. Con la selección activa, se copia y pega **(Edición ⟶ Copiar, Edición ⟶ Pegar).** Aparecerá una capa con el nombre **Selección flotante.** Hacer clic con el botón derecho sobre ella y seleccionar **A una nueva capa.** Se crea una nueva capa con la selección.

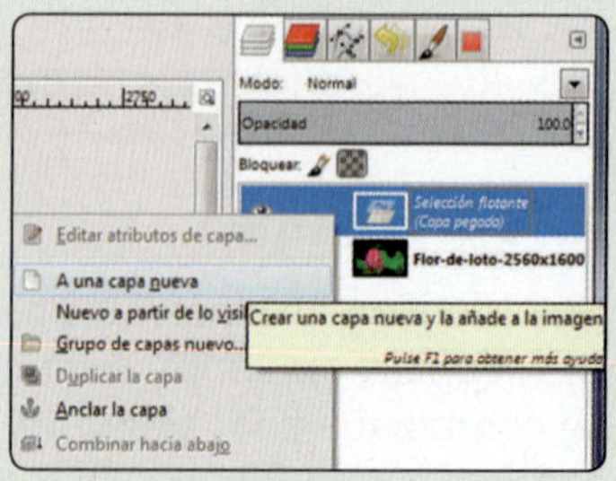

Actividades propuestas

3. Nombre de los documentos: **Plato y cuchara, croissant, flor de hibisco, templo.**

   Tipos: **XCF**

   Abre los archivos que encontrarás en la carpeta correspondiente a la unidad. Selecciona con la herramienta que consideres más adecuada lo que indica el nombre de cada archivo.

Actividades resueltas

Nombre del documento: **Flor**

Tipo: **XCF**

Abre en Gimp el archivo **Flor.jpg** que encontrarás en la carpeta correspondiente a esta unidad.

1. Selecciona la flor de la imagen. Como se diferencia bastante del fondo, puedes utilizar la herramienta **Tijeras inteligentes.** Ve haciendo clic en puntos del borde. Si algún tramo no se ajusta bien al borde de la flor, selecciona el punto y modifica su posición. Cuando acabes, con clic sobre el punto de inicio, dale a **Intro.** En el contorno de la flor aparecerá «La fila de hormigas», nombre con el que se conoce a un contorno de selección activo.
2. Crea una nueva capa a partir de la selección (Copia, Pega como Selección flotante que convertirás en una capa nueva). Cambia el nombre de la capa a **Flor de loto.**

3. Abre el archivo **Brotes verdes.jpg** que encontrarás en la carpeta.
4. Copia la capa Flor de loto (haz clic sobre ella, cópiala; ve al archivo brotes verdes y pégala). Aparecerá como una capa **Selección flotante** (Capa pegada). Si creas una nueva capa (con el botón derecho seleccionando **A una nueva capa** o con el icono **Nueva capa** de debajo del panel **Capas**) la selección se colocará en una capa independiente del fondo, con la ventaja de que podrás transformarla con independencia de este.
5. Selecciona la capa Flor de loto, ve al panel de herramientas y haz clic en **Escalar.** Modifica el tamaño de la flor. Guarda el archivo.

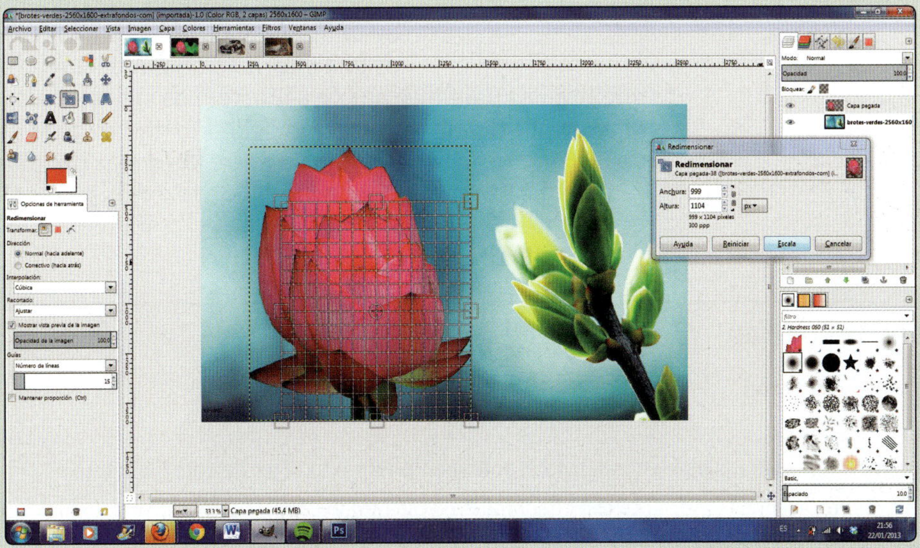

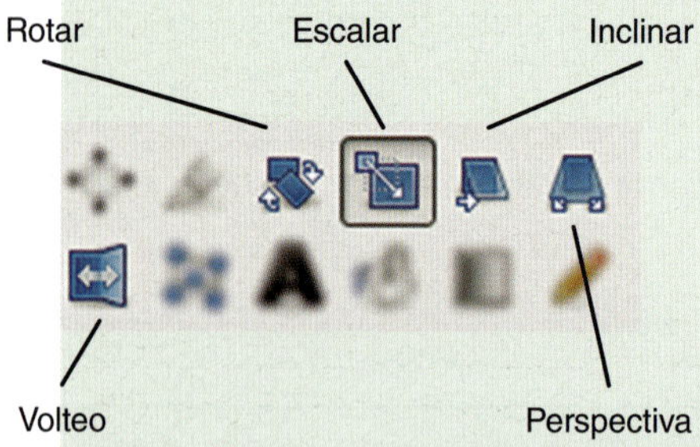

4. Herramientas de transformación

Dentro de la caja de herramientas hay un grupo que permite transformar las imágenes o las selecciones de las mismas.

- **Herramienta de rotación.** Gira en torno al centro determinado por la cruz que aparece al seleccionar la herramienta y hacer clic en la imagen. Dicho centro se puede mover.
- **Herramienta escalar.** Redimensiona la imagen. Para mantener las proporciones, mantener pulsada la tecla Ctrl.
- **Herramienta inclinar.** Cizalla según magnitudes en la dirección del eje *x* y del eje *y*.
- **Herramienta perspectiva.** Al hacer clic sobre la imagen aparece una malla. Tirando de sus esquinas se dimensiona el plano que la contiene para adaptarse a una nueva perspectiva.
- **Herramienta volteo.** Da la vuelta a la imagen en horizontal o vertical, según se indique en **Opciones de herramienta.**

5. Texto

Para introducir caracteres utilizaremos la herramienta **Texto** Ⓐ. Al hacer clic sobre el lienzo, se abrirá un cuadro donde escribiremos.

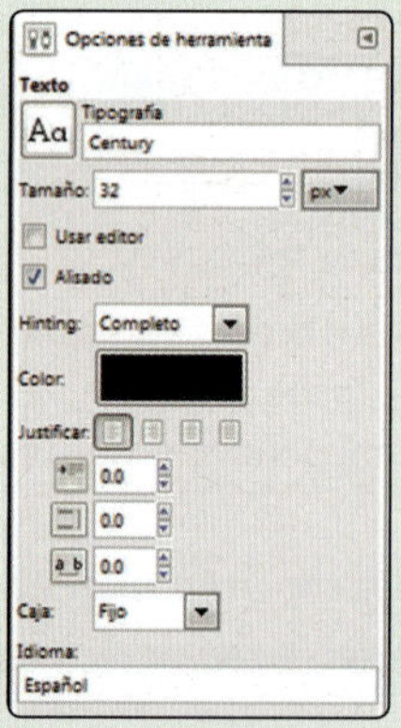

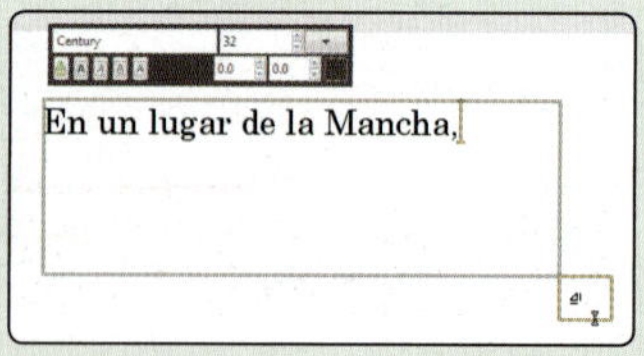

Las **Opciones de herramienta** nos permiten cambiar el tipo de letra y su tamaño. Es posible introducir el texto a través de un editor al marcar la casilla **Usar editor**. Al marcar **Alisado,** se activa el *antialiasing*, que reduce el dentado de los bordes de la tipografía asociado a los píxeles. El **Hinting** es una información que incluyen algunas fuentes tipográficas para mejorar su aspecto. Las siguientes características se refieren al color, la justificación del texto dentro de la caja, el sangrado de la primera línea, la distancia entre las líneas del párrafo y entre los caracteres. El rectángulo de la caja de texto puede ser fijo o dinámico.

Actividades resueltas

Nombre del documento: **Flor cartel**

Tipos: **XCF**

Abre el archivo **Flor.xcf** en el que trabajaste en la actividad anterior. Pon el texto «Flor de Loto Floristería».

1. Con la herramienta **Texto**, escribe *Flor de Loto* con Chaparral Pro Bold tamaño 180 y separación entre caracteres 5. Observa que se ha creado una capa. Si quieres volver a editar este texto deberás situarte en esta capa, hacer doble clic en ella y seleccionar el texto.

Actividades resueltas (cont.)

2. Con la herramienta **Cuentagotas**, toma un color rosa fuerte de la imagen de la flor (asegúrate de estar en la capa adecuada). El color aparecerá en la caja de herramientas como **Color de primer plano**. Haz doble clic en él, se abrirá el cuadro **Cambiar el color de frente**. En la ventana **Actual** aparece el color que has seleccionado. Al pulsar en el botón con la flecha, lo añades al historial de colores. Una vez allí, selecciónalo y acepta.
3. Ve a la capa **Flor de Loto**, haz doble clic sobre ella y selecciona el texto para editarlo. Encima de la caja de texto haz clic en el cuadrado de color, **Cambiar el color del texto seleccionado**. Se abre el cuadro de diálogo correspondiente. Selecciona la muestra de color que añadiste anteriormente y acepta. El texto tomará este nuevo color.
4. Repite los pasos anteriores para poner debajo del texto anterior Floristería, en Chaparral pro Italic, a tamaño 130, en un tono de verde que tomarás de la rama de los brotes verdes. El resultado final debe parecerse a la imagen:

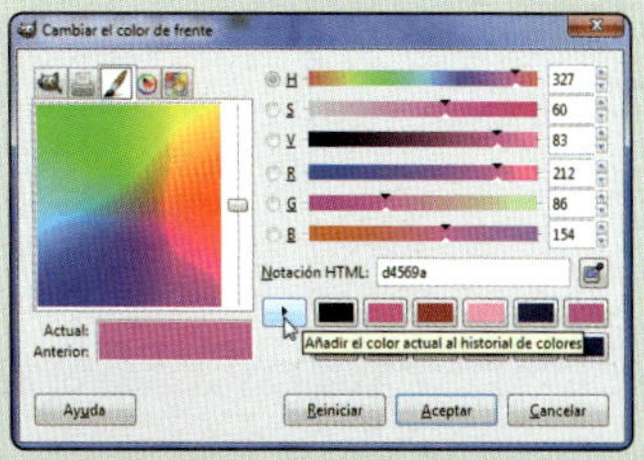

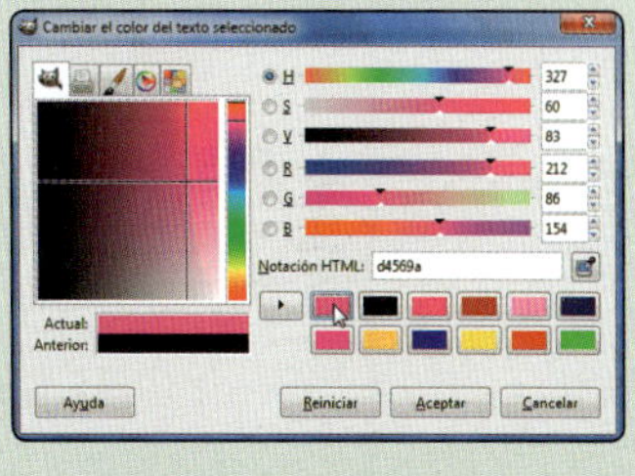

6. Gestión del color

En muchas ocasiones es imprescindible tratar el color de una imagen destinada a publicidad. Vamos a ver algunos de los ajustes que nos permite hacer Gimp en el color de una imagen.

En primer lugar, los ajustes automáticos, en **Colores ⟶ Auto**, pueden mejorar rápidamente algunas imágenes (cuidado porque no sirven para todas).

- **Ecualizar.** Es un ajuste muy potente que potencia los tonos más frecuentes en la imagen aplanando su histograma. En algunas ocasiones mejora el contraste.
- **Balance de blancos.** En algunas ocasiones mejora la luminosidad de la imagen.
- **Estirar HSV.** Redistribuye los colores homogéneamente. Actúa de forma similar a **Balance de blancos.**
- **Normalizar.** Asigna el color blanco al píxel más claro y el negro al más oscuro, desplazando el resto de los valores. Resuelve el problema de imágenes demasiado claras u oscuras.

Saber más

En los catálogos donde aparecen alimentos es muy importante que estos tengan una apariencia saludable, que den sensación de frescura y sean por tanto apetecibles. El color es el elemento clave en este caso.

Saber más

El ajuste del color se aplica a la capa activa o a la selección de la imagen activa en el momento de aplicar el ajuste.

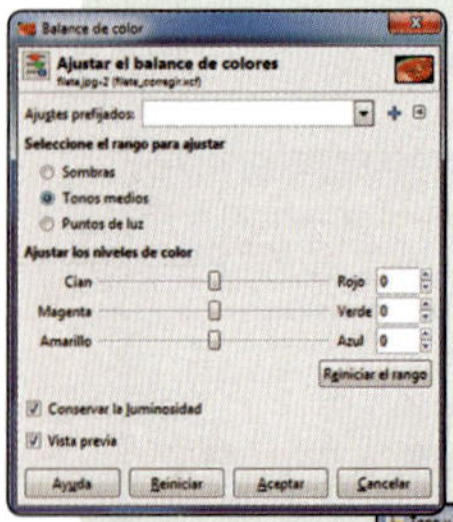

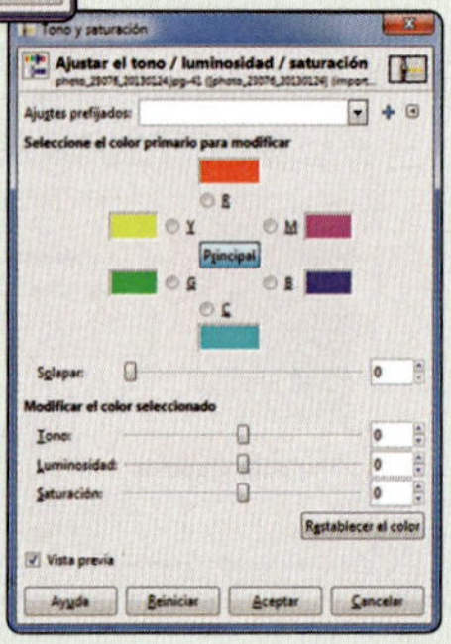

- **Realzar el color.** Aumenta la saturación de los tonos (colores más vivos).
- **Reducir el contraste.** Amplía el contraste para que cubra el mayor rango posible.

De los ajustes no automáticos vamos a destacar dos:

- **Balance de color.** Modifica el color de la imagen o selección acercándola a determinados tonos. Es muy útil para modificar la dominante de color de algunas fotografías. Por ejemplo, una imagen con dominancia del azul por haberse hecho con luz de este color, puede corregirse desplazando el balance hacia su complementario, el amarillo.
- **Tono y saturación.** Cambia los valores de tono, saturación y luminosidad del color de una imagen o de un color determinado.

  En esta imagen, se ha seleccionado la manivela. Al mover el regulador del tono, el color de esta ha pasado de amarillo a rojo.

Caso práctico inicial

Podemos modificar los colores de una imagen seleccionando una parte de la imagen o bien seleccionando el color para modificar (por ejemplo, el amarillo).

Actividades propuestas

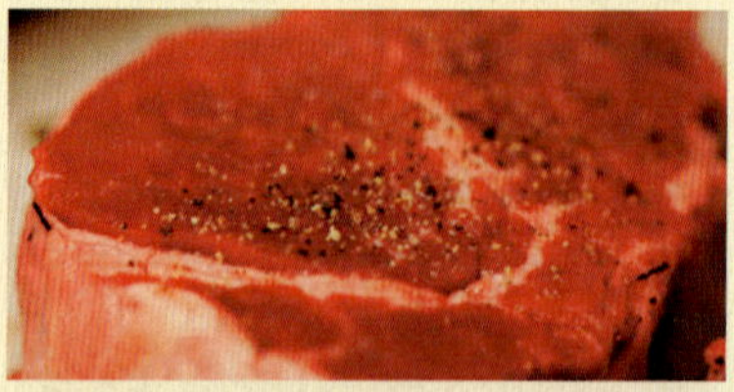

4. Nombre del documento: **Pez**

Tipo: **XCF**

Abre el archivo **Pez.xcf.** Realiza los ajustes automáticos de color que permite Gimp y guarda el resultado en archivos distintos (pez_ecu.xcf; pez_bal.xcf; etc.).

- ¿Cuál es según tu criterio el ajuste que ofrece el mejor resultado para esta imagen?

5. Nombre del documento: **filete_corregir**

Tipo: **XCF**

Abre el archivo **filete_corregir.xcf**

Selecciona una parte de filete. Aplícale un ajuste de balance de color. Observa cómo cambia el aspecto de la carne cuando se ajusta a verde, a rojo, etc. Guarda el resultado que te parezca más apropiado.

PRÁCTICA PROFESIONAL

Diseño de un cartel para una tienda

Objetivos

- Crear imágenes vectoriales combinando diferentes elementos y utilizando varias herramientas.
- Introducir texto en imágenes vectoriales y de mapas de bits.
- Exportar archivos vectoriales a mapas de bits e introducirlos en este tipo de imágenes.
- Dimensionar un archivo de mapa de bits con su correspondiente tamaño y resolución.
- Importar imágenes, realizar selecciones y trabajar con ellas en capas.
- Realizar ajustes de color.

Instrucciones

La empresa **gath$_2$o,** que se dedica al lavado de gatos, tiene un logotipo que quiere que tú reproduzcas vectorialmente para poder introducirlo en un cartel publicitario tamaño A4 que colocará en diferentes escaparates del barrio:

1. Reproduce el logotipo de gath$_2$o en Inkscape. La *a* está formada por círculos, elipses, triángulos y una espiral. Las líneas se han trazado con la herramienta Lápiz. La burbuja se compone de dos burbujas superpuestas, donde a la que está en primer plano se le ha aplicado un degradado radial de blanco a transparente. Mira cómo afectan los diferentes grados de opacidad al resultado. Las burbujas de la cabeza también tienen diferentes colores y opacidades.
2. A partir de la foto **Baño** que encontrarás en la carpeta correspondiente a esta unidad, haz una selección de la gata, e inclúyela en un foto montaje en tamaño A4 (100 ppp) con un fondo y con otros elementos que encontrarás en imágenes libres de derechos. Algunas de las webs donde puedes encontrar estas imágenes son:
   - <http://freerangestock.com>
   - <http://www.sxc.hu>
   - <http://www.public-domain-photos.com>
   - <http://www.morguefile.com>
   - <http://www.unprofound.com>
   - <http://www.flickr.com/creativecommons>
3. Haz las transformaciones de tamaño, perspectiva, etc. para que las formas se integren en la composición.
4. Incluye el logo que has hecho en Inkscape y que has exportado como mapa de bits en una nueva capa.
5. Introduce algún texto aclaratorio de la actividad de la tienda y alguna frase reclamo.
6. Haz los ajustes de color pertinentes para que la imagen cumpla los fines para los que la has concebido. Comenta en un archivo de texto aparte cuáles son estos fines.
7. Guarda el cartel en formato TIFF.

6 Materiales multimedia para el comercio

Vamos a conocer...

1. Materiales multimedia
2. Edición de contenidos multimedia: Windows Live Movie Maker

SOFTWARE LIBRE

Audacity

PRÁCTICA PROFESIONAL

Edición de un vídeo para un anuncio

Y al finalizar esta unidad...

- Serás capaz de grabar tu propia voz.
- Podrás crear archivos de audio y guardarlos en formato comprimido mp3.
- Grabarás sonidos procedentes de tu ordenador o de internet.
- Añadirás efectos a tus archivos de audio.
- Crearás proyectos multimedia integrando vídeos, imágenes, sonidos y textos.
- Editarás y realizarás selecciones de partes de un vídeo.
- Compartirás tus vídeos en Youtube, en alta resolución o en calidad DVD.

Caso práctico inicial

Situación de partida

Con motivo del décimo aniversario del estudio de arquitectura *Espazio*, sus integrantes han pensado en invitar a sus clientes a un taller para la construcción de castillos de arena.

Te encargan que elabores un **vídeo-invitación** al evento. El vídeo, que se distribuirá a través de correo electrónico y se incorporará a la página web del estudio, tendrá una duración inferior a un minuto. En él aparecerán:

- Imágenes del estudio y de sus miembros.
- Un vídeo previamente grabado, donde los socios comentan la trayectoria del estudio y la invitación a sus clientes a participar en el taller de castillos de arena.
- Imágenes o ilustraciones explicativas de las herramientas, materiales y la técnica adecuada para construir un castillo de arena.
- En algunos momentos las imágenes irán acompañadas por explicaciones y/o música.

Finalmente el vídeo se compartirá en alta definición.

Estudio del caso

Una vez que hayas completado el estudio de esta unidad de trabajo, serás capaz de realizar este vídeo.

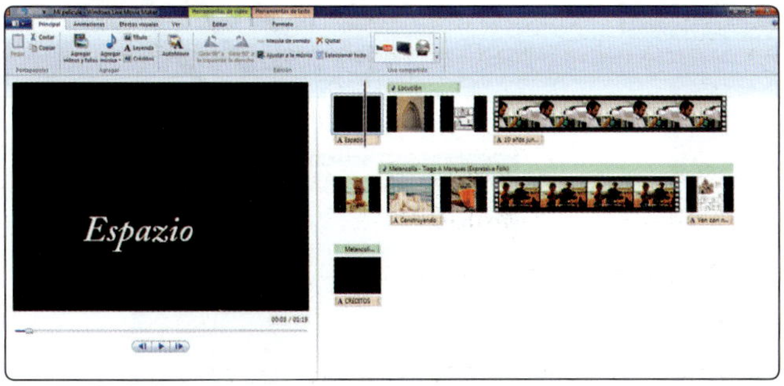

El vídeo, realizado con **Windows Live Movie Maker**, resultará de integrar todos los elementos que nos han pedido que sean incluidos: imágenes, vídeo, ilustraciones, audio, música y textos. Será necesario grabar previamente las explicaciones de las imágenes y la música acompañante con un programa de edición de audio, como **Audacity**.

1. En el proyecto aparecen fotografías, vídeos, textos (representados en la ventana de la derecha, llamada Guion gráfico por leyendas en rosa) y archivos de sonido (barras horizontales en verde sobre las miniaturas):
   - ¿Cómo puedes grabar un archivo con un discurso alusivo al proyecto?
   - ¿Cómo insertas vídeos y fotos desde tu ordenador?
   - Del vídeo que ha proporcionado el estudio, es necesario cortar algunas partes para seleccionar el fragmento que irá en el proyecto final. ¿Con qué herramienta lo harás?
2. Los textos y leyendas que acompañan a las imágenes, ¿de qué manera podemos modificar su tipografía y color para que se adapten mejor a la temática del proyecto?
3. Al finalizar el vídeo, tienes que compartirlo en alta calidad. ¿Cómo guardarlo para ese fin?

1. Materiales multimedia

1.1. Qué son los materiales multimedia

El término multimedia hace referencia a un objeto que utiliza al mismo tiempo diferentes tipos de contenido informativo, texto, gráficos, imágenes, sonido, vídeo, animación, etc. con el propósito de presentar al receptor una información más completa (más próxima a la comunicación humana interpersonal, multisensorial) mejorando su atención y comprensión.

La información multimedia presenta múltiples ventajas frente a otros sistemas:

- Mejoran la atención y el interés.
- Contribuye a la retención del contenido.
- Cuando está bien diseñada, potencia características lúdicas.
- Al ser información digital, normalmente los costes se reducen.
- El contenido puede ser modificado con relativa facilidad.
- Es la información idónea para ser distribuida a través de internet y las redes sociales.

Saber más

Materiales multimedia en la actualidad

Los **contenidos multimedia** aumentan día a día su repercusión en las operaciones comerciales.

Se están convirtiendo en claves para las estrategias de marketing. Integran y alinean, siendo su medio natural de distribución las redes sociales.

Entre las principales aplicaciones de los materiales multimedia se encuentran la venta (promocionar productos, servicios, marcas), la formación (compartir recomendaciones, ideas y comentarios) y entretener (distribución de contenidos ligeros, divertidos, humorísticos).

1.2. Multimedia aplicada al comercio

Dentro del ámbito comercial, los materiales multimedia van a ir generalmente dirigidos a presentar la información sobre un determinado producto, sus características, virtudes, etc., siempre de forma atractiva.

Para ello, es conveniente tener claro qué es lo que se pretende conseguir y diseñar adecuadamente el contenido respecto a los objetivos perseguidos.

Cuanto más claro tengamos estos objetivos, será más fácil transmitirlos de forma sencilla y directa.

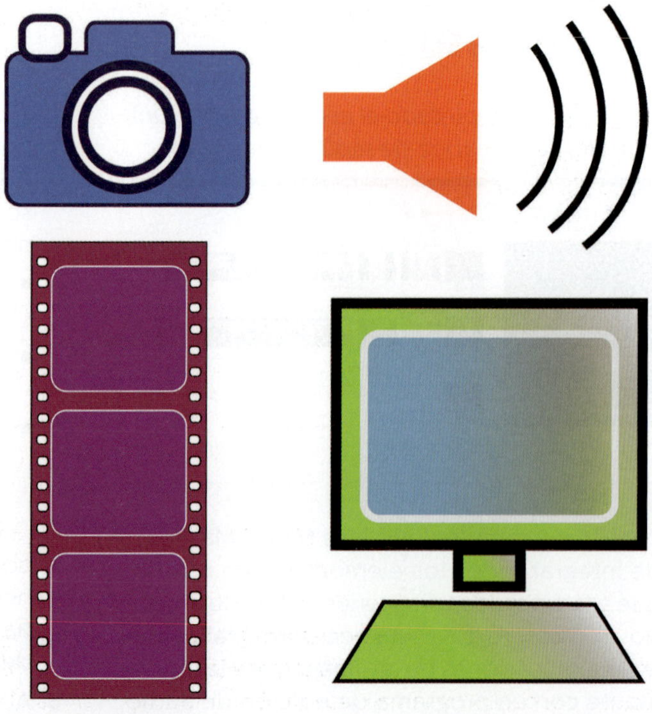

Iconos multimedia.

2. Edición de contenidos multimedia

En este tema, vamos a analizar un programa para la edición de archivos de vídeo llamado **Windows Movie Maker**, y otro para grabar y editar archivos de sonido, conocido como **Audacity**. El primero pertenece a los accesorios del sistema operativo Windows, y el segundo es de *software* libre y lo estudiaremos en esa sección de esta unidad.

2.1. Windows Live Movie Maker (WLMM)

Es un *software* de edición multimedia que permite crear, mezclar y editar contenidos digitales procedentes de distintas fuentes, fotos, vídeos, ilustraciones, sonidos, textos... con el propósito de realizar proyectos audiovisuales de forma sencilla y con una calidad aceptable.

Viene instalado por defecto en el Sistema Operativo Windows, ofreciéndose en las últimas versiones como **Windows Live Movie Maker**, junto con otras opciones.

Para iniciarlo deberás hacer clic en **Iniciar ⟶ Todos los programas ⟶ Windows Live.**

2.1.1. Interfaz de Windows Live Movie Maker

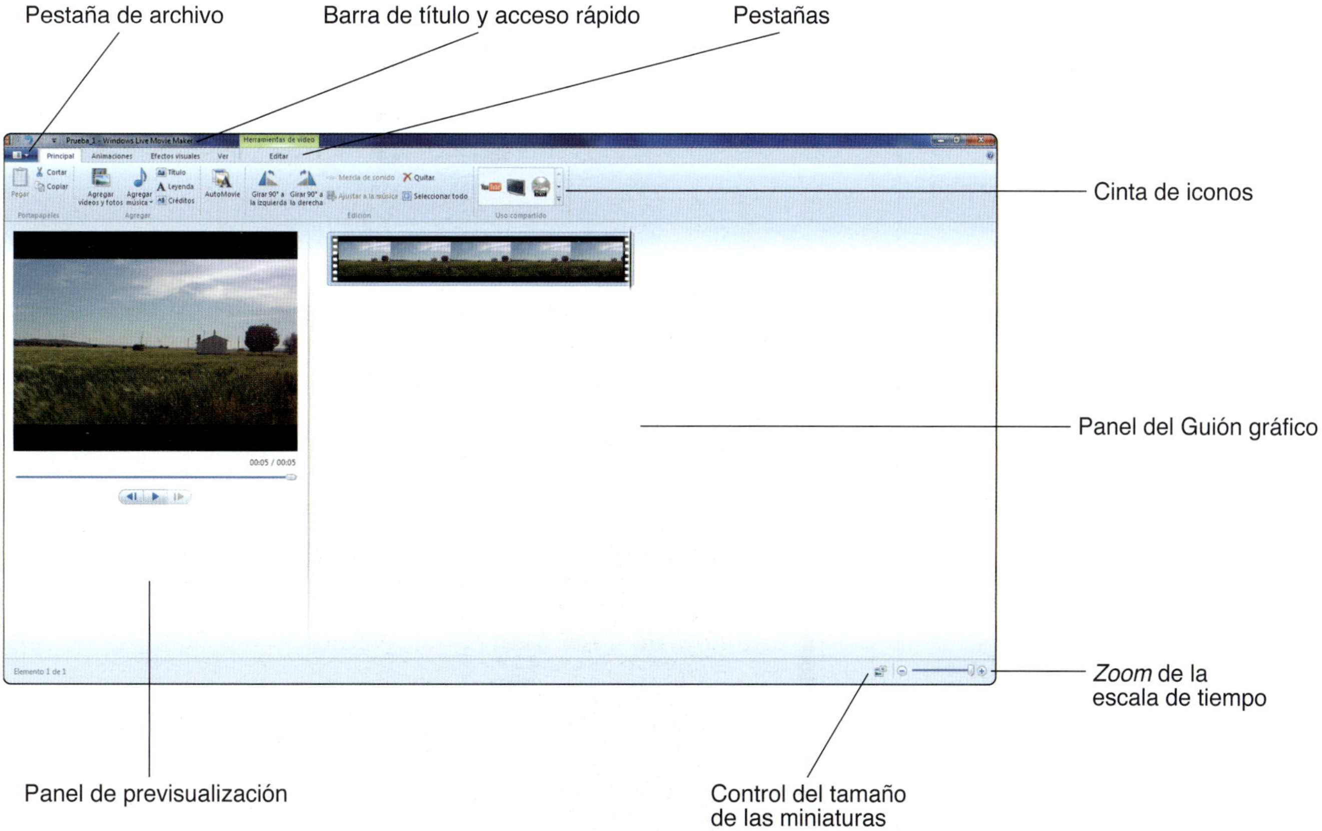

A pesar de que la apariencia es muy similar a la del resto de programas de la suite de Office 2010 y 2012, tipo cinta o banda, el número de comandos que intervienen es bastante menor, lo que lo convierte en un programa muy sencillo de utilizar.

Saber más

Vídeo

El vídeo cobra cada vez más auge como medio de comunicación. Según estadísticas, cada día, un millón de estadounidenses ven vídeo *online* (un incremento del 43 % desde 2010). Se estima que para 2014, el vídeo *online* suponga el 50 % del tráfico de internet.

Fuente: *Content Marketing Institute*.

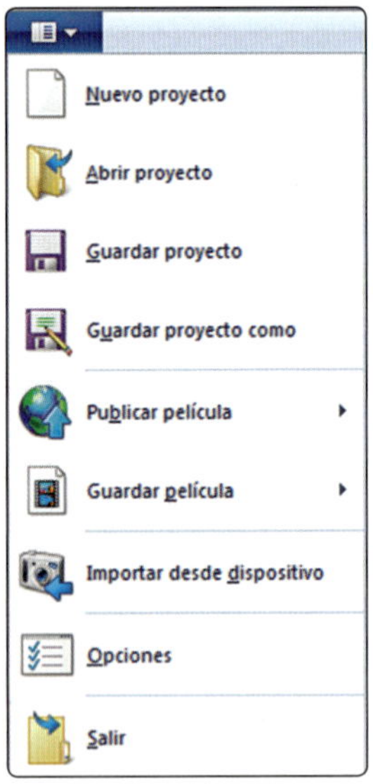

Desplegable de la pestaña Archivo.

Recuerda

La mejor forma de ir guardando un documento es teniendo el hábito de pulsar frecuentemente el botón **Guardar** situado en la Barra de herramientas de acceso rápido.

Tenlo en cuenta, porque el programa no lo hace automáticamente.

Caso práctico inicial

Hay varias formas de agregar imágenes y vídeos a un proyecto, desde la pestaña **Principal** con el icono **Agregar vídeos y fotos** o desde el panel **Guion gráfico.**

En ambos casos, es conveniente que los vídeos y fotos que vayas a subir se encuentren ya organizados en una carpeta.

Tiene una **Barra de acceso rápido**, aunque es apenas necesaria. Todos los comandos de **Proyecto**, **Publicación** e **Importación** se encuentran en la **pestaña Archivo**.

Hay otras pestañas que van apareciendo según son requeridas, las de **Herramientas de vídeo, música** y **edición de texto**. En la imagen puedes ver la pestaña de **Herramientas de vídeo**.

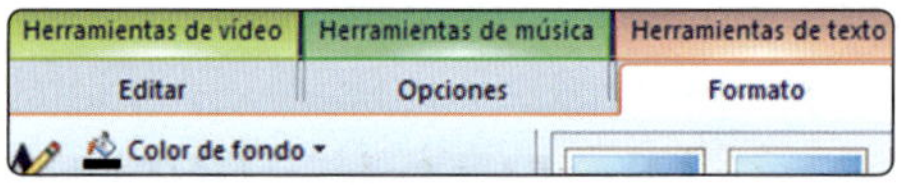

2.1.2. Crear un proyecto multimedia en WLMM

En primer lugar, abre el explorador de archivos y crea una carpeta con el nombre del proyecto. Incluye en ella todos los materiales que vas a utilizar, como vídeos, fotos, ilustraciones, música, etc. Esto no es imprescindible, pero nos facilitará la labor y nos ahorrará tiempo.

Después abre el programa WLMM siguiendo la ruta ya citada, **Inicio ⟶ Todos los programas ⟶ Windows Live ⟶ Windows Live Movie Maker.**

Al abrirse el programa haz clic en la pestaña **Archivo ⟶ Guardar Proyecto como**, y guárdalo en la carpeta del proyecto que has creado.

2.1.3. Agregar imágenes y vídeos

Puedes agregar este tipo de elementos a tu proyecto de varias maneras:

- Desde la pestaña **Principal**, con el icono **Agregar vídeos y fotos**. Se abre una ventana del explorador para que localices el archivo a añadir.
- Haciendo clic sobre el **panel del Guion gráfico** para buscar el archivo.
- Arrastrando directamente el archivo desde una ventana del explorador al **panel de Guion gráfico**.

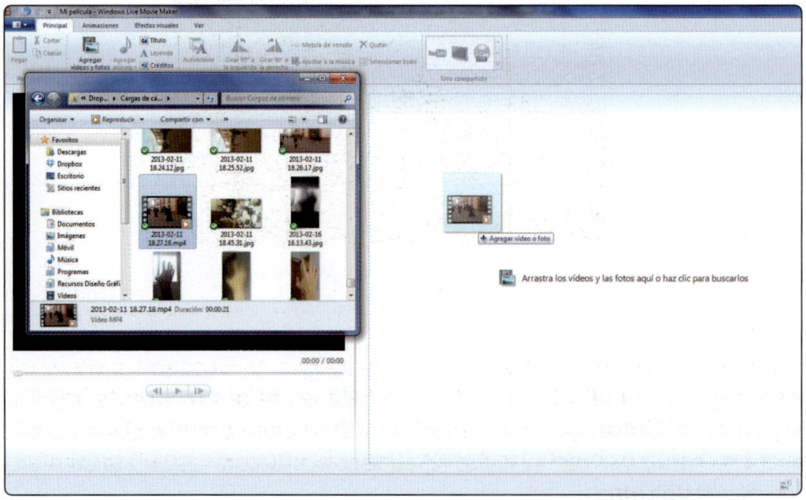

Una vez que el vídeo se encuentra en el **Guion gráfico**, puedes visualizar las miniaturas en diferentes tamaños, seleccionando la opción correspondiente del **Control de tamaño de las miniaturas**, en la parte inferior derecha de la pantalla.

También en la parte inferior derecha de la pantalla se encuentra el **Deslizador para el zoom de la escala de tiempo**. Con él se controlan la cantidad de fotogramas que muestra la miniatura del vídeo.

Control de tamaño de las miniaturas.

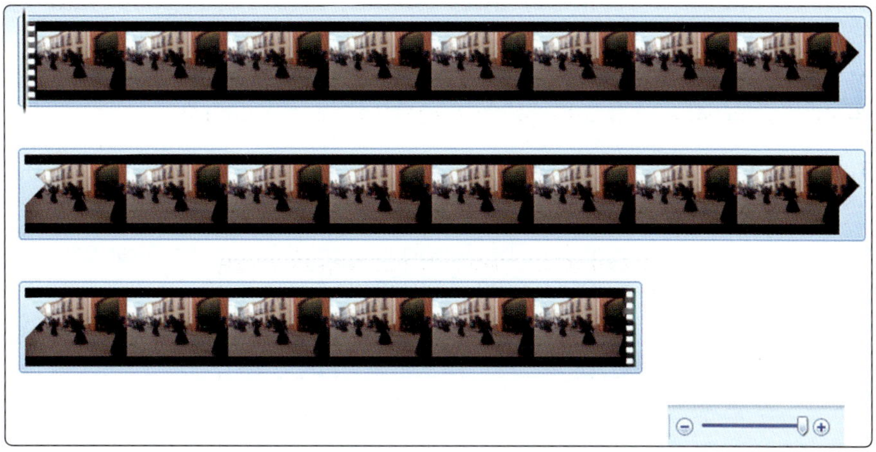

Deslizador para el zoom de la escala de tiempo.

La película aparece en el **Panel de previsualización** y puede reproducirse desde allí mediante los controles situados en él.

Para añadir una **foto o ilustración** al proyecto se procederá de la misma manera que para añadir un vídeo. Sitúate en el punto donde vaya a ir la imagen en el **Guion gráfico** y añádela. En el caso de que consideres más adecuada otra posición, puedes arrastrar la miniatura de la imagen y soltarla en el nuevo punto.

Saber más

Tamaño de la ventana

Puedes modificar el tamaño de la ventana de previsualización arrastrando la barra vertical gris que separa esta ventana con la del **Guion gráfico.**

Observa en la siguiente imagen cómo queda el proyecto después de haber añadido una ilustración realizada con Inkscape al inicio del mismo.

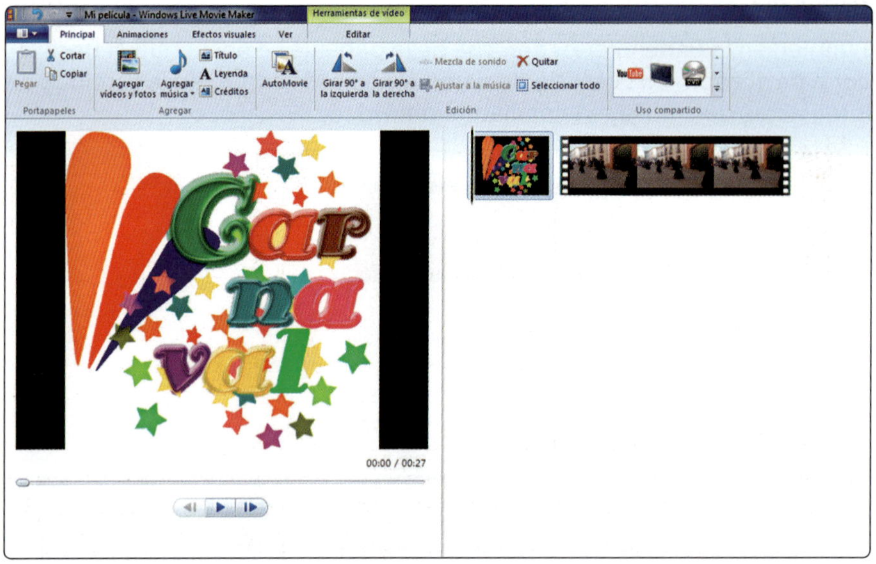

Al final se ha añadido una fotografía. Aparece en posición horizontal cuando su lectura es vertical.

Seleccionando la miniatura y haciendo clic en el icono de **Girar 90° a la derecha**, se corrige su posición en el proyecto.

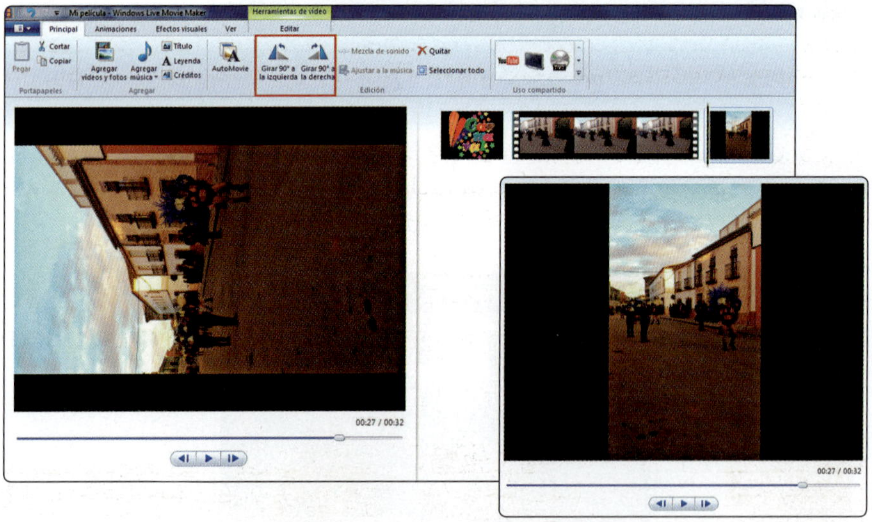

Saber más

Seleccionar fotografías

Para añadir más de una fotografía a la vez al proyecto, selecciónalas manteniendo pulsada la tecla **Mayúsculas.**

2.1.4. Añadir audio al proyecto

Hacer clic sobre el icono **Agregar música** de la cinta de opciones de la pestaña Principal. Aparece un desplegable con dos opciones. Selecciona una de ellas. **Agregar música** añade música a todo el proyecto, mientras que **Agregar música en el punto actual** lo hace desde donde está situado el cursor en el Guion gráfico.

Saber más

Puedes añadir archivos de audio en formato mp3, wma, wav y asf.

Después, desde la carpeta correspondiente del Explorador, elige el archivo de audio que acompañará al proyecto.

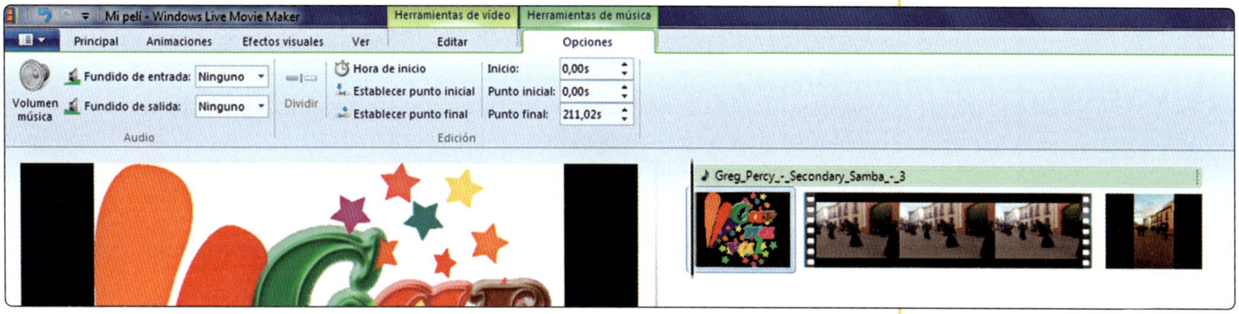

Sobre las miniaturas de los elementos que integran el proyecto en el panel del Guion gráfico aparecerá una línea con el nombre del archivo de audio elegido. Ahora al reproducir el proyecto se reproducirá también el sonido.

Aparece la pestaña **Herramientas de música**, desde la que se puede seleccionar el volumen de la música, un fundido de entrada o de salida (Ninguno, Lento, Medio o Rápido), así como el momento de inicio y de fin de la música.

En algunos casos, es necesario ajustar el nivel de la música y del audio propio del vídeo, que por defecto se reproducen al mismo nivel.

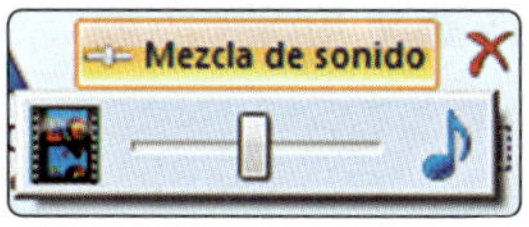

El icono **Mezcla de sonido** de la pestaña **Principal** despliega un deslizador para que el volumen de reproducción del audio y del vídeo se escuchen igual, o bien uno más que el otro. Deslizándolo hacia la derecha se escuchará más la música, mientras que a la izquierda prevalecerá el audio del vídeo.

El icono **Ajustar a la música** modifica la duración de las fotos para que la música y estas tengan la misma duración. Observa cómo queda el *Storyboard* del proyecto de *Carnaval*, después de ajustar la música.

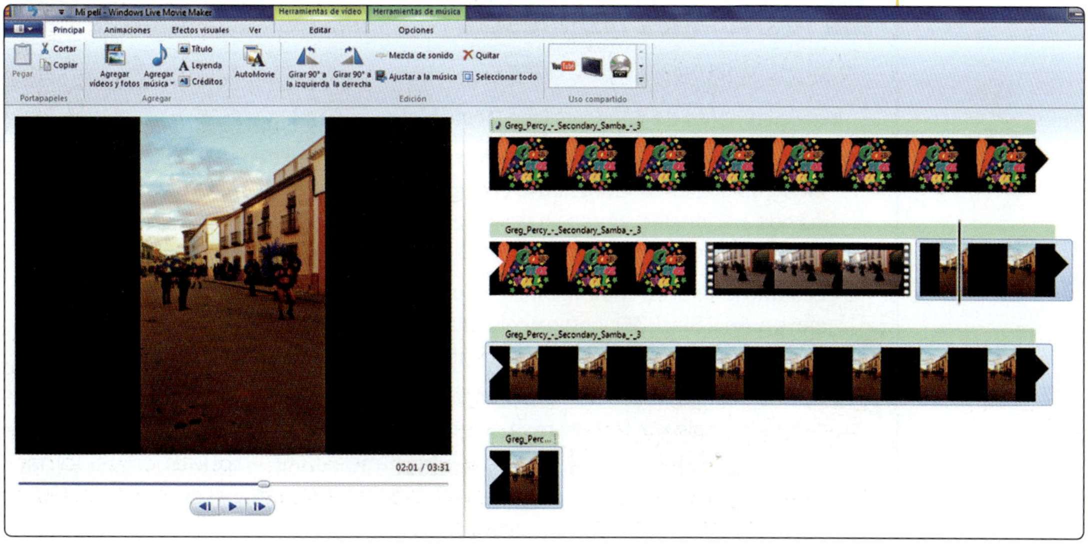

2.1.5. Añadir textos

Con WLMM se pueden añadir al proyecto títulos, leyendas y créditos. En la pestaña **Principal** se encuentran los iconos correspondientes a cada uno de ellos.

Se ha abierto un nuevo proyecto, al que se han incorporado varios vídeos. Delante de cada uno de ellos se ha escrito un título alegórico al tema que representa. También se les ha incorporado una leyenda. La película termina con unos créditos.

Esta es la apariencia de nuestro proyecto después de realizar todas estas acciones:

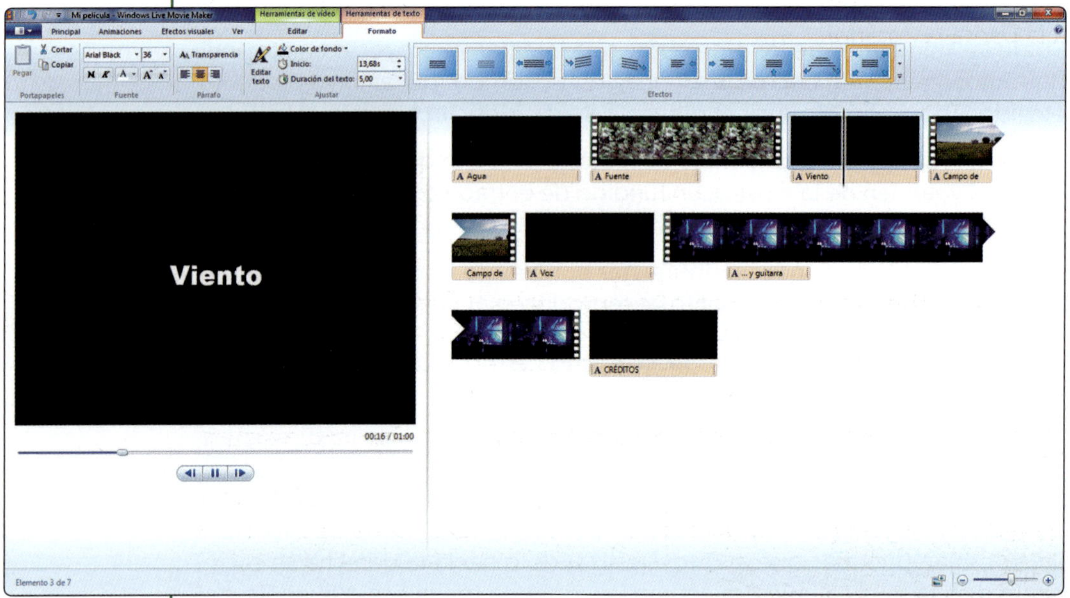

Observa también la cinta de opciones que ofrece la pestaña **Párrafo**. Permite modificar las características de la **Fuente** utilizada en los textos, del **Párrafo, Ajustar** el texto (editarlo, cambiar el color de fondo, así como el momento en que aparece y su duración) y los **Efectos** de transición.

Caso práctico inicial

Las características de la fuente se modifican desde las opciones que nos ofrece la cinta de opciones.

Actividades propuestas

1. Nombre del documento: **Textos**

Tipo: **Documento de Windows Live Movie Maker (.wlmp)**

a) Abre un proyecto nuevo de WLMM y, utilizando los vídeos **MOV_01, MOV_02 y MOV_03** que encontrarás en la carpeta correspondiente a esta unidad en los recursos adicionales, añade un título general a la película completa, otro título y una leyenda a cada uno de los vídeos y unos créditos finales.

b) El título general irá en **Arial Black 48 pt** y color **Azul claro.** Los títulos de los vídeos irán **en Arial Black 36** puntos y color **Blanco.** Las leyendas, en la tipografía y color que consideres más apropiadas. Los créditos estarán en **Arial Black 36 pt** y color **Gris.**

c) El fondo del título general será **blanco.** El del primer vídeo tendrá color **azul,** el del segundo **verde** y el tercero **rosa.** Los títulos de crédito tendrán fondo **negro.**

d) Puedes poner música al proyecto y efectos de transición en los textos, con cuidado de no abusar. Ten en cuenta la máxima del diseño que dice que «menos es más».

2.1.6. Edición de vídeo

Entre las acciones de edición que se pueden realizar con WLMM, se encuentra la de **Dividir**. El icono para ello está en la pestaña **Editar**. Al dividir, se separa el vídeo seleccionado en dos trozos a partir del punto donde se encuentra el cursor.

Otra posibilidad la ofrece la **Herramienta recorte**, que permite seleccionar un fragmento de vídeo, desechando el resto de la película. Al hacer clic sobre ella, aparece la pestaña **Recortar**, con la que se puede **Establecer el punto de inicio y fin** del recorte, al situarse sobre un instante del vídeo y hacer clic sobre uno u otro haciendo clic en el icono de **Guardar recorte**. En el caso de que no nos convenza el resultado, se puede **Cancelar** para volver a la pantalla anterior.

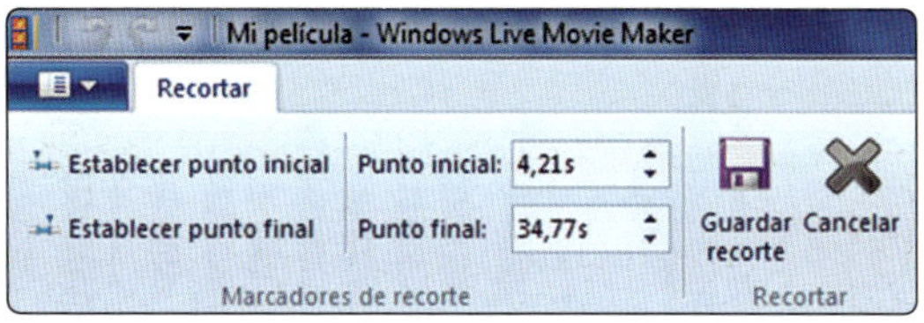

Desde la pestaña **Animaciones**, se pueden añadir **Transiciones** entre los elementos, fotos y vídeos que componen el proyecto, controlando su duración. En el caso de las fotos también se pueden animar con **Desplazamientos** y **Zoom**.

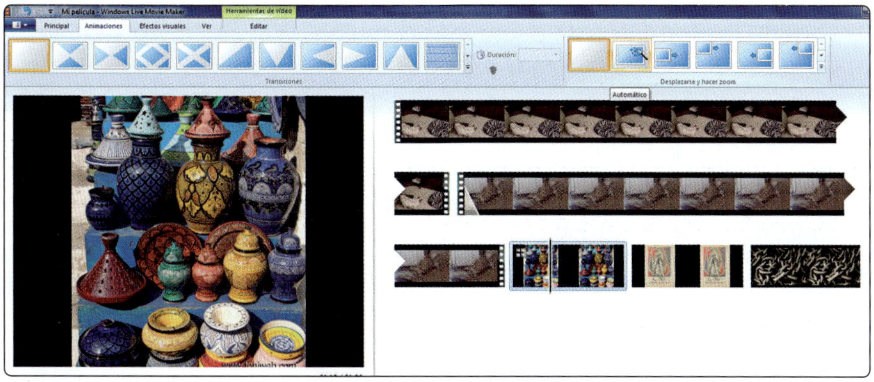

A través de la pestaña **Efectos visuales**, se pueden añadir diversos filtros y modificar el brillo de la imagen.

2.1.7. Uso compartido

Finalizado el proyecto, es posible compartirlo a través de diversos medios desde la pestaña **Principal**:

- Publicándolo en **Youtube**, mediante una cuenta en este servicio.
- En **Alta definición (1080 p)**, con gran resolución y tamaño de archivo.
- Grabar un DVD, con menor resolución y tamaño.

Caso práctico inicial

Con la **Herramienta recorte** seleccionas fragmentos de vídeo.

Saber más

Con **Automovie**, en la pestaña **principal**, se automatiza la edición.

Caso práctico inicial

Para guardar un archivo en alta definición, ve a **Uso compartido** y selecciona esta opción.

Audacity

1. Funciones

Audacity es un programa para grabar y editar archivos de audio de uso libre y sencillo de utilizar.

Entre sus funcionalidades están:

- Grabar sonidos en directo, tanto desde micrófono como de otras fuentes.
- Puede importar ficheros de audio, cortarlos, pegarlos y mezclarlos. Soporta los formatos de audio más comunes: WAV, AIFF, AU y OGG. Con la librería LAME además exporta a MP3.
- Aplicar efectos como pueden ser cambios en el *pitch*, supresión de ruidos estáticos y de fondo, *Bass Boost* (amplifica los bajos), FFT (un ajuste matemático basado en la transformada de Fourier), gestión del volumen, introducción de ecos, aparecer, desvanecer, modificación del ritmo, tono, etc., entre otros.
- Copiar encima de pistas ya existentes para crear grabaciones multipista.
- Se puede hacer uso ilimitado del comando deshacer (y rehacer).

Graba y edita con calidad de sonido de 16, 24 y 32 bit (cuantos más bits, mayor calidad) con frecuencias de muestreo que llegan hasta los 96 Khz, pudiendo así crear grabaciones de sonido de alta calidad.

2. Instalación de Audacity

Antes de empezar a trabajar con el programa, deberás instalarlo en tu equipo. Para ello abre la carpeta correspondiente de esta unidad y ejecuta el archivo **audacity-win-2.0.3.exe** que encontrarás en ella.

De forma predeterminada, el programa se instala en **C:/Archivos de programa/Audacity.**

Al finalizar la instalación, haz doble clic en el acceso directo que se debe haber creado en tu escritorio. Aparecerá la interfaz del programa.

Para poder grabar sonidos externos, será necesario que instales un micrófono.

Saber más

Instalación de LAME

Es posible que no puedas ver la extensión de los archivos (.doc, .docx, etc.) por la configuración de tu equipo.

Si deseas ver las extensiones has de tener abierta cualquier carpeta, por ejemplo Documentos.

Se hace clic en **Organizar** → **Opciones de carpeta y búsqueda** → **Ver.**

Se deja sin marcar la opción **Ocultar las extensiones de archivo.**

Saber más

Pitch

Los sonidos se caracterizan por el tono, el volumen y el timbre generalmente.

El *pitch* de un sonido, es un término anglosajón que hace referencia a su tono o frecuencia.

3. Interfaz de Audacity

Al ejecutar el programa y abrir un archivo de audio, nos aparece la siguiente pantalla:

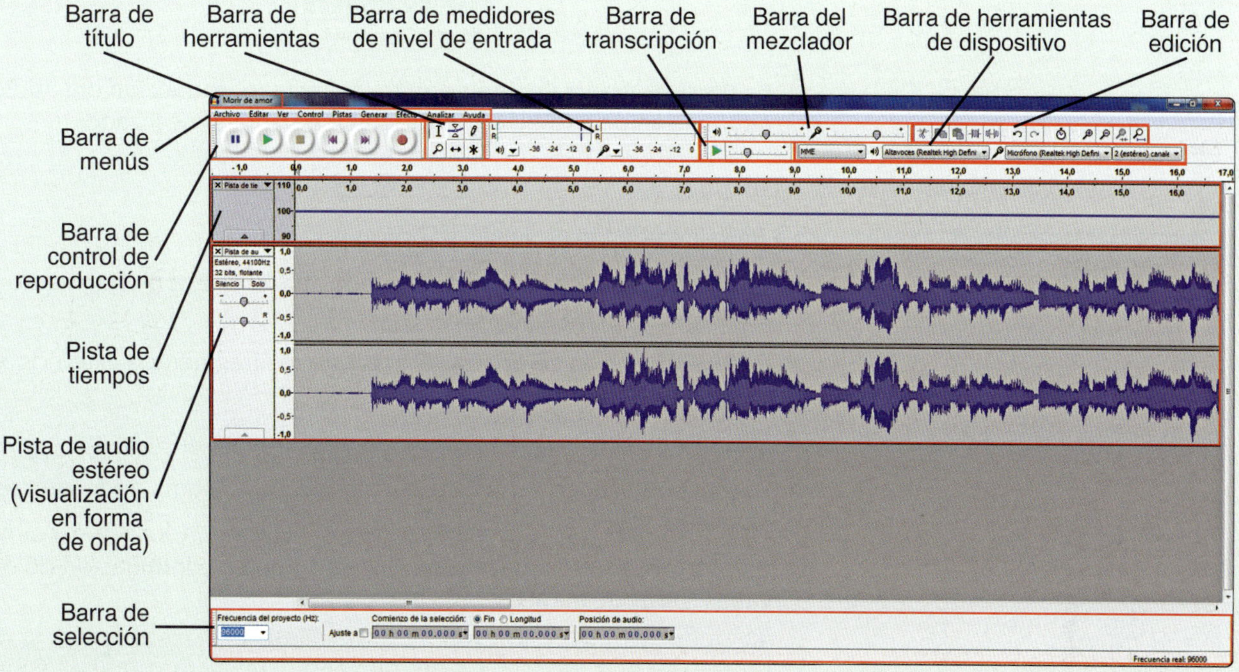

Como puedes observar, la barra de control de reproducción tiene los botones habituales en un reproductor o grabador. De izquierda a derecha, nos encontramos:

La **Barra de herramientas** contiene:

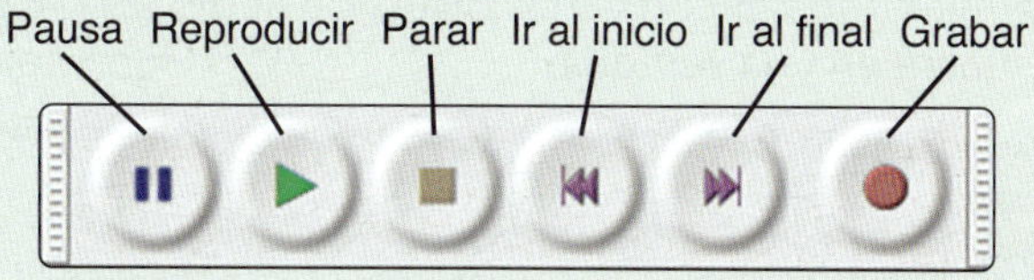

- La herramienta **Selección** [I] para seleccionar un fragmento del audio.
- La herramienta **Envolvente** modifica el volumen en determinadas áreas.
- La herramienta **Dibujo** que permite modificar pequeños fragmentos de la onda dibujando directamente sobre ella.
- La herramienta **Zoom** amplía zonas de la grabación, facilitando la visualización de detalles.
- La herramienta **Traslado de tiempo** [↔] mueve fragmentos de la grabación adelante o atrás en la línea de tiempo.
- El modo **multiherramienta** [*] permite usar las herramientas Selección, Envolvente y Traslado sin tener que seleccionarlas individualmente.

La **Barra de medidores de nivel de entrada y de salida** permite ver el nivel de entrada durante una grabación y el de salida durante la reproducción, en cada uno de los dos canales, L-R (siglas en inglés de izquierdo y derecho).

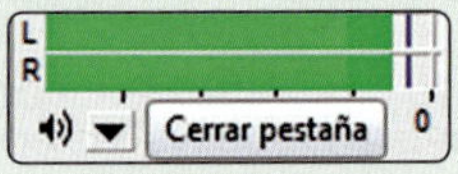

- La **Barra de transcripción** permite iniciar la reproducción del audio y definir la velocidad de reproducción mediante el deslizador.

La **Barra de edición** tiene varios botones:

- **Cortar, Copiar** y **Pegar**: corta, copia y pega un fragmento de audio.
- **Recortar fuera de selección**: recorta los fragmentos externos a la selección.
- **Silenciar selección**: convierte la selección en un silencio.
- **Deshacer-Rehacer**: deshace o rehace la última operación realizada.
- **Enlazar pistas**: enlaza reproduciendo una a continuación de otra varias pistas de audio.
- **Zoom**: acerca o aleja.
- **Ajustar fragmento a la ventana**: ajusta el fragmento de audio seleccionado a la ventana visible.
- **Ajustar proyecto a la ventana**: ajusta toda la grabación en la ventana.

Audacity permite trabajar con varias pistas de audio a la vez. Cada una de ellas se situará en una ventana:

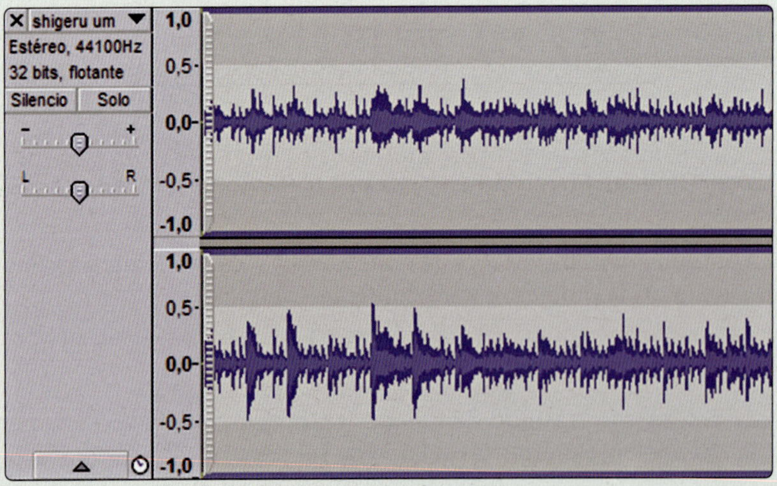

En este ejemplo, la pista es estéreo. Al pulsar en la X, se cierra la pista.

Saber más

Pista de audio

El menú emergente de las opciones de la pista de audio es este:

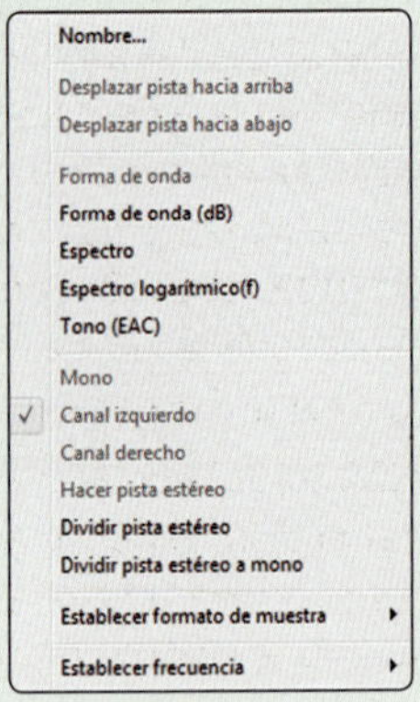

La opción **Nombre** modifica el nombre de la pista y permite cambiar el orden respecto a otras pistas.

La forma de visualización (onda, espectro, tono, etc.) modifica el formato de muestra y el valor de la frecuencia.

La cabeza de flecha negra situada a la derecha despliega un menú emergente con las opciones más frecuentes para trabajar con pistas de audio:

- Los botones **Silencio** y **Solo** silencian la pista o permiten que solo se escuche esta.
- Los deslizadores de **Volumen de reproducción** de la pista y el **Balance**.

4. Grabación de un proyecto con Audacity

Para grabar un proyecto hay que instalar primero un micrófono. Después es necesario establecer la calidad del sonido que se va a grabar, teniendo en cuenta que a mayor calidad mayor será el tamaño del archivo resultante.

En **Editar ⟶ Preferencias**, selecciona la ventana **Calidad**.

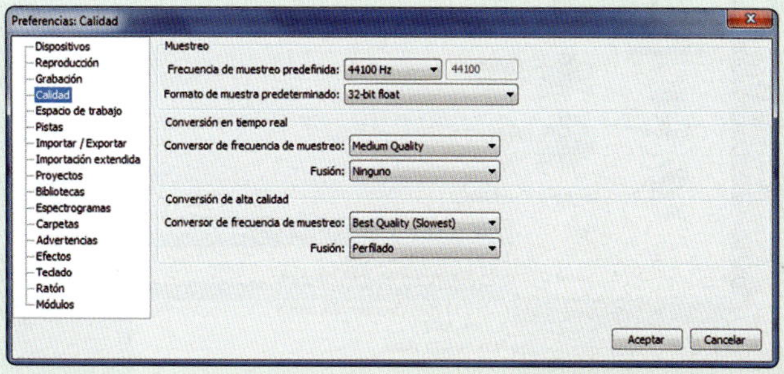

La **Frecuencia de muestreo predefinida** es el valor más importante para determinar la calidad del audio que vamos a grabar. En general es recomendable grabar el archivo con la mayor calidad posible, ya que siempre se puede reducir posteriormente si fuese necesario.

La opción de 44100 Hz da lugar a un sonido de alta calidad. Será la frecuencia que utilizaremos en nuestro proyecto multimedia.

El **Formato de muestreo predeterminado** establece la resolución (profundidad) de las muestras expresada en bits.

Guardamos las preferencias haciendo clic en **Aceptar**. Ahora ya podemos grabar el primer archivo.

Para grabar un sonido (el sonido ambiente, tu voz, la de un compañero...), teniendo el micrófono conectado, pulsa el botón **Grabar** de la **Barra de control de reproducción**.

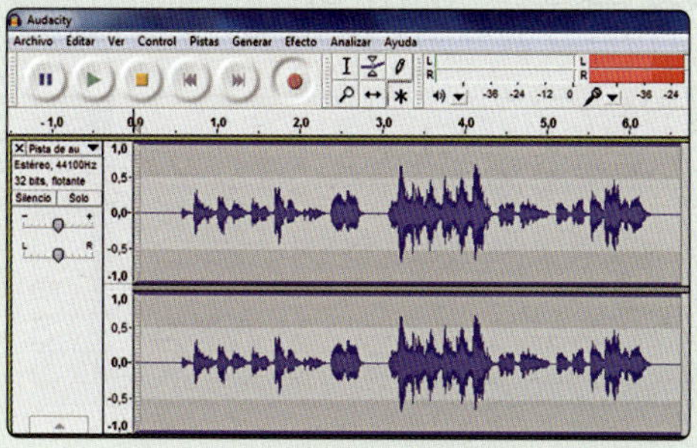

Caso práctico inicial

Para grabar una **alocución** en **Audacity,** en primer lugar se han de establecer las preferencias de calidad del proyecto. Un discurso de voz tendrá suficiente con una calidad normal, a 22 050 Hz.

También desde las preferencias **Dispositivos ⟶ Grabación ⟶ Canales** se puede elegir el número de canales que tendrá: Mono (1) o Estéreo (2). La mayoría de las tarjetas de sonido soportan hasta dos canales.

Por último, es importante establecer el dispositivo de grabación desde **Preferencias ⟶ Dispositivos** o desde la **Barra de herramientas y dispositivos.**

Saber más

Exportar archivos a mp3

Por problemas de patentes, la opción de exportar a mp3, formato de audio comprimido, no viene por defecto en el programa **Audacity.** Hay que utilizar el codificador gratuito **LAME.**

Una vez termines de grabar el archivo, debes pulsar el botón **Detener**, también en la **Barra de control de reproducción.**

En este momento, guarda el archivo en **Archivo ⟶ Guardar proyecto. Audacity** tiene un formato de archivo propio, **.aup**, que solo puede ser leído y editado por **Audacity**. Para poder utilizar tu archivo con otros reproductores es necesario exportarlo a otros formatos, como por ejemplo el formato WAV.

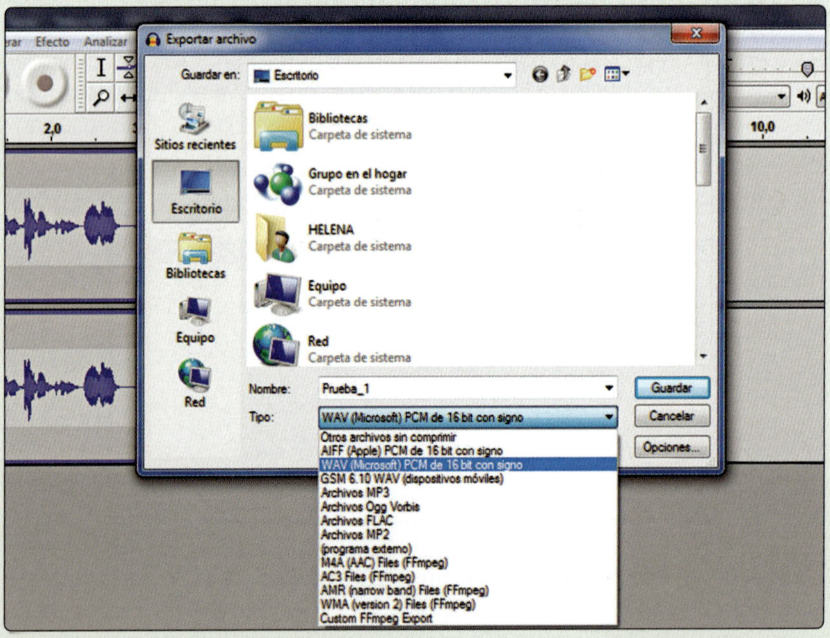

Actividades propuestas

1. Nombre del documento: **Prueba**

Tipos: **mp3**

Para exportar un proyecto de audio en **Audacity** a mp3, debemos hacer previamente algunas cosas:

a) Ve a la carpeta correspondiente a esta unidad de los recursos del libro y ejecuta con un doble clic el archivo **Lame_v3.99.3_for_Windows.exe.** Sigue las instrucciones de instalación y no modifiques la carpeta de instalación sugerida **C:\Archivos de programa\Lame for Audacity.**

b) La primera vez que utilices la opción **Archivo ⟶ Exportar ⟶ Tipo mp3,** Audacity te preguntará por la ubicación de **lame_enc.dll.** Ve a **C:\Archivos de programa\Lame for Audacity,** selecciona **lame_enc.dll,** haz clic en **Abrir** y **OK.**

c) Graba un proyecto de la forma en la que se ha descrito en el apartado precedente. A la hora de guardarlo como mp3, hazlo con el nombre **Prueba.**

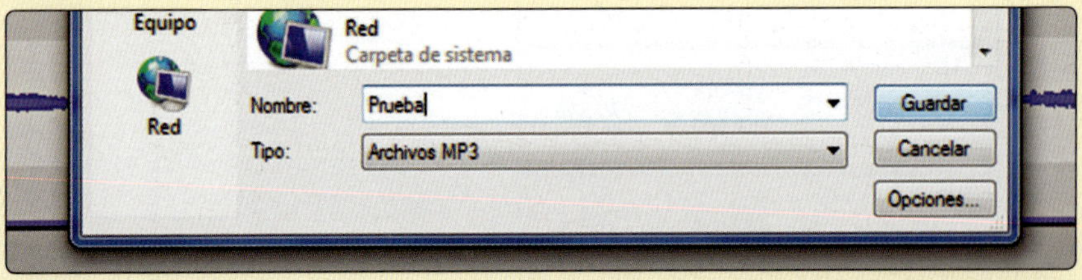

5. Grabar sonido del PC o de internet

Para realizar un proyecto multimedia será necesario a veces introducir música o una locución de un vídeo que tengamos en nuestro ordenador.

En internet podemos encontrar páginas donde descargar canciones libres de derechos o que pueden ser compradas para usar en proyectos comerciales con sus correspondientes licencias. Algunas de estas páginas son **Jamendo**, **Dogmazic**, **Free Music archive**, o **Musicleft**. Tienen diferentes características, pudiendo encontrar en ellas una amplia variedad de música de todos los estilos, libre de derechos en el caso de uso personal.

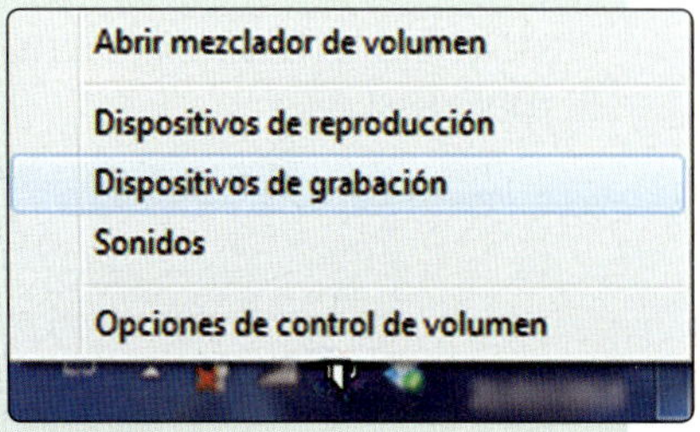

Para poder grabar un audio desde nuestro ordenador con **Audacity**, debemos ir a **Edición ⟶ Preferencias ⟶ Dispositivos** y allí en dispositivos, seleccionar del desplegable la opción **Mezcla estéreo**.

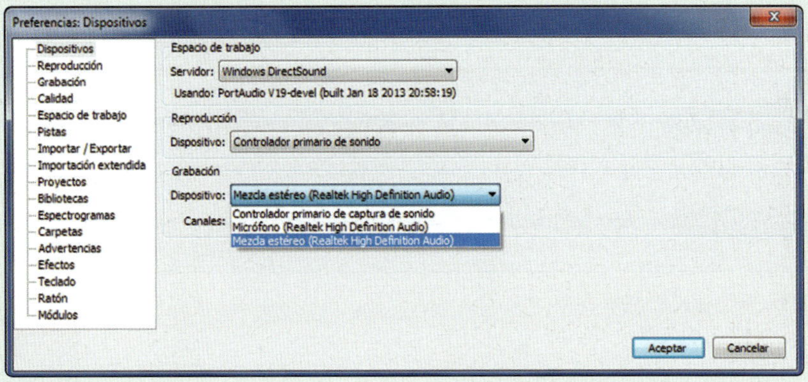

En el caso de que no aparezca esta opción deberás cerrar el programa, hacer clic con el botón derecho en el icono de sonido de la **Barra de tareas de Windows** y seleccionar **Dispositivos de grabación**.

Aparecerá la ventana **Sonido**.

En la pestaña **Grabar**, haz clic con el botón derecho del ratón y activa la opción **Mostrar dispositivos deshabilitados**.

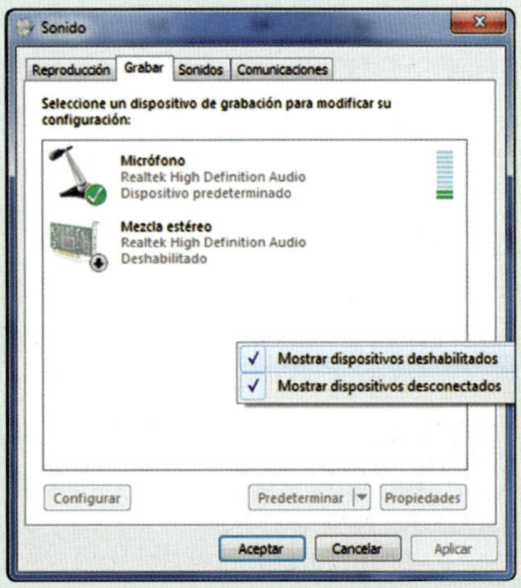

Aparecerá el dispositivo **Mezcla estéreo** en color atenuado.

Para activarlo, haz clic sobre él con el botón derecho del ratón. Selecciona **Activar**.

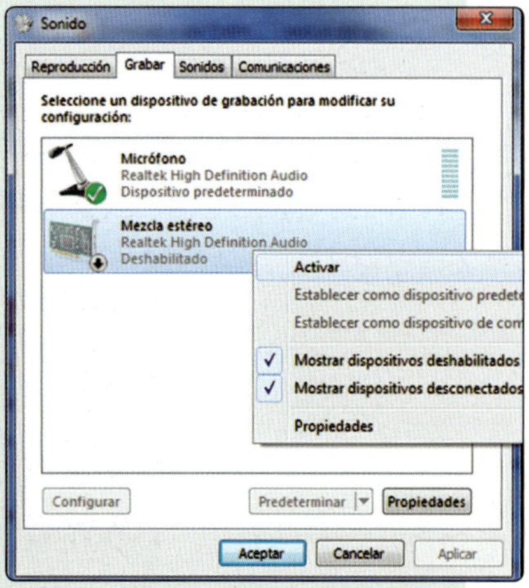

Abre Audacity. Te aparecerá la opción **Mezcla estéreo** en el desplegable **Dispositivo** de **Grabación** en la ventana **Preferencias: Dispositivos**. Selecciona **Mezcla estéreo**.

Ahora, si reproduces en tu ordenador un archivo y grabas al mismo tiempo con **Audacity**, quedará registrado el audio.

Actividades propuestas

2. Nombre del documento: **Canción**

Tipo: **mp3**

Graba en **Audacity** una canción desde internet. Guarda el archivo en formato **mp3.**

a) Inicia **Audacity** y comienza a **Grabar.** Observa que si en tu PC no se está reproduciendo ningún sonido, la onda de grabación es una línea.

b) Ve a una de las páginas de internet sugeridas y reproduce una de las canciones que encuentres. Ahora sí que **Audacity** dibujará una onda en la grabación.

c) Cuando termines de grabar, edita el archivo, recortando los trozos donde no hay sonido. Para ello, ajusta el proyecto en ventana, selecciona las colas donde no hay sonido y recórtalas. En la imagen tienes contorneados los trozos a recortar y los botones que debes usar.

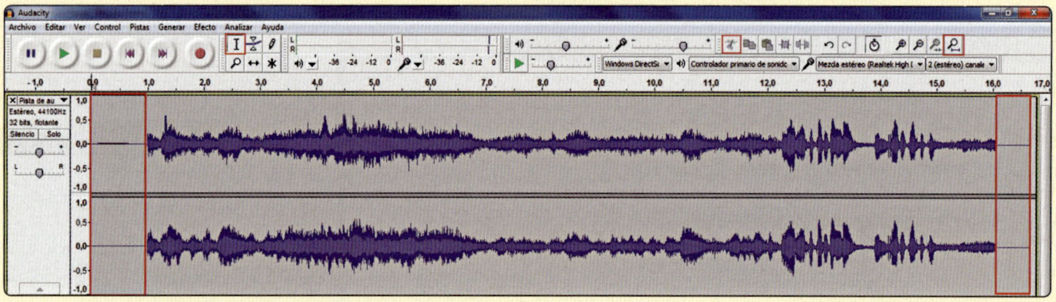

d) Por último, guarda el archivo como mp3.

6. Añadir efectos

Audacity permite mejorar la calidad del audio y añadir mayor creatividad a los proyectos mediante la adición de efectos. Esta es una de las grandes bazas de este programa, por su potencia. En el menú **Efectos** podrás ver una gran variedad. Veamos algunos:

- **Reducción de ruido:** nos aparece una ventana, en la que nos pide que introduzcamos el perfil de ruido, junto con el audio que queremos filtrar.
- **Amplificar:** aumenta el volumen del patrón de sonido seleccionado en la grabación.
- **Aparecer-Desvanecer (Aparecer progresivamente o Desvanecer progresivamente):** manera de iniciar o de silenciar progresivamente una grabación o selección de la misma.
- **Cambiar ritmo:** permite cambiar el tiempo de una onda, acelerándola o atrasándola.

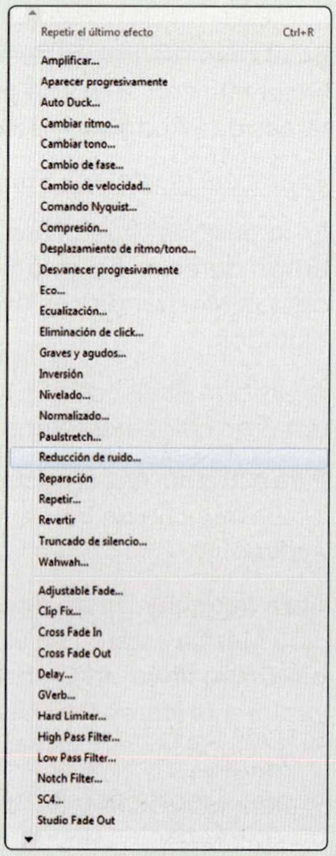

Edición de un vídeo para un anuncio

Objetivos

- Crear un vídeo a partir de imágenes, vídeos, sonidos y textos.
- Planificar el *storyboard* del vídeo a partir de los objetivos de comunicación, destacando fundamentalmente las virtudes del producto.
- Grabar música libre de derechos desde la web para incorporarla al anuncio.
- Realizar los ajustes de edición, recorte, transiciones, efectos, ajustes de música, etc.
- Guardar el archivo con la calidad adecuada a los fines del proyecto.
- Compartir el resultado final a través de plataformas tipo Youtube o Vimeo.

Instrucciones

Te encargan la realización de un anuncio para el jabón *Almirante*. En él debes resaltar la calidad y bondades de la limpieza con este producto. La empresa te deja total libertad para la creación del mismo, por lo que puedes partir de tus propias ideas, grabando los vídeos y tomando las imágenes que consideres más oportunas, o bien, utilizar unos materiales que te facilita la empresa contratante en los que se ha filmado a unos niños actores con motivo de este anuncio (ya sabes que la presencia de niños en publicidad tiene connotaciones de certeza..., los niños dicen la verdad, etc.).

1. Crea una carpeta con el nombre del proyecto y todos los elementos que utilizarás en él (vídeo, imágenes).
2. Filma los vídeos que sean necesarios. Haz las fotos pertinentes.
3. Graba con Audacity el sonido desde internet que acompañará a las imágenes. Por ejemplo, si vas a tomar el material aportado, graba desde internet sonido de tormenta. Si lo consideras, graba algún discurso.
4. Importa, edita y haz el montaje de tus vídeos e imágenes o de los proporcionados previamente a tal fin.
5. Añade textos, transiciones y efectos. Ajusta el sonido al proyecto.
6. Guarda el proyecto a la máxima calidad.
7. Guarda de nuevo el proyecto con la calidad apropiada para subirlo a **Youtube**. Si no tienes una cuenta, créala para subir el resultado del anuncio a la web. Pon tu nombre o un pseudónimo junto al título «Jabón Almirante».

7 Procesadores de texto I

Vamos a conocer...

1. Funciones básicas
2. Dar formato al texto
3. Trabajar con párrafos
4. Otras herramientas

SOFTWARE LIBRE

Introducción a OpenOffice.org – Writer I

PRÁCTICA PROFESIONAL

El «Saluda»

Formatos de párrafo y texto

Y al finalizar esta unidad...

- Te habrás familiarizado con la interfaz de Word 2010.
- Habrás aprendido a guardar un documento de Word en la versión 2010 y en las anteriores.
- Podrás cambiar el formato de un texto y de un párrafo sin dificultad.
- Sabrás recuperar, modificar y guardar documentos almacenados.
- Sabrás qué medidas de seguridad adoptar para poder recuperar documentos tras un bloqueo del sistema o un corte de energía accidental.
- Conocerás las funciones y herramientas básicas del procesador de texto de OpenOffice.

Caso práctico inicial

Situación de partida

Arturo acaba de ser contratado para gestionar la empresa de publicidad y comunicaciones, INTERCOM, S.A., de Madrid. El día 28 de octubre María Montero Cobos, que es la directora general de la empresa, lo llama a su despacho para pedirle que redacte un memorándum dirigido a Roberto Fernández Maza, director comercial. El objeto del memorándum es citarlo a una reunión en el despacho de dirección para el próximo día 10 de noviembre a las 9:30, con objeto de tratar criterios de venta en el área de Madrid.

Arturo sabe cuál es la forma que deberá dar el memorándum, en vista de lo que estudió en su día y también de las copias de otros que se guardan en los archivos. El formato de papel que se utiliza en la empresa es A5 y la disposición vertical. Recuerda que en el centro, en letras grandes, figura la palabra MEMORÁNDUM. Observando esos documentos archivados ha visto que el documento tiene distintos estilos y formatos de fuente y que algunos párrafos están alineados a la derecha, en tanto que el asunto del memorándum está perfectamente justificado en ambos márgenes.

En definitiva, el documento que deberá redactar tendrá esta apariencia:

INTERCOM, S.A.
Madrid

Madrid, 28 de octubre de 20xx

MEMORÁNDUM

PARA:
Roberto Fernández Maza
Director Comercial

DE:
María Montero Cobos
Directora General

Le ruego que el próximo día 10 de noviembre a las 9:30 horas acuda a este despacho para tratar temas relacionados con las ***estrategias de venta*** en el área de Madrid.

Atentamente,

María Montero Cobos

Estudio del caso

Una vez que hayas completado el estudio de esta unidad de trabajo, serás capaz de realizar este documento.

1. El papel tendrá un tamaño A5.
   - ¿Cómo se cambia en Word 2010 el formato predeterminado de papel?
2. El documento deberá escribirse usando distintos estilos de fuente.
   - ¿Dónde se encuentran los comandos o funciones que permiten cambiar la fuente?
3. Hay algunos textos que deberán ser subrayados para enfatizar.
   - ¿Cómo se subraya un texto?
4. Otros textos están en negrita o en cursiva, o incluso en ambos formatos a la vez.
   - ¿Cómo se puede poner un texto en negrita o cursiva?
5. El texto central del memorándum tiene tanto el margen izquierdo como el derecho perfectamente alineados.
   - ¿Cómo se justifica un párrafo?
6. La fecha, la despedida y el pie de firma están alineados a la derecha.
   - ¿De qué manera puede alinearse un párrafo a la derecha?

1. Funciones básicas

1.1. Acceso y presentación inicial del programa

A Microsoft Word se accederá desde Inicio ⟶ Todos los programas ⟶ Microsoft Office (carpeta) ⟶ Microsoft Word 2010.

La **cinta de opciones** de Word 2010 puede personalizarse completamente, pero si aún no se ha modificado la encontraremos con una apariencia similar a la siguiente:

Saber más

La **cinta de opciones** de Microsoft Office 2010 es muy parecida a la de la versión 2007, pero a diferencia de la anterior, podemos personalizarla completamente.

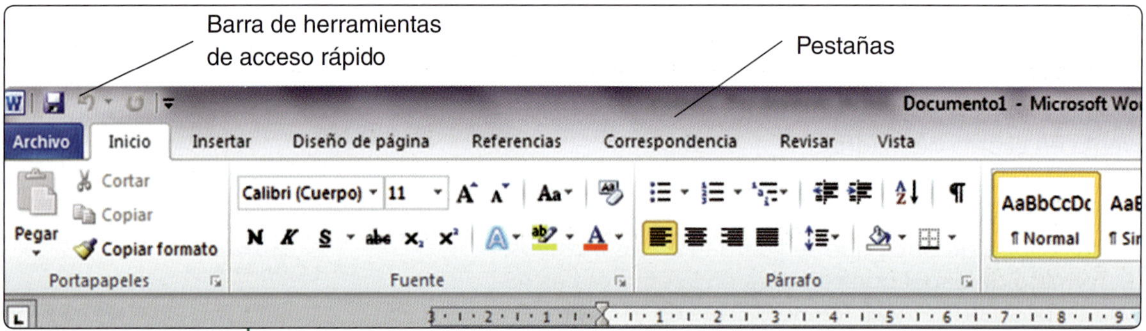

A la derecha de la cinta de opciones están los botones para cerrar, minimizar y cambiar el tamaño de la ventana de trabajo de Word, así como la Ayuda. Junto a la Ayuda se encuentra una flechita que nos sirve para ocultar la cinta de opciones.

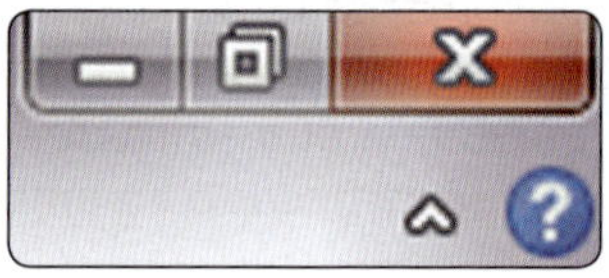

En la parte superior de la cinta, en el ángulo superior izquierdo, está el logo de Word, que tiene las funciones de Minimizar, Maximizar, Restaurar, Mover, Tamaño y Cerrar documentos, y junto a él la **barra de herramientas de acceso rápido**, que puede modificarse para dejar fijas las herramientas que usemos con más frecuencia. Para modificarla se hace un clic sobre la flechita que contiene a la derecha, marcando a continuación las herramientas que deseemos tener visibles. Por defecto contiene **Guardar**, **Deshacer** y **Rehacer**.

Cada vez que se hace clic sobre una de las pestañas de la cinta de opciones se despliega debajo de ella un conjunto de botones asociados. Por ejemplo, si se selecciona la pestaña **Insertar** esta será parte de la cinta que veremos:

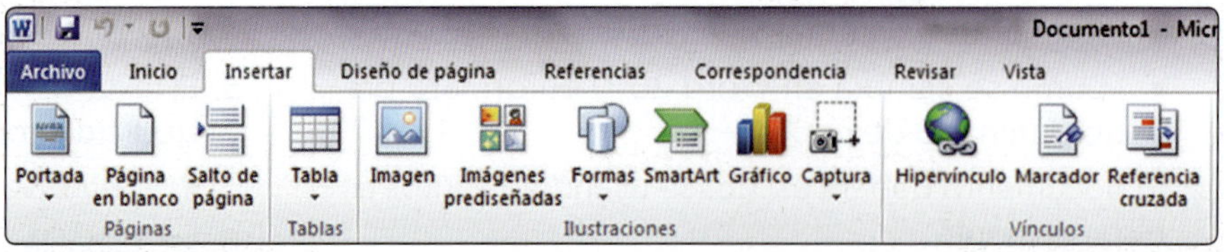

Poco a poco, durante las actividades prácticas iremos descubriendo el manejo de la cinta de opciones, los comandos, botones y galerías de Word, un aprendizaje que servirá igualmente para manejar los otros programas del paquete Microsoft Office 2010.

Saber más

Personalizar la cinta de opciones

Para personalizar la cinta de Opciones hay que entrar por el menú **Archivo ⟶ Opciones.** En personalizar cinta de opciones están los comandos más utilizados y las fichas principales. Todo ello se puede configurar a gusto del usuario.

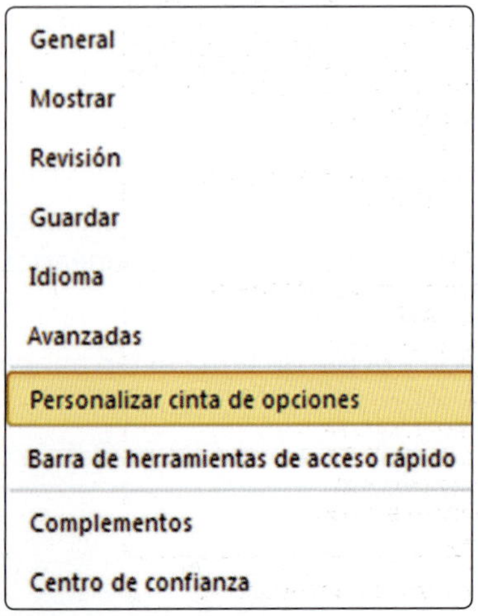

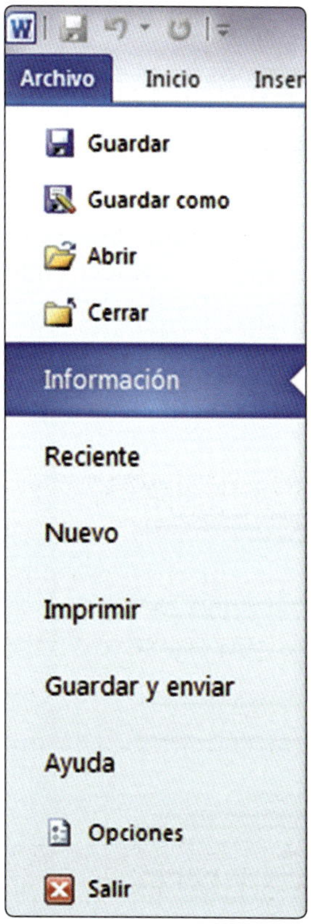

1.2. El menú Archivo

Las operaciones más básicas que se pueden realizar sobre un archivo de Word están contenidas en el menú **Archivo**. Al hacer clic sobre él, se desplegará la lista de operaciones que puedes ver en la imagen lateral. En el centro de las mismas y de forma activa estará Información, que nos deja ver en el centro de la pantalla información avanzada sobre el archivo activo.

1.2.1. Guardar un archivo

Cuando se abre un archivo nuevo y antes incluso de comenzar a escribir en él debería guardarse, haciendo clic en el botón **Guardar como**. Se le da un nombre al archivo y se elige su ubicación en una carpeta del equipo.

Cada cierto tiempo mientras se redacta el documento es importante pulsar el botón **Guardar**, preferentemente el que se encuentra en la barra de herramientas de acceso rápido, para no tener que desplegar el menú Archivo.

1.2.2. Guardar el archivo en otro formato

Word 2010 permite guardar un documento en varios tipos de formato. El suyo propio es **Documento de Word**, que tiene la extensión **.docx** pero si necesita guardarse de modo que pueda abrirse por usuarios que dispongan de versiones anteriores de Word, se puede seleccionar el tipo **Documento de Word 97_2003**, con lo que se guardaría con la extensión **.doc**.

Formatos de guardado que permite Word 2010. Recuerda que las extensiones que vemos en la siguiente imagen estarán visibles si así está configurado el equipo. Ver **Saber más**.

Recuerda

Mientras estés redactando un documento de Word acostumbra a guardarlo en el botón Guardar de la barra de herramientas de acceso rápido.

Así tras un bloqueo del equipo o un corte de energía eléctrica, podrás recuperar hasta el último guardado.

Saber más

Extensiones de archivo

Es posible que no puedas ver la extensión de los archivos (.doc, .docx, etc.) por la configuración de tu equipo. Si deseas ver las extensiones has de tener abierta cualquier carpeta, por ejemplo Documentos. Se hace clic en Organizar ⟶ Opciones de carpeta y búsqueda ⟶ Pestaña Ver. Se deja sin marcar la opción Ocultar las extensiones de archivo...

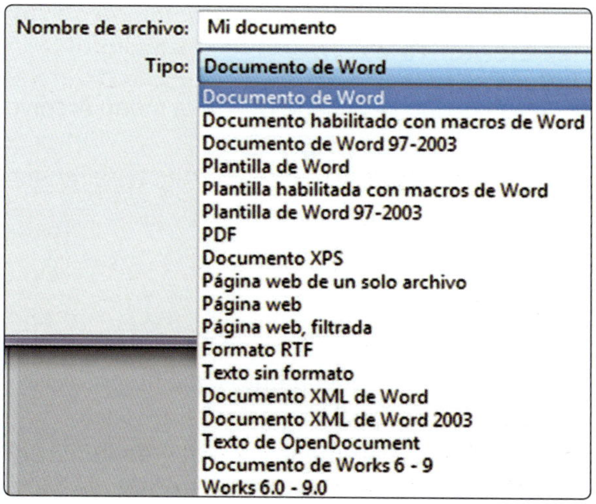

Guarando no son visibles las extensiones de archivo.

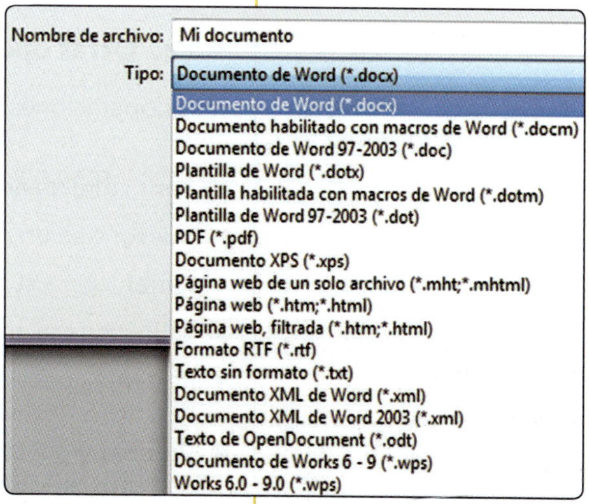

Guardar como, cuando son visibles las extensiones de archivo.

Saber más

Zoom rápido de pantalla

Para ver el trabajo en pantalla a mayor o menor tamaño, basta mover a derecha o izquierda el selector que hay en el fondo inferior derecho de tu documento de Word.

Opciones de Guardar y enviar.

1.2.3. Imprimir y vista preliminar

Desde el menú **Archivo** y haciendo clic en **Imprimir**, veremos en el centro de la pantalla las opciones de impresión, y a la derecha una **vista preliminar** del documento tal y como quedaría en la hoja impresa.

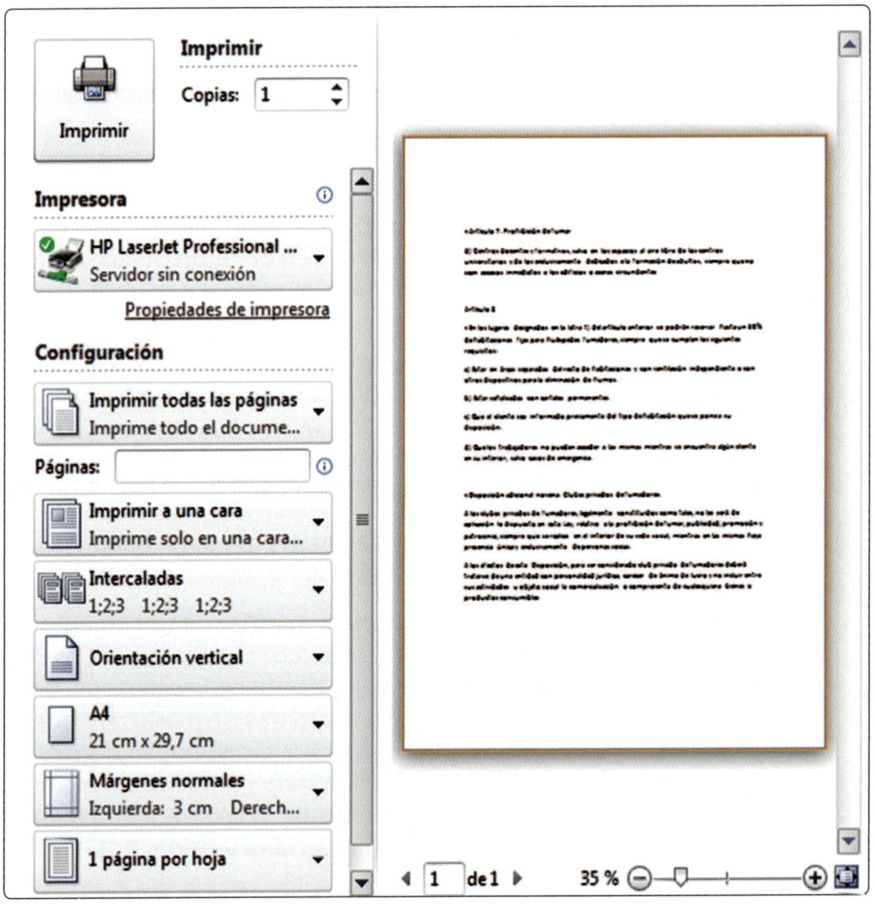

1.2.4. Otras operaciones elementales

Otras operaciones elementales a las que se accede desde el menú Archivo son:

- **Abrir**: abre un archivo de Word existente.
- **Nuevo**: crea un nuevo documento de Word.
- **Cerrar**: cierra el documento de Word activo.
- **Salir**: cierra la aplicación Microsoft Word.
- **Reciente**: muestra una lista de los últimos documentos que hemos abierto con Word.
- **Guardar y enviar:** permite guardar el documento actual y enviarlo por distintos medios, como correo electrónico o como entrada a un blog, entre otros.

1.2.5. Cortar, copiar y pegar

Estas opciones se encuentran en la pestaña **Inicio**, al principio de la cinta de opciones. Para que se muestren activas las opciones cortar y copiar ha de estar seleccionado algún texto. Si se hace clic en la flechita que hay debajo de **Pegar** veremos las opciones de pegado.

Estas acciones se pueden realizar igualmente seleccionando un texto, haciendo clic sobre el mismo con el botón secundario del ratón y seleccionando la opción deseada.

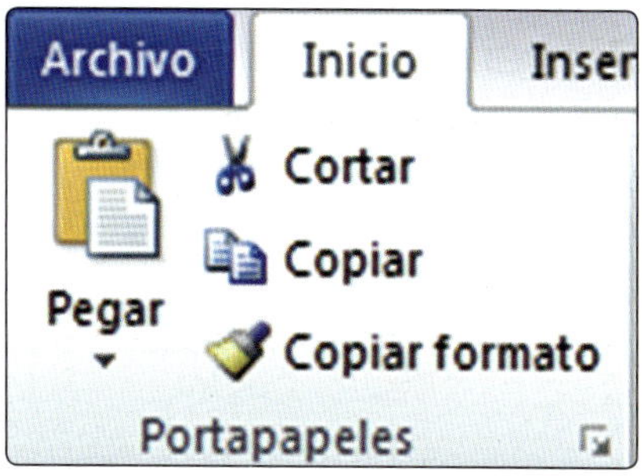

Cortar, copiar y pegar desde el menú Inicio.

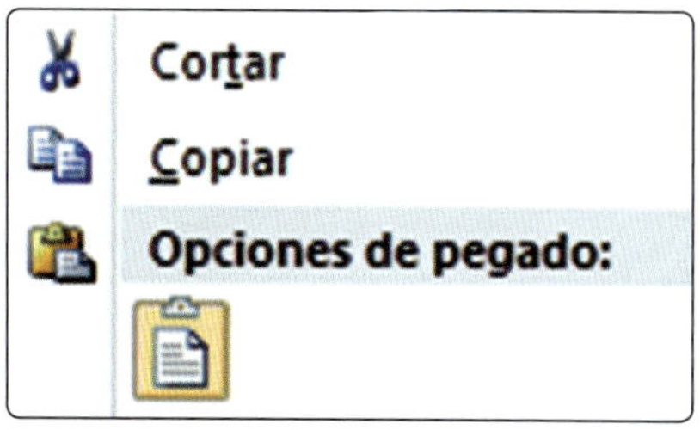

Cortar, copiar y pegar con el botón secundario del ratón.

Actividades propuestas

1. Nombre del documento: **Teoría 1**

Tipo: **Documento de Word**

Accede a Microsoft Word. Abre un documento en blanco desde el menú Archivo → Nuevo → Documento en blanco. Guárdalo **en tu carpeta de trabajo** de esta unidad didáctica con el nombre **Fundamentos** y el tipo **Documento de Word**. En el documento escribirás las respuestas a las siguientes preguntas.

Escribe las respuestas correctamente, sin faltas de ortografía y con acentos. Los signos de puntuación también son importantes: Los signos de puntuación (coma, punto, dos puntos, etc.) van pegados a la palabra que los precede y separados por un espacio de la palabra que los sigue.

a) Observa que la **pestaña Inicio** es la que está activa por defecto. En la parte inferior de la cinta de opciones están los grupos de opciones que hay para la pestaña Inicio, por ejemplo el **grupo Portapapeles**. ¿Cuáles son los otros grupos de opciones de la **pestaña Inicio**?

b) ¿Qué cosas podrías hacer utilizando las opciones que ofrece el **grupo Fuente** sobre un texto que estuvieses escribiendo? Observa que al pasar el ratón por las distintas opciones se abre un pequeño cuadro de diálogo que indica qué es lo que hace cada opción.

c) ¿Qué cosas podrías hacer con las opciones que ofrece el **grupo Edición**?

d) Ahora vamos a activar la **pestaña Diseño de página.** ¿Cuáles son los grupos que contiene la cinta de opciones?

e) En el **grupo Configurar página** de la pestaña **Diseño de página**, ¿qué opciones hay?

f) No guardes el archivo en otro formato, pero responde: si quisieras guardar el presente archivo con el **mismo nombre** pero en la versión Microsoft Office 97-2003, ¿qué tendrías que hacer?

g) ¿Está tu ordenador configurado para poder ver las extensiones de los archivos?

h) Si tu ordenador está configurado para no ver las extensiones de los archivos, ¿qué tendrías que hacer para que fuesen visibles dichas extensiones?

i) Imagina que estás viendo la página de Word que estás utilizando ahora a un tamaño muy pequeño y te gustaría verla más grande para distinguir mejor los caracteres escritos. ¿Cómo podrías aumentar el zoom de la página?

j) ¿Cómo harías para tener una vista preliminar de un documento de Word que estás escribiendo, de modo que la verías tal y como quedaría al haberla imprimido?

k) ¿Cuáles son las opciones de pegado que aparecen en la flechita que hay debajo de Pegar en la pestaña Inicio?

Saber más

El portapapeles es una herramienta del sistema operativo que sirve para contener temporalmente archivos, recortes, imágenes, etc., que suelen provenir normalmente de las acciones **Cortar** o **Copiar**.

Mediante la acción **Pegar**, pegaremos en un documento el texto, imagen, recorte, etc.

1.2.6. Autoguardado y Autorrecuperación

No obstante el hábito que debe adquirirse de pulsar frecuentemente el botón **Guardar** de la barra de herramientas de acceso rápido, es posible que olvidemos hacerlo durante unos minutos mientras realizamos un documento. Por ello es útil tener configuradas las funciones de Autoguardado y Autorrecuperación.

Configuraremos Word de manera que estas funciones estén activas y lo haremos mediante un ejemplo práctico.

Actividades resueltas

No se genera ningún documento con este ejercicio.

1. Abre un documento nuevo de Word.
2. Haz clic en la **pestaña Archivo** para tenerla activa. Ahora haz clic en **Opciones**. Se abrirá una nueva ventana. En el margen izquierdo de esa nueva ventana haz clic en **Guardar**. En la parte central habrá varias opciones de guardado. Dentro del apartado **Guardar documentos**, deja marcada la casilla **Guardar información de Autorrecuperación cada...** y déjalo en **5** minutos.

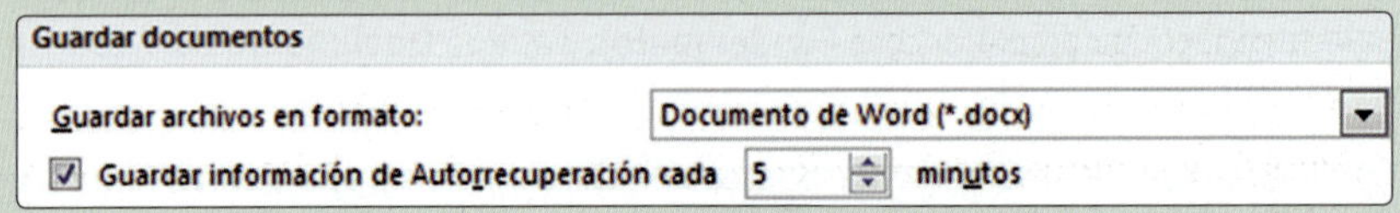

3. Debajo de donde has escrito 5 minutos están las direcciones en las que se guardarán por defecto todos los archivos de autorrecuperación y más abajo donde se guardarán por defecto todos tus archivos de Word.
4. Si no tienes intención de buscar otra ubicación para una cosa u otra, déjalo como está, pero aprovecha para memorizar que es siguiendo los pasos de este ejercicio como podrás averiguar **dónde se guardan tus documentos de Word**.
5. Haz clic en **Aceptar** de esa ventana.
6. Cierra el documento que tienes abierto mediante el **menú Archivo ⟶ Cerrar**. No hay que guardar el documento.

Para el futuro, salvo que cambies esta configuración, mientras estés escribiendo un documento de Word éste será guardado automáticamente cada 5 minutos.

Actividades propuestas

2. Nombre del documento: **Teoría 2**

Tipo: **Documento de Word.**

Abre un documento nuevo de Word y escribe en él las respuestas a las siguientes preguntas relacionadas con la impresión de un documento.

a) ¿Qué harías si quisieras imprimir un texto que previamente hubieras seleccionado en el documento que tienes abierto?

b) ¿Qué marcarías si quisieras imprimir solamente la página en la que tienes actualmente el cursor?

c) ¿Qué deberías hacer si deseas imprimir las páginas 1, 3 y 5 de un documento que tuvieses abierto?

d) ¿Cómo deberías hacer para imprimir dos copias del documento actual?

e) Desde el menú **Archivo** accede a **Imprimir** y observa la **Vista preliminar**. ¿Podrías verla ampliada? ¿Cómo?

f) Guarda los cambios de tu documento y no olvides guardarlo en la carpeta de trabajo de esta unidad didáctica.

Recuerda

La mejor forma de ir guardando un documento es teniendo el hábito de pulsar frecuentemente el botón Guardar, de la barra de herramientas de acceso rápido.

Saber más

Si trabajas con Word 2013

Si tuvieras que utilizar Word 2013 en lugar de 2010 no encontrarás muchas diferencias con respecto a lo explicado en este libro y las que encuentres serán fácilmente adaptables (por ejemplo, puede que no tengas en la galería plantillas, formatos de imagen o gráficos que se mencionen aquí, pero podrás sustituirlos por otros).

A continuación te indicamos las principales novedades que incluye Word 2013 con respecto a la versión 2010:

- Documentos PDF: podrán ser editados y modificados en Word.
- Pantalla en modo lectura: más parecida al modo e-book con flechas de atrás y adelante.
- Reanudar lectura: al volver a abrir un documento se encontrará el punto por donde se dejó su lectura la última vez.
- Zoom de objetos con doble clic.
- Visualización de vídeos de Youtube en los documentos.
- Trabajo colaborativo sobre un mismo documento.
- Guardar y compartir archivos en la nube.

Actividades resueltas

Los textos de los ejercicios pueden encontrarse en los recursos adicionales, en la carpeta de esta unidad.

Nombre del documento: **Borges**

Tipo: **Documento de Word 97-2003**

1. Abre un archivo nuevo de Word y escribe en él el siguiente texto con la fuente Calibri, tamaño 11:

   Los Nilsen eran calaveras, pero sus episodios amorosos habían sido hasta entonces de zaguán o de casa mala. No faltaron, pues, comentarios cuando Cristián llevó a vivir con él a Juliana Burgos. Es verdad que ganaba así una sirvienta, pero no es menos cierto que la colmó de horrendas baratijas y que la lucía en las fiestas. En las pobres fiestas de conventillo, donde la quebrada y el corte estaban prohibidos y donde se bailaba, todavía, con mucha luz. Juliana era de tez morena y de ojos rasgados; bastaba que alguien la mirara, para que se sonriera. En un barrio modesto, donde el trabajo y el descuido gastan a las mujeres, no era mal parecida. (*La Intrusa.* Jorge Luis Borges).

2. Accede a la vista preliminar del documento desde el **menú Archivo ⟶ Imprimir**. Mediante el botón del **Zoom** (lupa) configura la vista preliminar para verla a **200%**,luego al **75%** y por último **Toda la página** (esta opción está justo al final del signo (+) del Zoom), y observa los cambios sucesivos que van produciéndose en la visualización de tu documento.

   Guarda el documento con el nombre **Borges** en tu carpeta de Ejercicios de Word desde el **menú Archivo ⟶ Guardar como.**

3. En el nombre del archivo escribe: **Borges.** En el tipo: **Documento de Word 97-2003.**

   El archivo se ha guardado en un formato que podrá abrirse en un equipo en el que esté instalada una versión de Word 97, 2002 o 2003.

Actividades resueltas

Nombre del documento: **Borges**

Tipo: **Documento de Word**

1. Si no lo tienes abierto, abre el documento Borges que guardaste en la actividad anterior y que estaba guardado con el tipo Documento de Word 97-2003.
2. Vamos a ver que un archivo que estaba guardado en una versión concreta de Word, podremos guardarlo en otra también. De esta forma el primer archivo **no se sustituye por el segundo**, sino que **ambos se guardan** con el mismo nombre y distinto tipo. El tipo de documento se puede ver por su extensión si tenemos configurado el equipo para ver las extensiones, pero también puede verse por la **forma del icono** que lo representa.
3. Con el archivo abierto, guárdalo ahora con el nombre **Borges** pero con el tipo **Documento de Word** (de esta forma se quedará guardado con la extensión .docx).
4. Cierra el documento.
5. Abre la carpeta de ejercicios de esta unidad y comprueba que ahora tienes dos archivos de nombre Borges. Si tienes visibles las extensiones verás que la de uno de ellos será .doc y la del otro .docx. En cualquier caso puedes comprobar que los iconos que representan a ambos archivos son ligeramente distintos.

Saber más

Mostrar extensiones de archivos

Paso 1. Desde cualquier carpeta abierta:

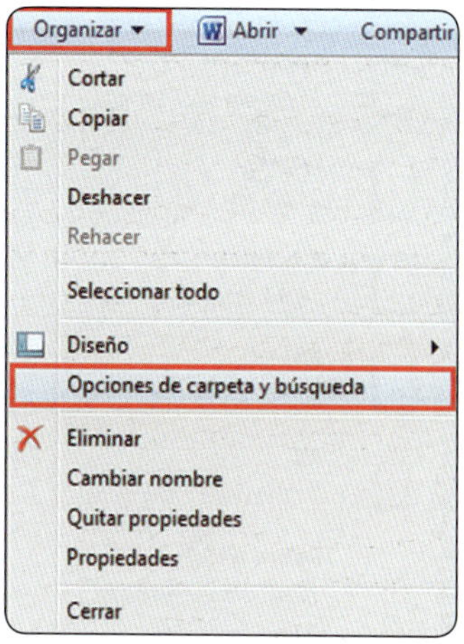

Paso 2. En opciones de carpeta:

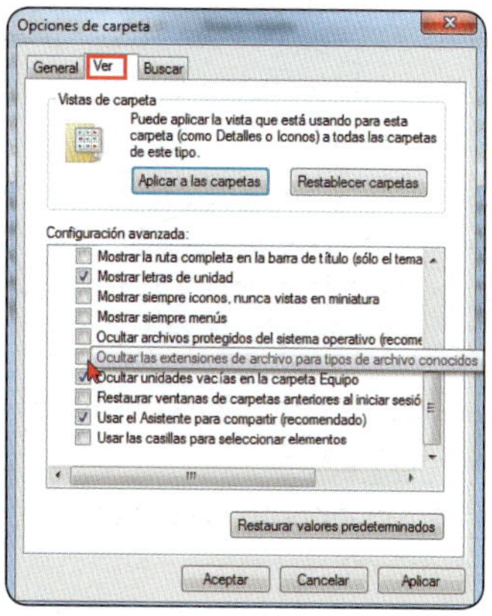

Caso práctico inicial

El tamaño del papel se puede elegir de entre los formatos estándar o bien con medidas personalizadas. Por ejemplo, el A5 es un formato estándar. Para cambiar el tamaño de papel: pestaña Diseño de página. Del grupo de opciones Configurar página se hace clic en Tamaño y de la galería que se muestra se selecciona el tamaño deseado.

1.3. Diseño de página

Diseñar una página significa configurar el modo en que se verá y se imprimirá. Esto incluye los márgenes, el tamaño del papel, si la información se mostrará en vertical o en horizontal, si se escribirá en columnas o no, etc.

1.3.1. Diseño elemental de una página

Una página de Word tendrá en su diseño como mínimo el establecimiento de unos márgenes, una orientación y un tamaño de papel antes de comenzar a redactar el documento para evitar tener que hacer ulteriores ajustes en el contenido. Las columnas, marcas de agua, bordes de página, sangrías, espaciado de líneas y párrafos pueden configurarse y modificarse posteriormente.

Saber más

Tamaños de papel

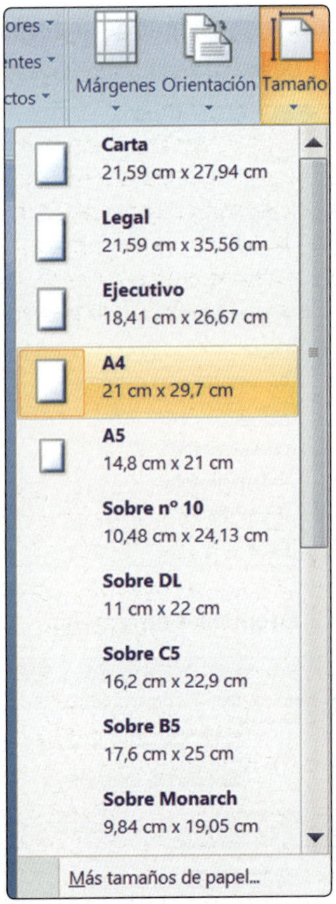

Actividades resueltas

Nombre del documento: **Borges 2**

Tipo: **Documento de Word**

1. Abre el documento Borges que guardaste anteriormente como Documento de Word (extensión .docx).
2. Con el documento abierto observa que la orientación del papel es vertical. Lo vas a cambiar a horizontal, activando la pestaña **Diseño de página** y luego **Orientación**. Haz clic en **Horizontal**. Comprueba que ha cambiado la orientación de tu documento Borges.
3. Para ver mejor la página: Menú **Archivo ⟶ Imprimir**. Observa la vista preliminar. Para cerrar la vista preliminar e imprimir pulsa sobre el menú Inicio, por ejemplo.
4. Comprueba el tamaño del papel que tiene configurado por defecto tu documento: Pestaña **Diseño de página**, clic en **Tamaño**. Con fondo resaltado estará el tamaño actual, que seguramente será A4. Lo vamos a cambiar a A5, que es la mitad de un A4. Haz clic en A5 e inmediatamente verás que el cambio se ha producido y el documento se ha reducido de tamaño en pantalla.
5. Por último se van a modificar los márgenes. Deseamos que todos tengan un tamaño de 4 cm. Desde la pestaña **Diseño de página** haz clic en **Márgenes**. Observa que hay una lista de márgenes predefinidos, pero ahora eso no interesa. Haz clic en el fondo de esa ventana, en **Márgenes personalizados**. Escribe el número 4 en los márgenes superior, inferior, izquierdo y derecho. Al finalizar haz clic en **Aceptar. ¡Atención** a no hacer clic en Establecer como predeterminado, porque de ese modo todos nuestros documentos posteriores se crearían con este formato de márgenes!
6. En tu carpeta de actividades de esta unidad guarda el documento desde el menú Archivo ⟶ Guardar como. El tipo será **Documento de Word** (extensión .docx). En el nombre de archivo escribe **Borges 2**.

Actividades propuestas

3. Nombre del documento: **Borges 2**

Tipo: **Documento de Word 97-2003**

Abre el documento Borges que habías guardado como documento de Word 97-2003, y aplícale los mismos márgenes, orientación y tamaño que has aplicado en la actividad anterior. Guarda el documento con el nombre **Borges 2** y el tipo **Documento de Word 97-2003**.

2. Dar formato al texto

2.1. Seleccionar un texto en el cuerpo de un documento

Lo aconsejable es escribir normalmente, sin preocuparse por el formato (si tendría que ir subrayado, en negrita, con otra fuente...) todo un documento o una parte de él y a continuación seleccionar y aplicar formatos de texto a las distintas partes que componen el documento.

A continuación se explica la forma en que puede seleccionarse una palabra, una línea, un párrafo o un documento entero de texto con el ratón y con el teclado.

- **Una palabra**. Con el ratón se hace doble clic sobre el principio de la palabra. Con el teclado se sitúa el cursor al principio de la palabra y se presiona CTRL + MAYÚS + FLECHA DERECHA.
- **Una línea**. En el margen izquierdo, a la altura de la línea que se desea seleccionar se hace clic con el ratón cuando el puntero se convierte en una flecha orientada a la derecha. Con el teclado, una vez que el cursor está en cualquier parte de esa línea, se presiona la tecla INICIO y después MAYÚS + FIN.
- **Un párrafo**. Mediante el ratón puede hacerse de dos formas: Una es haciendo **tres veces** clic sobre cualquier punto del interior del párrafo; la otra es hacer **dos veces** clic sobre el margen izquierdo a la altura de ese párrafo. Con el teclado, se sitúa el puntero al principio del párrafo y a continuación se presiona CTRL + MAYÚS + FLECHA ABAJO. Se puede hacer igual con FLECHA ARRIBA si el puntero se fijó al final del párrafo.
- **Un documento completo**. Se lleva el puntero hacia el margen izquierdo y cuando se haya convertido en una flecha orientada a la derecha, se hace tres veces clic. Si es con el teclado se sitúa el puntero al principio del documento y se presionan las teclas CTRL + MAYÚS + FIN. Si el puntero se sitúa al final del documento se hará la selección con CTRL + MAYÚS + INICIO.

  Una manera fácil de seleccionar todo el contenido de un documento es desde la **pestaña Inicio** de la cinta, al final de la misma en Edición, se hace clic en **Seleccionar** y luego en **Seleccionar todo**.
- **Cualquier cantidad de texto**. Con el ratón se hace clic al principio del texto y sin soltar el botón se arrastra hasta el final del trozo de texto que se desea seleccionar.

2.2. Cambiar el formato de un texto

Al iniciar un documento se escribe con la fuente predeterminada que tiene configurada Word. **Se aconseja** —salvo que existan razones en contra— **escribir en el formato base** y solo después, al terminar el documento o una sección del mismo, cambiar el formato de fuente en las palabras o párrafos en que tenga que hacerse.Para dar formato a un texto hay que seleccionar la **pestaña Inicio** de la cinta de opciones. Entonces nos fijaremos en el grupo **Fuente**.

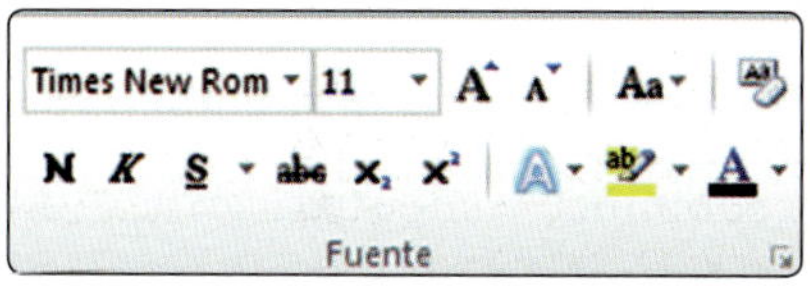

Saber más

Para seleccionar **texto no contiguo**, por ejemplo dos palabras que no están juntas en un párrafo, se selecciona una de ellas con el ratón y luego, mientras se mantiene presionada la tecla CTRL, se selecciona la otra.

Saber más

Cuidado con el botón Predeterminar

En la ventana de configuración de los márgenes abajo a la derecha está Aceptar y Cancelar. A la izquierda **Predeterminar**. Si hacemos clic en Predeterminar, nuestra configuración se habrá cambiado a ese tipo de márgenes para todos los documentos que hagamos en el futuro, salvo que volvamos a Predeterminar con otras medidas.

Caso práctico inicial

Para cambiar una fuente de texto por otra: **pestaña Inicio** de la cinta de opciones.

Entre las opciones de **Fuente** se elige el nombre de la fuente o tipo de letra que deseamos utilizar.

En el mismo grupo de opciones se encuentra la de **Subrayado**, **Cursiva** y **Negrita**, que pueden ir juntas o por separado en un mismo texto.

Recuerda

Dar formato después

Si vas dando formato a cada palabra, línea o párrafo a medida que lo escribes, el siguiente texto que no lleve ese formato saldrá con él de todas formas y habrá que cambiarlo.

Es preferible escribir en la fuente predeterminada que se usará para el texto y, cuando se haya terminado, dar formato a las partes del texto que se hayan de cambiar.

Al pasar el ratón por encima de cada uno de los iconos, podremos ver qué formato aplicaría cada uno sobre el texto.

Si deseamos aplicar otros formatos adicionales, hay que hacer clic en la flechita que hay en la parte inferior derecha del grupo Fuente. Ahí encontraremos los mismos formatos que hemos visto anteriormente y **otros efectos**.

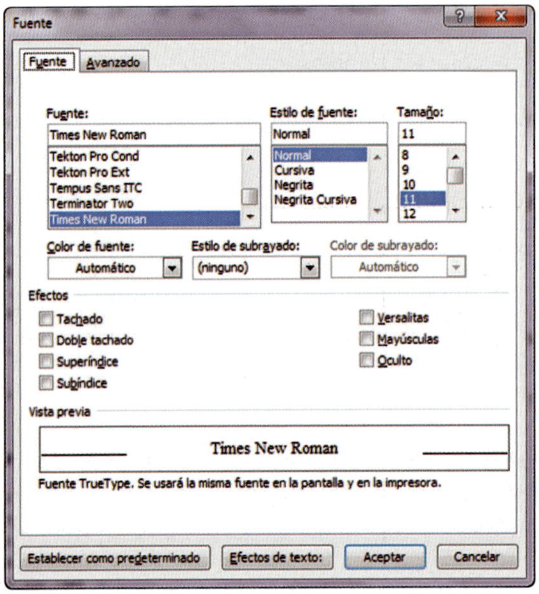

Saber más

Una forma más directa de escribir subíndices y superíndices es desde el grupo Fuente, sin desplegar.

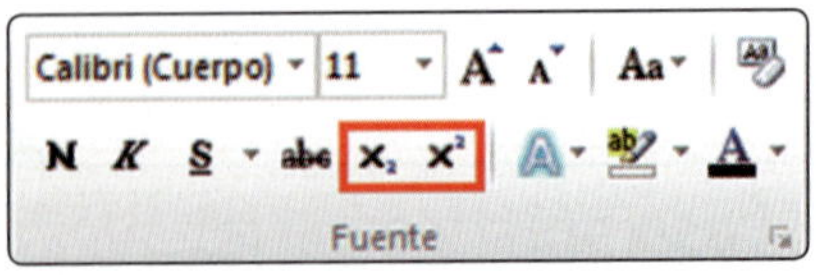

Actividades propuestas

4. Nombre del documento: **Formato 1**

Tipo: **Documento de Word**

Abre un documento en blanco de Word. Guárdalo en tu carpeta de trabajo con el nombre **Formato 1**. Escribe en Times New Roman 11 las frases que encontrarás a continuación **sin darles formato** hasta haber terminado de escribir **todo el texto**. Una vez escrito todo el texto, selecciona cada frase y aplícale el formato que en la misma se indica. No olvides **guardar los cambios** cuando hayas terminado:

Escribo en la fuente predeterminada con que he configurado este documento.

Ahora es la misma fuente pero en negrita.

Y esta vez en cursiva.

Estoy subrayando un texto que está escrito con la fuente predeterminada.

Esta vez he elegido el formato de fuente Comic Sans Ms, tamaño 12, negrita.

Este texto es de color rojo.

Y este texto vuelve a ser negro, pero resaltado con fondo amarillo.

Estoy utilizando subíndice y superíndice: $a_2 = 20\ m^2$

Actividades propuestas

5. Nombre del documento: **Formato 2**

Tipo: **Documento de Word**

Abre un documento en blanco de Word. Guárdalo en tu carpeta de trabajo con el nombre **Formato 2**. Escribe en Times New Roman 11 las frases que encontrarás a continuación sin darles formato hasta haber terminado de escribir todo el texto. Una vez escrito **todo el texto**, selecciona cada frase y aplícale el formato que en la misma se indica. No olvides **guardar los cambios** cuando hayas terminado:

Escribo con un subrayado de puntos pequeños.

`Esta frase está escrita en estilo de fuente Lucida Console, tamaño 12`

~~Este texto está tachado y este otro está doblemente tachado.~~

En esta frase hay un subrayado doble, pero puedo subrayar solamente palabras o decidirme por un subrayado de puntos de color rojo, aunque hay muchas otras posibilidades para subrayar un texto.

Algunos de los efectos que existen en la ventana Fuente están también en el grupo de opciones de fuente visible en la cinta de opciones, como el $_{\text{subíndice}}$ y el ^{superíndice}.

ESTA PARTE DEL TEXTO TIENE UNA FUENTE ALGERIAN 11, MIENTRAS QUE ESTA OTRA ES ARIAL 11 CON EFECTO VERSALITAS.

Cuando hayas escrito esta frase, selecciónala completa, haz clic en la flecha inferior derecha del grupo Fuente, y en el cuadro de diálogo que se abrirá activa la pestaña Avanzado. En el apartado Espaciado seleccionas Expandido y en su recuadro de la derecha aumenta hasta 2 puntos.

Y por último tambien debes de configurar esta frase en la pestaña Avanzado, con la selección de esta frase que tiene una posición elevada de 3 puntos, y luego con la selección de esta otra frase que tiene una posición disminuida de 2 puntos.

Saber más

¿Te falta alguna fuente?

Aunque en este libro utilizamos las fuentes que normalmente tiene Windows 7 por defecto en todos los equipos, si faltase alguna podría descargarse de algunos sitios web que ofrecen fuentes gratuitas.

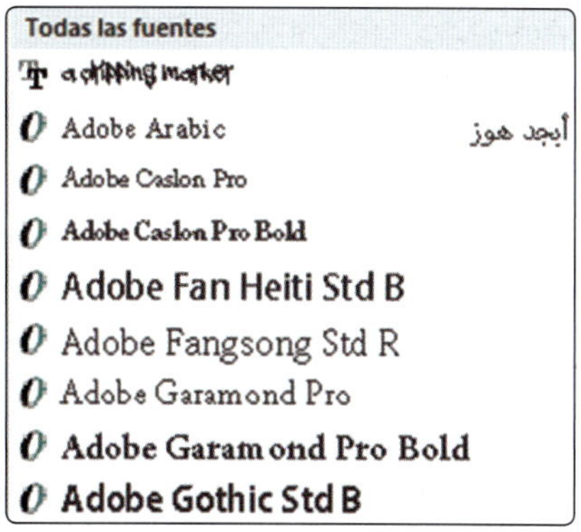

3. Trabajar con párrafos

3.1. Alineación

Un párrafo puede estar alineado:

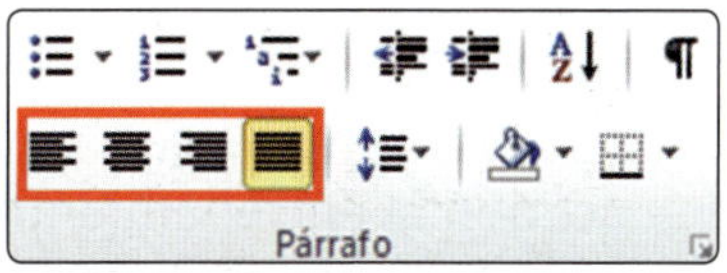

- A la izquierda.
- A la derecha.
- Centrado.
- Justificado.

Estas opciones están englobadas en el grupo **Párrafo** de la cinta de opciones cuando se ha seleccionado la **pestaña Inicio**.

Cuando se ha escrito un párrafo se selecciona completo y se hace clic sobre el botón que representa la alineación deseada.

Caso práctico inicial

Para **alinear un párrafo** a la derecha es necesario:

Hacer clic en la **pestaña Inicio**, hacer **clic en cualquier parte del párrafo** que se quiere justificar y a continuación marcar la opción **Alinear texto a la derecha**.

Recuerda

Guarda tus ejemplos y actividades con el nombre y el tipo requeridos en la carpeta de actividades de la unidad didáctica correspondiente.

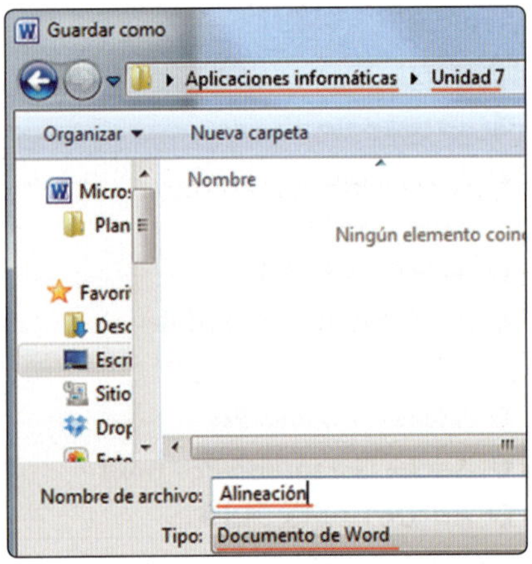

Actividades propuestas

6. Nombre del documento: **Alineación**

Tipo de documento: **Documento de Word**

a) Abre un documento en blanco de Word y guárdalo en tu carpeta de actividades de esta unidad con el nombre **Alineación** y el tipo **Documento de Word**.

b) Escribe una vez el texto que ves en los siguientes párrafos. A continuación cópialo y pégalo tres veces hasta tener cuatro párrafos iguales. Solamente cambiará la parte subrayada.

c) El formato de fuente será Calibri 12 para los cuatro párrafos. Si desactivas los guiones (en Configurar página ⟶ Guiones ⟶ Ninguno, se hará más visible la diferencia entre una alineación y otra.

d) Una vez escritos los cuatro párrafos con sus títulos en negrita que indiquen el tipo de alineación, aplica a cada párrafo la alineación que muestra su título y deberán quedar aproximadamente como verás a continuación. No olvides guardar los cambios y cerrar el documento al terminar.

Alineación a la izquierda

Son los mismos sujetos que, tras la derrota de su equipo de fútbol, acuden al entrenamiento del día siguiente y, a sabiendas de que ni el entrenador ni los jugadores van a enfrentárseles, y rara vez a responderles, se dedican a llamarlos sinvergüenzas, vendidos y a cagarse en sus muertos, desde detrás de una verja que en apariencia protege a los sufridos futbolistas, pero que también los protege a ellos. Javier Marías.

Texto centrado

Son los mismos sujetos que, tras la derrota de su equipo de fútbol, acuden al entrenamiento del día siguiente y, a sabiendas de que ni el entrenador ni los jugadores van a enfrentárseles, y rara vez a responderles, se dedican a llamarlos sinvergüenzas, vendidos y a cagarse en sus muertos, desde detrás de una verja que en apariencia protege a los sufridos futbolistas, pero que también los protege a ellos. Javier Marías.

Alineación a la derecha

Son los mismos sujetos que, tras la derrota de su equipo de fútbol, acuden al entrenamiento del día siguiente y, a sabiendas de que ni el entrenador ni los jugadores van a enfrentárseles, y rara vez a responderles, se dedican a llamarlos sinvergüenzas, vendidos y a cagarse en sus muertos, desde detrás de una verja que en apariencia protege a los sufridos futbolistas, pero que también los protege a ellos. Javier Marías.

Texto justificado

Son los mismos sujetos que, tras la derrota de su equipo de fútbol, acuden al entrenamiento del día siguiente y, a sabiendas de que ni el entrenador ni los jugadores van a enfrentárseles, y rara vez a responderles, se dedican a llamarlos sinvergüenzas, vendidos y a cagarse en sus muertos, desde detrás de una verja que en apariencia protege a los sufridos futbolistas, pero que también los protege a ellos. Javier Marías.

3.2. Interlineado y espaciado

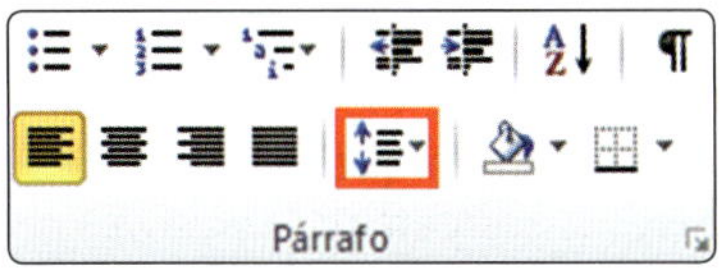

A la derecha de las opciones de alineación está la de interlineado. Con ella podemos elegir la distancia que habrá entre dos líneas de un párrafo seleccionado. Las opciones elementales son las que se muestran al hacer clic en dicho botón: el número indica el espacio entre dos líneas. Además se puede elegir quitar espacio antes del párrafo o agregarlo después. Las posibilidades que nos ofrece el botón de Interlineado podemos verlas en la imagen lateral. Para conseguir efectos de interlineado de mayor complejidad hay que elegir **Opciones de interlineado**. **Espaciado** se refiere al espacio que habrá entre párrafos. **Interlineado**, al que habrá entre las líneas de un mismo párrafo.

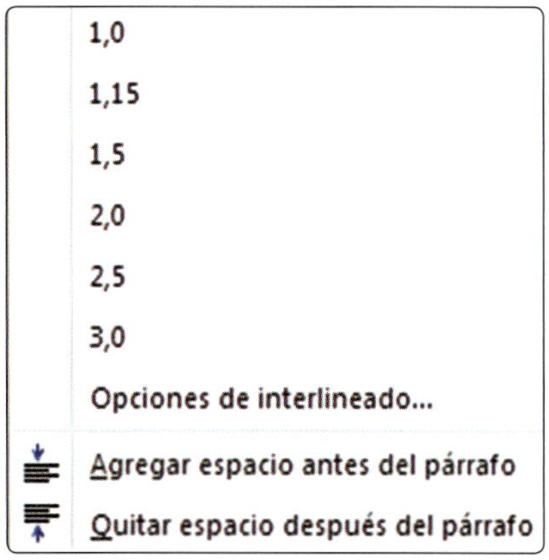

Opciones básicas de interlineado.

Actividades resueltas

Nombre del documento: **Interlineado**

Tipo de documento: **Documento de Word**

1. Abre un documento en blanco de Word y guárdalo en tu carpeta de actividades de esta unidad con el nombre Interlineado y el tipo Documento de Word.
2. El formato de fuente será Calibri 10 para los tres párrafos.
3. Escribe una vez el texto que ves en los siguientes párrafos. A continuación cópialo y pégalo dos veces hasta tener tres párrafos iguales con SOLO un Intro entre ellos.
4. En primer lugar vamos a configurar el interlineado que habrá **entre párrafos**. Para ello los seleccionamos todos, hacemos clic en la flechita que hay a la derecha del grupo **Párrafo**, pestaña **Sangría y Espacio**. Configura el apartado **Espaciado** como el siguiente:

   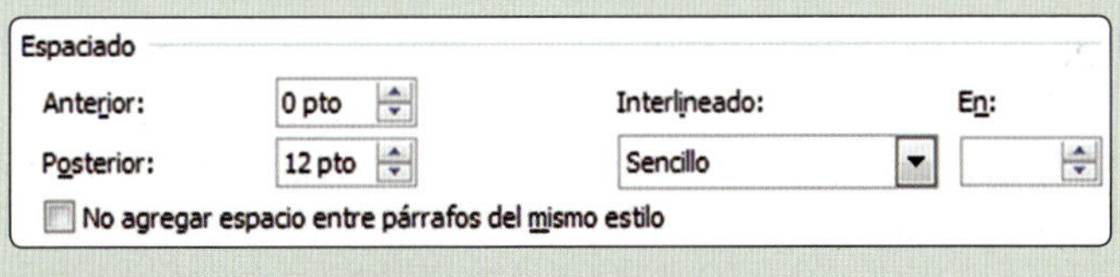

   De este modo, entre párrafos se habrá quedado un espacio de 12 puntos y las líneas de cada párrafo tendrán un interlineado sencillo.
5. No olvides **guardar** los cambios al terminar el ejercicio.

   Son los mismos sujetos que, tras la derrota de su equipo de fútbol, acuden al entrenamiento del día siguiente y, a sabiendas de que ni el entrenador ni los jugadores van a enfrentárseles, y rara vez a responderles, se dedican a llamarlos sinvergüenzas, vendidos y a cagarse en sus muertos, desde detrás de una verja que en apariencia protege a los sufridos futbolistas, pero que también los protege a ellos. Javier Marías.

   Son los mismos sujetos que, tras la derrota de su equipo de fútbol, acuden al entrenamiento del día siguiente y, a sabiendas de que ni el entrenador ni los jugadores van a enfrentárseles, y rara vez a responderles, se dedican a llamarlos sinvergüenzas, vendidos y a cagarse en sus muertos, desde detrás de una verja que en apariencia protege a los sufridos futbolistas, pero que también los protege a ellos. Javier Marías.

   Son los mismos sujetos que, tras la derrota de su equipo de fútbol, acuden al entrenamiento del día siguiente y, a sabiendas de que ni el entrenador ni los jugadores van a enfrentárseles, y rara vez a responderles, se dedican a llamarlos sinvergüenzas, vendidos y a cagarse en sus muertos, desde detrás de una verja que en apariencia protege a los sufridos futbolistas, pero que también los protege a ellos. Javier Marías.

Saber más

Desde Diseño de página

Si tenemos activa la pestaña Diseño de página, también podemos acceder directamente a las opciones de **espaciado** e, indirectamente, a las de **espaciado e interlineado** pulsando en el ángulo inferior izquierdo del grupo Párrafo.

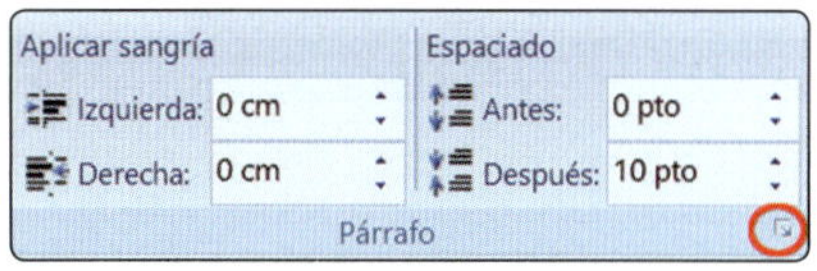

3.3. Sangrías

La sangría es el espacio que hay entre un párrafo y el margen que se haya establecido en la configuración de página. Incluso puede existir una sangría negativa (denominada también anulación de sangría) en que el párrafo excede del margen izquierdo o derecho o ambos.

Las opciones de sangría están bajo la pestaña **Diseño de página**, accediéndose desde la flechita de la parte inferior derecha del grupo **Párrafo.**Luego en la pestaña **Sangría y espacio** y en el apartado **Sangría**.

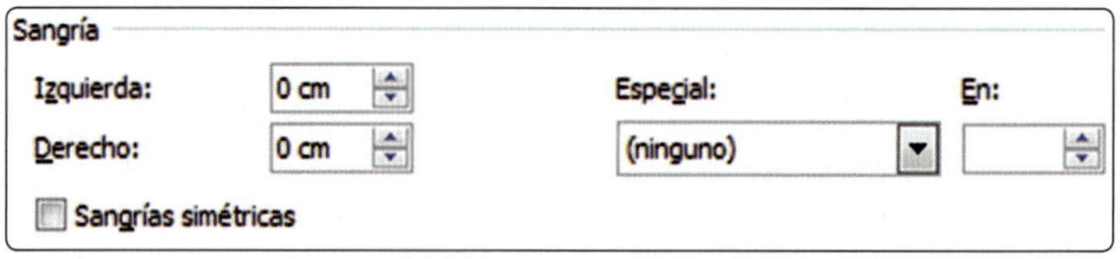

Las más comunes son:

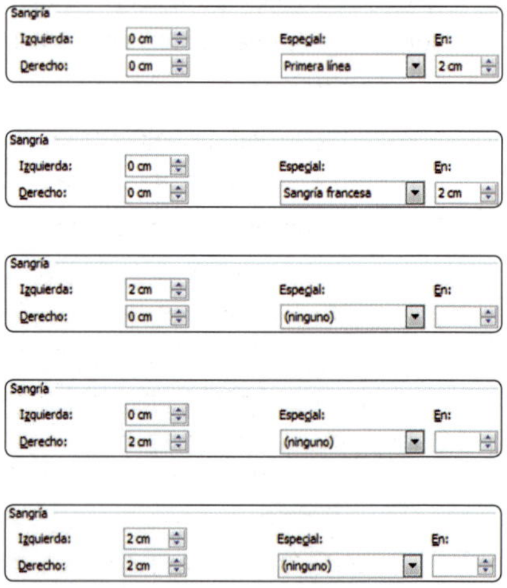

- **Sangría de primera línea**. Tras haber escrito un párrafo, haz clic en la esquina inferior derecha del grupo **Párrafo** y se abrirá una ventana de la que seleccionarás la pestaña **Sangría y espacio**. En el apartado **Especial** se elige Primera línea, y a su derecha los centímetros que tendrá esa sangría.
- **Sangría francesa**. Esta sangría deja la primera línea del párrafo con el margen establecido y adentra el resto del párrafo los centímetros que decidamos.
- **Sangría completa de párrafo por la izquierda**. Se selecciona todo el párrafo y en el grupo **Párrafo** se indica el número de centímetros en que el párrafo quedará adentrado por la izquierda.
- **Sangría completa de párrafo por la derecha**. Igual que en la sangría izquierda pero poniendo el número de centímetros en que estará adentrado por la derecha.
- **Sangría completa de párrafo por ambos lados**. Se marcan los centímetros que estará adentrado por la izquierda y los que estará adentrado por la derecha.

3.3.1. Otra forma de configurar las sangrías

Para configurar las sangrías de una forma más directa tenemos que tener visible la **Regla**. Si no la tienes a la vista puedes activarla desde el menú **Vista**. Activa el recuadro **Regla** del grupo **Mostrar**.

Observa que al principio de la parte activa de la regla hay un símbolo como el que ves en la imagen lateral. Como puedes ver es un objeto que tiene tres piezas. Las dos triangulares pueden moverse independientemente. La cuadrada mueve todo el grupo. A la derecha de la regla hay otro triángulo.

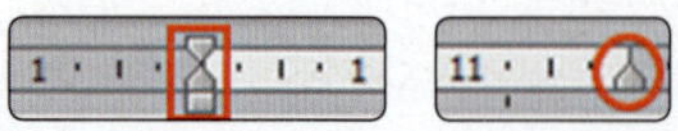

Se pueden fijar todas las sangrías que hemos visto anteriormente, aunque sin la misma precisión en centímetros y milímetros. Para ver cómo utilizar estas piezas en las sangrías haremos un ejercicio.

Saber más

Símbolos «extraños»

Un·día·me·encontré·mi·texto· escrito·de·esta·manera.¶

Me·asusté·porque·no·sabía· cómo·quitar·esos·símbolos.¶

En el grupo Párrafo de la pestaña Inicio, encontramos un icono que nos hace ver los símbolos y marcas que normalmente permanecen ocultas. Se activa o desactiva haciendo clic sobre él:

Actividades propuestas

7. Nombre del documento: **Sangrías**

Tipo de documento: **Documento de Word**

a) Abre un documento en blanco de Word y guárdalo en tu carpeta de actividades de esta unidad con el nombre **Sangrías** y el tipo **Documento de Word**.

b) El formato de fuente será **Calibri 10** para todo el ejercicio. Todas las sangrías serán de 2 centímetros.

c) Escribe cuatro veces el mismo párrafo.

- Primer párrafo: **Sangría de primera línea**. Se selecciona el párrafo y se mueve el triángulo superior hacia la derecha (recuerda, 2 centímetros).

Son los mismos sujetos que, tras la derrota de su equipo de fútbol, acuden al entrenamiento del día siguiente y, a sabiendas de que ni el entrenador ni los jugadores van a enfrentárseles, y rara vez a responderles, se dedican a llamarlos sinvergüenzas, vendidos y a cagarse en sus muertos, desde detrás de una verja que en apariencia protege a los sufridos futbolistas, pero que también los protege a ellos. Javier Marías.

- Segundo párrafo: **Sangría francesa**. Después de seleccionar el párrafo se mueve el triángulo inferior hacia la derecha.

Son los mismos sujetos que, tras la derrota de su equipo de fútbol, acuden al entrenamiento del día siguiente y, a sabiendas de que ni el entrenador ni los jugadores van a enfrentárseles, y rara vez a responderles, se dedican a llamarlos sinvergüenzas, vendidos y a cagarse en sus muertos, desde detrás de una verja que en apariencia protege a los sufridos futbolistas, pero que también los protege a ellos. Javier Marías.

- Tercer párrafo: **Sangría completa por la izquierda.** Se selecciona el párrafo y se desplaza hacia la derecha el cuadrado que hay bajo los dos triángulos.

Son los mismos sujetos que, tras la derrota de su equipo de fútbol, acuden al entrenamiento del día siguiente y, a sabiendas de que ni el entrenador ni los jugadores van a enfrentárseles, y rara vez a responderles, se dedican a llamarlos sinvergüenzas, vendidos y a cagarse en sus muertos, desde detrás de una verja que en apariencia protege a los sufridos futbolistas, pero que también los protege a ellos. Javier Marías.

- Cuarto párrafo: **Sangría completa por la derecha.** Una vez seleccionado el párrafo se desplaza hacia la izquierda el triángulo que hay a la derecha de la regla.

Son los mismos sujetos que, tras la derrota de su equipo de fútbol, acuden al entrenamiento del día siguiente y, a sabiendas de que ni el entrenador ni los jugadores van a enfrentárseles, y rara vez a responderles, se dedican a llamarlos sinvergüenzas, vendidos y a cagarse en sus muertos, desde detrás de una verja que en apariencia protege a los sufridos futbolistas, pero que también los protege a ellos. Javier Marías.

8. Nombre del documento: **Sangrías 2**

Tipo de documento: **Documento de Word**

Repite el mismo ejercicio anterior, pero esta vez a cada párrafo habrá que aplicarle una sangría de 3,4 cm. Para ello habrá que utilizar la configuración explicada al principio del apartado 3.3.

Recuerda

Sangrías mediante regla

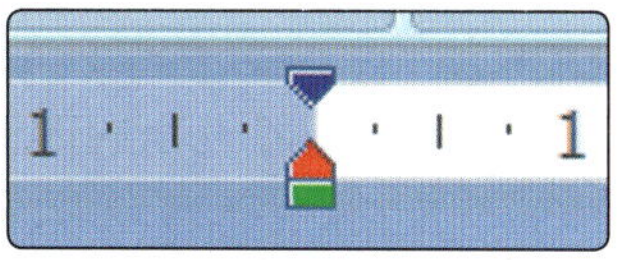

Hemos dibujado de colores las tres partes de los deslizadores de **sangría izquierda.**

Con un **párrafo seleccionado:**

La **azul** desplazará la primera línea.

La **roja** desplazará todo el párrafo excepto la primera línea.

La **verde** desplazará todo el párrafo.

4. Otras herramientas

4.1. Buscar y reemplazar

La herramienta **Buscar** encuentra —de existir— un determinado texto buscado dentro de un documento. A veces lo que necesitamos es que la herramienta encuentre un texto y lo reemplace por otro, para ello se utiliza la herramienta **Reemplazar**.

Seleccionada la **pestaña Inicio** de la cinta de opciones, al final de la misma se encuentran estas dos herramientas de edición, junto a la de **Seleccionar**, que seleccionará todo un documento, solo los objetos que contenga o texto con formato similar.

Recuerda

Errores ortográficos y gramaticales

Los primeros quedan subrayados en rojo y los segundos en verde, como en el ejemplo siguiente:

> En todoslos paneles había una línea dibujadas.

Actividades propuestas

9. Nombre del documento: **Buscar**

Tipo de documento: **Documento de Word**

a) Abre un nuevo documento de Word y guárdalo con el nombre **Buscar**.

b) Escribe el siguiente texto en la fuente Calibri 10.

La franquicia es una licencia otorgada por una empresa para que otra pueda producir o prestar los mismos servicios. El término se aplica también cuando el propietario de una patente permite a otra empresa fabricar el producto. Las condiciones de las franquicias varían, pero suelen exigir un pago inicial y un porcentaje de las ganancias.

c) Guarda los cambios.

d) Con el documento abierto haz clic en la herramienta **Buscar** y escribe la palabra **servicios** en el espacio de búsqueda y la palabra servicios quedará seleccionada.

e) Ahora vamos a usar **Reemplazar**. Pulsa sobre **Reemplazar**. En la parte donde pone Buscar escribe **ganancias** y en la parte donde dice Reemplazar escribe **beneficios**.

f) Después haz clic debajo, en el botón **Reemplazar**. Verás que la palabra «ganancias» ha sido sustituida por la palabra «beneficios».

g) Guarda los cambios y cierra el documento.

4.2. Corrector ortográfico

De manera predeterminada Word va analizando los textos escritos y señalando los errores ortográficos y gramaticales que se pueden haber cometido. Los ortográficos o palabras mal escritas las subraya con una línea quebrada de color rojo. Para los gramaticales (como por ejemplo la falta de concordancia entre el sujeto y el verbo) la línea será de color verde.

Si la revisión ortográfica y gramatical automática no está activada en tu equipo, actívala desde el menú **Inicio → Opciones**. Haz clic en **Revisión** en el margen izquierdo y después en **Opciones de autocorrección**, dejando todas las casillas marcadas.

4.3. Búsqueda de sinónimos

Cuando se está escribiendo un texto es posible que deseemos sustituir una palabra por otra de similar significado. Esto puede hacerse de forma fácil: se hace clic con el botón secundario del ratón **sobre la palabra** de la que buscamos un sinónimo. En la ventana emergente se hace clic sobre Sinónimos y aparecerá una lista de palabras sugeridas.

Saber más

Ir a

Además de las herramientas Buscar y Reemplazar, al abrirlas encontramos una pestaña más: **Ir a.**

Mediante esta pestaña podemos desplazarnos por el documento yendo a una determinada línea, página, etc., tal y como indique el usuario.

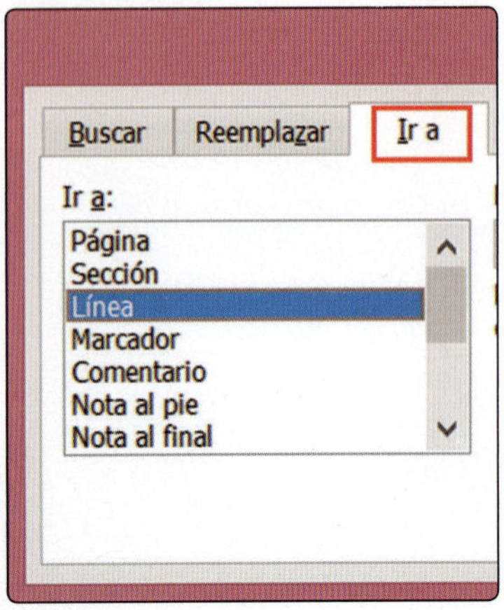

Si deseamos sustituir la palabra original por uno de los sinónimos sugeridos, se hace clic sobre él y la palabra quedará sustituida.

Como ejemplo puedes ver la siguiente imagen, en donde se ha elegido la palabra **Instrumento** para buscarle sinónimos. Los que aparecen en la parte inferior de la imagen son los que nos sugiere Word.

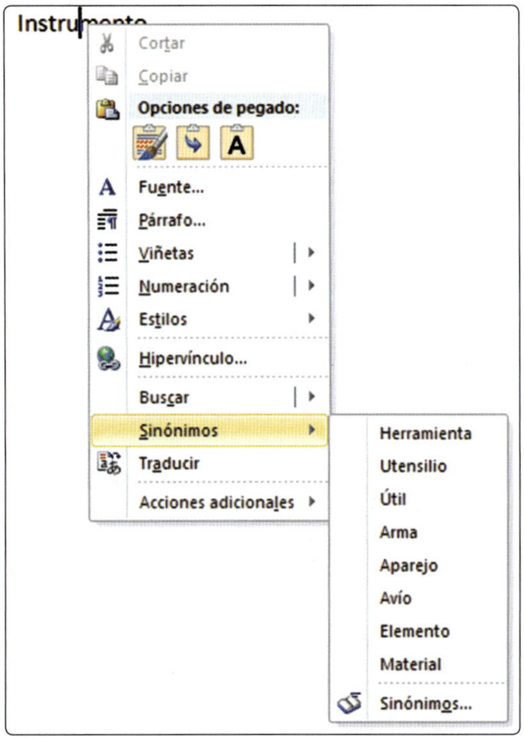

Actividades propuestas

10. Nombre del documento: **Sinónimos**

Tipo de documento: **Documento de Word**

a) Abre un nuevo documento de Word y guárdalo con el nombre **Sinónimos** y con el tipo **Documento de Word.**

b) Escribe el siguiente texto en la fuente Calibri 12.

Quemamos los montes porque ¿qué nos importa si vivimos en la ciudad? Qué importa, si en los terrenos quemados podré construir una urbanización que me llenará el bolsillo. Dejamos la basura y los cristales en el campo, en la playa, en las plazas. Sorteamos las medidas gubernamentales de protección del medio ambiente para molestarnos menos, producir más, ganar más aquí y ahora.

c) Sustituye las palabras **vivimos**, **basura** y **sorteamos** por los sinónimos que consideres más convenientes.

d) Verifica que la palabra elegida en cada caso está en concordancia con las que la acompañan, como artículos y verbos. Por ejemplo si hubiéramos elegido desperdicio como sinónimo de basura, tendríamos que ponerlo en plural y el artículo anterior sería «los».

e) Guarda los cambios y cierra el documento.

Saber más

Sinónimo

El Diccionario de la Real Academia Española, lo define como:

sinónimo, ma.

1. adj. Dicho de un vocablo o de una expresión: Que tiene una misma o muy parecida significación que otro.

Openoffice.org – Writer I

1. Introducción a OpenOffice.org

Como sabes, OpenOffice.org es una suite informática gratuita y de código abierto que incluye, entre otras herramientas, un procesador de texto (**Writer**), una hoja de cálculo (**Calc**), un gestor de bases de datos (**Base**) y presentaciones multimedia (**Impress**).

Al final de cada unidad didáctica de Procesadores de texto, Hojas de cálculo, Bases de datos y Presentaciones multimedia incluiremos un apartado específico para su correspondiente en OpenOffice.org.

2. Versión

Trabajaremos con la **versión 3.4.1**, que está disponible en los recuros que acompaña al libro en la carpeta de esta unidad didáctica. Con cualquier otra versión es posible que no coincida la localización o la forma de uso de algunas herramientas.

3. Writer. Interfaz y herramientas

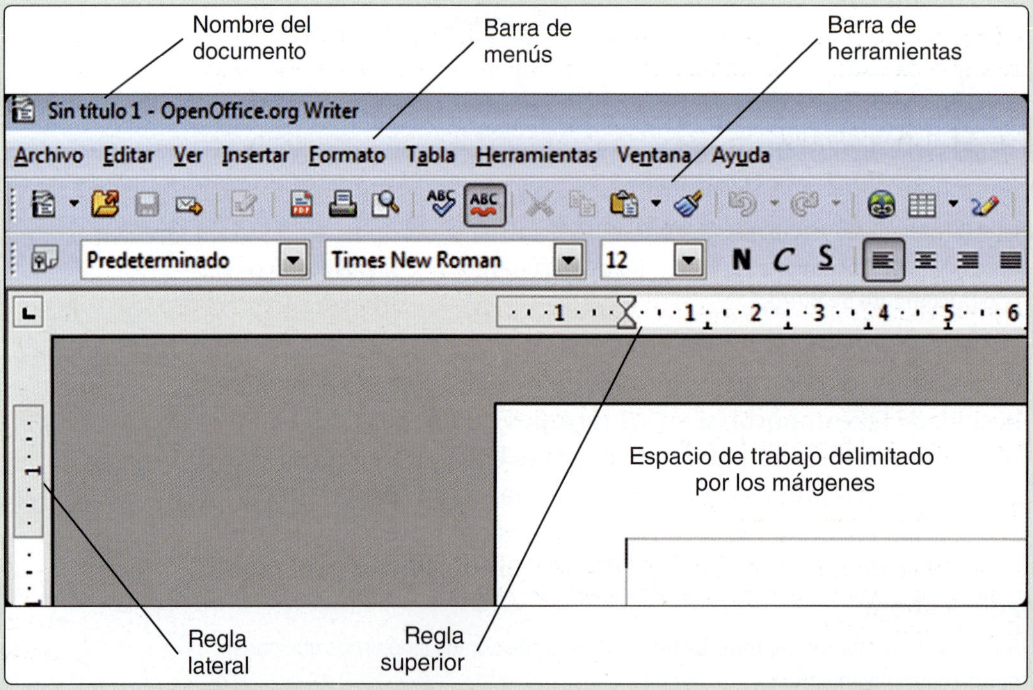

3.1. Otras barras de herramientas

Podemos tener visibles otras herramientas desde la pestaña **Ver ⟶ Barra de herramientas**. En ese punto marcamos la herramienta que necesitemos tener a la vista.

4. Guardar un archivo

Un archivo se guarda desde el menú **Archivo** ⟶ **Guardar como**. Se selecciona una ubicación para el archivo y se le asigna un nombre y un tipo. El tipo por defecto será Documento de texto ODF, cuya extensión asociada es **.odt**, pero hay otros, como el formato **.doc**, que puede ser abierto por Word.

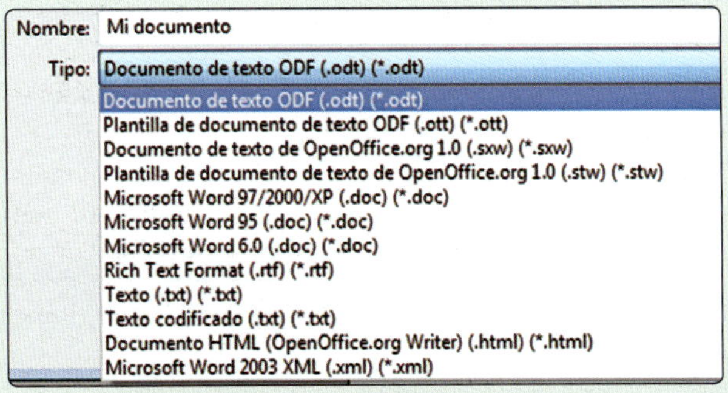

4.1. Documentos en formato PDF

Para conseguir que el documento actual se guarde en formato PDF, tenemos que exportarlo a ese formato desde el menú **Archivo** ⟶ **Exportar en formato PDF** (o Exportar).

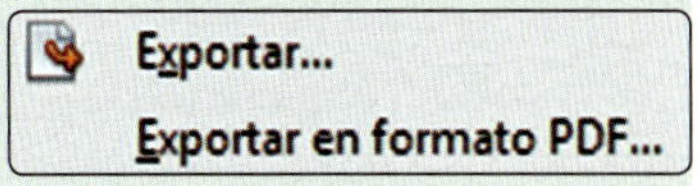

4.2. Autoguardado

Podemos conseguir que los documentos abiertos se guarden de forma automática cada cierto tiempo en **Herramientas** ⟶ **Opciones** ⟶ **Cargar / Guardar** ⟶ **General**. A la derecha, dentro del grupo Guardar se marca la casilla **Guardar datos de recuperación automática cada...** y se configura el tiempo deseado.

5. Imprimir y vista preliminar

Para obtener una vista preliminar del documento activo: Menú **Archivo** ⟶ **Vista preliminar**. Para salir de la vista preliminar se pulsa el botón **Cerrar la vista preliminar**.

Podemos imprimir el documento abierto desde el menú **Archivo** ⟶ **Imprimir**. Se selecciona la pestaña **General**, luego la **impresora** que deseamos y por último el botón **Imprimir**.

Recuerda

Si tienes instaladas varias impresoras, asegúrate de seleccionar aquella con la que deseas imprimir.

6. Diseño de página

El formato del papel, su orientación, los márgenes y todo lo relativo al diseño de página se elige desde el menú **Formato** ⟶ **Página**, dentro de la pestaña **Página**.

Caso práctico inicial

El papel puede elegirse de un tamaño estándar (A4, A5...) o crear un tamaño personalizado.

7. Formato de texto

Al igual que hemos explicado para Word, es conveniente escribir primero el texto y a continuación seleccionarlo y aplicarle el formato deseado. Podemos darle formato a un carácter o conjunto de caracteres desde el menú **Formato** ⟶ **Carácter**.

Caso práctico inicial

Todo lo relativo a la configuración de párrafos, como la alineación, las sangrías, el espaciado y el interlineado se configuran desde el menú Formato ⟶ Párrafo.

8. Párrafos

8.1. Alineación

La alineación de cada párrafo se puede configurar, una vez seleccionado, desde el menú **Formato ⟶ Párrafo**, y después con la pestaña **Alineación**. Aunque una manera más directa de hacerlo es seleccionar el párrafo y a continuación señalar el tipo de alineación en la barra de herramientas:

8.2. Sangrías

OpenOffice nos ofrece la posibilidad de configurar tres tipos de sangrías:

- **Antes del texto**. Es la sangría que se aplica por la izquierda a todo el párrafo.
- **Después del texto**. Es la sangría de todo el párrafo por la derecha.
- **Primera línea**. Aplica sangría solamente a la primera línea de un párrafo.

Todas ellas se ajustan desde el menú **Formato ⟶ Párrafo**, y luego en la pestaña **Sangrías y Espacios**. También pueden aplicarse, como en Word, utilizando los triángulos que hay al principio y al final de la regla:

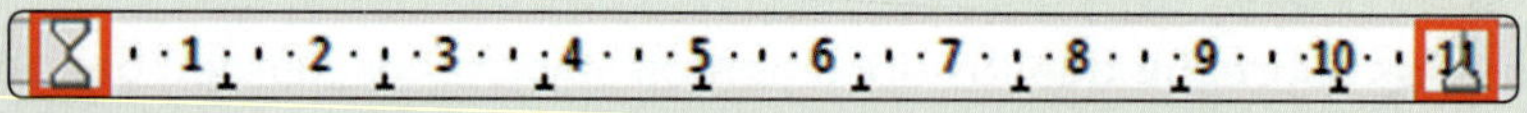

Recuerda

Versión de OpenOffice.org

Si tienes una versión de OO.o instalada en tu equipo diferente de la que te ofrecemos en los recursos adicionales del libro, es posible que algunas herramientas estén situadas en otro sitio o se configuren de un modo diferente.

9. Corrector ortográfico

9.1. Idioma

Para poder aplicar correctamente el corrector ortográfico debemos tener la seguridad de que lo vamos a aplicar sobre el idioma en el que estamos escribiendo. La selección de idioma se hace desde **Herramientas ⟶ Opciones**. En el margen izquierdo se despliega **Configuración de idioma** y se selecciona **Idiomas**. A la derecha se elige el idioma para el que queremos el corrector ortográfico.

9.2. Revisión ortográfica

Se selecciona todo el texto que se quiere revisar: una frase, un párrafo o varios. Si no se selecciona nada, la revisión se hará sobre todo el documento. Hay tres formas de revisar la ortografía:

- Desde el Menú **Herramientas ⟶ Ortografía y gramática**.
- Pulsando la tecla **F7**.
- Pulsando el botón correspondiente de la barra de herramientas.

- Si deseamos que la corrección se haga de forma automática, tendremos activado este botón de la barra de herramientas:

Actividades propuestas

1. Nombre del documento: **Writer formato**

Tipo: **Documento de texto ODF**

Reproduce con Writer el documento **Formato** que encontrarás en PDF en los recursos adicionales del libro, dentro de la carpeta **Ejercicios de Writer** de esta unidad didáctica.

En cada frase está indicado qué formato hay que aplicar.

Guarda el documento en la carpeta de ejercicios de esta unidad didáctica.

2. Nombre del documento: Writer Márgenes y alineación

Tipo: **Documento de texto ODF**

Reproduce con Writer el documento **Márgenes y alineación** que encontrarás en formato PDF en los recursos del libro, dentro de la carpeta **Ejercicios de Writer** de esta unidad didáctica.

Recuerda: *que los textos para los ejercicios se encuentran en la carpeta correspondiente a esta unidad didáctica en los recursos adicionales del libro.*

El texto ha de estar escrito enTimes New Roman 12.

Los márgenes serán: 3 centímetros a izquierda y derecha, 4 arriba y 2 abajo.

Los párrafos estarán alineados como sigue:

a) El primero a la izquierda.

b) El segundo a la derecha.

c) El tercero centrado.

d) El cuarto justificado.

No olvides guardar este ejercicio, como todos los demás, en la carpeta que habrás creado para los ejercicios de esta unidad didáctica.

3. Nombre del documento: **Writer Sangrías y pdf**

Tipos: **Documento de texto ODF y PDF**

Reproduce con Writer el documento **Sangrías y pdf** que encontrarás en formato PDF en los recursos del libro, dentro de la carpeta **Ejercicios de Writer** de esta unidad didáctica.

El párrafo está escrito tres veces en Arial 12, y todas las sangrías serán de **dos centímetros**: en el primer párrafo por la izquierda, en el segundo por la derecha y en el tercero de primera línea.

1. Guarda el ejercicio como documento de texto **.odt**. en la carpeta que habrás creado para los ejercicios de esta unidad didáctica.
2. Exporta el documento como **PDF** con el mismo nombre (Writer Sangrías y pdf) y guárdalo en la misma carpeta de ejercicios.
3. Comprueba que tienes dos ejercicios con el mismo nombre en tu carpeta de ejercicios, aunque ambos tienen distinta extensión y están representados por diferentes iconos.

Saber más

Sangría francesa

En Writer no hay opciones para establecer de forma automática la sangría francesa que hemos estudiado en Word.

En este mundo traidor
nada es verdad ni
es mentira, todo es
según el color del
cristal con que se
mira.

Caso práctico inicial

Formato de fuente

Todo lo relativo a las fuentes y su formato es accesible desde el menú **Formato → Carácter**.

Versiones más recientes de OO.o ya muestran de forma más visible las herramientas relativas a la configuración de fuentes, párrafo y página.

El «Saluda»

Objetivos

- Reproducir el «Saluda» del modelo.

Instrucciones

1. Diseñar la página en un formato personalizado de 16 cm de ancho por 22 de alto con los márgenes laterales de 3 cm y superior e inferior de 2,5 cm.
2. Características de fuente y párrafo:
   - Cargo del remitente en Arial 12, alineación centrada.
   - La palabra SALUDA en Lucida Console 24, negrita y cursiva, alineación centrada.
   - Nombre y cargo de la destinataria en Agency FB 12, alineación centrada.
   - Pie de página – dirección: Arial 10, negrita.
   - El resto del documento en Arial 10 con las alineaciones de párrafo que se observan en el modelo.
3. Guarda el documento en Word 97-2003 con el nombre **Práctica profesional 1**, en la carpeta de ejercicios.
4. Guarda el documento en Word con el nombre **Práctica profesional 1**, en la carpeta de ejercicios.
5. En Writer, reproduce este documento con la mayor fidelidad posible al original. Guárdalo con el nombre **Práctica profesional 1** y el tipo Documento de texto ODT.
6. Recuerda que los ejercicios deben estar guardados en la carpeta de trabajo de esta unidad didáctica.
7. Comprueba que en tu carpeta de trabajo tienes tres documentos con el nombre Práctica profesional 1, aunque todos ellos de distinto tipo.

EL CONSEJERO DELEGADO DE INMASA

SALUDA

a Doña Teresa Puig Castell

Directora de Imagen Flash, S.L.

y tiene el placer de anunciarle la inauguración de la exposición provincial "Artescuela 21" que tendrá lugar el próximo 29 de diciembre a las 20 horas en el salón de exposiciones de la sede central de esta compañía.

Jacinto López Sancho

Aprovecha esta oportunidad para ofrecerle su consideración más distinguida

Madrid a 15 de diciembre de 2012

Calle Montesinos ,43
28001 Madrid

Formatos de párrafo y texto

Objetivos

- Reproducir lo más fielmente posible el texto que se muestra en el recuadro, primero en Word y luego en Writer.

Instrucciones

1. El papel es A4 y los márgenes superior e inferior son de 2,5 cm, mientras que el izquierdo es de 2 cm y el derecho de 6 cm.
2. La fuente predeterminada para el texto es Calibri 14.
3. Los párrafos tienen distintas alineaciones.
4. Los guiones están desactivados.
5. Guarda el documento en tu carpeta de ejercicios de esta unidad con el nombre **Práctica profesional 2** y el tipo **Documento de Word**.
6. Realiza este mismo ejercicio con **Writer** y guárdalo con el nombre **Práctica Profesional 2** y el tipo **Documento de texto ODT**.
7. Exporta el archivo desde Writer a **PDF** y guárdalo también en tu carpeta de ejercicios, **PRÁCTICA PROFESIONAL**

Un **contrato de trabajo** existe desde el momento en que una o varias personas consienten en obligarse respecto de otra u otras a dar una cosa o prestar un servicio *(art. 1.234 del Código Civil).*

La empresa tiene su sede en un edificio de cinco plantas a razón de 250 m^2 por planta. Además posee dos naves comerciales situadas en un polígono comercial próximo a Madrid, una de ellas dedicada al almacenamiento de productos terminados y la otra para maquinaria y materias primas.

a_1) $x^2 - y^2$

b_1) $x^4 - y^4$

Este párrafo tiene una sangría de 2 centímetros en su primera línea, por ello a esta sangría se le llama de primera línea y está **alineado a la izquierda. También tiene sangría de 2 cm por la derecha.**

Este otro párrafo, también **alineado a la izquierda,** tiene una sangría de 3 centímetros excepto en la primera línea, y es lo que se denomina sangría francesa.

Y por último este párrafo está **justificado** y tiene una sangría completa por la izquierda de 2 centímetros. Este tipo de párrafo suele utilizarse en los escritos para hacer copia literal de algún texto al que se hace referencia y también para resaltar algunas frases con respecto al contenido global del párrafo.

8 Procesadores de texto II

Vamos a conocer...

1. Tablas
2. Imágenes y otras ilustraciones
3. WordArt
4. Marca de agua

SOFTWARE LIBRE

OpenOffice.org – Writer II

PRÁCTICA PROFESIONAL

Catálogo-oferta

Tablas, ilustraciones y texto

Y al finalizar esta unidad...

- Identificarás los elementos de una tabla.
- Sabrás configurar, dividir y combinar celdas.
- Sabrás configurar filas y columnas.
- Aplicarás formatos prediseñados a una tabla.
- Introducirás texto en las celdas con formato y con diferente dirección.
- Identificarás los distintos tipos de ilustraciones.
- Insertarás y configurarás ilustraciones dentro de un texto.

Caso práctico inicial

Situación de partida

Estás trabajando en una empresa que se dedica a la reparación y venta de televisores, vídeos, DVD, PSP, juegos, telefonía, etc. Tu jefe, D. Francisco Carbonell, te presenta varios folios donde cada día ha anotado lo que ha reparado, te pide que le elabores un cuadrante donde aparezcan por meses todas las reparaciones hechas durante un año, de televisores, vídeos y DVD, teniendo en cuenta que televisores y DVD ha reparado de dos clases. Para el membrete te pide que el nombre de la empresa aparezca con letras más destacadas y el resto del membrete en fuente Cambria 11. Decides:

- Que para elaborar un cuadrante lo mejor es insertar una tabla.
- Que para el nombre de la empresa sería ideal utilizar uno de los modelos WordArt que te proporciona Word 2010, o la galería de Fontwork de Writer.
- Que tendrás que combinar algunas celdas.
- Que los títulos de cada columna deberán estar centrados horizontal y verticalmente y destacar sobre el resto de la tabla.

En definitiva, el documento que deberás crear tendrá una apariencia similar a la siguiente:

SERVICIO REPARA, S.L.

Blas de Otero, 25
18012 GRANADA
Teléfono 958 11 22 33

Reparaciones por meses	Televisores		DVD		Cámaras
	CRT	Plasma	Reproductor	Reproductor/Grabador	
Enero	10	3	4	2	2
Febrero	8	5	5	3	3
Marzo	7	7	6	6	1
Abril	5	3	1	12	0
Mayo	14	9	4	3	0
Junio	12	2	8	1	5
Julio	3	5	4	0	2
Agosto	12	3	7	4	1
Septiembre	17	1	3	7	2
Octubre	13	0	3	8	1
Noviembre	10	3	2	9	0
Diciembre	8	9	2	2	3
TOTALES	**119**	**50**	**49**	**57**	**20**

Estudio del caso

Antes de empezar a estudiar y analizar el contenido de la unidad, trata de responder a las cuestiones que se plantean a continuación. Si alguna te resulta especialmente complicada o no sabes qué responder, no te preocupes. Al finalizar la unidad seguro que lo tienes mucho más claro.

1. ¿Cómo se combinan dos celdas para formar una sola?
2. ¿Dónde se encuentran los comandos o funciones que permiten cambiar la fuente y su color, así como el fondo de las celdas?
3. ¿Cómo se centra el contenido de las celdas tanto horizontal como verticalmente?
4. ¿Cómo podemos escribir el membrete de la empresa con un texto de WordArt o Fontwork?
5. ¿Cómo poner en la misma tabla distintos estilos y anchos de borde?
6. ¿Cómo insertaremos una imagen en línea con el texto del membrete?
7. ¿Cómo calculamos esos totales por columnas?

1. Tablas

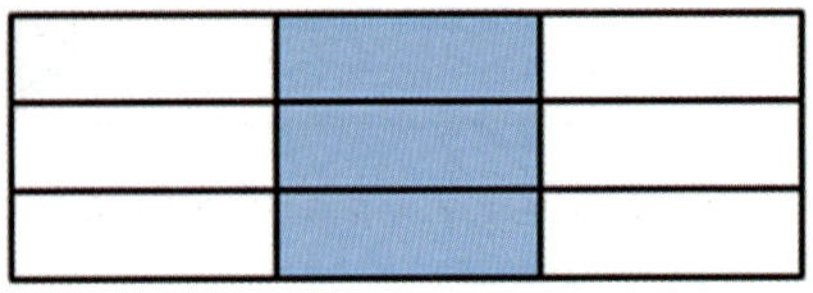

Columna.

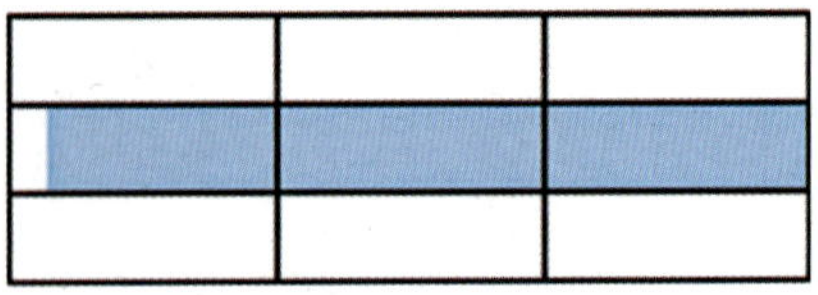

Fila.

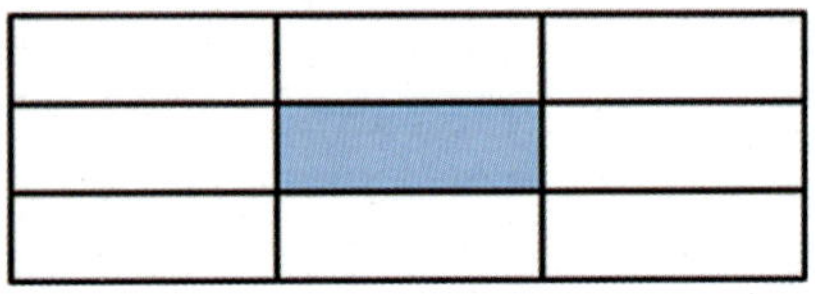

Celda.

Una tabla es un conjunto de filas y columnas. El punto en que se encuentran una fila y una columna se denomina celda.

La versión 2010 de Word permite insertar tablas desde el menú **Insertar ⟶ Tabla,** que nos ofrece la posibilidad de insertar una tabla:

- Mediante el diseñador rápido.
- Dibujándola.
- Abriendo una hoja de Excel.
- Insertando tablas rápidas ya prediseñadas.

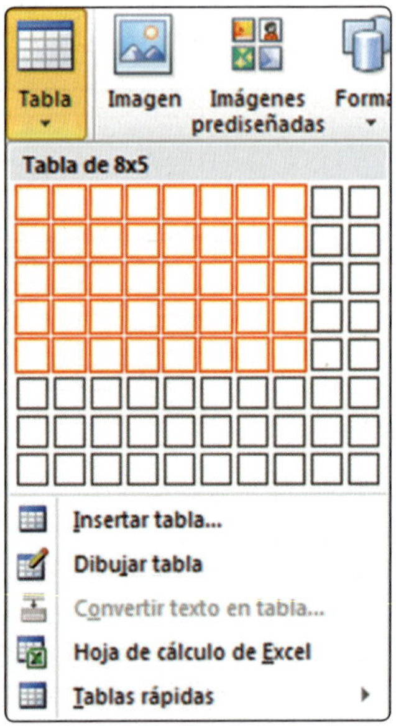

Las tablas se insertan en un documento de texto, por lo tanto para crear una tabla se debe hacer clic en el menú **Insertar ⟶ Tabla.** Debajo están todas las formas de crearla que acabamos de mencionar.

El diseñador rápido de tablas es lo primero que se encuentra debajo del botón tabla (ver imagen). Consiste en un conjunto de celdas inactivas que se vuelven activas al pasar el ratón por encima, permitiendo escoger de forma sencilla el número de filas y columnas que deseamos, hasta un máximo de 10 columnas x 8 filas.

Debajo se encuentra el resto de posibilidades de crear o insertar una tabla.

Caso práctico inicial

Combinar celdas significa hacer una sola celda de lo que antes eran dos o más.

Otra manera de combinar celdas es —con las celdas ya seleccionadas previamente— hacer clic en la pestaña **Presentación de Herramientas de tabla**. En el grupo **Combinar** haremos clic en **Combinar celdas.**

MAYO

L	M	M	J	V	S	D
	1	2	3	4	5	6
7	8	9	10	11	12	13
14	15	16	17	18	19	20
21	22	23	24	25	26	27
28	29	30	31			

Este calendario es un ejemplo de tabla rápida que se puede insertar desde el menú **Insertar ⟶ Tabla ⟶ Tablas rápidas.**

1.1. Creación y configuración básica de una tabla

Para entender cómo se crean y se configuran las tablas haremos varias actividades resueltas, desde la creación básica de un conjunto de filas y columnas hasta la configuración de los **bordes** de determinadas celdas o de la tabla, **sombreado** de celdas y **alineación** de los elementos que contiene. Además veremos cómo unir varias celdas (combinarlas) para hacer una sola, o de qué manera **dividir una celda** en varias contiguas.

Caso práctico inicial

Otra forma de alinear el contenido de una celda es activando la pestaña **Presentación de Herramientas de Tabla** y marcar la alineación deseada en el grupo **Alineación.**

Actividades resueltas

Nombre del documento: **Tabla 1**

Tipo: **Documento de Word**

1. Abre un documento nuevo de Word y guárdalo, con el nombre y tipo indicados, en tu carpeta de trabajo de esta unidad didáctica.
2. Haz clic en la pestaña **Insertar** y luego en **Tabla**. Una vez ahí pasa el ratón (sin hacer clic) por el diseñador rápido de tablas. Comprueba que en tu documento va insertándose una tabla que varía en filas y columnas conforme mueves el ratón a un sitio u otro por el diseñador rápido.
3. Cuando hayas seleccionado 6 filas y seis columnas haz clic y la tabla quedará fijada en tu documento ocupando todo el ancho que este tenga configurado entre márgenes. El ancho es el mismo para todas las columnas y la altura es igual para todas las filas.
4. Ahora selecciona con el ratón las cinco últimas celdas de la primera fila y cuando estén seleccionadas haz clic sobre ellas con el botón secundario del ratón. En el menú contextual que se abrirá, haz clic en **Combinar celdas**. Al finalizar verás que esas cinco celdas son ahora una sola.

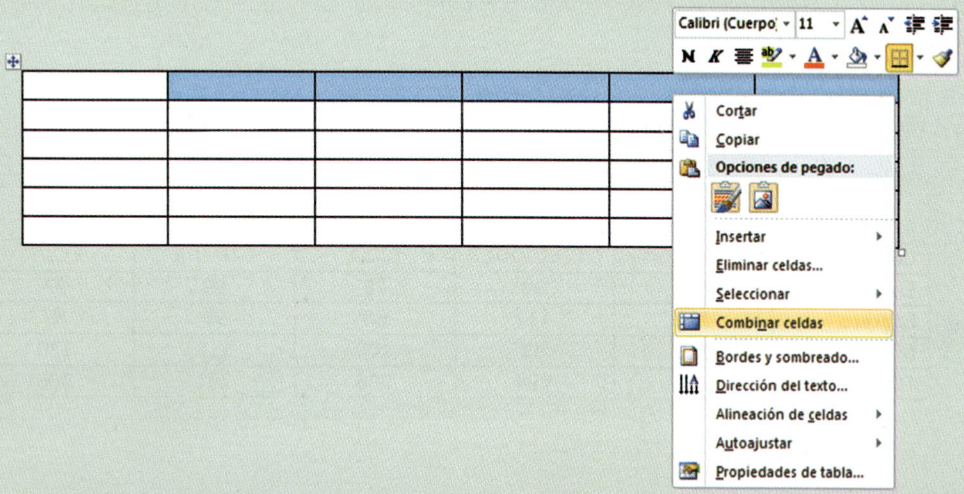

5. Posteriormente selecciona la primera fila completa haciendo doble clic en el ángulo inferior izquierdo de la fila (cuando la flecha del puntero es una flecha hacia la derecha) o bien seleccionando con el ratón todas las celdas de esa fila. Cuando esté seleccionada, haz clic con el botón secundario del ratón y al final del menú emergente vuelve a hacer clic sobre **Propiedades de tabla**. Se abrirá la ventana **Propiedades**. Con la pestaña **Fila** seleccionada verás **Especificar Alto**: 1 cm. **Alto de fila**: Exacto. Clic en el botón **Aceptar**. La primera fila será ahora más alta que las demás.
6. A continuación selecciona toda la tabla. Si haces clic en cualquier lugar de la tabla comprobarás que en el ángulo superior izquierdo de la misma aparece una cruz. Haz clic sobre ella y toda la tabla quedará seleccionada. En este momento vamos a elegir una fuente desde la pestaña **Inicio**: **Calibri (cuerpo) 11**. Ahora todo lo que se escriba en cualquier celda de la tabla aparecerá con esa fuente.
7. Rellena la tabla tal y como aparece a continuación. Para la fila de totales entra en el menú **Presentación** de **Herramientas de tabla**, escoge Fórmula y luego **SUM (above)**.

	INGRESOS NETOS POR SUCURSALES, EXPRESADOS EN MILES DE EUROS				
CIUDAD	GRANADA	CÓRDOBA	BAZA	GUADIX	LOJA
Enero	100	99	78	89	97
Febrero	122	112	58	90	89
Marzo	116	83	100	112	120
TOTAL	338	294	236	291	306

Actividades resueltas (cont.)

8. Selecciona la celda donde está el título INGRESOS NETOS... haciendo clic en el ángulo inferior izquierdo de dicha celda. Deseamos centrar horizontalmente ese título y se puede hacer de varias formas. Lo haremos de la manera más rápida: mientras está seleccionada esa celda, desde la pestaña **Inicio**, grupo **Párrafo**, elige **Centrar.**

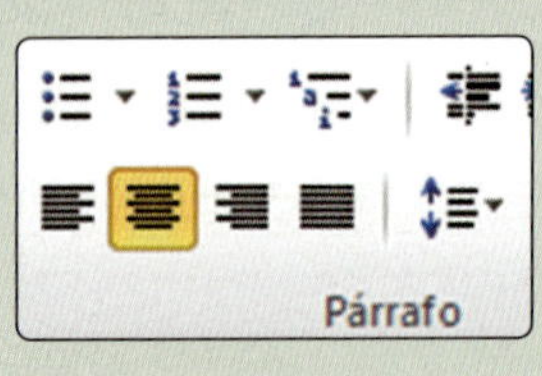

9. Selecciona de nuevo esa misma celda y con el botón secundario haz clic sobre ella. Elige **Propiedades de la tabla** y, tras activar la pestaña **Celda**, marca la alineación vertical **Centro**. Ahora el título de la tabla queda centrado tanto horizontal como verticalmente en su celda. La alineación vertical también se puede hacer desde la pestaña **Presentación** de **Herramientas de tabla**, dentro del grupo **Alineación**.

10. Selecciona con el ratón las cinco celdas donde están los nombres de ciudades y todas las celdas que contienen cifras, y **céntralas horizontalmente**.

11. Por último, marca las cinco celdas donde están los nombres de ciudades. Clic con el botón secundario del ratón. Pon los textos en **negrita** y en **color rojo**. Esta será la tabla tras los cambios. Guarda los cambios del documento y cierra Word.

	INGRESOS NETOS POR SUCURSALES, EXPRESADOS EN MILES DE EUROS				
CIUDAD	**GRANADA**	**CÓRDOBA**	**BAZA**	**GUADIX**	**LOJA**
Enero	100	99	78	89	97
Febrero	122	112	58	90	89
Marzo	116	83	100	112	120
TOTAL	338	294	236	291	306

1.2. Diseño avanzado de tablas

Cuando se ha construido una tabla y se hace clic sobre cualquier punto de ella, se despliegan dos pestañas adicionales, **Diseño** y **Presentación**, en la cinta de opciones, ambas bajo el título **Herramientas de tabla**.

Cuando está seleccionada la pestaña **Diseño**, se despliegan las opciones de diseño en la cinta de opciones, como en la imagen inferior. Observa que a la izquierda de la cinta de opciones, con la pestaña Diseño activada, hay unas casillas que pueden estar activas o no. En función de las que estén marcadas variarán los **estilos de tabla** que estarán visibles en la galería. Para ver la galería completa hay que hacer clic en la flecha del ángulo inferior derecho.

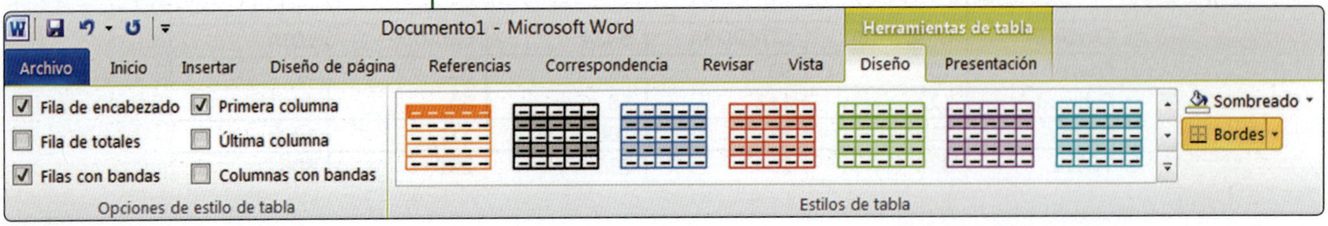

Aquí se pueden cambiar los **bordes** de las celdas y de la tabla, así como el **sombreado** (color de fondo) de las celdas.

Para **dibujar tablas** a mano alzada o para borrar bordes de algunas celdas se pueden utilizar los dos últimos botones de la cinta de opciones correspondientes a la pestaña **Diseño**.

Si es la pestaña **Presentación** la que tenemos abierta, este será el aspecto de la cinta de opciones:

Recuerda

Para aplicar las herramientas de tabla tienes que tener creada la tabla y haber hecho clic con el botón en cualquier lugar de la misma.

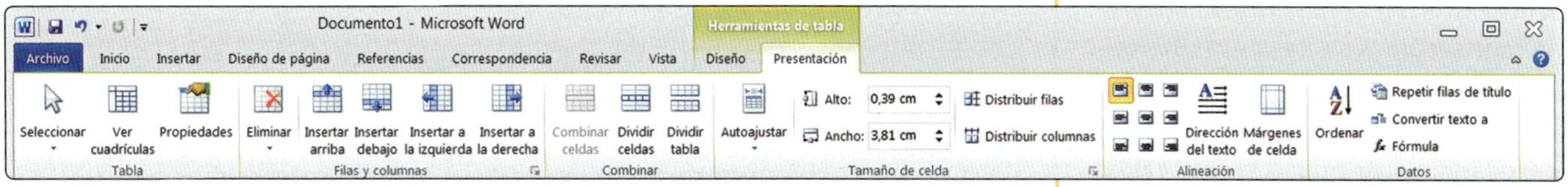

Con estas herramientas podremos ver las cuadrículas, las propiedades de la tabla, eliminar tablas, insertar o eliminar filas o columnas, dividir o combinar celdas, ajustar el tamaño de las columnas al contenido, cambiar la dirección del texto y otras operaciones.

Mediante las dos pestañas de las **Herramientas de tabla** podremos diseñar tablas con toda la complejidad que se requiera.

Recuerda

Seleccionar tabla

En el ángulo superior izquierdo de la tabla haremos clic sobre el símbolo ⊞.

Actividades resueltas

Nombre del documento: **Tabla 2**

Tipo: **Documento de Word**

1. Abre el documento Tabla 1.
2. Guarda el documento con en tu carpeta de trabajo de esta unidad con el nombre **Tabla 2** y el tipo **Documento de Word**. Así la tabla 1 permanecerá como estaba anteriormente y se habrá creado un documento nuevo partiendo de ella.
3. Haz clic con el ratón en cualquier lugar de la tabla y observa que la cinta de opciones tiene dos pestañas más: **Diseño** y **Presentación**.
4. Selecciona la pestaña **Diseño**. A la izquierda de la cinta de opciones deja marcadas las casillas Fila de encabezado, Filas con bandas y Primera columna. En el centro de la cinta de opciones se muestra una **galería** con varios **estilos de tabla**. Haz clic a la derecha, en la flecha inferior, para ver todos los estilos. Cuando los tengas a la vista pasa el ratón por encima y verás que junto al puntero aparece el nombre de cada estilo. De la tercera fila elige el que tiene como título **Cuadrícula clara. Énfasis 4**. Tu tabla ahora debería tener este aspecto:

	INGRESOS NETOS POR SUCURSALES, EXPRESADOS EN MILES DE EUROS				
CIUDAD	GRANADA	CÓRDOBA	BAZA	GUADIX	LOJA
Enero	100	99	78	89	97
Febrero	122	112	58	90	89
Marzo	116	83	100	112	120
TOTAL	338	294	236	291	306

5. Haz clic con el ratón en cualquier lugar de la tabla. Ahora vuelve a mirar esas casillas que hay al principio de la cinta de opciones cuando está marcada la pestaña **Diseño**. Marca y desmarca otras casillas y comprueba cómo cambian los modelos de la galería de estilos. Escoge unos estilos u otros y finalmente deja la tabla como la habías configurado en el punto anterior.

Saber más

¿Borrar líneas o combinar celdas?

No es lo mismo combinar celdas que borrar la línea que las separa.

Si utilizas el borrador para eliminar la línea que separa dos celdas, esas **dos celdas siguen existiendo** independientes.

Si, en cambio, seleccionas ambas celdas y eliges combinar celdas, **las dos celdas se convertirán en una sola.**

Recuerda

Actividades propuestas y resueltas

Recuerda que ambas deben realizarse y que al principio de cada una están:

- El nombre que llevará el documento.
- El tipo de documento con que se habrá de guardar.

Actividades resueltas (cont.)

6. Ahora vas a cambiar todo el borde exterior de la tabla. Selecciona toda la tabla y activa la pestaña **Diseño**. Observa que en la parte derecha de la cinta de opciones está el grupo **Dibujar bordes**. Haz clic en la flecha inferior derecha del grupo y configúralo para tener **un borde externo doble de color verde y de ½ punto**.

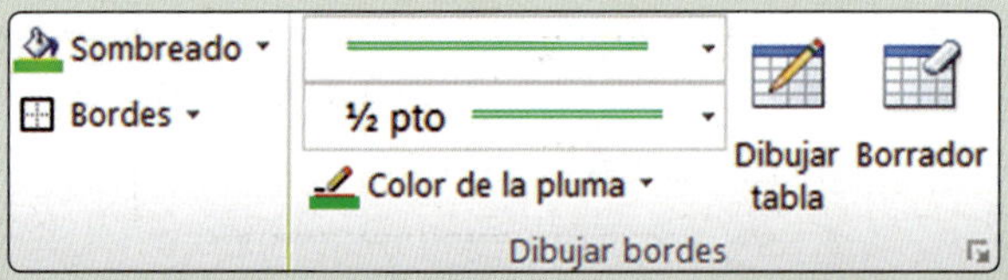

7. Selecciona la celda donde está escrita la palabra CIUDAD. A continuación, con la pestaña diseño siempre activa, cámbiale el fondo a esa celda desde el botón **Sombreado**. Color verde.

8. Guarda los cambios en tu documento, que tendrá una apariencia como esta:

	INGRESOS NETOS POR SUCURSALES, EXPRESADOS EN MILES DE EUROS				
CIUDAD	GRANADA	CÓRDOBA	BAZA	GUADIX	LOJA
Enero	100	99	78	89	97
Febrero	122	112	58	90	89
Marzo	116	83	100	112	120
TOTAL	338	294	236	291	306

Actividades resueltas

Nombre del documento: **Tabla 3**

Tipo: **Documento de Word**

1. Se trata de crear una tabla como la siguiente, para lo que se irán dando todas las instrucciones.

Primera semana de diciembre de lunes a viernes	Ingresos	Gastos
	400	200
	890	589
	900	347
	650	150
	235	98

2. Crea una tabla de **3 columnas y 6 filas**. No importa si en la imagen ves 7 filas, pues así es como quedará al final. Hasta llegar al último punto de este ejercicio, ignora la última fila.

3. Selecciona toda la tabla. Haz clic con el botón secundario del ratón sobre ella y elige **Propiedades de tabla**. Con la pestaña **Columna** activada, cambia el ancho de columna a 3 cm.

4. Con la tabla seleccionada, desde el menú Inicio cambia la fuente para toda ella: **Comic Sans MS 11**.

5. Combina todas las celdas de la primera columna para hacer una sola celda.

Actividades resueltas (cont.)

6. Selecciona la primera celda de la izquierda donde el texto irá en vertical. A continuación, la pestaña **Presentación** de la cinta de opciones. En el grupo de opciones **Alineación** haz clic en **Dirección del texto** hasta que esté como muestra la imagen:

7. Observa que a la izquierda hay una serie de botones para elegir también si deseamos que el texto esté centrado, alineado a la derecha o a la izquierda, en la parte superior o inferior de la celda. Marcarás la opción **Alinear verticalmente**, como en la imagen.

8. Escribe el texto en la celda que acabas de configurar. Centra las otras dos columnas y pon en rojo y negrita los títulos.

9. Inserta una nueva fila en la parte inferior de la tabla; esto se puede hacer de varias formas pero quizás la más rápida sea hacer clic con el botón secundario **sobre la última fila** de la tabla. En las opciones que aparecen elige **Insertar ⟶ Insertar filas debajo**.

10. Guarda los cambios y cierra Word.

Actividades propuestas

1. Nombre del documento: **Tabla 4**

Tipo: **Documento de Word**

Reproduce la siguiente tabla teniendo en cuenta las siguientes características:

a) Fuente de toda la tabla: Calibri (cuerpo) 11.

b) Títulos superiores centrados horizontalmente, de color azul oscuro y negrita.

c) Borde de color negro de tres puntos, en el exterior de la tabla, con el tipo de líneas que se muestran.

d) Celdas que contienen cifras alineadas a la derecha.

e) Sombreado de los títulos ENTRADAS y SALIDAS de color amarillo.

f) Ancho de todas las columnas: 2 centímetros.

g) Guarda los cambios del documento y cierra Word.

	ENTRADAS		SALIDAS	
	CANTIDAD	PRECIO	CANTIDAD	PRECIO
Artículo A	10	58	7	87
Artículo B	20	87	14	102
Artículo C	15	54	6	75
Artículo D	63	65	28	93

Saber más

Al pasar el ratón por encima de las opciones de alineación, una vez que se ha establecido la Dirección del texto, se mostrarán cuadros de diálogo que aclaran qué tipo de alineaciones aplicaremos, como por ejemplo, la de alinear verticalmente:

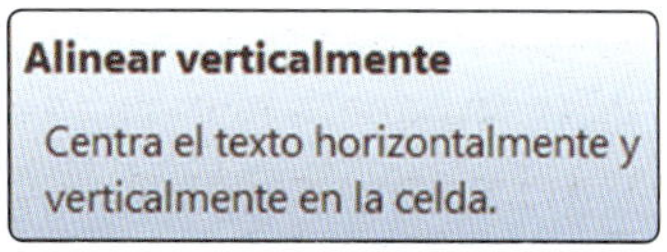

Recuerda

Una de las formas de seleccionar el tipo de borde exterior de una tabla es:

1. Seleccionar la tabla.
2. Pulsar sobre la tabla con el botón secundario cuando está seleccionada y elegir Bordes y sombreado.
3. Marcar manualmente los cuatro bordes exteriores de la tabla con el borde y tamaño elegido.

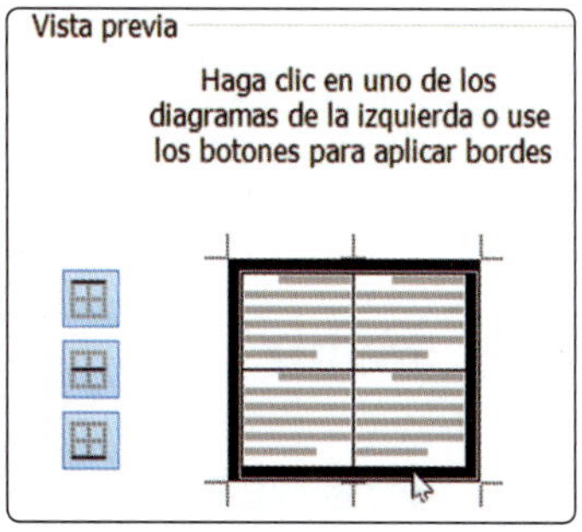

2. Imágenes y otras ilustraciones

Se insertan desde el grupo **Ilustraciones** de la pestaña **Insertar**.

Todas las ilustraciones siguen un patrón común al ser insertadas. Estudiaremos algunas de ellas.

Podemos insertar **imágenes de archivo** y **prediseñadas**, **formas**, **gráficos de SmartArt**, **gráficos estadísticos** y **capturas**.

2.1. Imágenes

Se trata de fotografías e imágenes de archivo, es decir que tenemos almacenadas en algún lugar de nuestro equipo o en un periférico conectado a él. Al pulsar sobre **Imagen** se abrirá el explorador de Windows.

2.2. Imágenes prediseñadas

Al pulsar sobre esta opción se abre a la derecha el **panel de tareas** con una **línea de búsqueda** para introducir la categoría de la imagen que buscamos, por ejemplo árbol o rana. Debajo de la búsqueda están los tipos de archivos cuyos resultados buscamos, que pueden ser **ilustraciones**, **fotografías**, **vídeo** y **audio**. Si se marca la casilla **Incluir contenido de Office.com** nos mostrará también las imágenes prediseñadas que existan *online* para la categoría buscada. Para ello se necesita tener conexión a internet.

2.3. Formas

Las formas disponibles incluyen líneas, figuras geométricas básicas, flechas, formas de ecuación, formas para diagramas de flujo, estrellas, cintas y llamadas. Se pueden usar solas o combinadas para obtener otras formas más complejas. Además admiten formatos, estilos y texto en su interior.

Una vez elegida la forma hay que trazar un rectángulo con el ratón sobre el documento para que se quede insertada en él.

2.4. SmartArt

Son gráficos que permiten **representar información e ideas** de una forma muy visual. No solamente pueden contener texto sino viñetas e imágenes.

2.5. Gráficos

Estos son los gráficos estadísticos: de líneas, de barras, circulares, de dos dimensiones, etc. Si pulsamos sobre **Gráfico** y a continuación elegimos uno de ellos, se abrirá una ventana de **Excel** en la que podremos introducir los datos que luego se reflejen en el gráfico seleccionado.

Saber más

Imágenes copiadas de una web

En lugar de copiar de la web y pegar en el documento, es recomendable descargar la imagen de la web y posteriormente insertarla en el documento.

Saber más

Imágenes «indomables»

Al margen de la alineación de texto que decidas darle finalmente a una imagen u otra ilustración, si deseas trabajar cómodamente con ella y desplazarla por un documento con el ratón, en principio dale un ajuste de texto **estrecho**. Posteriormente, dale el ajuste que necesites.

Categorías de gráficos SmartArt.

2.6. Capturas

Las **capturas** son una novedad que ha incorporado Office 2010 con respecto a versiones anteriores. Ofrece la posibilidad de insertar como imagen las ventanas de otras aplicaciones abiertas en ese momento y también un recorte de las mismas.

Recuerda

Textos de actividades

Para facilitar el trabajo con el procesador de textos, si se desea se pueden descargar los textos de los ejercicios desde la unidad correspondiente de los recursos del libro.

Actividades resueltas

Nombre del documento: **Imagen 1**

Tipo: **Documento de Word**

Reproduce el siguiente documento teniendo en cuenta las indicaciones que se darán posteriormente.

No sabían a ciencia cierta qué le iban a pedir, ni con qué derecho. En el primer momento habían pensado venderle el funeral completo, incluidos el embalsamamiento y la repatriación. Pero poco a poco se fueron dando cuenta de que la muerte no parecía tan inminente como al principio. El día del almuerzo estaban ya aturdidos por las dudas.

La verdad es que Homero no había sido dirigente de brigadas universitarias, ni nada parecido, y la única vez que participó en la campaña electoral fue cuando tomaron la foto que habían logrado encontrar por milagro traspapelada en el ropero. Pero su fervor era cierto. Era cierto también que había tenido que huir del país por su participación en la resistencia callejera contra el golpe militar, aunque la única razón para seguir viviendo en Ginebra después de tantos años era su pobreza de espíritu. Así que una mentira de más o de menos no debía ser un obstáculo para ganarse el favor del presidente.

Fragmento de "Doce cuentos peregrinos" de Gabriel García Márquez.

1. **Márgenes del papel**: Superior e inferior: 2,5 cm. Laterales: 4 cm.
2. **Fuente**: Calibri (cuerpo) 11. **Alineación**: Justificada.
3. **Espaciado de párrafo** (recuerda, en la flecha inferior derecha del grupo Párrafo de la pestaña Inicio):

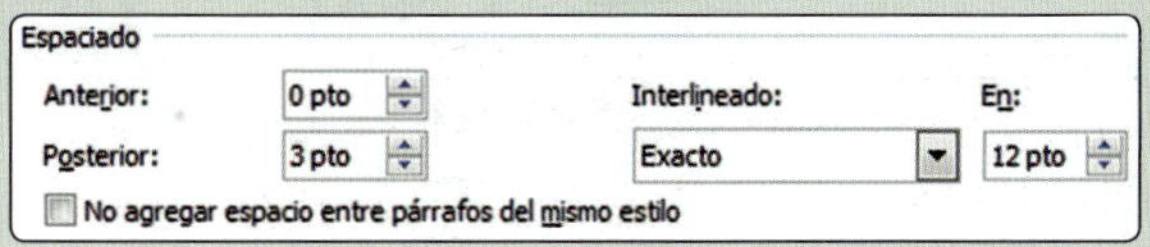

Actividades propuestas

2. Nombre del documento: **Teoría ilustraciones**

   Tipo: **Documento de Word**

   Abre un documento nuevo de Word, que guardarás en tu carpeta de ejercicios de esta unidad. En él, escribe las siguientes preguntas y sus respuestas:

   a) ¿Qué son las Imágenes prediseñadas y dónde podemos encontrarlas?

   b) ¿Qué son las Formas?

   c) ¿Un cuadro de texto es una Forma?

   d) ¿Cuántos grupos de Formas tenemos disponibles en Word 2010?

   e) Abre cualquier aplicación o el navegador. Haz una captura, como se indica en el epígrafe 2.6., e insértala como respuesta a esta pregunta.

Recuerda

Pestaña Formato

Esta pestaña solo estará disponible si previamente se tiene seleccionada la imagen haciendo clic sobre ella.

Actividades resueltas (cont.)

4. Inserta una imagen prediseñada. Si tienes acceso a Internet deja marcada la **casilla Incluir contenido de Office.com** y busca con la palabra **Foto**. *Si no encuentras la que hay en la imagen, inserta cualquier otra foto, incluso de las imágenes de muestra de Windows.*
5. Una vez insertada la imagen, haz clic sobre ella, y si es demasiado grande redúcela hasta obtener la apariencia deseada arrastrándola por una de sus esquinas para que no varíen sus proporciones.
6. Observa que, si tienes la imagen seleccionada, en la cinta de opciones hay una pestaña añadida, llamada **Herramientas de imagen – Formato**. La cinta de opciones cambia.

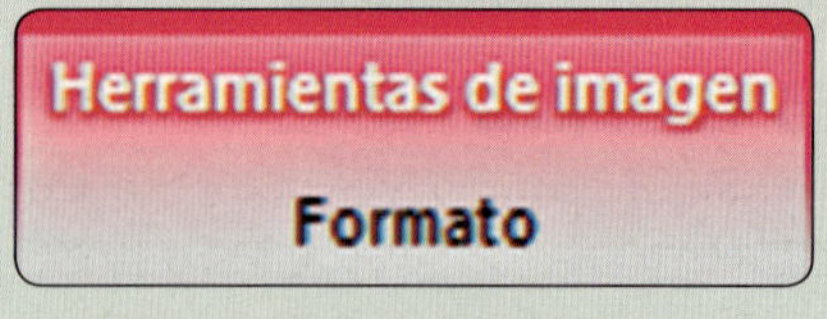

7. Observa el grupo **Organizar** de la pestaña **Formato**. Haz clic sobre **Posición**. Escoge la posición **superior izquierda con ajuste de texto cuadrado**.
8. Guarda los cambios de este documento y no olvides colocarlo en la carpeta de ejercicios de esta unidad. Cierra el documento.

Actividades resueltas

Nombre del documento: **Imagen 2**

Tipo: **Documento de Word**

1. Abre el documento Imagen 1 de la actividad anterior y guárdalo ahora con el nombre **Imagen 2**.
2. Haz clic sobre la imagen del documento y después en la pestaña **Formato**, de Herramientas de imagen, y observa el grupo **Estilos de imagen**. Haz clic en la flechita inferior derecha y podrás verlos todos. Escoge el que se llama **Perspectiva biselada**.
3. En la misma pestaña **Formato**, en el grupo **Ajustar**, haz clic en **Efectos artísticos** y escoge el efecto llamado **Boceto con lápiz**. La imagen seguirá en la misma posición en el texto, pero después de los dos últimos cambios habrá tomado esta apariencia. Guarda los cambios y cierra el documento.

Recuerda

Abrir un documento ya guardado y guardarlo ahora con otro nombre no implica ninguna pérdida. Tendrás el mismo documento guardado con dos nombres distintos y a cualquiera de ellos se le podrán hacer modificaciones sin que el otro varíe.

Actividades resueltas

Nombre del documento: **Formas**

Tipo: **Documento de Word**

1. Abre el documento Imagen 2 de la actividad anterior y **guárdalo** ahora con el nombre **Formas**.
2. Elimina la imagen.
3. Menú **Insertar ⟶ Formas**. De la categoría **Formas básicas** haz clic sobre la denominada **Esquina doblada**. A continuación dibuja con el ratón sobre tu texto un cuadrado que ocupe aproximadamente la mitad de la altura del texto.
4. Ajustemos las medidas de la forma: haz clic sobre ella con el botón secundario del ratón. Elige **Más opciones de diseño**. En la pestaña Tamaño configura **4 cm** de alto y **4 cm** de ancho.
5. Con la forma seleccionada en tu documento, comprueba que en la cinta de opciones se ha abierto la pestaña **Formato**, de **Herramientas de dibujo,** y que la cinta de opciones ha cambiado para adaptarse a los dibujos. Haz clic sobre el botón **Posición** y elige **Parte superior central con ajuste de texto cuadrado**.
6. Seguimos con la pestaña **Formato**. Despliega los Estilos de forma desde la flechita inferior derecha. Recórrelos y verás cómo la forma va variando. Al final elige el estilo llamado **Efecto sutil – Verde oliva, énfasis 3**.
7. Haz clic sobre la forma con el botón secundario del ratón y selecciona **Agregar texto**. Al posicionarse el cursor sobre la forma elige como fuente **Arial 11**. Escribe el siguiente texto dentro del cuadro: **«Esta es la primera forma que estoy insertando y configurando en un documento de Word»**. El texto estará centrado en la forma. **Guarda** los cambios.
8. La forma habrá quedado en el texto con la siguiente apariencia:

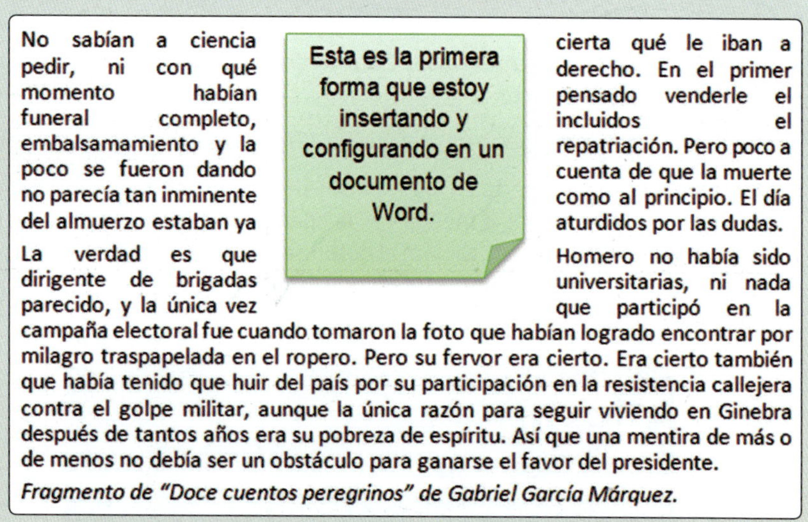
Esta es la primera forma que estoy insertando y configurando en un documento de Word.

No sabían a ciencia cierta qué le iban a pedir, ni con qué derecho. En el primer momento habían pensado venderle el funeral completo, incluidos el embalsamamiento y la repatriación. Pero poco a poco se fueron dando cuenta de que la muerte no parecía tan inminente como al principio. El día del almuerzo estaban ya aturdidos por las dudas. La verdad es que Homero no había sido dirigente de brigadas universitarias, ni nada parecido, y la única vez que participó en la campaña electoral fue cuando tomaron la foto que habían logrado encontrar por milagro traspapelada en el ropero. Pero su fervor era cierto. Era cierto también que había tenido que huir del país por su participación en la resistencia callejera contra el golpe militar, aunque la única razón para seguir viviendo en Ginebra después de tantos años era su pobreza de espíritu. Así que una mentira de más o de menos no debía ser un obstáculo para ganarse el favor del presidente.

Fragmento de "Doce cuentos peregrinos" de Gabriel García Márquez.

9. Con la forma seleccionada con el ratón y desde la pestaña **Formato**, comprueba **otros estilos** que puedes darle a tu forma, que serán visibles con solo pasar el ratón por encima de ellos.
10. A la derecha de los estilos están **Relleno**, **Contorno** y **Efectos**. Prueba varios de cada clase sobre tu imagen, pero deshaz los cambios realizados para dejarla como la hemos dejado en el punto 8 de esta actividad.

Saber más

Si tenemos seleccionada la Forma y activamos la pestaña Formato, también podemos elegir el tamaño de la misma al final de la cinta de opciones.

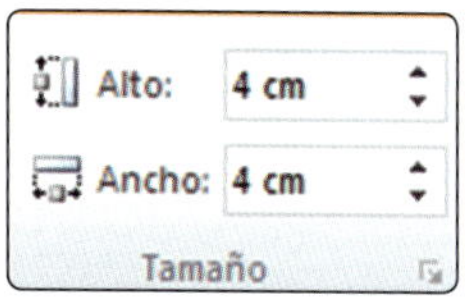

Recuerda

En esta actividad trabajamos con Formas y con Imágenes prediseñadas.

Actividades propuestas

3. Nombre del documento: **Formas y prediseñadas**

Tipo: **Documento de Word**

a) Abre un documento en blanco de Word y guárdalo en tu carpeta de ejercicios de esta unidad con el nombre **Formas y prediseñadas,** y el tipo Documento de Word.

b) Inserta las formas y las imágenes prediseñadas que ves a continuación:

1. **Imagen prediseñada** Conejo. **Estilo**: Girado blanco. **Alto de imagen**: 3,04 cm.
2. **Forma** básica Sol. **Estilo**: Contorno coloreado – Azul, énfasis 2. **Ancho y alto**: 3 cm.
3. **Forma** básica Corazón. **Estilo**: Efecto intenso – Rojo, énfasis 2. **Efectos de forma**: Iluminado, rojo, color de énfasis 2. **Ancho y alto**: 3 cm.

4. Nombre del documento: **SmartArt**

Tipo: **Documento de Word**

a) Abre un documento nuevo de Word y guárdalo en tu carpeta de ejercicios de esta unidad con el nombre SmartArt.

b) Inserta la forma de SmartArt llamada **Lista vertical de imágenes**. Déjale el tamaño que aparece por defecto.

c) El SmartArt estará preparado para configurarlo de forma fácil con textos e imágenes.

d) Modifica los textos e inserta en los espacios de imagen las imágenes que desees para que quede más o menos con la apariencia que ves a continuación. Para cambiarles el color haz clic con el botón secundario del ratón ⟶ **Formato de forma.** Para cada una de las tres formas elige el color de relleno sólido correspondiente:

3. WordArt

Aunque está fuera del grupo Ilustraciones tiene un tratamiento muy parecido y además es un recurso muy utilizado en la composición de documentos de Word con texto decorativo. Se trata de WordArt.

Para insertar un texto de WordArt se accede desde la pestaña **Insertar** y se hace clic en **WordArt**, del grupo **Texto**.

Una vez insertado y teniéndolo seleccionado se abre en la cinta de opciones la pestaña **Formato** de las **Herramientas de WordArt**. Al hacer clic en esa pestaña se modifica la cinta de opciones para permitirnos configurar el texto de WordArt. En la imagen vista parcial de la cinta.

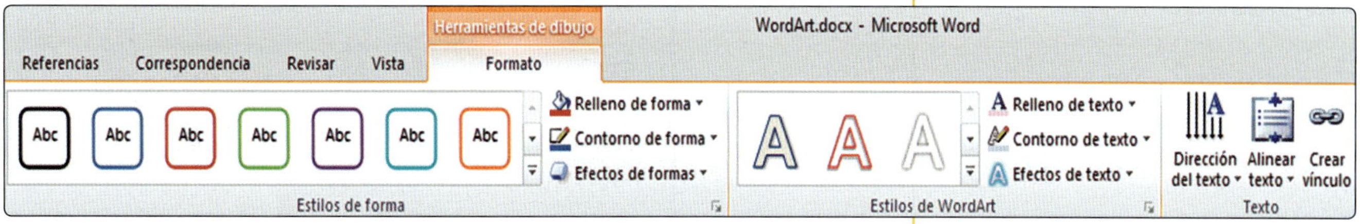

Al configurar un texto de WordArt hemos de tener presentes dos partes: el texto en sí y la forma que lo contiene.

Si deseamos cambiar la forma, ya sea en su fondo o su contorno, tendremos que acudir al grupo **Estilos de forma**. Si es el texto lo que deseamos modificar, entonces a **Estilos de WordArt**.

Si observas la imagen lateral verás un texto curioso que no se encuentra en la galería de estilos de WordArt. Y es que es posible poner el texto en cualquiera de las fuentes que tenemos instaladas. Basta seleccionar el borde de la forma de WordArt o su texto, después ir a la pestaña **Inicio** y escoger una fuente cualquiera.

Caso práctico inicial

Insertar un texto de WordArt: pestaña **Insertar** ⟶ **WordArt**, del grupo **Texto**.

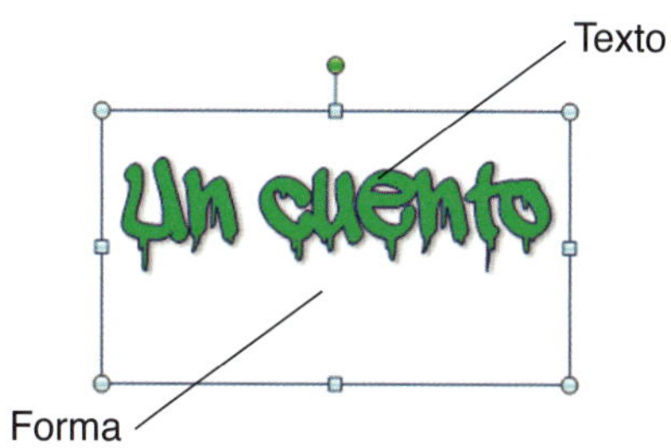

Actividades propuestas

5. Nombre del documento: **WordArt**

Tipo: **Documento de Word**

Reproduce lo más fielmente posible el contenido de la imagen siguiente, teniendo en cuenta que se han modificado los márgenes laterales y que el texto de WordArt tiene **fuente** Comic Sans 36, cursiva y el **estilo** de WordArt de nombre Relleno rojo, énfasis 2, biselado mate.

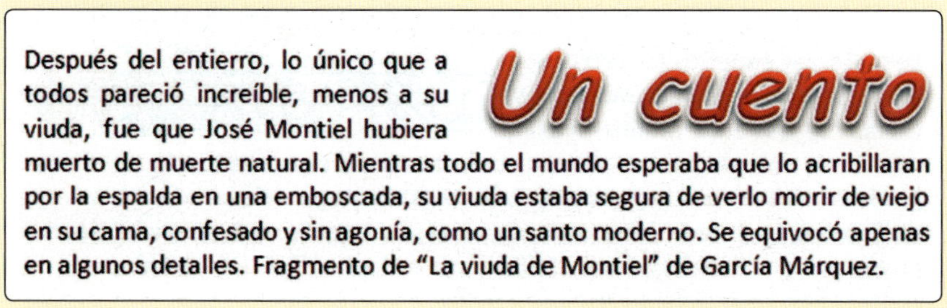

Después del entierro, lo único que a todos pareció increíble, menos a su viuda, fue que José Montiel hubiera muerto de muerte natural. Mientras todo el mundo esperaba que lo acribillaran por la espalda en una emboscada, su viuda estaba segura de verlo morir de viejo en su cama, confesado y sin agonía, como un santo moderno. Se equivocó apenas en algunos detalles. Fragmento de "La viuda de Montiel" de García Márquez.

Marca de agua de texto.

Marca de agua de imagen.

4. Marca de agua

Para terminar esta unidad veremos otro elemento que puede insertarse en un documento de Word. Se trata de las marcas de agua, que pueden ser de texto o de imagen y que van en el fondo del papel, como por ejemplo el logotipo de la empresa o el estado o características del documento.

Para configurar una marca de agua hay que entrar desde el menú **Diseño de Página**. En el grupo **Fondo de página** se selecciona **Marca de agua**. Ahí encontraremos varios modelos de tipo texto que se pueden modificar si abajo elegimos **Marcas de agua personalizadas**:

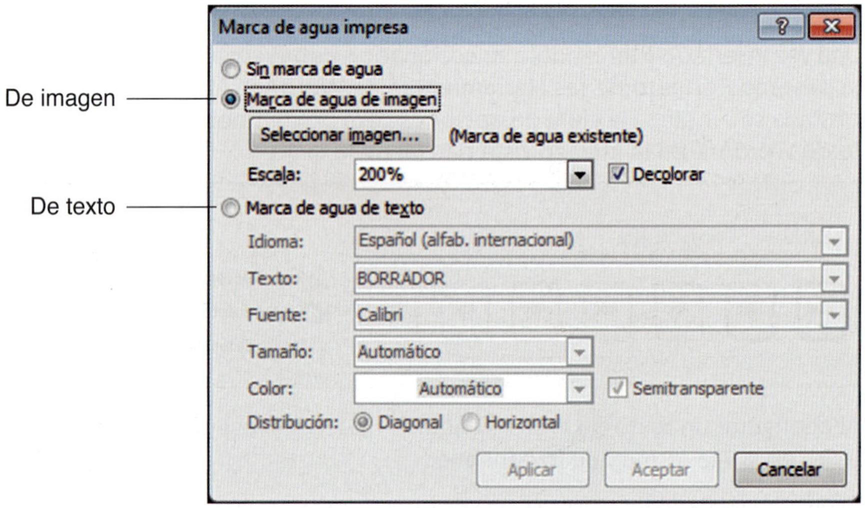

- **De imagen**: se selecciona la imagen y se elige la escala en la que se mostrará, más o menos ampliada. Normalmente se marca **Decolorar** para que la imagen quede desvanecida y deje más visible el contenido del documento.
- **De texto:** se escribe el texto que se quiera mostrar como marca de agua, así como sus propiedades de fuente e idioma.

Actividades propuestas

6. Nombre del documento: **Marca de agua**

Tipo: **Documento de Word**

Abre el documento WordArt, creado en la actividad anterior. Inserta la imagen de muestra de Windows de nombre Crisantemo ampliada al 200%. A falta de esa imagen introduce otra de tu elección.

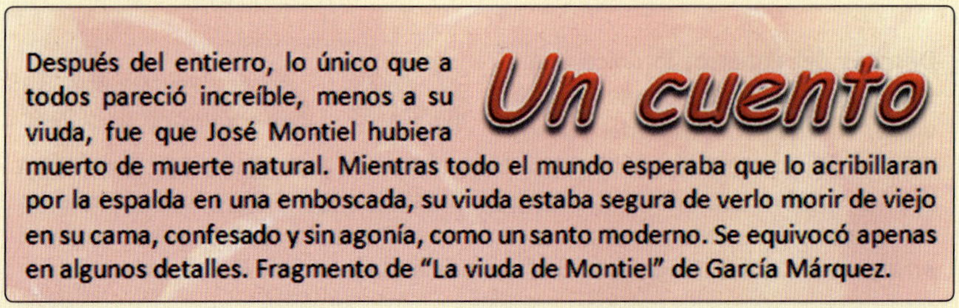

Después del entierro, lo único que a todos pareció increíble, menos a su viuda, fue que José Montiel hubiera muerto de muerte natural. Mientras todo el mundo esperaba que lo acribillaran por la espalda en una emboscada, su viuda estaba segura de verlo morir de viejo en su cama, confesado y sin agonía, como un santo moderno. Se equivocó apenas en algunos detalles. Fragmento de "La viuda de Montiel" de García Márquez.

Openoffice.org – Writer II

1. Tablas

Con Writer las tablas se pueden crear:

- Desde el menú **Insertar** ⟶ **Tabla**.
- Desde el menú **Tabla** ⟶ **Insertar** ⟶ **Tabla**.
- Pulsando el botón **Tabla** de la barra de herramientas o en la flecha que tiene al lado, donde se puede marcar el número de filas y de columnas.

Cuando se ha insertado una tabla, de forma automática aparecerá la **barra de herramientas Tabla,** con la que podemos configurar celdas, filas, columnas, fuentes, fondos, fórmulas, etc.

Si hacemos clic con el botón secundario del ratón sobre la tabla se abrirá un menú a través del cual podremos modificarle bastantes parámetros, como el alto de fila, el ancho de columna y muchos más. Ver imagen lateral.

Las configuraciones más usuales que se pueden hacer sobre una tabla están en **su barra de herramientas**. Basta pasar el ratón por encima de sus **botones** y se mostrará para qué sirve. A continuación veremos la función de estos botones uno a uno:

- **Borde**: se señalarán los bordes de las celdas o conjunto de celdas seleccionado que deseamos que aparezcan visibles.
- **Color de línea de borde**: aplica un color de borde a la celda o celdas seleccionadas.
- **Estilo de línea**: se aplicará el estilo elegido, o sin línea, al conjunto de celdas seleccionado.
- **Color de fondo**: sobre una celda o un conjunto de celdas previamente seleccionado se aplica un color de fondo.
- **Unir celdas**: convierte el conjunto de celdas seleccionadas en una sola. Para que se active el botón ha de estar seleccionado un conjunto de como mínimo dos celdas.
- **Dividir celdas**: la celda seleccionada se dividirá en tantas filas o columnas como se indiquen.
- **Optimizar**: sobre una selección de filas o columnas, las distribuye uniformemente, es decir, les da la misma altura o anchura.

Saber más

Barra de herramientas Tabla

Si acidentalmente cerrásemos la barra de herramientas Tabla, podemos volver a tenerla visible desde el menú **Ver** ⟶ **Barras de herramientas** (y se marca Tabla).

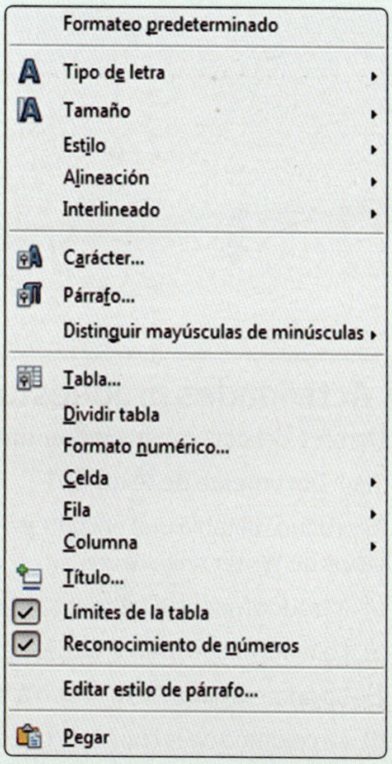

Menú visible con clic secundario.

Caso práctico inicial

Unir celdas significa covertir un conjunto de celdas en una sola. No es lo mismo unir dos celdas que hacer invisible la línea de división entre ambas.

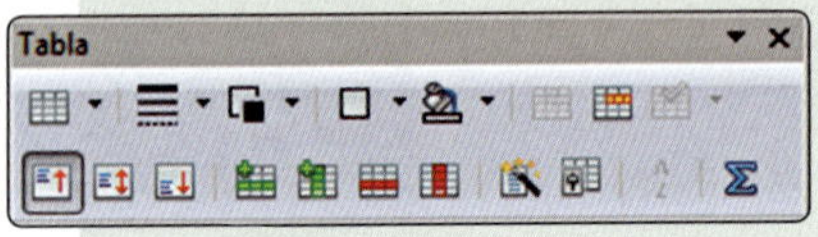

Herramientas de tabla.

- **Arriba, Centrado** y **Abajo**: se refiere a la alineación vertical del contenido de una celda. Con cada uno de estos botones el texto se posiciona en la parte superior, en el centro o en la parte inferior de la celda respectivamente.
- **Insertar fila** e **Insertar columna**: inserta una fila debajo o inserta una columna a la derecha de la celda activa.
- **Eliminar fila** y **Eliminar columna**: elimina la fila o la columna correspondiente al lugar en que se encuentre el puntero del ratón.
- **Formateado automático**: aplicará un formato de los que Writer tiene en su biblioteca de formatos. El formato se aplica a toda la tabla, si se ha seleccionado completa, o a un conjunto seleccionado de celdas.
- **Ordenar**: ordena de forma descendente o ascendente un conjunto de celdas.
- **Suma**: suma el contenido de varias celdas. Para ello se posiciona el ratón sobre la celda que tendrá el resultado, se hace clic en el botón Suma y a continuación se seleccionan las celdas cuyo resultado deseamos obtener.

Saber más

Si necesitamos una fila más en una tabla ya creada, podemos insertarla fácilmente: se sitúa el puntero del ratón en la celda inferior derecha de la tabla y se pulsa la tecla Tabulación..

Actividades propuestas

1. Nombre del documento: **Writer tabla**

   Tipo: **Documento de texto ODT**

   Reproduce la tabla que encontrarás en el archivo PDF llamado **Tabla** de los recursos adicionales del libro, en la subcarpeta **Ejercicios de Writer** de esta unidad.

   a) Introducimos una tabla estándar de 7 filas por 7 columnas y luego se irá configurando como se indica.

   b) La tabla ocupa todo el ancho del papel, tal y como está configurado por defecto en tamaño, orientación y márgenes.

   c) La primera columna tiene un ancho de 1,5 cm. Las demás columnas están **optimizadas**.

   d) La columna de la izquierda tiene una alineación vertical de derecha a izquierda. Esto se consigue desde el botón **Propiedades de tabla** de la barra de herramientas de tabla. Después, en la pestaña **Flujo de texto** y en Dirección de escritura y Alineación Vertical:

   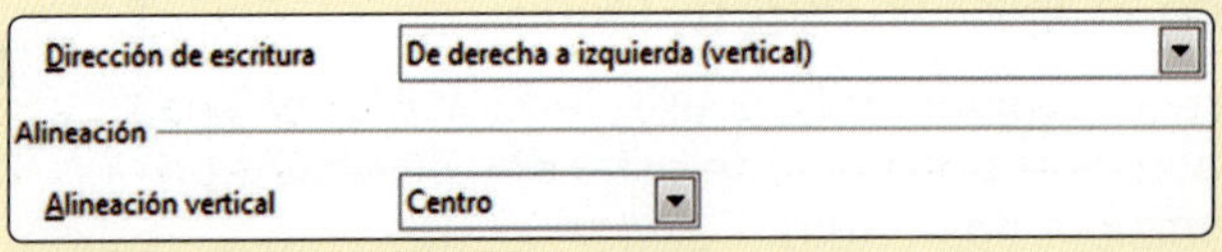

   e) Hay que aplicarle un **formateado automático** a toda la tabla: amarillo.

   f) Hay que alinear cada columna al centro o a la derecha, como verás en el documento PDF.

   g) Por último hay que introducir la fórmula SUMA en las celdas correspondientes de la última fila para que el resultado se inserte automáticamente.

Imágenes, dibujo y FontWork

2. Imágenes

Las imágenes se insertan desde el menú **Insertar ⟶ Imagen**. Pueden insertarse imágenes de archivo o desde un escáner conectado al ordenador.

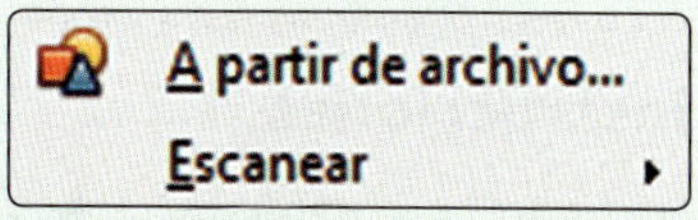

Insertar una imagen.

Anclaje, posición y ajuste de una imagen

Una imagen puede **anclarse** al párrafo, a la página, al carácter y como carácter. Por defecto aparecen ancladas al párrafo y sin ajuste de texto. Para elegir otra opción de anclaje hay que pulsar con el botón secundario del ratón sobre la imagen y elegir **Anclaje**, o bien desde el menú **Formato ⟶ Anclaje**.

El **ajuste** indica en qué modo se va a posicionar la imagen con respecto al texto. Una imagen se ajusta de varias formas, una de ellas es pulsando con el botón secundario del ratón y eligiendo **Ajuste**. Entonces **veremos gráficamente** los tipos de ajuste: Sin ajuste, Ajuste de página, Ajuste de página dinámico, Continuo, En el fondo, Contorno, Editar contorno (para definir un nuevo contorno de imagen).

Saber más

Anclar una imagen es hacerla depender del elemento al que ha sido anclada, para que se mueva con él.

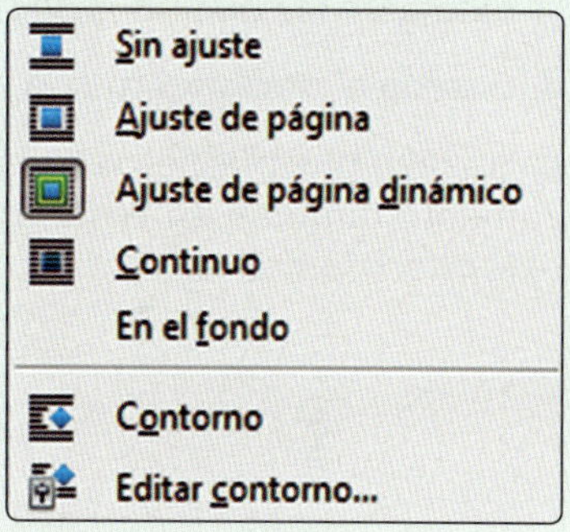

Ajuste de imagen al texto.

3. Dibujo

Si no tienes la barra de herramientas de dibujo activada, entra en el menú **Ver ⟶ Barras de Herramientas**, y marca la herramienta **Dibujo**.

Al pasar el ratón por encima de los botones de esta barra se nos muestran las formas que se pueden insertar, que van desde líneas y cuadros de texto a otras formas más complejas.

Una vez elegido el dibujo que vamos a poner en una página, se traza con el ratón **un cuadrado** para insertarlo. Después, con el **botón secundario** del ratón podemos definir el tipo de línea, el relleno y otras características. Véase la imagen adjunta.

Dentro de la barra de dibujo se encuentra **Fontwork**, para insertar textos ornamentales, a los que podemos darles una forma de las que se muestran en la galería, así como el tipo de línea y relleno como en el dibujo normal. Al insertar un texto de Fontwork se activan dos barras de herramientas nuevas: **Fontwork** y **Configuración 3D**.

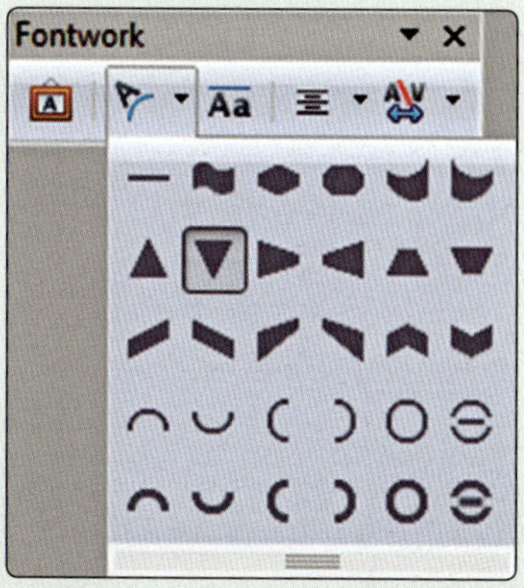

Galería de formas para Fontwork..

Actividades propuestas

2. Nombre del documento: **Writer Dibujo y Fontwork**
   Tipo: **Documento de texto ODT**

   Reproduce el documento PDF llamado **Dibujo y Fontwork** que se encuentra en los recursos del libro, en la subcarpeta **Ejercicios de Writer** de esta unidad didáctica. Encima del ejercicio están las instrucciones.

Catálogo - oferta

Instrucciones

Reproduce en A4 con la mayor fidelidad posible este catálogo–oferta de productos de una empresa. La imagen utilizada para el membrete es una imagen prediseñada. La misma imagen se ha utilizado como fondo del texto, aplicándole ajustes de color desde el menú **Formato**, grupo **Ajustes**, **Color** y llevándola detrás del texto.

1. El nombre de la empresa es **WordArt** con efecto de relleno degradado en colores azul y blanco.
2. La **fuente** utilizada en todo el documento es Calibri, de distintos tamaños.
3. La **tabla** tendrá un ancho total de 9 cm y la **altura de filas** será de 0,8 cm. Todos los textos están centrados verticalmente. Has de cuidar también la distancia entre líneas de texto en el membrete y en el pie de firma, mediante las opciones de **Párrafo**.
4. Guarda el documento con el nombre **Práctica profesional 1** en tu carpeta de esta unidad.

La imagen que puedes ver a continuación corresponde al documento realizado en **Word**. Reproduce el documento también en **Writer** para que se asimile en lo posible al original que se muestra y guárdalo con la extensión normal de Writer y con el mismo nombre.

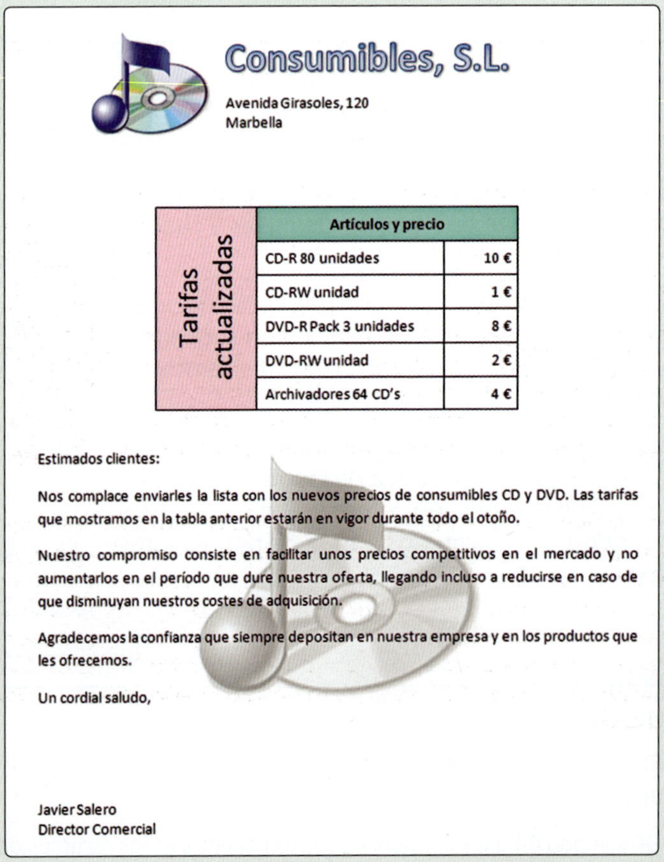

Consumibles, S.L.

Avenida Girasoles, 120
Marbella

	Artículos y precio	
Tarifas actualizadas	CD-R 80 unidades	10 €
	CD-RW unidad	1 €
	DVD-R Pack 3 unidades	8 €
	DVD-RW unidad	2 €
	Archivadores 64 CD's	4 €

Estimados clientes:

Nos complace enviarles la lista con los nuevos precios de consumibles CD y DVD. Las tarifas que mostramos en la tabla anterior estarán en vigor durante todo el otoño.

Nuestro compromiso consiste en facilitar unos precios competitivos en el mercado y no aumentarlos en el período que dure nuestra oferta, llegando incluso a reducirse en caso de que disminuyan nuestros costes de adquisición.

Agradecemos la confianza que siempre depositan en nuestra empresa y en los productos que les ofrecemos.

Un cordial saludo,

Javier Salero
Director Comercial

Tablas, ilustraciones y texto

Instrucciones

Reproduce con **Word** el siguiente documento, teniendo en cuenta que:

1. El **papel** tendrá formato A5 horizontal, los **márgenes** serán de 2,5 cm laterales y de 2 cm superior e inferior. La fuente será Calibri 11.
2. El **espaciado** de párrafo será de 0 puntos anterior y de 10 posterior. El **interlineado** será múltiple en 1,15.
3. La **tabla** tendrá un ancho de 5 cm y una alineación izquierda, que se podrán determinar desde la pestaña **Tabla** de las **Propiedades de tabla.**
4. El **hongo** será una imagen prediseñada de la galería de Office.com. Tendrá un alto de 4,52 cm y un ancho de 4 cm, ambos en valores absolutos. Esta imagen tendrá un ajuste estrecho con el texto y estará posicionada manualmente a la derecha.
5. Este documento tendrá una marca de agua de texto en diagonal. El texto de la marca de agua será: AGRICULTURA EN CIUDAD.
6. Guarda el documento en **Word** con el nombre **Práctica profesional 2** en tu carpeta de ejercicios de esta unidad.

AGRICULTURA EN CIUDAD

Tengo una terraza y un balcón con parterre. En los dos tengo plantas ornamentales, menos el laurel de la terraza y las setas e higueras cuyas esporas y semillas vienen de no sé dónde y se asientan en la tierra del balcón. Hace poco planté rúcula en esa tierra tan fértil y cuando estaba creciendo Inda la quitó al confundirla con malas hierbas, pero está asomándose otra vez, tímida, entre la tierra oscura. Una vez Eva y yo

A	B	C
20	30	40

sembramos en el parterre tomates cherry y vimos cómo la mata crecía y cómo un día maduró el primer tomate, que cogimos como si fuera un tesoro, lo dividimos en dos y comimos con éxtasis cada una su mitad. Nos parecía que no había un medio tomate en el mundo con mejor sabor que aquel.

Tengo una terraza y un balcón con parterre. En los dos tengo plantas ornamentales, menos el laurel de la terraza y las setas e higueras cuyas esporas y semillas vienen de no sé dónde y se asientan en la tierra del balcón. Hace poco planté rúcula en esa tierra tan fértil y cuando estaba creciendo Inda la quitó al confundirla con malas hierbas, pero está asomándose otra vez, tímida, entre la tierra oscura. Una vez Eva y yo sembramos en el parterre tomates cherry y vimos cómo la mata crecía y cómo un día maduró el primer tomate, que cogimos como si fuera un tesoro, lo dividimos en dos y comimos con éxtasis cada una su mitad. Nos parecía que no había un medio tomate en el mundo con mejor sabor que aquel.

9 Procesadores de texto III

Vamos a conocer...

1. Columnas y letra capital
2. Tabulaciones
3. Viñetas, numeración y listas multinivel
4. Encabezado y pie de página

SOFTWARE LIBRE

OpenOffice.org – Writer III

PRÁCTICA PROFESIONAL

Síntesis de actividades

Y al finalizar esta unidad...

- Conocerás nuevas aplicaciones de Word y Writer.
- Podrás realizar un documento de texto que incluya párrafos o secciones en forma de columnas.
- Conocerás qué es la letra capital y las distintas formas de diseñarla al principio de un párrafo.
- Comprenderás para qué sirven las tabulaciones y cuántos tipos existen.
- Sabrás diseñar un texto con datos tabulados con distintas alineaciones y rellenos.
- Podrás escribir secciones de un documento en forma de esquema con viñetas.
- Sabrás configurar listas con viñetas, numeración o multinivel.
- Aprenderás a realizar listas de viñetas con símbolos e imágenes.

Caso práctico inicial

Situación de partida

Estás trabajando en la oficina de un Administrador de Fincas. Tu jefe te hace entrega de un documento antiguo y te pide que, con ese modelo y unos datos escritos a mano que te ha entregado, elabores uno similar para otra comunidad, cuyos vecinos han de hacer entrega de una cuota extraordinaria para la instalación de un ascensor en el edificio.

Observas el documento que te ha de servir como modelo y ves que tiene un encabezado y un pie de página, además de dos apartados, uno con ingresos y gastos, que están escritos de forma esquemática, y otro con una lista de pisos, nombres y cantidades, que están muy bien alineados. Te fijas sobre todo en las cantidades y observas que todas las comas ocupan la misma posición.

El documento de muestra está escrito en un formato A5 horizontal.

Comunidad de propietarios El Parque

RESUMEN INGRESOS Y GASTOS ANUALES

1) Ingresos: 62.000 €
   a) Cuotas de comunidad
      i) Cuotas corrientes: 50.000 €
      ii) Cuotas extraordinarias: 12.000 €
   b) Devolución material: 3.000 €
2) Gastos: 60.000 €

CUOTA EXTRAORDINARIA POR PISO

PISO	NOMBRE Y APELLIDOS	CUOTA EXTRAORDINARIA
1º A	Carmen Arroyo Martín	350,20
1º B	Andrés Rolando Marcos	250,30
2º A	Teresa Lobato Sevilla	360
2º B	Joseph Olivares Capilla	280,50
3º A	Luisa Cisneros Capdevila	360
3º B	Antonio Barbero Espinosa	290

Madrid, 10 de enero de 2014

El presidente,

Recibos extraordinarios por instalación de ascensor — Página 1

Estudio del caso

Antes de empezar a estudiar y analizar el contenido de la unidad, trata de responder a las cuestiones que se plantean a continuación. Si alguna te resulta especialmente complicada o no sabes qué responder, no te preocupes. Al finalizar la unidad seguro que lo tienes mucho más claro.

1. ¿Cómo puedes insertar un encabezado y un pie de página como el que contiene el documento que te han dado como modelo?
2. ¿Habrá una manera de configurar la lista de ingresos y gastos para que esos números y letras con que están clasificados se escriban de forma automática?
3. Se te ocurre que la lista de pisos con los nombres de sus propietarios y las cantidades que han de pagar, podrías escribirla fácilmente escribiendo los datos y entre ellos muchos puntos con el teclado, pero te da la impresión de que no quedarían bien alineados, sobre todo las comas de las cantidades a abonar. ¿Habrá una manera en que esos datos queden tabulados de forma automática y evitar buena parte del trabajo?

1. Columnas y letra capital

Una de las formas en que puede presentarse un texto es en dos o más **columnas** del mismo o distinto tamaño, divididas por líneas o no. Suelen emplearse columnas en todo tipo de escritos y es muy habitual encontrarlas en periódicos y boletines oficiales.

Cuando leemos algún documento o un libro y la primera letra de un párrafo está escrita de forma particular, más grande y resaltada con respecto al texto, estamos hablando de la **letra capital**.

1.1. Columnas

Para configurar un texto en columnas hay que tener activa la pestaña **Diseño de página**. Se hace clic en el botón **Columnas** del grupo **Configurar página** y después en el número de columnas deseado o bien en **Más columnas**, lo que permite llevar a cabo un diseño más personalizado.

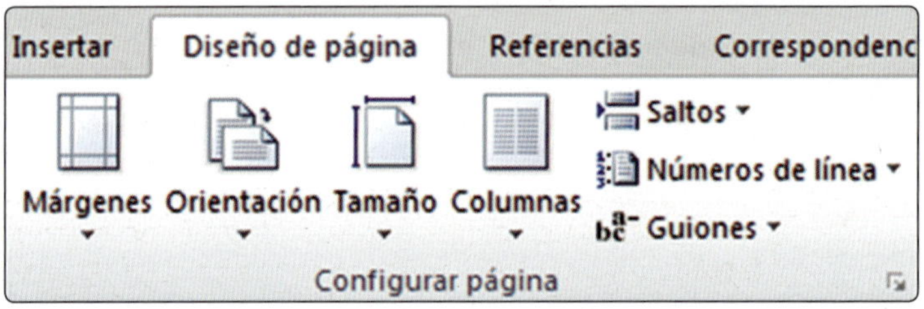

1.2. Letra capital

Una vez que se ha escrito un texto puede decidirse encabezar uno o más párrafos con letra capital, y esto es posible activando la pestaña **Insertar**. En el grupo **Texto** se hace clic en **Letra capital** y después en cualquiera de las opciones predeterminadas, o bien en **Opciones de letra capital** para poder personalizarla.

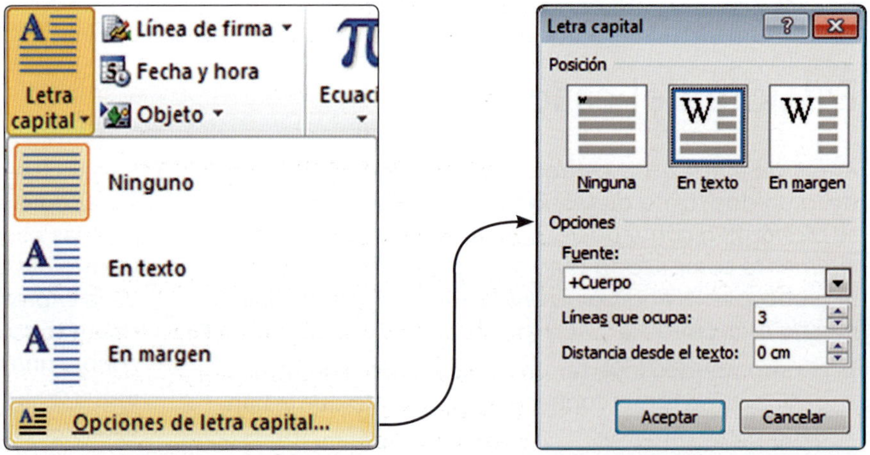

Se comprenderá mejor cómo diseñar texto en columnas y con letra capital mediante la realización de actividades.

Saber más

Seleccionar texto para columnas

La mejor manera de seleccionar texto para convertirlo en columnas es haber dejado **unas interlíneas** después del final (si no hay más texto) y después marcar el párrafo que se quiere poner en columnas **desde el punto final hasta el principio**.

Saber más

Diseño avanzado de columnas

Se puede diseñar el número de columnas, el ancho personalizado de cada columna o la distancia entre ellas teniendo activa la pestaña **Diseño de página** ⟶ Grupo **Configurar página** ⟶ **Columnas** ⟶ **Más columnas** y configurando los espacios **Ancho** y **Espaciado**.

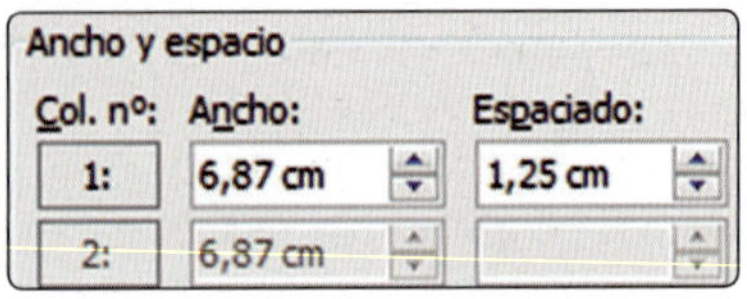

Saber más

Columnas y letra capital

Si un párrafo va a llevar columnas y letra capital, hay que configurar **primero las columnas** y **en segundo lugar la letra capital**.

Actividades resueltas

Nombre del documento: **Columnas y letra capital 1**

Tipo: **Documento de Word**

1. Abre un documento nuevo de Word y guárdalo, con el nombre y tipo indicados, en tu carpeta de trabajo de esta unidad didáctica.
2. Reproduce el siguiente documento. Las instrucciones están a continuación:

Es algo que ocurre de tanto en tanto. Un videojuego que parte de una base supuestamente banal y un tanto inocente acaba por arrastrarlo a uno a ese universo virtual que se muestra en la pantalla del televisor cuando se conecta la consola. Animal Crossing, como en su día hicieron Los Sims, Pokémon o incluso el Tamagotchi, se aprovecha de la facilidad que parece tener el ser humano para encariñarse con seres artificiales que emulan nuestro comportamiento. Porque el juego de Nintendo, como muy bien se han encargado de difundir desde la propia desarrolladora, es un simulador de vida.

Eso sí, aquí se abandona toda pretensión de realismo para dotar al juego de un aspecto inocente, muy del gusto oriental, repleto de colores llamativos. Un juego de clara tendencia japonesa que, quizá por eso, ha tardado tanto tiempo en llegar a territorio europeo.

Concebido como secuela para el popular título de Nintendo 64 Animal Forest, el juego parte de una premisa tan sencilla como eficaz: vivir. Lo que implica que uno, después de mudarse a la ciudad, tiene que hablar con la gente, conocer a sus vecinos, ganar un sueldo o decorar la casa. El secreto del éxito hay que atribuirlo a partes iguales a las inmensas posibilidades en una partida y a la acertada utilización del tiempo real, manejado en este caso por el reloj interno de la consola. Esto quiere decir que ciertos eventos ocurren en horas determinadas, que las estaciones se van sucediendo una tras otra o que los cumpleaños se celebran en un día concreto. El truco funciona y uno acaba queriendo volver al juego porque tiene que felicitar a su vecino.

Configurar las columnas

a) **Los márgenes** de página serán los que suelen estar predeterminados: 2,5 cm superior e inferior, 3 cm laterales.

b) **La fuente** será Calibri 11.

c) **El párrafo** estará configurado de la siguiente manera:

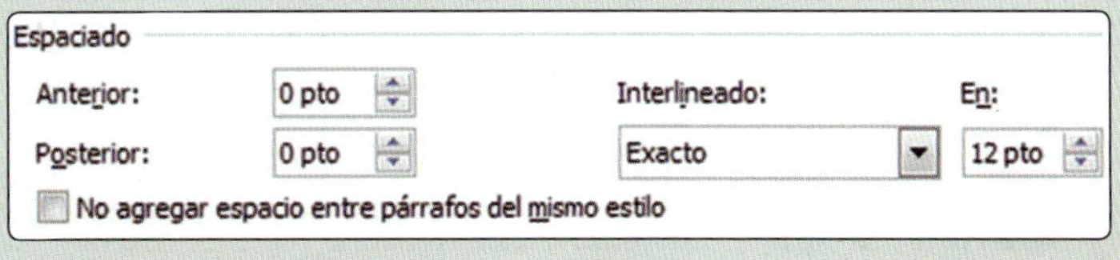

d) Entre un párrafo y otro pulsa **Intro dos veces**.

e) Selecciona el primer párrafo. Menú **Diseño de página ⟶ Columnas ⟶ Dos**.

f) Selecciona el segundo párrafo. Menú **Diseño de página ⟶ Columnas ⟶ Tres**.

g) El tercer párrafo es el último de la actividad. Hay que recordar que en este caso, para que se configuren bien las columnas es necesario dar **dos o tres interlíneas** después del párrafo y después marcar el párrafo desde su punto final hasta el principio. Hazlo. Después **Diseño de página ⟶ Columnas ⟶ Más columnas.** De las preestablecidas, escoge **Derecha**. Debajo, marca la casilla **Línea entre columnas**. Acepta.

Actividades resueltas (cont.)

Configurar letra capital

a) Haz clic en cualquier lugar del primer párrafo. Activa la pestaña **Insertar ⟶ Letra capital ⟶ En texto**.

b) Para el segundo párrafo deseamos que la letra capital abarque toda una palabra. Se selecciona la palabra «Eso» y después se activa la pestaña **Insertar ⟶ Letra capital ⟶ Opciones de letra capital**. Se abrirá una ventana que deberás configurar como la de la imagen primera de las dos que siguen:

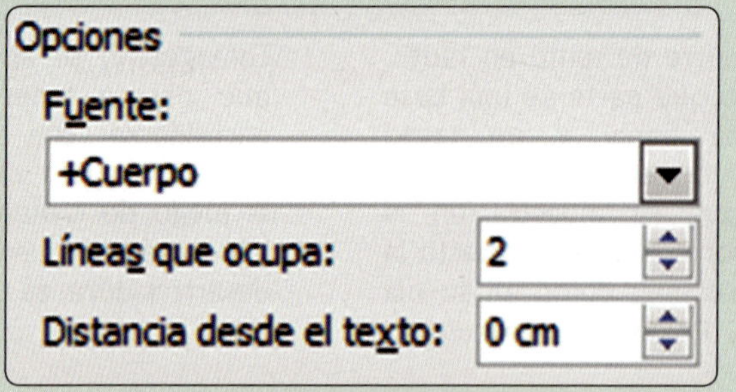

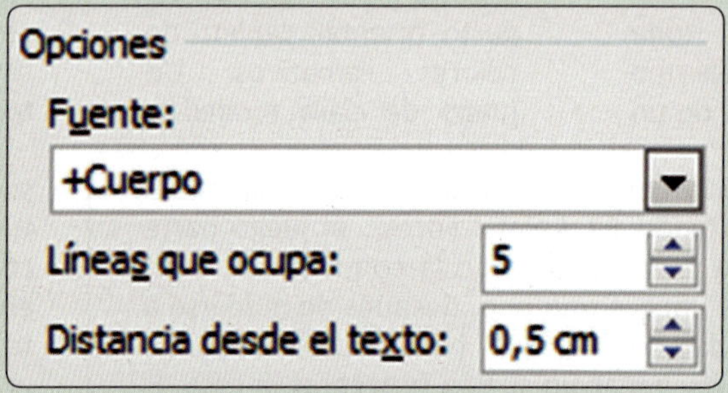

c) Y por último, en el tercer párrafo deseamos que la letra capital ocupe cinco líneas y que esté separada del resto del texto 0,5 cm. Esto deberá hacerse desde la pestaña **Insertar ⟶ Letra capital ⟶ Opciones de letra capital**. Después se configura la ventana como muestra la segunda imagen de las dos anteriores.

d) Guarda los cambios del documento y no olvides colocarlo en tu carpeta de ejercicios de esta unidad didáctica.

Actividades propuestas

1. Nombre del documento: **Columnas y letra capital 2**

Tipo: **Documento de Word**

a) Abre un documento nuevo de Word y guárdalo, con el nombre y tipo indicados, en tu carpeta de trabajo de esta unidad didáctica.

b) Reproduce el siguiente documento:

Es algo que ocurre de tanto en tanto. Un videojuego que parte de una base supuestamente banal y un tanto inocente acaba por arrastrarlo a uno a ese universo virtual que se muestra en la pantalla del televisor cuando se conecta la consola. Animal Crossing, como en su día hicieron Los Sims, Pokémon o incluso el Tamagotchi, se aprovecha de la facilidad que parece tener el ser humano para encariñarse con seres artificiales que emulan nuestro comportamiento. Porque el juego de Nintendo, como muy bien se han encargado de difundir desde la propia desarrolladora, es un simulador de vida.

Concebido como secuela para el popular título de Nintendo 64 Animal Forest, el juego parte de una premisa tan sencilla como eficaz: vivir. Lo que implica que uno, después de mudarse a la ciudad, tiene que hablar con la gente, conocer a sus vecinos, ganar un sueldo o decorar la casa. El secreto del éxito hay que atribuirlo a partes iguales a las inmensas posibilidades en una partida y a la acertada utilización del tiempo real, manejado en este caso por el reloj interno de la consola. Esto quiere decir que ciertos eventos ocurren en horas determinadas, que las estaciones se van sucediendo una tras otra o que los cumpleaños se celebran en un día concreto. El truco funciona y uno acaba queriendo volver al juego porque tiene que felicitar a su vecino.

2. Tabulaciones

Las tabulaciones son topes que fijamos para escribir una serie de datos en forma de columnas, según unos determinados criterios de alineación.

La regla es una herramienta que sirve para medir una página en la unidad de medida que tenga preestablecida Word. Si la regla está visible, tendremos una horizontal en la parte superior del documento y otra vertical a la izquierda.

Para nuestras actividades partimos de la base de que Word estará configurado en centímetros y es conveniente tener visible la regla.

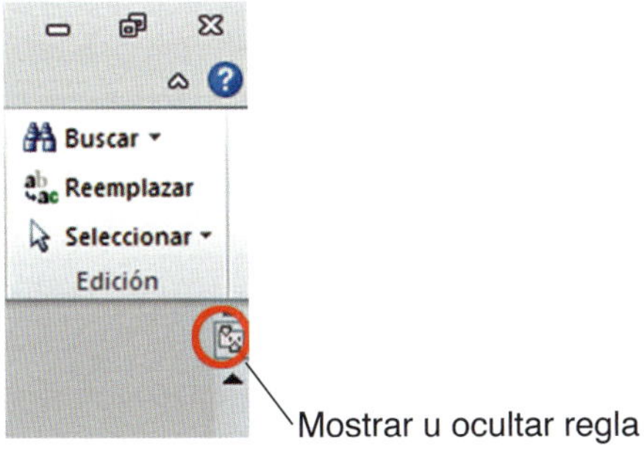

Para mostrar la regla activamos la pestaña **Vista**. En el grupo **Mostrar u ocultar** marcaremos la casilla **Regla**. También podemos tenerla visible si hacemos clic en la parte superior de la barra de desplazamiento vertical. Un clic la muestra, otro la oculta.

2.1. Tabulaciones de forma directa

Se hace clic en el selector de tabulaciones que está justo al principio de la regla horizontal (a la izquierda), hasta que aparezca el símbolo de tabulación deseado. Una vez que el símbolo está a la vista, se hace clic en el punto que se desee de la regla y el símbolo quedará insertado en la misma.

- Representa la **tabulación izquierda**. Significa que el texto que se escriba tabulado estará alineado por la izquierda, empezando a escribirse en el punto de la regla en donde hayamos situado este símbolo.
- **Tabulación centrada**. El texto que se escriba en la columna estará centrado con respecto a un eje central, que será el lugar de la regla en el que se haya situado este símbolo.
- **Tabulación derecha**. Situado sobre la regla, este símbolo indica que cualquier texto tabulado se ajustará a la derecha, finalizando justo en el punto en donde está el símbolo.
- **Tabulación decimal**. Se utiliza para tabular números. La coma decimal de las cifras tabuladas quedará justo en el punto en que el símbolo está situado en la regla. Todas las cantidades que se escriban en esa tabulación quedarán alineadas por su coma decimal.

2.1.1. Eliminar topes de tabulación

Para borrar un tope de tabulación se hace doble clic sobre él en la regla y en el diálogo **Tabulaciones** se elige **Eliminar**. Si queremos borrar todos los topes de tabulación optaremos por **Eliminar todos**.

Caso práctico inicial

La forma más sencilla de fijar los topes de tabulación es marcarlos sobre la regla.

Saber más

Coma decimal

Office toma como predeterminado el idioma que tiene configurado Windows. Si ambos están en español, la **coma decimal se escribe con la coma del teclado alfabético**. No se debe usar por tanto el punto del teclado alfabético ni el del teclado numérico, ni la coma superior del teclado alfabético.

Caso práctico inicial

Fijar topes de tabulación

Si se quieren fijar **con más precisión** hay que estar en la pestaña **Inicio**, pulsar en la flecha inferior derecha del grupo **Párrafo** y abajo a la izquierda hacer clic en **Tabulaciones**. Ahí se configuran.

Saber más

Eliminar topes de tabulación

Una forma más sencilla y directa de eliminar un tope de tabulación es arrastrarlo hacia abajo con el ratón:

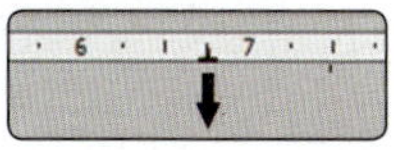

Caso práctico inicial

Eliminar líneas de relleno de una o más filas

Se seleccionan las filas a las que se les quiere quitar el relleno, se hace doble clic sobre el correspondiente símbolo de tabulación de la regla y en relleno se elige **Ninguno**.

2.2. Líneas de relleno entre columnas

La forma más simple de hacer **líneas de relleno** entre topes de tabulación es hacer doble clic sobre el símbolo de tabulación que aparece en la regla. En el cuadro de diálogo que se abrirá se elige qué **tipo de línea** habrá **hasta llegar a dicho tope**. Se selecciona la posición a la que nos estamos refiriendo y a continuación se hace clic en **Establecer** y **Aceptar**.

Para **eliminar una línea de relleno** seguiremos el mismo procedimiento, seleccionando **Ninguno** en el tipo de relleno. Es el procedimiento que debemos realizar cuando, tras haber hecho un cuadro de datos tabulados, deseamos eliminar el relleno de una o más filas, **seleccionando previamente las filas** a las que queremos eliminarles dicho relleno.

Actividades resueltas

Nombre del documento: **Tabulaciones 1**

Tipo: **Documento de Word**

Tenemos que diseñar un documento mediante tabulaciones, de forma que el resultado final sea como la siguiente figura. Hay cuatro columnas de datos, pero la primera de ellas está apoyada sobre el margen izquierdo, por lo que no necesita tope de tabulación. Por tanto, necesitaremos **tres topes de tabulación** y hemos decidido situarlos en los centímetros 5, 8 y 13 de la regla.

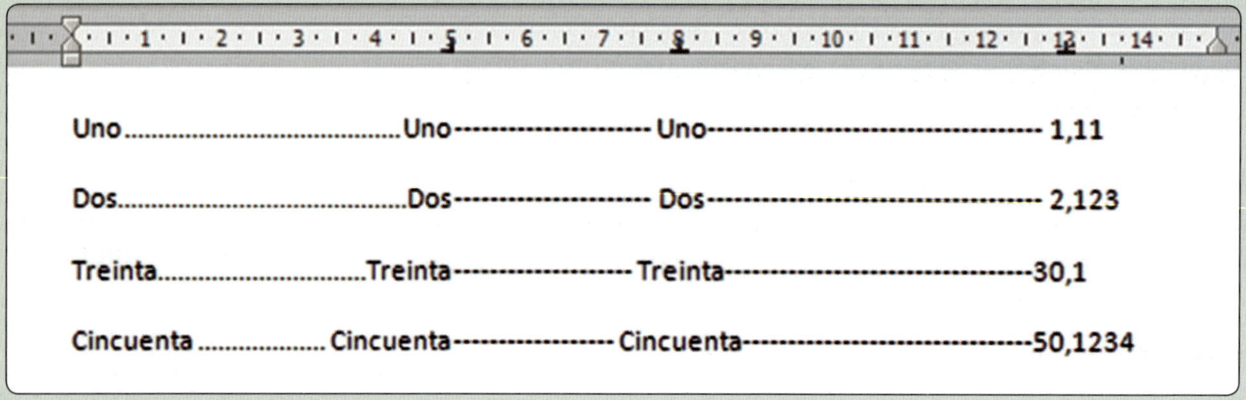
Uno..Uno--------------------- Uno------------------------------------ 1,11
Dos..Dos--------------------- Dos------------------------------------ 2,123
Treinta..............................Treinta------------------- Treinta---------------------------------30,1
Cincuenta ....Cincuenta----------------- Cincuenta-------------------------------50,1234

Lo realizaremos paso a paso:

1. Abre un documento nuevo de Word y guárdalo con el nombre que figura arriba en tu carpeta de ejercicios de esta unidad.
2. Los **márgenes** del documento serán los predeterminados. El tipo de fuente **Calibri 11**. La **regla** ha de estar visible. Observa que la primera columna de datos está alineada a la izquierda, pero no nos importa porque no lleva tabulación al coincidir con el margen izquierdo del documento.
   - **Primera tabulación**. Selecciona el símbolo de **tabulación derecha** y haz clic en el centímetro 8 de la regla.
   - **Segunda tabulación**. Selecciona el símbolo de **tabulación centrada** y haz clic en el centímetro 8 de la regla.
   - **Tercera tabulación**. Selecciona el símbolo de **tabulación decimal** y haz clic en el centímetro 13 de la regla.
3. Ahora vamos a establecer el relleno que habrá antes de cada tope de tabulación. Como se puede ver, antes de la primera tabulación diseñada hay una línea de **puntos**. Antes de la segunda, una línea de **rayas discontinuas**, y antes de la tercera, de nuevo **rayas discontinuas**.

Actividades resueltas (cont.)

- Haz doble clic, en la regla en, el símbolo de la primera tabulación (derecha). En el cuadro de diálogo, selecciona la posición 5, en **Relleno** marca la opción 2 (línea de puntos) y pulsa sobre **Establecer**. Sin darle todavía a aceptar, selecciona la posición 8, marca la opción 3 (rayas discontinuas) y pulsa sobre **Establecer**. Por último selecciona la posición 13 y de nuevo rayas discontinuas. Pulsa **Establecer**. **Aceptar**.

4. Una vez que se han fijado todos los topes de tabulación y las líneas de relleno, se empieza a escribir, y cada vez que haya que saltar a un nuevo tope se pulsa la tecla de tabulación (**Tab**) de tu teclado, que está sobre el Bloqueo de mayúsculas. Al final de cada línea pulsa la tecla **INTRO** una vez y el punto de escritura se desplazará hasta la siguiente columna dejando el trazo del relleno que le hemos fijado.

- Escribe **Uno** → Tecla Tab → **Uno** → Tecla Tab → **Uno** → Tecla Tab → **1,11** → INTRO.
- Escribe **Dos** → Tecla Tab → **Dos** → Tecla Tab → **Dos** → Tecla Tab → **2,123** → INTRO.
- Escribe **Treinta** → Tecla Tab → **Treinta** → Tecla tab → **Treinta** → Tecla tab → **30,1** → INTRO.
- Escribe **Cincuenta** → Tecla tab → **Cincuenta** → Tecla tab → **Cincuenta** → Tecla Tab → **50,1234** → INTRO.

5. Guarda los cambios en tu documento y no olvides guardarlo en tu carpeta de ejercicios de esta unidad.

Actividades propuestas

2. Nombre del documento: **Tabulaciones 2**

Tipo: **Documento de Word**

a) Realiza este cuadro de datos tabulados en un documento nuevo de Word.

b) Decide según tu criterio dónde situar los topes de tabulación para que queden bien distribuidos en el ancho de un papel A4 con los márgenes predeterminados y una fuente Calibri 11.

c) La primera columna está en el margen izquierdo, por lo que no necesita tabulación.

d) La primera línea es de títulos, lleva la misma tabulación que el resto del ejercicio pero **no contiene líneas de relleno** (se deberá marcar toda la línea al terminar el ejercicio y quitarle el relleno como hemos visto en la teoría y en los cuadros laterales). El subrayado de esa línea es del tipo **Solo palabras**.

NOMBRE	CIUDAD	SALDO
Antonio	Málaga..	14,76
Gabriel	León	1.234,2
Eva	Guadalajara..	987
Lorenzo..	Toledo	1,2

3. Viñetas, numeración y listas multinivel

Vamos a aprender cómo mostrar la información en forma esquemática utilizando un solo nivel (con símbolos, números o letras) o con varios niveles anidados.Si tenemos activa la pestaña **Inicio** de la cinta de opciones, vemos los tres primeros apartados que hay dentro del grupo **Párrafo**. En la imagen siguiente tienen contorno rojo y corresponden respectivamente a **Viñetas**, **Numeración** y **Lista multinivel**.

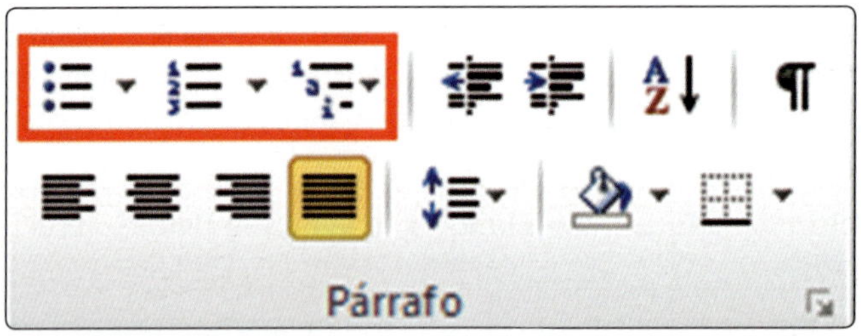

Observa atentamente el siguiente ejemplo en donde se ponen tres ejemplos de **Viñetas** y otros tantos de **Listas numeradas** (Numeración) y de **Listas multinivel**. Este ejemplo servirá para hacer una **actividad** más adelante.

Ejemplo

LISTAS DE VIÑETAS	LISTAS NUMERADAS	LISTAS MULTINIVEL
✓ Parcelas	1. Parcelas	1) Viviendas
✓ Chalés	2. Chalés	a) Chalés
✓ Pareados	3. Pareados	b) Pareados
✓ Pisos	4. Pisos	c) Pisos
		2) Parcelas
Parcelas	a) Parcelas	a) Urbanas
Chalés	b) Chalés	b) Rústicas
Pareados	c) Pareados	i) Campo
Pisos	d) Pisos	ii) Costa
		❖ Parcelas
• Parcelas	I. Parcelas	➤ Urbanas
• Chalés	II. Chalés	➤ Rústicas
• Pareados	III. Pareados	▪ Campo
• Pisos	IV. Pisos	▪ Costa

3.1. Modificar la apariencia de las viñetas

Todas las listas de símbolos, números o letras pueden ser modificadas en su apariencia, tamaño y color.

En el anterior ejemplo de listas numeradas, los números del primer grupo podrían ser en negrita y en color verde.

Estos cambios se realizan en el cuadro de diálogo **Definir nueva viñeta**, **Definir nuevo formato de número** o **Definir nuevo estilo de lista multinivel** respectivamente, cuando se pulsa el botón de cada uno de los tipos de listas.

Saber más

Word tiene **bibliotecas de listas** predeterminadas para cada una de las modalidades. Como ejemplo, la biblioteca de listas multinivel:

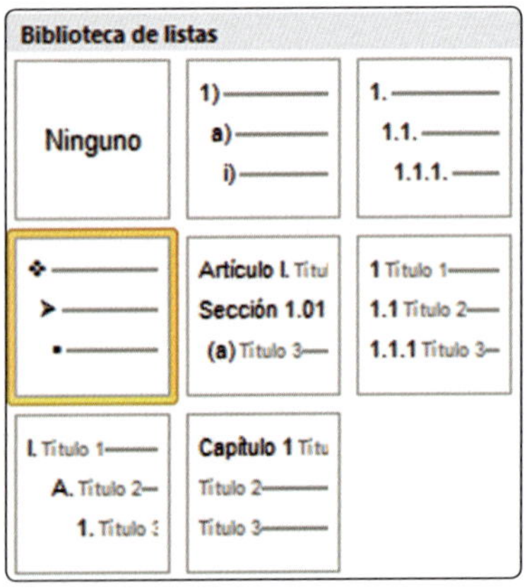

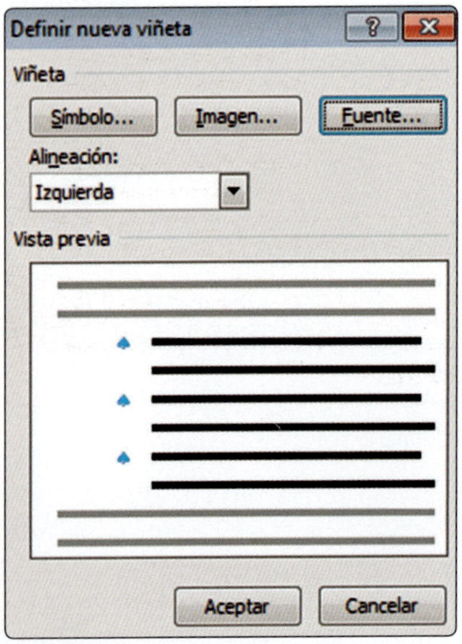

Actividades resueltas

Nombre del documento: **Viñetas con imagen**
Tipo: **Documento de Word**

1. Abre un documento nuevo de Word y guárdalo en tu carpeta de trabajo de esta unidad con el nombre Viñetas.
2. Escribe en **Calibri 11** las siguientes palabras cada una en una línea: Rosa, Clavel, Petunia, Orquídea.
3. Selecciona las cuatro líneas escritas, haz clic sobre la flechita que hay junto a **Viñetas** del grupo **Párrafo** de la pestaña **Inicio** y escoge la viñeta que tiene forma de cuadradito negro.

   Tu lista quedará así:

   ■ Rosa
   ■ Clavel
   ■ Petunia
   ■ Orquídea

4. Vuelve a seleccionar las cuatro líneas para cambiarles el formato de viñeta. En este caso no se va a recurrir a la biblioteca de viñetas, sino que se creará una nueva.
5. Haz clic en la **flecha** a la derecha del botón **Viñetas**. Abajo, haz clic sobre **Definir nueva viñeta**. El cuadro de diálogo abierto tiene **tres pestañas** para que esa nueva viñeta pueda ser un **símbolo** de cualquiera de las fuentes instaladas o una **imagen**.

   La **tercera pestaña** sirve para configurar la fuente en el caso de haber seleccionado un símbolo y no una imagen.

   Elige **Imagen** y escoge alguna de las primeras de la galería mostrada. **Acepta** en el botón del cuadro. Tu lista puede quedar así o con otra imagen que hayas escogido:

   Rosa
   Clavel
   Petunia
   Orquídea

6. No olvides guardar los cambios del documento antes de cerrarlo.

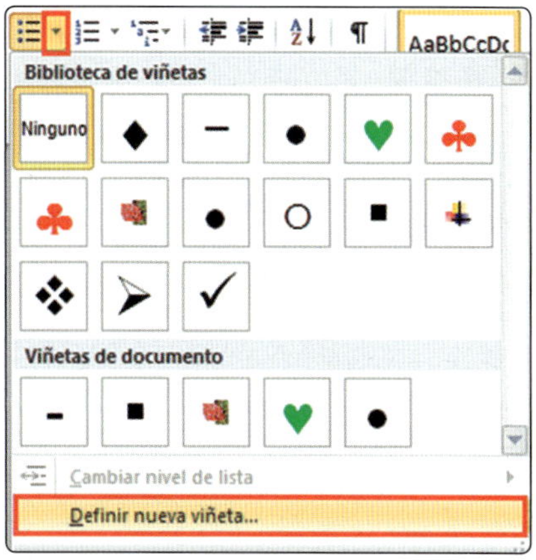

Paso 1.

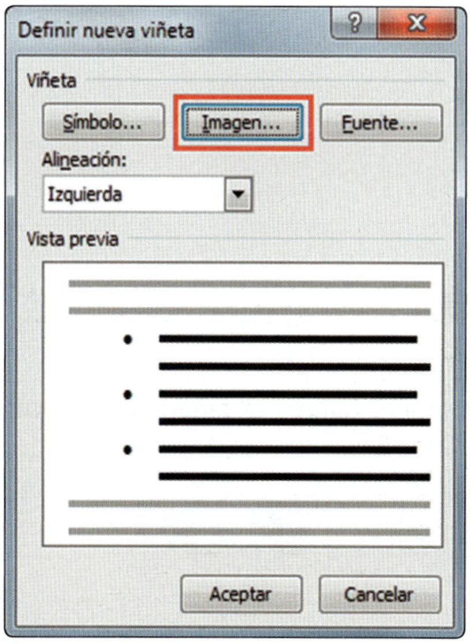

Paso 2.

Actividades propuestas

3. Nombre del documento: **Viñetas con símbolo**
Tipo: **Documento de Word**

Reproduce esta lista de viñetas (en Calibri 11) que en lugar de imagen tienen un símbolo de la fuente **Symbol**.

Una vez seleccionado el símbolo haz clic sobre **Fuente** para cambiarle el color a verde: **Definir nueva viñeta** ⟶ **Símbolo** ⟶ (buscar y escoger símbolo) ⟶ **Aceptar** ⟶ Botón **Fuente** ⟶ (poner en color verde) ⟶ **Aceptar**.

♥ España
♥ Portugal
♥ Francia
♥ Italia
♥ Grecia
♥ Turquía

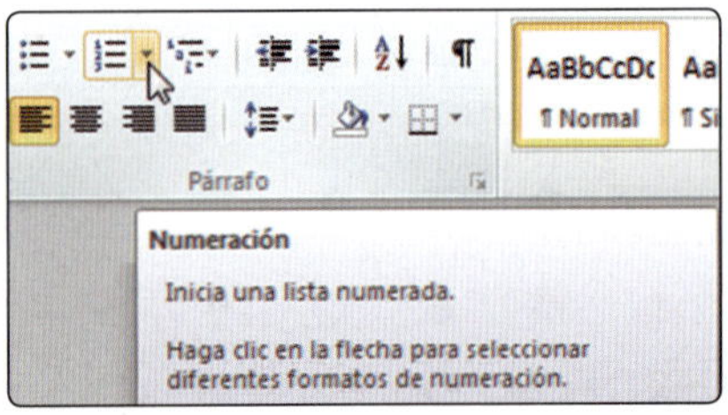

Actividades propuestas

4. Nombre del documento: **Lista numerada**

Tipo: **Documento de Word**

a) Escribe en distintas líneas cada uno de los siguientes nombres de países en **Calibri 11**: España, Portugal, Francia, Italia, Grecia, Turquía. Selecciona todas las palabras escritas.

b) Haz clic sobre la **flecha** que hay junto al botón **Numeración** del grupo **Párrafo** de la pestaña **Inicio**. Al final del cuadro de diálogo haz clic sobre **Definir nuevo formato de número**. En la nueva ventana en **Estilo de número** escoge A, B, C. Al lado, haz clic en el botón **Fuente** y escoge un color **Púrpura** y **Negrita cursiva**. Tu lista deberá quedar como la que ves a continuación.

A. España
B. Portugal
C. Francia
D. Italia
E. Grecia
F. Turquía

c) No olvides guardar los cambios del documento antes de cerrarlo.

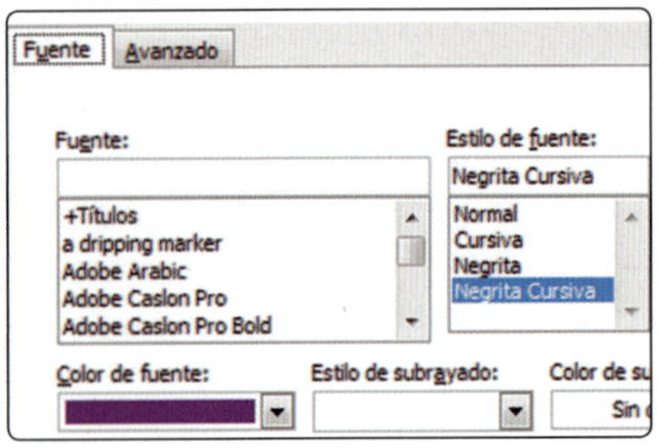

3.2. Avanzar o retroceder niveles en una lista multinivel

Al escribir listas multinivel, para avanzar al siguiente nivel se hace clic sobre el botón **Aumentar sangría**, del grupo **Párrafo** y de la pestaña **Inicio**.

Si se desea retroceder al nivel anterior, entonces haremos clic sobre el botón **Disminuir sangría**, en el mismo grupo de la cinta de opciones.

Saber más

Botones **Aumentar sangría** y **Disminuir sangría**.

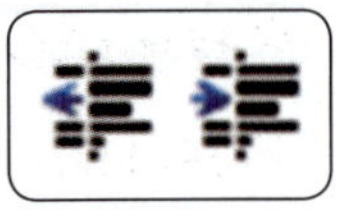

Actividades resueltas

Nombre del documento: **Lista multinivel 1**

Tipo: **Documento de Word**

1. Abre un documento en blanco de Word y guárdalo con el nombre indicado en tu carpeta de documentos de esta unidad.
2. Vamos a escribir una lista multinivel de las que están configuradas en la galería de listas multinivel de Word, que quedará con esta apariencia. Las instrucciones para llevarla a cabo están en la página siguiente.

1. Clientes
   1.1. Nacionales
   1.2. CE
      1.2.1. Reino Unido
      1.2.2. Alemania
2. Proveedores
   2.1. Italia
   2.2. Suiza

Actividades resueltas (cont.)

3. Antes de escribir la lista vamos a definirla. Haz clic en la flecha que hay junto a **Lista multinivel** del grupo **Párrafo** de la pestaña **Inicio**. Escoge de la **Biblioteca de listas** la que tiene la siguiente apariencia. Al pulsarlo ya aparecerá el número 1 del primer nivel.

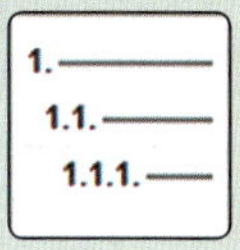

4. Escribe la palabra **Clientes** y pulsa Intro. Saltará de línea y escribirá un 2. Pero ahora no queremos seguir en el primer nivel sino pasar al siguiente, con lo que debemos pulsar el botón **Aumentar sangría** del grupo **Párrafo** y ya veremos 1.1. Escribe **Nacionales** y pulsa Intro. Escribe **CE** y pulsa Intro.
5. Deseamos ir al tercer nivel, con lo que deberemos pulsar de nuevo el botón **Aumentar sangría**. Escribe **Reino Unido**. Intro. Escribe **Alemania**, que está en el mismo nivel del anterior. Pulsa Intro.
6. Ahora necesitamos retroceder al primer nivel. Habrá que pulsar dos veces consecutivas el botón **Disminuir sangría** del grupo **Párrafo**. Cuando estés en el primer nivel aparecerá un 2. Escribe **Proveedores**. Intro. Aparecerá un 3, pero queremos ir al segundo nivel. Pulsa el botón **Aumentar sangría**. Escribe **Italia**. Intro. Escribe **Suiza**.
7. Comprueba que tu lista tiene la misma apariencia que te mostramos al principio de esta actividad. Guarda los cambios y cierra el documento.

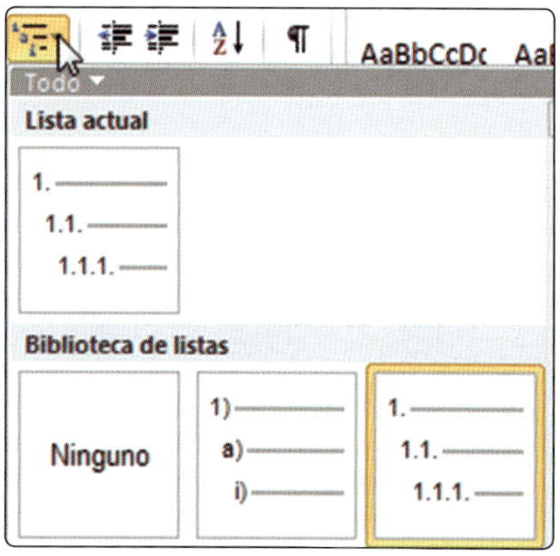

Actividades propuestas

5. Nombre del documento: **Viñetas distintas**

Tipo: **Documento de Word**

Abre un documento nuevo de Word y escribe las **Listas de viñetas** que se muestran en la primera columna del ejemplo del epígrafe 3. Guarda los cambios y cierra el documento.

6. Nombre del documento: **Listas numeradas distintas**

Tipo: **Documento de Word**

Abre un documento nuevo de Word y escribe las **Listas numeradas** que se muestran en la segunda columna del ejemplo del epígrafe 3. Guarda los cambios y cierra el documento.

7. Nombre del documento: **Listas multinivel distintas**

Tipo: **Documento de Word**

Abre un documento nuevo de Word y escribe las **Listas multinivel** que se muestra en la tercera columna del ejemplo del epígrafe 3. Guarda los cambios y cierra el documento.

4. Encabezado y pie de página

En la parte superior e inferior de las páginas de un documento de Word se puede insertar un encabezado y un pie de página, respectivamente.

Tanto en el encabezado como en el pie de página se pueden insertar **elementos descriptivos** (título del documento, fecha, número de página, etc.) como **elementos decorativos** (ilustraciones).

Para **insertar o modificar** un encabezado o pie de página se activa la pestaña **Insertar** y aparecen las opciones necesarias en el grupo **Encabezado y pie de página**.

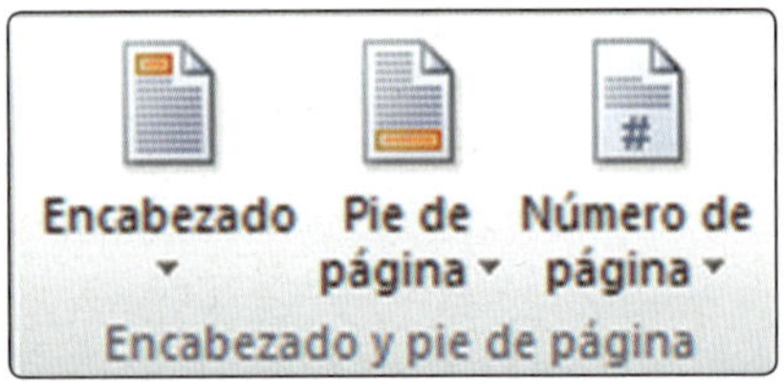

Actividades resueltas

Nombre del documento: **Encabezado y pie de página**

Tipo: **Documento de Word**

1. Abre el documento que habrás guardado en esta unidad llamado **Viñetas con símbolo**. Guárdalo ahora con el nombre que figura en el encabezado de esta unidad.
2. Haz clic en **Encabezado**, del grupo **Encabezado y pie de página** de la pestaña **Insertar**. De la biblioteca de encabezados, escoge la que tiene por nombre **Alfabeto**. Tendrás un espacio arriba para ponerle el texto que desees. Escribe **Viñetas con símbolo**. No es necesario salirse del encabezado, ya que, como puedes ver hay una nueva pestaña, **Diseño**, con varios grupos de opciones.
3. En el grupo **Navegación** de la pestaña **Diseño**, haz clic en **Ir al pie de página**. Cuando el cursor esté situado en el pie de página, puedes hacer clic en la pestaña **Insertar** y de nuevo en el grupo **Encabezado y pie de página** ⟶ **Pie de página** para poder escoger el estilo del pie. Escoge el mismo que para el encabezado: **Alfabeto**. En el texto de la izquierda escribe: **Ejercicio realizado el dd-mm-aaaa** (indica el día, mes y año). A la derecha se mostrará de forma automática el **número de página** que tenemos abierta, que será la número 1.
4. Haz doble clic en cualquier lugar del documento para salir de la edición de encabezado y pie.
5. Al final de la última palabra escrita pulsa dos o tres veces sobre la tecla Intro para dejar atrás las viñetas. A continuación haz clic en la pestaña **Insertar** ⟶ Grupo **Páginas** ⟶ **Salto de página**. Verás que hemos avanzado a una página posterior que no está escrita aún, pero que tiene su encabezado y su pie. En el pie de esa segunda página se verá el número de página: 2.
6. Esta será la apariencia (con un color desvaído mientras está activo el documento) del encabezado y del pie de página que has insertado:

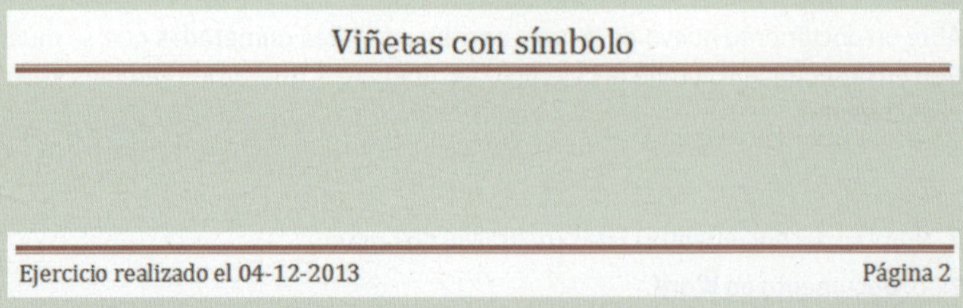

Saber más

Diseño de encabezado y pie de página

En la cinta de opciones la pestaña **Diseño** se hace visible al estar configurando el encabezado o el pie de página y ofrece múltiples opciones, como por ejemplo que el encabezado y el pie no aparezcan en la primera página de un documento, insertar imágenes, modificar el ancho del encabezado o el pie, etc.

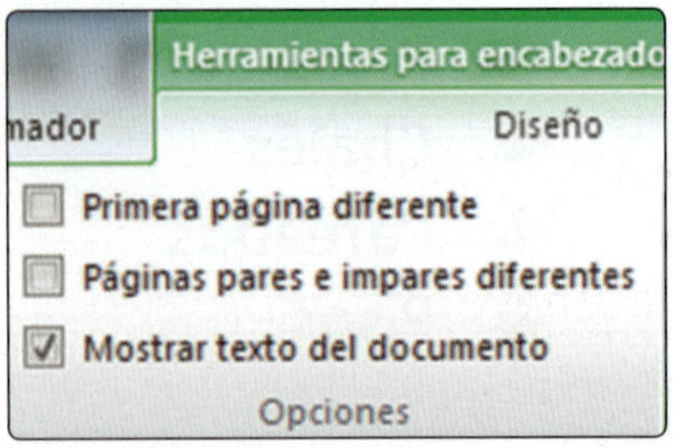

Openoffice.org – Writer III

1. Columnas y letra inicial

1.1. Columnas

Para crear columnas, selecciona todo el texto que quieras distribuir en columnas desde el menú **Formato** ⟶ **Columnas**. Entonces verás una ventana como la de la siguiente imagen:

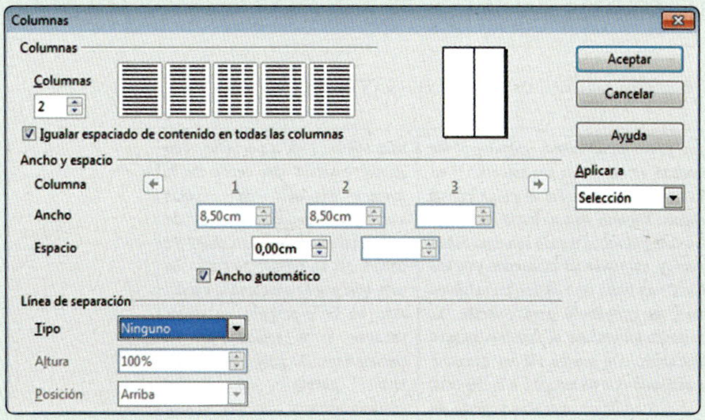

Observa que hay varios valores predeterminados que puedes modificar para diseñar las columnas de otra manera.

La ventana está dividida en tres partes:

- **Columnas**. Se puede hacer clic en el número de columnas según la galería de diseños que se presentan.
- **Ancho y espacio**. Se podrá cambiar el ancho en centímetros de las columnas, salvo que esté marcada la casilla Ancho automático. En **Espacio** se selecciona en centímetros la distancia que habrá entre columnas.
- **Línea de separación**. Se elige el tipo de línea, si es que queremos que la lleve entre columnas. Debajo está la **Altura**: si deseamos que ocupe toda la columna de arriba abajo se deja en el 100%, si la queremos más corta se baja ese porcentaje y luego en **Posición** se elige si esa línea corta queremos que esté en la parte superior, en el centro o en la parte inferior entre las columnas.

1.2. Letra inicial

Nos permite resaltar la primera letra o palabra de un párrafo. Para insertar una letra inicial se accede desde el menú **Formato** ⟶ Párrafo, pestaña **Iniciales**, y a continuación verificar la casilla **Mostrar Iniciales**.

Se puede marcar **Mostrar Iniciales** para que se muestren la letra inicial en el párrafo. También puede marcarse **Toda la palabra** y entonces la letra inicial será la primera palabra completa del párrafo.

Observa en la imagen lateral que está configurado para que la letra inicial sea de un carácter, que ocupe 3 líneas y que la distancia al texto sea 0.

Saber más

Línea de separación

En el apartado **Línea de separación**, además del tipo de línea, puedes elegir el porcentaje que quieres que ocupe y la posición.

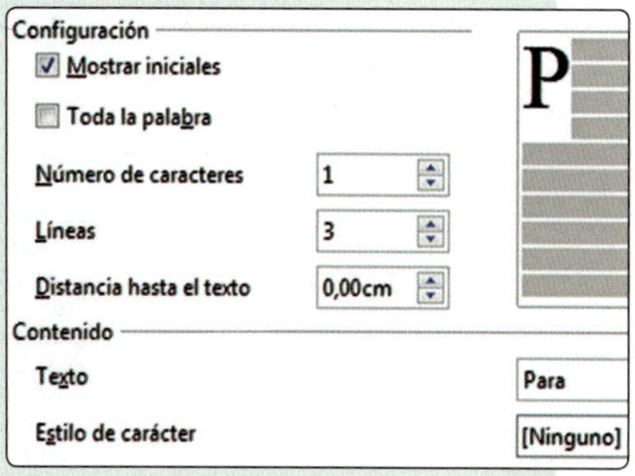

Actividades propuestas

1. Nombre del documento: **Writer Columnas y letra inicial 1**

   Tipo: **Documento de texto ODF**

   Reproduce la tabla que encontrarás en el archivo PDF llamado **Columnas y letra inicial 1** de los recursos adicionales, en la subcarpeta **Ejercicios de Writer** de esta unidad.

   a) **Fuente**: Times New Roman 11. **Alineación**: Justificado.

   b) **Tipo de columnas**: La derecha más estrecha. **Separación entre columnas**: 0,5

   c) **Línea de separación**: 0,5 puntos al 100%

   d) **Letra inicial**: Ahora vamos a configurar la letra inicial del texto que ocupará un solo carácter, 2 líneas de texto y una distancia hasta el texto de 0,20 cm.

   e) Guarda el documento en tu carpeta de ejercicios de esta unidad. La apariencia final será:

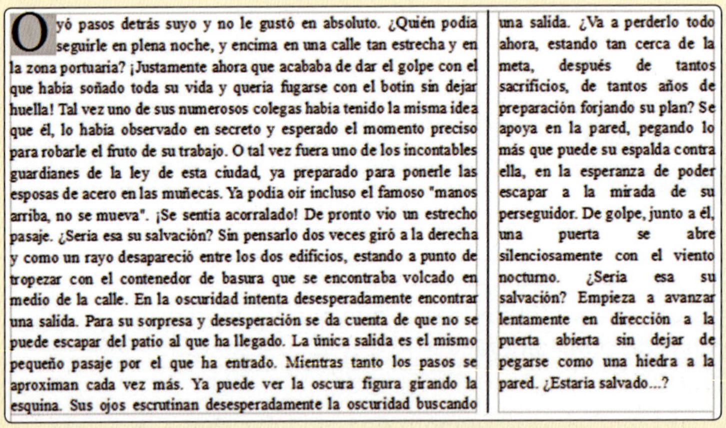

Oyó pasos detrás suyo y no le gustó en absoluto. ¿Quién podía seguirle en plena noche, y encima en una calle tan estrecha y en la zona portuaria? ¡Justamente ahora que acababa de dar el golpe con el que había soñado toda su vida y quería fugarse con el botín sin dejar huella! Tal vez uno de sus numerosos colegas había tenido la misma idea que él, lo había observado en secreto y esperado el momento preciso para robarle el fruto de su trabajo. O tal vez fuera uno de los incontables guardianes de la ley de esta ciudad, ya preparado para ponerle las esposas de acero en las muñecas. Ya podía oír incluso el famoso "manos arriba, no se mueva". ¡Se sentía acorralado! De pronto vio un estrecho pasaje. ¿Seria esa su salvación? Sin pensarlo dos veces giró a la derecha y como un rayo desapareció entre los dos edificios, estando a punto de tropezar con el contenedor de basura que se encontraba volcado en medio de la calle. En la oscuridad intenta desesperadamente encontrar una salida. Para su sorpresa y desesperación se da cuenta de que no se puede escapar del patio al que ha llegado. La única salida es el mismo pequeño pasaje por el que ha entrado. Mientras tanto los pasos se aproximan cada vez más. Ya puede ver la oscura figura girando la esquina. Sus ojos escrutinan desesperadamente la oscuridad buscando una salida. ¿Va a perderlo todo ahora, estando tan cerca de la meta, después de tantos sacrificios, de tantos años de preparación forjando su plan? Se apoya en la pared, pegando lo más que puede su espalda contra ella, en la esperanza de poder escapar a la mirada de su perseguidor. De golpe, junto a él, una puerta se abre silenciosamente con el viento nocturno. ¿Seria esa su salvación? Empieza a avanzar lentamente en dirección a la puerta abierta sin dejar de pegarse como una hiedra a la pared. ¿Estaria salvado...?

2. Nombre del documento: **Writer Columnas y letra inicial 2**

   Tipo: **Documento de texto ODF**

   a) Abre el documento Writer Columnas y letra inicial 1 y guárdalo con el nuevo nombre **Writer Columnas y letra inicial 2**.

   b) Cambia a tres columnas iguales sin línea de separación, con una separación entre columnas de 1 cm.

   c) Ponle una letra inicial que ocupe **toda la palabra** y con una distancia del texto de 0,1 cm. Puedes ver el resultado en los recursos adicionales, subcarpeta Ejercicios de Writer: **Columnas y letra inicial 2.**

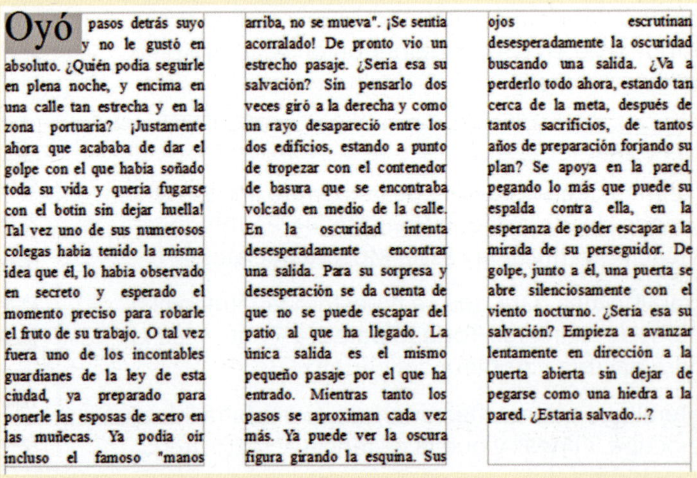

Oyó pasos detrás suyo y no le gustó en absoluto. ¿Quién podía seguirle en plena noche, y encima en una calle tan estrecha y en la zona portuaria? ¡Justamente ahora que acababa de dar el golpe con el que había soñado toda su vida y quería fugarse con el botín sin dejar huella! Tal vez uno de sus numerosos colegas había tenido la misma idea que él, lo había observado en secreto y esperado el momento preciso para robarle el fruto de su trabajo. O tal vez fuera uno de los incontables guardianes de la ley de esta ciudad, ya preparado para ponerle las esposas de acero en las muñecas. Ya podía oír incluso el famoso "manos arriba, no se mueva". ¡Se sentía acorralado! De pronto vio un estrecho pasaje. ¿Seria esa su salvación? Sin pensarlo dos veces giró a la derecha y como un rayo desapareció entre los dos edificios, estando a punto de tropezar con el contenedor de basura que se encontraba volcado en medio de la calle. En la oscuridad intenta desesperadamente encontrar una salida. Para su sorpresa y desesperación se da cuenta de que no se puede escapar del patio al que ha llegado. La única salida es el mismo pequeño pasaje por el que ha entrado. Mientras tanto los pasos se aproximan cada vez más. Ya puede ver la oscura figura girando la esquina. Sus ojos escrutinan desesperadamente la oscuridad buscando una salida. ¿Va a perderlo todo ahora, estando tan cerca de la meta, después de tantos sacrificios, de tantos años de preparación forjando su plan? Se apoya en la pared, pegando lo más que puede su espalda contra ella, en la esperanza de poder escapar a la mirada de su perseguidor. De golpe, junto a él, una puerta se abre silenciosamente con el viento nocturno. ¿Seria esa su salvación? Empieza a avanzar lentamente en dirección a la puerta abierta sin dejar de pegarse como una hiedra a la pared. ¿Estaria salvado...?

2. Tabuladores y viñetas

2.1. Tabuladores

Los tabuladores son topes que se fijan para escribir datos en columnas. Se establecen desde **Formato** ⟶ **Párrafo** ⟶ pestaña **Tabuladores**. Ahí se configura cada tope de tabulación: tipo y carácter de relleno hasta su posición.

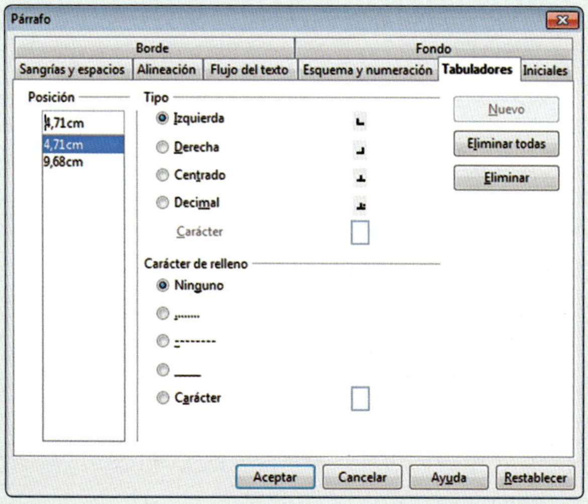

Saber más

Fijar tabuladores en la regla

Para fijar tabuladores desde la regla, se sitúa el símbolo del tipo de tabulación que deseamos y se hace clic sobre el punto de la regla donde lo vamos a fijar.

Los símbolos de tabulación están al inicio de la regla.

2.2. Viñetas

Se accede desde el menú **Formato** ⟶ **Numeración y viñetas**. Aparece una ventana desde la que podemos elegir el modelo de viñetas, números, imágenes o esquema (equivalentes a las listas multinivel de Word).

A la derecha podemos ver algunos de los modelos de viñetas de imagen.

Actividades propuestas

3. Nombre del documento: **Writer Tabuladores**

   Tipo: **Documento de texto ODF**

   1. Reproduce el documento que encontrarás en PDF en la subcarpeta **Ejercicios de Writer** de esta unidad en los recursos adicionales con el nombre **Tabuladores**.
   2. Los topes fijados serán: a 7,5 centímetros centrado, a 12 cm centrado, a 17 cm derecho. Los dos últimos llevan un relleno de puntos. La primera columna va sobre el margen y no necesita tabulación.

4. Nombre del documento: **Writer Viñetas**

   Tipo: **Documento de texto ODF**

   1. Reproduce el documento que encontrarás en PDF en la subcarpeta **Ejercicios de Writer** de esta unidad en los recursos adicionales con el nombre **Viñetas**.
   2. Los dos primeros grupos son de la pestaña **Viñetas**, los dos segundos de la pestaña **Tipo de numeración**, los dos terceros de la pestaña **Imágenes**.

Actividades resueltas

Nombre del documento: **Writer Esquemas**

Tipo: **Documento de texto ODF**

1. Reproduce el documento que encontrarás en PDF en los recursos adicionales, en la subcarpeta **Ejercicios de Writer** de esta unidad con el nombre **Esquemas**.
2. Para el primer grupo, se entra por **Formato ⟶ Numeración y viñetas ⟶** Pestaña **Esquema**. Se escoge el tipo **Numérico con todos los subniveles**. A continuación se va escribiendo la lista. Para pasar al **siguiente nivel** se pulsa en la flecha derecha de la barra de herramientas de numeración y viñetas. Para volver a un **nivel anterior** se pulsa en la flecha izquierda de esa barra de herramientas.
3. Para el segundo grupo se hace igual que en el primero, aunque el modelo que se escoge es el llamado **Viñeta hacia la derecha...**
4. Para el tercer grupo, abrimos la pestaña **Opciones** (*no aceptes hasta haber completado de configurar los tres niveles anidados que tiene la lista*). Para el NIVEL 1 escogemos 1, 2, 3. Pulsamos en NIVEL 2 y después vamos a la pestaña **Imágenes** de esa misma ventana y escogemos la correspondiente al segundo nivel. Pulsamos en NIVEL 3 y después vamos a la pestaña **Imágenes** y escogemos la correspondiente al tercer nivel. **Acepta** al finalizar.
5. Recuerda que para moverse entre niveles dentro de una lista de tipo esquema, tenemos que utilizar las flechas que nos muestra la barra de herramientas de **Numeración y viñetas.**

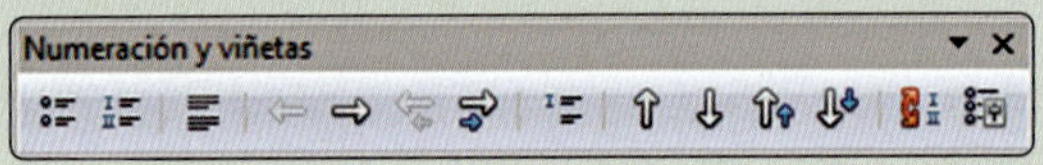

Caso práctico inicial

Los encabezados y pies de página sirven para personalizar los documentos con campos, texto e imágenes.

3. Encabezamiento y pie de página

Tanto los encabezamientos como los pies de página son áreas en la parte superior e inferior de las páginas de un documento que admiten la inclusión de texto, campos (como números de página, fecha, etc.) e imágenes.

Actividades propuestas

5. Nombre del documento: **Writer Encabezamiento y pie**

   Tipo: **Documento de texto ODF**

   a) En Writer abre el documento **Writer Esquemas** creado en la actividad anterior y guárdalo ahora con el nombre **Writer Encabezamiento y pie**.

   b) Pulsa en la pestaña **Insertar ⟶ Encabezamiento ⟶ Predeterminado.** Se habrá creado un espacio en la parte superior del documento.

   c) Entra en la pestaña **Insertar ⟶ Campos ⟶ Fecha**. Pulsa la tecla TAB de tu teclado, escribe **tu nombre y apellidos,** pulsa TAB y ahora entra en **Insertar ⟶ Campos ⟶ Hora**.

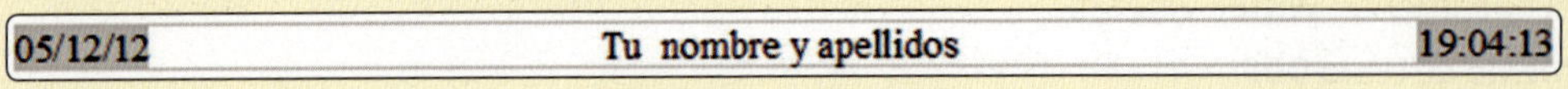

   d) Pulsa en el menú **Insertar ⟶ Pie de página ⟶ Predeterminado**, y ahora en el botón Galería de la barra de herramientas Estándar selecciona Fondos, marca con el botón secundario del ratón el llamado **Rings-Orange**, haz clic en **Añadir ⟶ Fondo ⟶ Pie de página**.

PRÁCTICA PROFESIONAL

Síntesis de actividades

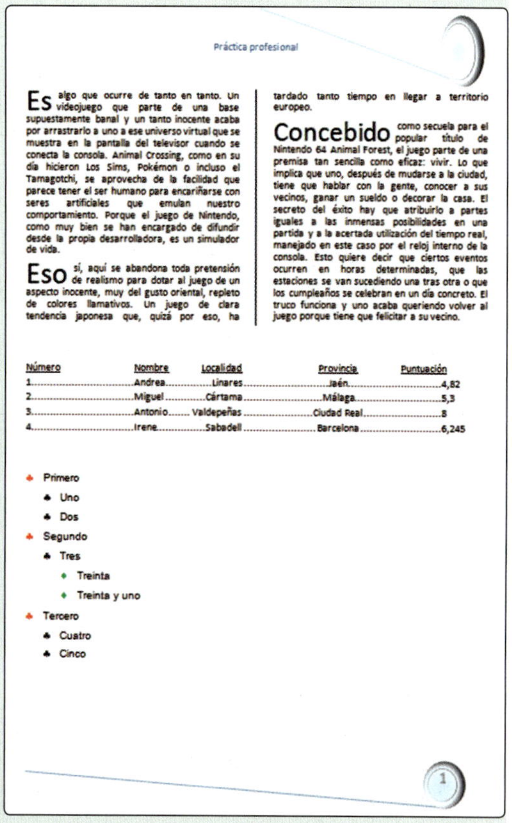
Práctica profesional

Es algo que ocurre de tanto en tanto. Un videojuego que parte de una base supuestamente banal y un tanto inocente acaba por arrastrarlo a uno a ese universo virtual que se muestra en la pantalla del televisor cuando se conecta la consola. Animal Crossing, como en su día hicieron Los Sims, Pokémon o incluso el Tamagotchi, se aprovecha de la facilidad que parece tener el ser humano para encariñarse con seres artificiales que emulan nuestro comportamiento. Porque el juego de Nintendo, como muy bien se han encargado de difundir desde la propia desarrolladora, es un simulador de vida.

Eso sí, aquí se abandona toda pretensión de realismo para dotar al juego de un aspecto inocente, muy del gusto oriental, repleto de colores llamativos. Un juego de clara tendencia japonesa que, quizá por eso, ha tardado tanto tiempo en llegar a territorio europeo.

Concebido como secuela para el popular título de Nintendo 64 Animal Forest, el juego parte de una premisa tan sencilla como eficaz: vivir. Lo que implica que uno, después de mudarse a la ciudad, tiene que hablar con la gente, conocer a sus vecinos, ganar un sueldo o decorar la casa. El secreto del éxito hay que atribuirlo a partes iguales a las inmensas posibilidades en una partida y a la acertada utilización del tiempo real, manejado en este caso por el reloj interno de la consola. Esto quiere decir que ciertos eventos ocurren en horas determinadas, que las estaciones se van sucediendo una tras otra o que los cumpleaños se celebran en un día concreto. El truco funciona y uno acaba queriendo volver al juego porque tiene que felicitar a su vecino.

Número	Nombre	Localidad	Provincia	Puntuación
1	Andrea	Linares	Jaén	4,82
2	Miguel	Cártama	Málaga	5,3
3	Antonio	Valdepeñas	Ciudad Real	8
4	Irene	Sabadell	Barcelona	6,245

- Primero
  - Uno
  - Dos
- Segundo
  - Tres
    - Treinta
    - Treinta y uno
- Tercero
  - Cuatro
  - Cinco

1

Objetivos

Reproduce el documento **Práctica profesional** que encontrarás en PDF en los recursos del libro, en la carpeta de esta unidad didáctica. Guárdalo en tu carpeta de ejercicios de esta unidad con el nombre **Práctica profesional**.

Instrucciones

1. **Tamaño del papel**: A4
2. **Orientación**: vertical
3. **Márgenes**: 2 centímetros laterales, 3 centímetros superior e inferior.
4. **Columnas y letra capital**
   - **Fuente**: Calibri 11.
   - **Configuración de párrafo**: Espaciado anterior 0, posterior 6. Interlineado exacto de 12 puntos.
   - **Columnas**: 2 iguales con separación de línea.
   - **Letra capital**: cada párrafo se iniciará con una letra capital que ocupe la primera palabra completa, que ocupe dos líneas de texto y que tenga una separación del texto de 0,2 cm.
5. **Tabulaciones**
   - **Fuente**: Calibri 11.
   - **Tabulaciones**: 5 columnas de datos, la primera sin tabular, segunda izquierda en centímetro 4, tercera derecha en centímetro 8, cuarta centrada en centímetro 11,5 y quinta decimal en centímetro 15,5.
   - **Títulos**: con la misma tabulación del ejercicio y con subrayado de solo palabras.
   - **Configuración de párrafo**: Espaciado anterior 0, posterior 3. Interlineado exacto de 12 puntos.
6. **Lista multinivel**
   - **Fuente**: Arial 11.
   - **Configuración de párrafo**: Espaciado anterior 0, posterior 6. Interlineado 1,5 líneas.

   Los distintos niveles están diseñados con viñetas, cuyos símbolos están en la fuente Symbol. El primer nivel es de color rojo, el segundo negro y el tercero verde.
7. **Encabezado y pie**

   Inserta un encabezado de la galería de encabezados, el llamado **Moderno** (página impar). Completa el texto central del encabezado con el título de este documento: Práctica profesional.

   Inserta un pie de página de la galería, el llamado **Moderno** (página impar).

10 Procesadores de texto IV

Vamos a conocer...

1. Combinar correspondencia
2. Hipervínculos
3. Plantillas
4. Temas y estilos

SOFTWARE LIBRE

OpenOffice.org – Writer IV

PRÁCTICA PROFESIONAL

Carta combinada de franquicia

Plantilla de franquicia

Y al finalizar esta unidad...

- Sabrás crear comunicaciones personalizadas para múltiples destinatarios.
- Insertarás hipervínculos internos y externos en tus documentos de texto.
- Podrás enlazar mediante hipervínculo con tu gestor de correo local.
- Sabrás realizar plantillas de cualquier tipo de documento.
- Aprenderás a crear nuevos documentos a partir de plantillas.
- Aplicarás estilos a textos creados.
- Aplicarás temas a cualquier tipo de documento.

Caso práctico inicial

Situación de partida

La franquicia Fontaneros Ramírez en donde estás trabajando quiere ampliar el número de negocios y deciden enviar la oferta a una lista de profesionales de la fontanería de toda la comunidad autónoma.

Te piden recopilar de distintos medios esa lista de profesionales, con sus nombres, direcciones, ciudades y provincias.

En total consigues más de 300 nombres con sus correspondientes datos.

Lo siguiente que has de hacer es elaborar un escrito como el que puedes ver en la imagen pero has de escribir una a una las direcciones porque desean que todas las cartas estén personalizadas.

Por otra parte, para futuros envíos menos masivos, te piden que elabores una plantilla con el mismo formato de modo que se puedan ir enviando cartas individuales a otros profesionales de los que se vaya teniendo constancia.

Fontaneros Ramírez

Central: Avenida Constitución, 25
18003 GRANADA
☎ 858 88 66 44
www.fontanerosramirez.es

«Nombre»
«Dirección»
«Ciudad» («Provincia»)

Madrid, 27 de marzo de 20xx

Promoción de franquicia

Estamos promocionando nuestra franquicia entre cualquier profesional del ramo de la fontanería que ejerza su actividad en Andalucía. Por este motivo nos ponemos en contacto con usted, para ofrecerle la posibilidad de unirse a Fontaneros Ramírez y formar parte de una de las franquicias con más prestigio.

Para obtener más información, consulte nuestra página web: www.fontanerosramirez.es

Atentamente,

Ernesto Sardina Lozano - Director

Estudio del caso

Antes de empezar a estudiar y analizar el contenido de la unidad, trata de responder a las cuestiones que se plantean a continuación. Si alguna te resulta especialmente complicada o no sabes qué responder, no te preocupes. Al finalizar la unidad seguro que lo tienes mucho más claro.

1. La lista es demasiado numerosa como para ir tecleando las direcciones una a una en las cartas.
   - ¿Habría un modo de crear una base de datos para que se inserten de forma automática cada una en una carta?
2. Ya tienes el documento preparado y listo para insertar todos esos nombres de potenciales franquiciados.
   - ¿Podría crearse a partir de ese documento una plantilla que se pueda usar en el futuro para enviar cartas individuales a otros profesionales de los que vayamos teniendo noticias?
3. Y, por último,
   - ¿Cómo podría aplicarle al documento algún tema que lo haga más vistoso?

1. Combinar correspondencia

La comunicación empresarial requiere con frecuencia el envío masivo de correspondencia a varios destinatarios; por ejemplo, para hacer ofertas comerciales o avisar de eventos. Antes del desarrollo de los procesadores de textos era práctica imposible personalizar los documentos de envío masivo y se recurría a fórmulas del tipo «Estimado/a señor/a» que, si bien hoy en día siguen utilizándose en algunas empresas, son perfectamente sustituibles por un «Estimado señor» o «Estimada señora» si el destinatario es hombre o mujer, respectivamente, siempre que se haga uso de las herramientas que incluyen los modernos procesadores de **textos**, **etiquetas**, **cartas** y **cualquier otro documento** personalizado.

Para poder crear documentos personalizados a varios destinatarios se necesita tener:

- Un **documento principal**, que contiene el texto y las imágenes que serán comunes para todos los destinatarios; por ejemplo el membrete, la fecha y el texto de una carta comercial.
- Una base de **datos personalizados**, que serán los que se insertarán, como los apellidos, los nombres y las direcciones de todos los destinatarios de una carta comercial.

Todas las herramientas necesarias para combinar correspondencia se encuentran accesibles activando la pestaña Correspondencia de la cinta de opciones. Cuando aún no se ha iniciado el proceso de combinar correspondencia solamente aparecen activos los grupos de opciones que puedes observar en la imagen siguiente:

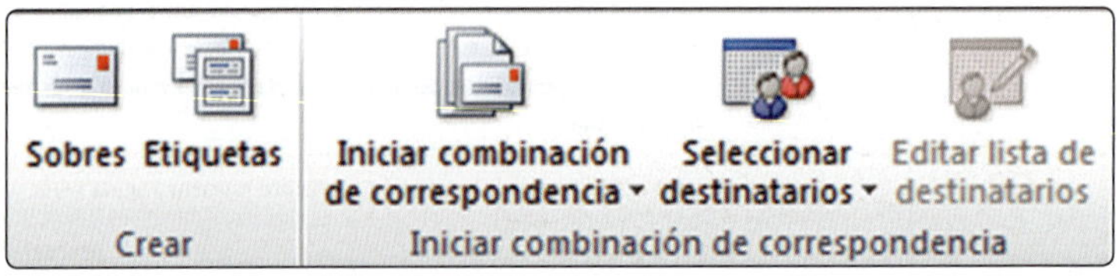

En el primer grupo, **Crear**, no hay texto común, pues se trata de la creación de sobres y etiquetas diferentes para su posterior impresión, es decir, todos los datos son variables.

La verdadera combinación de texto fijo con datos variables se encuentra en el segundo grupo, **Iniciar combinación de correspondencia**.

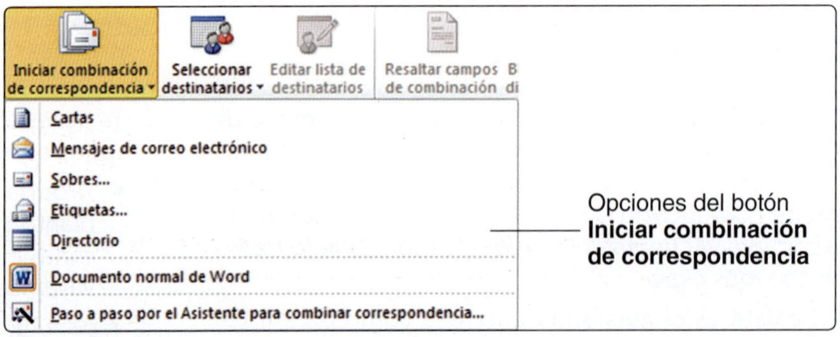

La mejor forma de combinar correspondencia es seguir las indicaciones del Asistente (al final de la lista), que abre el Panel de tareas y desarrolla los pasos necesarios. Ver la imagen lateral.

Caso práctico inicial

Cuando redactamos un documento mediante **Combinar correspondencia**, se puede crear una base de datos que se usarán como elementos variables dentro de un texto que será común a todos.

Saber más

Cuando se entra a través del botón **Iniciar combinación de correspondencia** y se escoge la última opción **«Paso a paso por el Asistente para combinar correspondencia»**, se abre el **Panel de tareas** con el primero de los **seis pasos** requeridos para completar la combinación de correspondencia.

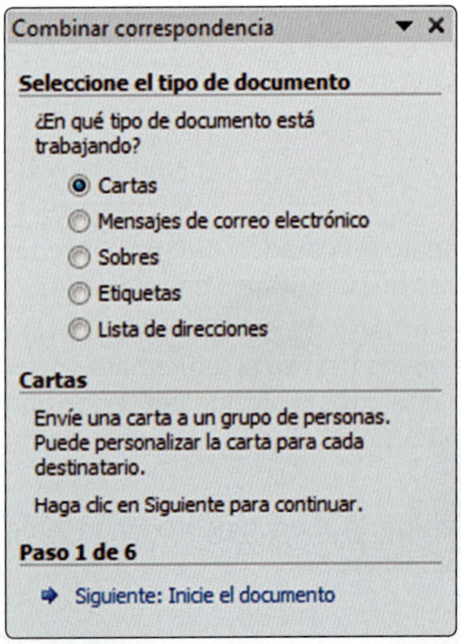

Actividades resueltas

Nombre del documento 1: **Nota interior parte común**

Tipo: **Documento de Word**

Nombre del documento 2: **Base de datos comerciales**

Tipo: **Base de datos**

Nombre del documento 3: **Nota interior combinada para comerciales**

Tipo: **Documento de Word**

Como puedes ver en el encabezado de esta actividad, al realizar la combinación de correspondencia se van a generar **tres documentos**: el **primero** es la nota con los datos comunes que van a recibir todos los comerciales; el **segundo** es una base de datos con los datos variables, es decir, los personalizados para cada comercial; el **tercero** es un documento largo en donde aparecerán, cada una en una hoja distinta, todas las notas a los comerciales, ya con sus datos particulares introducidos.

Antes de empezar, observa el siguiente documento. En color rojo hemos puesto los datos que serán variables. En negro los comunes. Los distintos datos variables están subrayados por grupos, con lo que tendremos **5 datos** que serán diferentes para cada persona:

a) Nombre.

b) Primer apellido.

c) Segundo apellido.

d) Estimado o estimada, según se trate de hombre o mujer respectivamente.

e) Señor o señora, según se trate de hombre o mujer respectivamente.

A: Nombre Apellido1 Apellido2

NOTA INTERIOR

10 de febrero de 2014

Estimado/a señor/a Apellido1:

Le ruego asista a la reunión que mantendrá el Equipo de dirección con los comerciales de la zona de Madrid para unificar criterios de promoción de nuestros productos de temporada.

Atentamente,

Luisa Vigil
Directora de área

Fecha y hora de la reunión: 17 de febrero de 2014 a las 10:00 horas.

Así que **lo primero** que tendremos que hacer (pero todavía no) es escribir esta nota interior solamente con los datos comunes (los que ves en negro) y dejando el espacio correspondiente para los datos variables. A continuación veremos el proceso paso a paso.

Actividades resueltas (cont.)

Redacción de la nota interior parte común

1. Crea un documento nuevo de Word al que llamarás **Nota interior parte común** y guardarás como documento de Word en tu carpeta de ejercicios de esta unidad.
2. Las características del documento son formato **A5 en horizontal.** Elige fuente, márgenes y configura el párrafo para que la apariencia sea similar al modelo que te hemos presentado.
3. **Escribe la parte común,** que está en color negro en el documento de muestra de la página anterior y **deja espacio** para colocar posteriormente los datos variables (los que están en rojo).
4. Haz clic sobre la pestaña **Correspondencia** de la cinta de opciones.
5. Pulsa el botón **Iniciar combinación de correspondencia ⟶ Paso a paso por el Asistente para combinar correspondencia**. Se abrirá el Panel de tareas. Deja marcado Cartas. Al final del panel de tareas, haz clic sobre **Siguiente: Inicie el documento**.

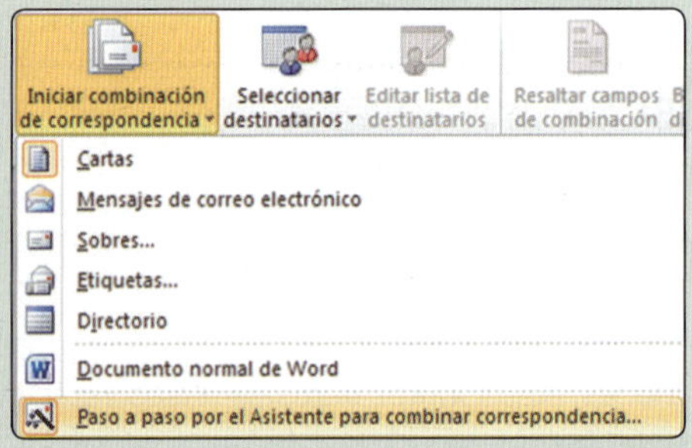

6. El panel de tareas habrá cambiado. Como ya has redactado el documento, deja marcado arriba **Utilizar el documento actual**. Guarda los cambios del documento actual.
7. Abajo, en el panel de tareas, haz clic sobre **Siguiente: Seleccione los destinatarios**.

Crear la base de datos de comerciales

8. Podemos utilizar una lista ya existente de destinatarios, pero como no tenemos ninguna la vamos a crear. Haz clic en **Escribir una lista nueva** y un poco más abajo en **Crear**.
9. Tendrás una ventana para crear la lista. Haz clic en el botón **Personalizar columnas.**
10. Vemos una lista de campos, alguno nos sirve, como **Nombre**. Podemos optar por eliminar todos los campos que no necesitamos, aunque no importa si los dejamos ahí. Para eliminar los campos no necesarios, se marca uno a uno y se hace clic en **Eliminar**.
11. Elimina todos los campos existentes, excepto **Nombre** y **Tratamiento**.
12. Inserta estos nuevos campos:
    a. **Apellido1**
    b. **Apellido2**

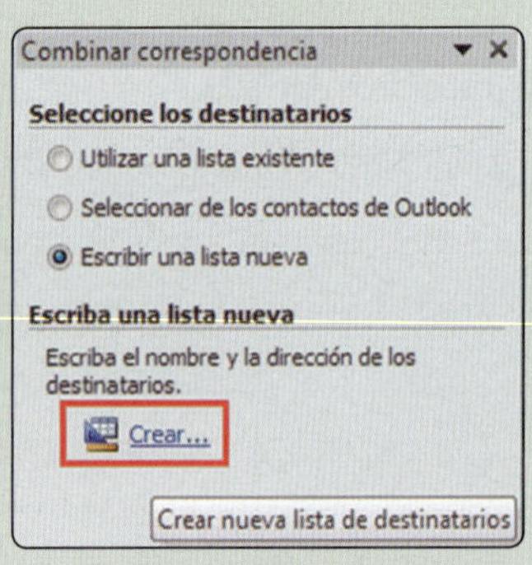

13. Te aparecerá la ventana para rellenar los campos con los datos personales de los comerciales de la empresa a los que se enviará la nota interior. Rellénala con los datos que ves a continuación:

Tratamiento	Nombre	Apellido1	Apellido2
Estimado señor	Antonio	García	León
Estimada señora	Gabriela	Heredia	Lozano
Estimado señor	Francisco	Yopis	Salcedo
Estimado señor	Arturo	Fernández	Maza
Estimada señora	Esther	Rosado	Contreras

Actividades resueltas (cont.)

14. Después de aceptar la nueva lista de direcciones, tendrás que elegir la ubicación de esa base de datos. Escoge la carpeta de ejercicios de esta unidad didáctica y ponle como nombre **Listado comerciales**. Entonces podrás ver de nuevo la lista por si deseas hacer algún cambio. No hacemos cambios. Aceptar. *Si tuvieras que hacerle cambios después de haber aceptado, en el panel de tareas puedes hacerlo haciendo clic en Editar lista de destinatarios.*

15. En el panel de tareas haz clic en **Siguiente: Escriba la carta**.

16. Tenemos a la vista nuestra carta. Recuerda que tienes que insertar los datos en los apartados que te hemos mostrado en rojo al principio de esta actividad:

a. Sitúa el puntero del ratón junto a **A:** en la primera línea de la nota interior. Observa la cinta de opciones. Tendrás que insertar el campo combinado Nombre: Para ello haz clic sobre el botón **Insertar campo combinado ⟶ Nombre**.

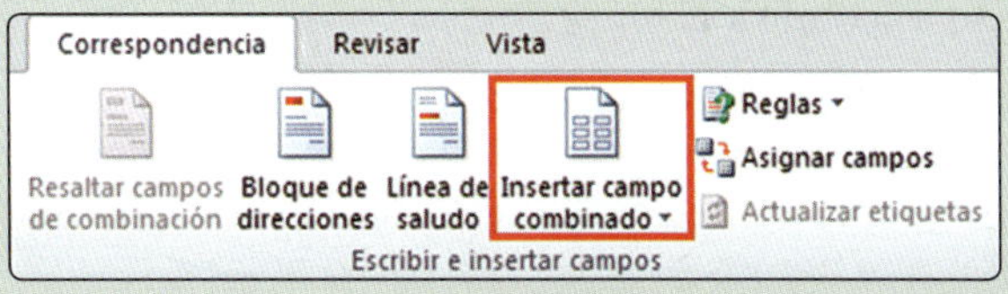

b. El nombre del campo quedará insertado con esta apariencia: «Nombre». **Acepta**. Pulsa la barra espaciadora para que al insertar el siguiente campo no se queden pegados.

c. Con el mismo sistema inserta el resto de los campos combinados en los espacios oportunos. Al final tendremos la parte superior de nuestra nota interior con una apariencia como esta:

A: «Nombre» «Apellido1» «Apellido2»

NOTA INTERIOR

10 de febrero de 2014

«Tratamiento» «Apellido1»:

17. El documento que se ha generado ya está listo para editar con todos los datos personalizados. Guárdalo con el nombre que desees, o incluso con el mismo nombre que el primer documento, **Nota interior parte común**. Tipo: Documento de Word.

18. En el panel de tareas haz clic sobre **Siguiente: Vista previa de las cartas**. Tendrás a la vista la nota interior personalizada para uno de los comerciales.

19. En el panel de tareas haz clic sobre **Siguiente: Completar la combinación**. A continuación, también en el panel de tareas, haz clic sobre **Editar cartas individuales**. En la nueva ventana: Combinar registros, escoge **Todos**.

Un documento con las 5 notas interiores

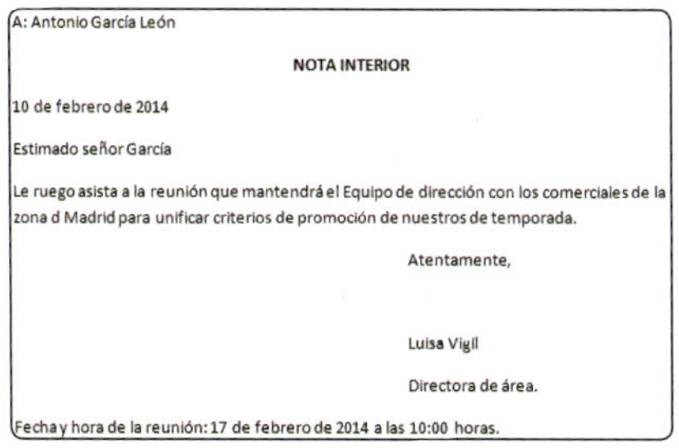
A: Antonio García León

NOTA INTERIOR

10 de febrero de 2014

Estimado señor García

Le ruego asista a la reunión que mantendrá el Equipo de dirección con los comerciales de la zona d Madrid para unificar criterios de promoción de nuestros de temporada.

Atentamente,

Luisa Vigil

Directora de área.

Fecha y hora de la reunión: 17 de febrero de 2014 a las 10:00 horas.

A: Gabriela Heredia Lozano

NOTA INTERIOR

10 de febrero de 2014

Estimada señora Heredia

Le ruego asista a la reunión que mantendrá el Equipo de dirección con los comerciales de la zona d Madrid para unificar criterios de promoción de nuestros de temporada.

Atentamente,

Luisa Vigil

Directora de área.

Fecha y hora de la reunión: 17 de febrero de 2014 a las 10:00 horas.

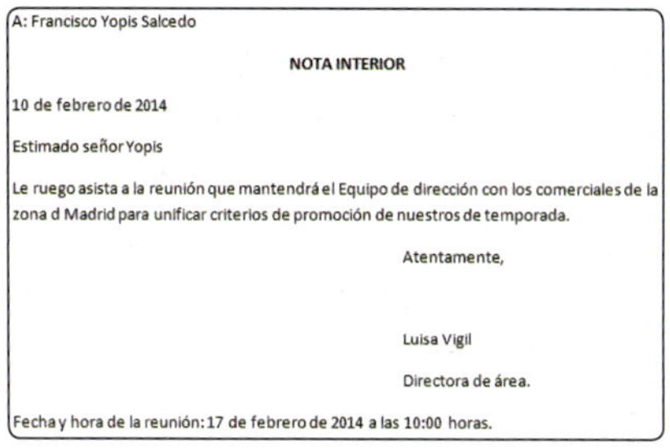
A: Francisco Yopis Salcedo

NOTA INTERIOR

10 de febrero de 2014

Estimado señor Yopis

Le ruego asista a la reunión que mantendrá el Equipo de dirección con los comerciales de la zona d Madrid para unificar criterios de promoción de nuestros de temporada.

Atentamente,

Luisa Vigil

Directora de área.

Fecha y hora de la reunión: 17 de febrero de 2014 a las 10:00 horas.

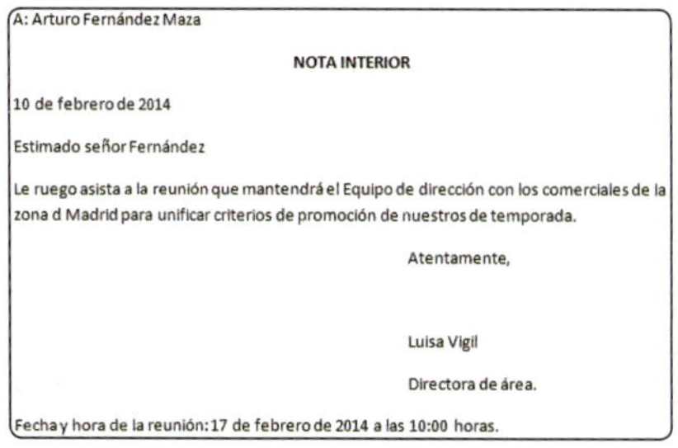
A: Arturo Fernández Maza

NOTA INTERIOR

10 de febrero de 2014

Estimado señor Fernández

Le ruego asista a la reunión que mantendrá el Equipo de dirección con los comerciales de la zona d Madrid para unificar criterios de promoción de nuestros de temporada.

Atentamente,

Luisa Vigil

Directora de área.

Fecha y hora de la reunión: 17 de febrero de 2014 a las 10:00 horas.

A: Esther Rosado Contreras

NOTA INTERIOR

10 de febrero de 2014

Estimada señora Rosado

Le ruego asista a la reunión que mantendrá el Equipo de dirección con los comerciales de la zona d Madrid para unificar criterios de promoción de nuestros de temporada.

Atentamente,

Luisa Vigil

Directora de área.

Fecha y hora de la reunión: 17 de febrero de 2014 a las 10:00 horas

20. Se creará un documento nuevo donde verás una tras otra las cinco notas interiores, ya personalizadas.

21. Guarda el documento en tu carpeta de trabajo de esta unidad con el nombre **Nota interior combinada para comerciales**. Cierra el documento.

2. Hipervínculos

También se llaman enlaces, vínculos o hiperenlaces. Se trata de atajos por los que se accede a «otro lugar» cuando hacemos clic generalmente sobre una palabra, un grupo de palabras o cualquier tipo de ilustración.

Ese «otro lugar» al que nos lleva un hipervínculo puede ser:

- **Externo**. Ese «lugar» al que accederemos no está dentro de nuestro documento:
  - Un archivo de cualquier tipo que esté almacenado en el equipo.
  - Una página o sitio web con acceso a través de internet.
- **Interno**. Accederemos mediante el enlace a otro punto del documento en el que estamos insertando el hipervínculo:
  - Un lugar (página, título, palabra...) dentro del mismo documento en el que se encuentra el hipervínculo.
- **Correo electrónico**. Si tenemos en nuestro equipo un programa de gestión de correo electrónico, al hacer clic en el hipervínculo creado se abrirá dicho programa con un correo electrónico nuevo en el que ya aparece la dirección que hemos establecido como enlace.

Saber más

Si se quiere enlazar mediante hipervínculo un documento que aún no ha sido creado y que se almacenará en el equipo: sobre la palabra, frase, símbolo o ilustración se establece el hipervínculo y se elige **Crear nuevo documento.**

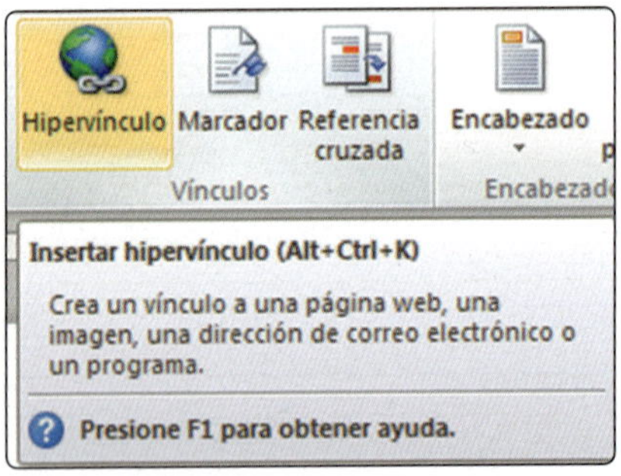

2.1. Cómo crear un hipervínculo

- **Sobre texto**, que puede ser parte de una palabra, una palabra entera o un grupo de palabras o símbolos. Se selecciona el texto y se hace clic con el botón secundario del ratón sobre la selección. Se elige **Hipervínculo** y a continuación se rellenan los datos oportunos según al lugar a donde nos lleve el enlace.
- **Sobre una ilustración**, que puede ser una imagen, fotografía, WordArt o cualquier ilustración. Haz clic con el botón secundario sobre la ilustración y sigue los mismos pasos que en el caso del hipervínculo de tipo texto.

La otra manera de hacerlo es usando el botón **Hipervínculo** del grupo **Vínculos**, que está visible en la pestaña **Insertar** de la cinta de opciones, teniendo previamente seleccionado el grupo de letras o símbolos o la ilustración.

Recuerda

Un **enlace interno** es el que se hace en un documento y que nos enlazará con otro punto del mismo documento.

2.2. Enlaces internos

Supongamos que estamos redactando un informe y al llegar a la quinta página hacemos referencia a un tema que ya se trató en la segunda y queremos poner en la quinta un hipervínculo que nos lleve hasta ese punto concreto de la segunda. El procedimiento será crear un **marcador** en el punto exacto de la página 2 a donde queremos que nos lleve el hipervínculo y posteriormente, en la página 5, crear mediante texto o imagen un hipervínculo hasta ese marcador.

Vamos a ver este mismo ejemplo de forma práctica.

Ejemplo

Si deseamos poner un hipervínculo en la página 5 que al pulsarlo nos enlace con un punto concreto de la página 2:

Paso 1. Situamos el cursor en el punto de la página 2 a donde deseamos que nos lleve después el hipervínculo. En ese punto, desde el menú **Insertar** hacemos clic en **Marcador**, del grupo **Vínculos**. Le ponemos un nombre al marcador, el que deseemos. Ese nombre no puede contener espacios en blanco. En nuestro ejemplo lo vamos a llamar **mi_marcador**. Pulsamos en el botón **Agregar**.

Paso 2. Estamos en la página 5 y ahí queremos poner el hipervínculo a la página 2. Supongamos que queremos un hipervínculo de texto: Seleccionamos por ejemplo la frase **ver este tema en la página 2**. Pulsamos sobre el texto seleccionado con el botón secundario del ratón. Hacemos clic en **Hipervínculo**. En la ventana de hipervínculos hacemos pulsamos sobre Lugar de este documento y ya veremos que está visible nuestro marcador. Hacemos clic sobre el marcador y después en Aceptar.

De forma más gráfica:

PASO 1

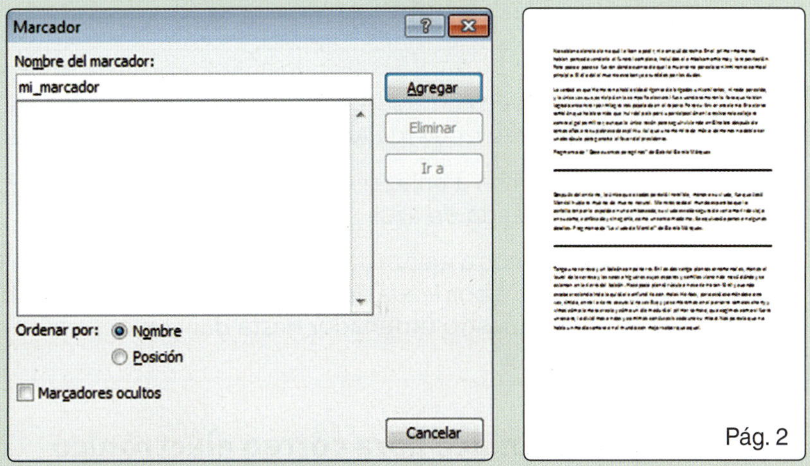

PASO 2

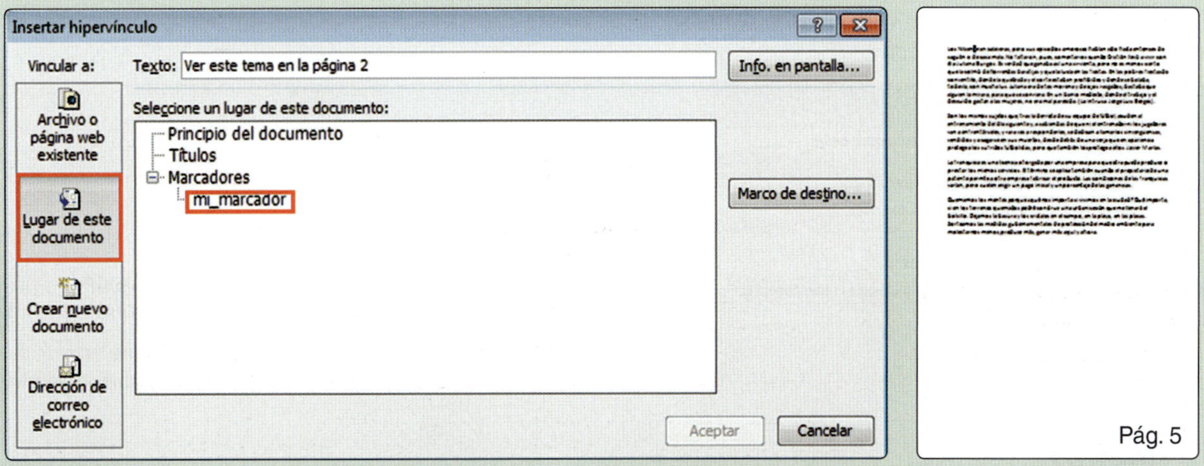

2.3. Enlace a un documento archivado en el equipo o a una dirección de internet

Observa la siguiente imagen:

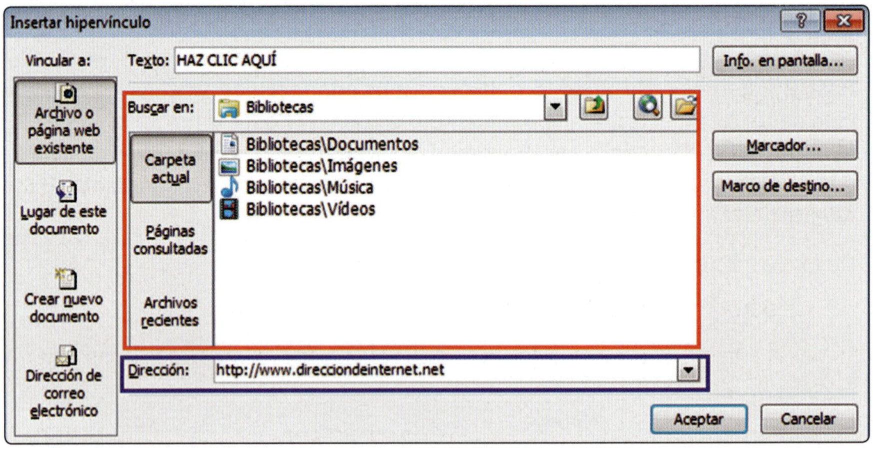

Ambos tipos de enlaces, a archivos o a direcciones de internet, se hacen desde la parte izquierda **Archivo o página Web existente**.

- Si vamos a enlazar con una dirección de internet se utilizará el espacio bordeado de azul.
- Si vamos a enlazar con un archivo almacenado en el equipo, utilizaremos la parte bordeada de rojo en donde tenemos posibilidades de navegación por nuestro ordenador hasta dar con el archivo o la carpeta objeto de enlace.

2.4. Enlace para correo electrónico

Una vez seleccionado el texto o ilustración que servirá de enlace a la apertura del programa de gestión de correo instalado en nuestro equipo y después de haber indicado que deseamos poner un hipervínculo, se hace clic sobre el botón inferior izquierdo **Dirección de correo electrónico**. Después se escribe la dirección e-mail a donde se enviará el supuesto correo electrónico.

Recuerda

Si no hay un programa gestor de correo electrónico configurado en nuestro equipo, se abrirá dicho programa (por ejemplo Outlook o Thunderbird) pero no se podrá enviar el correo hasta haber configurado el gestor.

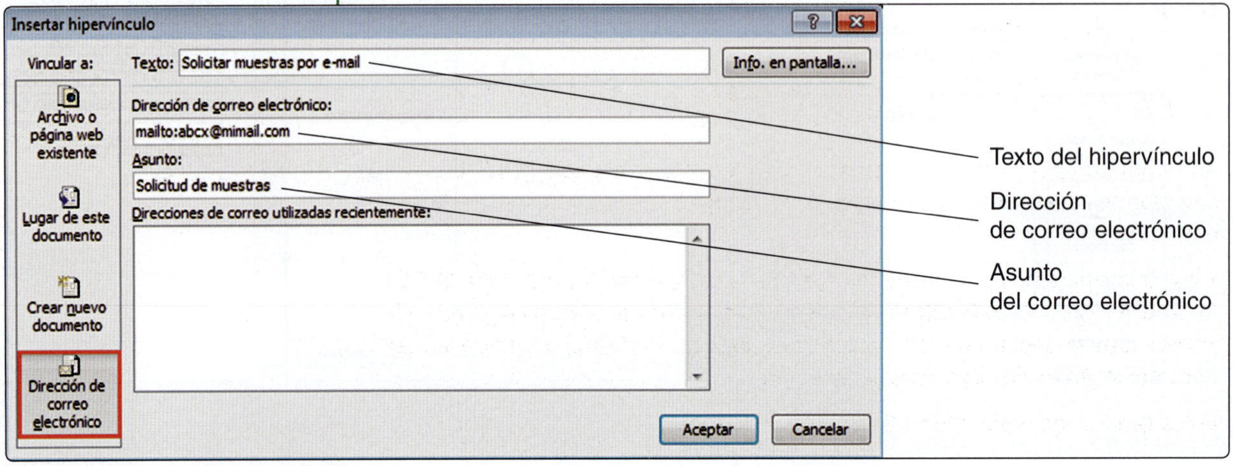

Actividades resueltas

Nombre del documento 1: **Hipervínculos**

Tipo: **Documento de Word**

1. Abre un documento en blanco de Word y guárdalo en tu carpeta de actividades de esta unidad con el nombre que figura en la cabecera de la actividad.
2. Deja los márgenes, el tamaño de papel y demás características como estén preestablecidas en Word.
3. Reproduce íntegramente el siguiente texto (excepto lo que está en verde que son solo instrucciones) y sus imágenes y realiza las acciones que van indicándose a lo largo del texto.

En este ejercicio hay hipervínculos externos e internos y de correo electrónico.

Esta es la segunda y última línea que escribiré en la primera página de este documento.

(En este punto inserta un salto de página mediante la pestaña **Insertar ⟶ Salto de página**).

Estamos en la segunda página del documento llamado Hipervínculos.

Insertaremos en la palabra AQUÍ del siguiente párrafo un hipervínculo para enlazar con el periódico digital El País, cuya dirección de correo electrónico es <http://www.elpais.com>:

Para acceder a *El País*, haz clic **AQUÍ**.

Ahora haremos un hipervínculo al Ministerio de Educación y Ciencia, pero esta vez en lugar de usar un texto, lo haremos mediante una imagen prediseñada. En la siguiente imagen haz un enlace al MEC, cuya dirección es <http:// http://www.mecd.gob.es>.

Pulsa en la imagen para enlazar con el MEC.

Mediante un hipervínculo sobre un texto de WordArt vamos a abrir el documento de Word archivado como actividad de esta unidad con el nombre **Nota interior parte común**:

Abre documento común

Ahora haz un hipervínculo de correo electrónico en esta palabra: **ESCRÍBEME**. Como dirección de correo electrónico puedes poner la tuya propia y como asunto «Actividad de clase».

Y por último haremos un enlace interno; el hipervínculo estará en esta frase: **IR A LA SEGUNDA LÍNEA DE LA PÁGINA 1**. Recuerda que antes de hacer el enlace tienes que insertar un **marcador** al principio de la segunda línea escrita de la primera hoja de este documento: Antes de «Esta es la segunda...».

Al marcador puedes ponerle el nombre que prefieras.

Recuerda

Márgenes

Los márgenes NORMALES predeterminados, si no han sido modificados antes, son:

- Superior e inferior: 2,5 cm.
- Izquierdo y derecho: 3 cm.

Saber más

Imagen prediseñada

La imagen prediseñada utilizada se busca entre las que están instaladas con el nombre LIBRO. Si no la encuentras, utiliza otra cualquiera representativa.

Saber más

Nombres de los marcadores

Los nombres de los marcadores:

- Deben comenzar por una letra.
- Pueden incluir números.
- No pueden tener espacios, pero se puede utilizar el carácter de subrayado para separar palabras, por ejemplo mi_marcador.

3. Plantillas

Las plantillas son documentos base que sirven para elaborar otros documentos de uso frecuente.

3.1. Creación de plantillas de usuario

Para **crear una plantilla** podemos:

- Crear un documento nuevo y guardarlo como plantilla. Guardamos desde el menú **Archivo ⟶ Guardar como** y elegimos el tipo **Plantilla de Word** o el de **Plantilla habilitada para macros de Word** si la plantilla va a contener macros.

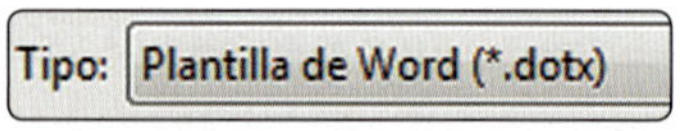

- Crear la plantilla a partir de un documento ya existente. Esto se hace al elegir **Archivo ⟶ Nuevo**. Luego se señala que deseamos crear una plantilla a partir de un documento existente.

3.2. Crear documento desde plantillas de Office

Word tiene también algunas **plantillas instaladas** y otras muchas disponibles *online*, que se pueden utilizar para crear documentos nuevos. Para verlas entraremos desde **Archivo ⟶ Nuevo**.

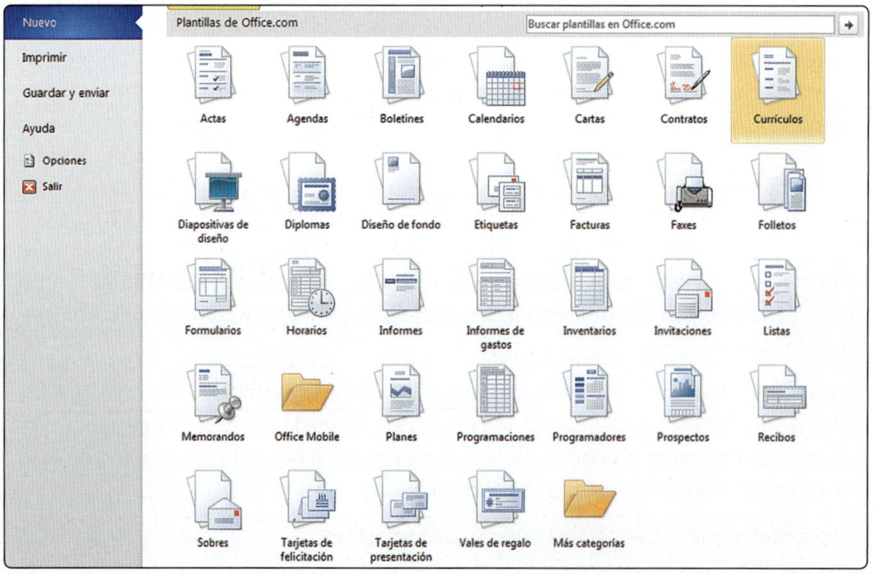

Caso práctico inicial

Podemos utilizar como plantilla algún documento existente, incluso si es el que nos sirvió para redactar una carta combinada. En ese caso, tenemos que responder **No** al mensaje de utilización de SQL.

Saber más

Controles

Para insertar controles que nos permitan introducir campos en una plantilla se utilizan los controles de la ficha Programador.

Cualquier control puede modificarse si una vez introducido se selecciona y se hace clic en **Propiedades**, del mismo grupo de controles.

Ficha Programador

Antes de comenzar las actividades observa si tienes activada la ficha **Programador**, que la necesitaremos para insertar controles en las plantillas.

Recuerda

Mostrar ficha Programador

Menú Archivo ⟶ Opciones ⟶ Personalizar cinta de opciones.

Luego en el apartado **Personalizar cinta de opciones,** en la lista derecha, marcar **Programador**.

Actividades propuestas

1. Nombre del documento: **Currículum de plantilla**

Tipo: **Documento de Word**

a) Desde el menú **Archivo ⟶ Nuevo** observa las Plantillas de Office.com (*necesitarás conexión a internet*). Selecciona **Currículos** y dentro escoge **Básico**.

(Es posible que encuentres las plantillas para un curriculum vitae bajo el nombre «Resumes and CVs»).

b) Escoge el modelo que prefieras de los que se muestran y se comenzará a descargar.

c) Una vez descargado, completa el currículum con tus datos. Guárdalo con el nombre que hemos indicado al principio en tu carpeta de actividades de esta unidad. El tipo será Documento de Word.

Actividades resueltas

Nombre del documento: **Plantilla de aviso**

Tipo: **Plantilla de Word**

1. Vamos a crear una plantilla de AVISO para comunicaciones breves empresariales. Crea un documento en blanco de Word y configúralo con las siguientes características:

- Tamaño A5. Orientación horizontal. Márgenes normales. Fuente de la palabra AVISO: Calibri 36. Resto del texto: Calibri 12.
- El membrete es una imagen prediseñada y un texto de WordArt.

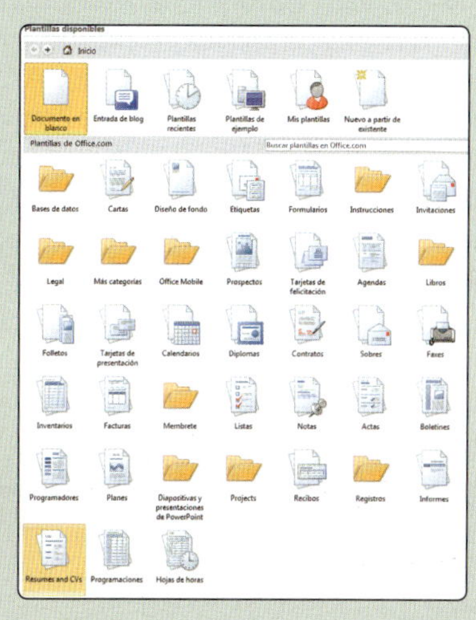

2. Configúralo como el que muestra esta imagen. Más adelante continuaremos configurándolo. **No tienes que poner los recuadros en verde**, te los mostramos en esta imagen porque más adelante serán configurados.

Actividades resueltas (cont.)

3. Guarda lo que llevas hecho de esta plantilla en tu carpeta de esta unidad con el nombre indicado y como tipo **Plantilla de Word**.

4. Sitúa el cursor del ratón después de **Oviedo, a,** y a continuación introduce un espacio con el espaciador del teclado.

5. Activa la ficha **Programador**. Del grupo **Controles** haz clic en el **Control de contenido de selector de fecha**.

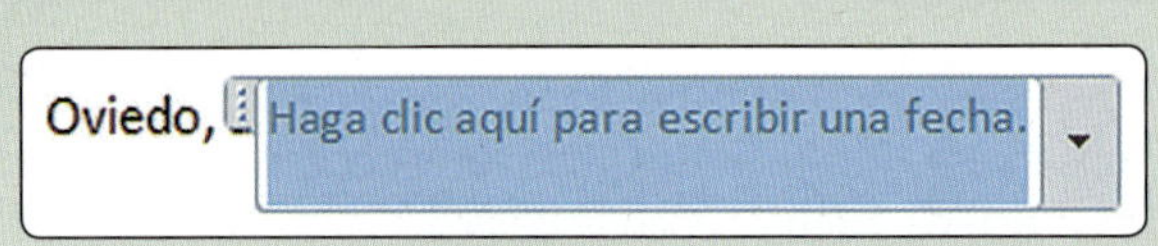

6. Con ese control introducido aún activo con el ratón, haz clic en **Propiedades**, del grupo Controles. Elige la fecha del tipo **dd de MMMM de yyyy** (*un ejemplo de esta fecha sería 2 de agosto de 2014*).

7. Debajo de la fecha, aproximadamente al principio de donde te mostramos el segundo recuadro verde en el modelo de documento, introduce un nuevo control del grupo **Controles**: el primero de ellos, llamado **Control de contenido de texto enriquecido**.

8. Con ese control aún activo, haz clic en **Propiedades**, del grupo **Controles**. En **Título** escribe **Escriba el texto del aviso**.

9. Continuamos con la ventana **Propiedades** abierta. Vamos a cambiarle la fuente a este control para que cuando el usuario escriba un texto aparezca en ese formato. Marcamos la casilla **Usar un estilo dar formato al contenido**. Debajo, haz clic en el botón **Nuevo estilo**. Elige la fuente **Arial 12**. Color: **Azul**. Acepta.

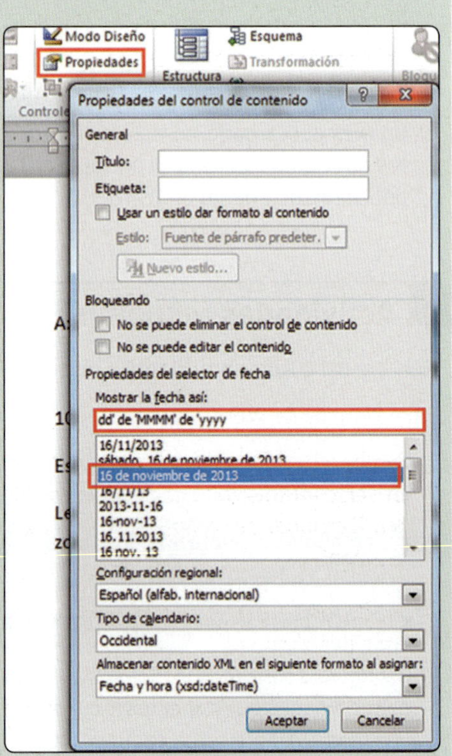

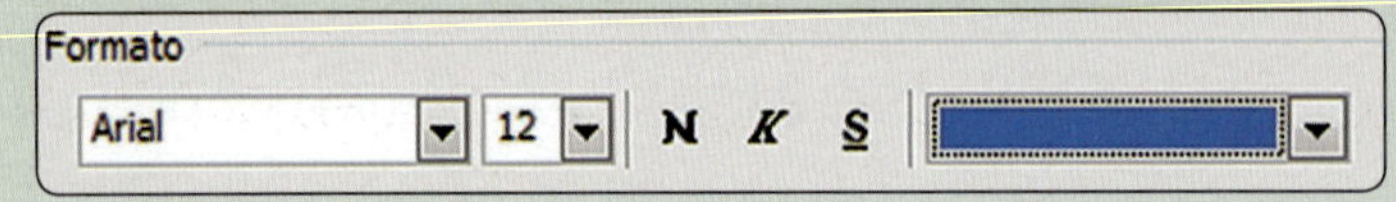

10. Guarda los cambios a la plantilla y antes de cerrarla comprueba que tiene una apariencia similar a esta:

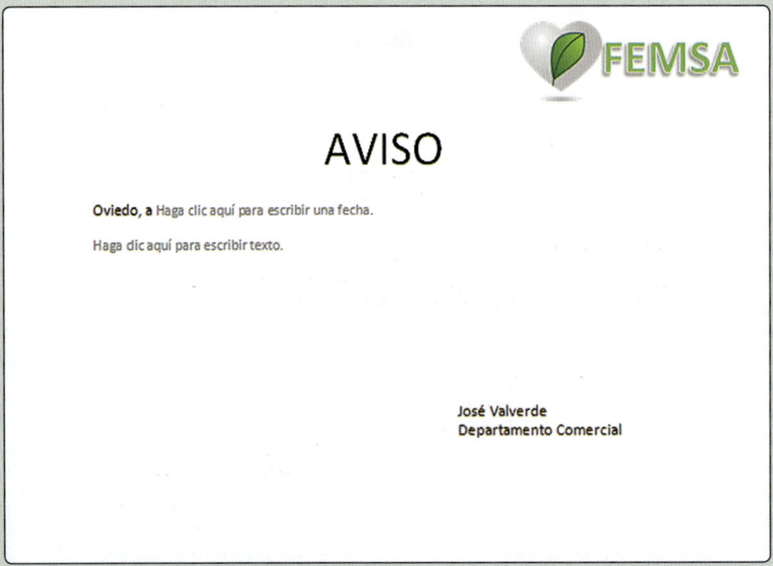

Actividades propuestas

2. Nombre del documento: **Aviso**

Tipo: **Documento de Word**

Con esta actividad vamos a utilizar la plantilla que hemos creado en la actividad anterior. La guardaremos en nuestra carpeta de actividades de esta unidad con el nombre y tipo indicados.

a) Abre la plantilla **Plantilla de aviso**.

b) Haz clic en la flecha que hay a la derecha del control de fecha que habíamos introducido y elige la fecha 15/1/2013, o bien escribe directamente la fecha como te la hemos indicado. Verás que se transforma al formato que habíamos configurado.

c) En el control de texto introduce el siguiente: **Debido a las reformas de albañilería del Departamento comercial, durante la próxima semana nos trasladaremos a las dependencias de la segunda planta**.

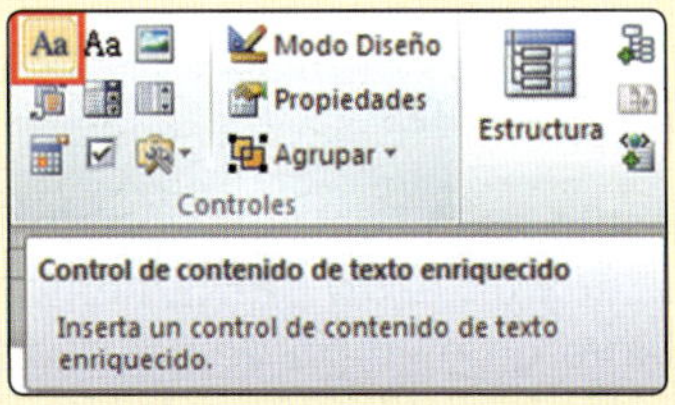

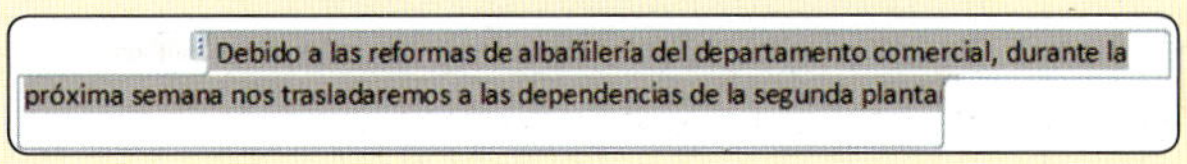

d) Observa que hemos abierto una plantilla pero que a la hora de guardarla ya por defecto nos aparece en formato **Documento de Word** en lugar de como plantilla. La plantilla sigue estando como la guardaste lista para escribir nuevos avisos cuando llegue el momento.

e) Ajusta los errores que hayas podido cometer, como el que aparezcan datos pegados al texto sin espaciado intermedio, o que se haya desplazado a una segunda página el pie de firma.

f) Una vez que todo esté ajustado, el documento ha de tener una apariencia similar a la que mostramos al final.

g) Guarda los cambios y cierra el documento.

FEMSA

AVISO

Oviedo, a 15 de enero de 2013

Debido a las reformas de albañilería del Departamento comercial, durante la próxima semana nos trasladaremos a las dependencias de la segunda planta.

José Valverde
Departamento Comercial

4. Temas y estilos

4.1. Temas

Podemos aplicarle un tema a un documento entero para darle una apariencia más profesional o más atractiva.

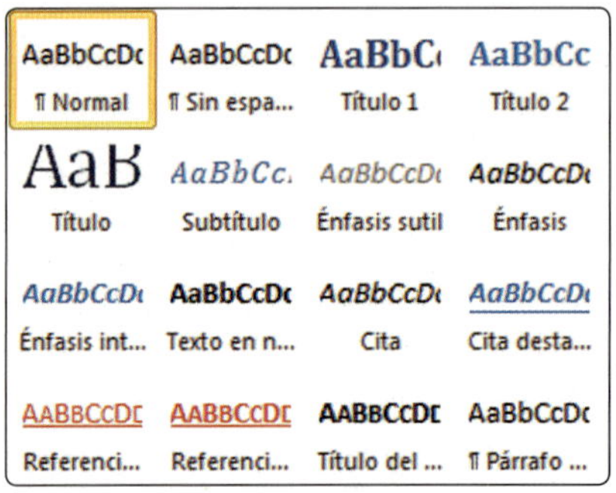

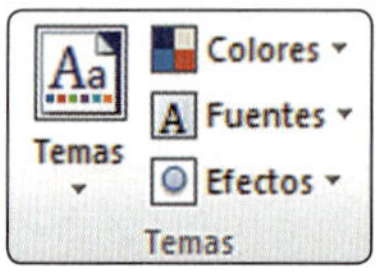

La galería de temas está en la pestaña **Diseño de página**, grupo **Temas**. Cada tema es un conjunto de opciones de formato que incluye sus propios colores, fuentes, símbolos y efectos.

Los temas se aplican sobre cualquier documento abierto en lo que respecta al tipo de fuente, pero si deseamos que la apariencia del tema se aplique a más características del documento tenemos que definir sus estilos.

4.2. Estilos

El estilo es la combinación de fuentes, tamaños y colores que se pueden aplicar a un texto previamente seleccionado. Para definir el estilo de una palabra o un grupo de palabras, primero se selecciona el texto y luego se le aplica el estilo deseado desde el menú **Inicio**, grupo **Estilos**.

En el margen puedes ver algunos estilos y temas predefinidos en Word.

Caso práctico inicial

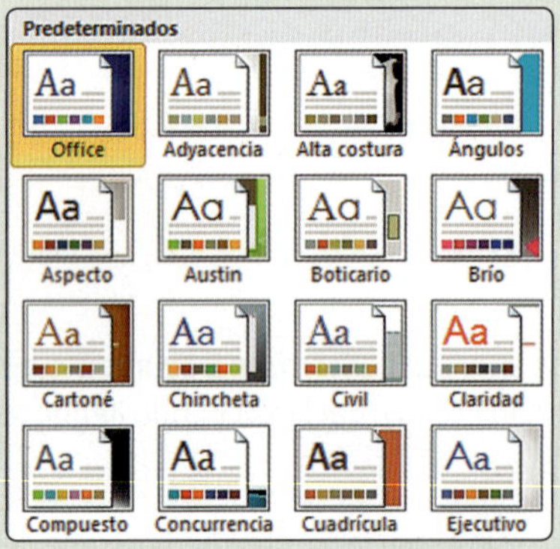

Actividades resueltas

Nombre del documento: **Estilos y temas**

Tipo: **Documento de Word**

1. En un documento en blanco de Word configurado en A4 vertical, fuente Calibri 11, justificado y con el diseño de párrafo predeterminado, realiza un documento con la siguiente apariencia:

> TEMAS DE WORD
>
> Para darle una apariencia profesional a un documento, puede aplicar un tema del documento. Un tema es un conjunto de opciones de formato que incluyen un conjunto de colores, un conjunto de fuentes del tema (incluidas fuentes para encabezados y texto principal) y un conjunto de efectos del tema (incluidos efectos de líneas y relleno).
>
> NOTAS
>
> Primero
>
> Para obtener información para aplicar un tema en PowerPoint, vea el tema acerca de cómo Aplicar un tema para agregar color y estilo a una presentación.
>
> Segundo
>
> El tamaño de fuente predeterminado del documento no se puede cambiar mediante la aplicación de un tema. Para obtener más información para establecer la fuente predeterminada en Word, consulte el tema sobre cómo Establecer la fuente predeterminada.
>
> Texto de http://office.microsoft.com

2. Al título **TEMAS DE WORD** aplícale el estilo Título. A **NOTAS**, el estilo Subtítulo. A **Primero** y a **Segundo**, el estilo Referencia sutil.

   Observa que al aplicar estilos, los textos seleccionados han tomado una apariencia particular.

Actividades resueltas (cont.)

3. Ahora vamos a aplicarle un tema a nuestro documento. Selecciona la ficha **Diseño de página**. Haz clic en **Temas**, del grupo **Temas**.

4. Recorre con el ratón la lista de temas y verás que sin necesidad de haber seleccionado alguno el documento va variando de apariencia, incluso la fuente del texto que hemos dejado en estilo normal y el hipervínculo que hay al final del texto.

5. Haz clic en el tema llamado **Brío**. El resultado del documento será como el siguiente:

TEMAS DE WORD

Para darle una apariencia profesional a un documento, puede aplicar un tema del documento. Un tema es un conjunto de opciones de formato que incluyen un conjunto de colores, un conjunto de fuentes del tema (incluidas fuentes para encabezados y texto principal) y un conjunto de efectos del tema (incluidos efectos de líneas y relleno).

NOTAS

PRIMERO

Para obtener información para aplicar un tema en PowerPoint, vea el tema acerca de cómo Aplicar un tema para agregar color y estilo a una presentación.

SEGUNDO

El tamaño de fuente predeterminado del documento no se puede cambiar mediante la aplicación de un tema. Para obtener más información para establecer la fuente predeterminada en Word, consulte el tema sobre cómo Establecer la fuente predeterminada.

Texto de http://office.microsoft.com

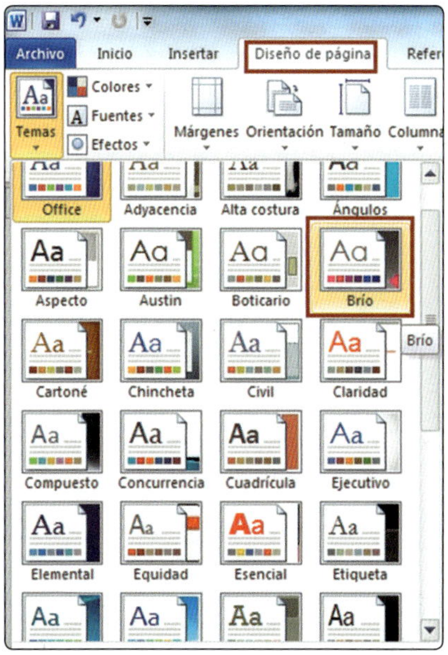

Actividades propuestas

3. Nombre del documento: **Estilos y temas 2**

Tipo: **Documento de Word**

a) Abre la actividad llamada Práctica profesional 1 realizada en Word en la unidad 8.

b) Guárdala ahora con el nombre y tipo indicado en la parte superior de esta actividad.

c) A la tabla aplícale el estilo **Sombreado claro – Énfasis 2**, del grupo **Estilos de tabla** de la pestaña **Diseño** (de tabla).

d) Centra la tabla horizontalmente en el documento.

e) Aplícale al documento el tema **Austin**.

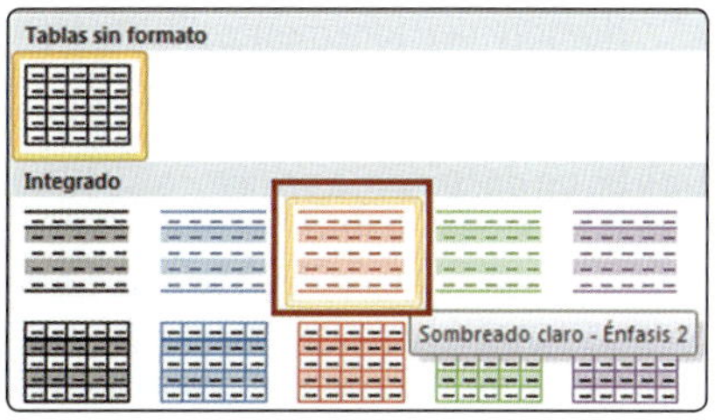

OpenOffice.org – Writer IV

Caso práctico inicial

Las plantillas son documentos que sirven de base para elaborar otros documentos de uso frecuente.

1. Hiperenlaces

También llamados hipervínculos o enlaces, son rutas de acceso a otro archivo, a una página web, al gestor local de correo electrónico o a un punto concreto del documento activo.

Después de seleccionar el texto o la ilustración que nos servirá de enlace, se hace clic en el menú **Insertar ⟶ Hiperenlace**, o bien se pulsa en **Hiperenlace** de la barra de herramientas.

1.1. Enlaces a otro punto del mismo documento

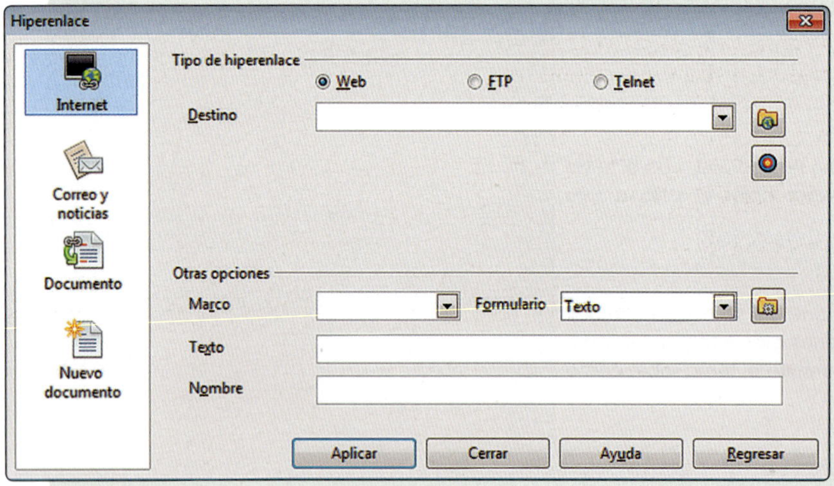

a) Se pone el cursor del ratón en el punto a donde nos llevará un enlace posteriormente creado. En ese punto se hace clic en el menú **Insertar ⟶ Marca de texto**. Se le pone un nombre a la marca de texto y se acepta.

b) Cuando se crea el hiperenlace a ese punto creado se hace clic en Hiperenlace, después en Documento (margen izquierdo). Se marca la diana azul y roja que hay al final de **Destino**, se expande **Marcas de texto** y se elige la marca anteriormente puesta.

Actividades propuestas

1. Nombre del documento: **Writer hiperenlaces**

Tipo: **Documento de texto ODF**

a) En un documento en blanco de Writer escribe el siguiente texto e inserta los hipervínculos que se van indicando en el propio texto.

> Escribo una línea
>
> Esta es la segunda línea de la primera página. Después de ella inserto un salto de página para pasar a la página siguiente.
>
> En la palabra AQUÍ inserto un hiperenlace al periódico La Vanguardia (www.lavanguardia.es).
>
> En las palabras que están en mayúsculas inserto un hiperenlace al documento creado en la unidad anterior llamado Writer esquemas. ABRIR WRITER ESQUEMAS.
>
> La palabra ESCRÍBEME abrirá mi gestor local de correo electrónico con mi dirección de correo electrónico ya escrita en un correo nuevo.
>
> Y en las palabras que están en mayúsculas hago un enlace a la SEGUNDA LÍNEA de la primera página de este documento.

2. Plantillas

Para crear una plantilla se puede comenzar con un documento vacío y guardarlo como plantilla o se puede crear una plantilla basada en un documento. También pueden utilizarse plantillas ya existentes, ya sea de las creadas por el usuario o alguna de las que tiene Writer.

OpenOffice.org incluye documentos de ejemplo y plantillas listas para usar. Para acceder a ellos, pulsa en el menú **Archivo ⟶ Nuevo ⟶ Plantillas y documentos**.

Cuando se abre una plantilla se crea un nuevo documento basado en la plantilla y listo para ser guardado como documento de texto.

Saber más

En el enlace **Obtén más plantillas en línea**, en la ventana emergente de Plantillas y documentos, se pueden seleccionar y descargar más plantillas.

Recuerda

Para utilizar algunas de las herramientas de Writer es necesario tener instalado Java en el equipo.

2.1. Crear un documento nuevo basado en una plantilla

En Writer tenemos diversos asistentes para crear plantillas propias en el menú **Archivo ⟶ Asistentes**. Si el sistema nos muestra un mensaje de error al escoger un asistente será necesario entrar en el menú **Herramientas ⟶ Opciones**. En **Java** escoger la versión de Java de Microsystems.

	Fabricante	Versión	Características
○	Oracle Corporation	1.7.0_09	
◉	Sun Microsystems Inc.	1.6.0_31	

Actividades propuestas

1. Nombre del documento: **Writer plantilla**

Tipo: **Documento de texto ODF**

a) Abre un documento en blanco de Writer.

b) Haz clic en el menú **Archivo ⟶ Asistentes ⟶ Agenda**. Deja en blanco el contenido de los distintos pasos hasta llegar al punto 6. El punto 6 nos sugiere guardar la plantilla en donde se guardan por defecto en Writer, pero en nuestro caso la guardaremos en la carpeta de actividades de esta unidad. Finalizar.

c) La plantilla ha sido creada y guardada en su fo rmato de plantilla (.ott). El documento que ahora se nos abre ya no estará en formato plantilla sino en formato documento de texto (.odt).

d) Guarda los cambios y cierra el documento.

2. Nombre del documento: **Writer agenda de plantilla**

Tipo: **Documento de texto ODF**

a) Abre la plantilla creada en la actividad anterior.

b) Completa los espacios resaltados para introducir la información que consideres oportuna.

c) Guarda el documento con el nombre y tipo indicados en la carpeta de actividades de esta unidad didáctica.

d) Cierra el documento.

e) Cierra Writer.

Carta combinada de franquicia

Reproduce el documento que se muestra en el **Caso práctico inicial** de esta unidad didáctica. Puedes verlo ampliado en PDF en los recursos adicionales del libro, en la carpeta correspondiente a esta unidad, con el nombre **Escrito base franquicia**.

Instrucciones

1. **Tamaño del papel**: A5
2. **Orientación**: horizontal
3. **Márgenes**: todos a 2 centímetros, excepto el izquierdo que tiene 3 centímetros.
4. **Fuente**: todo el ejercicio está escrito en Calibri 11, excepto los datos de la empresa junto al membrete, que están en Calibri 10.
5. El membrete consta de dos partes:
   a. El nombre de la empresa, que está realizado con una imagen prediseñada y un texto de WordArt para el cual la primera letra tiene un color negro, diferente del resto.

      Fontaneros Ramírez

   b. Los otros datos de la empresa están dentro de un cuadro de texto con bordes sin color, escritos en Calibri 10 y con la configuración de párrafo que consideres conveniente para que las líneas de texto queden próximas. El teléfono es un símbolo de la fuente Wingdings.

      Central: Avenida Constitución, 25
      18003 GRANADA
      ☎ 858 88 66 44
      www.fontanerosramirez.es

6. **Carta combinada**

   El objetivo de esta práctica profesional será crear una carta combinada dirigida a unos 300 profesionales, aunque para minimizar el trabajo solamente tendrás que dirigirla a 4 personas, cuya lista se muestra a continuación:

Nombre	Ciudad	Dirección	Provincia
Francisco García Torrente	Luque	Avenida Ceballos, 81	Córdoba
Rafael Merino Contreras	Archidona	Fontiveros, 35	Málaga
Inés Rosado Galván	Dos Hermanas	Castaños, 75	Sevilla
Jacinto Durán Lozano	San Fernando	Pl. Cruces, 2	Cádiz

7. **Documentos generados**

   A continuación están en negrita los nombres que han de tener los documentos y en qué consiste cada uno de ellos. a) y c) son documentos de Word, b) base de datos.

   a. **Escrito base franquicia**: será el escrito realizado tal y como se muestra en el Caso práctico inicial.

   b. **Listado franquicia:** será la base de datos de las personas a las que se les envía la carta.

   c. **Escrito combinado franquicia:** será un documento de cuatro páginas en donde se han combinado los datos del **Listado franquicia** con el texto del **Escrito base franquicia**. Cada página contendrá los datos de una persona distinta.

Plantilla de franquicia

Instrucciones

Vamos a utilizar el mismo escrito de la actividad anterior pero no para enviarlo a un número grande y simultáneo de personas sino para tenerlo disponible para envíos individuales cada vez que necesitemos ponernos en contacto con alguien que pudiera tener interés por nuestra franquicia. Haremos por tanto una plantilla.

1. Puedes partir abriendo el documento **Escrito base franquicia**. Si te aparece un mensaje como el de la siguiente imagen, haz clic en **No**.

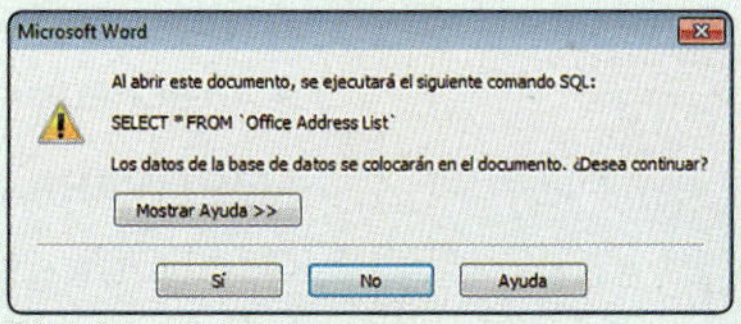

2. Elimina los datos que te mostramos en rojo en la siguiente imagen, porque serán reemplazados por **controles** de formulario:

3. Para los campos **Nombre**, **Dirección**, **Ciudad** y **Provincia** inserta controles de **Contenido de texto enriquecido**. Cada uno de los campos, en **propiedades**, tendrá como **título** el mismo nombre del campo (Nombre, Dirección...). Colócalos con la misma disposición que teníamos hasta ahora. Recuerda que has de tener visible la ficha **Programador**.
4. Para el campo **Fecha**, introduce un **Control de contenido de selector de fecha**. Como **título** tendrá **Fecha** y el tipo de fecha será con el día del mes, el nombre del mes completo y el año completo (ejemplo: 23 de junio de 2014).
5. Guarda este documento con el nombre **Plantilla franquicia** y con el tipo **Plantilla de Word**. La cabecera de datos quedará así (en la imagen está seleccionado en ese momento el campo Provincia).

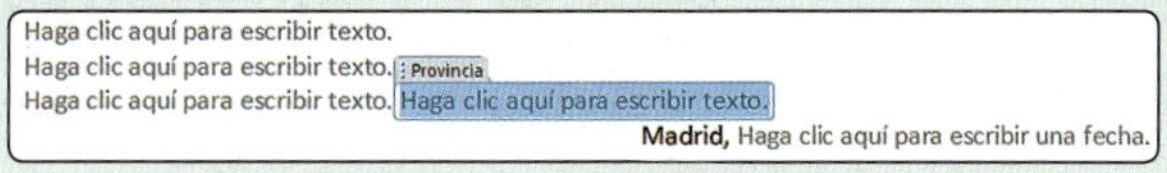

6. A continuación, completa el formulario de la plantilla con la fecha **15 de junio de 2014** y los siguientes datos de destinatario:

   Julián Martínez Coronado
   Avda. Levante, 55
   CÁDIZ (Cádiz)

7 Guarda el documento generado con el nombre **Carta a Julián** y con el tipo **Documento de Word**. La parte destinatario y fecha quedará como en la imagen, donde tenemos seleccionado el campo Nombre:

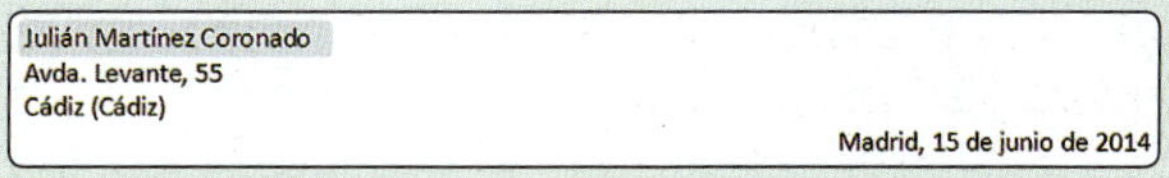

8 Documentos generados en esta actividad:
   a. **Plantilla Franquicia**, que será una plantilla de Word.
   b. **Carta a Julián**, que será un documento de Word.

11 Hojas de cálculo I

Vamos a conocer...

1. Introducción a Excel 2010
2. Diseño e impresión de hojas de cálculo
3. Prácticas con formato y operaciones básicas

SOFTWARE LIBRE

OpenOffice.org – Calc I

PRÁCTICA PROFESIONAL

Hoja de cálculo elemental

Y al finalizar esta unidad...

- Te habrás familiarizado con la interfaz de Excel 2010 y de OpenOffice.org Calc.
- Habrás aprendido a guardar un documento de Excel en versiones anteriores.
- Sabrás qué significan los mensajes de error más frecuentes durante el uso de una hoja de cálculo.
- Podrás recuperar, modificar y guardar documentos almacenados.
- Aprenderás a nombrar las celdas y la forma de referenciarlas.
- Practicarás con formato de fuente y celdas y con operaciones aritméticas simples.
- Sabrás utilizar el controlador de relleno para copiar fórmulas a otras celdas y para trabajar con series.

Caso práctico inicial

Situación de partida

A Julia, que trabaja en una empresa de transportes, le han entregado un papel con las deudas que tienen algunos clientes con la empresa. Dichas deudas comprenden los períodos 2011, 2012 y 2013.

La lista consta de aproximadamente un centenar de nombres de clientes con sus correspondientes deudas en esos años.

Le han pedido que haga el listado en una hoja de cálculo para poder sumar el total de la deuda contraída con la empresa por cada uno de los clientes deudores. La empresa ha decidido efectuar una reclamación de pago para todos aquellos cuya suma de deudas en los tres períodos supere los 10.000 euros.

Julia prepara la lista en Excel, que tiene el siguiente formato (aunque aquí solamente mostramos los primeros seis clientes del casi centenar que tiene la lista).

	A	B	C	D	E
1	Relación de deudas pendientes de cobro				
2	Clientes	2010	2011	2012	Total
3	Ramiro Narváez	1.083,00		932,00	2.015,00
4	Josefa Salar Pons	5.432,00	3.020,00	2.586,00	11.038,00
5	Mertusa			597,00	597,00
6	Lorente, S.L.		890,00	9.980,00	10.870,00
7	Rafael del Álamo		520,00		520,00
8	Francisca Montalbán	882,00		2.500,00	3.382,00

Estudio del caso

Antes de empezar a estudiar y analizar el contenido de la unidad, trata de responder a las cuestiones que se plantean a continuación. Si alguna te resulta especialmente complicada o no sabes qué responder, no te preocupes. Al finalizar la unidad seguro que lo tienes mucho más claro.

1. Diseño de la página en formato A4 y orientación vertical. Configuración de márgenes: Normal.
   - ¿Cómo se configura una hoja de cálculo con vistas a imprimirla posteriormente?
2. La columna «Clientes» es de un ancho superior a las demás.
   - ¿Cómo se puede ampliar o reducir el tamaño de una columna o de una fila?
3. La columna «Total» tiene que completarse con una fórmula que sume el contenido de las tres columnas anteriores.
   - ¿De qué manera se configura la suma de un rango de celdas?
4. Uno de los problemas que más tiempo hace perder es escribir la fórmula suma en todas las celdas de la derecha, teniendo en cuenta que son alrededor de 100 clientes los que hay en la lista.
   - ¿Qué herramienta facilita la tarea de copiar fórmulas a otras celdas actualizando la referencia a las mismas?
5. Las celdas de la columna «Total» quedarán señaladas de forma automática si el valor de la celda cumple ciertas condiciones.
   - ¿Cómo puede conseguirse que las cifras superiores a 10.000 euros aparezcan con un fondo y una fuente distintos a las demás celdas y de forma automática?

1. Introducción a Excel 2010

1.1. Nomenclatura

- **Libro**. Es un documento de cálculo. Puede contener una o varias hojas. De forma predeterminada se abre con tres hojas.
- **Hoja**. Como su propio nombre indica, es cada una de las «páginas» que contiene un libro de cálculo. Pueden eliminarse las hojas innecesarias e incrementar el número de hojas hasta que lo permita la memoria disponible. Asimismo, puede cambiarse el nombre por defecto de cada hoja.
- **Celda**. Las columnas de una tabla de Excel están representadas por letras, mientras que las filas lo están por números. Una celda es el punto en donde se cruzan una columna y una fila; por tanto, para referirse a una celda se menciona con una letra (la de su columna) y un número (el de su fila). Por ejemplo, la celda C4 es el punto en que se cruzan la columna C y la fila 4.
- **Rango**. Se denomina rango a un grupo de celdas. Los rangos se expresan poniendo la referencia a una celda inicial y a una final, separadas por dos puntos (:). Al seleccionar un rango quedan marcadas con color las cabeceras de las filas y de las columnas que comprende.

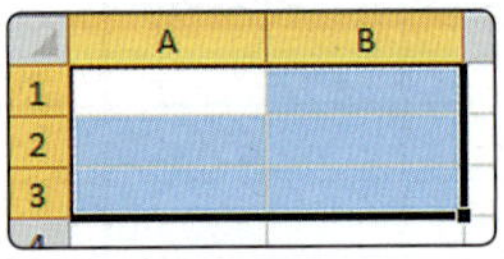

Rango A1:B3.

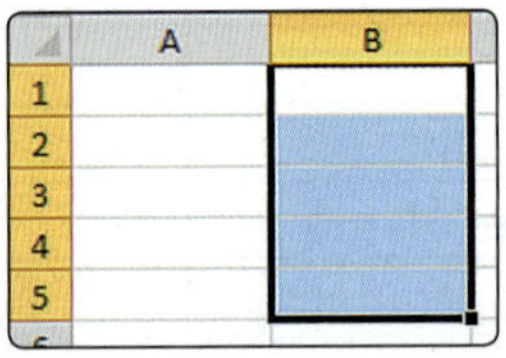

Rango B1:B5.

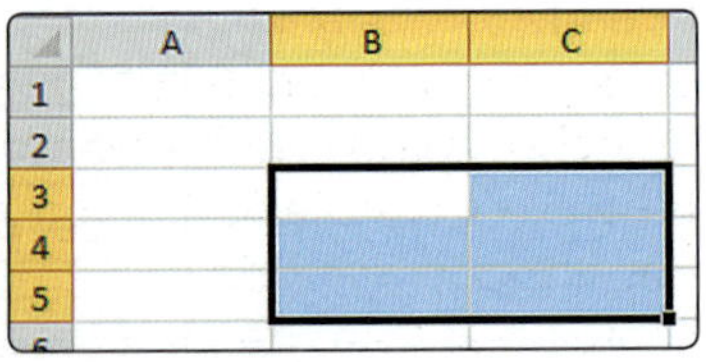

Rango B3:C5.

1.2. La interfaz

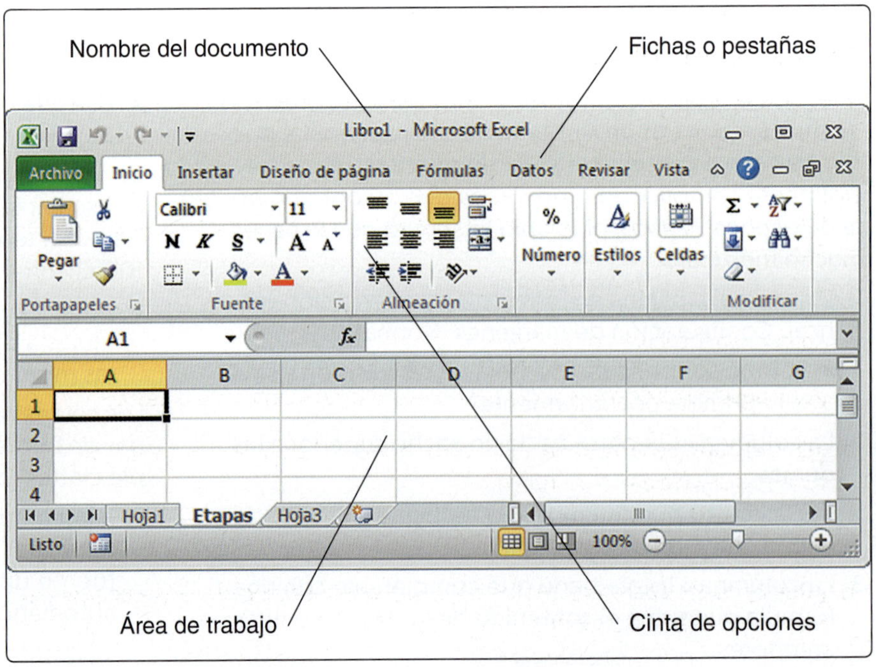

Recuerda

Libro y hojas

Libro de cálculo con tres hojas, de las cuales a la segunda se le ha cambiado el nombre por defecto.

Saber más

Archivo

Desde este menú se puede abrir, guardar, imprimir y ver todo lo que se puede hacer con un documento.

Después de haber trabajado con Word 2010 es fácil familiarizarse con la interfaz de Excel 2010, puesto que sigue el mismo sistema de **pestañas** seleccionables, cada una de las cuales tiene asociada una **cinta de opciones** específica.

En el centro de la pantalla se halla el **área de trabajo,** compuesta por filas y columnas.

En la parte inferior se encuentran las **hojas** que contiene el libro, la barra de **zoom** y las posibles **vistas** que se pueden obtener de una hoja (Normal, Diseño de página y Vista previa de salto de página).

Entre el área de trabajo y la cinta de opciones se encuentra el **Cuadro de nombres**, donde aparece el nombre de la celda o rango seleccionado, y la **Barra de fórmulas**, donde se escriben las fórmulas y funciones.

1.3. El Controlador de relleno

Cuando seleccionamos una sola celda o un conjunto de ellas (un rango), la selección cuadrangular tiene un pequeño recuadro en el ángulo inferior derecho, como puedes apreciar en esta imagen y en las del epígrafe 1.1. Se trata del **Controlador de relleno**, que tiene una enorme importancia para trabajar con hojas de cálculo al facilitar la tarea de relleno de celdas adyacentes. A lo largo de las actividades trabajaremos a menudo con el Controlador de relleno.

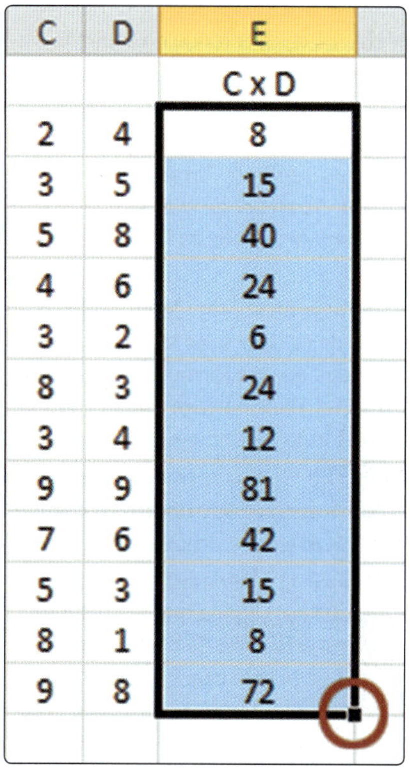

El Controlador de relleno.

Actividades propuestas

1. Nombre del documento: **Conceptos hoja de cálculo**

Tipo: **Documento de Word**

Abre un documento en blanco de Word y escribe las siguientes preguntas y sus respuestas. Luego guárdalo con el nombre indicado en la carpeta de ejercicios correspondiente a esta unidad didáctica.

a) Cuando guardas un documento nuevo de Excel, ¿qué es lo que has guardado, un libro o una hoja de cálculo?

b) Abre un documento en blanco de Excel y selecciona el rango A3:B5. ¿Qué nombre aparece en el cuadro de nombres?

c) ¿Qué pestaña ha de estar activa para seleccionar la fuente de una celda?

d) ¿En qué parte de la ventana de Excel se muestra el nombre del documento que tenemos abierto en este momento?

e) ¿Cómo harías para cambiarle el nombre a una hoja del libro?

f) ¿Qué opciones aparecen si haces clic con el botón secundario del ratón sobre el nombre de una hoja del libro?

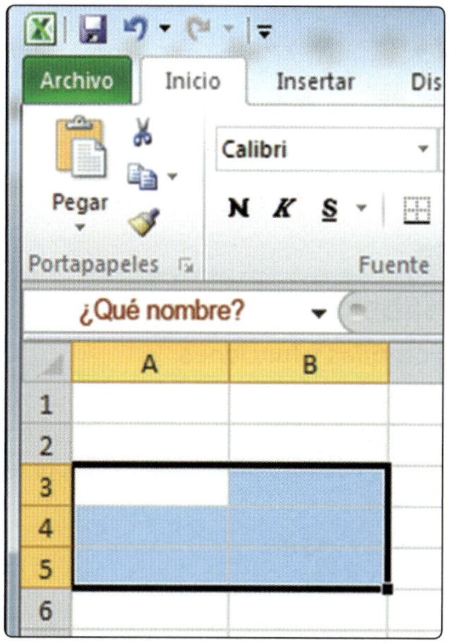

1.4. Mensajes de error

En ocasiones, mientras estamos trabajando con Excel, nos aparecen algunos mensajes indicándonos que pretendemos realizar una operación no permitida por el programa, que hemos cometido algún error al introducir los datos o, simplemente, que con la configuración actual no se pueden mostrar los datos solicitados. Los más frecuentes son los que mostramos en el margen, que contienen a qué se debe cada uno de ellos.

1.5. Referencias a celdas

Durante el trabajo con Excel al introducir fórmulas normalmente haremos referencia a celdas que contienen datos. Es lo que se conoce como «**referenciar una celda**». Por ejemplo, en la siguiente fórmula estamos indicando que se han de sumar los datos de las celdas A1 y A2, luego estamos referenciando ambas celdas:

=A1+A2

Pues bien, estas referencias a celdas pueden ser de varios tipos:

- **Referencia relativa**. Si arrastramos con el Controlador de relleno una fórmula que hace referencia a una celda, en las distintas celdas a donde la hayamos arrastrado esa celda de referencia cambiará. Ejemplo de referencia relativa: A1.
- **Referencias absolutas**. Las referencias absolutas garantizan que las referencias no varíen cuando copiamos la fórmula a otro lugar. Se representan insertando el símbolo delante de la letra y delante del número que identifican a la celda. Ese símbolo se puede insertar automáticamente si ponemos el ratón en la referencia a la celda de la línea de fórmulas y pulsamos en el teclado la tecla F4. Un ejemplo de referencia absoluta: C1.

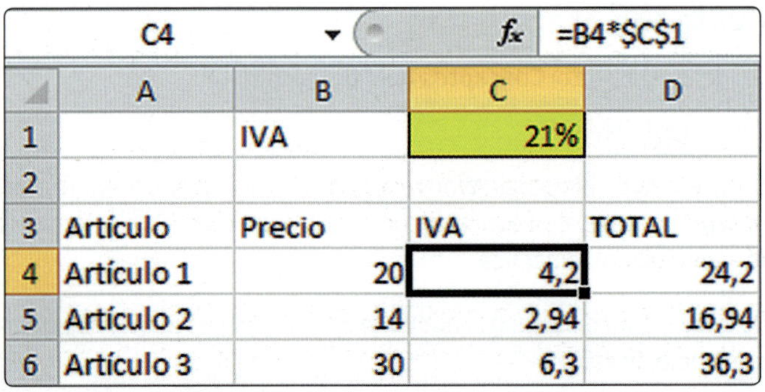
C4 | fx | =B4*C1

	A	B	C	D
1		IVA	21%	
2				
3	Artículo	Precio	IVA	TOTAL
4	Artículo 1	20	4,2	24,2
5	Artículo 2	14	2,94	16,94
6	Artículo 3	30	6,3	36,3

- **Referencia mixta**. Las referencias mixtas fijan una coordenada como absoluta y la otra como relativa. Un ejemplo sería A$1, en donde la referencia a la columna A es relativa y la referencia a la fila 1 es absoluta. Otro ejemplo sería $A1, en donde la referencia absoluta es la de la columna A.

También podemos oír hablar de **referencia circular**. Una referencia circular se produce cuando una fórmula, de manera directa o indirecta, depende de su propio valor. Por ejemplo, si en la celda A1 tenemos la fórmula =A1+5, Excel te dará el mensaje de que no puede resolver esa referencia circular porque el resultado daría lugar a un bucle sin fin.

Saber más

Mensajes de error

#¡DIV/0! Indica que hay una división entre cero.

#N/A La celda referida no contiene ningún dato.

#¡NUM! El argumento de la función matemática es incorrecto. Por ejemplo, si introducimos este fórmula en una celda: =RAIZ(-3), en donde el argumento es -3 y no se puede obtener la raíz de un negativo.

#¡REF! Se ha suprimido una celda o un rango de celdas cuyas referencias están incluidas en una fórmula. Por ejemplo, =A1+B1+C1 y se borra la celda C1, entonces la fórmula cambia a =A1+B1+#¡REF!

#¡VALOR! En una fórmula matemática hay una celda de tipo texto o el operador es incorrecto.

######## Una celda llena del símbolo almohadilla (#) indica que el ancho de la celda no es suficiente para contener los datos que hay en ella. Para solucionarlo, basta con aumentar el ancho de la columna.

Saber más

Fórmulas y funciones

Todas las fórmulas y funciones que se escriban en una celda y que aparecen en la **Barra de fórmulas**, empezarán por el signo =.

Ejemplo: **=A3+5.**

Actividades resueltas

Nombre del documento: **Referencias**

Tipo: **Libro de Excel**

1. Abre un libro nuevo de Excel y guárdalo con el nombre indicado en la carpeta de ejercicios correspondiente a esta unidad didáctica.
2. Copia los siguientes datos en las mismas celdas que aparecen en la imagen:

	A	B	C	D
1		IVA	21%	
2				
3	**Artículo**	**Precio**	**IVA**	**TOTAL**
4	Artículo 1	20		
5	Artículo 2	14		
6	Artículo 3	30		

3. Vamos a introducir en la celda C4 la siguiente fórmula: =B4*C1. Con esto estamos dando la instrucción de que en la celda C4 se muestre el producto de la celda B4 (20) por de la celda C1 (21%). Después de pulsar Intro, tendrás el resultado, que será el correcto: el 21% de 20 es 4,2.
4. Como hemos explicado al hablar del Controlador de relleno, podemos arrastrar una fórmula hacia abajo o hacia la derecha por sus celdas adyacentes. Esto nos evita tener que repetir las fórmulas cuando van a ser las mismas que se usen en esas celdas contiguas. Entonces: selecciona la celda C4 y verás su Controlador de relleno. Tira desde esa esquina marcada hacia abajo, hasta completar las celdas C5 y C6. ¿Qué ocurre? Algo hemos hecho mal, porque en esas celdas tendría que aparecernos el IVA de 14 y de 30 respectivamente y no es así; veamos qué ha ocurrido:
   a. Haz clic en la celda C4. Mira la barra de fórmulas. ¿Es correcta la fórmula? Sí, porque nos pide que se multiplique B4 por C1. La dejamos como está.
   b. Haz clic en la celda C5. Mira la barra de fórmulas. ¿Qué fórmula nos muestra? =B5*C2. B5 es correcto pero, ¿qué hay en C2? Nada. Tendría que aparecer C1, puesto que ahí está el porcentaje del IVA.
   c. ¿Y si miras en la celda C6? La fórmula que tenemos ahí es =B6*C3, de la cual B6 es correcto, pero C3 no lo es, pues tendría que ser C1.
5. Esto ha ocurrido porque cuando hemos escrito la fórmula en la celda C4 tendríamos que haber previsto que al arrastrarla con el Controlador de relleno, los valores iban a cambiar y sin embargo C1 no puede cambiar. Tenemos que escribir en C4 la fórmula con C1 **como referencia absoluta**.
6. Haz clic en C4 y en la barra de fórmulas haz clic en C1. Después pulsa en tu teclado la tecla F4. Verás que lo que antes era C1 ahora se convierte en C1, que es la correcta.
7. Arrastra ahora la fórmula a las celdas C5 y C6 con el controlador de relleno. Veremos que ahora los importes del IVA son los correctos. Comprueba ahora qué fórmulas hay en C5 y C6: en ambas se mostrará C1 como referencia absoluta.
8. En la celda D4 escribe esta fórmula: =B4+C4. Arrastra esa fórmula con el Controlador de relleno hacia las celdas D5 y D6. Los resultados serán los correctos. En este caso no ha sido necesario hacer referencias absolutas, basta hacerlas **relativas**. Comprueba que en D5 se le pide calcular la suma de B5+C5. Comprueba que también es correcta la fórmula de D6.
9. Guarda los cambios del libro **Referencias**.

Con esta actividad hemos comprobado para qué sirve hacer **referencia relativas** y **absolutas** a celdas.

Saber más

Referencia a celdas

En lugar de escribir el nombre de una celda (por ejemplo B3) en una fórmula, es recomendable escribir el signo igual (=) y a continuación marcar con el ratón la celda B3. Esto evitará muchos errores de transcripción y hará más fácil el uso de Excel.

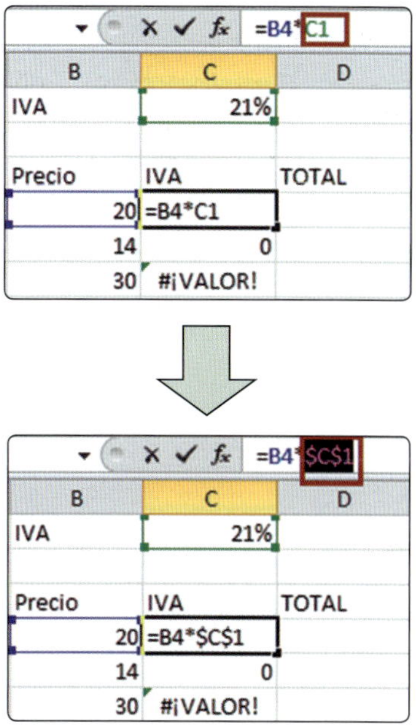

2. Diseño e impresión de hojas de cálculo

2.1. Diseño de página

Todas las opciones se encuentran bajo la pestaña **Diseño de página**.

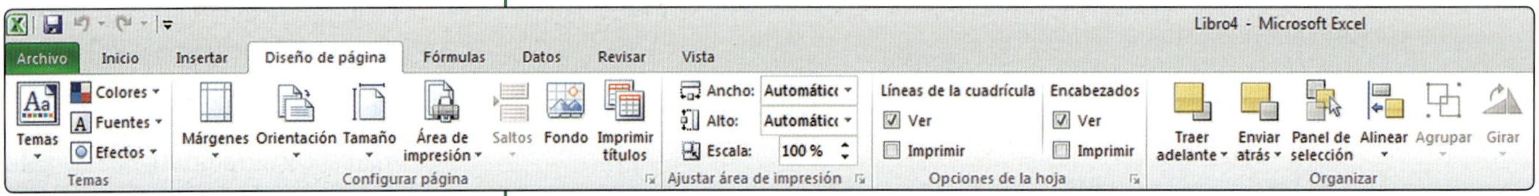

Encontramos cinco grupos de opciones:

- **Temas**. Para aplicar unas determinadas características de fuentes, efectos y colores a toda la hoja o a las hojas seleccionadas.**Configurar página**. Comprende los márgenes, la orientación y el tamaño del papel, el área de impresión (el área seleccionada en la hoja es la que se imprimirá), el fondo de página y la opción Imprimir títulos.
- **Configurar página**. Comprende los márgenes, la orientación y el tamaño del papel, el área de impresión (el área seleccionada en la hoja es la que se imprimirá), el fondo de página y la opción Imprimir títulos.
- **Ajustar área de impresión**. Para reducir la proporción general o el ancho y el alto de las páginas que resultarán al imprimirse, de modo que se ajusten a un número determinado de páginas deseadas.
- **Opciones de la hoja**. Permite elegir si se desean ver sobre el área de trabajo las cuadrículas de la hoja o si queremos que se impriman o no. De igual modo en lo relativo al encabezado y pie de página.
- **Organizar**. Es un grupo de opciones que se utilizará cuando se inserten objetos en una hoja, como pueden ser gráficos, imágenes prediseñadas, formas y otras ilustraciones.

2.2. Vista previa e impresión de una hoja de Excel

Desde la pestaña **Archivo** ⟶ **Imprimir**, podemos elegir la impresora y configurar todos los parámetros de impresión.

En el espacio que queda a la derecha tendremos una **vista previa** de cada hoja que se vaya a imprimir. **Debajo de la vista previa**, a la izquierda podemos pasar a la vista previa de las siguientes páginas si las hubiera. A la derecha podemos ver la página con márgenes o sin ellos.

Saber más

Imprimir títulos

Esta opción se utiliza para que, al imprimirse una hoja de cálculo, los títulos de la cabecera de una tabla se impriman en todas las hojas de papel.

Caso práctico inicial

Imprimir una hoja de cálculo

Todas las opciones de configuración de impresión de una hoja de cálculo se encuentran bajo la pestaña **Diseño de página.**

2.3. Ancho de filas y columnas

El ancho de una columna o el alto de una fila se pueden ajustar **manualmente**. Para modificar el alto de una fila hay que situar el cursor del ratón en la línea que divide las dos filas y, cuando el símbolo del cursor cambia a dos flechas, arrastramos hasta conseguir el alto deseado. Para las columnas se hace de la misma forma pero situando el cursor entre dos columnas.

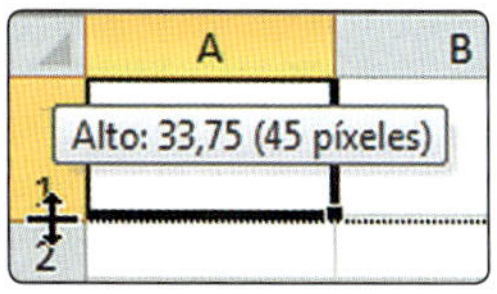

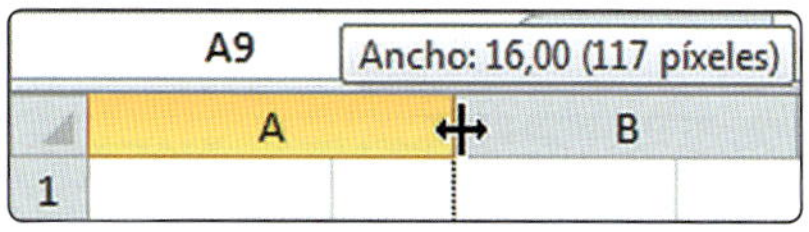

Caso práctico inicial

Alto de fila y ancho de columna

Otra manera de fijar un alto de fila o un ancho de columna es hacer clic con el botón secundario del ratón sobre la cabecera de la fila o de la columna y, del cuadro de diálogo que se muestra, seleccionar **Alto de Fila** o **Ancho de columna**, según el caso. Después se configura la medida exacta que se desee y se pulsa Aceptar.

Actividades propuestas

2. Nombre del documento: **Investiga**

Tipo: **Documento de Word**

Abre un documento en blanco de Word, escribe las siguientes preguntas y sus respuestas. Luego guárdalo con el nombre indicado en la carpeta de ejercicios correspondiente a esta unidad didáctica.

Para realizar esta actividad debes hacer tus propias investigaciones sobre una hoja de cálculo, en internet o utilizando la ayuda de Excel.

a) ¿Cómo podremos configurar un encabezado o un pie de página en una hoja de cálculo?

b) ¿Qué pestaña debe estar activa para insertar un gráfico?

c) ¿Con qué pestaña activa y en qué grupo de opciones se encuentran los hipervínculos?

d) Las líneas de cuadrícula que aparecen en una hoja de cálculo no se imprimen, a no ser que se hayan configurado bordes para las celdas. Sin embargo podemos no querer que sean visibles esas cuadrículas. Investiga y responde cómo podemos ocultarlas.

e) Investiga: Podemos ocultar accidental o voluntariamente la **Barra de fórmulas,** ¿cómo podríamos hacerla visible otra vez?

Encabezado y pie de página.

3. Nombre del documento: **Configurar página**

Tipo: **Libro de Excel**

a) Abre un libro nuevo de Excel y guárdalo con el nombre indicado en la carpeta de ejercicios correspondiente a esta unidad didáctica.

b) Haz que tu Hoja1 tenga unos márgenes de 2 centímetros, tanto laterales como superior e inferior.

c) Ensancha la columna A a 150 píxeles y cambia el alto de la fila 2 a 50 píxeles.

d) Teniendo activa la pestaña **Diseño de página**, ponle a la hoja un fondo con cualquier imagen de archivo.

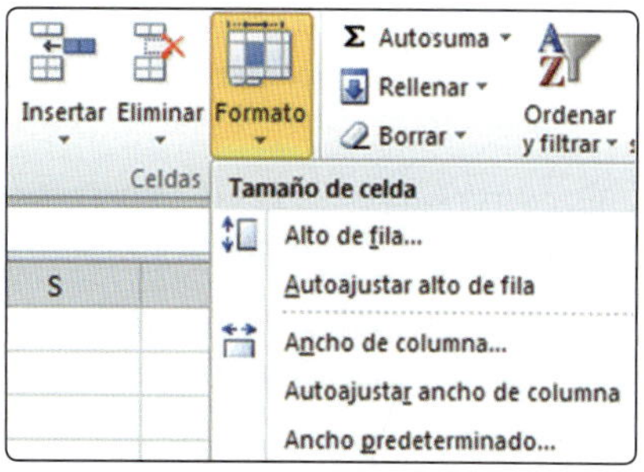

Formato de celda.

3. Prácticas con formato y operaciones básicas

3.1. Una primera aproximación a la hoja de cálculo

Hasta ahora solamente nos hemos familiarizado con la hoja de cálculo Excel 2010. Ahora vamos a hacer las primeras operaciones sencillas sobre un libro de cálculo.

Actividades resueltas

Nombre del documento: **Operaciones básicas 1**

Tipo: **Libro de Excel**

1. Abre un libro nuevo de Excel y guárdalo con el nombre indicado en la carpeta de ejercicios correspondiente a esta unidad didáctica.
2. Observa el libro de trabajo. En la parte inferior de la pantalla encontrarás Hoja 1, Hoja 2 y Hoja 3. A ese espacio se lo denomina **Barra de etiquetas**.
3. Vamos a utilizar una hoja sola, que será la **Hoja 1**. Por tanto, debes **eliminar las hojas 2 y 3**. Para ello, haz clic con el botón secundario del ratón sobre la etiqueta Hoja 2 y elige **Eliminar**. Haz lo mismo con la hoja 3.
4. A la única hoja restante le cambiaremos el nombre por el de **Cálculos**. Lo harás pulsando sobre la etiqueta con el botón secundario del ratón. Elige **Cambiar nombre** y escribe **Cálculos** en la etiqueta.
5. Selecciona con el ratón el rango A1:D1.

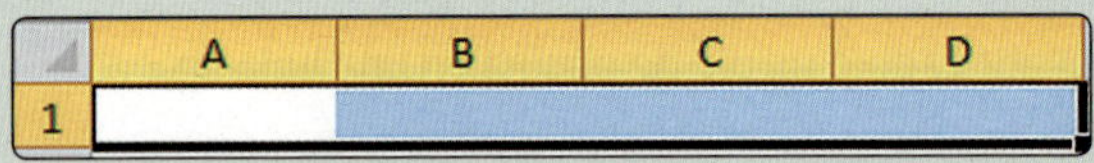

6. Con el rango seleccionado y, teniendo activa la pestaña **Inicio**, haz clic sobre el botón **Combinar y centrar**, del grupo **Alineación**.

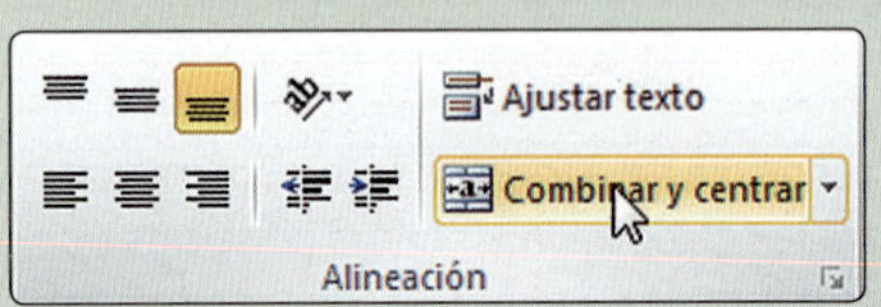

7. Sin dejar de tener seleccionada la celda (que antes era un rango de celdas), vuelve a pulsar sobre el mismo botón **Combinar y centrar** y observa cómo la operación se revierte: una celda ha vuelto a convertirse en cuatro, como estaban al principio.
8. En la celda B2 introduce tu fecha de nacimiento con la forma **dd-mm-aaaa** (es decir, dos cifras para día y mes, cuatro para año, separadas por guiones). Lo más probable es que la fecha se haya convertido en otro formato del tipo **dd/mm/aaaa**, o tal vez por un número de varias cifras.
9. Haz clic sobre la celda con el botón secundario del ratón ⟶ **Formato de celdas**. Se abre el cuadro de diálogo **Formato de celdas**. Con la pestaña **Número** activa, haz clic a la izquierda sobre **Fecha** y a la derecha escoge el tipo "14 de marzo de 2001". Clic en **Aceptar**.
10. Selecciona la celda B4. Activa la pestaña **Fórmulas**. En el grupo **Biblioteca de funciones** haz clic sobre **Fecha y hora**. Escoge la función **HOY** y acepta en el cuadro de diálogo que se abre. Se habrá insertado la fecha actual en la celda B4.
11. En la celda B6, por el mismo procedimiento del punto anterior, inserta la función **AHORA**. Aparecerá la fecha de hoy con la hora y el minuto actuales. Guarda los cambios en el documento.
12. Guarda ahora el documento para que pueda ser abierto con versiones de Excel anteriores a la 2007, es decir, como **Libro de Excel 97-2003**. Ponle el mismo nombre **Operaciones básicas**.
13. Cierra la aplicación.

3.2. Autosuma, formato y controlador de relleno

En la siguiente actividad trabajaremos con operaciones sencillas de cálculo. En muchas ocasiones encontraremos que una misma acción se puede realizar de distintas maneras, como sumar el contenido de varias celdas pulsando el botón Σ (Autosuma) del grupo **Modificar** de la ficha **Insertar**, o bien insertando la función **AUTOSUMA** de la **Biblioteca de funciones** de la pestaña **Fórmulas**.

También puede insertarse la función **SUMA** de la **Biblioteca de funciones**. SUMA pertenece a las funciones matemáticas y trigonométricas.

Para evitar triplicar información, la mayor parte de las veces explicaremos solamente una de las formas posibles de llevar a cabo una acción.

Veremos también cómo se alinean los datos en las columnas y cómo poner fondos y bordes a las celdas.

Caso práctico inicial

Para sumar el contenido de un rango de celdas se usa el botón Σ (Autosuma).

El contenido de una celda con fórmula se arrastra a las celdas adyacentes mediante el **Controlador de relleno.**

Actividades resueltas

Nombre del documento: **Operaciones básicas 2**

Tipo: **Libro de Excel**

1. Abre un libro nuevo de Excel y guárdalo con el nombre indicado en la carpeta de ejercicios correspondiente a esta unidad didáctica.
2. Tendrás que realizar la siguiente hoja de cálculo en la hoja 1. Las explicaciones están después de la imagen.

	A	B	C	D	E	F	G
1		CALZADO VENDIDO EN ENERO (EN PARES)					
2		Botas	Zapatos	Deportivas	Zapatillas	Otros	Totales
3	*Infantil*	23	34	45	33	20	
4	*Señora*	40	44	33	60	30	
5	*Caballero*	38	39	50	32	21	
6	TOTALES						

3. Selecciona el rango **B1:F1**. Teniendo activa la pestaña **Inicio**, haz clic sobre el botón **Combinar y centrar**.
4. Selecciona el rango **B2:G2**. Pestaña **Inicio ⟶ Centrar**, del grupo **Alineación**.
5. Escribe el contenido de todas las celdas de la imagen superior con la fuente **Calibri 11**. Observa que los números se alinean automáticamente a la derecha.
6. Sin embargo, las palabras de texto se alinean por defecto a la izquierda, excepto las de la fila 2, porque en el punto anterior hemos configurado Centrar antes de escribir nada.
7. Selecciona el rango **A3:A5**. Pestaña **Inicio ⟶ Cursiva**, del grupo **Fuente.**
8. Selecciona la celda **G3**. Haz clic en el botón **Autosuma** de la pestaña **Inicio**, dentro del grupo **Modificar**. Excel marca las celdas que supone que van a ser sumadas (y suele acertar); si no es así, seleccionaremos con el ratón las correctas. Acepta pulsando la tecla Intro del teclado.
9. Observa el **Controlador de relleno** de la celda **G3**. Está en el ángulo inferior derecho de la celda y es un cuadradito más oscuro. Arrastra desde esa esquina hasta las celdas **G4** y **G5**.
10. Selecciona la celda **B6**. Haz la autosuma de la misma forma. Luego arrastra el **Controlador de relleno** a lo largo del rango **C6:G6**. Hemos vuelto a ver la utilidad del Controlador de relleno.
11. Haz clic en la celda **B6** y observa que la fórmula que hemos insertado en esa celda se puede ver en la barra de fórmulas **=SUMA(B3:B5)**. Sin embargo, la fórmula de la celda **C6** será **=SUMA (C3:C5)**, y así sucesivamente: con el Controlador de relleno se suma por lógica el contenido de la fila o la columna que corresponde.

Actividades resueltas (cont.)

12. Selecciona el rango **B2:G2**. Pestaña **Inicio** ⟶ **Control de relleno**, del grupo **Fuente**. Elige el color **amarillo**.
13. Selecciona el rango **B1:F1**. Clic con el botón secundario en el rango. En el cuadro de diálogo **Formato de Celdas**, pestaña **Bordes**. A la izquierda, selecciona el **Borde doble** y luego, arriba, a la derecha, haz clic en **Contorno**. Aceptar.
14. Guarda los cambios de este libro, cuya hoja 1 tendrá ahora la siguiente apariencia:

	A	B	C	D	E	F	G
1		CALZADO VENDIDO EN ENERO (EN PARES)					
2		Botas	Zapatos	Deportivas	Zapatillas	Otros	Totales
3	*Infantil*	23	34	45	33	20	155
4	*Señora*	40	44	33	60	30	207
5	*Caballero*	38	39	50	32	21	180
6	TOTALES	101	117	128	125	71	542

3.3. Series

Una serie es un conjunto de datos ordenados según un criterio determinado. Ejemplos de series serían:

- 1, 3, 4, 7, 9...
- Lunes, martes, miércoles...
- 15/12/2011, 15/12/2012, 15/12/2013...
- 15/12/2011, 16/12/2011, 17/12/2011...

Saber más

Series y Controlador de relleno

Con el **Controlador de relleno** se pueden completar **series**, tanto a lo largo de una fila como a lo largo de una columna.

Actividades resueltas

Nombre del documento: **Series 1**

Tipo: **Libro de Excel**

Abre un libro nuevo de Excel y guárdalo con el nombre indicado en la carpeta de ejercicios correspondiente a esta unidad didáctica.

1. **Serie 1**. En la celda A1 introduce el número 1; en la celda A2 introduce el número 2. Selecciona el rango A1:A2 y tira hasta A7 con el Controlador de relleno. La serie se completa con 3, 4, 5, 6...
2. **Serie 2**. En la celda B1 introduce el número 2; en la celda B2 introduce el número 4. Selecciona el rango B1:B2 y tira hasta B7 con el Controlador de relleno. La serie se completa con 6, 8, 10, 12...
3. **Serie 3**. En la celda C1 introduce el número -10; en la celda C2 introduce el número -9. Selecciona el rango C1:C2 y tira hasta C7 con el Controlador de relleno. La serie se completa con -8, -7, -6...
4. **Serie 4**. En la celda D1 introduce la palabra «Miércoles». Arrastra el Controlador de relleno de esa celda hasta la celda D10 y comprobarás que después de miércoles viene jueves, luego viernes...
5. **Serie 5**. En la celda A20 escribe Cliente 1. Con el controlador de relleno de esa celda arrastra hasta la celda F20. Tendrás: Cliente 2, Cliente 3, Cliente 4...
6. **Serie 6**. En la celda A25 escribe 20/8/58. En la B25 escribe 21/8/58. Selecciona el rango A25:B25 y arrastra su controlador de relleno hasta la celda F25. Tendremos 22/8/58, 23/8/58...
7. Guarda los cambios del libro y ciérralo.

Actividades propuestas

4. Nombre del documento: **Series 2**

Tipo: **Libro de Excel**

a) Abre un libro nuevo de Excel y guárdalo con el nombre indicado en la carpeta de ejercicios correspondiente a esta unidad didáctica.

b) De la siguiente tabla escribe los títulos, que están en rojo, y los dos primeros valores de distintas series, que están en azul.

c) Con el Controlador de relleno, completa las series hasta obtener los datos que aparecen en negro.

d) Modifica, si es necesario, la fuente, las alineaciones o los anchos de columna hasta obtener la tabla tal y como la puedes ver a continuación:

	A	B	C	D	E	F
1	SERIES					
2	Naturales	Pares	Fin trimestre	Repetir	Meses impares	Meses pares
3	1	2	Marzo	Blanco	Enero	Febrero
4	2	4	Junio	Verde	Marzo	Abril
5	3	6	Septiembre	Blanco	Mayo	Junio
6	4	8	Diciembre	Verde	Julio	Agosto
7	5	10	Marzo	Blanco	Septiembre	Octubre
8	6	12	Junio	Verde	Noviembre	Diciembre
9	7	14	Septiembre	Blanco	Enero	Febrero
10	8	16	Diciembre	Verde	Marzo	Abril
11	9	18	Marzo	Blanco	Mayo	Junio
12	10	20	Junio	Verde	Julio	Agosto

3.4. Formato condicional

El Formato condicional resalta celdas que cumplen determinadas condiciones, enfatiza valores poco usuales y visualiza datos usando barras de datos, escalas de color y conjuntos de iconos basados en criterios. Por ejemplo, podemos desear que en una tabla de nombres de personas, todas las celdas en las que aparezca el nombre María tengan un fondo amarillo.

La solución a esta necesidad la proporciona Excel mediante el **Formato condicional**, que se encuentra en el grupo **Estilos** bajo la pestaña **Inicio**.

Al desplegarse las opciones del botón Formato condicional veremos una serie de posibilidades de resaltar celdas según distintos criterios, algunos predeterminados, como puedes ver en la imagen lateral.

Importante*: en ocasiones realizamos el formato condicional sobre una serie de datos y a pesar de haberlo hecho correctamente, hay algunos datos que tendrían que estar resaltados y no lo están. Esto se debe generalmente a que al introducir el dato hemos dado un espacio con la barra espaciadora detrás de él. Basta comprobarlo y eliminar los espacios sobrantes.*

Caso práctico inicial

Formato condicional

Con él, las celdas que cumplen una condición se resaltarán del modo que decida el usuario.

	A
1	Marrón
2	Azul
3	Rojo
4	Verde
5	Marrón
6	Azul
7	Rojo
8	Verde
9	Marrón
10	Azul
11	Rojo
12	Verde
13	
14	
15	6
16	2
17	9
18	1
19	9
20	7
21	6
22	9
23	5

Formatos condicionales con «Resaltar reglas de celdas» y «Barras de datos».

Actividades propuestas

5. Nombre del documento: **Formato condicional**

Tipo: **Libro de Excel**

a) Abre un libro nuevo de Excel y guárdalo con el nombre indicado en la carpeta de ejercicios correspondiente a esta unidad didáctica.

b) Reproduce la siguiente tabla:

	A	B	C	D	E
1	CALIFICACIONES DEL GRUPO POR MÓDULOS				
2	Nombre	Mód 1	Mód 2	Mód 3	Mód 4
3	Juan	2	6	5	3
4	Andrés	8	9	5	4
5	Teresa	3	9	4	8
6	María	6	10	8	7

c) Se desea que las calificaciones **inferiores a 5** se muestren en **color rojo** y también que las que sean **superiores a 7** se muestren en **color verde**.

d) Selecciona todo el rango de calificaciones (B3:E6). Con la ficha Inicio activada, haz clic en **Formato condicional ⟶ Resaltar reglas de celdas ⟶ Es menor que**.

e) El cuadro de diálogo que se abre se ha de configurar de la siguiente manera:

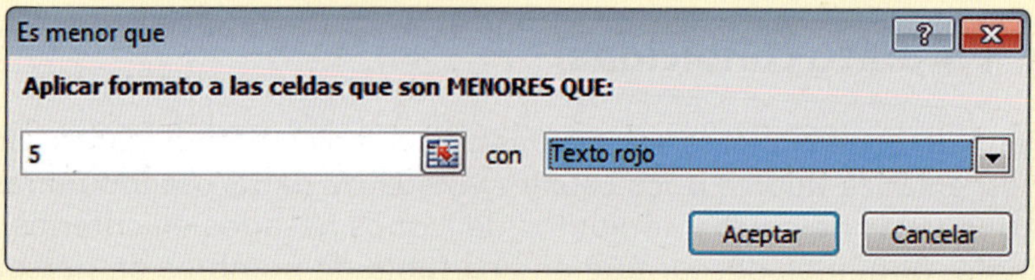

f) Manteniendo la selección repite la operación para los valores superiores a 7, en este caso eligiendo **Es mayor que.** Al final de la lista está **Texto personalizado**, que será el que debes escoger para ponerlo de color verde. El resultado cambiará la apariencia el color de todas las celdas que cumplan las dos condiciones requeridas. Esta será la tabla resultante:

	A	B	C	D	E
1	CALIFICACIONES DEL GRUPO POR MÓDULOS				
2	Nombre	Mód 1	Mód 2	Mód 3	Mód 4
3	Juan	2	6	5	3
4	Andrés	8	9	5	4
5	Teresa	3	9	4	8
6	María	6	10	8	7

OpenOffice.org – Calc I

1. Introducción

1.1. Acceso e interfaz

Calc es la hoja de cálculo de OpenOffice.org. Se accede a ella desde el menú Inicio ⟶ Todos los programas ⟶ OpenOffice.org ⟶ OpenOffice.org Calc.

Al abrir la aplicación veremos una pantalla similar a la siguiente:

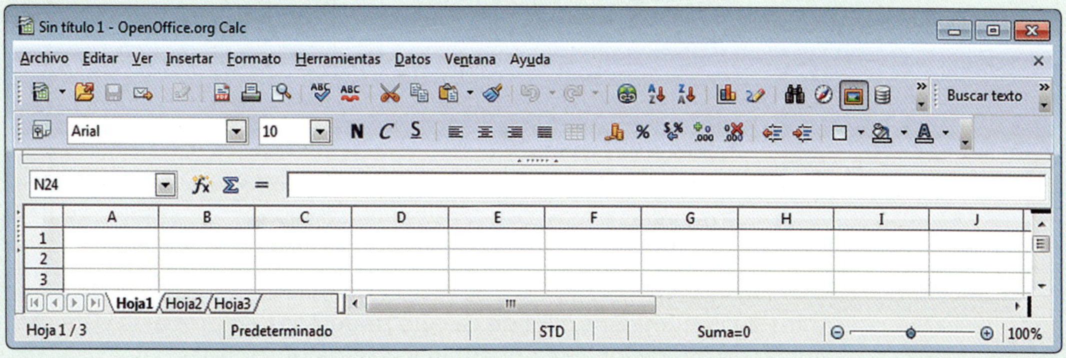

Las barras de herramientas son muy parecidas a las de Writer. Entre la barra de herramientas y el área de trabajo se encuentran el **Cuadro de nombres** y la Línea de entrada (es el equivalente a la barra de fórmulas de Excel).

1.2. Nomenclatura y referencias a celdas

La nomenclatura utilizada en Calc es la misma que la que hemos explicado para Excel.

Igualmente, la introducción de fórmulas y la referencia a celdas dentro de ellas se realizan del mismo modo que hemos explicado para Excel.

1.3. Autorrelleno

Lo que en Excel llamábamos Controlador de relleno, en Calc se llama **Autorrelleno** y funciona de la misma manera. Sirve para arrastrar contenidos de una celda o de un rango a las celdas contiguas.

1.4. Redimensionar filas y columnas

Para ampliar o reducir el ancho de una columna o el alto de una fila podemos utilizar el ratón en el título de columnas o en el de filas, en el espacio que se encuentra entre dos de ellas y arrastrarlo, igual que hicimos en Excel.

La otra forma es hacer clic con el botón secundario en el título de la fila o de la columna que deseamos redimensionar (o en un rango de filas o de columnas) y elegir respectivamente **Altura de fila** o **Ancho de columna**.

Saber más

Los libros creados con Calc se guardan con la extensión .ods.

Saber más

Combinar celdas

Las celdas se seleccionan y luego se combinan con el botón de la barra de herramientas:

Saber más

Redimensionar filas y columnas

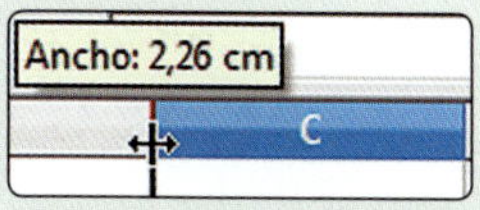

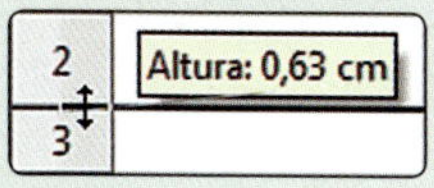

Saber más

Botón vista preliminar

Se encuentra en la barra de herramientas estándar y tiene esta apariencia:

2. Diseño de página

Desde el menú **Formato ⟶ Página** aparece una ventana con varias pestañas. En ellas se encuentra todo lo referente al formato y orientación del papel, los márgenes, borde de página, encabezamientos y pie y otros aspectos relativos a la hoja, especialmente sobre la **impresión de elementos particulares** como las cuadrículas, títulos, imágenes, etc.

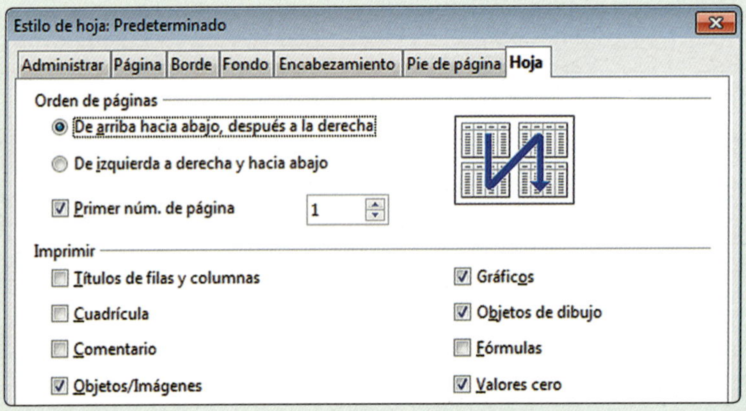

Antes de imprimir una hoja de cálculo podemos comprobar la vista preliminar de impresión. Esto puede hacerse de dos formas:

- Desde el menú **Archivo ⟶ Vista preliminar**.
- Pulsando sobre el botón **Vista preliminar**, de la barra de herramientas estándar.

Saber más

Formato condicional

Se seleccionan las celdas y se les puede aplicar hasta tres reglas condicionales: Menú **Formato ⟶ Formato condicional.**

Actividades propuestas

1. Nombre del documento: **Calc síntesis**

Tipo: **Hoja de cálculo ODF**

a) Reproduce la siguiente hoja de cálculo y guárdala con el nombre indicado en tu carpeta de ejercicios de esta unidad didáctica.

b) Las celdas que tienen fondo **amarillo** se completan con el Autorrelleno como **serie**. Las que tienen fondo **azul** son fórmulas de **SUMA** y se completarán también con el Autorrelleno.

c) Configura la hoja con todos los márgenes de 3 centímetros desde el menú **Formato ⟶ Página ⟶** pestaña **Página.**

d) Adapta las columnas a su contenido, haciendo clic con el botón secundario en el título de la columna y eligiendo **Ancho de columna óptimo**.

e) Combina las celdas o alinea su contenido a la derecha, a la izquierda o centrado según se ven en la imagen.

	A	B	C	D	E
1	Ingresos semanales por ventas				
2		Artículo A	Artículo B	Artículo C	TOTAL
3	lunes	250	120	80	450
4	martes	300	130	79	509
5	miércoles	185	90	59	334
6	jueves	220	145	120	485
7	viernes	300	232	68	600
8	TOTAL	1255	717	406	2378

Hoja de cálculo elemental

Objetivos

- Combinar celdas.
- Insertar autosumas.
- Utilizar el formato condicional para celdas que cumplan determinadas condiciones.
- Configurar fuente, alineación, fondo y bordes de celda.
- Ocultar cuadrículas al terminar la práctica.
- Guardar la práctica como Libro de Excel y para versiones anteriores de Office.

Instrucciones

1. La celda de título está combinada.
2. Los bordes exteriores son más gruesos que los interiores. Los interiores son de color verde claro.
3. La fuente de INGRESOS ANUALES EN BAILE es Calibri 18.
4. La de Nombre, Modalidad, Importe: Calibri 14 negrita.
5. La lista de nombres está en Calibri 14.
6. El resto de las celdas, en Calibri 11.
7. Las alineaciones, tal como aparecen en la imagen.
8. Hay que sumar al final el **Importe** con Autosuma.
9. A la columna Modalidad se le aplica el formato condicional para que **Flamenco** se muestre como se aprecia en la imagen.
10. Debes aplicar a la columna **Importe** el formato condicional **Barra de Datos**, de color anaranjado.
11. La celda **TOTAL INGRESOS** está combinada.

INGRESOS ANUALES EN BAILE		
Nombre	**Modalidad**	**Importe**
Jacinto Rodríguez	Ballet	200
Josefa López	Salón	80
Andrés Estéfano	Ballet	250
Julián Fernández	Flamenco	150
Arturo González	Árabe	560
Teresa Orlando	Árabe	320
Marina Fajardo	Flamenco	90
Ramiro Santoña	Ballet	250
Ubaldo Cañizares	Salón	120
Yolanda Toro	Salón	80
Candela Cano	Salón	45
Felipe Toribio	Flamenco	95
Alfredo Méndez	Ballet	300
Joaquín Márquez	Flamenco	250
Estefanía de Pablos	Salón	130
Micaela Morcillo	Árabe	150
Andrés Castro	Árabe	300
TOTAL INGRESOS		3.370

12 Hojas de cálculo II

Vamos a conocer...

1. Formato, funciones y fórmulas
2. Funciones lógicas y de búsqueda

SOFTWARE LIBRE

OpenOffice.org – Calc II

PRÁCTICA PROFESIONAL

Precios de venta al público

Y al finalizar esta unidad...

- Conocerás más a fondo el formato de celdas.
- Trabajarás con datos de distintas hojas.
- Utilizarás las funciones de búsqueda BUSCARV y BUSCARH.
- Sabrás para qué y cómo se utiliza la función condicional SI.
- Combinarás la función condicional SI con las funciones lógicas Y/O
- Crearás fórmulas simples.
- Realizarás fórmulas más complejas que incluyan funciones.

Caso práctico inicial

Situación de partida

Una tienda de ropa te pide que realices un libro de cálculo para hacer presupuestos a sus clientes. Te facilitan una hoja de cálculo con el listado de precios de los artículos que comercializan.

	A	B	C
1	Código artículo	Descripción	Precio
2	100	Pantalón caballero	15,00 €
3	101	Falda larga	12,00 €
4	102	Traje falda señora	40,00 €
5	103	Traje caballero	50,00 €
6	104	Camisa caballero	20,00 €
7	105	Camisa señora	25,00 €

Te indican que utilices el mismo libro de cálculo en cuya Hoja 1 está el listado de precios y que hagas una hoja adicional para los presupuestos a clientes.

Si el total de un presupuesto supera los 1.500 euros, se aplicará un 10% de descuento. En caso contrario, el descuento será de un 5%. El presupuesto incluirá los datos del cliente, la fecha en que se realice y el importe del IVA.

Para elaborar la hoja Presupuestos te muestran un modelo que deberás configurar con las alineaciones, bordes, sombreados, fórmulas y funciones que correspondan.

Estudio del caso

Una vez que hayas completado el estudio de esta unidad de trabajo, serás capaz de realizar este documento.

	A	B	C	D	E
1		PRESUPUESTO			
2	Cliente	Almacenes Alhambra			
3	Dirección	Avda. del Sur, 25		Fecha presupuesto	
4	Código Postal	18003		23/03/2014	
5	Localidad	GRANADA			
6	Provincia	GRANADA			
7					
8		Descuentos	5%		
9			10%		
10		IVA	21%		
11					
12	Código artículo	Descripción	Unidades	Precio unitario	Total
13	100	Pantalón caballero	10	15,00 €	150,00 €
14	102	Traje falda señora	15	40,00 €	600,00 €
15	105	Camisa señora	20	25,00 €	500,00 €
16					
17					
18				TOTAL	1.250,00 €
19				Descuento %	5%
20				Importe Dto.	62,50 €
21				Base imponible	1.187,50 €
22				IVA	249,38 €
23				PRESUPUESTO	1.436,88 €

Ya conoces la manera de dar formato a una celda, tipo, color y tamaño de fuente, alineación de contenidos, bordes y relleno de celda, combinar varias celdas en una sola y realizar cálculos elementales como los que puede requerir un presupuesto, pero hay aspectos en este libro de cálculo que te suscitan preguntas, porque aunque podrías realizarlo con los conocimientos que ya posees, consideras que debería facilitarse su uso utilizando determinadas funciones:

1. La fecha del presupuesto será la del día en que se realice.
   - ¿Qué función se puede usar para que al abrir un libro de cálculo aparezca ya escrita la fecha del día actual?
2. Para facilitar el trabajo, al insertar en el presupuesto el código de un artículo podrían insertarse automáticamente la descripción y el precio unitario (celdas con fondo azul), datos que ya están escritos en la Hoja 1.
   - ¿Qué función deberíamos utilizar para que el contenido de esas celdas azules se complete automáticamente con los datos de la hoja 1?
3. En la celda con fondo verde vemos que hay escrito un 5%. Es el porcentaje de descuento que se aplica a presupuestos inferiores a 1.500 euros.
   - ¿Qué función podría utilizarse para que esa celda muestre automáticamente el porcentaje de descuento aplicable?

Formato de celdas

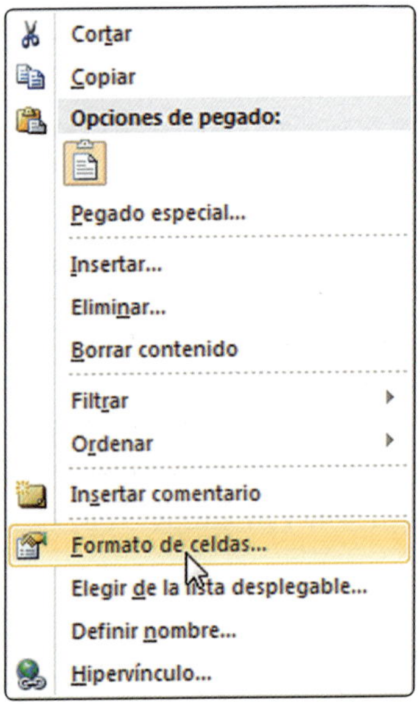

Categoría de datos

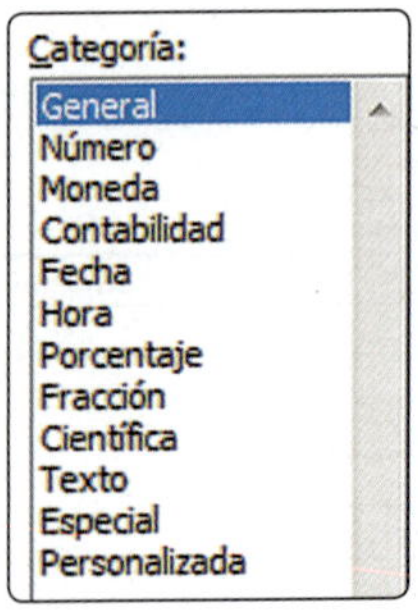

Saber más

=PI()+(B2*2)

Es un ejemplo de fórmula en la que PI() es una **función** que devuelve el valor del número PI. La fórmula tiene dos **operadores**, que son los signos de suma y multiplicación: (+) y (*), una **referencia** al contenido de la celda B2 y una **constante**, que es el número 2.

Recuerda

La función Autosuma (Σ) también puede insertarse desde la pestaña Inicio, en el grupo Modificar.

1. Formato, funciones y fórmulas

1.1. Formato de celdas

En la unidad anterior hemos visto algunas maneras de configurar el formato de una o más celdas. Ahora ampliaremos estos conocimientos.

La forma más rápida de dar formato a una celda es haciendo clic sobre ella con el botón secundario del ratón y luego elegir **Formato de Celdas**. El cuadro de diálogo tiene varias pestañas:

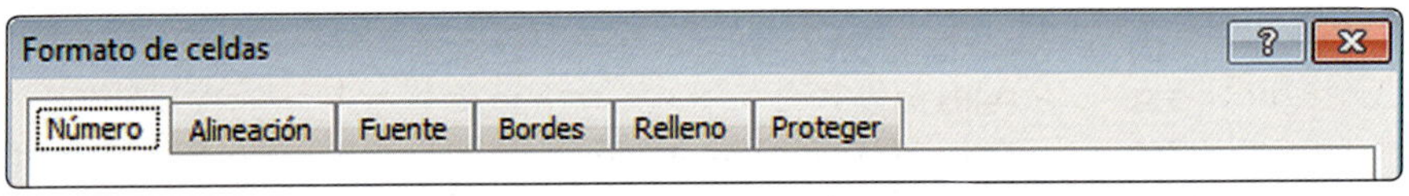

- **Número**: categoría de datos que contendrá la celda.
- **Alineación**: alineación del contenido de la celda.
- **Fuente**: estilo, tamaño, color, efectos del contenido de la celda.
- **Bordes**: estilo, tamaño y color de los bordes.
- **Relleno**: color, trama o degradado que tendrá la celda como fondo.
- **Proteger**: opción para proteger de escritura la celda o para no mostrar en la Barra de fórmulas la fórmula que contiene.

Las **categorías de datos** que puede soportar una celda son: general, número, moneda, contabilidad, fecha, hora, porcentaje, fracción, científica, texto, especial y personalizada.

1.2. Fórmulas e introducción a las funciones

Las fórmulas son expresiones matemáticas que nos permiten realizar cálculos de muy diverso tipo en las hojas de cálculo. Pueden incluir datos numéricos o de texto, referencias a celdas o a rangos, operadores (son los signos que indican el tipo de cálculo que hay que realizar; por ejemplo, matemático, lógico, estadístico, etc.), funciones y constantes.

Las funciones son fórmulas predefinidas mediantes las cuales, introduciendo un valor determinado, obtendremos el resultado deseado sin tener que escribir fórmulas más complejas.

Existen funciones matemáticas, lógicas, estadísticas, financieras, de fecha... Se encuentran en la Biblioteca de funciones teniendo activa la pestaña **Fórmulas**.

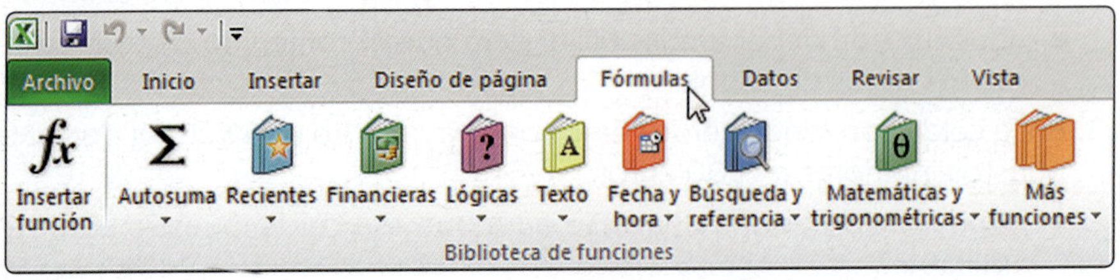

Toda fórmula o función introducida en una celda debe comenzar con el signo igual (=).

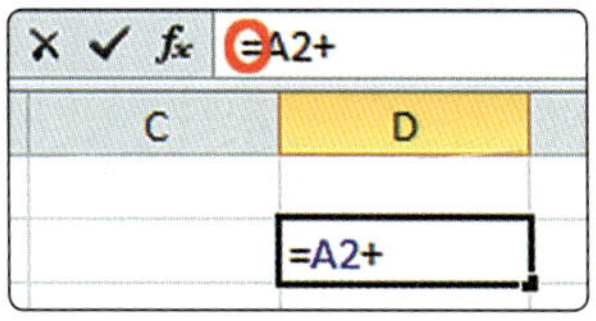

En el caso de utilizar varios operadores matemáticos en una misma fórmula, Excel establece una prioridad entre ellos. Por ejemplo, en ausencia de paréntesis realizará en primer lugar las multiplicaciones y divisiones, y luego las sumas y las restas.

Para cambiar las prioridades en las operaciones, se han de utilizar paréntesis y corchetes. Así, por ejemplo, si escribimos =2+3*4 el programa primero multiplicará 3*4 y al resultado le sumará 2 (resultado 14); sin embargo, si escribimos =(2+3)*4, el programa sumará 2+3 y multiplicará el resultado por 4 (resultado 20).

Caso práctico inicial

La función HOY() muestra la fecha actual cada vez que se abre o modifica una hoja de cálculo.

La función EUROCONVERT se utiliza para cambiar de moneda.

Actividades resueltas

Nombre del documento: **Factura**

Tipo: **Libro de Excel**

Crea un libro nuevo y guárdalo con el nombre y tipo que figura arriba en tu carpeta de ejercicios de esta unidad didáctica.

1. Reproduce la siguiente tabla. Posteriormente se irán dando instrucciones para completarla.

	A	B	C	D	E
1	FECHA				
2	ARTÍCULO	CANTIDAD	PRECIO	DESCUENTO	IMPORTE
3	Latas de atún 100 gr.	100	3	0,1	
4	Paquetes de azúcar	150	1,5	0,15	
5	Latas melocotón	35	2	0,2	
6	Botellas Aceite "A"	250	4	0	
7					
8	BASE IMPONIBLE				
9	IVA				
10	TOTAL				

Formato de celdas

2. **Cantidad**: para las cantidades de la columna CANTIDAD, dejamos el formato como está.
3. **Precio**: deseamos que los precios de la columna PRECIO se muestren en formato moneda, con dos decimales y con el símbolo del euro al final: Selecciona el rango **C3:C6** y haz clic sobre la selección con el botón secundario del ratón. **Formato de celdas** ⟶ pestaña **Número** ⟶ Categoría: **Moneda**. A la derecha del cuadro de diálogo se aprecia una muestra de cómo quedará. Hacemos clic en Aceptar.
4. **Descuento**: vemos en la tabla de arriba que los valores están escritos en tantos por uno y deseamos que se muestren en tantos por ciento sin decimales: Selecciona el rango **D3:D6** y haz clic sobre la selección con el botón secundario. **Formato de celdas** ⟶ pestaña **Número** ⟶ Categoría: **Porcentaje**. A la derecha del cuadro de diálogo baja las posiciones decimales a cero (0). Hacemos clic en Aceptar.
5. **Importe**: aunque todavía no se ha escrito la fórmula, podemos configurar las celdas de esa columna de modo que el resultado sea en formato euro con dos decimales. Del mismo modo deberán mostrarse los totales de la base imponible, el IVA y el total de la factura. Por tanto, selecciona el rango **E3:E10**, haz clic sobre la selección con el botón secundario. **Formato de celdas** ⟶ pestaña **Número** ⟶ Categoría: **Moneda**. Hacemos clic en Aceptar.

Actividades resueltas (cont.)

Introducción de fórmulas y funciones

6. **Importe**: es el resultado de calcular la cantidad por el precio menos el descuento. Selecciona la celda E3. Escribe la siguiente fórmula: **=B3*C3-B3*C3*D3**, en donde **B3*C3** es el total y **B3*C3*D3** es el descuento.

   ***Atención:** para no cometer errores en las fórmulas, en lugar de escribir B3, C3, etc., es preferible, una vez introducidos los signos matemáticos, pulsar sobre la celda que queremos que aparezca. Por ejemplo, en lugar de escribir B3, pulsamos sobre la celda B3.*

7. Utiliza el **Controlador de relleno** desde la celda ·E3 hasta la ·E6. La fórmula se copiará en todo el rango manteniendo la referencia correcta a las celdas.
8. La **Base imponible** se mostrará en la celda E8. En ella se introducirá la función Autosuma (Σ). Selecciona la celda E8. Activa la pestaña **Fórmulas** y haz clic sobre la **Autosuma**, de la Biblioteca de funciones. Pulsa la tecla Intro para confirmar la selección automática de la autosuma.
9. El importe del **IVA** se insertará en la celda **E9**. Será el resultado de calcular un 10% a la Base imponible. Por tanto en la celda E9 escribe el signo =, después pulsa sobre la celda E8, signo de multiplicación (*), escribe 10%. La fórmula quedará así: **=E8*10%**.
10. El **Total** de la factura será la suma de la Base imponible y el IVA. Con la celda E10 seleccionada, introduce la función **Autosuma** (Σ) y verifica que el rango de celdas a sumar sea E8:E9.
11. Por último, deseamos que la fecha de la factura se muestre en la celda B1. Queremos que esa fecha sea la del día que abramos o modifiquemos la factura, así que tendremos que usar la función **HOY()**. Selecciona la celda B1. Activa la pestaña **Fórmulas.** En la biblioteca de funciones escoge la de Fecha y hora, y de ellas, la llamada **HOY**. Aceptar.
12. Oculta las cuadrículas de la hoja de cálculo: desde la pestaña **Vista**, deja sin seleccionar la casilla **Líneas de cuadrícula** en el grupo **Mostrar**.
13. Ponle a la tabla bordes y sombreado para que la factura tenga una apariencia similar a la siguiente:

	A	B	C	D	E
1	FECHA	15/12/2013			
2	ARTÍCULO	CANTIDAD	PRECIO	DESCUENTO	IMPORTE
3	Latas de atún 100 gr.	100	3,00 €	10%	270,00 €
4	Paquetes de azúcar	150	1,50 €	15%	191,25 €
5	Latas melocotón	35	2,00 €	20%	56,00 €
6	Botellas Aceite "A"	250	4,00 €	0%	1.000,00 €
7					
8	BASE IMPONIBLE				1.517,25 €
9	IVA				151,73 €
10	TOTAL				1.668,98 €

Convertir moneda

14. Vamos a aprovechar el rango B8:B10 para poner la base imponible, el IVA y el total en pesetas. Normalmente es necesario cargar el complemento para el cambio de moneda: **Archivo ⟶ Opciones**. Marcar complementos a la izquierda abajo **Administrar ⟶ Complementos de Excel ⟶ Ir,** marcar **Herramientas para el euro**. Aceptar.
15. En B8 introduce la siguiente fórmula: =EUROCONVERT(E8;»EUR»;»ESP»), que se lee: "Convierte la celda E8 de euros a pesetas". Arrastra a las celdas B9 y B10 con el controlador de relleno y configura las tres celdas como número, sin decimales y con separador de miles.

***Nota:** EUR y ESP están entre comillas. Por la tipografía utilizada en este libro podrían confundirse con otro símbolo, pero se trata de las comillas (las que se encuentran en la mayúscula del número 2 del teclado).*

Actividades resueltas

Nombre del documento: **Resultados**

Tipo: **Libro de Excel**

Crea un libro nuevo y guárdalo con el nombre y tipo que figura arriba en tu carpeta de ejercicios de esta unidad didáctica.

1. A la Hoja 1 cámbiale el nombre por el de **Compras**. Haciendo clic con el botón secundario del ratón, en el cuadro de diálogo, elige el **Color de etiqueta**. Ponle color **azul**.
2. La Hoja 2 se llamará **Ventas** y tendrá la etiqueta de **color amarillo**.
3. La Hoja 3 se llamará **Resultados**. Etiqueta color verde.

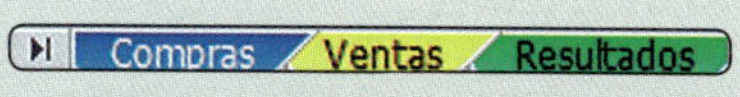

4. Copia las columnas A, B y C y calcula las del IVA (**21%**) y el TOTAL.
5. Todas las celdas tendrán como fuente Calibri 11 y las alineaciones que se muestran en las imágenes.
6. Para configurar la celda de la izquierda, haz lo siguiente: primero convierte en una sola celda el rango A2:A6. La nueva **celda combinada** será ahora la A2. Haz clic con el botón secundario sobre la celda combinada A2. En el cuadro de diálogo selecciona **Formato de celdas** y configura como en la imagen siguiente:

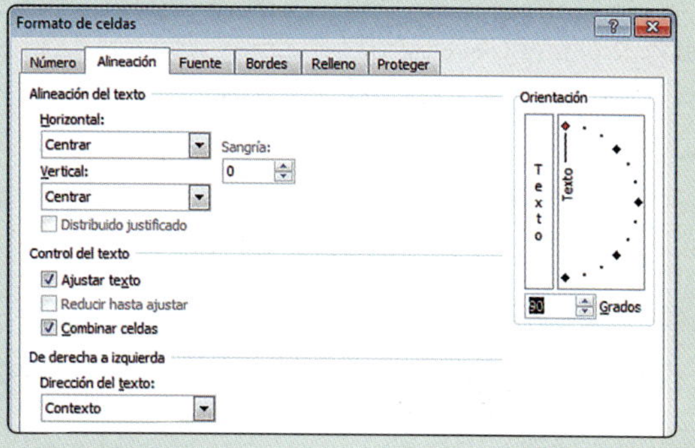

7. Realiza los cálculos de las columnas D y E. Los títulos van centrados y en negrita y las celdas de cantidades se deberán configurar automáticamente para que tengan dos decimales y el separador de miles (configúralas todas a la vez marcando el rango C3:E6).
8. Usa el **controlador de relleno** para arrastrar cada fórmula.
9. Oculta la cuadrícula de todas las hojas.
10. En la hoja **Compras** harás la siguiente tabla:

	A	B	C	D	E
1					
2	COMPRAS ANUALES	**TRIMESTRES**	**B. IMPONIBLE**	**IVA**	**TOTAL**
3		Primero	12.500,00	2.625,00	15.125,00
4		Segundo	14.100,00	2.961,00	17.061,00
5		Tercero	11.169,00	2.345,49	13.514,49
6		Cuarto	13.584,00	2.852,64	16.436,64
7					

11. La hoja **Ventas** se configurará como ves a continuación:

	A	B	C	D	E
1					
2	VENTAS ANUALES	**TRIMESTRES**	**B. IMPONIBLE**	**IVA**	**TOTAL**
3		Primero	10.800,00	2.268,00	13.068,00
4		Segundo	9.520,00	1.999,20	11.519,20
5		Tercero	11.681,00	2.453,01	14.134,01
6		Cuarto	10.760,00	2.259,60	13.019,60
7					

Actividades resueltas (cont.)

12. Para completar la hoja **Resultados**, primero copia y configura la tabla de la siguiente imagen y después continúa leyendo las instrucciones:

	A	B	C	D	E
1					
2	RESULTADO ANUAL	TRIMESTRES	TOTAL COMPRAS	TOTAL VENTAS	EXISTENCIAS
3		Primero			
4		Segundo			
5		Tercero			
6		Cuarto			
7					

13. En la celda C3 introduce el signo =, y a continuación haz clic en la etiqueta de la hoja **Compras**. Selecciona la celda E3 de la hoja Compras. Pulsa la tecla Intro. Comprueba que de nuevo tenemos a la vista la hoja Resultados y que en la celda C3 se ha copiado el total de compras del primer trimestre. Observa que teniendo seleccionada la celda C3 de Resultados, en la Barra de fórmulas se muestra **=Compras!E3**.

14. Usando el controlador de relleno, arrastra la celda C3 de la hoja Resultados hasta C6. Haciendo clic en estas celdas observa qué muestra la Barra de fórmulas para cada una de ellas.

15. Procede de igual modo para la columna **TOTAL VENTAS**, pero en esta ocasión debes hacer clic en la etiqueta de la hoja Ventas y tomar el resultado de la columna Total. En la Barra de fórmulas de la celda D3 de la hoja Resultados deberá leerse **=Ventas!E3**. Completa la columna con el Controlador de relleno.

16. La columna **EXISTENCIAS** se calcula por la diferencia entre las compras y las ventas. En la celda E3 escribe =, a continuación marca la celda C3, escribe el signo menos (–) y luego marca la celda D3 (**=C3–D3**). Arrastra el resultado por la columna con el Controlador de relleno.

17. Una vez realizadas todas las operaciones, la hoja Resultados quedará como en la siguiente imagen:

	A	B	C	D	E
1					
2	RESULTADO ANUAL	TRIMESTRES	TOTAL COMPRAS	TOTAL VENTAS	EXISTENCIAS
3		Primero	15.125,00	13.068,00	2.057,00
4		Segundo	17.061,00	11.519,20	5.541,80
5		Tercero	13.514,49	14.134,01	-619,52
6		Cuarto	16.436,64	13.019,60	3.417,04
7					

Actividades propuestas

1. Nombre del documento: **Registro de facturas**

Tipo: **Libro de Excel**

a) Crea un libro nuevo, guárdalo con el nombre y tipo que figura arriba en tu carpeta de ejercicios de esta unidad didáctica y configúralo como en la siguiente imagen:

	A	B	C	D
1	**Tipo de IVA**	21%		
2	Número factura	Base imponible	Cuota IVA	Importe factura
3	1250	1580		
4	1251	2500		
5	1252	650		
6	1253	14500		
7	1254	987		
8	1255	3690		
9	1256	852		
10	1257	85690		
11	1258	73200		
12	TOTAL			

Actividades propuestas (cont.)

b) La fila 1 tiene un alto de 38 píxeles. Para las demás, la altura será la predeterminada.

c) La fuente de toda la tabla es Calibri 12, excepto la primera fila, que es Calibri 14.

Objetivo

a) Se trata de completar la tabla con las cuotas de IVA para cada factura y calcular el importe de la factura al agregar el IVA a su base imponible. En la fila TOTAL se sumarán las tres columnas Base imponible, Cuota IVA e Importe factura.

La finalidad principal de esta actividad es conocer la utilidad del uso de referencias absolutas a celdas explicado en la unidad anterior.

Una prueba

a) La cuota de IVA se calcula multiplicando la base imponible por el porcentaje de IVA aplicable; por tanto, en la celda C3 se escribe la siguiente fórmula: **=B3*B1**.

b) Para aplicar la fórmula a toda la columna C, deberíamos utilizar el Controlador de relleno. Hazlo y comprueba el resultado que aparece en las celdas al arrastrar. ¿Aparecen errores? Antes de hacer ninguna modificación, haz clic en la celda C4 y observa que en la Barra de fórmulas se lee **=B4*B2**. ¿Qué debería mostrarse en cambio? La fórmula correcta para la celda C4 debería ser **=B5*B1**. El mismo error estará presente en el resto de celdas del rango C4:C11.

c) El problema se ha producido al arrastrar con el Controlador de relleno, puesto que el valor de las filas se va incrementando (B1, B2, B3, B4), y por consiguiente no estamos haciendo referencia a B1, que es la celda en donde se muestra el tipo de IVA.

d) Si queremos arrastrar la fórmula pero que el valor B1 permanezca siempre fijo, debemos usar la referencia absoluta, con lo que B1 se mostrará como B1 (un símbolo $ delante de la letra y del número de la celda. Nos bastaría poner el $ delante del número, que es lo que no queremos que varíe; esto sería una referencia mixta, pero en el caso presente puede usarse la referencia absoluta).

La solución

a) Selecciona la celda C3 en donde está escrita la fórmula correcta. En la Barra de fórmulas sitúa el puntero del ratón sobre B1. Pulsa la tecla F4 de tu teclado y verás que los símbolos $ se han insertado en la referencia a la celda. Aunque la introducción del símbolo $ puede hacerse manualmente, F4 facilita la tarea.

b) Arrastra ahora la fórmula con el Controlador de relleno y comprueba los resultados. Observa cada celda de la columna C y comprueba que B1 permanece invariable en todas ellas.

c) Realiza el resto de las operaciones, que ya sabes hacer, hasta completar la tabla como se muestra a continuación. No olvides marcar rangos de celdas que llevan el mismo formato antes de aplicárselo.

	A	B	C	D
1	**Tipo de IVA**	21%		
2	**Número factura**	**Base imponible**	**Cuota IVA**	**Importe factura**
3	1250	1.580,00 €	331,80 €	1.911,80 €
4	1251	2.500,00 €	525,00 €	3.025,00 €
5	1252	650,00 €	136,50 €	786,50 €
6	1253	14.500,00 €	3.045,00 €	17.545,00 €
7	1254	987,00 €	207,27 €	1.194,27 €
8	1255	3.690,00 €	774,90 €	4.464,90 €
9	1256	852,00 €	178,92 €	1.030,92 €
10	1257	85.690,00 €	17.994,90 €	103.684,90 €
11	1258	73.200,00 €	15.372,00 €	88.572,00 €
12	TOTAL	183.649,00 €	38.566,29 €	222.215,29 €

2. Funciones lógicas y de búsqueda

Una vez que ya conocemos cómo trabajar con fórmulas y funciones básicas, vamos a pasar a ver otras funciones muy importantes. Sería imposible tratarlas todas en este libro, pero en cuanto se aprenda el manejo de algunas, el resto pueden utilizarse sin gran dificultad.

2.1. La sintaxis de las funciones

Cada función tiene su propia **sintaxis**, que consta del nombre de la función seguido de sus argumentos. Los **argumentos** pueden ser uno o varios. Para verla basta entrar en la Biblioteca de funciones y pasar el ratón por encima de ella, sin hacer clic. Debajo de la sintaxis, que en el siguiente ejemplo está subrayada en rojo, veremos la tarea que se realiza mediante esa función.

Ejemplo

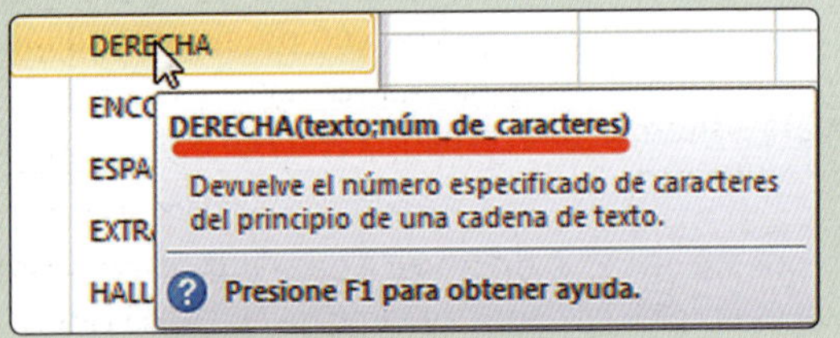

DERECHA: es una función de tipo Texto. El nombre de la función es DERECHA y los **argumentos** son dos: un texto y un número, ambos separados por punto y coma (;).

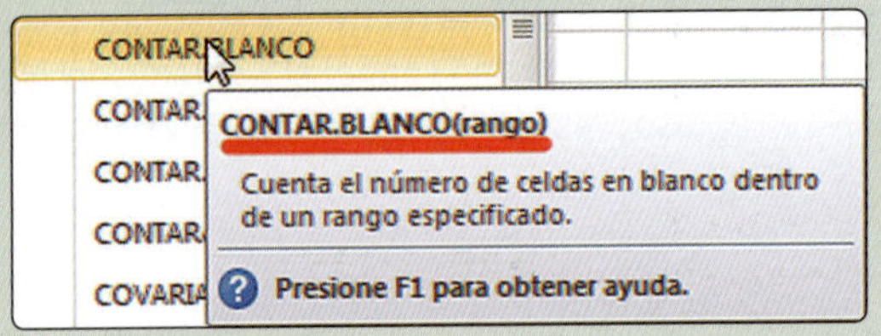

CONTAR.BLANCO: es una función estadística. El nombre de la función es DERECHA y el **argumento** es uno solo: un rango, en donde la función encontrará el número de celdas que se encuentran vacías.

2.2. Las funciones de búsqueda y referencia

Se encuentran en la Biblioteca de funciones y su tarea consiste en encontrar un valor determinado dentro de un rango de celdas o darnos información sobre una referencia que indiquemos como argumento.

Actividades propuestas

2. Nombre del documento: **Funciones de búsqueda y referencia**

Tipo: **Documento de Word**

Crea un documento de Word con el nombre indicado y guárdalo en tu carpeta de actividades de esta unidad. Escribe las siguientes preguntas y sus respuestas, indicando para cada caso la **función** junto con sus **argumentos**.

a) Si necesitáramos saber el número de columnas que tiene un rango seleccionado, ¿cuál sería la función que deberíamos utilizar?

b) ¿Y si lo que necesitamos es saber el número de filas de un rango seleccionado?

c) ¿Y si necesitamos saber en qué columna está una determinada referencia?

d) Supongamos que tenemos unos datos escritos en una fila de Excel y deseamos que esos mismos datos aparezcan en una columna. ¿Qué función de búsqueda y referencia utilizaríamos?

2.2.1. La función BUSCARV

Es una de las funciones más completas a la hora de encontrar un valor dentro de un rango de celdas.

Imagina que tienes un listado de 650 clientes de un videoclub, y de cada cliente tenemos su código de socio, su nombre, apellidos y su número de teléfono. La lista puede estar ordenada por cualquiera de esos tres campos o estar completamente desordenada. Si en un momento necesitaras consultar el número de teléfono de un cliente del cual solamente conoces su código de socio, podrías hacerlo repasando visualmente el listado hasta dar con él, o bien utilizar la función BUSCARV, que nos facilitaría el número de teléfono en una fracción de segundo.

La sintaxis de la función BUSCARV es la siguiente:

BUSCARV(valor_buscado;matriz_buscar_en;indicador_columnas;ordenado)

Vamos a explicar cada uno de los argumentos de la función:

- **Valor_buscado**: es un dato conocido, que podemos insertar a mano o mediante referencia a una celda que lo contiene. Siguiendo con nuestro ejemplo, podría ser el código del socio.
- **Matriz_buscar_en**: es un **rango** de celdas en donde va a estar seguramente la información que necesitamos. En nuestro ejemplo, será el conjunto de celdas en donde están los datos de todos los clientes.
- **Indicador_columnas**: especificaremos mediante **un número** la posición de la columna en la que está la información que necesitamos. Si por ejemplo los códigos de clientes están en la columna A y los teléfonos en la columna D, contaríamos la A como 1 y así sucesivamente hasta llegar a la D, que por lo tanto sería la 4.
- **Ordenado**: es un valor opcional. Si el dato que nos sirve para buscar en la tabla está en una lista ordenada, podemos suprimir este parámetro o argumento o darle el valor **verdadero**. Si en cambio ese dato está dentro de una columna con datos desordenados, el valor que tendremos que darle a ese argumento será el de **falso**.

Caso práctico inicial

La función BUSCARV permite mostrar en una celda el contenido de otra celda de la misma hoja o de una hoja diferente, en función de un campo de búsqueda que busca el dato que se necesita dentro de un rango definido.

Saber más

Función BUSCARV

El campo que utilicemos como base de la búsqueda tiene que estar en cualquier columna, pero **siempre a la izquierda** de la columna donde estén los datos que tenemos que hallar.

El campo que se utilice como búsqueda **no puede tener valores repetidos**. Por ejemplo, no podemos usar como campo de búsqueda un nombre si en la lista de nombres hay varios que se repiten.

Saber más

Si los datos están dispuestos en filas en lugar de en columnas, se utilizará la función **BUSCARH**.

Ejemplo

A la derecha tenemos una larguísima lista de clientes. A la izquierda tenemos la posibilidad de encontrar los datos de cualquiera de ellos al introducir su código. Introduciríamos el código en la celda C1 y automáticamente nos deberían aparecer los datos en las celdas sombreadas de amarillo.

Es en esas celdas de fondo amarillo donde tenemos que introducir la función BUSCARV.

	A	B	C	D	E	F	G	H
1	INTRODUZCA CÓDIGO		B320		**Código**	**Nombre**	**Apellido**	**Teléfono**
2					A029	Daniel	Fernández	666112233
3	**Resultados de la búsqueda:**				A350	Elena	Marcos	666223344
4	Nombre		Lourdes		A55	Javier	Pulido	666334455
5	Apellido		Mata		B320	Lourdes	Mata	666445566
6	Teléfono		666445566		H450	Antonio	Salcedo	666556677
7					B329	Inés	Salazar	666667788
8					H432	Carlos	Moraga	666778899

Actividades resueltas

Nombre del documento: **BuscarV en lista ordenada**

Tipo: **Libro de Excel**

1. Crea un libro nuevo, guárdalo con el nombre y tipo que figura arriba, en tu carpeta de ejercicios de esta unidad didáctica, y completa la tabla que ves a continuación. Configura el rango **D1:D4** para que la información aparezca centrada.

	A	B	C	D
1		Introduzca el código del cliente:		
2		Nombre:		
3		Apellidos:		
4		Saldo:		
5				
6	Código cliente	Nombre	Apellidos	Saldo
7	101	Antonio	García Roldán	1.250,00 €
8	102	Miguel	López Ruíz	3.000,00 €
9	103	María	Marcos Martínez	850,00 €
10	104	Juana	Toledo Herrera	-300,00 €
11	105	Ernesto	Navas Ortiz	1.100,00 €
12	106	Juan José	Montijano Hoces	700,00 €
13	107	Enrique	Marcos Perea	200,00 €
14	108	Teodoro	Torres Ocampos	1.898,00 €
15	109	Román	Trassierra Romero	2.000,00 €
16	110	Carlos	López Román	6.000,00 €
17	111	Juan Carlos	Gómez López	-100,00 €
18	112	Modesto	López Toro	880,00 €
19	113	Modesta	Guzmán Parra	440,00 €
20	114	Felipe	León Felipe	300,00 €
21	115	Félix	León Peláez	200,00 €
22	116	Mario	Ortega Sierra	100,00 €
23	117	Inés	Navarrete Álvarez	580,00 €
24	118	Teresa	Manzano Duque	230,00 €
25	119	Francisco	Aguilar Rosas	125,00 €
26	120	Manuel	Tocino Cardón	100,00 €

2. A continuación iremos explicando paso a paso el procedimiento para configurar la búsqueda, que en resumen será la siguiente:

   a. La función BUSCARV se va a introducir en las celdas con fondo de color rosa. Al principio obtendremos un mensaje de error, y eso es porque aún no habremos escrito nada en la celda de búsqueda (la de fondo verde).

   b. Por último, introduciremos un código en la celda de color verde y nos aparecerán los datos correspondientes a la persona que tiene dicho código.

120	Dato introducido por el usuario.
Manuel	Fórmulas
Tocino Cardón	
100,00 €	

3. Antes de continuar, **observa** que lo que vamos a utilizar como campo de búsqueda es un código de cliente. Los códigos de cliente están a la izquierda del resto de los campos. Los códigos de cliente están ordenados, con lo que no será necesario introducir el 4.º argumento de la función BUSCARV (falso).

Actividades resueltas (cont.)

4. Cosas que necesitamos conocer a priori:
   a. **D1** es la celda en donde se introducirá el código para hacer la búsqueda. Naturalmente en esa celda no se puede escribir ninguna fórmula. Es el **primer argumento** de nuestra función BUSCARV.
   b. El rango **A7:D26** es la matriz en donde están todos los datos de que disponemos. Ese rango es el **segundo argumento** de nuestra función.
   c. El **tercer argumento** será el número de columna en donde estará el dato que buscamos, contando siempre con que donde esté el código de búsqueda (código cliente) la llamaremos columna 1, **independientemente de donde se encuentre**. Por lo tanto si lo que queremos que aparezcan son los apellidos, contamos la columna **código** como 1, la columna **nombre** como 2 y la columna **apellidos** como 3. Así que si lo que queremos que nos muestre es el nombre que corresponde a un código, nuestro tercer argumento será 3 y si lo que queremos que nos muestre es el **saldo**, nuestro tercer argumento será 4.
   d. El **cuarto argumento** será la palabra **verdadero** o la palabra **falso**. En nuestro caso podemos **no poner** ese cuarto argumento o poner **verdadero**, ya que la lista de códigos está ordenada.

   En resumen, nuestra fórmula con la función BUSCARV tendrá esta sintaxis:

   =BUSCARV(dato_a_buscar;rango_donde_están_datos;número_columna;[opcional])

5. **D2**: tenemos que escribir la función BUSCARV para que aparezca ahí el nombre de la persona cuyo código hayamos introducido en D1. La fórmula que se debe escribir en esa celda es:

   =BUSCARV(D1;A7:D26;2)

   En resumen, como podemos leer esa fórmula es así:

   Busca lo que te haya escrito en la celda ***D1*** *dentro de la matriz de datos* ***A7:D26*** *y muéstrame lo que aparezca en la columna número* ***2****.*

   Recuerda: en lugar de teclear D1 o los valores del rango: cuando tengas que poner D1 pulsa sobre esa celda; cuando tengas que escribir el rango, selecciónalo en la tabla.

6. **D3**: procedemos igual que en el punto 5, solo que en este caso lo que queremos que aparezca son los apellidos que corresponden al código que hemos introducido en D1. Es decir, lo que haya en la columna 3:

   =BUSCARV(D1;A7:D26;3)

7. **D4**: aquí obtendremos el saldo de la persona cuyo código hayamos introducido en D1, por lo tanto la fórmula será la misma que en los casos anteriores y solamente cambia el tercer argumento, que será un 4, porque ese dato está en la **cuarta columna contando desde código**. De acuerdo con las instrucciones que tienes para las celdas D2 y D3, escribe por tu cuenta la fórmula que corresponda en la celda **D4**.

8. Guarda los cambios de este ejercicio.

9. La cabecera de la tabla, una vez terminada esta actividad, quedará así para el caso de que en D1 hubiéramos introducido como código de búsqueda el 113. Prueba otros códigos y comprueba que en efecto se corresponden con los datos mostrados.

	A	B	C	D
1	**Introduzca el código del cliente:**			113
2	**Nombre:**			Modesta
3	**Apellidos:**			Guzmán Parra
4	**Saldo:**			440,00 €

Actividades resueltas

Nombre del documento: **BuscarV en lista sin ordenar**

Tipo: **Libro de Excel**

1. Observa la siguiente tabla. Parece la misma que antes, pero hemos introducido algunos cambios, ya que ahora buscaremos por nombre.

	A	B	C	D
1	**Introduzca el nombre del cliente**			
2	**Apellidos:**			
3	**Saldo:**			
4	**Código:**			
5				
6	Código cliente	Nombre	Apellidos	Saldo
7	101	Antonio	García Roldán	1.250,00 €
8	102	Miguel	López Ruíz	3.000,00 €
9	103	María	Marcos Martínez	850,00 €
10	104	Juana	Toledo Herrera	-300,00 €
11	105	Ernesto	Navas Ortiz	1.100,00 €
12	106	Juan José	Montijano Hoces	700,00 €
13	107	Enrique	Marcos Perea	200,00 €
14	108	Teodoro	Torres Ocampos	1.898,00 €
15	109	Román	Trassierra Romero	2.000,00 €
16	110	Carlos	López Román	6.000,00 €
17	111	Juan Carlos	Gómez López	-100,00 €
18	112	Modesto	López Toro	880,00 €
19	113	Modesta	Guzmán Parra	440,00 €
20	114	Felipe	León Felipe	300,00 €
21	115	Félix	León Peláez	200,00 €
22	116	Mario	Ortega Sierra	100,00 €
23	117	Inés	Navarrete Álvarez	580,00 €
24	118	Teresa	Manzano Duque	230,00 €
25	119	Francisco	Aguilar Rosas	125,00 €
26	120	Manuel	Tocino Cardón	100,00 €

2. Tenemos que hacernos varias preguntas:

   a. ¿Hay nombres repetidos? En nuestro caso, no, pero si los hubiera, no podríamos utilizar el campo nombre como campo de búsqueda.

   b. ¿Hay algún dato que necesitemos mostrar a partir de un nombre y que esté a la izquierda de **nombre** (que es el campo de búsqueda)? Sí, tenemos el **código cliente** que tendremos que mostrar en la celda D4 y que en la tabla está a la izquierda del campo nombre. Por lo tanto tenemos que arreglar este problema. Lo solucionaremos **cambiando el contenido de la columna A por el de la columna B**, como indicamos con flechas en la imagen anterior.

   c. ¿Están ordenados los nombres, que son los que nos van a servir como campo de búsqueda? No. Por lo tanto tendremos que utilizar obligatoriamente el cuarto argumento de la función BUSCARV, y este argumento será **falso**.

3. Introduzcamos en **D2** la fórmula **=BUSCARV(D1;A7:D26;3;FALSO)**. Por el mismo procedimiento completa las fórmulas de las celdas D3 y D4, teniendo en cuenta en qué columna está el dato requerido contando desde la primera, que será aquella donde esté el nombre. La cabecera de la tabla quedará así:

	A	B	C	D
1	**Introduzca el nombre del cliente**			Félix
2	**Apellidos:**			León Peláez
3	**Saldo:**			200,00 €
4	**Código:**			115
5				
6	Nombre	Código	Apellidos	Saldo
7	Antonio	101	García Roldán	1.250,00 €
8	Miguel	102	López Ruíz	3.000,00 €

2.3. Funciones lógicas y condicionales

Dentro del grupo de las **funciones lógicas** de Excel tenemos también las condicionales, que sirven para preguntar si se cumple alguna condición y actuar en consecuencia. Por ejemplo, si una celda tiene valor negativo, que en otra celda aparezca la palabra «Atención». La **función condicional SI** es una de las más potentes que tiene Excel. Puede utilizarse sola o combinarse con **funciones lógicas** como **Y**, **O**.

La función **SI** en solitario se pregunta si ocurre una determinada condición, en cuyo caso se tomará la decisión X, y si no ocurre, se tomará la decisión Y.

Combinadas pueden atender a cuestiones y decisiones tales como: «**SI** su saldo es superior a 100 **Y** es cliente nuestro desde hace más de tres años, le corresponde un regalo». Es decir, en este ejemplo se tienen que dar dos condiciones a la vez (esto lo indica la **Y**). También podríamos argumentar: «**SI** su saldo es superior a 100 **O** es cliente nuestro desde hace más de tres años, le corresponde un regalo». En este último caso basta que se dé una de las dos condiciones, como indica la función **O**.

Funciones lógicas

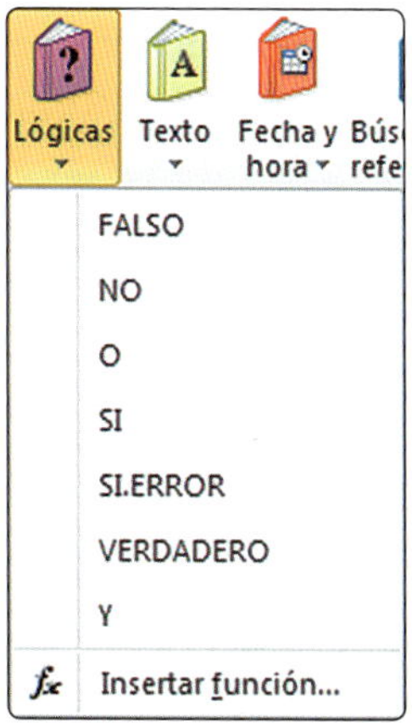

Ejemplo

	A	B	C
1	**País**	**Capital**	**Resultado**
2	España	Madrid	Correcto
3	Francia	París	Correcto
4	Italia	Roma	Correcto
5	Grecia	Bucarest	Incorrecto

Las fórmulas se introducen en la columna C. Por ejemplo, en C2 se introduce:

=SI(B2="Madrid";"Correcto";"Incorrecto")

Se dará una ayuda a todos usuarios que cumplan las siguientes condiciones: que tengan dos o más hijos Y cuyo salario sea inferior a 1.200 euros.

	A	B	C	D
1	Usuario	Nº hijos	Salario mes	Ayuda
2	Antonio	3	1.500,00 €	No
3	Luis	2	1.000,00 €	Sí
4	Juan	1	1.200,00 €	No

Las fórmulas se introducen en la columna D. Por ejemplo, en D2 se introduce:

=SI(Y(B2>=2;C2<1200);"Sí";"No")

Como puedes ver, la «Y» es el primer argumento de la función «SI». Entre el paréntesis que sigue a «Y» se encuentran las dos cosas que tienen que ocurrir.

Se dará una ayuda a todos usuarios que cumplan las siguientes condiciones: que tengan dos o más hijos O cuyo salario sea inferior a 1.200 euros.

	A	B	C	D
1	Usuario	Nº hijos	Salario mes	Ayuda
2	Antonio	3	1.500,00 €	Sí
3	Luis	2	1.000,00 €	Sí
4	Juan	1	1.200,00 €	No

Las fórmulas se introducen en la columna D. Por ejemplo, en D2 se introduce:

=SI(O(B2>=2;C2<1200);"Sí";"No")

Como puedes ver, la función «O» es el primer argumento de la función «SI». Entre el paréntesis que sigue a «O» se encuentran las dos cosas que pueden ocurrir, o la una o la otra.

Actividades propuestas

3. Nombre del documento: **Factura 3**

Tipo: **Libro de Excel**

a) Reproduce la siguiente tabla, respetando el mismo formato de celdas, sombreado, fuente y bordes. La fuente es Calibri 11. Las celdas sombreadas en color naranja se tienen que calcular mediante las fórmulas correspondientes.

	A	B	C	D
1	Cantidad	Artículo	Precio	Importe
2	12	A	15	180,00 €
3	20	B	30	600,00 €
4	80	C	32	2.560,00 €
5				
6				
7	Forma de pago	Contado		
8	Total bruto			3.340,00 €
9	Dto (%)	10%	Dto (€)	334,00 €
10	Base imponible			3.006,00 €
11	IVA (%)	21%	IVA (€)	631,26 €
12	Total factura			3.637,26 €

b) Observa que en B9 hemos introducido el 10% de descuento. Es un descuento fijo. Pero ahora vamos a modificar esa celda para que sea el 20% si en la forma de pago aparece "Contado" y el 5% si en lugar de "Contado" aparece cualquier otra cosa, por ejemplo si está vacía esa celda o en su lugar mostramos "Crédito".

Por lo tanto vamos a situarnos sobre la celda B9 y vamos a escribir la siguiente fórmula (*recuerda no escribir las referencias a celdas sino hacer clic sobre ellas para referenciarlas*):

=SI(B7="Contado";20%;5%)

Lo que le estamos diciendo a esa celda B9 es: si en la celda B7 aparece "Contado", entonces escribe aquí un 20%, y si no, entonces escribe un 5%.

c) Completa la tabla con esa fórmula y a continuación déjala con el siguiente formato. Prueba a cambiar la palabra Contado de la celda B7 por otra palabra o a dejar esa celda en blanco. Cambiará el porcentaje de descuento.

B9 | fx | =SI(B7="Contado";20%;5%)

	A	B	C	D	E
1	Cantidad	Artículo	Precio	Importe	
2	12	A	15	180,00 €	
3	20	B	30	600,00 €	
4	80	C	32	2.560,00 €	
5					
6					
7	Forma de pago	Contado			
8	Total bruto			3.340,00 €	
9	Dto (%)	20%	Dto (€)	668,00 €	
10	Base imponible			2.672,00 €	
11	IVA (%)	21%	IVA (€)	561,12 €	
12	Total factura			3.233,12 €	

Actividades propuestas

4. Nombre del documento: **Descuentos 1**

Tipo: **Libro de Excel**

a) Reproduce la siguiente tabla, respetando el mismo formato de celdas, sombreado, fuente y bordes. La fuente es Calibri 11. Las celdas sombreadas en color naranja se tienen que calcular mediante las fórmulas correspondientes, teniendo en cuenta lo siguiente:

Tenemos una serie de proveedores que nos sirven determinados artículos. Cuando el proveedor es "Aldea" o cuando el artículo que compramos es "A", nos aplican un 20% de descuento. En cualquier otro caso, nos aplican el 10%.

	A	B	C
1	Proveedor	Artículo	Descuento
2	Noriega	A	20%
3	Aldea	A	20%
4	Lozano	C	10%
5	Aldea	B	20%
6	Noriega	B	10%

b) La fórmula que insertaremos en C2 y que luego arrastraremos hacia abajo con el controlador de relleno, tendrá que expresar lo siguiente: **si lo que hay en A2 es Aldea o si lo que hay en B2 es A, entonces escribe aquí un 20%, y si no, escribe un 10%**. Recuerda que las cadenas de caracteres se escriben siempre entre comillas.

5. Nombre del documento: **Descuentos 2**

Tipo: **Libro de Excel**

a) Reproduce la siguiente tabla, respetando el mismo formato de celdas, sombreado, fuente y bordes. La fuente es Calibri 11. Las celdas sombreadas en color naranja se tienen que calcular mediante las fórmulas correspondientes, teniendo en cuenta lo siguiente:

Tenemos una serie de proveedores que nos sirven determinados artículos. Si el proveedor es "Aldea" y además el artículo que compramos es "A", nos aplican un 20% de descuento. En cualquier otro caso, nos aplican el 10%.

	A	B	C
1	Proveedor	Artículo	Descuento
2	Noriega	A	10%
3	Aldea	A	20%
4	Lozano	C	10%
5	Aldea	B	10%
6	Noriega	B	10%

b) La fórmula que insertaremos en C2 y que luego arrastraremos hacia abajo con el controlador de relleno, tendrá que expresar lo siguiente: **si lo que hay en A2 es Aldea y si lo que hay en B2 es A, entonces escribe aquí un 20%, y si no, escribe un 10%**. Recuerda que las cadenas de caracteres se escriben siempre entre comillas.

Recuerda

La sintaxis para la función SI combinada con O puede explicarse como sigue:

=SI(ocurre_esto;o_esto;...);haz_una_cosa;haz_otra_cosa)

Recuerda

La sintaxis para la función SI combinada con Y puede explicarse como sigue:

=SI(ocurre_esto;y_esto;...);haz_una_cosa;haz_otra_cosa)

Actividades propuestas

6. Nombre del documento: **Apartamentos**

Tipo: **Libro de Excel**

a) En la Hoja 1 de un libro nuevo de cálculo, reproduce la siguiente tabla, teniendo en cuenta que las celdas de color anaranjado deberán ser calculadas (Precio-Descuento).

	A	B	C	D
1	OFERTA DE APARTAMENTOS			
2	Descuento enero	20%		
3	Tipo de vivienda	Precio	Descuento	Precio oferta
4	A	250.000 €	50.000 €	200.000 €
5	B	220.000 €	44.000 €	176.000 €
6	C	180.000 €	36.000 €	144.000 €
7	D	300.000 €	60.000 €	240.000 €

b) Formato y especificaciones para la Hoja 1:

a. Fuente: Calibri 11, excepto el encabezado, que es Calibri 14.

b. El rango de celdas A3:D7 tiene un borde sencillo, al igual que el rango A2:B2.

c. Celda B2: descuento aplicable a la oferta.

d. Columna C: se calculará el descuento de la celda B2 sobre el precio de la columna B. Atención a las referencias absolutas.

e. Columna D: es el resultado de restarle el descuento al precio.

f. Utiliza el **Controlador de relleno** para completar tanto la columna C como la columna D.

g. Cambia el nombre de la Hoja 1 por el de **Descuentos**. Color de la etiqueta de la hoja: azul.

c) En la Hoja 2 realiza la siguiente tabla.

	A	B
1	Tipo apartamento	Precio final
2		

d) Formato y especificaciones para la Hoja 2:

a. Fuente: Calibri 11. Los títulos estarán en negrita.

b. Las cuatro celdas tendrán el contenido centrado.

c. Cambia el nombre de la Hoja 2 por el de **Precio final**.

d. Al escribir en la celda amarilla de la izquierda el tipo de apartamento (A, B, C o D), se mostrará en la celda de la derecha el precio de oferta del mismo, es decir, el que está en la columna D de la hoja Descuentos. Para ello es necesario utilizar convenientemente la función BUSCARV.

Tipo apartamento	Precio final
A	200.000,00 €

e) Especificaciones para la Hoja 3:

a. Cámbiale el nombre por el de **Teoría**.

b. La etiqueta de la hoja Teoría será de color verde.

c. Dibuja un cuadro de texto, en el que escribirás las siguientes preguntas y sus respuestas:

- En la fórmula de la celda B2 ¿hay que utilizar el cuarto argumento de la función BUSCARV?
- ¿Por qué?

OpenOffice.org – Calc II

1. Formato de celdas

Para darle formato a las celdas se selecciona la celda o rango y se le aplican los cambios desde el menú **Formato ⟶ Celdas**, como hemos visto en la unidad anterior.

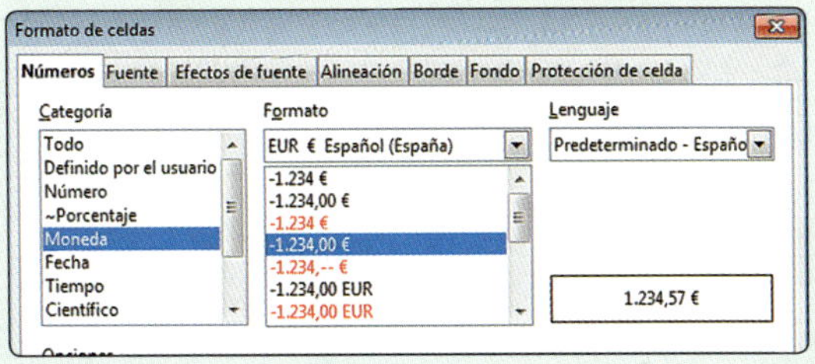

2. Fórmulas y funciones

El sistema de inserción de fórmulas y funciones en las celdas es el mismo que el que hemos estudiado para Excel, comenzando con el signo «=». Del mismo modo las funciones que hemos utilizado hasta ahora tienen en Calc el mismo formato que en Excel.

2.1. BUSCARV y BUSCARH

La sintaxis de ambas funciones es igual que en Excel, excepto el último argumento de las funciones, que será FALSO() o VERDADERO(). Este último puede omitirse en listas cuyo campo de búsqueda está ordenado.

Asistente para funciones

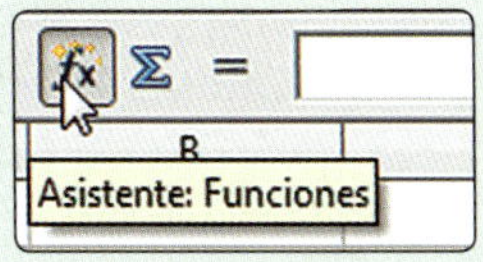

Saber más

BUSCARH

Al igual que en Excel, cuando los datos de búsqueda están dispuestos en filas en una tabla, en lugar de usar BUSCARV se utiliza BUSCARH (Búsqueda en Horizontal).

Entonces la sintaxis de la función BuscarH sería:

=BUSCARH(dato_buscado;rango;número_de_fila;falso_o_verdadero)

Actividades propuestas

1. Nombre del documento: **Calc viajes**

Tipo: **Hoja de cálculo ODF**

a) Abre un libro nuevo de OpenOffice.org Calc y guárdalo en tu carpeta de actividades de esta unidad didáctica con el nombre y tipo arriba indicados.

b) Copia los datos de la primera tabla en el rango A1:A10, y configura la columna PRECIO como moneda sin decimales.

c) Combina el rango F1:I2 y escribe "Viajes programados". Fuente: Lucida Calligraphy, tamaño 16. En la celda G5 escribe "Destino" con la misma fuente, tamaño 10, y completa las celdas G6, G7 y G8.

d) En la celda H5 se escribirá una de las ciudades de la lista de viajes. En las celdas H6, H7 y H8 se deberán escribir las funciones BUSCARV para que se muestren los correspondientes datos asociados a la ciudad elegida.

	A	B	C	D	E	F	G	H	I
1	DESTINO	CÓDIGO	DURACIÓN	PRECIO		Viajes programados			
2	París	101	5 días	300 €					
3	Roma	102	4 días	350 €					
4	Madrid	103	6 días	250 €					
5	Londres	104	6 días	280 €			Destino	Andorra	
6	Berlín	105	7 días	400 €			Código	109	
7	Atenas	106	5 días	560 €			Duración	3 días	
8	Moscú	107	10 días	890 €			Precio	250	
9	Lisboa	108	4 días	450 €					
10	Andorra	109	3 días	250 €					

Actividades propuestas

2. Nombre del documento: **Calc Dias asignados**

Tipo: **Hoja de cálculo ODF**

a) Abre un libro nuevo de OpenOffice.org Calc y guárdalo en tu carpeta de actividades de esta unidad didáctica con el nombre y tipo arriba indicados.

b) Copia los datos del rango A1:D2 y los del rango B5:B6. En C5 se introducirá uno de los días de la semana que figuran arriba y en C6 la función BUSCARH. El rango de búsqueda es B1:D2.

	A	B	C	D
1	**Días**	lunes	martes	miércoles
2	**Asignado**	Francisco	Teresa	Carlos
3				
4				
5		Día	**miércoles**	
6		Asignado	Carlos	
7				

3. Nombre del documento: **Calc Resultados**

Tipo: **Hoja de cálculo ODF**

a) Abre un libro nuevo de OpenOffice.org Calc y guárdalo en tu carpeta de actividades de esta unidad didáctica con el nombre y tipo arriba indicados.

b) Reproduce la siguiente tabla, en la que las celdas del rango A2:A7 están combinadas. En el rango D2:D7 habrá que introducir la fórmula correspondiente de modo que si el neto de la columna C es inferior a 3.000, en D nos aparezca la palabra **Escaso**, y si no, que no aparezca nada.

	A	B	C	D
1		**Mes**	**Neto**	**Observación**
2	**RESULTADOS**	enero	2.500 €	Escaso
3		febrero	3.000 €	
4		marzo	5.000 €	
5		abril	2.000 €	Escaso
6		mayo	3.500 €	
7		junio	4.300 €	

c) Por lo tanto, tendremos que utilizar la función SI. Que en la celda D2 será como sigue:

=SI(C2<3000;"Escaso";"")

Esto significa: si C2 es menor que 3.000, entonces escribe Escaso, y si no, no escribas nada (no escribir nada se expresa con una cadena de caracteres vacía, es decir unas comillas que abren y otras que cierran.

d) Para configurar el rango A2:A7 después de combinar las celdas:

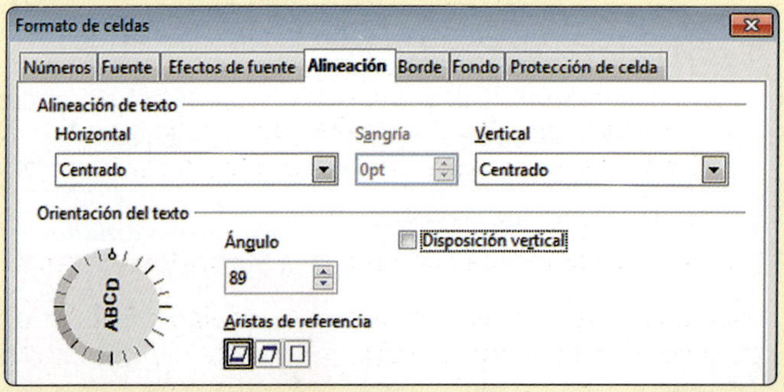

PRÁCTICA PROFESIONAL

Precios de venta al público

Objetivos

- Combinar celdas, centrar contenido horizontal y verticalmente.
- Configurar bordes y relleno degradado de celdas.
- Renombrar y colorear etiquetas de hoja.
- Utilizar función de búsqueda BUSCARV en otras hojas.
- Utilizar la función condicional SI.
- Utilizar el Controlador de relleno con referencias absolutas a celdas.

Instrucciones

La empresa Iluminación Balz tiene un libro de cálculo con el listado de bombillas estándar de bajo consumo. En la Hoja 1 tiene los precios de coste, en la Hoja 2 los precios de venta al público y en la Hoja 3 una tabla para consultas, como puede apreciarse en las siguientes imágenes:

	A	B	C
1		PRECIOS DE COSTE	
2	BOMBILLAS ESTÁNDAR DE BAJO CONSUMO		
3	Código	Artículo	Coste
4	A2552	Transparente 25 W	3,00 €
5	A2553	Transparente 40 W	3,00 €
6	A2554	Transparente 60 W	4,00 €
7	A2555	Transparente 80 W	4,00 €
8	A2556	Transparente 100 W	4,00 €
9	A2557	Transparente 125 W	5,00 €
10	A2558	Transparente 150 W	5,00 €
11	A2559	Transparente 200 W	6,00 €
12	B3041	Mate 25 W	4,00 €
13	B3042	Mate 40 W	4,00 €
14	B3043	Mate 60 W	5,00 €
15	B3044	Mate 80 W	5,00 €
16	B3045	Mate 100 W	5,00 €
17	B3046	Mate 125 W	6,00 €
18	B3047	Mate 150 W	6,00 €
19	B3048	Mate 200 W	7,00 €

	A	B	C
1	PRECIOS DE VENTA AL PÚBLICO		
2	BOMBILLAS ESTÁNDAR DE BAJO CONSUMO		
3	Código	Artículo	PVP
4	A2552	Transparente 25 W	3,75 €
5	A2553	Transparente 40 W	3,75 €
6	A2554	Transparente 60 W	5,00 €
7	A2555	Transparente 80 W	5,00 €
8	A2556	Transparente 100 W	5,00 €
9	A2557	Transparente 125 W	6,25 €
10	A2558	Transparente 150 W	6,25 €
11	A2559	Transparente 200 W	7,50 €
12	B3041	Mate 25 W	5,00 €
13	B3042	Mate 40 W	5,00 €
14	B3043	Mate 60 W	6,25 €
15	B3044	Mate 80 W	6,25 €
16	B3045	Mate 100 W	6,25 €
17	B3046	Mate 125 W	7,50 €
18	B3047	Mate 150 W	7,50 €
19	B3048	Mate 200 W	8,75 €

Iluminación Balz		
Código artículo	Descripción	P.V.P.
B3048	Mate 200 W	8,75 €
Aplicar 20% de descuento		

1. Cambia el nombre y el color de las etiquetas de las hojas: Hoja 1: **Coste** (etiqueta verde). Hoja 2: **Venta** (etiqueta amarilla). Hoja 3: **Consulta** (etiqueta roja).
2. Completa la hoja **Coste** como la de la imagen. Completa la hoja **Venta** sin la lista de precios de la columna C, que tendrás que calcularla incrementando un 25% sobre los precios de coste de la hoja Coste, completando después la columna PVP con el Controlador de relleno.
3. Completa la hoja **Consulta**, teniendo en cuenta que la fila con el nombre de la empresa tiene un alto de 60 píxeles y las otras tres de 30 píxeles. Los textos de toda esa tabla estarán centrados vertical y horizontalmente en sus celdas.
   a. La descripción y el PVP aparecerán al insertar un código de artículo existente.
   b. Ningún artículo lleva descuento, excepto el que tiene por código B3048. Cuando introduzcamos ese código, en la parte inferior se mostrará automáticamente el texto **Aplicar 20% de descuento**. En los artículos sin descuento esa celda permanecerá vacía. Utiliza para toda ello la función adecuada.

13 Hojas de cálculo III

Vamos a conocer...

1. Funciones predefinidas. Ampliación
2. Hipervínculos
3. Proteger hojas y elementos del libro
4. Gráficos

SOFTWARE LIBRE

OpenOffice.org – Calc III

PRÁCTICA PROFESIONAL

Prácticas globales

Y al finalizar esta unidad...

- Conocerás más a fondo el formato de las funciones predefinidas en las hojas de cálculo.
- Trabajarás con funciones matemáticas, trigonométricas, financieras, de fecha y hora y estadísticas.
- Podrás hacer vínculos de unas hojas a otras, así como hipervínculos externos.
- Sabrás proteger una hoja y un libro de cálculo con o sin contraseña.
- Diseñarás gráficos utilizando las herramientas de diseño, presentación y formato.

Caso práctico inicial

Situación de partida

Una de las actividades de un gimnasio es el aeróbic infantil. El día 1 de abril de 2013 elaboran una tabla de los clientes que se han matriculado en la actividad en el primer trimestre. Algunos han permanecido un mes o dos, y otros los tres meses. El precio por mes es de 40 €. Desean calcular, a fecha 1 de abril, la edad de los clientes matriculados, así como el total de ingresos de cada mes y unas estadísticas sobre las edades de sus clientes. Además querrían tener un gráfico en donde aparecieran los meses de enero, febrero y marzo junto con los ingresos de ese período.

Te presentan la siguiente tabla para completarla. En ella consta la fecha de nacimiento de cada cliente y los meses en los que ha estado matriculado en el curso de aeróbic.

Estudio del caso

	A	B	C	D	E	F
1	Mensualidad	40,00 €				
2	Fecha	01/04/2013				
3						
4	Cliente nº	Fecha de nacimiento	Edad	Enero	Febrero	Marzo
5	23	22/03/2008	5	x	x	
6	24	04/05/2007	5	x		
7	25	03/03/2004	9		x	x
8	26	26/08/2006	6	x	x	
9	27	18/06/2007	5	x	x	x
10	28	24/11/2002	10		x	x
11	29	24/12/2005	7	x	x	
12	30	19/03/2004	9	x	x	x
13	31	07/07/2004	8	x	x	
14	32	05/10/2007	5	x	x	x
15	33	03/01/2008	5	x		
16	34	24/08/2005	7	x	x	x
17	35	21/07/2007	5		x	x
18	36	28/03/2006	7	x	x	
19	37	01/02/2003	10	x	x	x
20						
21		Total clientes por meses		12	13	8
22		Ingresos		480,00 €	520,00 €	320,00 €
23						
24		Edades				
25		Media	6,86667			
26		Más alta	10			
27		Más baja	5			

Una vez que hayas completado el estudio de esta unidad de trabajo, serás capaz de realizar este documento.

Tendrías que completar la tabla con los colores, alineación vertical y horizontal, formatos de celda, utilizar el controlador de relleno y la referencia absoluta a celdas (en este caso a la celda B1), pero hay otros aspectos que desconoces si aún no puedes comprender todas o la mayor parte de estas preguntas:

1. En la columna «Edad» hay que utilizar fórmulas para calcular las edades de cada cliente, contando desde su fecha de nacimiento hasta la del documento, que es el 1 de abril de 2013.
   - ¿Qué fórmula puede utilizarse para calcular la edad de modo que aparezcan los años cumplidos sin decimales?
2. Se necesita calcular el total de clientes que han estado matriculados en cada mes y, en función del número, calcular los ingresos del gimnasio en cada mes para esa actividad.
   - ¿Hay alguna función que permita contar los clientes de cada mes para no tener que hacer el recuento de clientes «a ojo»?
   - ¿Qué fórmula podríamos utilizar para multiplicar el número de clientes de un mes por el importe mensual de la matrícula y que podamos arrastrar a lo largo del rango D22:F22?
3. Al final hay que realizar un estudio estadístico de las edades de los clientes.
   - ¿Mediante qué función calcularíamos la edad media, la más alta y la más baja?
   - ¿Podría calcularse también el número de clientes que tienen una determinada edad, por ejemplo 10 años?
   - ¿Cómo se puede elaborar un gráfico de dos filas o dos columnas que son adyacentes?
   - ¿Cómo podrían protegerse las celdas sombreadas, que son las que incluyen fórmulas, para evitar un borrado accidental?

Saber más

Las funciones que no están a la vista en la Biblioteca de funciones pueden visualizarse en **Más funciones.**

1. Funciones predefinidas. Ampliación

En la unidad anterior hemos explicado, a modo de introducción, las funciones de Excel, y hemos trabajado con algunas de ellas.

Las funciones que tiene predefinidas Excel 2010 se distribuyen en las siguientes categorías:

- Financieras.
- Lógicas.
- De texto.
- De fecha y hora.
- De búsqueda y referencia.
- Matemáticas y trigonométricas.
- Estadísticas.
- De ingeniería.
- De cubo.
- De información.
- De compatibilidad.

Cualquier función puede introducirse directamente en una celda si se conoce su nombre y su sintaxis. En cualquier caso se tiene acceso a todas las funciones predefinidas, como indicamos en la unidad anterior, desde la pestaña **Fórmulas** y dentro de la **Biblioteca de funciones**.

Haciendo clic en **Insertar función,** a la izquierda de la Biblioteca de funciones, se abre un cuadro de diálogo que es interesante conocer porque permite seleccionar e insertar funciones a la vez que informa de la utilidad de cada una de ellas y de su formato.

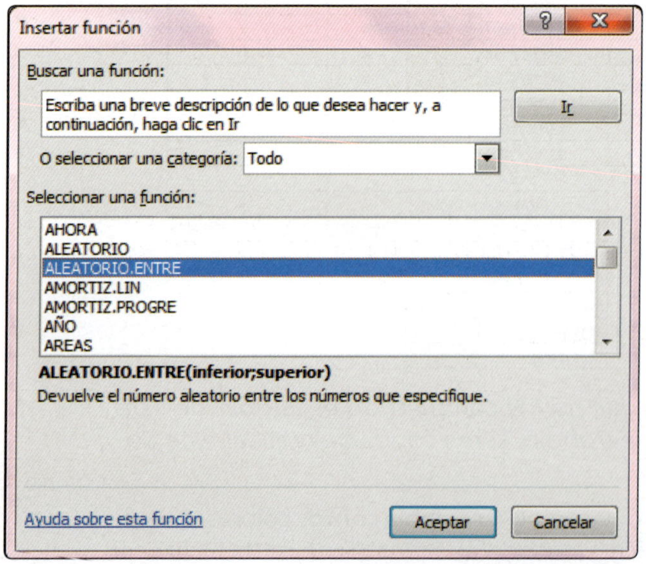

En esta unidad haremos referencia a las categorías de funciones que con más probabilidad se utilizarán dentro de este perfil profesional, y se trabajará con aquellas que consideramos imprescindibles.

Saber más

Comparaciones

Las comparaciones matemáticas se expresan en la hoja de cálculo de este modo:

A igual a B	A = B
A mayor que B	A > B
A menor que B	A < B
A mayor o igual que B	A > = B
A menor o igual que B	A < = B
A distinto de B	A < > B

1.1. Funciones estadísticas

La estadística es una rama de las Ciencias matemáticas especializada en recopilar, organizar, analizar, comparar y procesar datos con el fin de obtener información sobre un conjunto o de predecir tendencias de futuro.

En el margen tenemos una lista parcial de las funciones estadísticas predefinidas en Excel.

En esta unidad se explicarán y se realizarán actividades con las que están marcadas en color azul.

Vamos a explicarlas brevemente:

1.1.1. PROMEDIO

Devuelve la media aritmética de varios datos, o del contenido de varias celdas o de un rango de celdas.

Ejemplo

1. **=PROMEDIO (4;5;6),** devolverá 5.
2. **=PROMEDIO (A1:B12),** devolverá la media aritmética del contenido del rango A1:B12.
3. **=PROMEDIO (A1;B2;D3),** devolverá la media aritmética de los contenidos de las celdas A1, B2 y D3.

1.2.2. CONTAR

Cuenta el número de veces que aparece un argumento **numérico** en una lista.

Ejemplo

En este ejemplo, 3 es el número de elementos numéricos que hay en el rango B3:B6.

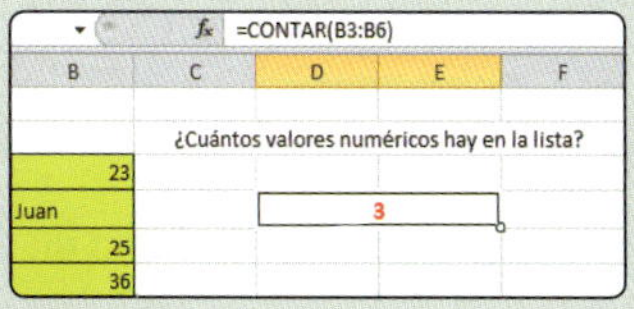

1.1.3. CONTARA

Cuenta el número de celdas no vacías de un rango. En el ejemplo anterior, si hubiéramos introducido la fórmula =CONTARA(B3:B6) nos habría devuelto un 4.

1.1.4. CONTAR.SI

Cuenta el número de veces que aparece un valor que cumpla una condición dentro de un rango de celdas.

Ejemplo

Observa la barra de fórmulas, la condición está entre comillas.

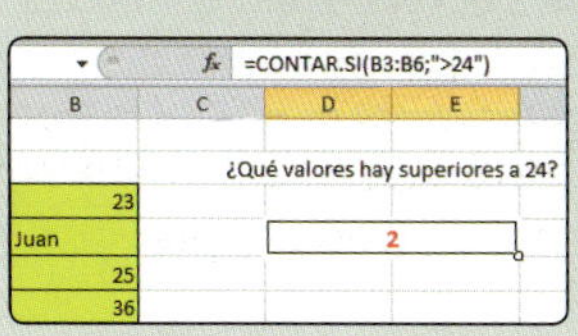

Saber más

Algunas funciones estadísticas

PROMEDIO
PROMEDIO.SI
CONTAR
CONTARA
CONTAR.BLANCO
CONTAR.SI
COVAR
PRONOSTICO
FRECUENCIA
MEDIA.GEOM
CRECIMIENTO
MEDIA.ARMO
CURTOSIS
MAX
MAXA
MEDIANA
MIN
MODA
PERCENTIL
PERMUTACIONES
PROBABILIDAD
CUARTIL
VAR

Caso práctico inicial

El promedio de una serie de números se calcula con PROMEDIO.

El valor máximo de la serie, se calcula con MAX y el mínimo con MIN.

Actividades propuestas

1. Nombre del documento: **Cálculos manuales**

Tipo: **Documento de Word**

Crea un documento de Word y guárdalo con el nombre y tipo que figura arriba en tu carpeta de ejercicios de esta unidad didáctica. Escribe las siguientes preguntas y sus correspondientes respuestas.

a) Haciendo cálculos manuales (sin Excel ni calculadora) y conociendo lo explicado sobre funciones matemáticas, calcula el resultado de las funciones de Excel siguientes:

a. =PROMEDIO(7;8;9).
b. =PROMEDIO(A2;H3), siendo los valores de A2=8 y de H3=2.
c. =CONTARA(B3:B8) sabiendo que en ese rango hay 2 celdas vacías.
d. =MAX(A2:D2) si los valores introducidos en ese rango son: 2, 8, 1, 0.
e. =MEDIANA(3;4;5;6).
f. =MEDIANA(A2:A5) si en ese rango los valores introducidos son 3, 5, 6, 12.
g. =MODA(A2:A5) si en ese rango los valores introducidos son 2, 3, 2, 8.

b) ¿Qué fórmulas utilizarías para expresar los siguientes conceptos?

a. El mínimo valor introducido en el rango A2:A14.
b. El número de veces que aparece el valor 4 en el rango A2:H2.
c. La media aritmética de los valores de las celdas A2 y A7.

1.1.5. MAX

Esta función devuelve el valor máximo de una lista de números o celdas.

Ejemplo

1. **=MAX(1;12;125)**, devolverá 125.
2. **=MAX(A1:A12)**, devolverá el valor máximo contenido en el rango especificado.
3. **=MAX(A1;B1;D3)**, devolverá el valor máximo de los contenidos de esas tres celdas.

1.1.6. MEDIANA

Devuelve el valor central dentro de una serie ordenada de valores.

Ejemplo

1. **=MEDIANA(1;2;3;4;5;6;7)**, devolverá el valor 4, que es el que ocupa el centro de la serie ordenada.
2. **=MEDIANA(1;2;3;4;5;6;7;8)**, devolverá el valor 4,5, que es la media aritmética de los dos valores centrales de la serie.
3. **=MEDIANA(D1:D14)**, devuelve el valor central del rango D1:D14, que Excel ordena aunque no estuviera ordenado.
4. **=MEDIANA(D1;D14;D18)**, devolverá el valor central de los contenidos de esas celdas.

1.1.7. MIN

Devuelve el valor mínimo de una lista de celdas o números.

Ejemplo

1. **=MIN(1;12;125)**, devolverá 1.
2. **=MIN(A1:A12)**, devolverá el valor mínimo contenido en ese rango.
3. **=MIN(A1;B1;D3)**, devolverá el valor mínimo de los contenidos de esas tres celdas.

1.1.8. MODA

Devuelve el valor más repetido de una serie de números o de los contenidos de un rango de celdas o celdas independientes. Puede que no existe ningún valor repetido, con lo que la función devolverá un mensaje de error en la celda que la contenga.

Ejemplo

1. **=MODA(1;2;2;3;4)**, devolverá 2, que es el número más repetido de los cinco introducidos como argumento.
2. **=MODA(A1:B12)**, devolverá el valor más repetido de los contenidos de ese rango. Si no existe nos dará un mensaje de error.
3. **=MODA(A1;B12;C13;D15)**, devolverá, si lo hay, el valor más repetido de ese conjunto de celdas.

Actividades propuestas

2. Nombre del documento: **Contar y Contara**

Tipo: **Libro de Excel**

a) Abre un libro nuevo de Excel y guárdalo en tu carpeta de actividades de esta unidad con el nombre y el tipo especificados.

b) Rellena el rango A1:H1 con los valores numéricos y de texto que ves en la imagen. En las celdas de color amarillo introduce la fórmula correspondiente para calcular la pregunta que las antecede.

	A	B	C	D	E	F	G	H
1	1	3	6	Luis	Alguno	6	123	Madrid
2								
3		¿Cuántas celdas del rango A1:H1 contienen números?					5	
4		¿Cuántas celdas del mismo rango contienen texto?					8	

Ayuda: por lógica, la última pregunta será la diferencia entre las anteriores, por lo tanto la fórmula será: =CONTARA(A1:H1)-(CONTAR(A1:H1).

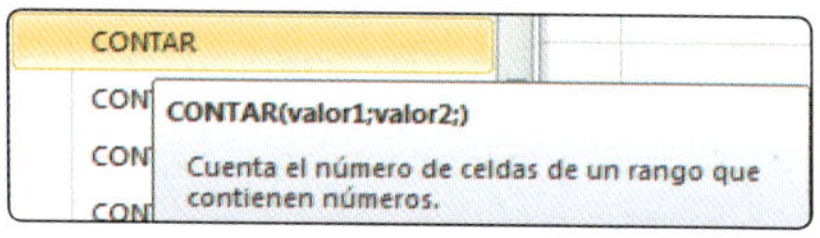

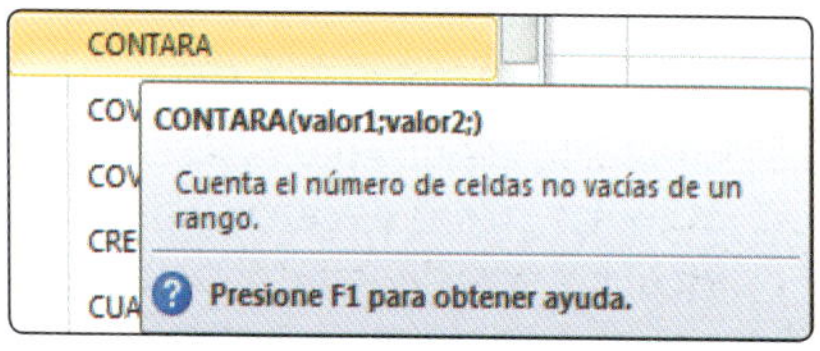

3. Nombre del documento: **Funciones estadísticas básicas**

Tipo: **Libro de Excel**

a) Abre un libro nuevo de Excel y guárdalo en tu carpeta de actividades de esta unidad con el nombre y el tipo especificados.

b) Completa la tabla como ves en la imagen sin escribir los datos de las celdas sombreadas de amarillo.

- El ancho de cada columna es de 8 (61 píxeles).
- Observa que hay celdas combinadas cuando corresponda.

d) En los recuadros amarillos usarás la función o fórmula que corresponda para dar respuesta a cada pregunta que los precede.

e) En la imagen aparecen los resultados que deberás obtener:

	A	B	C	D	E	F	G	H
1	2	stop	8	9	7	8		45
2	15	7	18	2	5	24	8	13
3	17	24	10	Casa	21	9	9	3
4	18	25	3	4	5	línea	20	14
5	4	14	5	6	13	3	3	12
6	11	3	15		24	22	10	18
7								
8	En el rango A1:H6 ¿cuántas celdas no vacías hay?							46
9	¿Cuál es la media aritmética del rango A2:H2?							11,5
10	¿Cuál es el promedio de las celdas A2, B4 y H6?							19,33333
11	¿Cuál es la moda del rango A5:H5?							3
12	Cuál es el valor mínimo del rango A1:H6?							2
13	¿Y el máximo del mismo rango?							45
14	¿Cuántas celdas de A1:D6 tienen un valor inferior a 10?							12
15	¿Cuántas celdas de A1:H6 contienen texto?							3

Actividades propuestas

4. Nombre del documento: **Estadísticas calificaciones**

Tipo: **Libro de Excel**

a) Abre un libro nuevo de Excel y guárdalo en tu carpeta de actividades de esta unidad con el nombre y el tipo especificados.

b) Completa la siguiente tabla tal y como se muestra en la imagen. Las celdas con sombreado de color son las que contendrán las fórmulas, mientras que el rango B3:D13 contendrá las calificaciones obtenidas en cada trimestre por los alumnos y alumnas de la lista, que serán números de 0 a 10 que pueden contener decimales.

	A	B	C	D	E	F
1	CALIFICACIONES GLOBALES POR TRIMESTRE					
2	**APELLIDOS, NOMBRE**	**Trim 1**	**Trim 2**	**Trim 3**	**Global**	**Calificación**
3	Cruz Salcedo, Inés					
4	Cáceres Ramos, Enrique					
5	Bustamante Rosal, Andrea					
6	Aguilar Manzaneda, Luis					
7	Robles Durán, María					
8	Úbeda Corpas, Victoria					
9	Román Ramírez, Julio					
10	Pérez Pérez, Pedro					
11	Gandía Morales, Petra					
12	Oliveras Galán, José					
13	Ros ros, Rosa					
14						
15	Total de alumnos					
16						
17	Nota máxima					
18	Nota mínima					
19	Nota media					
20	Nota más repetida					
21	Mediana					
22						
23	Aprobados					
24	Suspensos					

Ayuda: *a continuación damos algunas pistas para completar las celdas.*

- **Rango E3:E13.** Cada una de las celdas del rango es la media aritmética de las calificaciones obtenidas por cada persona en los tres trimestres.
- **Rango F3:F13.** Se tendrá que usar una función condicional, pues en ese rango tendrá que aparecer la palabra «Aprobado» si la media obtenida en la columna E es igual o superior a 5, mientras que mostrará «Suspenso» si la media es inferior a 5.
- **B15.** Contará el total de alumnos que hay en la lista.
- **Rango B17:B21.** Se usará en cada celda la función estadística correspondiente referida a las notas globales (columna E).
- **B23.** Mostrará el número de aprobados, es decir, habrá que aplicar la función que cuente cuántas veces aparece la palabra «Aprobado» en la columna F, o bien cuántas veces hay en la columna E un número igual o superior a 5.
- **B24.** Igual que B23, pero habrá que mostrar el número de suspensos.
- **23** y **C24.** Mostrarán el porcentaje de aprobados y de suspensos respectivamente que se hayan calculado en B23 y B24, calculados sobre el total de alumnos y alumnas calificados.

Actividades propuestas (cont.)

c) Por último, has de aplicar el formato condicional a las calificaciones de la columna F, de modo que si lo que hay escrito es «Suspenso», este dato aparezca con fuente de color rojo.

d) A continuación puedes ver un ejemplo finalizado en donde se muestran los resultados.

Si deseas comprobar si has realizado bien el ejercicio, puedes introducir las notas trimestrales de este ejemplo y ver si se corresponden con los resultados obtenidos.

	A	B	C	D	E	F
1	CALIFICACIONES GLOBALES POR TRIMESTRE					
2	APELLIDOS, NOMBRE	Trim 1	Trim 2	Trim 3	Global	Calificación
3	Cruz Salcedo, Inés	2,0	3,5	7,0	4,2	Suspenso
4	Cáceres Ramos, Enrique	5,0	2,5	1,6	3,0	Suspenso
5	Bustamante Rosal, Andrea	6,0	3,4	8,5	6,0	Aprobado
6	Aguilar Manzaneda, Luis	7,0	7,4	7,1	7,2	Aprobado
7	Robles Durán, María	3,0	3,4	7,6	4,7	Suspenso
8	Úbeda Corpas, Victoria	5,8	6,5	1,6	4,6	Suspenso
9	Román Ramírez, Julio	4,5	4,3	9,8	6,2	Aprobado
10	Pérez Pérez, Pedro	6,7	4,6	5,7	5,7	Aprobado
11	Gandía Morales, Petra	8,0	9,8	10,0	9,3	Aprobado
12	Oliveras Galán, José	2,8	5,0	5,3	4,4	Suspenso
13	Ros ros, Rosa	3,0	2,4	3,8	3,1	Suspenso
14						
15	Total de alumnos	11				
16						
17	Nota máxima	9,3				
18	Nota mínima	3,0				
19	Nota media	5,3				
20	Nota más repetida	#N/A				
21	Mediana	4,7				
22		Número	Porcentaje			
23	Aprobados	5	45,45			
24	Suspensos	6	54,55			

La Moda da error porque no hay ninguna nota repetida en la columna E.

Saber más

Celdas que dan error

Para que no nos aparezca el error en alguna celda a pesar de que la fórmula esté bien configurada, podemos agregar algo a esa fórmula. Se tratará de la función SI.ERROR. Veamos cómo quedaría la fórmula que calcula la **moda** en esta actividad:

=SI.ERROR(MODA(E3:E13);"")

Que significa que si el resultado de esa operación va a darnos un error, entonces escriba comillas comillas, es decir un campo de texto vacío de contenido.

1.2. Funciones financieras

Aprenderemos a utilizar algunas de las funciones más corrientes dentro de la práctica financiera, que nos permitirán calcular de forma exacta y rápida el importe de operaciones tales como el rendimiento de inversiones o el importe de los pagos periódicos de préstamos.

1.2.1. ABS

En realidad es una función matemática, si bien se utiliza muy a menudo dentro de los cálculos financieros.

Sirve para calcular el valor absoluto de un número (el valor absoluto es ese número sin el signo). Su sintaxis es *=ABS(valor)*.

Por ejemplo =ABS(-4) devolverá el número 4.

1.2.2. PAGO

Nos sirve para calcular el capital anual que pagaríamos por un préstamo a un determinado tipo de interés.

Su sintaxis es =**PAGO(Interés;Tiempo_en_años;Capital).**

Saber más

Algunas funciones financieras:

INT.ACUM
INT.ACUM.V
AMORTIZ.PROGRE
CUPON.DIAS
CUPON.DIAS.L2
PAGO.INT.ENTRE
PAGO.PRINC.ENTRE
TASA.DESC
MONEDA.DEC
MONEDA.FRAC
DURACION
INT.EFECTIVO
TASA.INT
PAGOINT
NPER
VNA
PAGO
PAGOPRIN
PRECIO

A	B
Datos	**Descripción**
10%	Interés anual
1	Período para el cual desea calcular el interés
3	Años del préstamo
8000	Valor actual del préstamo
Fórmula	**Descripción (resultado)**
=PAGOINT (A2/12; A3; A4 * 12; A5)	Interés que se pagará el primer mes para un préstamo con los términos anteriores (-66,67)
=PAGOINT (A2;3;A4;A5)	Interés que se pagará el último año para un préstamo con los términos anteriores, cuyos pagos se efectúan de forma anual (-292,45)

Nota La tasa de interés se divide por 12 para obtener una tasa mensual. Los años de duración del préstamo se multiplican por 12 para obtener el número de pagos.

Ejemplo de ayuda de Excel.

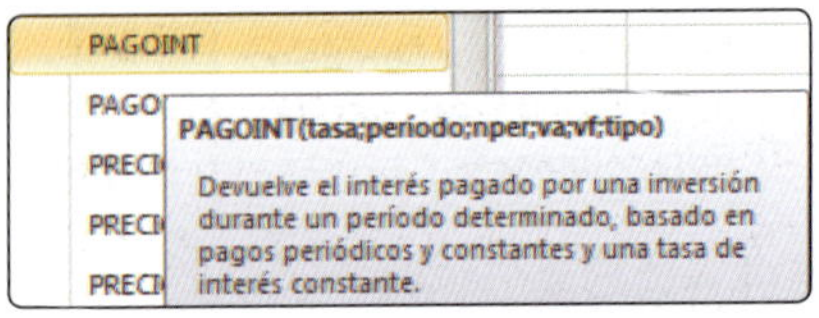

Ayuda de la función Pago.

1.2.3. PAGOINT

Devuelve el interés pagado en un período específico por una inversión basándose en pagos periódicos constantes y en una tasa de interés constante.

Su sintaxis es: **=PAGOINT(Tasa;Período;nper;va;vf;Tipo),** donde:

- **Tasa:** es la tasa de interés por período.
- **Período:** es el período para el que se desea calcular el interés y que debe estar entre 1 y el argumento nper.
- **Nper:** es el número total de períodos de pago en una anualidad.
- **Va:** es el valor actual o la suma total de una serie de futuros pagos.
- **Vf:** es el valor futuro o un saldo en efectivo que se desea lograr después de efectuar el último pago. Si el argumento vf se omite, se asume que el valor es 0 (por ejemplo, el valor futuro de un préstamo es 0, ya que una vez que se haya pagado la última cuota no tendrá ningún valor).
- **Tipo:** es el número 0 o 1 e indica el vencimiento de los pagos.

  0 indica que los pagos son al principio del período, 1 indica que son al final. Si este argumento se omite, se calculará como 0.

Actividades resueltas

Nombre del documento: **Cuota anual y mensual**

Tipo: **Libro de Excel**

1. Abre un libro nuevo de Excel y guárdalo en tu carpeta de actividades de esta unidad con el nombre y el tipo especificados.
2. Supongamos que debemos calcular la cantidad que hay que pagar, tanto anual como mensualmente, por la devolución de un préstamo. Conocemos los datos del capital que hay que devolver, el tipo de interés aplicable y el número de años en que se ha de devolver el préstamo.
3. Copia la siguiente tabla, dejando el blanco las celdas B4 y B5, que será donde se van a introducir las funciones que corresponden. A la vez que realizas el ejercicio, repasa la sintaxis de la función **PAGO.**
4. En la celda B4 se introduce la función **=PAGO(B2;B3;B1).**
5. En la celda B5 se introduce la función **=PAGO(B2/12;B3*12;B1).**

   12 es el número de meses que tiene un año. Recuerda que en B5 estamos calculando la cuota mensual.
6. Verás que los números aparecerán en negativo. Como recordarás, la función ABS calculará el valor absoluto de un número. Basta introducir ABS antes de ambas fórmulas: =ABS(PAGO(...)).

	A	B
1	Capital	45.000,00 €
2	Interés	10%
3	Anualidades	10
4	Pago anual	-7.323,54 €
5	Pago mensual	-594,68 €

7. Hecho esto, habremos terminado este ejercicio y la tabla tendrá esta apariencia:

	A	B
1	Capital	45.000,00 €
2	Interés	10%
3	Anualidades	10
4	Pago anual	7.323,54 €
5	Pago mensual	594,68 €

8. Cambia los datos de las celdas B1, B2 y B3 y comprueba cómo cambian las cuotas anuales y mensuales.

1.3. Funciones de fecha y hora

Estas funciones permiten realizar cálculos con datos relativos a fechas y horas; entre otros, averiguar qué día es hoy, cuántos días han transcurrido desde una fecha determinada, sumar y restar fechas para averiguar periodos, etc.

Para realizar estas operaciones con fechas, Excel convierte los números en fechas, empezando a contar desde el 1 de enero de 1900. Por ejemplo, si en una celda escribimos el número 2, luego vamos al Formato de celda y en la pestaña Número elegimos la opción Fecha, comprobaremos que lo sustituye por la fecha que ese número significa, que será el 2 de enero de 1900. Si escribimos el 12.300 nos devolverá la fecha correspondiente a 12.300 días después del 1 de enero de 1900, que será el 3 de septiembre de 1933.

En el margen encontrarás algunas de las funciones de fecha y hora más utilizadas. Resaltadas en azul están aquellas con las que trabajaremos en nuestras actividades.

- **FECHA:** devuelve el número de serie de una fecha determinada.
- **DIA:** convierte un número en un valor de día del mes.
- **DIAS360:** calcula el número de días entre dos fechas, considerando el año comercial o de 360 días.
- **DIAS.LAB.:** devuelve el número total de días laborables que hay entre dos fechas.
- **AHORA:** devuelve un número que corresponde a la fecha y hora actuales.
- **HOY:** devuelve el número de serie de la fecha actual.

Saber más

Algunas funciones de fecha y hora

FECHA
DÍA
DIAS360
HORA
MINUTO
MES
DIAS.LAB
AHORA
SEGUNDO
HORA
HOY
DIASEM
NUM.DE.SEMANA
DIA.LAB
AÑO

Caso práctico inicial

Para calcular la edad de una persona, a la fecha actual se le resta su fecha de nacimiento. Como resultado se obtendrá un número de días que, si se divide entre 365, nos dará los años que tiene actualmente.

Actividades propuestas

5. Nombre del documento: **Fechas y horas**

Tipo: **Libro de Excel**

a) Abre un libro nuevo de Excel y guárdalo en tu carpeta de actividades de esta unidad con el nombre y el tipo especificados.

b) Copia la columna A de la siguiente tabla. La columna B será para introducir las funciones adecuadas.

	A	B
1	Fecha de hoy	
2	Fecha y hora actuales	
3	Tu fecha de nacimiento	
4	¿Cuántos días han pasado desde que naciste?	
5	¿Cuántos días laborables han pasado desde que naciste?	

B1. =HOY()
B2. =AHORA()
B3. Escribe tu fecha de nacimiento con guiones, ejemplo 9-4-91.
B4. =B1-B3.
B5. =DIAS.LAB(B3;B1)

c) Configura las celdas B1 y B3 con formato Fecha, tipo miércoles, 14 de marzo de 2001.

La celda B2 con formato Fecha, tipo 14-3-01 1:30 PM, y las celdas B4 y B5 como número sin decimales y con separador de miles.

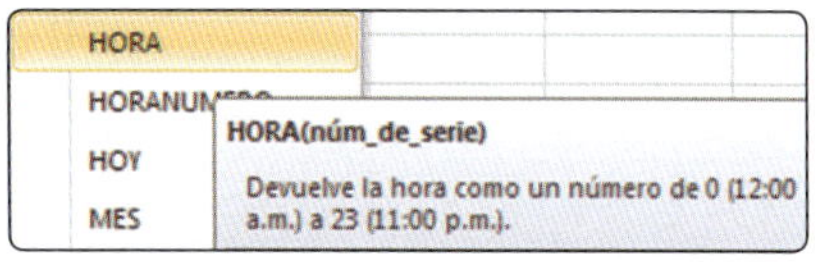

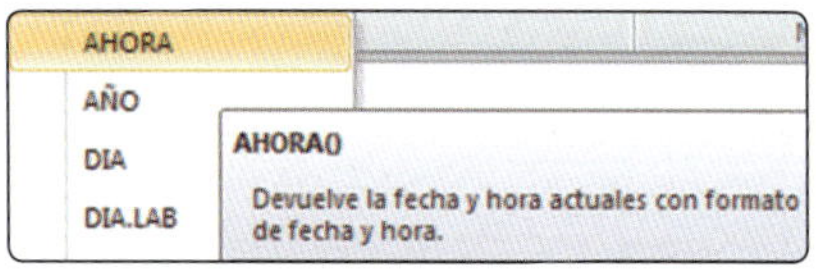

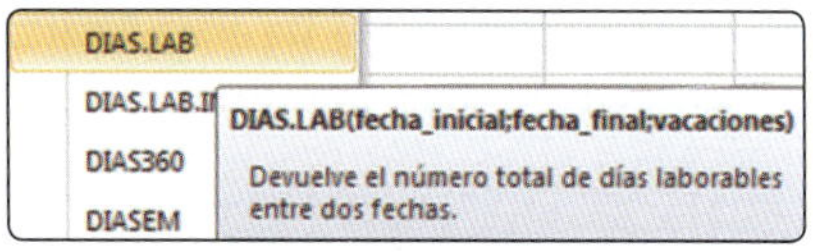

Saber más

Algunas funciones matemáticas y trigonométricas

RESIDUO
POTENCIA
REDONDEA.IMPAR
REDONDEA.PAR
PRODUCTO
COCIENTE
ALEATORIO
ALEATORIO.ENTRE
NUMERO.ROMANO
SIGNO
RAIZ
SUMA
LOG

1.4. Funciones matemáticas y trigonométricas

Permiten efectuar cálculos matemáticos y trigonométricos simples y complejos. De hecho, el objetivo de las primeras hojas de cálculo, a principios de la década de los 60, fue facilitar la realización de tediosas operaciones matemáticas y la recuperación rápida de errores en cadena que pudieran producirse, para pasar más tarde, ya en 1970, a ser una codiciada herramienta de cálculo financiero.

Las funciones matemáticas y trigonométricas permiten este tipo de operaciones, desde las más sencillas, como la suma, hasta otras más complicadas con matrices y conjuntos, además de todas las que se refieren a la trigonometría.

En la lista al margen puedes observar una lista que utilizaremos para realizar actividades, en donde veremos la sintaxis de cada una de ellas y su utilidad.

Actividades resueltas

Nombre del documento: **Matemáticas 1**

Tipo: **Libro de Excel**

1. Abre un libro nuevo de Excel y guárdalo en tu carpeta de actividades de esta unidad con el nombre y el tipo especificados.
2. Copia la siguiente tabla, **dejando libres** los recuadros sombreados de la columna B, en donde insertarás las funciones que indica la columna A.

	A	B
1	**Escribe un número**	456
2		
3	Raíz cuadrada	21,3541565
4	Número romano	CDLVI
5	Redondeo al impar más próximo	457
6	Redondeo al par más próximo	456
7	Logaritmo en base 10	2,65896484
8	Elevado a 2	207936
9	Signo del número	1

B3: =RAIZ(B1)
B4: =NUMERO.ROMANO(B1)
B5: =REDONDEA.IMPAR(B1)
B6: =REDONDEA.PAR(B1)
B7: =LOG10(B1)
B8: =POTENCIA(B1;2) o =B1^2
B9: =SIGNO(B1)

Recuerda: en el argumento de la función no escribas el nombre de la celda, sino que para referenciarla, haz clic sobre ella, en este caso sobre **B1,** para que la referencia se escriba automáticamente y evitar posibles errores de mecanografiado.

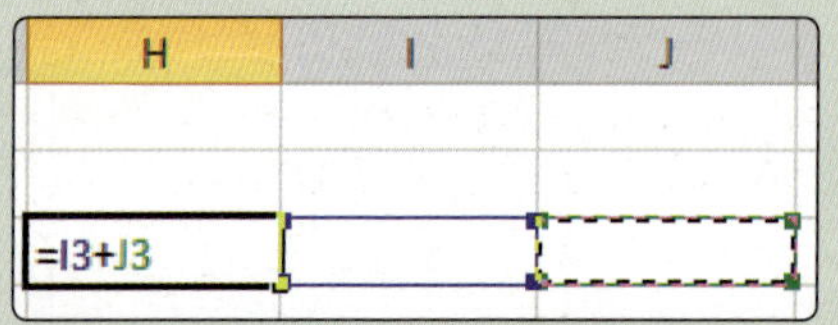

Para escribir J3 en la fórmula, se hace clic sobre J3.

3. Cambia el número de la celda B1 por **1560** y comprueba que todos los cálculos se han modificado y ahora se refieren a este último número introducido. De ahí la finalidad de escribir en el argumento de las funciones una celda de referencia (en nuestro caso, B1) en lugar de haber escrito como argumento el 456.
4. Cambia ahora el número de la celda B1 por **-45**. Verás que ahora algunas celdas tienen error: no existe raíz cuadrada ni logaritmo de un número negativo, ni hay manera de representar un negativo en números romanos. Mira también el signo, que se representará como **-1**.

Actividades propuestas

6. Nombre del documento: **Matemáticas 2**

Tipo: **Libro de Excel**

a) Abre un libro nuevo de Excel y guárdalo en tu carpeta de actividades de esta unidad con el nombre y el tipo especificados.

b) Completa la tabla siguiente, dejando en blanco las celdas sombreadas de amarillo, en las que tendrás que insertar las funciones que correspondan a las indicaciones de la columna A.

	A	B
1	**Escribe un número**	**500**
2	**Escribe otro número**	**33**
3	Cociente de la división del primero entre el segundo, usando COCIENTE.	15
4	Cociente de la división del primero entre el segundo, sin usar COCIENTE.	15,1515152
5	Parte entera del cociente de dividir el primero entre el segundo	15
6	Resto de la división del primero entre el segundo	5
7	Suma de los dos números	533
8	Un número al azar que esté entre los dos números	490
9	Producto de los dos números	16500
10	Producto de los dos números sin usar función	16500
11	Un número aleatorio entre 0 y 1	0,05778115

c) Inserta las funciones que corresponden en cada celda de la columna B:

B3. =COCIENTE(B1;B2)

B4. =B1/B2

B5. =ENTERO(B1/B2). Observa que esta fórmula equivale a usar la función COCIENTE, pues extrae la parte entera de un cociente, eliminando los decimales.

B6. =RESIDUO(B1;B2)

B7. =SUMA(B1;B2). También habríamos podido escribir =B1+B2 o =SUMA(B1:B2).

B8. =ALEATORIO.ENTRE(B2;B1)

B9. =PRODUCTO(B1;B2)

B10. =B1*B2

B11. =ALEATORIO()

d) 4. Haz pruebas cambiando los números de las celdas B1 y B2 para comprobar los resultados.

e) 5. Cambia los números para que B1 sea más pequeño que B2 y comprueba los resultados. ¿Hay alguna celda con error? ¿Por qué se ha producido el error? La celda correspondiente a la función ALEATORIO.ENTRE ha dado un error cuando B1 es más pequeño que B2. Esto es debido a que en la sintaxis de esa función está establecido que el primer argumento tiene que ser el número más pequeño y el segundo, el número más grande. Por tanto, en este caso habría que cambiar el orden de los argumentos que se han introducido.

Aclaración sobre el uso de las funciones. Habrás comprobado que, al introducir una función, Excel te muestra en segundo plato el formato de la misma. Obsérvalo y te será más fácil entender el número de argumentos requerido, su orden o su formato. Por ejemplo:

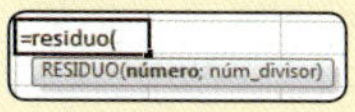

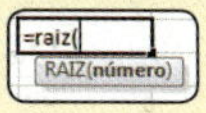

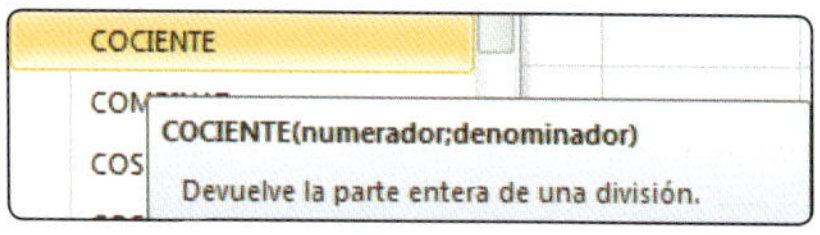

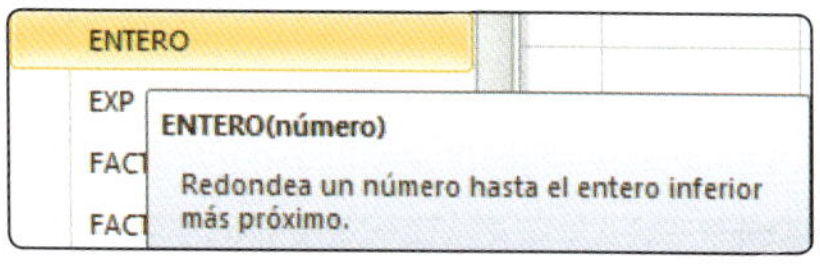

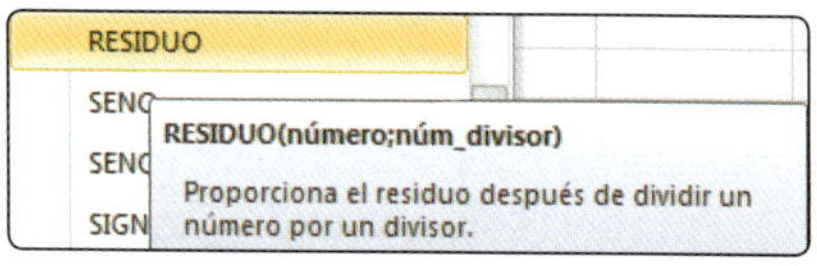

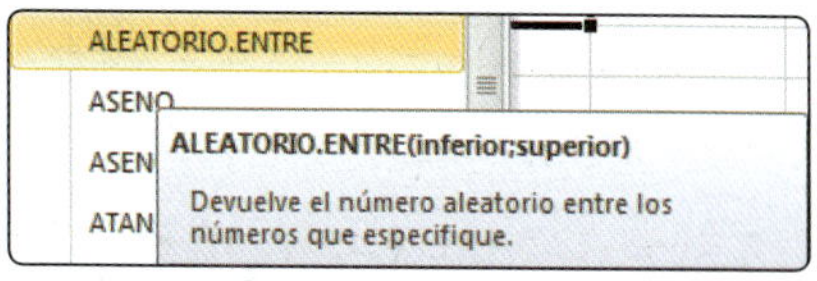

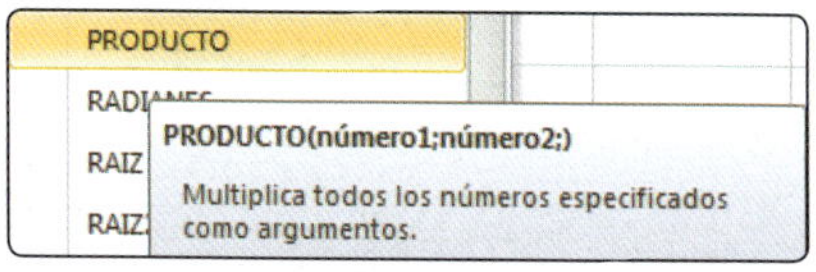

2. Hipervínculos

Al igual que vimos al estudiar Word, podemos hacer el mismo tipo de hipervínculos en Excel: a otras partes del mismo documento, a otros archivos almacenados en nuestro equipo o a sitios externos, como páginas web de internet. Y esos hipervínculos pueden ejecutarse sobre texto o sobre objetos (imágenes, WordArt, formas...).

Los distintos tipos los utilizaremos mediante actividades.

Actividades resueltas

Nombre del documento: **Hipervínculos**

Tipo: **Libro de Excel**

1. Abre el libro de Excel de nombre **Resultados** correspondiente a la unidad anterior. Una vez abierto guárdalo ahora en la carpeta de actividades de esta unidad con el nombre y tipo indicados.
2. En la hoja **Compras**, al final de la tabla, introduce los textos «Ventas», «Resultados» y «Google», tal como se aprecia en la imagen:

	A	B	C	D	E
1					
2	COMPRAS ANUALES	TRIMESTRES	B. IMPONIBLE	IVA	TOTAL
3		Primero	12.500,00	2.625,00	15.125,00
4		Segundo	14.100,00	2.961,00	17.061,00
5		Tercero	11.169,00	2.345,49	13.514,49
6		Cuarto	13.584,00	2.852,64	16.436,64
7					
8		Ventas			
9		Resultados			
10		Google			

3. Haz clic sobre la celda B8 con el botón secundario del ratón. Haz clic sobre **Hipervínculo**. Después marca **Lugar de este documento** y, en referencia: **Ventas**. Aceptar. De este modo habrás creado un hipervínculo desde la hoja **Compras** a la hoja **Ventas**.

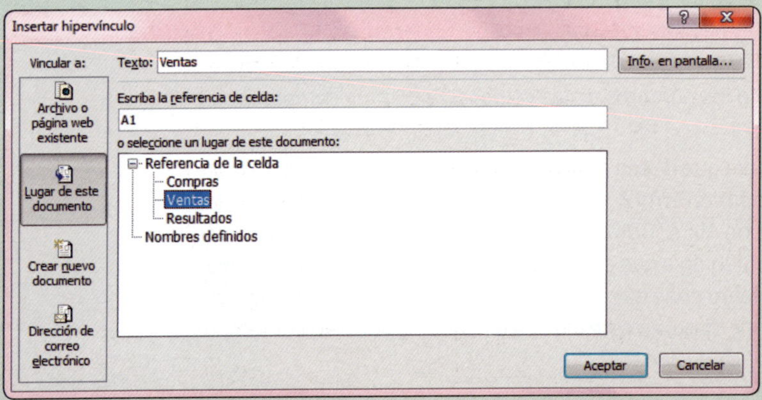

4. Por el mismo procedimiento del punto anterior, sobre la palabra Resultados haz un hipervínculo a la hoja Resultados.
5. Haz clic con el botón secundario en la celda B10. Hipervínculo. En la ventana de hipervínculos, a la izquierda: Archivo o página web existente. En dirección: <http://www.google.es>.
6. Hemos creado tres hipervínculos de texto, dos internos (a dos hojas diferentes del mismo libro de Excel) y uno externo (a Google).

   En lugar de haber hecho el hipervínculo sobre una palabra, habríamos podido insertar una imagen o un texto de WordArt y el procedimiento habría sido el mismo.

3. Proteger hojas y elementos del libro

3.1. Proteger el libro

Hay que entrar en la ficha **Revisar**, en el grupo **Cambios**: **Proteger libro**. A continuación se marca la casilla **Estructura** si se quiere proteger la estructura del libro, la casilla **Ventanas** si lo que deseamos es que las ventanas tengan siempre que se abra el libro el mismo tamaño y posición. Puede utilizarse contraseña.

3.2. Proteger hojas

Una hoja puede protegerse de manera total o parcial. Para proteger totalmente una hoja activamos la pestaña **Revisar** y en el grupo **Cambios** elegimos **Proteger hoja**. Si lo deseamos, escribiremos una contraseña.

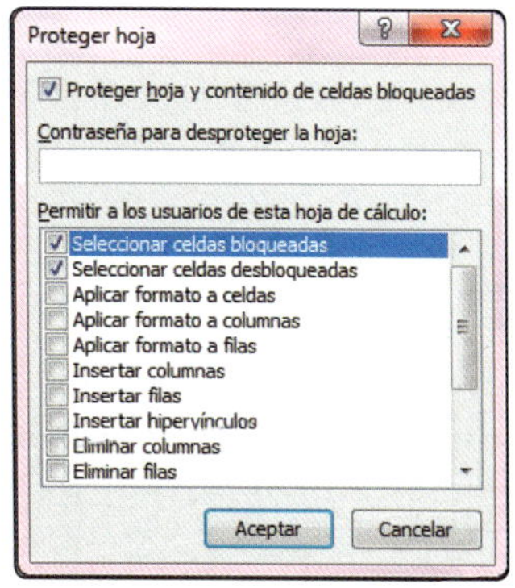

3.2.1. Protección parcial de una hoja

Proteger parcialmente una hoja de cálculo significa dejar protegidas solamente las celdas que no queremos que el usuario final pueda modificar (para que no pueda cambiar fórmulas u otros contenidos de la celda). Las celdas no protegidas podrán ser modificadas. En esencia, el procedimiento es el siguiente:

1. Se marcan todas las celdas que van a poder ser modificadas por el usuario, es decir que no van a estar bloqueadas. Para marcar celdas que no son contiguas se mantiene pulsada la tecla Control. Una vez hecha la selección, se hace clic sobre ella con el botón secundario y se elige Formato de celdas. En la pestaña Proteger, se deja sin marcar la casilla Bloqueada.
2. A continuación, se protege la hoja en la pestaña Revisar → Proteger hoja.

Caso práctico inicial

Las celdas se encuentran protegidas por defecto si se protege la hoja entera.

Si se desea proteger unas celdas sí y otras no, antes de proteger la hoja hay que liberar las celdas que sí pueden ser modificadas.

3.2.2. Ocultar fórmulas

Podríamos hacer una hoja de cálculo que pueda ser utilizada sin restricciones, pero deseamos que el usuario no conozca cuál es la fórmula que hemos utilizado en determinadas celdas. En ese caso se selecciona la celda o el grupo de celdas cuyas fórmulas deseamos que queden ocultas. Sobre la selección se hace clic con el botón secundario del ratón. Marcamos Formato de celdas. En la pestaña Proteger, marcamos la casilla Oculta.

Actividades propuestas

7. Nombre del documento: **Hoja protegida**

Tipo: **Libro de Excel**

a) Abre el libro de Excel de nombre Matemáticas 1, de esta misma unidad.
b) Guárdalo ahora con el nombre y tipo indicados en la cabecera de esta actividad.
c) No deseamos que nadie vea las fórmulas que hemos introducido en el rango B3:B9.
d) La única celda que podrá ser modificada por el usuario que utilice esta hoja será la B1.
e) Sigue los pasos necesarios para que se cumplan los requisitos de los puntos 3 y 4.
f) Protege la hoja de cálculo del libro que acabas de crear. Si deseas introducir contraseña, anótala en algún lugar para recordarla en caso necesario.
g) Comprueba si puedes ver en la Barra de fórmulas las fórmulas de las celdas B3:B9. Comprueba si puedes modificar el contenido de alguna celda que no sea B1.

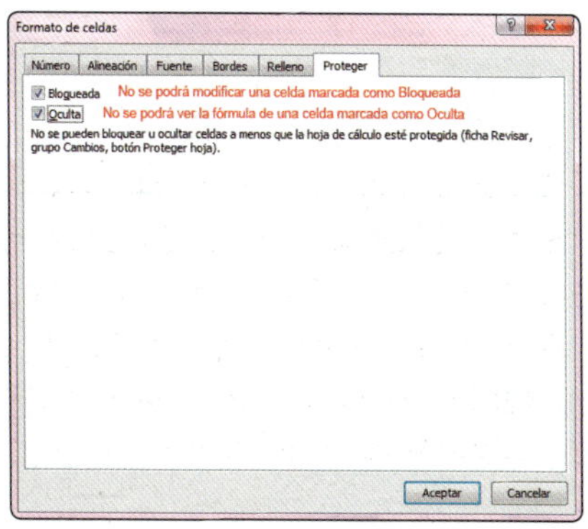

4. Gráficos

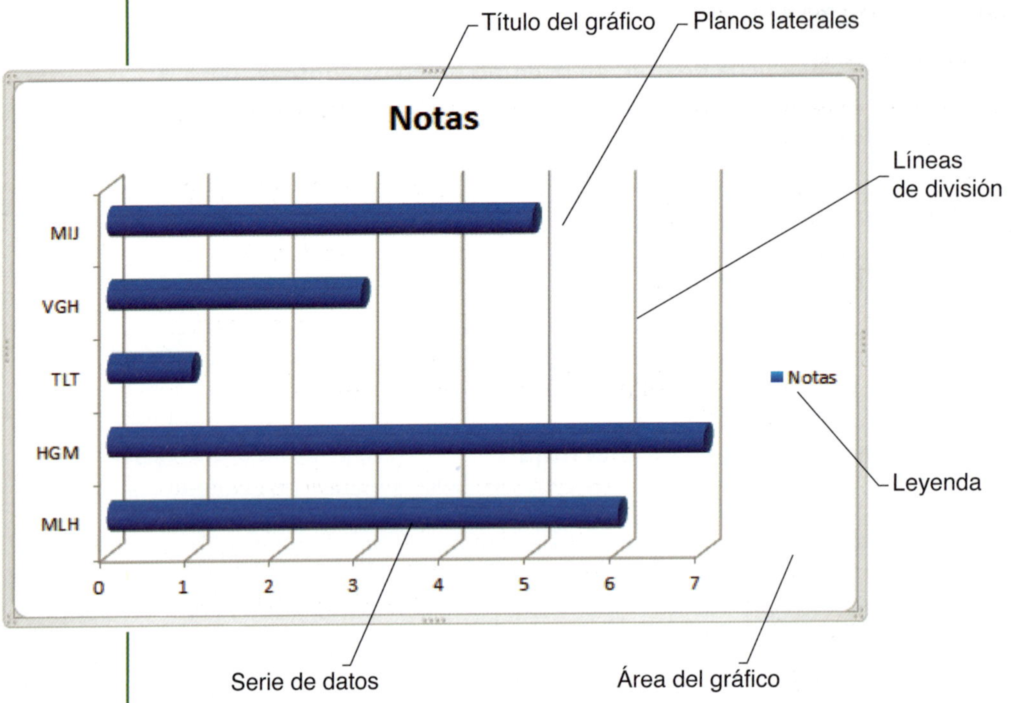

Con algunas diferencias dependiendo del tipo de gráfico, estas son las partes que conforman un gráfico de Excel. También es posible incluir títulos en los ejes X e Y. Cada una de esas partes puede diseñarse por separado, haciendo clic sobre ella con el botón principal del ratón, o en otros casos con el secundario.

Los gráficos son la representación del contenido de los datos de una hoja o parte de ellos, que muestran de forma descriptiva una impresión de conjunto o la relación que esos datos mantienen entre sí. No todas las tablas de datos se adaptan a un mismo tipo de gráfico.

La manera más sencilla y rápida de crear un gráfico es seleccionar los datos de la tabla, y después activar la pestaña **Insertar**. Del grupo Gráficos se elige la **categoría** y el **tipo de gráfico**.

Cuando tenemos seleccionado un gráfico ya creado, se abren tres pestañas adicionales en la cinta de opciones: **Diseño, Presentación** y **Formato**, cada una de ellas con sus grupos de opciones para configurar los gráficos:

Caso práctico inicial

Cuando se desea hacer un gráfico de dos series de datos no adyacentes, se selecciona la primera, se pulsa la tecla **Control** y, mientras se mantiene pulsada, se selecciona la segunda serie.

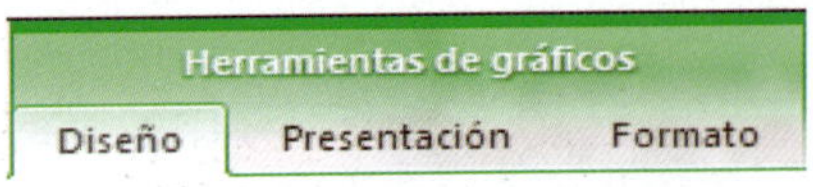

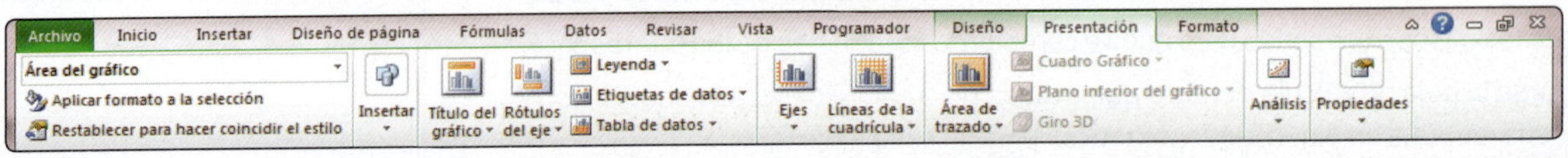

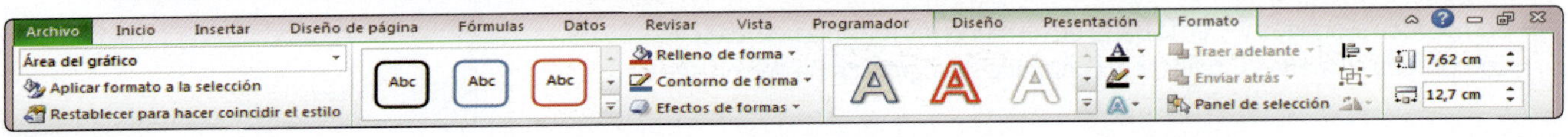

Actividades resueltas

Nombre del documento: **Gráfico 1**

Tipo: **Libro de Excel**

1. Crea un libro nuevo y guárdalo en la carpeta de actividades de esta unidad con el nombre y tipo indicados.
2. Realizaremos un gráfico con algunas funciones trigonométricas: SENO, COS, TAN, ASENO, ACOS y ATAN, que calculan respectivamente el seno, el coseno, la tangente, el arco seno, el arco coseno y la arco tangente del número que introduzcamos en la celda A3.

	A	B	C	D	E	F	G
1	FUNCIONES TRIGONOMÉTRICAS						
2	x	Seno(x)	Coseno(x)	Tangente(x)	Arcoseno(x)	Arcocoseno(x)	Arcotangente(x)
3	1	0,84147098	0,54030231	1,55740772	1,57079633	0	0,785398163

3. Copia la tabla sin el contenido de las celdas sombreadas. En la celda **B3** introduce =SENO(A3).
4. En las demás celdas sombreadas de la fila 3 introduce el resto de las funciones, haciendo siempre referencia a la celda A3 como argumento. Obtendrás una tabla como la de la imagen de arriba.

Realización del gráfico

5. Selecciona el rango A2:G3. Después activa la pestaña **Insertar**. A continuación, del grupo **Gráficos**, elige **Columna** y dentro del tipo cilíndrico, el **cilindro agrupado**.
6. Con las explicaciones dadas al principio del epígrafe 4, configura el gráfico para que tenga esta apariencia:

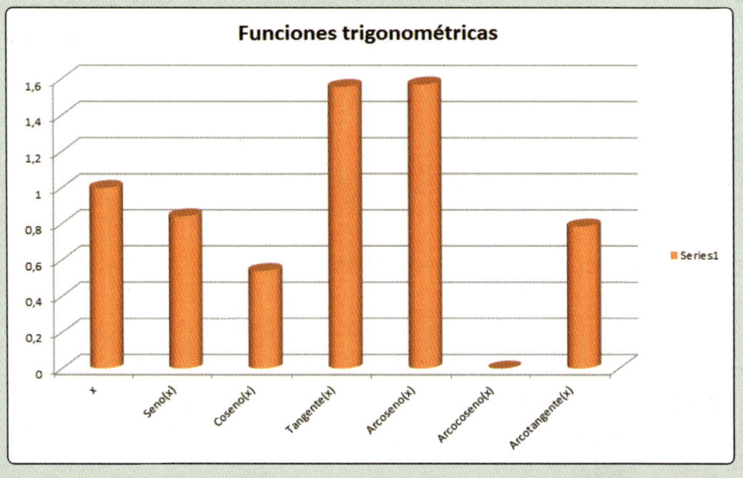

7. Estilo de diseño: Estilo 8.
8. Al cambiar el tamaño del gráfico los títulos del eje X pueden mostrarse horizontales o inclinados.
9. Suprime la leyenda.
10. Al hacer clic en los títulos de los ejes pueden modificarse las propiedades de la fuente.
11. El título del gráfico se inserta en la pestaña **Presentación**, grupo **Etiquetas**.

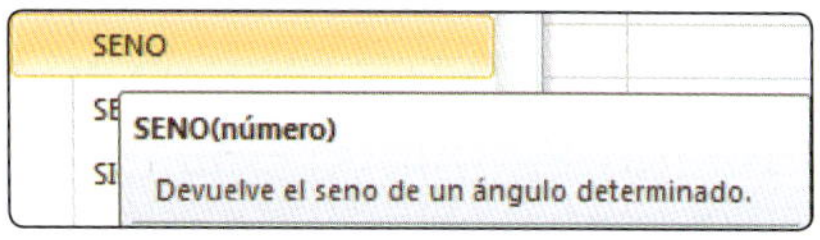

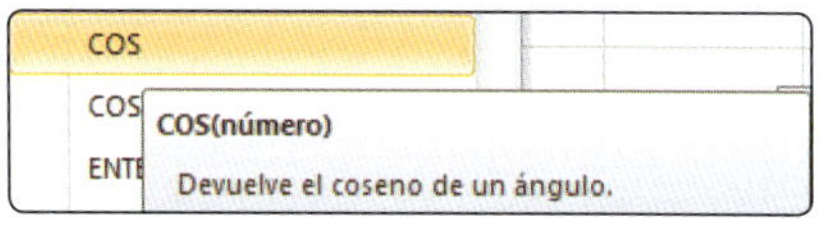

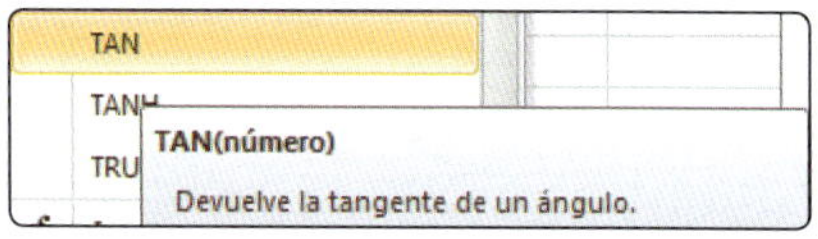

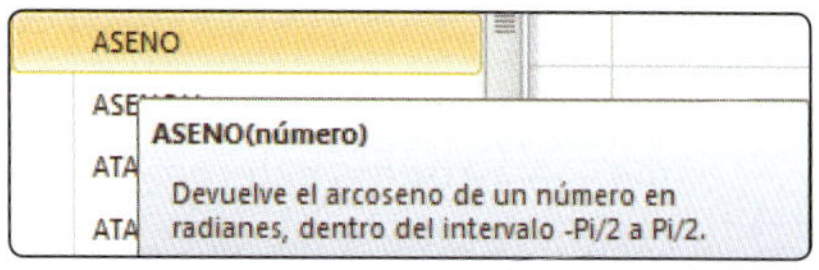

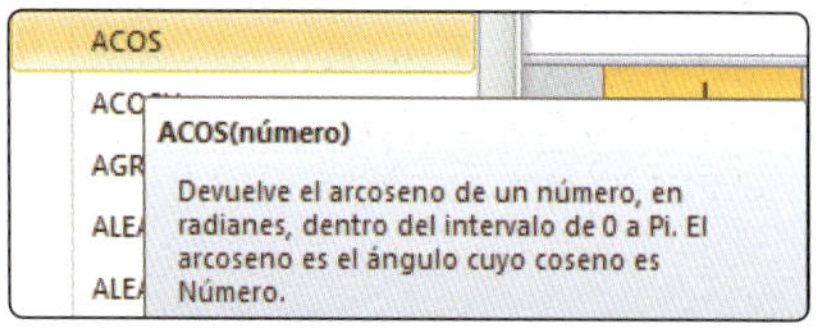

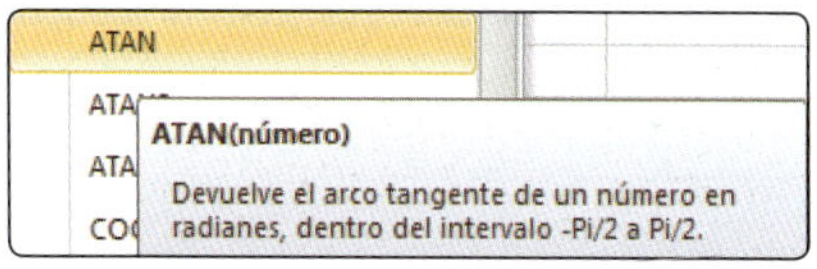

Actividades resueltas

Nombre del documento: **Gráfico 2**

Tipo: **Libro de Excel**

1. Crea un libro nuevo con el nombre y tipo indicados y guárdalo en la carpeta de actividades de esta unidad.
2. Copia los datos de la siguiente tabla, excepto las cantidades de la columna D, que deberás calcular como suma de las dos columnas anteriores, arrastrando la primera fórmula con el Controlador de relleno.

	A	B	C	D
1	VENTAS MENSUALES EN MILES DE EUROS			
2	MES	PRODUCTO 1	PRODUCTO 2	TOTAL VENTAS
3	ENERO	100	40	140
4	FEBRERO	140	80	220
5	MARZO	120	35	155
6	ABRIL	90	25	115
7	MAYO	130	44	174
8	JUNIO	180	60	240

3. Realizaremos un gráfico circular del Total de ventas mensuales, para saber qué fracción de nuestras ventas se llevó a cabo en cada uno de los meses.
4. Selecciona el rango de celdas de enero a junio. Activa la pestaña **Insertar**. Dentro del grupo **Gráficos**, escoge **Circular**, y de los distintos modelos, el segundo de ellos: **Circular seccionado**.
5. Con el gráfico seleccionado, activa la pestaña **Presentación**. Del grupo **Etiquetas**, elige **Etiquetas de datos ⟶ Extremo externo**.
6. Vuelve a hacer clic sobre **Etiquetas de datos**, del grupo **Etiquetas**. Al final haz clic sobre **Más opciones de la etiqueta de datos**. Configura las opciones de etiqueta como aparecen en la imagen de la derecha.

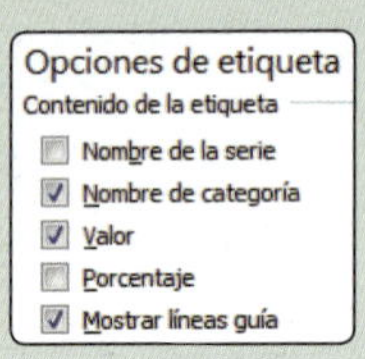

7. Ponle como título **Ventas primer semestre**.
8. Las etiquetas se hallarán junto a cada sector. Arrastra con el ratón una de esas etiquetas hasta que aparezca una línea que la une con su sector.

   El resultado final será similar a este:

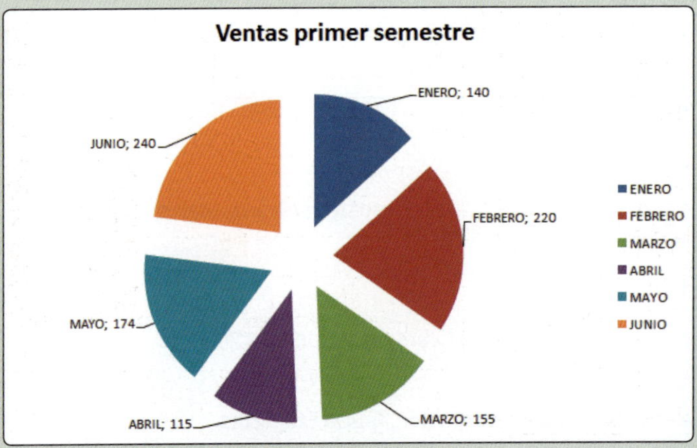

Actividades propuestas

8. Nombre del documento: **Gráfico 3**

Tipo: **Libro de Excel**

a) Crea un libro nuevo y guárdalo en la carpeta de actividades de esta unidad con el nombre y tipo especificados.

b) Se trata de hacer una tabla para calcular el área y el volumen de un cubo que puede tener de lado de 2 a 5 centímetros.

- El área de un cubo es $\mathbf{A = 6l^2}$ (6 x lado al cuadrado).
- El volumen de un cubo es $\mathbf{V = l^3}$ (lado al cubo).

c) En la parte superior de la tabla deben figurar la fecha y hora actuales.

d) Las celdas coloreadas de la tabla se deben calcular con sus correspondientes fórmulas, utilizando el controlador de relleno para completar celdas.

e) Se creará un gráfico de columnas que muestre el área y el volumen de los cubos que aparecen en la tabla. El gráfico será de columnas de tipo cilíndrico: Cilindro agrupado.

f) Inserta en la misma hoja otro gráfico que solamente represente los lados y los volúmenes de los cubos. Tipo de gráfico de Barras, Cilíndrico: Cilindro horizontal agrupado.

g) En las siguientes imágenes puedes ver tanto la tabla como los dos gráficos que se piden en esta actividad.

	A	B	C
1	Día y hora	21/01/2014 0:00	
2	Área y volumen de un cubo		
3	Lado (cm)	Área (cm^2)	Volumen (cm^3)
4	2	24	8
5	3	54	27
6	4	96	64
7	5	150	125

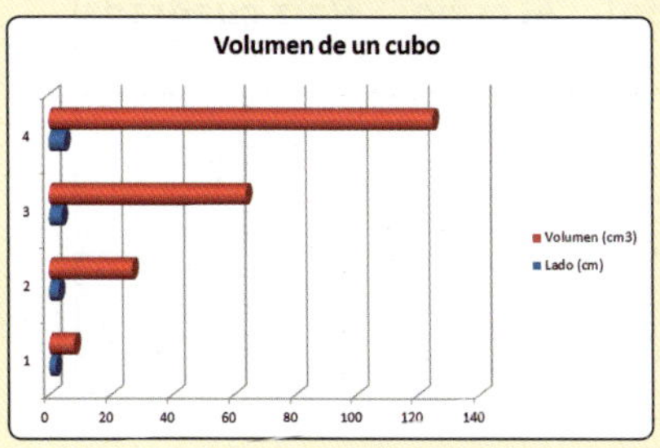

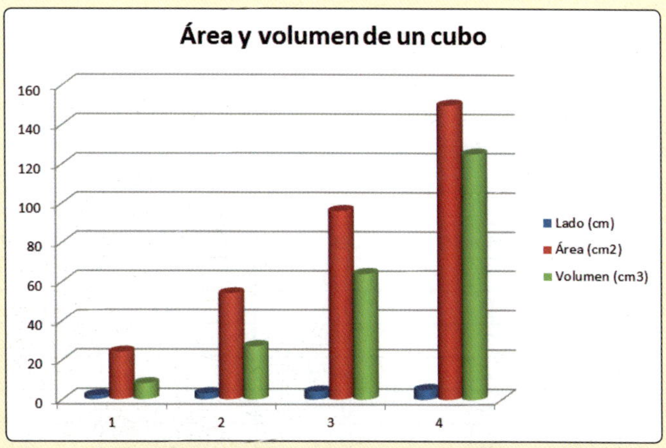

OpenOffice.org – Calc III

1. Funciones, ampliación

Como ya se estudió en la parte Software libre de la unidad anterior, la sintaxis y la forma de utilizar las funciones y arrastrarlas a otras celdas, es similar a como hemos aprendido en Excel, con lo que solamente explicaremos aquello que pudiera ocasionar alguna duda.

En lo referente a las funciones estudiadas en esta unidad, proponemos una serie de actividades que habrán de realizarse con OpenOffice.org-Calc.

Actividades propuestas

1. Nombre del documento: **Calc estadística**

Tipo: **Hoja de cálculo ODF**

a) Crea un libro nuevo y guárdalo en la carpeta de actividades de esta unidad con el nombre y tipo especificados.

b) Reproduce la siguiente tabla, y calcula mediante las correspondientes funciones las celdas que están sombreadas de amarillo.

	A	B	C	D	E	F	G
1	VENTA ANUAL DE PRODUCTOS						
2		Producto 1	Producto 2	Producto 3	Producto 4	MEDIA	MEDIANA
3	enero	25	23	28	12	22	24
4	febrero	34	22	32	14	25,5	27
5	marzo	32	34	33	15	28,5	32,5
6	abril	41	43	43	17	36	42
7	mayo	35	22	40	18	28,75	28,5
8	junio	18	31	28	18	23,75	23
9	julio	22	29	29	11	22,75	25,5
10	agosto	17	22	30	21	22,5	21,5
11	septiembre	26	33	36	19	28,5	29,5
12	octubre	28	32	28	18	26,5	28
13	noviembre	32	30	29	13	26	29,5
14	diciembre	32	28	34	10	26	30
15	MODA	32	22	28	18		

2. Nombre del documento: **Calc matemáticas**

Tipo: **Hoja de cálculo ODF**

a) Reproduce la siguiente tabla, calculando las celdas que están sombreadas y guárdalo en la carpeta de actividades de esta unidad con el nombre y tipo indicados.

	A	B	C	D	E	F
1	**Número**	**Seno**	**Coseno**	**Al cuadrado**	**Al cubo**	**Raíz cuadrada**
2	1	0,84	0,54	1	1	1,00
3	2	0,91	-0,42	4	8	1,41
4	3	0,14	-0,99	9	27	1,73
5	4	-0,76	-0,65	16	64	2,00
6	5	-0,96	0,28	25	125	2,24
7	6	-0,28	0,96	36	216	2,45

2. Gráficos

Cuando deseamos obtener un gráfico del total de datos de una tabla o de parte de ellos, tenemos que seleccionar las celdas que van a reflejarse en el gráfico y, a continuación, pulsar sobre el botón Gráfico, de la barra de herramientas estándar, o bien sobre Inserta ⟶ Gráfico.

A continuación se elige el tipo de gráfico en el asistente para gráficos.

Para ponerle borde a un gráfico, un color de relleno, títulos y otras características de configuración, primero se hace doble clic sobre el gráfico para seleccionarlo; después se hace clic con el botón secundario del ratón en la zona del gráfico que se desea modificar y se configura como se desee.

Saber más

El botón gráfico está en la barra de herramientas estándar:

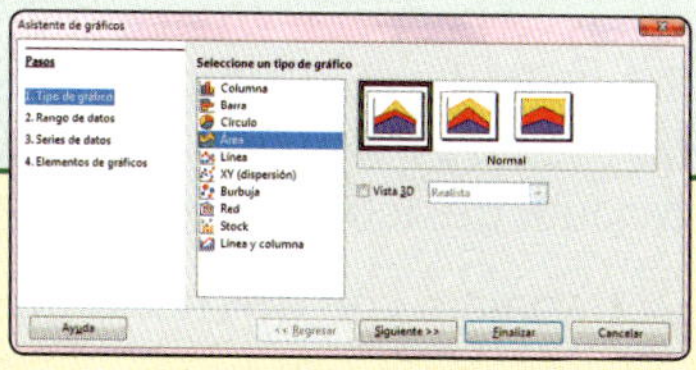

Actividades propuestas

3. Nombre del documento: **Calc gráfico**

Tipo: **Hoja de cálculo ODF**

a) Abre el libro **Calc matemáticas**, de la actividad anterior, y guárdalo ahora con el nombre y el tipo indicados en la cabecera de esta actividad.

b) Selecciona, utilizando la tecla **Control**, los siguientes rangos: **A1:A7**, **D1:D7** y **F1:F7**. Inserta un gráfico de columna (el primer modelo que muestra el asistente de gráficos).

Al terminar, habrás de obtener un gráfico similar al siguiente, incluido un título y su color:

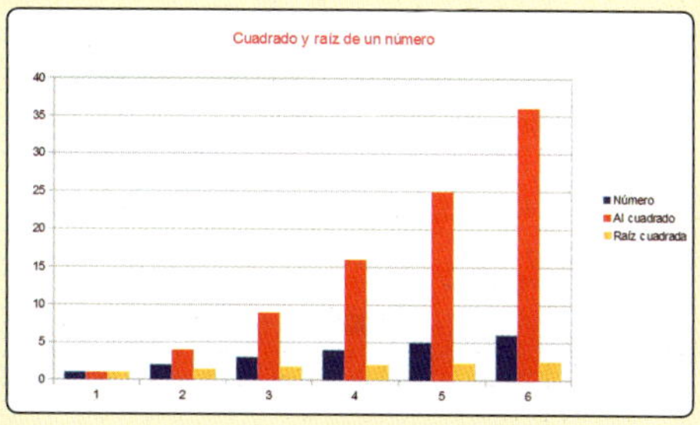

Caso práctico inicial

Si queremos realizar un gráfico de dos series de datos que no están en filas o columnas adyacentes, se selecciona la primera serie, se pulsa la tecla **Control** y simultáneamente se selecciona la segunda serie.

3. Proteger hoja

La protección de una hoja de cálculo se hace del mismo modo que hemos aprendido para Excel. Del mismo modo, la protección de celdas con el atributo «Protegido» solo es efectiva cuando se protege toda la hoja.

Para proteger una hoja o un conjunto de celdas seleccionadas, se hace clic con el botón secundario sobre la selección y se elige Formatear celdas.

Luego hay que activar la pestaña Protección de celda. También se puede hacer desde el menú Formato ⟶ Celdas.

Las celdas de una hoja se pueden proteger:

- Para que no se puedan modificar accidentalmente las celdas seleccionadas. Se marca la casilla Protegido.
- Para ocultar fórmulas, marcando la casilla Ocultar fórmulas.
- También pueden ocultarse celdas para la impresión, de modo que si se marca la casilla correspondiente, no se imprimirán.

Saber más

Para proteger una hoja o un libro la contraseña debe contener al menos 5 caracteres.

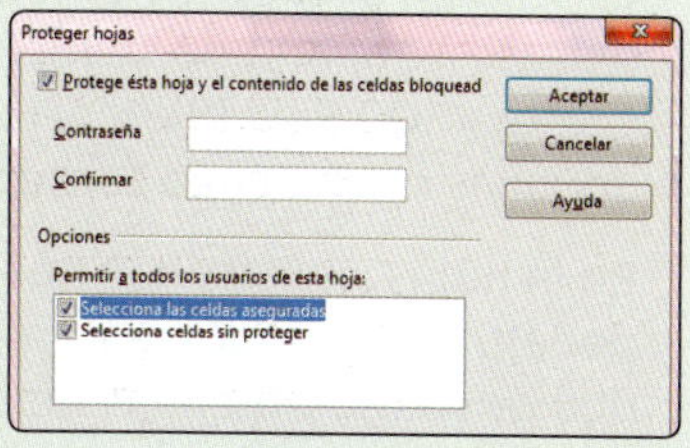

Prácticas globales

Objetivos

- Practicar con la mayor parte de los conceptos y funciones que se han aprendido en las unidades correspondientes a hojas de cálculo.

Práctica profesional 1. Instrucciones

Realizaremos un ejercicio muy completo que incluye las funciones y herramientas más importantes de las que se han estudiado a lo largo de las unidades relativas a hojas de cálculo. Este ejercicio se guardará en la carpeta de actividades de esta unidad didáctica con el título **Práctica profesional 1.**

Se trabajará con dos hojas de cálculo. A la primera la llamaremos **Lista** y tendrá etiqueta verde. A la segunda la llamaremos **Consulta** y tendrá etiqueta roja.

	A	B	C	D	E	F	G
1	Extra anticrisis						
2	Nº orden	Código	Nº hijos	Salario	Coeficiente	Estado	Importe
3	1	126	1	600,00 €	6	Concedida	600,00 €
4	2	130	2	864,00 €	4	Concedida	800,00 €
5	3	124	1	900,00 €	9	No concedida	
6	4	127	3	950,00 €	3	Concedida	900,00 €
7	5	139	3	980,00 €	3	Concedida	900,00 €
8	6	129	1	1.017,00 €	10	No concedida	
9	7	128	4	1.113,00 €	2	Concedida	800,00 €
10	8	132	1	1.153,00 €	11	No concedida	
11	9	140	4	1.206,00 €	3	Concedida	1.200,00 €
12	10	125	2	1.250,00 €	6	Concedida	1.200,00 €
13	11	133	3	1.256,00 €	4	Concedida	1.200,00 €
14	12	135	2	1.265,00 €	6	Concedida	1.200,00 €
15	13	137	2	1.346,00 €	6	Concedida	1.200,00 €
16	14	138	1	1.367,00 €	13	No concedida	
17	15	131	1	1.418,00 €	14	No concedida	
18	16	134	5	1.472,00 €	2	Concedida	1.000,00 €
19	17	136	1	1.490,00 €	14	No concedida	
20							

Lista | Consulta

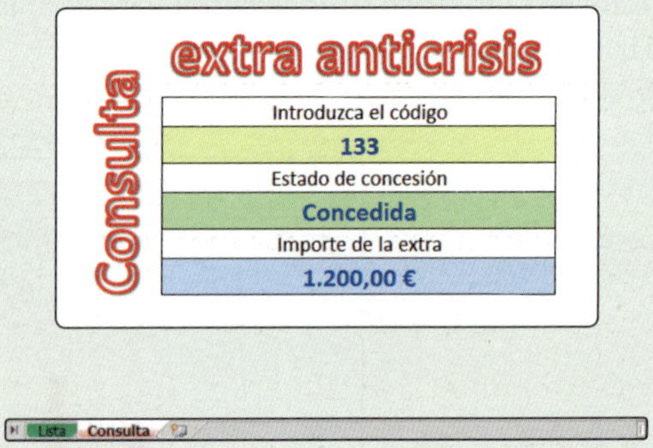

Se trata de una empresa que ha decidido ingresar una paga extra anticrisis a algunos de sus empleados y empleadas que tengan hijos. Se cuenta con los datos que puedes ver en las columnas A, B, C y D. El **Coeficiente** (columna E) deberás calcularlo dividiendo el salario por el número de hijos y todo dividido entre 100 (Salario/hijos/100). Como se desea que el coeficiente sea **un número entero**, habrá que aplicar alguna función a la fórmula del coeficiente para que solo muestre la parte entera del número obtenido, despreciando los decimales, pero no redondeando. En Estado, hay que expresar si la extra va a ser concedida o no. Se concederá si el coeficiente **es inferior o igual a 6**. El **importe** solo aparecerá si la extra ha sido concedida, y en caso contrario no se mostrará nada. El **importe** de la extra será el correspondiente a multiplicar el **coeficiente x 100 x nº hijos**. En la columna **Estado**, habrá que destacar mediante el **formato condicional** todas aquellas celdas cuyo contenido sea «Concedida». Todo lo anterior es relativo a la hoja **Lista**.

En la hoja **Consulta** hay que configurar una tabla como la que se muestra en la segunda imagen. En la celda debajo de «Introduzca el código», se escribirá cualquiera de los códigos existentes en la hoja Lista. Las otras dos celdas sombreadas mostrarán «Concedida», si ha sido concedida y el importe, que estará vacío si no ha sido concedida. Alrededor de la tabla se insertarán dos textos de WordArt como muestra la imagen.

Práctica profesional 2. Instrucciones

Trabajaremos con la hoja de un libro de cálculo que guardamos en la unidad anterior con el nombre **Descuentos 2**. Abre dicho libro y guárdalo ahora con el nombre **Práctica profesional 2**. Aprovecharemos esta actividad para practicar con el **pegado especial**.

	A	B	C
1	Proveedor	Artículo	Descuento
2	Noriega	A	10%
3	Aldea	A	20%
4	Lozano	C	10%
5	Aldea	B	10%
6	Noriega	B	10%

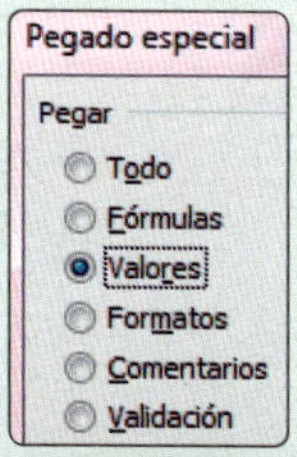

Selecciona el rango **C2:C6**. Haz clic sobre la selección con el botón secundario del ratón → **Copiar**. Vuelve a hacer clic sobre la selección con el botón secundario y haz clic de nuevo sobre **Pegado especial**. En la ventana siguiente marca Valores. Aceptar.

Descuento
5%
20%
30%
10%
15%

Ahora, si haces clic en cualquiera de las celdas del rango **C2:C6** y observas la Barra de fórmulas, verás que ya no hay fórmulas para esas celdas, sino unos valores, que es lo que nos interesa para hacer este ejercicio. Vamos a modificar ahora esos porcentajes a nuestro gusto, por ejemplo, podemos dejarlos como en la imagen lateral.

Con todas las celdas de la tabla seleccionadas (incluidos los títulos), inserta un gráfico de tipo Columnas, subtipo Columnas en 3D → **Columna agrupada 3D**.

Haz clic en cualquiera de las barras azules –se quedarán todas marcadas a la vez– porque queremos cambiar la apariencia de las mismas. Haz clic con el botón secundario sobre la selección y elige **Dar formato a serie de datos**. Elige **Relleno** → **Relleno degradado**. En colores preestablecidos haz clic sobre el relleno **Fuego**, en Tipo: **Radial**, en dirección: **Desde la esquina inferior derecha.**

Modifica el título del gráfico para que aparezca **Descuentos**, en azul, fuente predeterminada, tamaño 24.

Con el gráfico seleccionado, activa la pestaña **Formato**. Ajusta su **tamaño** a 12 cm de alto por 18 de ancho. Guarda los cambios del libro Práctica profesional 2.

La apariencia final del gráfico será como la siguiente:

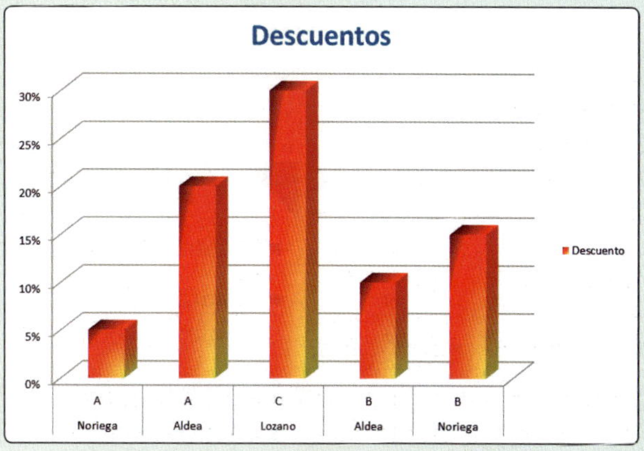

Cambia en la tabla los descuentos a tu gusto y verás cómo los cambios repercuten de inmediato en el gráfico.

14 Bases de datos I

Vamos a conocer...

1. Principales conceptos en bases de datos
2. Access. Un modelo relacional de bases de datos
3. Modificación de formularios e informes

SOFTWARE LIBRE

OpenOffice.org – Base I

PRÁCTICA PROFESIONAL

Base de datos para una perfumería

Y al finalizar esta unidad...

- Entenderás el concepto de base de datos relacional.
- Sabrás crear y gestionar bases de datos de una tabla.
- Diseñarás tablas, consultas, formularios e informes.
- Conocerás el modo de modificar formularios e informes previamente diseñados y guardados.
- Tendrás la suficiente base para iniciar el aprendizaje de bases de datos de mayor tamaño.

Caso práctico inicial

Situación de partida

Trabajas como comercial en una perfumería de tu ciudad. Cuentan con una lista de más de 200 perfumes de mujer de 40 marcas distintas. De momento la lista está en papel y te han pedido crear una base de datos para poder realizar con ella agrupaciones según criterios y listados parciales. Quieren que realices un formulario para introducir los registros, una consulta por criterio de marca y dos informes, uno de todos los registros agrupados por marcas y otro que produzca un listado de productos de los que el usuario seleccione la marca.

A continuación se muestran los primeros 20 perfumes de la lista.

Id	Nombre	Marca	Precio
1	Cool Water	Adolfo Domínguez	24,00 €
2	Cool Water Wave	Adolfo Domínguez	39,00 €
3	Game	Adolfo Domínguez	39,00 €
4	Echo	Adolfo Domínguez	45,00 €
5	Set Musk	Alyssa Ashley	29,00 €
6	Musk	Alyssa Ashley	25,00 €
7	Azzura edt	Azzaro	19,00 €
8	Azzura edp	Azzaro	19,00 €
9	Azzaro Twin	Azzaro	29,00 €
10	Visit	Azzaro	39,00 €
11	Britney Spears	Britney Spears	42,00 €
12	Midnight Fantasy	Britney Spears	42,00 €
13	Curious Britney	Britney Spears	42,00 €
14	Omnia Green Jade	Bvlgari	65,00 €
15	Voile de Jasmin	Bvlgari	59,00 €
16	Bvlgari Rose	Bvlgari	69,00 €
17	Blu notte	Bvlgari	39,00 €
18	Omnia Crystalline	Bvlgari	35,00 €
19	Eau Parfumée au thé	Bvlgari	59,00 €
20	Fizzi	Alyssa Ashley	19,00 €

Estudio del caso

Una vez que hayas completado el estudio de esta unidad de trabajo, serás capaz de realizar este documento.

1. Tienes que elaborar una base de datos:
   - ¿Cuántas tablas podría contener la base de datos?
   - ¿Sería una base de datos relacional?
   - ¿Consideras que hay redundancias en la tabla mostrada arriba?
   - ¿Cómo crees que podrían subsanarse las redundancias?
   - ¿Cuántos registros contendrá la tabla de nombres de marcas?
   - ¿Cuántos objetos puede tener la base de datos?
   - ¿Qué tipo de campo será el de Precio?
2. Deberás realizar un formulario para dar entrada a los registros.
   - ¿Cuántos campos tendrá el formulario?
3. También tendrás que diseñar una consulta en la que el usuario tiene que escribir la marca y el resultado será una lista con todos los nombres de perfumes de esa marca.
   - ¿Cómo se realizan las consultas según un criterio?
4. Por último te piden realizar dos informes, uno general y otro según criterio de marca:
   - ¿Cómo puede elegirse una agrupación de campos en un informe?
   - ¿Podría extraerse el informe según criterio de marca de alguna consulta ya realizada?

1. Principales conceptos en bases de datos

1.1. Introducción

El objetivo de esta unidad es aprender de manera práctica a crear una base de datos y trabajar con ella, configurando y agregando objetos.

Aunque las actividades que vas a encontrar están explicadas paso a paso con ejemplos e imágenes, es importante conocer las indicaciones teóricas que mostramos a continuación.

1.2. Conceptos esenciales

En una base de datos hay tres elementos fundamentales que debemos conocer y aprender a nombrar: fichero, registro y campo.

Fichero	Es un conjunto de información que participa de las mismas características. Una base de datos puede tener uno o varios ficheros.	Ejemplos: fichero de clientes, fichero de proveedores, fichero de personal...
Registro	Cada fichero está compuesto de registros. El registro es la unidad elemental de un fichero. Cada registro contiene uno o más campos.	Ejemplo: el registro de un cliente, que es el conjunto de todos los campos de clientes, como nombre, apellidos, código, etc.
Campo	Es la unidad elemental de cada registro.	Ejemplo: pueden ser campos del registro clientes: nombre, apellidos, código, etc.

1.3. Objetos de Access

Las bases de datos de Access pueden contener los siguientes tipos de objetos:

- **Tablas**. Conjunto de datos estructurados que forman el contenido elemental de una base de datos.
- **Consultas**. Son también tablas que se crean sobre la información contenida en una o más tablas originales de la base de datos que estén relacionadas. Las consultas permiten catalogar, ordenar, extraer y modificar la información y filtrarla según unas condiciones.
- **Formularios**. Son diseños que realizaremos para poder introducir, modificar o visualizar los registros de una tabla o consulta. En los formularios podemos insertar campos calculados e imágenes.
- **Informes**. Son extractos de datos procedentes de tablas o consultas y que tienen como propósito principal el estar impresos en papel, aunque también pueden crearse para ser visualizados en pantalla.
- **Macros**. Son conjuntos de operaciones grabadas que pueden ejecutarse en cualquier momento para realizar de forma automática tareas repetitivas.
- **Módulos**. Son programas escritos especialmente para Access mediante un lenguaje de programación llamado Visual Basic para Aplicaciones.

Caso práctico inicial

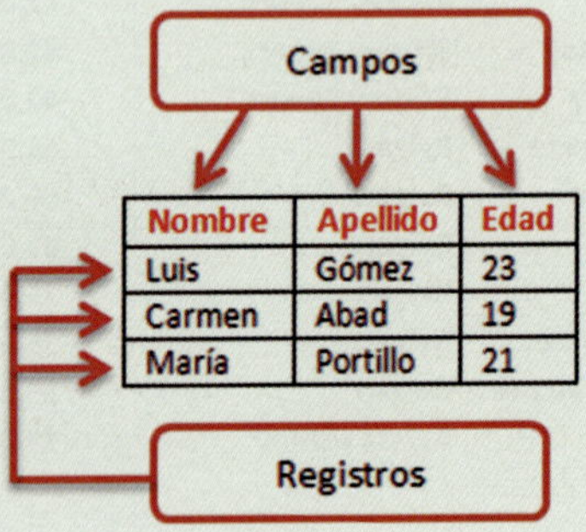

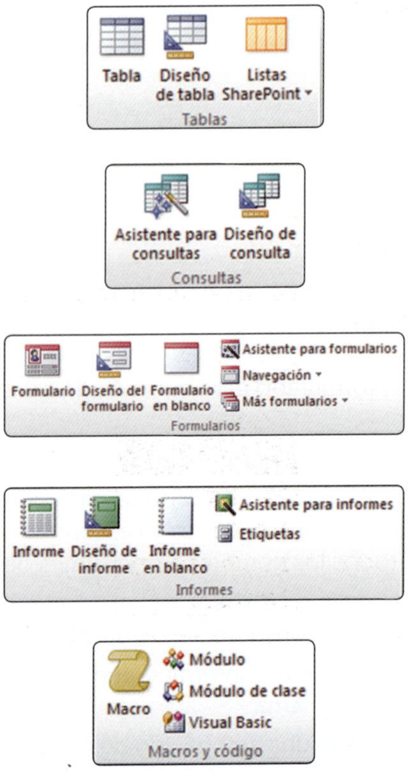

Los objetos se crean desde la pestaña Crear.

1.4. Nombres de campos y sus características

Daremos nombre a los campos de modo que queden claramente identificados. Por ejemplo, si en el campo va a aparecer el NIF de una persona, el nombre del campo puede ser NIF.

Un nombre de campo puede tener hasta 64 caracteres, incluidos espacios en blanco, números, letras y otros caracteres.

No está permitido:

- El punto (.).
- El signo de exclamación (¡).
- Los corchetes [ ].

Los nombres de campo tampoco pueden comenzar por un espacio en blanco.

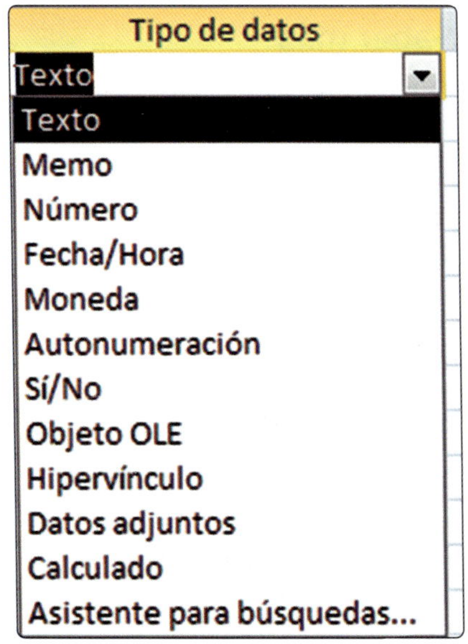

1.5. Tipos de campos

- **Texto**. (Predeterminado) Texto o combinaciones de texto y números, así como números que no requieran cálculos, como los números de teléfono. Un campo de tipo texto puede contener hasta un máximo de 255 caracteres.
- **Memo**. Admite cualquier carácter textual o número hasta un máximo de 63.999 caracteres. Se suele utilizar para escribir comentarios u observaciones.
- **Número**. Un campo de tipo número sirve para almacenar en él información de tipo numérico con el que se puedan realizar operaciones matemáticas.
- **Fecha/Hora**. Admite valores de fecha y de hora para los años comprendidos entre el 100 y el 9.999.
- **Moneda**. Para introducir valores monetarios. Utiliza automáticamente el separador de miles y el signo monetario que se tenga configurado en Windows, por ejemplo el euro (€).
- **Autonumeración**. En un campo configurado como Autonumeración se va asignando a cada registro un número secuencial incrementado de uno en uno, o bien un número aleatorio.
- **Sí/No**. Es un campo que solo acepta valores Sí/No, Verdadero/Falso, Activado/Desactivado.
- **Objeto OLE**. Es un tipo de campo que va a contener un objeto, que puede ser una imagen, un gráfico, una hoja de cálculo, sonidos, etc., tanto incrustados como vinculados.
- **Hipervínculo**. Contiene una ruta o dirección URL de internet. No es necesario utilizar parámetros para configurarlo, pero pueden usarse.
- **Datos adjuntos**. Es similar al tipo de campo Objeto OLE, pero permite una mayor flexibilidad. Adjunta archivos de manera similar a como se hace en el correo electrónico.
- **Calculado**. Sirve para contener campos que se calculan operando con otros campos de la tabla, así como funciones, constantes y operadores.
- **Asistente para búsquedas**. Se crea un campo que permite seleccionar un valor de otra tabla o crear una lista de valores en el momento.

Saber más

Tamaños de un campo de tipo Número

Saber más

Propiedades de un campo de tipo Número

General	Búsqueda
Tamaño del campo	Entero largo
Formato	
Lugares decimales	Automático
Máscara de entrada	
Título	
Valor predeterminado	
Regla de validación	
Texto de validación	
Requerido	No
Indexado	No
Etiquetas inteligentes	
Alineación del texto	General

1.6. Propiedades de los campos

Cuando diseñamos una tabla en vista Diseño, al escribir o señalar el tipo de campo que estamos configurando, en la parte inferior de la ventana principal de Access se muestran las propiedades de ese campo, que podemos cambiar y que dependerán del tipo de campo que insertemos. Por ejemplo, en la siguiente imagen podemos ver algunas de las propiedades de un campo de tipo texto. Algunas están predefinidas aunque todas pueden ser modificadas.

Propiedades del campo

General	Búsqueda
Tamaño del campo	255
Formato	
Máscara de entrada	
Título	
Valor predeterminado	
Regla de validación	
Texto de validación	
Requerido	No
Permitir longitud cero	Sí
Indexado	No
Compresión Unicode	Sí
Modo IME	Sin Controles
Modo de oraciones IME	Nada
Etiquetas inteligentes	

Pero todo esto lo iremos viendo en las actividades. Solamente haremos aquí una mención específica a las **máscaras de entrada**, porque a lo largo de las actividades, podrás consultar la siguiente tabla a la hora de crear máscaras.

1.6.1. Máscara de entrada

Sirve para facilitar la entrada de los datos mediante teclado, pues les da el formato que se haya asignado mediante la máscara y además controla qué valores pueden ser introducidos. Se puede elegir una máscara de las que Access tiene predeterminadas o bien introducir una de modo manual.

CARACTERES QUE SE PUEDEN UTILIZAR PARA CREAR MÁSCARAS DE ENTRADA

Carácter	Representa
0	Admitirá un solo dígito de entrada obligatoria.
9	Admite un dígito opcional.
#	En su posición se debe escribir un dígito, un espacio, un signo + o un signo –.
L	Admite una letra, que es de entrada obligatoria.
?	Cada símbolo equivale a una letra. Las letras en esta posición son opcionales.
A	Admitirá una letra o un dígito y es de entrada obligatoria.
a	Admitirá una letra o un dígito y es de entrada opcional.
&	Admite cualquier carácter o espacio y es de entrada obligatoria.
C	Admite cualquier carácter o espacio y es de entrada opcional.
. , : ; - /	Son marcadores de posición de decimales y millares, separadores de fecha y hora.
>	Todos los caracteres subsiguientes aparecerán en mayúsculas.
<	Todos los caracteres subsiguientes aparecerán en minúsculas.
!	Hace que la máscara de entrada se rellene de derecha a izquierda en lugar de hacerlo de izquierda a derecha.
\	Obliga a Access a mostrar el carácter que aparece inmediatamente detrás. Es lo mismo que incluir un carácter entre comillas dobles.
"Texto literal"	Si se incluye un texto literal entrecomillado en la máscara, será ese el que vean los usuarios.
Contraseña	En la vista Diseño de las tablas o los formularios, si se establece la propiedad Máscara de entrada en Contraseña se crea un cuadro de entrada de contraseña. Cuando el usuario escribe una contraseña en el cuadro, Access almacena los caracteres pero muestra asteriscos (*).

2. Access. Un modelo relacional de bases de datos

Access es un modelo relacional de bases de datos, es decir, está compuesto por tablas en las que cada columna se llama **campo** y cada fila **registro**.

Las diferentes tablas que componen una base de datos se relacionan entre ellas por campos comunes.

Ejemplo

Imagina que creas una base de datos mediante una sola tabla en donde anotas todas las facturas de las ventas realizadas durante un ejercicio económico. Un ejemplo podría ser esta tabla de las ventas realizadas por una empresa en el ejercicio 2013. Aunque solamente haya una tabla, sigue siendo una base de datos relacional porque es susceptible de ser relacionada con otras tablas que se hayan creado anteriormente o que se vayan a crear a continuación.

Fecha	Número	Código	Nombre	Ciudad	Importe	Forma de
2-1-13	1	331	A. García	Granada	854 €	Aplazado
2-1-13	2	418	CAMP, S.A.	Sevilla	1.200 €	Aplazado
3-1-13	3	180	M. Morales	Baza	600 €	Cheque
4-1-13	4	331	A. García	Granada	350 €	Cheque
7-1-13	5	201	G. Acosta	Granada	2.400 €	Contado
7-1-13	6	180	M. Morales	Baza	375 €	Contado
9-1-13	7	321	MASS, S.L.	Armilla	445 €	Aplazado
12-1-13	8	321	MASS, S.L.	Armilla	1.350 €	Aplazado
14-1-13	9	193	J. Lucero	Albolote	89 €	Transferencia

Como ves, hemos escrito solo las ventas realizadas durante 12 días, y por lo tanto la tabla correspondiente a todo el ejercicio económico 2013 sería mucho más extensa. Observa que:

- Los números de factura, que tenemos que ir introduciendo venta a venta, son correlativos. Convendría que se pudieran escribir automáticamente, evitando por un lado equivocaciones y por otro simplificando el trabajo.
- Hemos vendido en los días indicados a varios clientes, algunos de los cuales han comprado en ese período más de una vez, pero en todo caso tenemos que introducir su número de cliente, su nombre y su ciudad cada vez que compren. Podríamos evitar que ese trabajo se multiplicara.
- Las formas posibles de pago que hay en una empresa no son muchas: cheque, contado, 30 días, 60 días, 90 días, transferencia, reembolso... Sin embargo, cada vez que hacemos una venta, tenemos que escribir letra a letra, la forma de pago aplicada a cada operación. Podríamos elegirla de una tabla ya creada o de una lista y ahorraríamos trabajo.

El día 20 de enero de 2013 el cliente 331 traslada su domicilio a Córdoba y nos lo comunica. Días más tarde queremos hacer un listado de todos los clientes que aún tienen compras pendientes de pago y que tienen su domicilio actual en Córdoba. Obviamente, la compra que el Sr. García realizó el 2 de enero, no aparecerá en dicho listado.

En definitiva, tener los datos agrupados en una sola tabla es engorroso, se producen repeticiones e inconsistencia de datos.

Con Access y mediante el uso de tablas relacionadas podemos resolver estos problemas, agilizando la introducción y recuperación de datos, evitando o reduciendo enormemente la posibilidad de errores.

Caso práctico inicial

Una base de datos relacional puede contener un número indeterminado de tablas relacionadas entre ellas por un campo en común, que se denomina **Clave principal**.

Actividades propuestas

1. Nombre del documento: **Teoría 1**

Tipo: **Documento de Word**

a) ¿Qué valores acepta un campo de tipo SÍ/No?

b) Si deseamos insertar como campo la foto de un amigo, ¿qué tipo de campo será?

c) ¿Las propiedades de todos los campos son las mismas, independientemente del tipo de campo de que se trate?

d) ¿Qué carácter se utilizará para crear una máscara de un campo cuyo valor solo puede ser una letra y es obligatoria?

e) ¿Para qué se suelen utilizar los campos de tipo Memo?

f) ¿Los campos de tipo Autonumeración pueden ser aleatorios?

g) El campo de tipo Asistente para búsquedas, ¿creará una lista de valores o seleccionará valores de otra tabla?

No olvides guardar el documento en la carpeta de actividades de esta unidad didáctica.

2.1. Relacionar tablas

La ventaja de las bases de datos relacionales es que la información se desglosa en varias tablas, cada una de las cuales especializada en un tema. La tabla del ejemplo anterior podría desglosarse como mínimo en tres:

- Una tabla de **clientes**, en donde consten sus datos, como nombre, NIF, localidad, provincia, teléfono, número de cliente, etc.
- Una tabla de **formas de pago**, que tengan como campos el código de forma de pago y el nombre de la forma de pago.
- Una tabla de **ventas**, en donde aparecerá el número de factura y la fecha de la venta.

Hemos subrayado el campo que sería **Clave principal** de cada tabla.

Y bien, **¿cómo relacionamos todas esas tablas?** Sencillamente por un campo que tendrán en común. Aparentemente no lo tienen, pero tenemos que fijarnos en cuál de las tres tablas hace de nexo entre las otras dos. Naturalmente la tabla de ventas, puesto que vendemos a clientes mediante una forma de pago.

Para poder relacionarlas tenemos que poner el campo que es Clave principal de las dos tablas secundarias dentro de la tabla principal, que es ventas. Es decir, la tabla **Ventas** quedaría con estos campos:

Número de factura, fecha de la venta, número de cliente y código de forma de pago. En donde número de cliente y código de forma de pago son Claves principales en sus propias tablas y en la tabla Ventas son Claves secundarias.

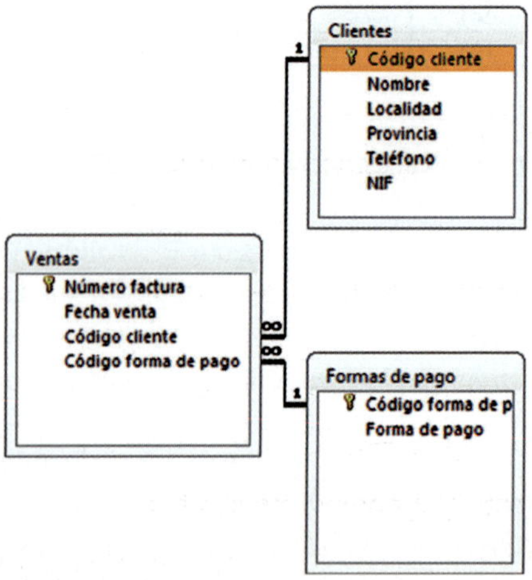

Actividades propuestas

2. Nombre del documento: **Teoría 2**

Tipo: **Documento de Word.**

En la imagen anterior se muestran tablas relacionadas.

a) ¿Cuál es la clave principal de cada una de las tablas?

b) ¿Qué tabla tiene claves secundarias y cuáles son?

c) ¿Por qué son claves secundarias los campos que has indicado en la pregunta b)?

d) ¿A través de qué objeto se relacionan los clientes y las formas de pago?

e) ¿Qué tipo de relación une la tabla Clientes con la tabla Ventas?

f) ¿Qué tipo de relación une la tabla Formas de pago con la tabla Ventas?

Saber más

Clave principal o llave principal

Toda tabla deberá tener una Clave principal para poder ser relacionada con otras tablas. Podemos escoger como Clave principal de la tabla cualquier campo que **no admita duplicidades**. Por ejemplo sería válido en una tabla clientes el NIF, porque no habrá dos clientes con el mismo NIF.

Saber más

Campos relacionables

Para relacionar campos de dos tablas, dichos campos serán **del mismo tipo**. Por ejemplo, no podremos relacionar un campo texto con un campo Número, como no podremos relacionar un número entero largo con un número entero corto.

Los **autonúmeros** se relacionan con números de tamaño entero largo.

Saber más

Crear y rellenar con datos las tablas

Por lógica habrá que crear las tablas que en la relación tienen un **1** (observa la relación de la imagen de esta página), ya que no podríamos dar de alta facturas si no tenemos clientes ni formas de pago. Así que habrá que tener listas primero las tablas Formas de pago y Clientes.

Actividades propuestas

3. Nombre del documento: **Respuestas sobre bases de datos relacionales**

Tipo: **Documento de Word**

Abre un documento de Word y escribe a continuación las siguientes preguntas junto con sus respuestas. Guarda el documento en la carpeta de actividades de esta unidad con el nombre indicado.

a) Una base de datos está formada por ficheros. Tenemos el siguiente **fichero Productos**, de una ferretería:

Identificación	Diámetro	Precio
Tornillo	2 mm	0,2 €
Tuerca	1 cm	0,5 €
Clavo	1,5 mm	0,3 €
Zapata		0,2 €

- ¿Cuántos registros tiene el fichero Productos?
- ¿Cuántos campos tiene el fichero Productos?
- ¿Falta algún campo? Indica qué campo de qué registro.

b) ¿Qué diferencia hay entre tablas y consultas si ambas son tablas?

c) ¿Qué tipo de datos pueden insertarse en un campo configurado como Objeto OLE?

d) En las propiedades de un campo de tipo texto aparece su tamaño. ¿Qué indica ese tamaño?

e) Si tuviéramos que escribir una máscara de entrada para introducir un código postal, que consta de 4 números seguidos sin punto:

- ¿Qué tipo de campo utilizaríamos, número o texto?
- ¿Qué máscara de entrada podríamos introducir en las propiedades del campo?

f) Tenemos configuradas tres tablas, cada una tiene entre corchetes los campos que contiene, subrayadas están las Claves principales:

- **Alumnado** [código alum, nombre, apellidos, curso].
- **Profesorado** [código prof, nombre, apellidos, especialidad]
- **Módulos** [código módulo, nombre módulo, horas]
- El alumnado y el profesorado están relacionados por los módulos. ¿Qué campos tendríamos que agregar a la tabla Módulos para poder hacer la relación?

g) Dibuja mediante cuadros de texto las tres tablas mencionadas, agrega los campos que consideres imprescindibles en la tabla Módulos y dibuja las relaciones entre las tres tablas usando las formas de flecha de Word.

TABLA PROFESORADO	TABLA MÓDULOS	TABLA ALUMNADO
Código prof	Código módulo	Código alum
Nombre	Nombre módulo	Nombre
Apellidos	Horas	Apellidos
Especialidad		Curso

2.2. Interfaz de acceso de Access 2010

Desde la ventana principal de la aplicación podemos crear bases de datos en blanco, bases de datos web en blanco y tener acceso a distintas plantillas predefinidas.

En ella se muestran también las últimas bases de datos que se han creado con el mismo equipo.

A la derecha, enmarcado en rojo, tenemos que introducir el nombre de nuestra base de datos y el lugar del equipo en donde queremos que quede registrada.

Cuando hayamos completado los pasos necesarios, pulsaremos sobre el botón Crear, en la parte inferior derecha de la ventana enmarcado de azul.

Según el cometido de este libro, en nuestras actividades solamente propondremos crear bases de datos en blanco.

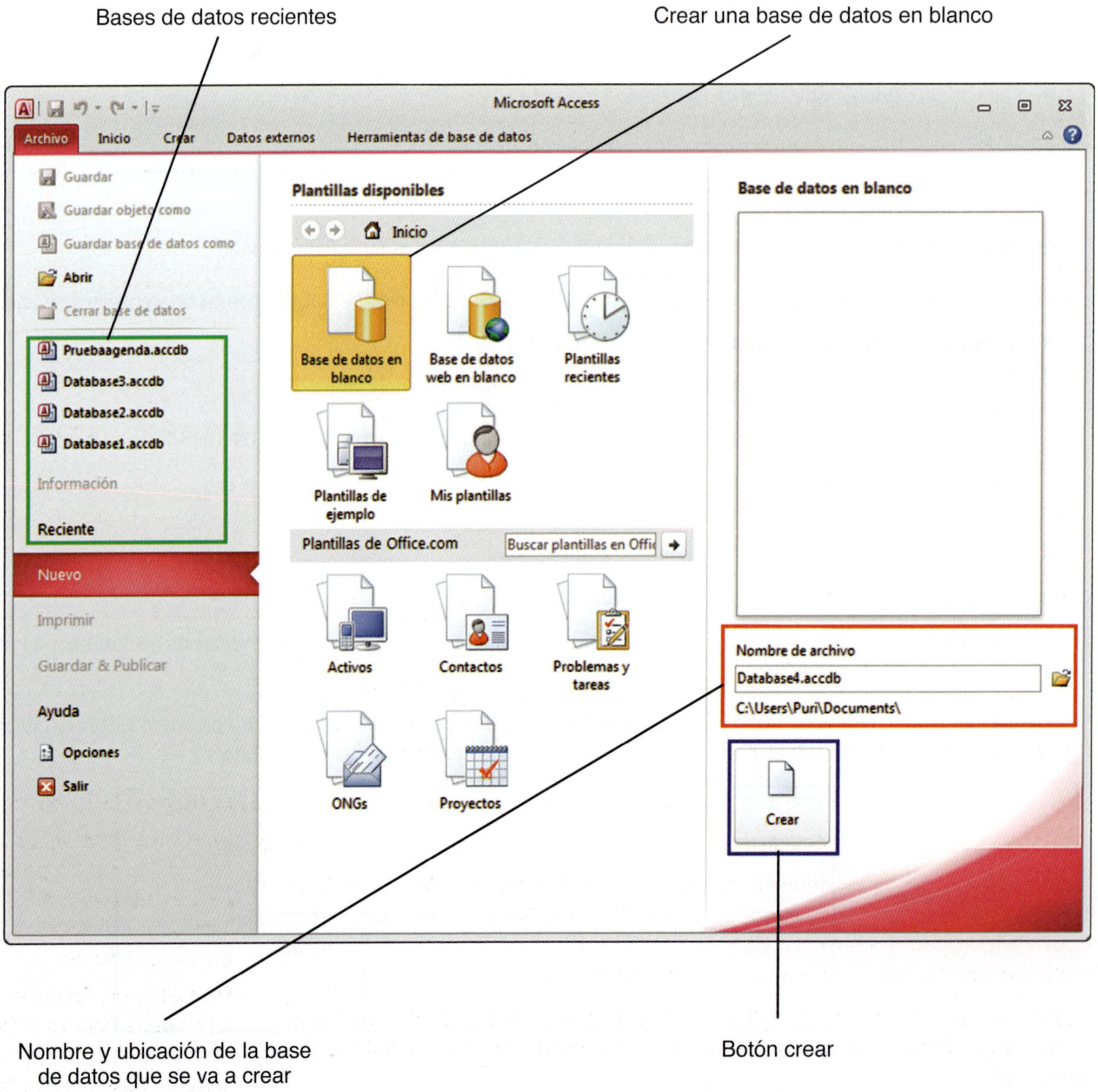

2.3. Nueva base de datos y creación de tablas

Abrimos Access desde el botón de Inicio ⟶ Todos los programas ⟶ Microsoft Office (carpeta) ⟶ Microsoft Access 2010.

A continuación, en la pantalla de entrada inicial, en primer lugar **le damos nombre a nuestra base de datos**, y elegimos el **lugar donde la queremos almacenar**. Por último hacemos clic sobre el botón **Crear**.

Como ya hemos explicado, las bases de datos relacionales se basan en tablas relacionadas entre sí, y por lo tanto el primer objeto que se abrirá será una tabla, dispuesta para ser diseñada mediante la introducción de sus campos.

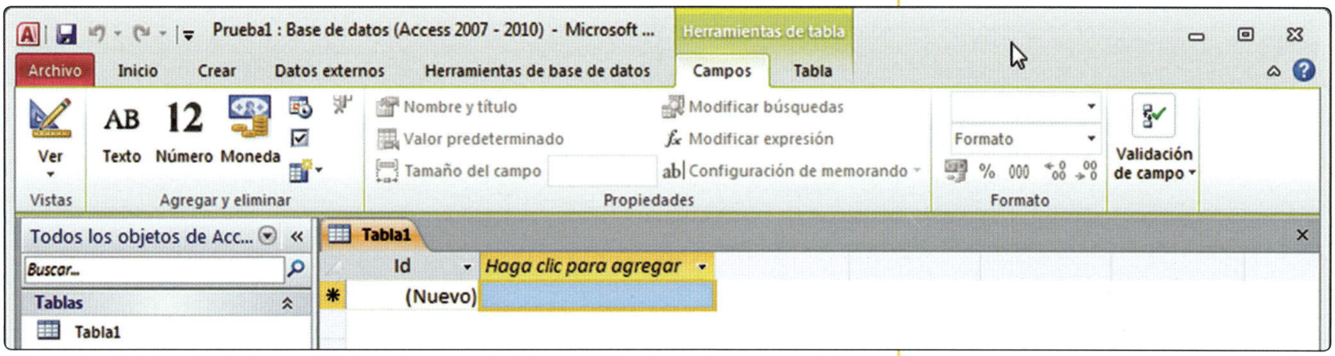

De forma predeterminada la tabla se muestra en vista **Hoja de datos**, como vemos en la imagen anterior. De esa manera tenemos en la barra de opciones las **Herramientas de tabla**, divididas en **Campos** y en **Tabla**.

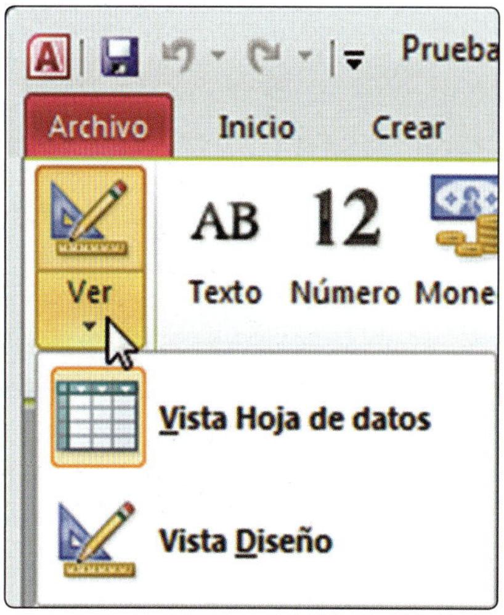

Para cambiarla a vista **Diseño** haremos clic sobre el botón **Ver** ⟶ **Vista Diseño**. La cinta de opciones cambia y se adapta al diseño. Será de este modo en que realizaremos las tablas de nuestras actividades.

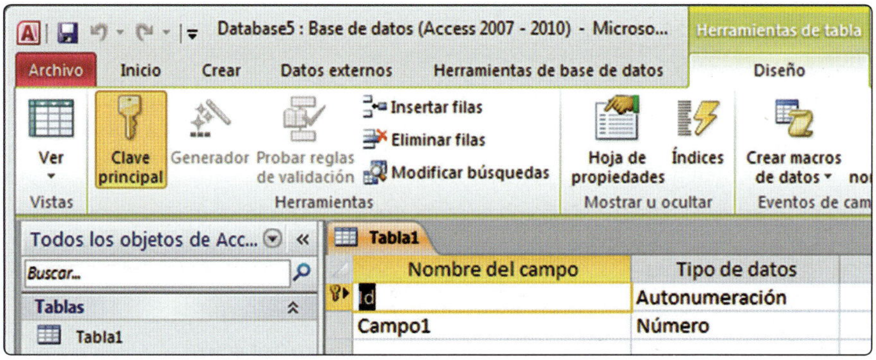

Podrás ver que ya aparecen dos campos prediseñados, uno llamado **Id**, de tipo **Autonumeración** y otro llamado **Campo1** de tipo **Número**. Esto podemos cambiarlo según nuestra conveniencia y luego ir añadiendo más campos hasta completar los necesarios para nuestra tabla.

El primer campo, **Id**, incluso si le cambiamos el nombre es el que tiene la **Clave principal** y a veces resulta conveniente dejarlo del tipo **Autonumeración**.

Saber más

Clave principal y autonumeración

El campo que escojamos como Clave principal **no admite duplicidades**. Por ejemplo podría valernos el NIF de una persona, puesto que no hay dos personas que puedan tener el mismo.

Por ese motivo, si no tenemos un campo de tales características o simplemente porque así lo deseamos, es interesante poner la **Clave principal** con el tipo **Autonumeración**.

Actividades resueltas

Nombre de la base de datos: **Agenda**

Tipo: **Base de datos de Microsoft Access 2007** (*las bases de datos de Access 2010 se guardan por defecto en versión 2007, aunque también se pueden guardar en versiones anteriores*).

A modo de entrenamiento en la creación de tablas y otros objetos de las bases de datos de Access 2007, vamos a crear una pequeña base de datos que consta de una sola tabla, lo que implica que no habrá relaciones entre tablas, con lo que no será imprescindible dotar a la tabla de una Clave principal, pero también se le puede poner por si en el futuro agregásemos más tablas a la base de datos.

Crear la base de datos

1. Abre Access 2010 y crea una **base de datos en blanco** con el nombre **Agenda**. Recuerda que hay que darle nombre e indicar su ubicación, que será en la carpeta de actividades que habrás creado para esta unidad didáctica.

   No se ha de poner la extensión **accdb**, solo el nombre de la base de datos **Agenda**. La extensión se mostrará sin escribirla. La ubicación se decide desde el icono que muestra una pequeña carpeta.

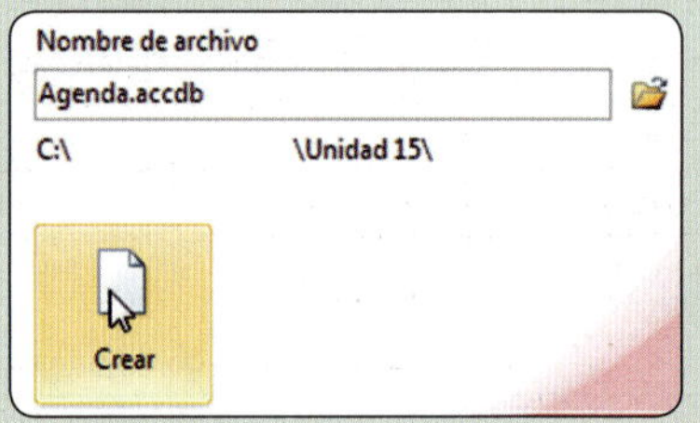

2. Una vez que hemos hecho clic en **Crear**, se abrirá la base de datos preparada para configurar una tabla, que en nuestro caso será la única.

Crear una tabla

3. Una tabla puede diseñarse en vista **Hoja de datos** o en vista **Diseño**. Preferimos optar por la vista diseño que ofrece, en principio, más posibilidades de configuración. Para cambiar entre una y otra vista se hace clic en el botón **Ver**, de la cinta de opciones. Cambia a la vista **Diseño**.
4. Al cambiar la vista se solicitará el nombre de la tabla. Le vamos a poner el nombre **Amistades**.

   Es el momento de entender la **diferencia entre nombre de base de datos y nombre de tabla**. Una base de datos puede tener varias tablas. Nuestra base de datos se llama **Agenda** y la tabla que contiene se llama **Amistades**.
5. Observa que de manera predeterminada ya aparece un primer campo, listo para ponerle nombre (por defecto tiene como nombre **Id**) y que es del tipo **autonumeración**. A la izquierda del nombre de campo se puede ver una Clave. Eso significa que el campo que la lleva será la **Clave principal** de la tabla. Ya sabes que las Claves se insertan en las tablas fundamentalmente para poder relacionarlas con otras.

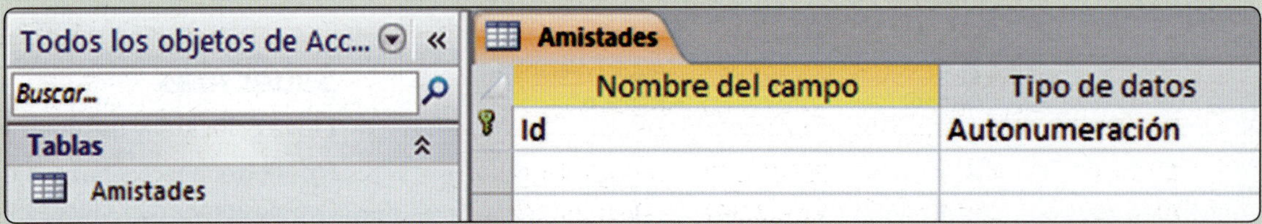

6. Como en esta base de datos no habrá más tablas, hemos decidido que no le vamos a poner Clave principal. Donde pone Id escribimos el primer campo de la tabla Amistades, que será **Nombre**. Será un campo de tipo **Texto**. Cámbialo en **Tipo de datos**. A la derecha de Tipo de datos hay un espacio titulado **Descripción.** No es fundamental para la base de datos, es un simple recordatorio que puede utilizar el diseñador de la base de datos para explicar algo relativo a ese campo.

Actividades resueltas (cont.)

7. Habíamos decidido no tener ninguna Clave principal en esta tabla. Para quitarla, con el campo Nombre seleccionado, haz clic sobre **Clave principal**, del grupo Herramientas. Con cada clic, la Clave se quita o se pone. Clave principal

8. En la parte inferior de la ventana de diseño de la tabla se configuran las **Propiedades del campo**. En el campo nombre y en los demás de esta tabla únicamente vamos a cambiar el tamaño del campo, dejando los demás valores preestablecidos. El tamaño de **Nombre** será de **20** caracteres. Modifícalo en la pestaña **General** de las Propiedades del campo.

Propiedades del campo

General | Búsqueda

Tamaño del campo	20

9. A continuación, y por el mismo procedimiento de diseño, crea y configura el resto de los campos que tendrá nuestra tabla **Amistades.** Solamente uno de ellos tendrá algo escrito en la Descripción. Hazlo según figura en la siguiente tabla:

Nombre del campo	Tipo de campo	Tamaño	Descripción
Nombre	Texto	20	
Apellido	Texto	20	
Teléfono	Texto	10	
e-mail	Hipervínculo	-----	
Web	Hipervínculo	-----	Su web personal o de empresa

10. Al terminar de insertar todos los campos, la ventana de vista diseño de tu tabla Amistades tendrá esta apariencia:

Todos los objetos de Acc... «
Buscar...
Tablas
Amistades

Amistades

Nombre del campo	Tipo de datos	Descripción
Nombre	Texto	
Apellido	Texto	
Teléfono	Texto	
e-mail	Hipervínculo	
Web	Hipervínculo	Su web personal o de empresa

11. La tabla está diseñada. Ahora es necesario introducir los datos de cada campo. En la imagen superior puedes observar a la izquierda que debajo del título Tablas está la tabla Amistades. Haz doble clic sobre Amistades (pedirá guardar la tabla) y verás que cambia el formato de diseño por el formato de introducción de datos. También habrá cambiado el contenido de la cinta de opciones.

12. Introduce los datos según te mostramos a continuación, con sus mayúsculas, guiones, acentos, etc. Si los datos no caben en su columna, puedes ensanchar la columna desde su parte superior. Guarda la tabla y cierra la base de datos.

Amistades

Nombre	Apellido	Teléfono	e-mail	Web
Cristina	Ruíz	666-112233	cris83@katemail.es	
Alberto	Campaña	619-223344	albert1971@maximail.com	
Ernesto	Huertas	616-334455	drawern@listamail.com	
Carmen	Pulido	666-445566	cristal12@jaraweb.es	www.jaraweb.es
Estrella	Aguilar	616-556677	estagui@mundomail.com	
Lucía	Morente	619-667788	moraluc@mundomail.com	
Fernando	Losada	637-778899	aguiluchofer@maillist.es	

Caso práctico inicial

Los formularios pueden contener todos los campos de una tabla y parte de ellos. Un formulario puede servir, por ejemplo, para introducir datos en la base de datos. Los datos que se introduzcan en un formulario de datos se mostrarán en la tabla correspondiente.

2.4. Formularios

Al igual que las tablas, un formulario es un objeto de base de datos que se puede usar para **escribir, modificar o mostrar datos**. Además, los formularios se pueden usar sobre un subconjunto de los datos de una tabla. Por ejemplo, es posible que algunos usuarios necesiten ver solo algunos de los campos de una tabla que contiene numerosos campos. Si se proporciona a esos usuarios un formulario que muestre solamente esos campos seleccionados, les será más fácil usar la base de datos. Asimismo, está la opción de agregar botones y otras funciones a un formulario con el fin de automatizar las acciones más frecuentes.

Todos los objetos de una base de datos se crean activando en la cinta de opciones la pestaña **Crear**. En el grupo **Formularios** se hallan los distintos tipos de formulario que se pueden crear.

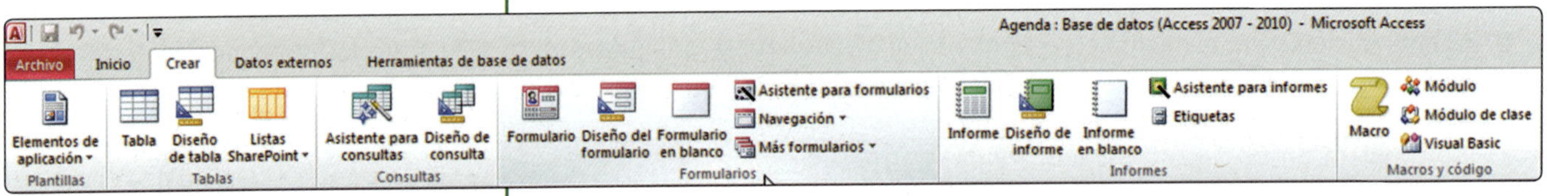

Actividades resueltas (cont.)

Formulario con todos los campos de la tabla

13. Abre tu carpeta de trabajo y haz doble clic sobre la base de datos Agenda.

14. La tabla Amistades, al ser la única creada, estará activa, por lo que al crear un formulario, lo hará automáticamente sobre esa tabla.

15. Activa la pestaña **Crear** y a continuación haz clic sobre **Formulario**, del grupo Formularios. Verás que de inmediato se muestran los datos de la tabla Amistades en un formato distinto al de la tabla. Es el formulario básico.

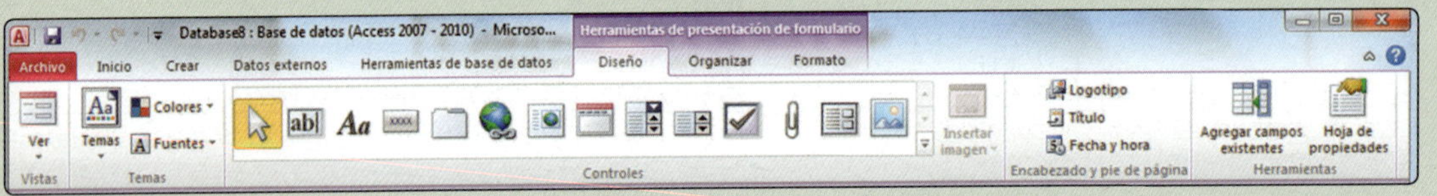

16. La cinta de opciones ha cambiado y tiene una pestaña **Formato**, con cuyas opciones se puede diseñar la apariencia del formulario. Guarda el formulario con el botón **Guardar** de la barra de herramientas de acceso rápido. Ponle el mismo nombre que a la tabla: **Amistades**. Observa que a la izquierda de la ventana de Access ya se muestran dos objetos: la **tabla Amistades** y el **formulario Amistades**. Cada objeto está representado por un icono distinto, que precede a su nombre.

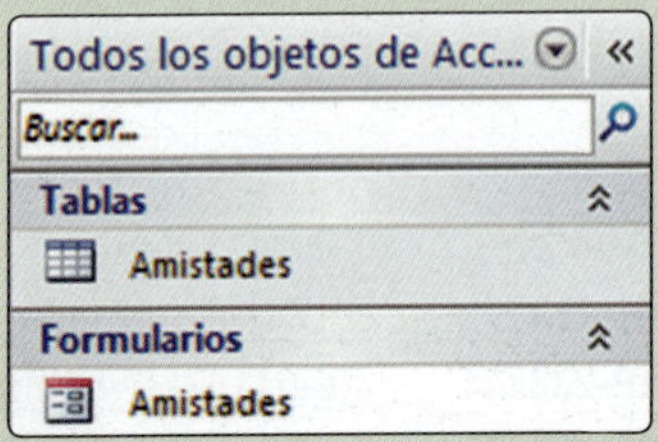

17. Puedes ver que en la parte inferior de la pantalla, cuando tienes seleccionado el formulario, es posible avanzar o retroceder para ver todos los registros. Hay un botón de avance y otro de retroceso uno a uno, y otros dos para ir al primer y último registro, respectivamente.

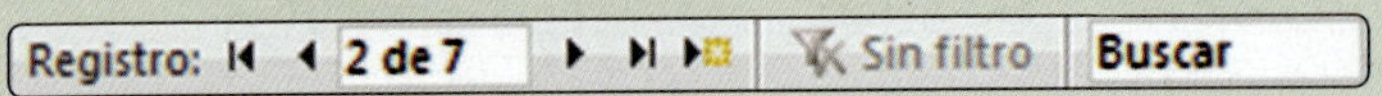

Actividades resueltas (cont.)

Formulario con parte de los campos de la tabla

18. Si no la tienes abierta, abre la base de datos Agenda.

19. Cierra en la (x) que hay arriba a la derecha cualquier objeto que estuviera abierto.

20. Activa la pestaña **Crear**. Ahora vamos a crear un formulario que contenga solamente el **nombre** y el **número de teléfono** de las amistades introducidas en la base de datos.

21. Haz clic en **Asistente para formularios**, del grupo Formularios. Selecciona, como en la imagen, la tabla Amistades y abajo, donde están los campos, pasa hacia la derecha, usando la flecha, solo los campos Nombre y Teléfono.

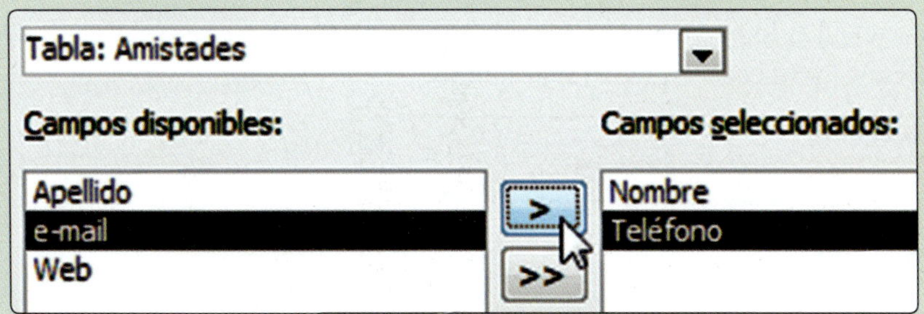

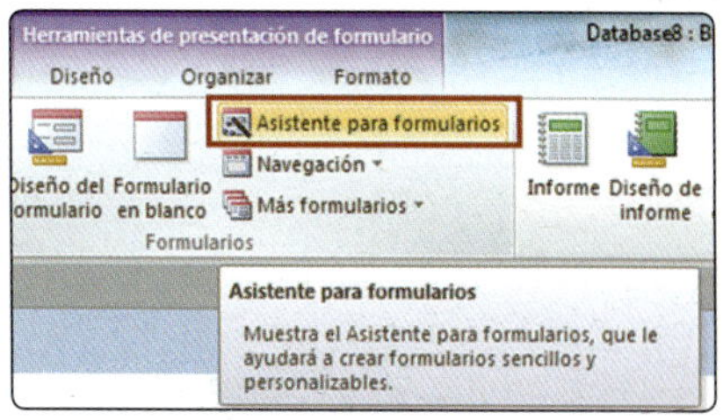

22. Haz clic en Siguiente y escoge una distribución **Tabular**.

23. Clic en Siguiente y ponle nombre al formulario: **Nombres y teléfonos**. Deja marcado en esa misma ventana «Abrir el formulario para ver o introducir información». Finalizar.

24. Tendremos toda nuestra lista de amistades, con su nombre y su número de teléfono en un formato de tabla (tabular), que es como hemos diseñado este formulario.

25. Guarda los cambios. Ahora tenemos tres objetos en la base de datos: una tabla y dos formularios.

2.5. Consultas

Una consulta es un objeto de la base de datos en forma de tabla que extrae datos de otra tabla, de otra consulta o de un conjunto de tablas y consultas, y los muestra al usuario.

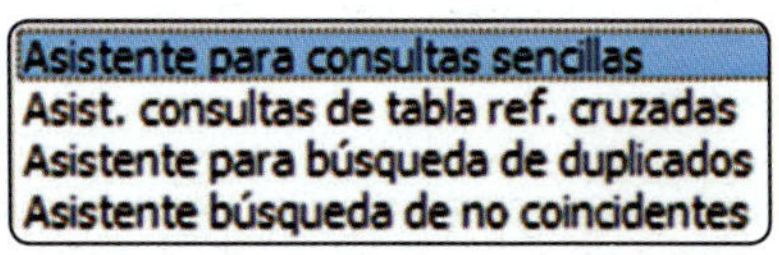

Las consultas se pueden diseñar mediante el asistente o directamente. Al abrir el asistente nos preguntará qué tipo de consulta queremos hacer: sencilla, de tabla de referencias cruzadas, de búsqueda de duplicados y de búsqueda de no coincidentes.

Caso práctico inicial

Las consultas pueden hacerse sobre la totalidad de los datos que contienen los campos que se van a mostrar o solamente con los registros cuyos campos cumplan determinados criterios, que elegirá el programador o el usuario.

Actividades resueltas (cont.)

Listado de nombres y e-mail

26. Si no la tienes abierta, abre la base de datos Agenda.

27. En esta primera consulta pretendemos que se nos muestre de la tabla de amistades únicamente los **nombres** y las **direcciones de correo electrónico** de esas amigas y amigos que hemos registrado.

28. Realizaremos la consulta usando el asistente para consultas. Activa la pestaña **Crear** y en el grupo Consultas, haz clic sobre **Asistente para consultas**. Elige el **Asistente para consultas sencillas**. Aceptar.

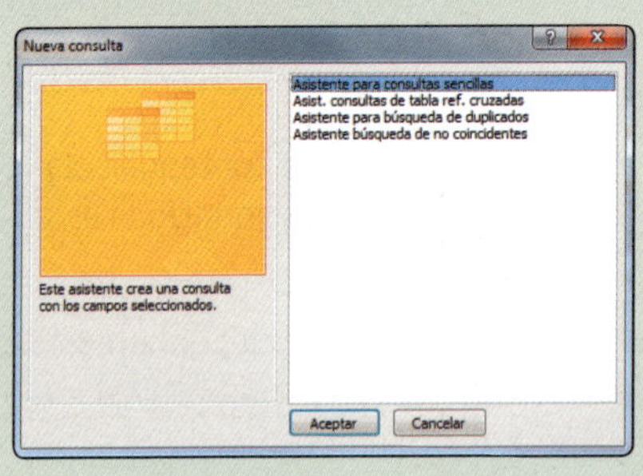

29. Cuando se abre el asistente, elegimos como punto de partida la tabla Amistades y con la flecha enviamos a la derecha los dos campos que hemos decidido incluir: nombre y e-mail. Luego haz clic en **Siguiente**.

30. Se abre un nuevo cuadro para darle nombre a la consulta. En ¿Qué título desea asignar a la consulta?, escribe **Nombres y correos**. Debajo deja marcada la opción **Abrir la consulta para ver información**. Haz clic en Finalizar. Se abre la consulta. Vemos que a la izquierda ya aparece la consulta en la lista de objetos de la base de datos Agenda.

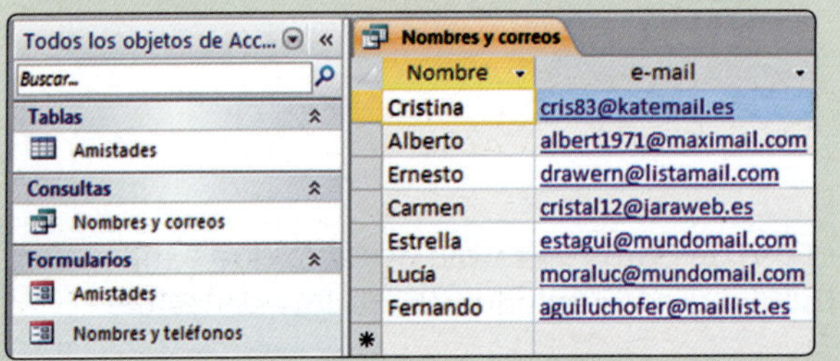

Conseguir el teléfono de una persona escribiendo su nombre

31. Como ya hemos visto anteriormente, una consulta puede hacerse partiendo de una tabla o de otra consulta. Ahora vamos a utilizar la consulta **Nombres y correos** para obtener otra que se va a llamar **Consulta individual de correo**.

32. Activa la pestaña **Crear**. En el grupo Consultas haz clic en **Diseño de consulta**. En el cuadro de diálogo activa la pestaña consultas (pues es de una consulta de la que vamos a coger los campos para crear la consulta nueva). Se visualizará la única consulta que tenemos en la base de datos, **Nombres y correos**. Haz clic en **Agregar** y luego en **Cerrar**.

Actividades resueltas (cont.)

33. Observa que en el centro del área de trabajo se ha agregado un cuadro referido a la consulta **Nombres y correos**, mientras que en la cinta de opciones se ha agregado la pestaña **Diseño**, que debes mantener activa.

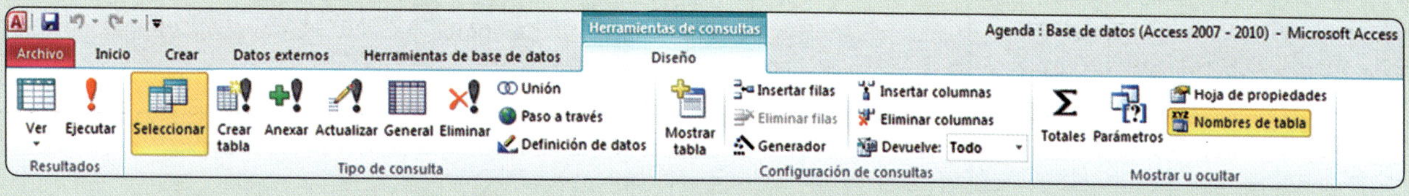

34. En la parte inferior de la pantalla se puede insertar un campo por columna. Solamente se pueden insertar campos de la consulta Nombres y correos, que es la que tenemos activa. Queremos que se inserten los dos campos que hay: en la **columna 1**, Nombre y en la **columna 2**, e-mail. Puedes hacerlo de **dos maneras**: haciendo doble clic sobre **Nombre** (se colocará entonces en la columna 1) y después doble clic en **e-mail** (se colocará en la columna 2). O bien arrastrando con el ratón **Nombre** hasta la columna 1 y **e-mail** a la columna 2.

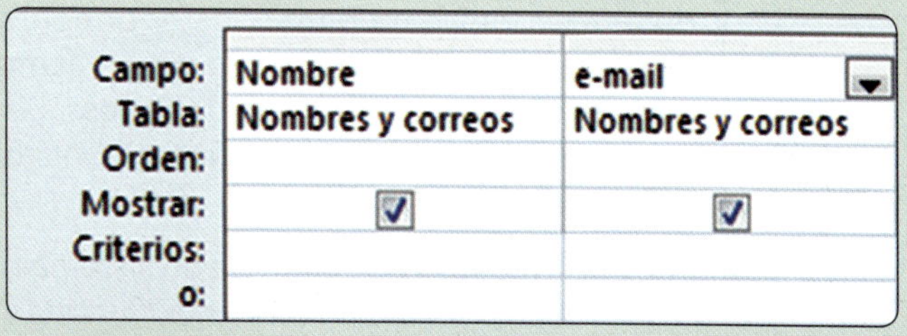

35. Ahora es necesario poner un criterio (mira la imagen anterior. Debajo de los campos vemos **Criterios**). Podríamos escribir en Criterios de la columna Nombre, "Estrella", así entre comillas. De esa manera siempre que ejecutásemos esa consulta nos aparecería en el listado el e-mail de Estrella. Pero esto no tiene sentido, ya que deseamos que al ejecutar la consulta Access nos pregunte para que le digamos un nombre y que nos devuelva el e-mail de esa persona.

36. Siempre que deseemos que la base de datos **«nos pregunte»** algo al ejecutar una consulta, escribiremos en **Criterios** la pregunta que queremos recibir, escrita **entre corchetes** y por supuesto **debajo de la columna correspondiente al dato que tendremos que introducirle como respuesta**.

37. En este caso, Access le preguntará al usuario: Escriba un nombre. Y el usuario escribirá un nombre. Por tanto, en **Criterios** de la **columna Nombre** diseñarás la pregunta: **[Escribe un nombre:]**. Guarda la consulta.

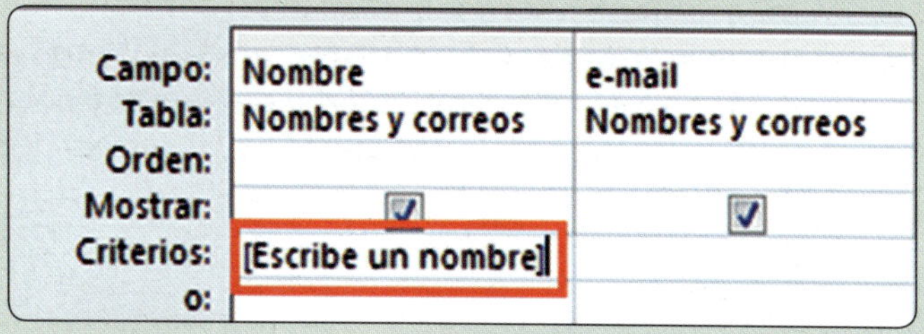

38. Ejecuta la consulta haciendo clic en **Ejecutar**, de la pestaña Diseño. Prueba alguno de los nombres de tu lista para verificar que la consulta está bien diseñada. Recuerda guardar la consulta con el nombre **Consulta individual de Correo**. Cierra Access.

2.6. Informes

Con Access 2010 se puede crear una amplia variedad de informes, desde los más sencillos hasta los más complejos.

Para crear un informe, es necesario conocer qué campos de qué tablas o consultas se deben visualizar en el mismo. Los informes pueden pedirse con los datos agrupados según algún criterio.

Caso práctico inicial

Una forma sencilla de construir un informe que contenga solamente los datos que cumplan una determinada condición es haber creado previamente una consulta con esa condición y a continuación realizar el informe basándose en dicha consulta.

Caso práctico inicial

La manera más fácil de elegir el modo de agrupación de los datos de un informe, es utilizando el Asistente para informes.

La generación de informes se lleva a cabo desde la pestaña **Crear**, grupo Informes.

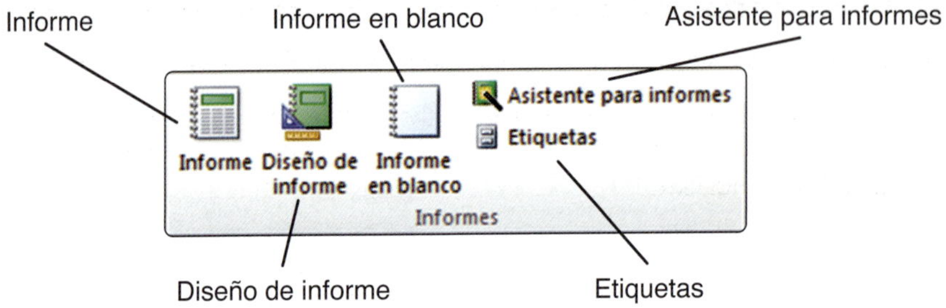

- **Informe**. Esta herramienta proporciona la manera más rápida y directa de obtener un informe del **objeto activo** a la izquierda de la ventana de la base de datos.
- **Etiquetas**. Se utiliza para crear etiquetas, por ejemplo hojas de etiquetas de direcciones para pegar posteriormente en los sobres para la correspondencia, con todos o parte de los campos del objeto que esté activo a la izquierda de la ventana de Access. Se puede elegir entre un amplio catálogo de tamaños de etiquetas y configurar las propiedades de la fuente y otros parámetros.
- **Informe en blanco**. Se trata de un sistema para crear informes desde cero, si se prefiere elegir manualmente campos y objetos que se desean incluir. Se usa normalmente cuando el número de campos que llevará el informe no es muy grande
- **Asistente para informes**. Puede ser la manera más sencilla de crear un informe, ya que el asistente guía, paso a paso, la elección de las tablas o consultas de donde se extraerán los datos para el informe y permitirá asimismo elegir criterios de ordenación y agrupación
- **Diseño de informe**. Permite crear un informe en blanco en vista Diseño. Se muestra el cuadro de diálogo Mostrar tabla desde donde se seleccionan las tablas o consulta de las cuales se van a tomar los campos cuyos datos deseamos que muestre el informe.

Lo más sencillo es crear el informe utilizando el asistente para informes, que te irá haciendo una serie de preguntas y generará un informe teniendo en cuenta las respuestas que le hayas proporcionado.

Actividades resueltas (cont.)

Seguimos trabajando con Agenda. Abre esa base de datos.

39. Vamos a realizar un listado de todas las personas que están registradas en la tabla Amistades de tu base de datos Agenda y que incluya todos los campos de cada registro.

40. Activa la pestaña **Crear** y luego haz clic en el **Asistente para informes** del grupo Informes.

41. En el asistente para informes puedes seleccionar la tabla o consulta de la que se van a extraer los datos para el informe. Como hemos convenido, serán todos los datos de todas las personas de Agenda. Por tanto, están en la única tabla de la base de datos: Amistades. Selecciona la tabla amistades.

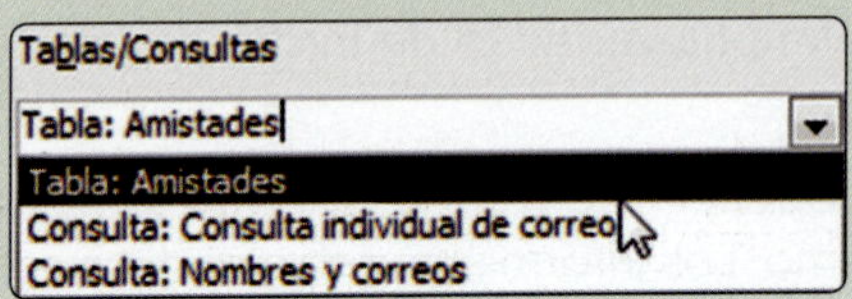

Actividades resueltas (cont.)

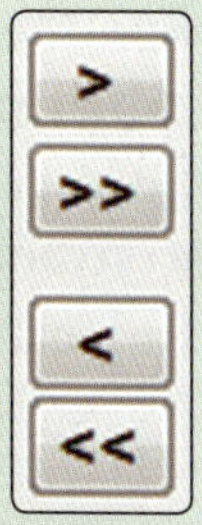

42. Con la doble flecha pasa todos los campos disponibles al lado de los campos seleccionados. Siguiente.

43. No deseamos ningún nivel de agrupamiento, así pues, en el próximo cuadro de diálogo, haz clic en Siguiente.

44. Queremos que el listado se muestre en orden alfabético ascendente (de la A a la Z) de los **nombres** que figuran en la agenda. Si figurasen dos nombres iguales, el siguiente criterio de ordenación será alfabético ascendente por **Apellido**. Clic en Siguiente.

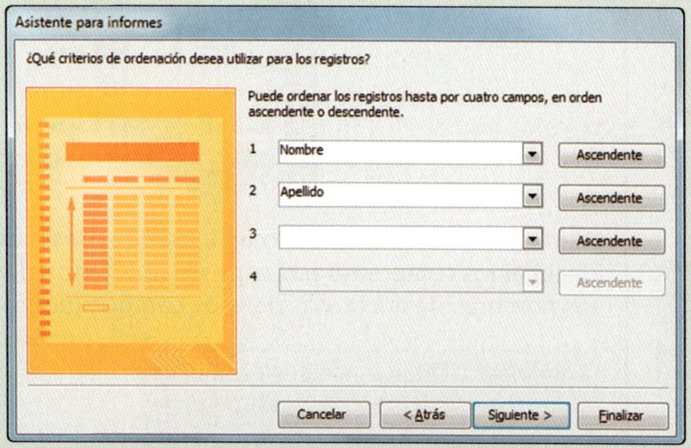

45. Deseamos que la orientación del papel sea horizontal, que tenga una distribución tabular y que se organicen las columnas para que quepan en el ancho de la página. Por tanto, en el siguiente cuadro de diálogo marca las casillas correspondientes, incluida la del final de ajuste de columnas al ancho del papel. Luego haz clic en Siguiente.

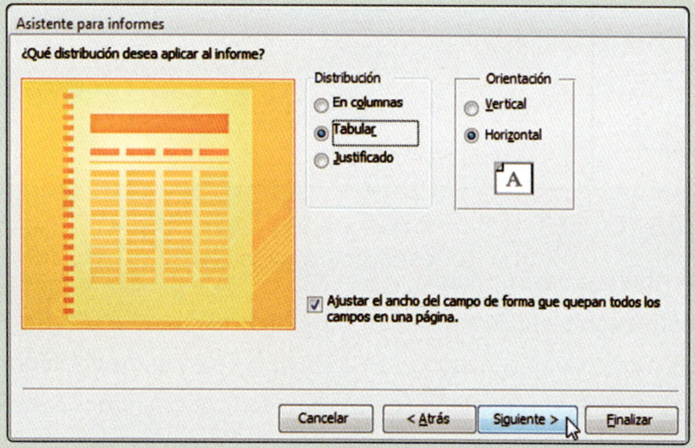

46. En el siguiente cuadro de diálogo escribe el nombre que tendrá este informe: **Informe completo de amistades**. Deja marcada **Vista previa del informe**. Finalizar.

Informe completo amistades

Nombre	Apellido	Teléfono	e-mail	Web
Alberto	Campaña	619-223344	albert1971@maximail.com	
Carmen	Pulido	666-445566	cristal12@jaraweb.es	www.jaraweb.es
Cristina	Ruiz	666-112233	cris83@katemail.es	
Ernesto	Huertas	616-334455	drawern@listamail.com	
Estrella	Aguilar	616-556677	estagui@mundomail.com	
Fernando	Losada	637-778899	aguiluchofer@maillist.es	
Lucía	Morente	619-667788	moraluc@mundomail.com	

3. Modificación de formularios e informes

Una vez que los formularios y los informes han sido creados y guardados, puede modificarse su aspecto si se muestran en vista Diseño.

El cambio de vista se hace desde el grupo **Vistas** de la pestaña **Inicio** de la cinta de opciones.

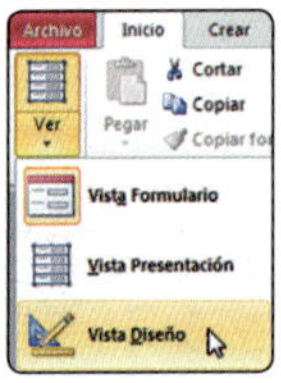

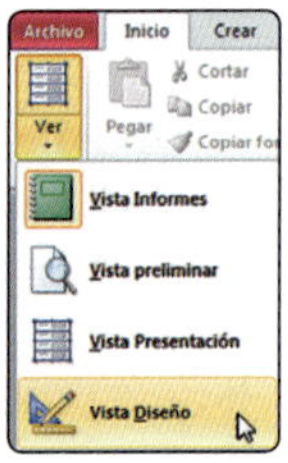

Al mostrarse un formulario o un informe en vista diseño, pueden cambiarse de lugar los campos, modificarles la apariencia del texto y fondo o cambiar los nombres de los títulos de esos campos (nunca los campos).

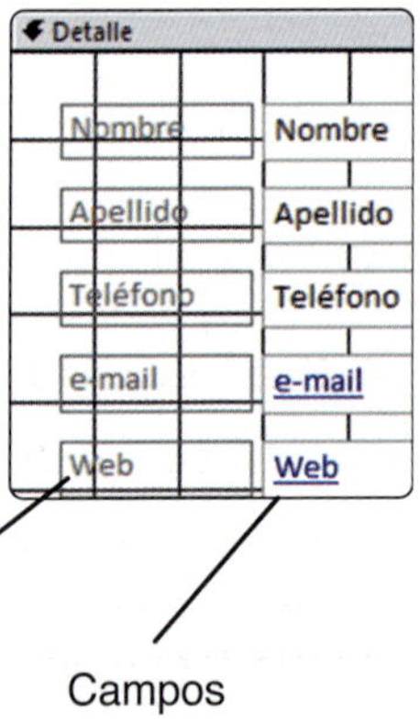

Saber más

¡No cambiar el nombre de un campo!

Al modificar un formulario o un informe en vista Diseño hay que tener especial cuidado en no cambiar los nombres de los campos.

Sin embargo, los nombres de los títulos de los campos sí pueden ser modificados.

Los colores y otras características de la fuente pueden modificarse tanto en los campos como en sus títulos.

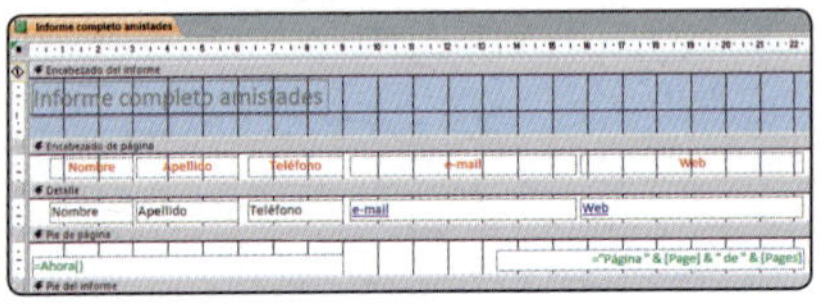

Actividades resueltas (cont.)

Seguimos trabajando con Agenda. Abre esa base de datos.

47. Muestra en vista diseño el **Informe completo de amistades**, que hemos realizado anteriormente.

48. Desde la pestaña **Inicio** modifica los colores, centrados y posición de los elementos **del informe.**

49. Con la pestaña **Configurar página** cambia la orientación de página a Vertical. Guarda los cambios.

50. El resultado final deberá ser muy similar al que mostramos aquí:

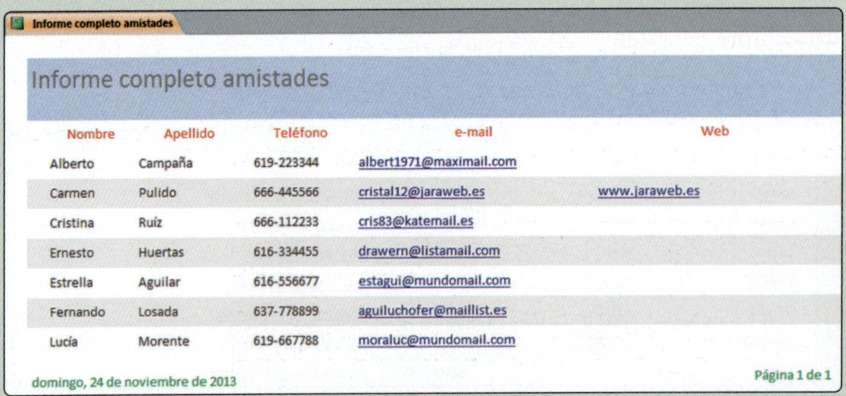

Informe completo amistades

Informe completo amistades

Nombre	Apellido	Teléfono	e-mail	Web
Alberto	Campaña	619-223344	albert1971@maximail.com	
Carmen	Pulido	666-445566	cristal12@jaraweb.es	www.jaraweb.es
Cristina	Ruíz	666-112233	cris83@katemail.es	
Ernesto	Huertas	616-334455	drawern@listamail.com	
Estrella	Aguilar	616-556677	estagui@mundomail.com	
Fernando	Losada	637-778899	aguiluchofer@maillist.es	
Lucía	Morente	619-667788	moraluc@mundomail.com	

domingo, 24 de noviembre de 2013 — Página 1 de 1

Actividades resueltas (cont.)

Seguimos trabajando con Agenda. Abre esa base de datos.

53. Realiza una nueva consulta sobre la base de datos Agenda. La consulta se llamará **Conseguir nombre**. Funcionará de esta manera: al introducir un número de teléfono cualquiera de los de nuestras amistades, se mostrará el nombre de la persona que tiene ese número.

54. En la base de datos Agenda, realiza un informe llamado **Nuevo informe completo de amistades**, con apariencia similar a la que te mostramos en la siguiente imagen.

En los espacios que tienen fondo negro o fondo azul, solamente hay que hacer clic en ese espacio con el botón secundario del ratón: Color de fondo o de relleno. Y escoger el color.

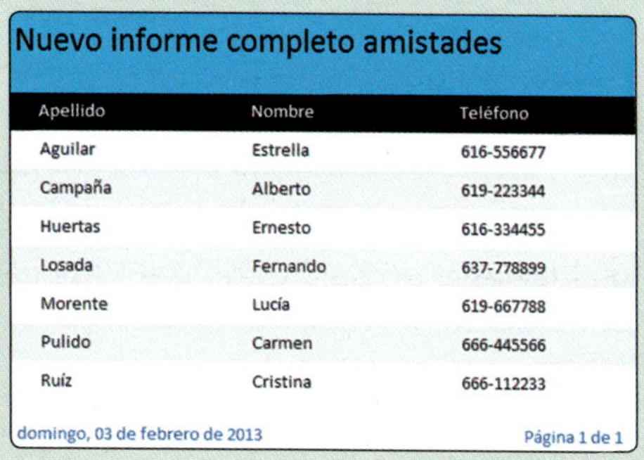
Nuevo informe completo amistades

Apellido	Nombre	Teléfono
Aguilar	Estrella	616-556677
Campaña	Alberto	619-223344
Huertas	Ernesto	616-334455
Losada	Fernando	637-778899
Morente	Lucía	619-667788
Pulido	Carmen	666-445566
Ruíz	Cristina	666-112233

domingo, 03 de febrero de 2013 Página 1 de 1

Actividades propuestas

4. Nombre del documento: **Repaso bases de datos**

Tipo: **Documento de Word**

Abre un documento de Word y guárdalo con el nombre indicado en tu carpeta de actividades de esta unidad didáctica. Escribe las siguientes preguntas y sus correspondientes respuestas:

a) Observando la base de datos Agenda que has realizado en esta unidad, explica con un ejemplo qué es un registro.

b) ¿Cuántos campos componen la tabla Amistades?

c) ¿Para qué se utilizan las consultas?

d) Indica qué formato tendrían los datos introducidos con la máscara de entrada LL0. Pon tres ejemplos.

e) ¿Cómo escribirías una máscara de entrada que permitiese solamente números de tres y de cuatro cifras?

f) Supongamos que en una consulta tenemos los campos Nombre y Saldo de una tabla que tiene más campos. Deseamos que se muestren los registros cuyo campo Saldo sea igual a 2.000. ¿Dónde y cómo se escribiría esta condición?

g) Supongamos que hemos cambiado el **Informe completo de amistades** y en vista Diseño lo tenemos como en la imagen siguiente. De los espacios que te señalamos con un cuadrado rojo, indica cuáles pueden ponerse como están y cuáles no. Explica el porqué de los que no estarían correctos.

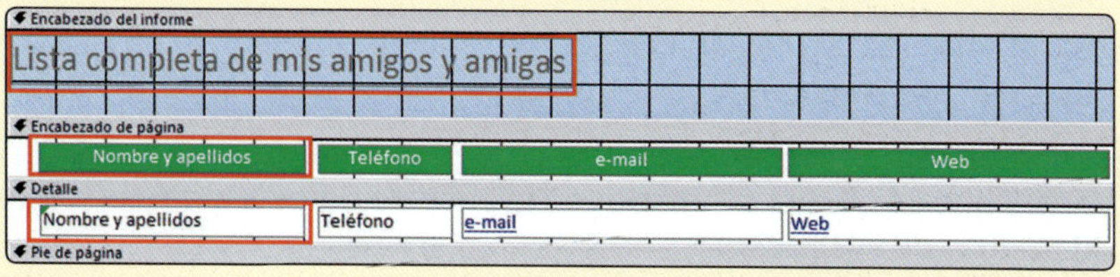

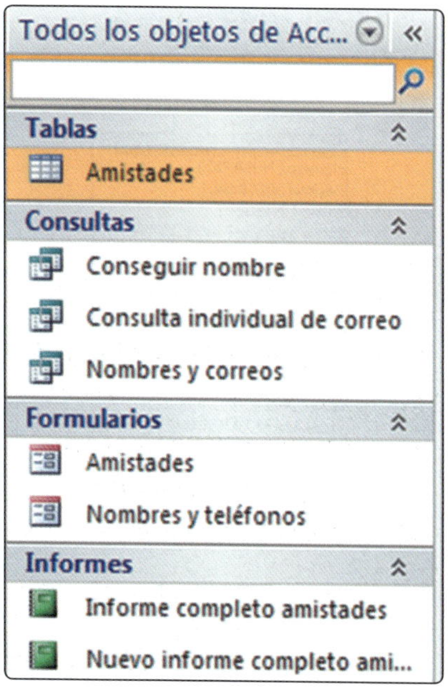

Todos los objetos de la base de datos Agenda.

OpenOffice.org – Base I

Saber más

En esta unidad estamos utilizando la versión de 3.4.1 de Open Office.org, que está en los recursos adicionales del libro. Si se utiliza otra versión anterior o posterior, es posible que algunas funcionalidades y herramientas sean diferentes.

Saber más

Algunos tipos de campo en Base

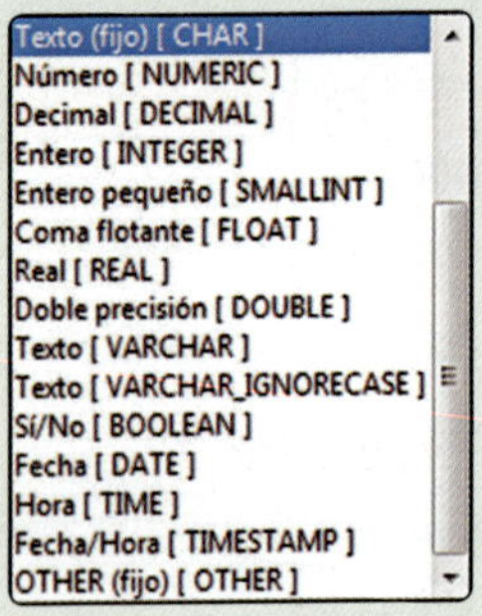

Saber más

Para modificar las características de los campos de una tabla ya creada, se hace clic sobre su nombre con el botón secundario del ratón y se elige **Editar**.

1. Creación de una base de datos

A **Base** se accede desde Inicio ⟶ Todos los programas ⟶ OpenOffice.org 3.4.1 ⟶ OpenOffice.org Base.

Lo primero que vemos al abrir el programa es el asistente para bases de datos de OpenOffice.org. Para crear una base de datos nueva, tenemos que dejar marcado **Crear una nueva base de datos**.

Al hacer clic en Siguiente se nos ofrecen varias posibilidades de las que en esta unidad solamente utilizaremos las que vienen marcadas por defecto: **Sí, registrar la base de datos** y **Abrir la base de datos para editar**.

Al hacer clic en finalizar, tenemos que **darle un nombre y una ubicación** a nuestra base de datos. Al abrirla nada más ser instalada o posteriormente desde la ubicación elegida, lo primero que tenemos es como en la siguiente imagen:

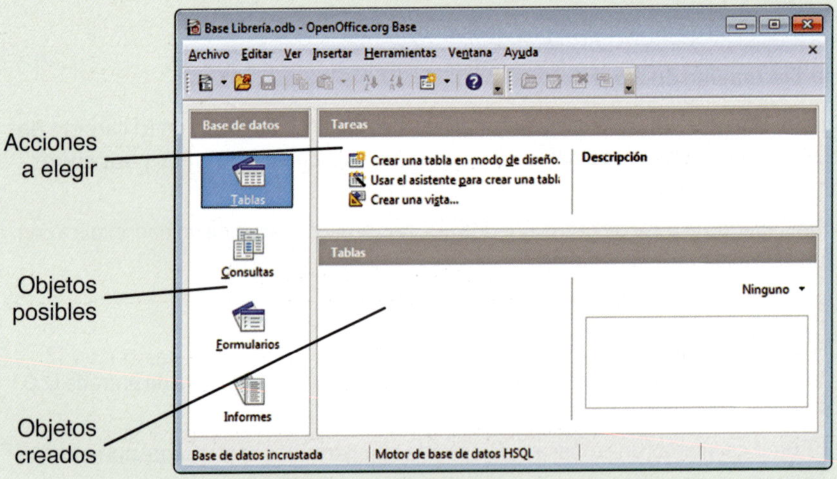

2. Creación de las tablas

La manera más práctica de elaborar una tabla en Base es en **modo de diseño** (observa la imagen anterior en «Acciones a elegir»). Entonces tendremos una ventana con tres columnas:

- En la primera se escribe el nombre del campo.
- En la segunda el tipo de campo, de los que puedes ver en el **Saber más** de esta página.
- En la tercera una descripción opcional. Al igual que en Access son notas que escribe el diseñador de la base de datos a modo de recordatorio o de ilustración.

Actividades resueltas

Nombre de la base de datos: **Base Agenda**

Tipo: **Base de datos ODF**

Crearemos una pequeña base de datos con OpenOffice.org parecida a la que hemos realizado anteriormente con Access, con una sola tabla.

Crear la base de datos

1. Accede a Base, de OpenOffice.org.
2. Selecciona **Crear nueva base de datos**. Pulsa Siguiente. Deja marcado **Sí, registrar la base de datos** y **Abrir la base de datos para editar**.
3. Ponle como nombre **Base Agenda** y guárdala en la carpeta de actividades de esta unidad.

Creación de la tabla

4. Haz clic en **Crear una tabla en modo diseño**. Crea una tabla con los siguientes campos y características. Las propiedades de cada campo se dejan como vienen por defecto. Para poner el primer campo como clave principal, haz clic con el botón secundario del ratón en el lugar donde ves la llave y elige **Clave principal**.

	Nombre del campo	Tipo del campo
🔑	Número	Entero minúsculo [TINYINT]
	Nombre	Texto [VARCHAR]
	Apellido	Texto [VARCHAR]
	Teléfono	Texto [VARCHAR]
	Fecha de nacimiento	Fecha [DATE]

5. Guarda la tabla con el nombre **Amistades**. A la pregunta de si deseas crear alguna clave primaria, responde **No**. Cierra la tabla. En la pantalla principal de Base ya estará registrada entre los objetos creados.
6. Para rellenar la tabla haz doble clic sobre ella en la pantalla principal de Base. Completa la tabla con los datos siguientes. Al terminar cierra la tabla, sus datos habrán quedado registrados.

	Número	Nombre	Apellido	Teléfono	Fecha de nacimiento
	1	Julia	Toledo	616112233	23/04/87
	2	Andrés	Villegas	617223344	25/05/93
	3	Esther	Aguilar	618334455	12/03/94
	5	Irene	Asensio	615445566	01/09/85
	6	Carlos	Ramírez	616556677	30/12/95

Creación de un formulario

7. En la pantalla principal de Base, a la izquierda, activa el objeto **Formularios**. En el panel Tareas haz clic sobre **Usar el asistente para crear un formulario**.

Actividades resueltas (cont.)

8. Como origen estará la **tabla Amistades**. Los campos están a la izquierda. Selecciónalos todos con la doble flecha para pasarlos a la derecha. Pulsa varias veces **Siguiente** hasta llegar al punto 7 «Aplique el estilo del formulario». Elige el estilo **Naranja** y los bordes **3D**.

9. Haz de nuevo clic en Siguiente y deja como está la pantalla número 8.

10. Deja que el formulario tenga también como nombre **Amistades**. Haz clic en Finalizar.

    El formulario que hemos diseñado quedará sobre un fondo anaranjado. En la parte inferior de la pantalla están las flechas para moverse por los registros. Cierra el formulario.

	Número	Nombre	Apellido	Teléfono	Fecha de nacimiento
	1	Julia	Toledo	616112233	23/04/87
▷	2	Andrés	Villegas	617223344	25/05/93
	3	Esther	Aguilar	618334455	12/03/94
	5	Irene	Asensio	615445566	01/09/85
	6	Carlos	Ramírez	616556677	30/12/95
✻					

Crear una consulta

11. En la ventana de Base, a la izquierda, marca **Consultas**, y en el panel Tareas haz clic sobre **Usar el asistente para crear una consulta**.

12. En el Asistente para consultas, de la tabla Amistades, pasa a la derecha los campos **Nombre**, **Apellido** y **Teléfono**. Siguiente.

13. Configura la consulta para que los datos vengan ordenados alfabéticamente por Nombre. Clic en Finalizar. La consulta se habrá guardado con el nombre **Consulta_Amistades**. Cierra la consulta.

Crear un informe

14. Elige **Informes** a la izquierda de la ventana de Base. De la tabla Amistades envía a la derecha los campos **Número**, **Nombre**, **Apellido** y **Teléfono**.

15. Haz clic en siguiente hasta llegar al punto 4: ordena los datos alfabéticamente por Apellido.

16. En el punto 5 vamos a escoger un diseño para los datos. Escoge **Moderno – alineado a la izquierda**.

17. En el mismo punto 5, como diseño para encabezado y pie de página, escoge **Burbujas**.

18. En el punto 6 déjale al informe el nombre **Amistades**. Finalizar.

Obtendremos un informe como el siguiente, que además tendrá un encabezado y un pie (con el número de página).

Número	*Nombre*	*Apellido*	*Teléfono*
3	Esther	Aguilar	618334455
5	Irene	Asensio	615445566
6	Carlos	Ramírez	616556677
1	Julia	Toledo	616112233
2	Andrés	Villegas	617223344

Base de datos para una perfumería

Objetivos

- Crear una base de datos de una tabla.
- Introducir datos en un formulario previamente diseñado.
- Diseñar una consulta con filtro por criterio.
- Crear un informe a partir de una consulta con criterios.

Instrucciones

1. Crea una base de datos de nombre **Perfumería**.
2. Crea una tabla de nombre **Perfumes de mujer** que contendrá los campos que se muestran en la imagen del **Caso práctico inicial** de esta Unidad didáctica.
3. El tamaño de los campos Nombre y Marca será de 20.
4. El campo Id será Autonumeración y será también la **clave principal** de la tabla.
5. Crea un formulario sencillo con todos los campos que contiene la tabla Perfumes de mujer. Guarda el formulario con el mismo nombre que la tabla.
6. Introduce a través del formulario los datos que puedes ver en el **Caso práctico inicial** de esta Unidad.
7. Modifica el formulario para que el campo Marca se muestre en color rojo y en negrita.

Perfumes de mujer

Id	1
Nombre	Cool Water
Marca	Adolfo Domínguez
Precio	24,00 €

8. Crea una consulta llamada Consulta marca en la que al introducir el usuario el nombre de una marca pueda ver cuántos perfumes hay de dicha marca. La pregunta que hará la base de datos al usuario será «Introduzca una marca». Por ejemplo, la información que proporciona la consulta cuando el usuario ha tecleado Azzaro.

Marca	Nombre
Azzaro	Azzura edt
Azzaro	Azzura edp
Azzaro	Azzaro Twin
Azzaro	Visit

9. Partiendo de la Consulta marca, realiza un informe llamado **Informe marca**, que muestre la misma información que la consulta anterior y que también solicite al usuario el nombre de una marca preguntándole Introduzca una marca. El informe se mostrará sin agrupar y **ordenado por el nombre del perfume**. Distribución tabular y orientación vertical.

Informe marca

Nombre	Marca
Cool Water	Adolfo Domínguez
Cool Water Wave	Adolfo Domínguez
Echo	Adolfo Domínguez
Game	Adolfo Domínguez

15 Bases de datos II

Vamos a conocer...

1. Bases de datos con varias tablas
2. Botones de comando
3. Panel de control

SOFTWARE LIBRE

OpenOffice.org – Base II

PRÁCTICA PROFESIONAL

Base de datos para una biblioteca

Y al finalizar esta unidad...

- Sabrás crear y relacionar tablas.
- Comprenderás los conceptos de clave principal y clave externa.
- Diseñarás consultas con criterios fijos y de usuario final.
- Mejorarás el conocimiento sobre formularios e informes.
- Agregarás botones de control a los formularios.
- Sabrás crear un panel de control para cualquier base de datos.

Caso práctico inicial

Situación de partida

En la biblioteca pública para la que trabajas se ha decidido crear una base de datos para gestionar los socios, los libros y los préstamos. Te suministran los campos que debería tener cada una de las tablas, que comenzarán a rellenarse con datos una vez que la base de datos haya sido creada:

Tabla: Socios

N.° socio	Nombre	Apellidos	Teléfono

Tabla: Libros

Código libro	Título	Autor

Tabla: Préstamos

N.° Préstamo	N.° socio	Código libro	Fecha préstamo

Estudio del caso

Una vez que hayas completado el estudio de esta unidad de trabajo, serás capaz de realizar esta base de datos.

1. Comienzas a planificar el diseño de la base de datos.
   - ¿Cuáles serían las claves principales en cada tabla?
   - ¿En qué tabla estarán las claves secundarias?
   - ¿Qué tipo y tamaño de campos podrían configurarse en las tablas?
   - ¿Puede ocurrir que las tablas no «se dejen» relacionar correctamente? ¿A qué podría deberse?
   - Dado que tienes bastantes datos disponibles, antes de continuar con el diseño de la base de datos, ¿podrías rellenar las tablas con registros antes de haber realizado las relaciones?
2. Para obtener un buen rendimiento de la base de datos, una vez que las tablas ya han sido configuradas y relacionadas, se agregarán a la base de datos los objetos que sean necesarios para cubrir las necesidades cotidianas de la biblioteca: se diseñarán formularios, consultas e informes generales y por criterios. Al final, la base de datos tendrá todo lo necesario para su funcionamiento correcto. No obstante, surgen aún algunas preguntas:
   - ¿Se pueden incluir en los formularios botones que permitan navegar hacia otros formularios o informes, eliminar o agregar registros, imprimir informes u otras utilidades que faciliten el uso por parte de los usuarios de la base de datos?
   - ¿Podrás utilizar imágenes personalizadas para crear botones de control?
   - ¿Y botones de texto?
   - ¿Qué tipo de imágenes propias podrías utilizar para los botones de comando?
   - ¿Pueden utilizarse asistentes del programa para realizar consultas, informes o botones de comando?
3. Por último, para que la base de datos pueda ser utilizada por cualquier usuario de una forma sencilla, podría crearse un menú con las operaciones más frecuentes.
   - ¿Cómo se crea el panel de control para una base de datos?
   - ¿Cómo se puede lograr que el panel de control sea lo primero que se vea cuando se abre la base de datos de la biblioteca?

1. Bases de datos con varias tablas

En esta unidad vamos a desarrollar todos los conceptos que se han estudiado en la unidad anterior. Además veremos una de las principales características de una base de datos relacional: la forma como se relacionan unas tablas con otras.

1.1. Guardar como

Al igual que vimos al estudiar Word y Excel, una base de datos en Access 2010 puede guardarse en versiones anteriores, concretamente en formato 2002-2003. Ambas tendrían la extensión **.mdb**.

Si se guarda sin especificar lo hará en la versión 2007-2010 y su extensión, como ya sabemos, será **.accdb**.

1.2. Clave principal y clave externa. Repaso

1.2.1. Clave principal

Una clave principal es un campo o conjunto de campos de la tabla que proporcionan a Access un identificador exclusivo para cada tabla.

Una vez definidas las claves principales de todas las tablas, se relacionarán entre ellas, de modo que la base de datos quedará relacionada.

El campo que se decida como clave principal de una tabla no podrá contener datos susceptibles de repetirse. Por ejemplo, no podríamos poner como clave principal el campo Nombre de una tabla de clientes porque puede haber varios clientes con el mismo nombre, pero sí puede ponerse un código de cliente como clave principal, tanto si este código se genera automáticamente mediante un campo de tipo autonumeración como si se introduce de forma manual. También valdría como clave principal el DNI de una persona, puesto que ninguna otra tendrá el mismo número.

1.2.2. Clave externa

En la unidad anterior ya vimos que los campos que son clave primaria en sus respectivas tablas, tendrán que incluirse en las tablas principales que relacionan a las anteriores. De este modo se unirán las claves que sean iguales de cada dos tablas y la base de datos quedará relacionada. Las claves principales de una tabla se llaman claves externas o secundarias cuando están en una tabla a la que no representan.

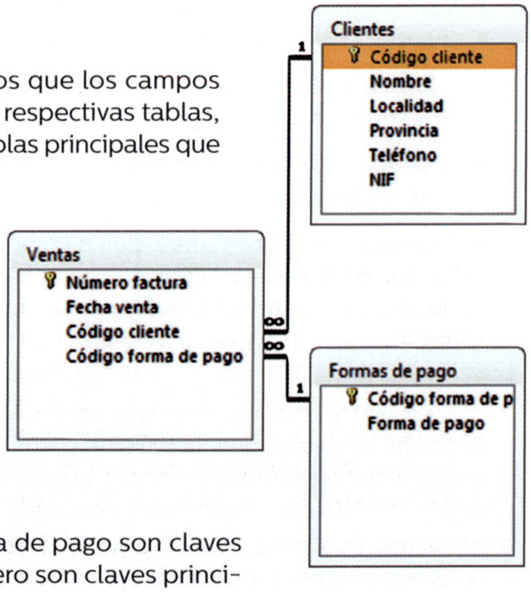

Código cliente y Código forma de pago son claves externas en la tabla Ventas, pero son claves principales en sus propias tablas.

Recuerda

Al crear una base de datos nueva hay que ponerle nombre de inmediato, y en ese momento también se elige su ubicación en el equipo haciendo clic en la pequeña carpeta que hay a la derecha del nombre.

Saber más

Versiones anteriores

Access 2010 puede abrir bases de datos de versiones anteriores de Access, aunque en algunos casos se puede ver distorsionado el diseño original.

Las versiones anteriores no pueden abrir bases de datos guardadas en versiones posteriores.

Actividades resueltas

Nombre de la base de datos: **Ventas**

Tipo: **Base de datos de Access 2007**

Esta actividad está parcialmente resuelta, ya que contamos con los conocimientos adquiridos en la unidad anterior, que deben estar perfectamente asimilados para poder continuar.

Creación de la base de datos y las tablas

1. Crea la base de datos en blanco con el nombre indicado y guárdala en tu carpeta de actividades de esta unidad.
2. La base de datos constará de **tres tablas**. Cada una de ellas tendrá su propia clave principal.
3. Crea una tabla llamada **Clientes**, que tendrá los siguientes campos y propiedades para cada campo. Recuerda que la manera que más posibilidades ofrece para configurar una tabla es la vista **Diseño.**

Campo	Tipo	Propiedades
Código cliente	Autonumeración	Las predeterminadas. Será clave principal.
DNI	Texto	Tamaño: 12. Requerido: sí. Crear máscara de entrada adecuada para que por ejemplo el DNI 12345678H quede con este formato: **12.345.678-H**
Nombre	Texto	Tamaño: 20. Requerido: SÍ
Apellidos	Texto	Tamaño: 30. Requerido: NO
Localidad	Texto	Tamaño: 20. Requerido: SÍ
C postal	Texto	Tamaño: 5: Requerido: NO
Provincia	Texto	Tamaño: 12. Requerido: SÍ. Valor predeterminado: GRANADA
Teléfono	Texto	Tamaño: 10. Requerido: SÍ.

4. Aunque el DNI sin letra o el código postal podrían considerarse datos numéricos, se diseñan de tipo texto, pues no haremos operaciones matemáticas con ellos.
5. El resto de las propiedades no especificadas, déjalas como vienen por defecto.
6. Clave principal. Al comenzar a crear la tabla en vista diseño ya se muestra un campo como clave principal. Puede cambiarse **Id** por **Código cliente**, y continuar completando campos.

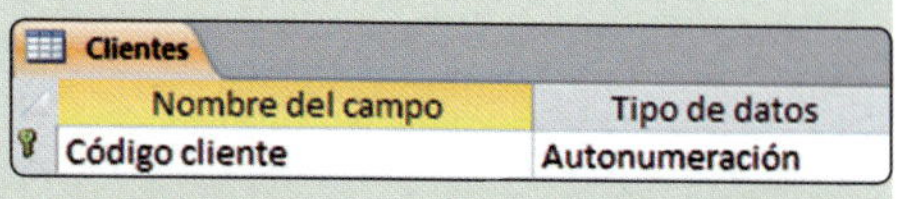

7. DNI. Consideramos que la mayoría de números de DNI son del tipo decenas de millón (**nn.nnn.nnn-L**) o del tipo millones (**n.nnn.nnn-L**), en donde **L** será una letra y **n** un número. Sabemos que el primer número es opcional, ya que puede no existir si es del segundo tipo (millones). Repasa en la unidad anterior los **caracteres que se pueden usar para crear una máscara de entrada**: en una máscara el **0** representa un dígito obligatorio y el **9**, un dígito opcional. La letra del DNI es obligatoria. En la máscara sabemos que "**?**" representa la entrada opcional de una letra, mientras que la L representa la entrada obligatoria de una letra. Por tanto, la máscara para el DNI podría ser: **90.000.000-L**, que valdría para ambas numeraciones si deseamos que aparezcan divididas por puntos de miles y con un guion antes de la letra. Si además deseamos que esa letra aparezca en mayúsculas aunque la escribamos en minúsculas, la máscara quedará así: **90.000.000->L**. Introdúcela de este modo. Verás que aparece otro carácter, "**/**"; consulta la tabla de caracteres de máscara y deducirás por qué está ahí ese carácter.
8. Al escribir el nombre del campo **C Postal**, no lo escribas **C. Postal**, ya que los nombres de campo no pueden contener puntos, paréntesis, signos de exclamación, espacios a la izquierda o caracteres no imprimibles.

Actividades resueltas (cont.)

9. Crea otra tabla, llamada **Formas de pago**.

Campo	Tipo	Propiedades
Código forma de pago	Autonumeración	Clave principal.
Forma de pago	Texto	Tamaño: 25

10. Y una tercera tabla llamada **Ventas**.

Campo	Tipo	Propiedades
N.º venta	Autonumeración	Clave principal
Fecha	Fecha/hora	Formato: Fecha mediana
Importe	Número	Tamaño: Entero largo
Código cliente	Moneda	Tamaño: 30. Requerido: NO
Forma de pago	Asistente para búsquedas	Seleccionar **Deseo que la columna de búsqueda busque los valores en una tabla o consulta**. Siguiente. Elegir la tabla Formas de pago. Siguiente. Elegimos el campo **Forma de pago** y lo pasamos a la derecha con la flecha simple. Siguiente. Siguiente. Finalizar. Guarda los cambios que se piden.

11. El tipo **Asistente para búsquedas** para el campo Forma de pago facilita luego la tarea de completar con datos las tablas. Cuando estemos rellenando la tabla Ventas, no habrá que escribir manualmente qué forma de pago tiene cada una de ellas sino que se abrirá un desplegable con las distintas modalidades de formas de pago y se elegirá la que corresponda. Este tipo Asistente para búsquedas es recomendable usarlo cuando la tabla con la que enlazamos tiene pocos registros (como es el caso de formas de pago, pues habrá solo unas cuantas formas de pago posibles).

Clientes

Nombre del campo	Tipo de datos
Código cliente	Autonumeración
DNI	Texto
Nombre	Texto
Apellidos	Texto
Localidad	Texto
C Postal	Texto
Provincia	Texto
Teléfono	Texto

Formas de pago

Nombre del campo	Tipo de datos
Código forma de pago	Autonumeración
Forma de pago	Texto

Ventas

Nombre del campo	Tipo de datos
Nº Venta	Autonumeración
Fecha	Fecha/Hora
Código cliente	Número
Importe	Moneda
Forma de pago	Número

Tablas en vista Diseño – Base de datos Ventas.

1.3. Relaciones. Repaso

Existen tres tipos de relaciones entre tablas:

- **De uno a varios**. Por ejemplo, un mismo cliente puede realizar varios pedidos. Por tanto, una tabla de Clientes y otra de Pedidos estarían relacionadas por el campo Código de cliente incluido en ambas tablas y relacionado como uno a varios.
- **De varios a varios**. Por ejemplo, entre una tabla Pedidos y otra Productos, un producto puede estar incluido en varios pedidos, a la vez que un pedido puede tener varios productos. Se haría por tanto una relación varios a varios en un campo común. En este caso conviene usar una tabla de unión que tenga relación uno a varios con cada una de las tablas anteriores.
- **De uno a uno**. Un registro de una tabla puede tener solamente un registro correspondiente de otra tabla. Este tipo de relación se utiliza poco y se suele aplicar solamente como medida de seguridad en casos muy concretos.

Las relaciones entre tablas deben crearse, principalmente y entre otros motivos, para evitar errores e inconsistencias en la base de datos, como por ejemplo referenciar al rellenar una tabla de ventas un código de cliente que no existe.

Para hacer las relaciones una vez creadas las tablas de una base de datos, en la cinta de opciones se activa la pestaña **Herramientas de la base de datos** y se hace clic en **Relaciones**.

A continuación se abre el grupo **Relaciones** y en el panel de trabajo veremos las tablas que componen la base de datos o parte de ellas. Si se desea mostrar más tablas, se hace clic en **Mostrar tabla**. Si no es necesario que se muestre alguna, haremos clic sobre ella en **Ocultar tabla**.

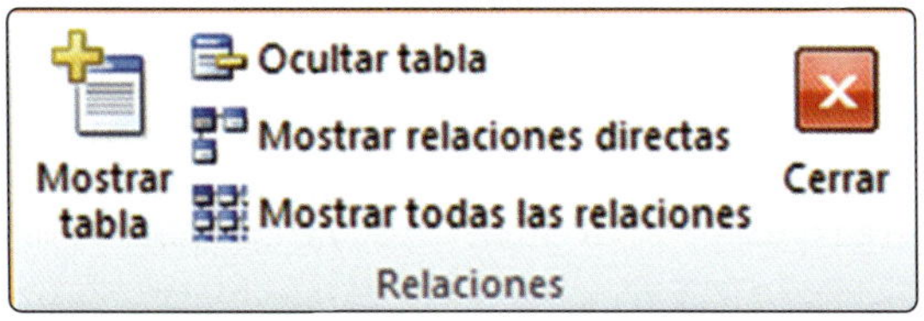

1.3.1. Campos relacionados

Una relación se realiza entre dos campos iguales de dos tablas distintas. No tienen que tener el mismo nombre en ambas tablas, pero estaremos refiriéndonos al mismo campo y tendrá las mismas características. En una de las tablas el campo será **clave principal** y en la otra será **clave externa**. Los campos tienen que ser del mismo tipo (por ejemplo, tipo texto) en ambas tablas, pero no será necesario que tengan el mismo nombre. Por ejemplo, en la tabla Clientes la clave principal puede ser N.º Cliente y ser de tipo texto. Ese número de cliente puede estar en la tabla Ventas con el nombre Código cliente, pero siempre ha de ser de tipo número y hacer referencia al mismo campo.

La única excepción es en lo que respecta a la igualdad de tipo de campo es la de un campo **Autonumeración**. En la tabla relacionada no puede ser autonumeración también, ya que no se puede autonumerar lo que ya está autonumerado. Sin embargo un campo **Autonumeración que sea de tamaño Entero largo**, en la tabla relacionada será del tipo **Número y de tamaño Entero largo**.

1.3.2. Modificar y borrar relaciones

Para modificar una relación podemos hacer clic con el botón secundario del ratón sobre la línea que representa la relación y elegir Modificar relación o borrar relación. La modificación también puede llevarse a cabo desde la pestaña **Diseño**, en el grupo Herramientas, **Modificar relaciones**.

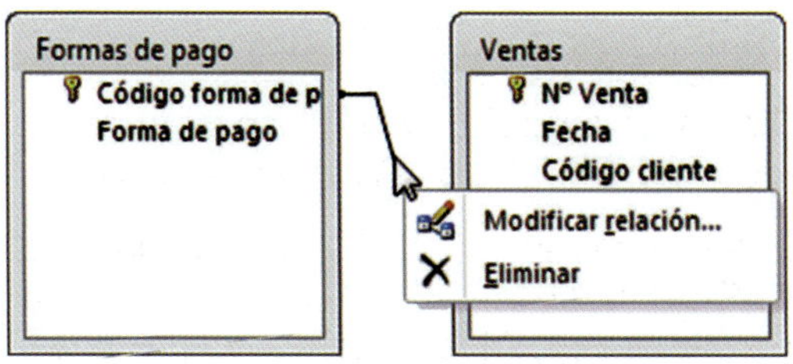

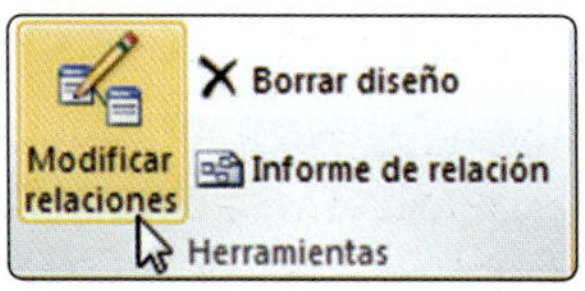

Recuerda

Unas tablas bien relacionadas aseguran el rendimiento óptimo de una base de datos.

Caso práctico inicial

Los campos relacionados de dos tablas deberán ser del mismo tipo y no tienen por qué llevar el mismo nombre.

Si al hacer una relación Access nos indica que no puede hacerse, lee el mensaje, ya que probablemente los campos no sean del mismo tipo. En ese caso hay que volver al diseño de las tablas y realizar las modificaciones oportunas.

Otro motivo por el que una relación «no se deja hacer» es que ya se hayan insertado registros que resulten incoherentes con la relación.

Saber más

¡No aparecen los decimales!

En esta base de datos que se está creando en las actividades no se nos presenta el caso, pero conviene tenerlo presente:

Cuando configuramos un campo de tipo número, aunque lo pongamos en formato decimal y determinemos que tenga por ejemplo 2 cifras decimales, al introducir posteriormente ese dato en la tabla, **nos lo muestra sin decimales.**

Para que esto no ocurra, es necesario establecer en las Propiedades del número, el valor **Escala.**

Escala representa el máximo de dígitos que se almacenarán después de la coma decimal.

General | Búsqueda

Tamaño del campo	Decimal
Formato	Número general
Precisión	18
Escala	2
Lugares decimales	2
Máscara de entrada	
Título	
Valor predeterminado	0
Regla de validación	
Texto de validación	
Requerido	No
Indexado	No
Etiquetas inteligentes	
Alineación del texto	General

Actividades resueltas (cont.)

Continuaremos trabajando con la base de datos **Ventas**. Ábrela si está cerrada. Al abrir una base de datos creada con anterioridad, es posible que en la primera pantalla se te muestre este mensaje. En ese caso haz clic en el botón **Habilitar contenido.**

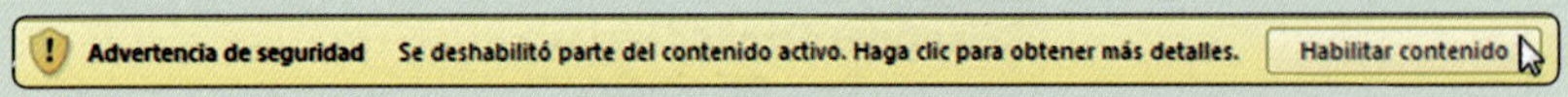

12. Activa la pestaña **Herramientas de base de datos**. Haz clic en **Relaciones**. En el panel de trabajo se verán las tablas que componen la base de datos: Clientes, Ventas y Formas de pago. Si alguna no estuviese presente, haz clic en **Mostrar tabla**, en la pestaña Diseño, Grupo Relaciones.

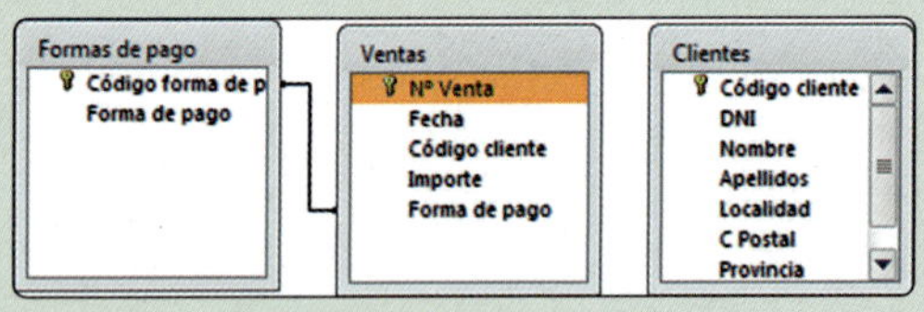

13. Puedes ver que sin haber relacionado todavía las tablas, hay dos que ya están relacionadas: Formas de pago y Ventas. Esto se debe a que al diseñar la tabla Ventas, en el campo Forma de pago hemos elegido el tipo **Asistente para búsquedas** y hemos enlazado ese campo con la tabla Formas de pago. Entonces la relación ya se establece.

14. Debemos completar la relación entre Formas de pago y Ventas para que cumpla todas las **reglas aconsejables** de una relación: **Exigir integridad referencial**, **Actualizar en cascada los campos relacionados** y **Eliminar en cascada los registros relacionados.**

Haz doble clic en la línea de la relación y marca las tres reglas, que están en la parte inferior del cuadro de diálogo. Clic en Aceptar. Verás que la línea tiene ahora en sus extremos **1** e ∞.

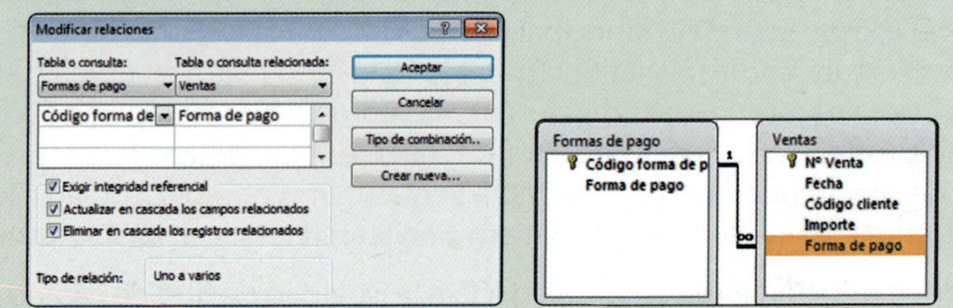

15. A continuación relacionamos las tablas Ventas y Clientes. Observa que tienen un campo en común: **Código cliente**, que se lo hemos incluido a la tabla Ventas como clave externa para poder relacionar esa tabla con la tabla Clientes.

(Recuerda que ese campo es de tipo Autonumeración *y de tamaño* Entero largo *en la tabla Clientes. En Ventas no podía ser Autonumeración sino* Número, *pero obligatoriamente había de ser* Entero largo *también para poder relacionarlos.)*

Arrastra con el ratón desde Código cliente de la tabla Clientes hasta Código cliente de la tabla Ventas.

16. Completa la relación con las tres reglas. Ya tenemos nuestras tres tablas relacionadas. Guarda las relaciones y cierra la base de datos.

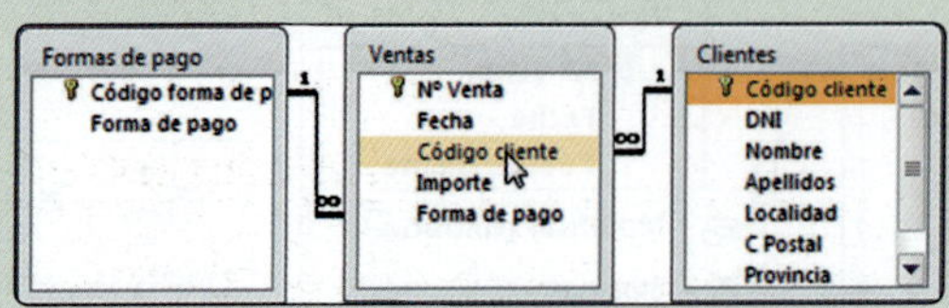

1.4. Introducción de datos

Observar las relaciones de las tablas puede darnos una idea de cuáles serán las tablas cuyos datos deben rellenarse en primer lugar y cuáles deben dejarse para el final.

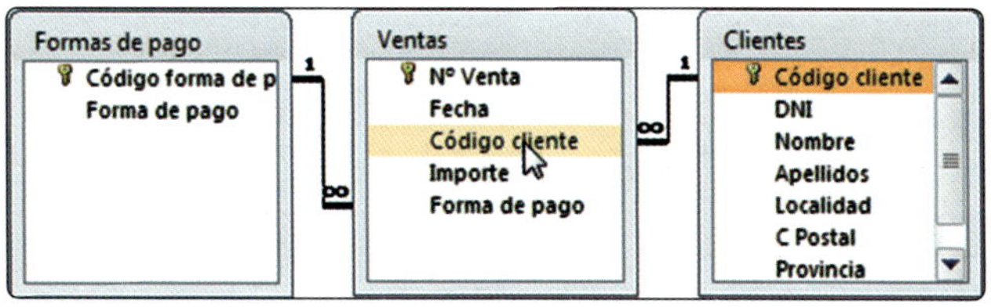

Por ejemplo, viendo la imagen anterior, es obvio que no se podrá completar la tabla Ventas si primero no hay unos Clientes y unas Formas de pago. Por tanto, primero habrá que dar de alta a los clientes y a las formas de pago (las tablas en cuyo extremo de la línea de relación hay un 1) y, por último, completar los registros de la tabla Ventas.

Los datos pueden introducirse directamente en las tablas o, si se desea, una vez que se han hecho las relaciones, puede crearse un formulario e introducir los datos a través de él. Los datos introducidos en un formulario se mostrarán en la correspondiente tabla y viceversa.

Actividades resueltas (cont.)

Introducción de registros en las tablas

A continuación vamos a introducir registros en nuestras **tres tablas**. Recuerda que también podríamos introducirlos en formularios que hubiésemos creado de esas tablas. A continuación están todos los datos que deberás introducir en cada una de ellas:

17. Introduce los siguientes registros en la tabla **Formas de pago**:

Formas de pago

Código forma de pago	Forma de pago
1	Contado
2	Letra 30 días
3	Letra 60 días
4	Letra 90 días
5	Letras 30, 60, 90
6	Letra otros vencimientos
7	Contra reembolso
8	Transferencia
9	Giro Postal
10	Cheque
11	Tarjeta de crédito

Recuerda que el Código forma de pago es de tipo Autonumeración. No tendrás que introducirlo pues se insertará de forma automática.

Saber más

Las tablas en cuyo extremo de la línea de relación hay un 1 se llaman **independientes**. Las que tienen un ∞, **dependientes**.

Caso práctico inicial

Los registros deben introducirse después de haber diseñado y relacionado correctamente las tablas y haber realizado las relaciones.

Técnicamente puede invertirse el orden pero podría haber inconsistencias y redundancias en la base de datos que impedirían efectuar las relaciones con todas las reglas de integridad, actualización en cascada de campos y eliminación en cascada de registros relacionados.

Actividades resueltas (cont.)

18. Introduce los siguientes registros en la tabla **Clientes**.

Clientes

Código cliente	DNI	Nombre	Apellidos	Localidad	C Postal	Provincia	Teléfono
1	12.345.678-J	Antonio	Moreno Sevilla	Moclín	18247	GRANADA	958-112233
2	23.456.789-H	Luisa	Campaña Almirón	Granada	18004	GRANADA	958-223344
3	34.567.890-V	Enrique	Zafra Lapeza	Granada	18001	GRANADA	958-334455
4	45.678.901-L	Elías	Blanca Lozano	Granada	18011	GRANADA	958-445566
5	56.789.012-Y	Chess, S.A.		Alcalá la Real		JAÉN	957-112233
6	67.890.123-R	Felgar, S.L.		Algodonales		CÁDIZ	956-112233
7	78.901.234-U	Carmen	Montes Cuerda	Purchil	18102	GRANADA	958-556677
8	89.012.345-T	Pedro	Pastor Borrego	Huétor Vega	18198	GRANADA	958-667788
9	90.123.456-P	Tomás	Blanco Carrasco	Úbeda		JAÉN	957-223344
10	01.234.567-E	Carmen	Sevilla Más	Granada	18002	GRANADA	958-778899
11	09.876.543-M	Roberto	Ruiz Fuentes	Granada	18012	GRANADA	958-889900
12	98.765.432-N	Julián	Collasdos Fon	Albolote	18220	GRANADA	958-990011
13	87.654.321-A	Otero y Cía		Armilla	18140	GRANADA	958-001122
14	76.543.109-R	Gonzalo	Entrena Torres	Dos Hermanas		SEVILLA	954-112233
15	65.432.109-C	Carmen	Toro Bravo	La Zubia	18100	GRANADA	958-111111
16	54.321.098-K	Eugenia	León Carrasco	Ronda	29400	MÁLAGA	952-112233
17	43.210.987-X	Ricardo	González Puig	Cártama	29570	MÁLAGA	952-223344
18	32.109.876-A	Luis Carlos	Bene Guzmán	Málaga	29004	MÁLAGA	952-334455
19	21.098.765-W	Orlando	Palacios Quero	Zafarraya	18128	GRANADA	958-222222
20	10.987.654-Z	Silvia	Lanchas Nevada	Granada	18001	GRANADA	958-333333

19. Introduce los siguientes registros en la tabla **Ventas**.

Ventas

Nº Venta	Fecha	Código cliente	Importe	Forma de pago
1	09-ene-14	3	1.350,00 €	Letras 30, 60, 90
2	12-ene-14	5	235,00 €	Letra 30 días
3	14-ene-14	20	132,00 €	Contado
4	14-ene-14	18	436,00 €	Cheque
5	14-ene-14	16	1.100,00 €	Letra 60 días
6	15-ene-14	14	80,00 €	Contado
7	16-ene-14	12	47,00 €	Contado
8	19-ene-14	5	122,00 €	Tarjeta de crédito
9	19-ene-14	13	36,00 €	Contado
10	20-ene-14	17	689,00 €	Tarjeta de crédito
11	21-ene-14	3	152,00 €	Cheque
12	21-ene-14	14	37,00 €	Contado
13	22-ene-14	20	45,00 €	Contado
14	22-ene-14	11	100,00 €	Contado
15	22-ene-14	10	1.340,00 €	Letras 30, 60, 90
16	23-ene-14	15	456,00 €	Contra reembolso
17	26-ene-14	19	201,00 €	Transferencia
18	26-ene-14	4	143,00 €	Contado
19	26-ene-14	7	155,00 €	Contado
20	27-ene-14	18	89,00 €	Giro Postal
21	28-ene-14	12	30,00 €	Contado
22	28-ene-14	6	900,00 €	Letra otros vencimientos
23	28-ene-14	3	224,00 €	Contra reembolso
24	29-ene-14	2	31,00 €	Contado
25	29-ene-14	1	83,00 €	Contado
26	29-ene-14	16	2.679,00 €	Letra otros vencimientos
27	29-ene-14	17	13,00 €	Contado
28	30-ene-14	13	87,00 €	Contado
29	30-ene-14	11	46,00 €	Cheque
30	30-ene-14	4	403,00 €	Cheque

Los datos que tienen máscara o formato se introducirán sin poner los símbolos intermedios. Por ejemplo:

- **DNI:** escribirlo 12345678J y si la máscara está bien configurada se verá como en la imagen de la tabla Clientes.
- **Fecha**: basta escribir 9-1-14 y si el formato está bien configurado se verá como en la imagen de la tabla Ventas.

Etc.

Actividades resueltas (cont.)

20. Realiza un **formulario simple** para cada una de las tablas que tenemos en la base de datos Ventas. Los nombres de los formularios serán los mismos que tienen sus correspondientes tablas.

Recordarás que las claves primarias de Clientes y de Formas de pago apuntan a la tabla Ventas. Por ese motivo al crear los formularios Clientes y Formas de pago, debajo aparecen los registros de la tabla Ventas que tienen que ver con el registro que estamos viendo.

Esto lo comprenderás mejor si observas por ejemplo el **formulario Formas de pago** una vez hecho. Si tenemos a la vista la forma de pago 10 (Cheque), debajo tendremos todas las ventas que se han hecho con esa forma de pago. Podemos desplazarnos tanto por las formas de pago como por las ventas, lo que facilita consultar la base de datos.

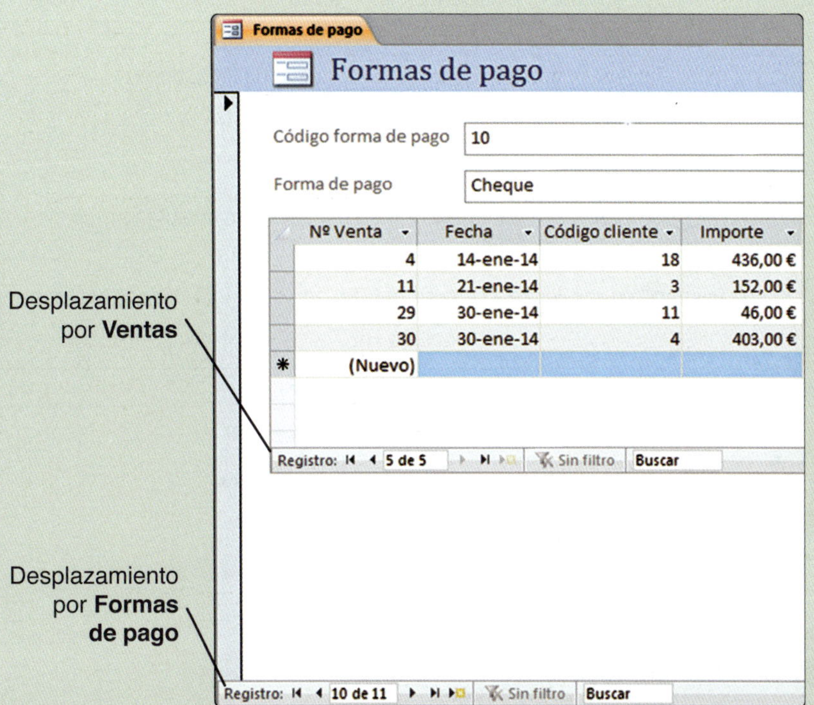

Lo mismo ocurre con el formulario **Clientes**, que tiene abajo las ventas que se le han hecho al cliente que está mostrando el formulario.

Y, por último, el formulario **Ventas**.

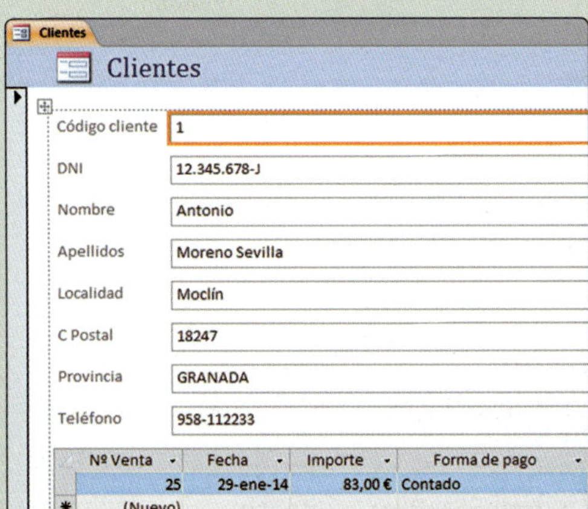

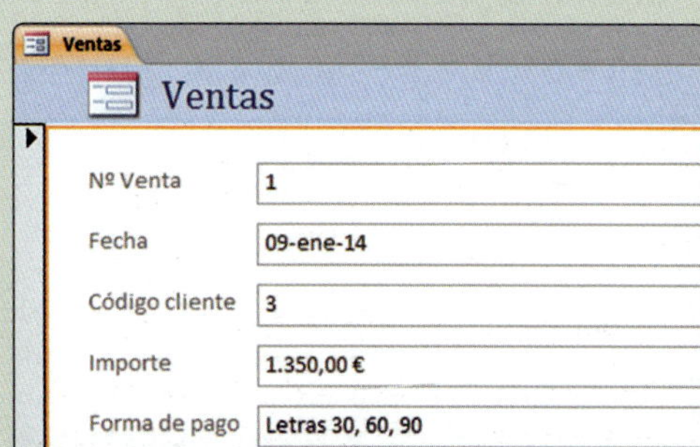

Actividades resueltas (cont.)

Consulta 1. Consulta con Asistente

21. Abre, si no lo está ya, la base de datos **Ventas**.

22. Con el Asistente para consultas crea una, que llamarás **Consulta 1**.

La consulta se diseñará para obtener un listado de todas las ventas que se han realizado. Deberá mostrar el contenido de los siguientes campos:

N.° Venta	Nombre cliente	Apellidos cliente	Fecha venta	Importe	Forma de pago

23. Como puedes ver, en esta consulta están implicadas todas las tablas de la base de datos:

- De **Clientes**: Nombre cliente, Apellidos cliente.
- De **Ventas**: N.° Venta, Importe, Fecha.
- De **Formas de pago**: Forma de pago. (**OJO**: Forma de pago está igualmente en la tabla Ventas, pero nunca se debe escoger un campo de la tabla a la que no pertenece propiamente).

24. Con el Asistente para consultas sencillas, comienza a seleccionar de cada tabla los campos antes mencionados y **en ese mismo orden**.

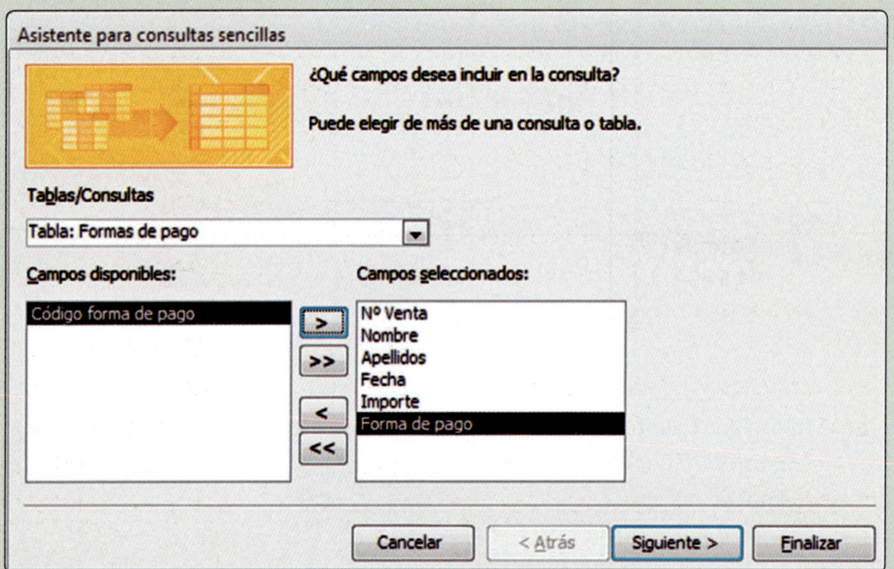

25. Después de pulsar en Siguiente, solicita una consulta de Detalle.

Al finalizar tendrás el resultado de la consulta como en la imagen, de la que mostramos solo las primeras líneas.

Consulta 1

Nº Venta	Nombre	Apellidos	Fecha	Importe	Forma de pago
1	Enrique	Zafra Lapeza	09-ene-14	1.350,00 €	Letras 30, 60, 90
2	Chess, S.A.		12-ene-14	235,00 €	Letra 30 días
3	Silvia	Lanchas Nevada	14-ene-14	132,00 €	Contado
4	Luis Carlos	Bene Guzmán	14-ene-14	436,00 €	Cheque
5	Eugenia	León Carrasco	14-ene-14	1.100,00 €	Letra 60 días
6	Gonzalo	Entrena Torres	15-ene-14	80,00 €	Contado
7	Julián	Collasdos Fon	16-ene-14	47,00 €	Contado

Actividades resueltas (cont.)

Consulta 2. Consulta con criterios partiendo de una consulta anterior

26. Abre, si no lo está ya, la base de datos **Ventas**.

27. Ahora queremos saber qué ventas se han producido **entre los días 12 y 17 de enero**. En esta consulta deseamos que aparezcan los mismos campos y en idéntico orden que en la consulta anterior (Consulta 1).

28. Para ahorrarnos trabajo, podemos utilizar la Consulta 1 y después cambiarle el nombre y ponerle la condición de fechas. Por lo tanto, abre la Consulta 1 si no estaba abierta y desde el menú **Archivo ⟶ Guardar objeto como**, le pones el nombre **Consulta 2**.

29. Muestra la Consulta 2 en **vista Diseño** (Pestaña Inicio ⟶ Ver ⟶ Vista Diseño). Recuerda que el criterio que deseamos insertar es de fecha, por lo tanto lo introduciremos en la línea **Criterios** de la columna Fecha Ventas. Ahí escribe exactamente esto: **Entre 12/1/14 y 17/1/14**

30. Access modificará las fechas y las escribirá entre almohadillas:

Campo:	Nº Venta	Nombre	Apellidos	Fecha	Importe	Forma de pago
Tabla:	Ventas	Clientes	Clientes	Ventas	Ventas	Formas de pago
Orden:						
Mostrar:	☑	☑	☑	☑	☑	☑
Criterios:				Entre #12/01/2014# Y #17/01/2014#		

Nota: El hecho de que en las columnas de cada campo estén marcadas las casillas, significa que aparecerán en la lista después de hacer la consulta. Si no estuvieran marcadas, estarán en la consulta pero no se mostrarán en la lista resultante.

31. Ejecuta la consulta teniendo activa la pestaña **Diseño**, haciendo clic en **Ejecutar**. Tendremos el listado de ventas que se han producido en el rango de fechas que le hemos pedido:

Consulta 2

Nº Venta	Nombre	Apellidos	Fecha	Importe	Forma de pago
2	Chess, S.A.		12-ene-14	235,00 €	Letra 30 días
3	Silvia	Lanchas Nevada	14-ene-14	132,00 €	Contado
4	Luis Carlos	Bene Guzmán	14-ene-14	436,00 €	Cheque
5	Eugenia	León Carrasco	14-ene-14	1.100,00 €	Letra 60 días
6	Gonzalo	Entrena Torres	15-ene-14	80,00 €	Contado
7	Julián	Collasdos Fon	16-ene-14	47,00 €	Contado

Otras consultas con criterios, partiendo de Consulta 1

32. Realiza una consulta, llamada **Consulta 3**, para obtener las ventas realizadas antes del 20 de enero de 2014. La condición a escribir sería: **<20/1/14** (es decir, menor que 20/1/14).

33. Realiza una consulta, llamada **Consulta 4,** para que nos muestre las ventas realizadas el día 29 de enero de 2014 (**=29/1/14**).

34. Realiza una consulta, llamada **Consulta 5,** para que nos muestre las ventas realizadas que sean posteriores al 17 de enero de 2014 (**>17/1/14**).

Hemos realizado cuatro consultas con criterios, pero esos criterios los hemos introducido en la base de datos y por lo tanto son fijos. ¿No podríamos hacer una consulta que le permitiera al usuario final elegir las fechas de inicio y final, por ejemplo? Sí, podemos hacerlo.

Lo veremos en la siguiente actividad.

Actividades resueltas (cont.)

Consulta 6. Consulta con criterios a petición del usuario final

35. Abre, si no lo está ya, la base de datos **Ventas**.

36. Haz una consulta llamada **Consulta 6** con los mismos campos que la Consulta 2. Recuerda que para ello puedes abrir la consulta 2 y guardarla con el nuevo nombre desde Archivo ⟶ Guardar objeto como.

37. Edita la Consulta 6 en vista Diseño.

38. En criterios de fecha, modifica los que hay y escribe lo siguiente: **Entre [Fecha inicio:] y [Fecha final:]** Es el mismo criterio de antes, pero a elección del usuario.
Recuerda que cuando queríamos que Access le hiciera una pregunta al usuario final, la escribíamos en criterios entre corchetes. Es el mismo caso que hemos empleado en los criterios de esta consulta. Así pues, al ejecutarse la consulta recibiremos la pregunta **Fecha de inicio:** (ahí se respondería el principio de rango de fechas que querríamos consultar) y **Fecha final:** (y ahí se introduciría el final del rango de fechas que deseamos).

Campo:	Nº Venta	Nombre	Apellidos	Fecha	Importe	Forma de pago
Tabla:	Ventas	Clientes	Clientes	Ventas	Ventas	Formas de pago
Orden:						
Mostrar:	☑	☑	☑	☑	☑	☑
Criterios:				Entre [Fecha inicio:] Y [Fecha final:]		

39. Ejecuta la consulta, inserta unas fechas de principio y final que estén en la lista de ventas y guarda la consulta.

Consulta Málaga. Consulta con criterios por provincia del cliente

40. Realiza una consulta llamada **Consulta Málaga** que, al ejecutarse, muestre un listado de las ventas realizadas a clientes de la provincia de Málaga y que solamente muestre estos campos: **Nombre**, **Localidad**, **Importe** y **Fecha**.
Recuerda que el campo **Provincia** debe estar en la consulta pero no aparecer en el listado.
Importante: Recuerda tomar los campos de sus tablas originales.

Informe Málaga. Informe realizado a partir de una consulta

41. Haz un informe con los datos que aporta la consulta anterior. Llámalo Informe Málaga. Puede tener el formato que desees; por ejemplo, como muestra la siguiente imagen.
Si los datos no caben en el espacio disponible, edita el informe en vista Diseño y adecua el tamaño.

Informe Málaga

Nombre	Localidad	Importe	Fecha
Eugenia	Ronda		
		2.679,00 €	29-ene-14
		1.100,00 €	14-ene-14
Luis Carlos	Málaga		
		89,00 €	27-ene-14
		436,00 €	14-ene-14
Ricardo	Cártama		
		13,00 €	29-ene-14

42. Abre en vista diseño el **Informe Málaga**. En la cabecera del listado de clientes cambia el título **Nombre** por el de **Cliente**.
Recuerda que puede modificarse el nombre de los títulos pero no el de los campos.
Al finalizar, guarda los cambios del informe y cierra la base de datos.

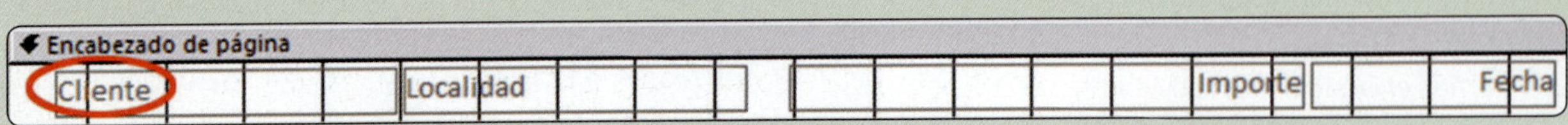

2. Botones de comando

Son botones que se insertan en los formularios y que al pulsarlos ejecutan la acción que se les asigne. Esas acciones pueden estar dentro del grupo de las predefinidas o ser el resultado de ejecutar una macro.

Al editar un formulario en vista Diseño, la cinta de opciones agrega la pestaña **Diseño** con varios grupos de opciones, entre ellos el de Controles. Entre los controles se encuentra el que se usa para crear un botón de comando.

Saber más

Un botón de comando predeterminado puede crearse con texto, con imágenes predeterminadas de Access o con imágenes seleccionadas por el usuario que sean del tipo mapa de bits.

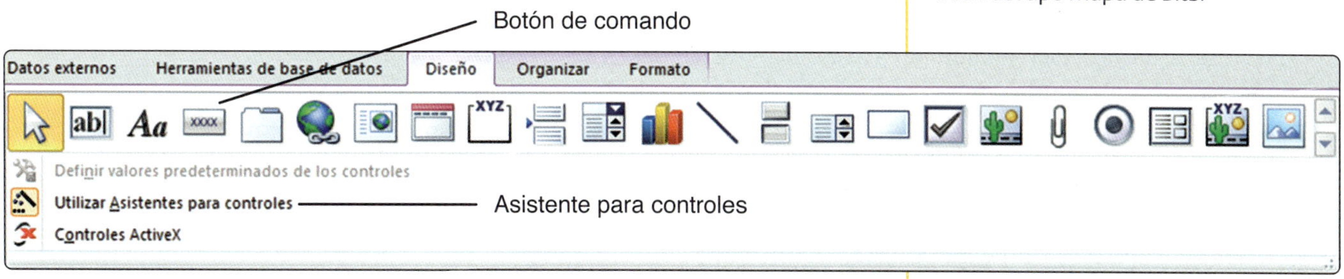

Para poder insertar y configurar un botón de comando mediante asistente, es necesario que esté seleccionado Usar asistentes para controles (ver imagen anterior).

Los botones también pueden crearse arrastrando una macro a un formulario sin utilizar ningún asistente. Microsoft Access 2010 permite además personalizar los botones que se hayan insertado en los formularios.

Caso práctico inicial

El uso de asistente para controles ayuda a la creación de botones de forma guiada y amigable para los usuarios.

Actividades resueltas (cont.)

En este ejercicio crearemos un **botón** en el **Formulario Ventas**. La función del botón será mostrar la vista previa del **Informe Málaga**.

43. Abre, si no lo está ya, la base de datos **Ventas** y a continuación abre el **Formulario Ventas** en vista Diseño.

44. Desplaza hacia abajo unas tres cuadrículas el Pie del Formulario, arrastrándolo con el ratón desde su parte superior. De esta manera haremos un espacio en el formulario para insertar un botón de Comando.

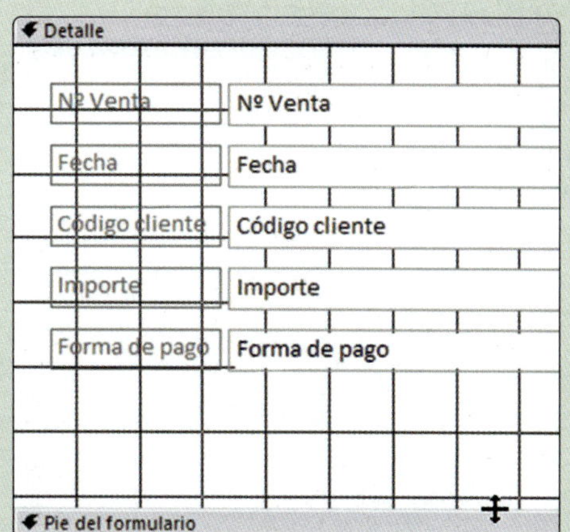

45. Con la pestaña **Diseño** activa, haz clic en **Botón**, del grupo **Controles**.

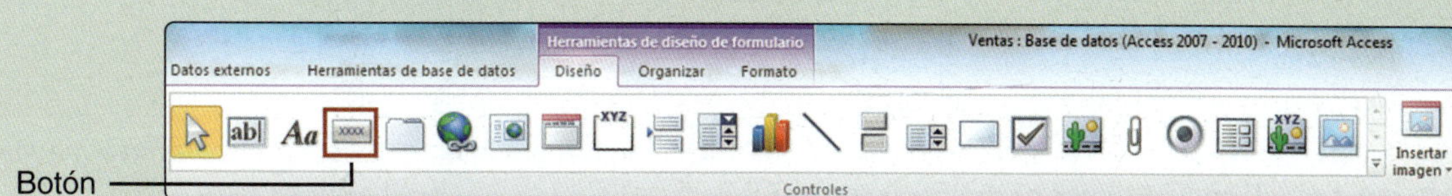

Actividades resueltas (cont.)

46. Una vez pulsado, el puntero del ratón cambiará de forma. Llévalo hasta el espacio que has dejado libre en el formulario y dibuja un rectángulo, que se quedará sombreado sobre la cuadrícula y con un nombre del tipo Comando "x".

47. Simultáneamente aparecerá el cuadro de diálogo **Asistente para botones de comando**. Como planteamos anteriormente, se desea que el botón abra la vista preliminar de un informe; por tanto, en Categorías seleccionamos **Operaciones con informes**, y en Acciones, **Vista previa del informe**. Hacemos clic en Siguiente.

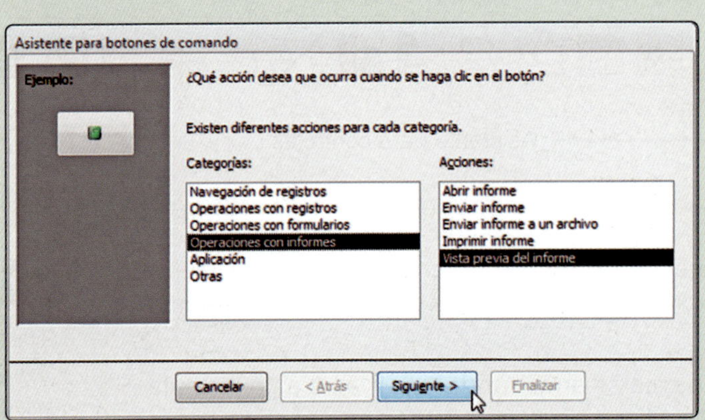

48. A la pregunta: ¿De qué informe desea obtener una vista previa con este botón de comando?, veríamos una lista de los informes que tenemos creados en la base de datos. En nuestro caso solamente hay uno, **Informe Málaga**. Lo seleccionamos. Clic en Siguiente.

49. ¿Desea incluir texto o una imagen en el botón? Deseamos incluir el siguiente texto, que se escribirá en el recuadro correspondiente: **Ventas a la provincia de Málaga**. Clic en Siguiente.

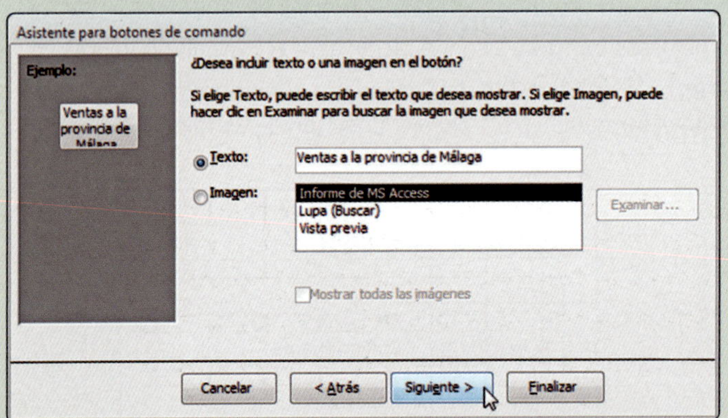

50. Se puede dar nombre al botón o dejar el predeterminado de Access. En nuestro caso dejaremos el que tiene por defecto. Clic en Finalizar.

51. Guarda los cambios al formulario y después muéstralo en vista Formulario. Si el texto del botón no aparece, puede ser por el color de la fuente. En ese caso cierra la vista preliminar y vuelve a la vista Diseño, selecciona el botón y elige otro color de fuente. El resultado final podría ser como el de la siguiente imagen.

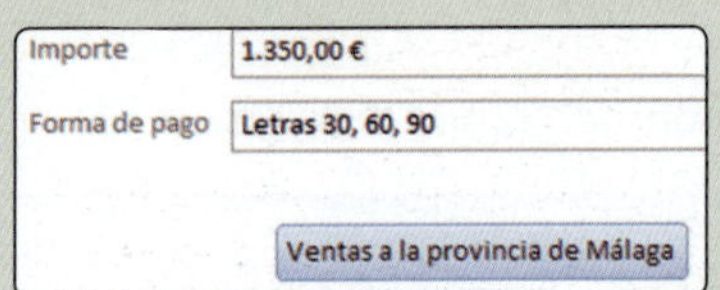

52. Comprueba qué ocurre al hacer clic en el botón que acabas de crear. Deberá abrirse la vista previa del **Informe Málaga**. Hecho esto puedes cerrar la base de datos y la aplicación.

3. Panel de control

El panel de control es un formulario con forma de menú que facilita la navegación por la base de datos. Una de las novedades de Access 2010 es que no incorpora el acceso a la creación del Panel de control desde la cinta de opciones. Para tenerlo, antes hay que personalizar la cinta de la siguiente manera:

Archivo ⟶ Opciones ⟶ Personalizar cinta. El resto de los pasos los aclaramos con esta imagen y las explicaciones que siguen.

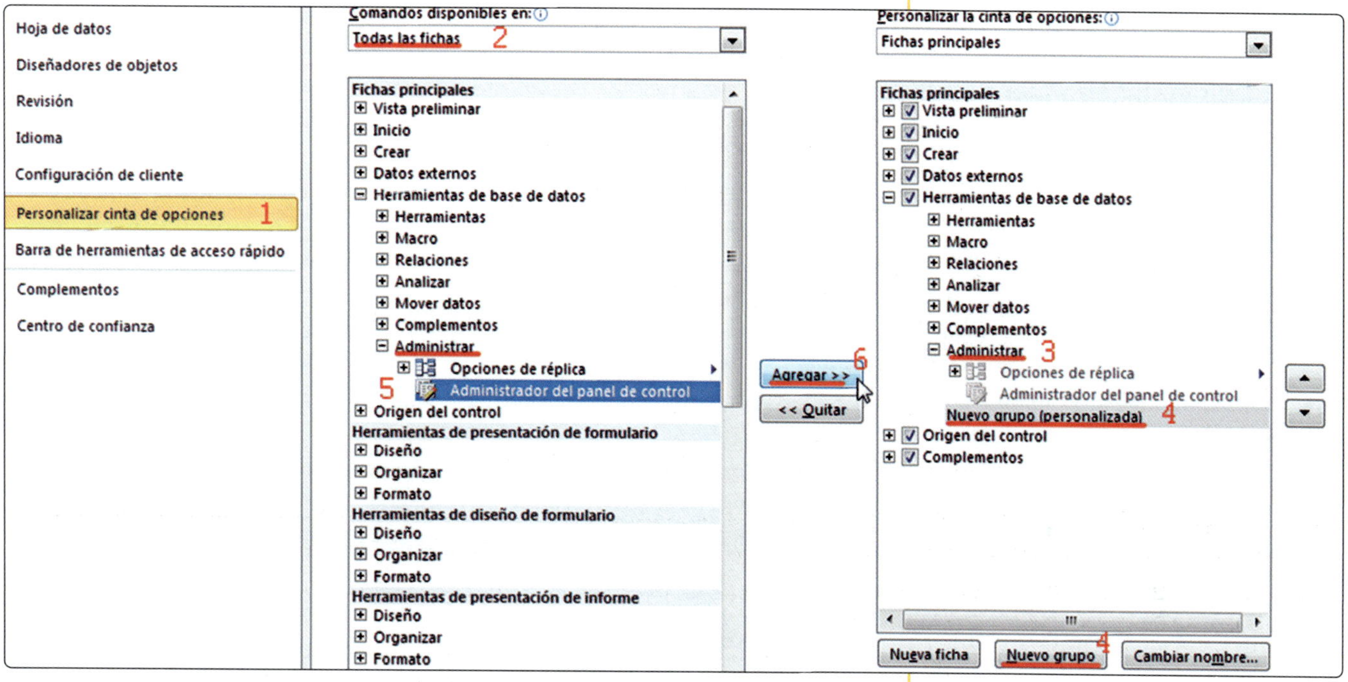

1. Seleccionar **Personalizar cinta de opciones**.
2. Seleccionar **Todas las fichas**.
3. Desplegar **Administrar**.
4. Hacer clic en **Nuevo grupo**. Al mismo tiempo, debajo de Administrar veremos que se agrega **Nuevo grupo (personalizado)**. A ese grupo se le podría cambiar el nombre en el botón Cambiar nombre, pero no es necesario.
5. Desplegamos Administrar. Se marca **Administrador del panel de control**.
6. Se hace clic en **Agregar**. Verificamos que el Administrador del panel de control ha quedado insertado en la columna de la derecha.

Por último, en esa ventana hacemos clic en el botón **Aceptar**.

Después de aceptar, tendremos un nuevo grupo en la cinta de opciones:

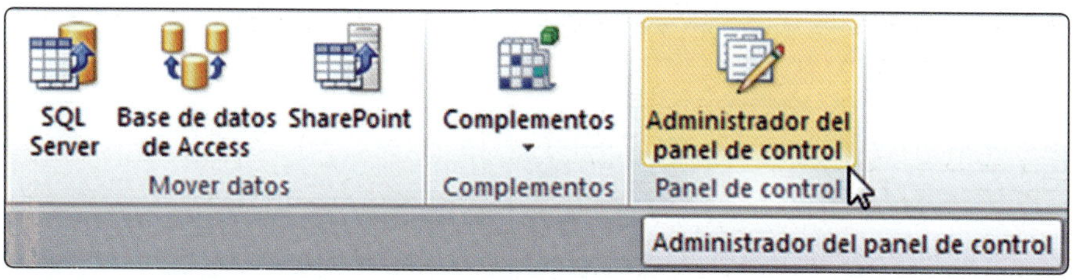

El panel de control se suele ejecutar al inicio, cuando se abre una base de datos. Mostrará una lista de acciones, mediante botones de control, que

Caso práctico inicial

Para que el Panel de control se muestre automáticamente al abrir una base de datos:

Archivo ⟶ Opciones ⟶ Base de datos actual ⟶ Opciones de la aplicación ⟶ Mostrar formulario.

En Mostrar formulario se selecciona **Panel de control**.

abrirán formularios e informes que hayan sido creados con anterioridad, imprimirán informes o cerrarán la aplicación.

Cuando se crea un panel de control, se muestran de manera automática dos nuevos objetos en el panel de objetos de la base de datos: una tabla llamada **Switchboard Items** y un formulario llamado **Panel de control**.

IMPORTANTE: en caso de tener que borrar y rehacer un panel de control, no basta con borrar ese formulario; es necesario borrar también la **tabla Switchboard Items**.

Actividades resueltas (cont.)

Creación de un panel de control

Vamos a elaborar un panel de control o menú para abrir distintos formularios e informes que hemos ido creando a lo largo de esta Unidad sobre la base de datos **Ventas.**

53. Por seguridad, antes de comenzar a elaborar el panel de control haremos una **copia de seguridad** de la base de datos: abre tu carpeta de actividades de esta Unidad. Haz clic con el botón secundario del ratón sobre la base de datos **Ventas**. Del menú emergente selecciona Copiar. Haz clic con el botón secundario del ratón en cualquier lugar vacío de esa carpeta y selecciona Pegar. Se creará una base de datos llamada **Ventas - copia**. Esta copia quedará guardada y seguiremos trabajando con **Ventas**.

54. Abre la base de datos **Ventas**. Tendrás que seguir **todos los pasos explicados en el epígrafe 3** para poder tener acceso a la creación del Panel de control desde la cinta de opciones.

55. Selecciona la pestaña **Herramientas de la base de datos**. Después haz clic en **Administrador del panel de control**. Se abrirá un cuadro de diálogo avisando de que no existe ningún panel de control y si se desea crear uno. Haz clic en **Sí**.

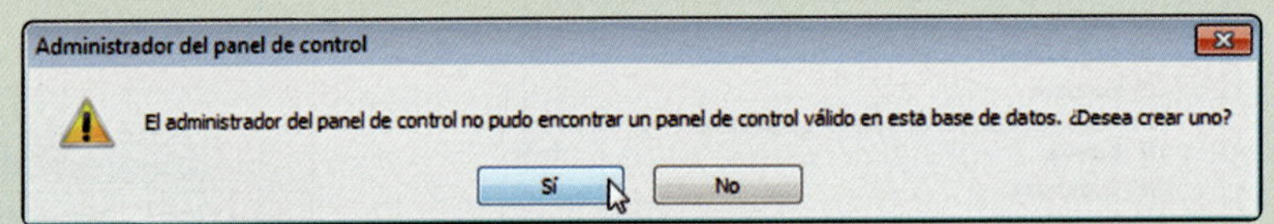

56. Se abre la ventana del Administrador del panel de control. Haz clic en **Modificar** para cambiar el nombre predeterminado de nuestro panel de control.

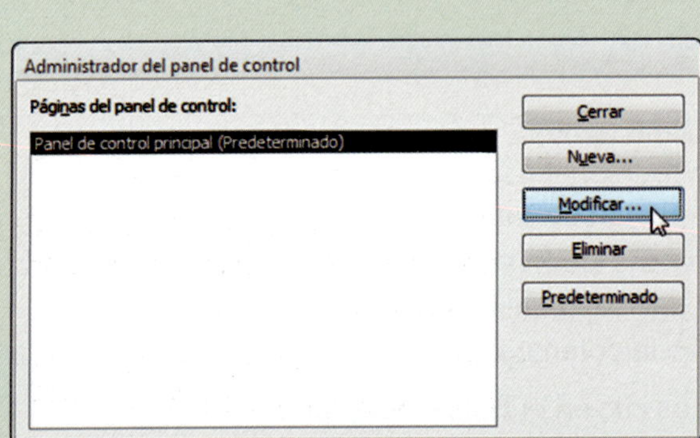

57. En la siguiente ventana pide darle un nombre a nuestro panel de control. Lo llamaremos **Ventas**. Haz clic en **Nueva**.

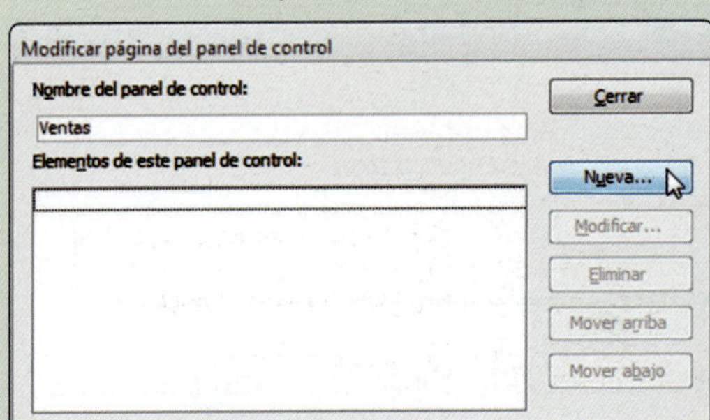

Actividades resueltas (cont.)

58. Primera línea del menú: un mensaje para que al hacer clic sobre él se pueda ver el **Formulario Clientes**. Configura la ventana como la de la imagen siguiente y luego haz clic en **Aceptar**.

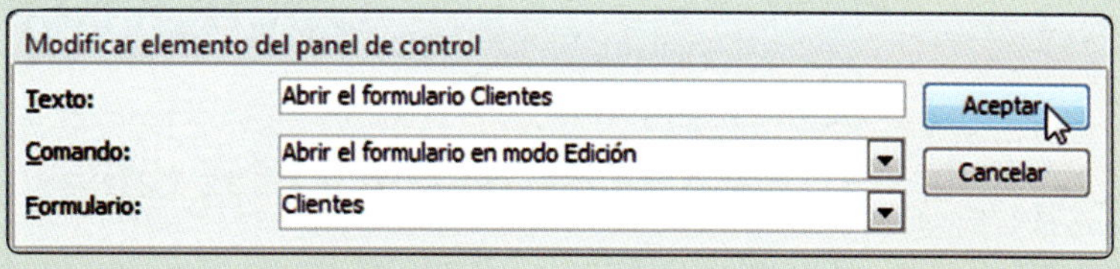

59. Segunda línea del menú: otro mensaje para poder **Agregar clientes en el Formulario Clientes**. En la siguiente ventana **Modificar página del panel de control** haz clic en **Nueva**. Después configura la nueva ventana como ves a continuación:

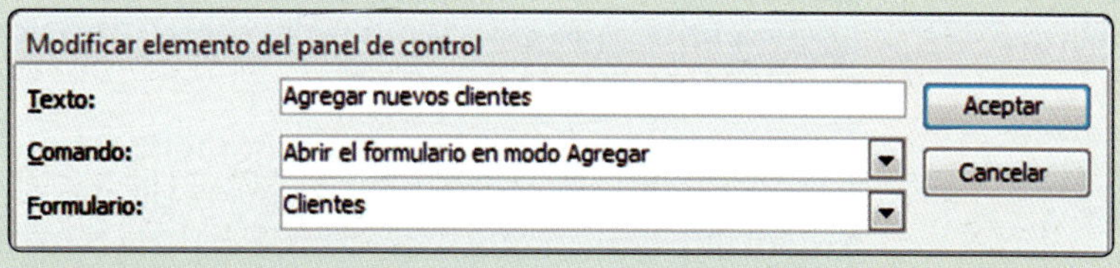

60. Tercera línea del menú: siguiendo el mismo procedimiento de los dos puntos anteriores, crea una nueva línea para **Abrir el informe Málaga**. Clic en **Aceptar**.

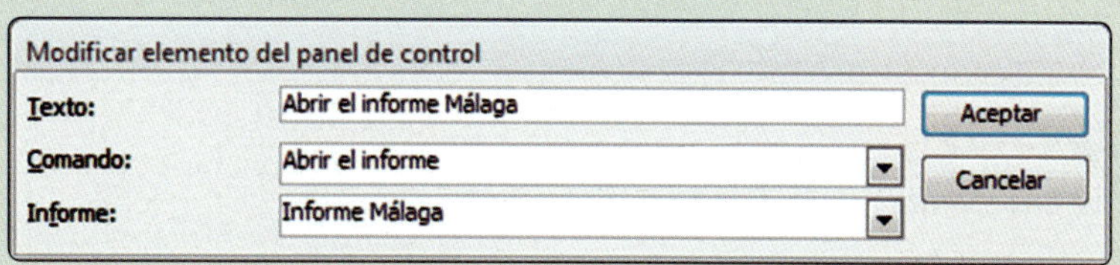

61. Cuarta línea del menú: y otra línea más para cerrar la aplicación. Aceptar.

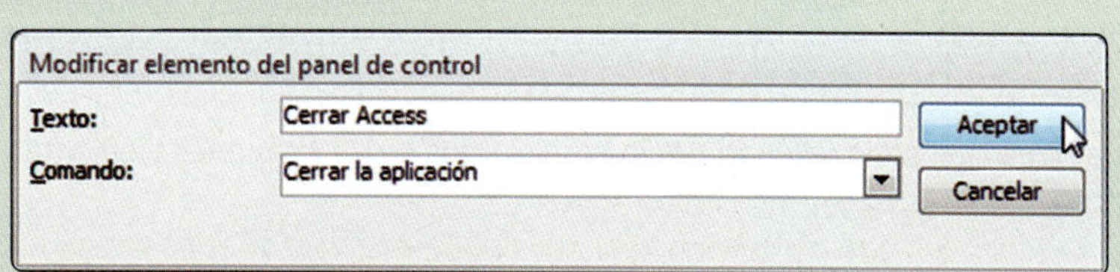

62. Cierra la ventana Modificar página del panel de control con el botón Cerrar. Cierra también la ventana Administrador del Panel de control con el botón Cerrar. Guarda los cambios. En el panel de **Objetos de la base de datos Ventas**, en el apartado Formularios, podrás ver el panel de control. Haz clic en él para ver lo que acabas de crear.

63. Recuerda que el Panel de control es un formulario más y que como tal se puede editar en vista Diseño para hacerle modificaciones, como por ejemplo, cambiar el ancho del título si no cabe todo el texto, cambiarle colores, etc.

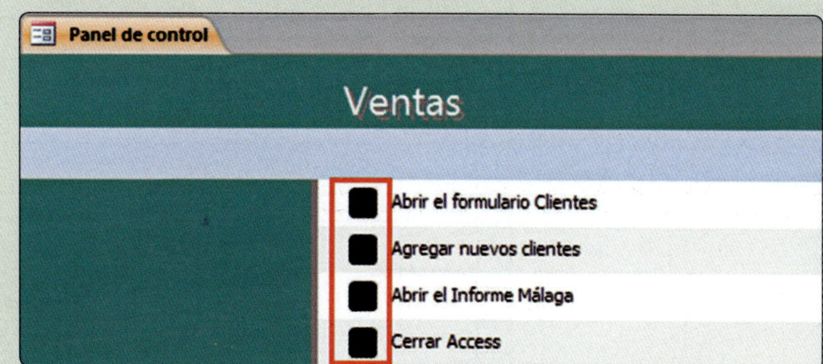

OpenOffice.org – Base II

1. Base de datos con varias tablas

Al igual que Access, OpenOffice.org Base es un *software* de gestión de bases de datos relacionales, solo que en este caso se trata de *software* libre. Por lo tanto, los principios básicos que hemos estudiado para Access son válidos también para Base: claves primarias y externas, relaciones, campos que pueden relacionarse, tipos de objetos que puede contener la base de datos, etc.

Partimos de los conocimientos adquiridos en la unidad anterior en lo que respecta a OpenOffice.org Base y el diseño de tablas. A partir de aquí y mediante actividades, construiremos una base de datos con varias tablas relacionadas y otros objetos, parecida a la que hemos diseñado en Access.

Recuerda

Para modificar el diseño de una tabla (ya creada y cerrada) en vista Diseño, haz clic con el botón secundario sobre el nombre de la tabla y elige Editar.

Actividades propuestas

1. Nombre de la base de datos: **Base Ventas**

Tipo: **Base de datos ODF**

Creación de la base de datos y las tablas

a) Crea con OpenOffice.org Base la base de datos **Base Ventas** y guárdala en la carpeta de actividades de esta Unidad.

b) Crea y configura las siguientes tablas, con las características que se especifican en la columna de la derecha.

Recuerda que esa columna no es necesario rellenarla, solo la utilizamos en las imágenes siguientes para dar instrucciones sobre cómo configurar cada campo.

Tabla **Clientes:**

	Nombre del campo	Tipo del campo	
🔑	Código cliente	Texto (fijo) [CHAR]	Longitud 3. Llave primaria
	Nombre	Texto [VARCHAR]	Longitud 15
	Apellidos	Texto [VARCHAR]	Longitud 30

Tabla **Flores:**

	Nombre del campo	Tipo del campo	
🔑	Código artículo	Texto (fijo) [CHAR]	Longitud 3. Llave primaria
	Nombre artículo	Texto [VARCHAR]	Longitud 20
	Precio	Real [REAL]	Formato: Moneda (€)

Tabla **Pedidos:**

	Nombre del campo	Tipo del campo	
🔑	Nº pedido	Entero minúsculo [TINYINT]	
	Fecha pedido	Fecha [DATE]	Formato: 31 de dic de 1999 (dd de mm de aaaa)
	Cantidad	Entero [INTEGER]	Entrada requerida: Sí
	Código cliente	Texto (fijo) [CHAR]	Longitud 3
	Código artículo	Texto (fijo) [CHAR]	Longitud 3

2. Relaciones

Del mismo modo en que lo hemos hecho en Access, se relacionan las tablas en OpenOffice.org Base. Para hacer las relaciones se accede desde el menú **Herramientas → Relaciones**.

Se mostrará la lista de tablas de nuestra base de datos y las iremos añadiendo al panel para luego relacionarlas.

Uniremos los campos comunes, arrastrando con el ratón el campo que es llave primaria hasta la tabla en donde es llave secundaria o externa.

Para asegurar que la base de datos esté dotada de integridad y libre de redundancias se debe hacer clic en la línea de cada relación y marcar las casillas **Actualizar cascada** y **Eliminar cascada**.

Caso práctico inicial

Un mismo campo que está en dos tablas puede relacionarse. Para ello, al configurar la tabla tiene que ser del mismo tipo en las dos tablas aunque tenga distinto nombre.

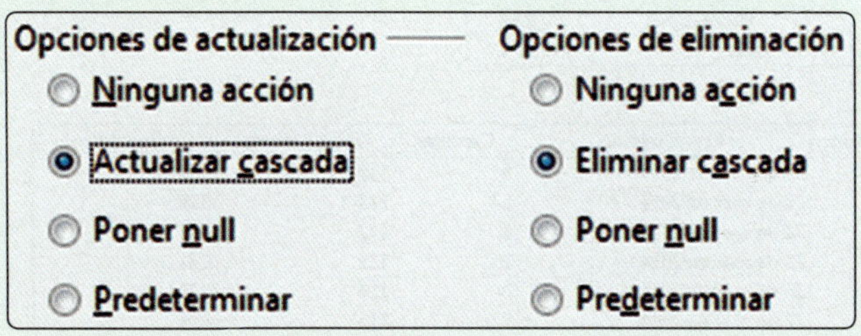

Actividades propuestas (cont.)

Relaciones

c) Has podido ver que hemos insertado en la tabla **Pedidos** las dos llaves primarias de **Clientes** y de **Flores** respectivamente.

En la tabla Pedidos ambos campos son llaves externas o secundarias y tienen que tener las mismas características que tienen en sus tablas originales.

d) Accede a **Relaciones** desde el menú **Herramientas.** Pulsa sobre las tres tablas para que se coloquen en el panel de Relaciones.

Relaciona cada campo llave primaria con su correspondiente de la tabla Pedidos.

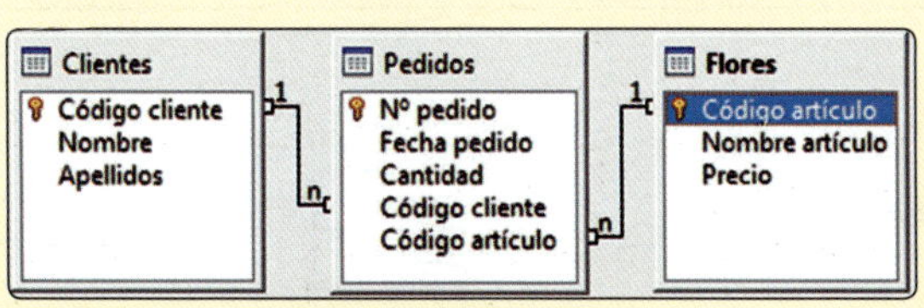

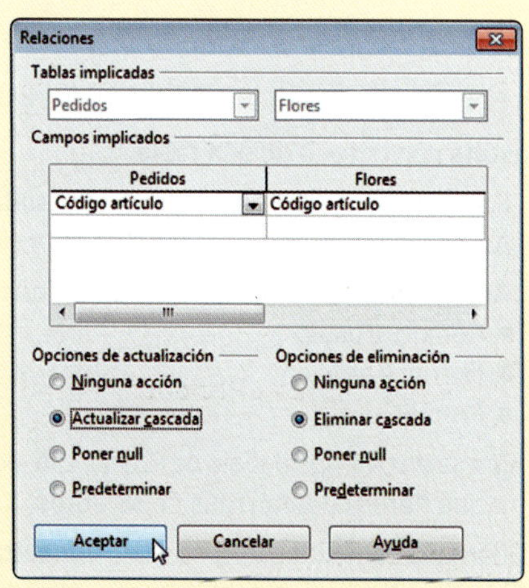

e) Haz doble clic sobre **cada línea** de relación (también se puede hacer clic con el botón secundario sobre la línea y elegir Editar).

En **Opciones de actualización**, deja marcado **Actualizar cascada**.

En **Opciones de eliminación**, deja marcado **Eliminar cascada**.

f) Al terminar de aplicar las reglas de seguridad a las relaciones, guarda sus cambios y ciérralas.

Actividades propuestas (cont.)

Introducir registros en las tablas

g) A continuación abre cada una de las tablas haciendo doble clic sobre su nombre en el panel principal e introduce los datos que te mostramos a continuación.
La última tabla que se debe rellenar es Pedidos, pues necesitamos tener Artículos (flores) y Clientes para poder anotar los pedidos.

Tabla **Clientes:**

Código cliente	Nombre	Apellidos
111	Antonio	Guzmán Padilla
112	Herminia	Toledo Rosas
113	Josefa	Yáñez Osorio
114	Miguel	Esteban Sánchez
115	Julia	Otero Valdivia

Tabla **Flores:**

Código artículo	Nombre artículo	Precio
A30	Rosas	50,00 €
A31	Claveles	20,00 €
B30	Gardenias	35,00 €
B31	Orquídeas	20,00 €
C30	Ranúnculos	30,00 €
C31	Iris	40,00 €

Tabla **Pedidos:**

Nº pedido	Fecha pedido	Cantidad	Código cliente	Código artículo
1	23 de mar de 2014	5	111	C30
2	23 de mar de 2014	12	113	B31
3	24 de mar de 2014	6	112	A31
4	25 de mar de 2014	10	111	C31
5	26 de mar de 2014	3	114	C30
6	27 de mar de 2014	5	115	B30
7	28 de mar de 2014	7	112	A30
8	29 de mar de 2014	2	111	B31
9	1 de abr de 2014	6	113	B30
10	3 de abr de 2014	8	113	A30

3. Consultas

Las consultas, como ya sabemos, son también tablas, que se utilizan para extraer información de una o más tablas o consultas de la base de datos. En OpenOffice.org Base se pueden crear en vista Diseño o con el Asistente.

Actividades propuestas (cont.)

Consulta con criterio de una tabla

h) Pulsa en **Consulta ⟶ Crear una consulta en modo de diseño**.
Agrega la tabla Flores (botón **Añadir**) y cierra la ventana.

i) Agrega los siguientes campos en la consulta, haciendo clic sobre ellos:
- Código artículo
- Nombre artículo
- Precio

j) Agrega en criterios debajo de Precio: **>30**, pues queremos que la consulta nos muestre qué flores cuestan más de 30 euros.

k) Guarda la consulta con el nombre **Consulta superior a 30**.
Ciérrala y ábrela con doble clic en su nombre para ver los resultados.

Campo	Código artículo	Nombre artículo	Precio
Alias			
Tabla	Flores	Flores	Flores
Orden			
Visible	☑	☑	☑
Función			
Criterio			> 30

Actividades propuestas (cont.)

Consulta de varias tablas con criterio

l) Ahora vamos a crear una consulta para saber qué ramos de flores se han vendido entre el 23 y el 25 de marzo y a qué clientes. Queremos que la consulta muestre los siguientes campos: **Nombre** y **Apellidos** del cliente, **Cantidad** de ramos pedidos, **Fecha** del pedido, **Nombre de la flor** y **Precio**.

Solo te indicamos que el criterio a introducir tiene el mismo formato que en Access y que el resultado de la consulta será el siguiente (suponiendo que has introducido en las tablas los mismos registros que te indicamos en su momento.

El nombre de la consulta será **Consulta por fechas**. Al terminar guarda la consulta y comprueba los resultados, después ciérrala.

Nombre	Apellidos	Cantidad	Fecha pedido	Nombre artículo	Precio
Antonio	Guzmán Padilla	5	23 de mar de 2014	Ranúnculos	30,00 €
Josefa	Yáñez Osorio	12	23 de mar de 2014	Orquídeas	20,00 €
Herminia	Toledo Rosas	6	24 de mar de 2014	Claveles	20,00 €
Antonio	Guzmán Padilla	10	25 de mar de 2014	Iris	40,00 €

4. Formularios

Los formularios se crean igualmente en modo Diseño o utilizando el Asistente para formularios. Podemos elegir entre distintos estilos de los que vienen predeterminados y también cambiar los colores y tamaños de la fuente, etc.

Actividades propuestas (cont.)

Formularios

m) Vamos a crear un formulario para cada una de las tablas originales de nuestra base de datos, con todos sus campos.

A la izquierda marcamos Formularios y después **Usar el asistente para crear un formulario**.

n) Elige la tabla Clientes, pasa todos los campos a la derecha de la ventana y pulsa Siguiente hasta llegar al punto 5, en donde nos pedirá **Organizar campos de control**. Ahí elegimos la disposición del formulario principal, que será la primera de todas, llamada **En columnas - etiquetas a la izquierda**. Pasamos el punto 6 sin modificar nada. En el punto 7 aplicamos el estilo **Azul hielo** en **3D**. En el punto 8 le dejamos el mismo nombre de su correspondiente tabla, así que nuestro formulario se llamará **Clientes**. Finalizar.

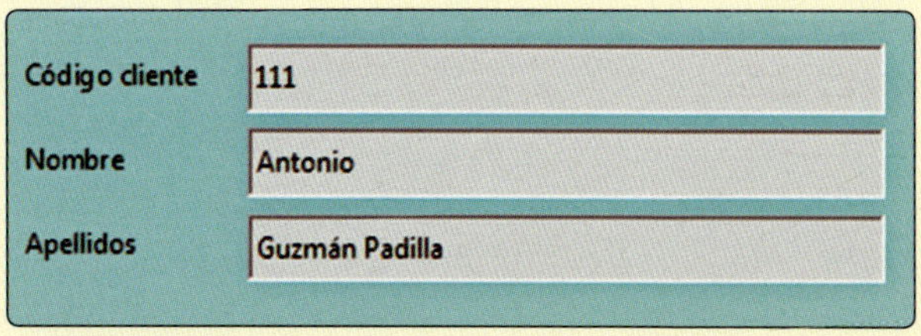

o) Siguiendo los mismos pasos, crea un formulario para la tabla **Flores** y otro más para la tabla **Pedidos**. Todos ellos **En columnas – etiquetas a la izquierda**.

p) Aplica a los dos nuevos formularios los estilos que desees y guárdalos con los mismos nombres que sus correspondientes tablas. Cierra todos los objetos abiertos y cierra OpenOffice.org Base.

5. Informes

Los informes, al igual que las consultas, nos muestran información sobre la base de datos, que puede ser de tablas completas o de campos de distintas tablas o consultas.

Generalmente para informes con campos de distintas tablas en primer lugar se crea la correspondiente consulta y a partir de ella se crea el informe. A los informes se les puede diseñar un formato concreto, insertarles membrete o imágenes, imprimirlos, cambiar tamaño y colores de fuente, etc.

Actividades propuestas (cont.)

Informes

q) Como ya tenemos diseñadas dos consultas, vamos a hacer el informe de una de ellas, **Consulta superior a 30**.

r) Selecciona Informes a la izquierda de la pantalla principal de Base. Después Usar el asistente para crear un informe. Elige la **Consulta superior a 30** y pasa a la derecha todos sus campos. Pulsa Siguiente hasta llegar al paso 5: en diseño de datos elegimos el primero, **Azul y rojo – alineado a la izquierda**. En el mismo paso 5, en Diseño de encabezados y pies de página, escogemos **Burbujas**.

s) En el punto 6, el nombre del informe será **Informe superior a 30**. Finalizar.

t) Ahora vamos a modificar el diseño del informe. Pulsa con el botón secundario del ratón sobre el **Informe superior a 30** y elige **Editar**. En el encabezado aparece Autor y la fecha en que ha sido creado. Elimina esas dos etiquetas y escribe en su lugar **Ramos superiores a 30 €**, con fuente de color rojo.

u) Guarda los cambios del informe y cierra la vista en modo diseño.

v) Haz doble clic sobre el nombre del informe en la ventana principal de la aplicación y el resultado podrá ser muy similar al siguiente:

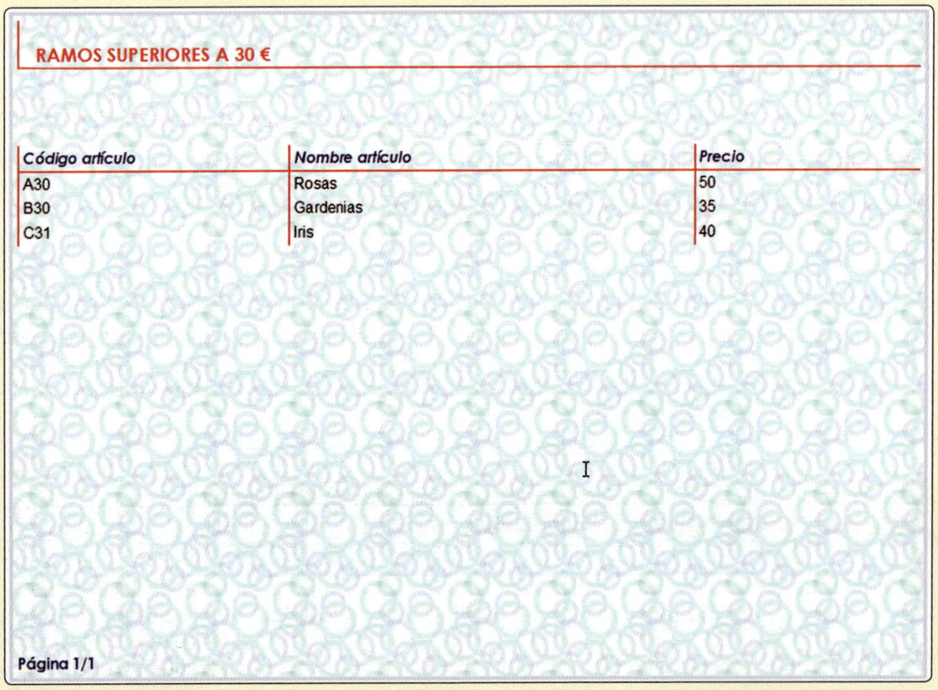

RAMOS SUPERIORES A 30 €

Código artículo	Nombre artículo	Precio
A30	Rosas	50
B30	Gardenias	35
C31	Iris	40

Página 1/1

w) Con todos los objetos ya guardados, puedes cerrar el informe y también OpenOffice.org Base.

PRÁCTICA PROFESIONAL

Base de datos para una biblioteca

Objetivos

- Crear una base de datos de varias tablas para gestionar los libros, socios y préstamos que se realizan en una biblioteca.
- Seleccionar clave principal para cada tabla.
- Relacionar las tablas cumpliendo reglas de Integridad referencial, Actualización en cascada de campos y Eliminación en cascada de registros.
- Agregar registros a cada tabla.
- Diseñar y modificar diseño de formularios.
- Hacer consultas con criterios.
- Realizar informes a partir de consultas.
- Agregar botones de comando a formularios.
- Diseñar un panel de control que se inicie al abrir la base de datos.

Instrucciones

Crea y gestiona una base de datos llamada Biblioteca con los objetos y características que se irán indicando en la exposición de esta actividad.

1. **Tablas, claves principales, relaciones y registros**
   - Diseña las tablas, selecciona las claves principales, haz las relaciones y completa los registros teniendo en cuenta los datos que se muestran a continuación.

Tabla: **LIBROS**

Código libro	Título	Autor	Editorial
111	Jardines	María Gorroño	Alfarera
112	El mundo maya	Joe Terrier	Turín
113	Flora andaluza	Jorge Torres	Alameda
114	El enano	Juana Sur	Turín

Propiedades tabla LIBROS
Código libro: texto tamaño 3.
Título: texto tamaño 20.
Autor: texto tamaño 15.
Editorial: texto tamaño 12.

Tabla: **SOCIOS**

N.º Socio	Nombre	Apellidos	Teléfono	Localidad
1	José	García Ruiz	615231512	GRANADA
2	María	Martos Pérez	958141516	GRANADA
3	Ernesto	Jiménez Arco	616191920	JAÉN
4	Emilia	Moreno López	666202122	GRANADA

Propiedades tabla SOCIOS
N.º Socio: Autonumeración.
Nombre: texto tamaño 15.
Apellidos: texto tamaño 30.
Teléfono: tipo, tamaño y máscara adecuados para que aparezcan números como en este ejemplo: 619-23-45-67.
Localidad: tamaño 15, valor predeterminado GRANADA.

Tabla: **SOCIOS**

Cód. préstamo	Cód. Socio	Cód. Libro	Fecha préstamo	Fecha devolución
1	1	111	25-4-11	30-4-11
2	4	111	15-4-11	15-5-11
3	3	112	12-4-11	
4	2	111	20-4-11	28-4-11
5	1	114	12-5-11	
6	3	113	13-5-11	20-5-11

Propiedades tabla PRÉSTAMOS
Cód. préstamo: Autonumeración.
Cód. Socio: elegir el tipo y el formato adecuados.
Cód. Libro: elegir el tipo y el formato adecuados.
Fecha préstamo: fecha corta.
Fecha devolución: fecha corta.

2. **Formularios**

- Realiza un formulario para cada una de las tablas de la base de datos Biblioteca. Los nombres de los formularios serán idénticos a los de las tablas que les corresponden.

3. **Botones de comando**

- Inserta un botón de comando en el formulario Préstamos para agregar nuevos préstamos. El botón será de tipo texto.
- Introduce cinco nuevos préstamos realizados durante el mes de mayo de 2014, utilizando para ello el botón de comando que se ha creado en el punto anterior.

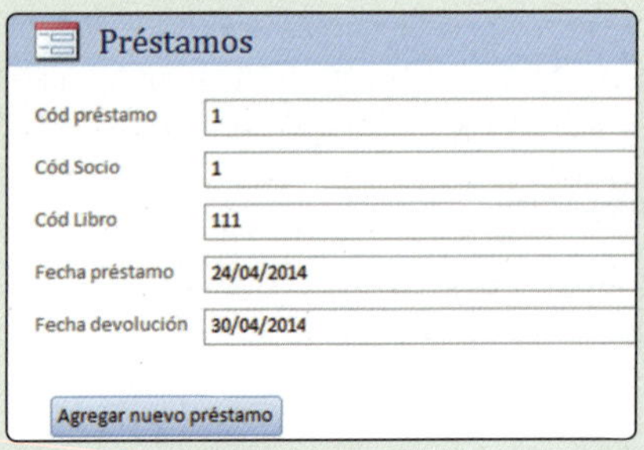

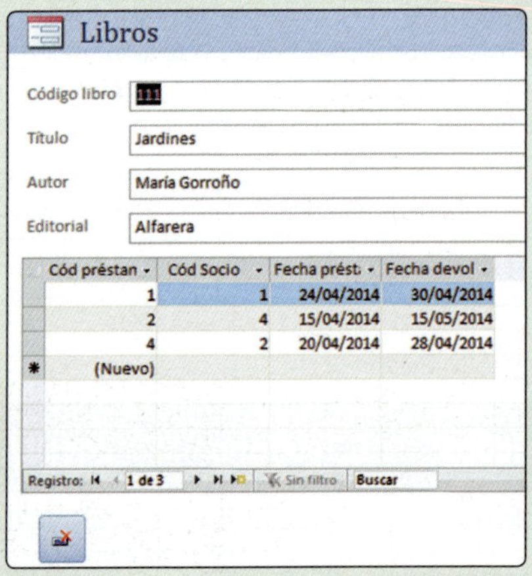

- Inserta un botón de comando en el formulario Libros que permita eliminar un registro. El botón se hará con una imagen predeterminada de la base de datos.

4. Consultas

- Haz una consulta, llamada Consulta fechas de préstamo, que muestre: nombre y apellidos de socios, título del libro y fecha en que se realizó el préstamo.
- Haz una consulta, llamada Consulta abril, que muestre los mismos campos que en el punto anterior pero únicamente los registros correspondientes a préstamos que se realizaron durante el mes de abril de 2014.
- Haz una consulta que muestre nombre y apellidos de socios, título de libros y fecha de préstamo en la que el usuario pueda elegir qué nombre de socio desea consultar: Consulta con criterio elegido por el usuario.

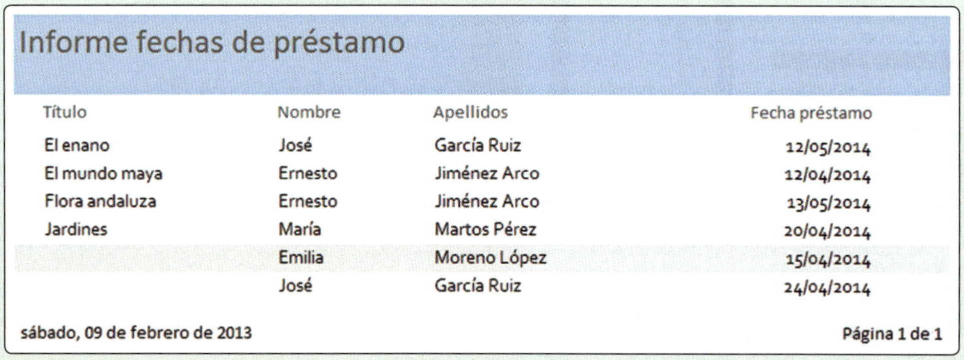
Informe fechas de préstamo

Título	Nombre	Apellidos	Fecha préstamo
El enano	José	García Ruiz	12/05/2014
El mundo maya	Ernesto	Jiménez Arco	12/04/2014
Flora andaluza	Ernesto	Jiménez Arco	13/05/2014
Jardines	María	Martos Pérez	20/04/2014
	Emilia	Moreno López	15/04/2014
	José	García Ruiz	24/04/2014

sábado, 09 de febrero de 2013 — Página 1 de 1

5. Informes

- Realiza un informe partiendo de la Consulta fechas de préstamo. El informe se llamará Informe fechas de préstamo. Ver los datos por libros, con el nivel de agrupamiento predeterminado y sin criterio de ordenación. Distribución en bloque y orientación vertical. Estilo módulo.
- Modifica todos los campos del formulario para que se muestren en formato de fuente Corbel, tamaño 11.

6. Panel de control

- Realiza un panel de control que se inicie al abrir la base de datos Biblioteca.
  - Mediante el panel se podrá:
  - Abrir el formulario Libros en modo agregar.
  - Abrir el formulario Socios en modo agregar.
  - Abrir el formulario Préstamos en modo edición.
  - Ver el informe por fechas de préstamo.
  - Cerrar la aplicación.
- Modifica el panel de control para que las líneas del menú tengan una fuente Calibri 11 color granate.

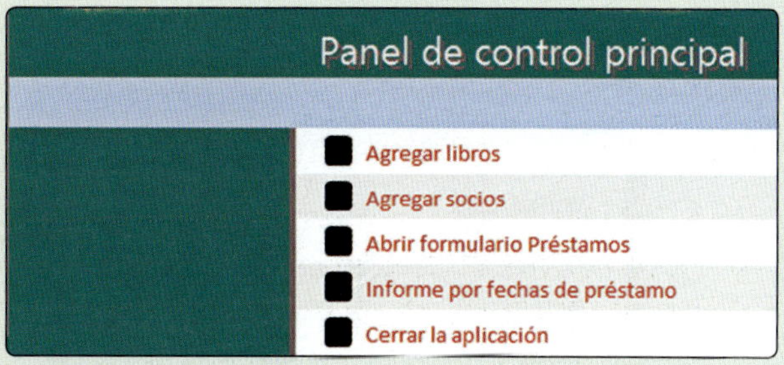

16 Presentaciones multimedia

Vamos a conocer...

1. Presentaciones multimedia
2. Microsoft PowerPoint 2010

SOFTWARE LIBRE

OpenOffice,org – Impress

PRÁCTICA PROFESIONAL

Desarrollo de una presentación multimedia

Y al finalizar esta unidad...

- Sabrás planificar el diseño de una presentación para que resulte útil y agradable.
- Podrás aplicar animaciones a objetos y efectos de transición a las diapositivas.
- Insertarás o incrustarás elementos de audio y vídeo.
- Podrás utilizar temas y plantillas en el diseño de las presentaciones.
- Realizarás presentaciones adecuadas al tipo y número de personas a quienes van dirigidas.

Caso práctico inicial

Situación de partida

Al terminar tus estudios de formación profesional decidiste crear y gestionar tu propia empresa. Actualmente es un pequeño y próspero negocio en crecimiento. Acabas de recibir la invitación para participar como ponente en unas jornadas sobre autoempleo que organiza el ayuntamiento de tu localidad, para que cuentes tu experiencia. Tomando como base documentos y fotografías de tu recorrido empresarial, comienzas a redactar el texto de tu ponencia, que decides ilustrar con una presentación con diapositivas.

Estudio del caso

Una vez que hayas completado el estudio de esta unidad de trabajo, serás capaz de realizar una presentación multimedia.

1. Hay muchas cosas que contar desde la concepción de la idea de creación del negocio: el plan de viabilidad, adecuación del local, solicitud de subvenciones, trámites administrativos, captación de clientes, publicidad, seguridad...
   - ¿Qué idea pretendo transmitir?
   - ¿Qué número de diapositivas se considera óptimo?
   - ¿Cuánta de esa información puedo insertar en las diapositivas?
2. Se espera la asistencia de entre 200 y 300 personas, principalmente jóvenes que han terminado sus estudios profesionales o universitarios, aunque también hay una lista de personas que envían las oficinas de empleo e incluso algunos profesionales y empresarios que patrocinan y organizan el evento.
   - ¿Qué temas o plantillas convienen para un acto de este tipo?
   - ¿Qué tipo y tamaño de fuente se debe utilizar para exponer la presentación en una sala grande?
   - ¿Qué animaciones de objetos puedes o debes utilizar?
   - ¿Es conveniente evitar las animaciones por completo o en cambio es preferible utilizar muchas animaciones para atraer la atención del público?
   - ¿Las animaciones deben configurarse para ser ejecutadas mediante clic de ratón?
   - ¿Debería utilizar una música de fondo o no es conveniente en este caso?
3. Puesto que se trata de exponer todo el proceso de idea y creación de una empresa y su explotación posterior, se requiere tu explicación verbal de cada una de las diapositivas, considerando cada una de ellas como un punto del índice de los temas que deseas exponer.
   - ¿Qué tipo de transición se debería utilizar: automática por tiempo o con clic de ratón?

1. Presentaciones multimedia

Se entiende como presentación multimedia el conjunto de imágenes, vídeos y otros objetos presentados en forma de diapositivas que se preparan por lo general para ser mostradas en la pantalla de un ordenador o para ser proyectadas sobre una pantalla con el objeto de informar o entretener.

1.1. Planificación

Antes de elaborar una presentación con diapositivas es necesario planificar el trabajo y hacerse un esquema mental o escrito del orden en el que se mostrarán las diferentes diapositivas o transparencias, el contenido de cada una de ellas, los hipervínculos que debemos introducir, el tiempo de exposición de cada diapositiva, si el avance de diapositivas será manual o automático, si introduciremos sonidos o música o si la exposición irá acompañada de explicaciones verbales. En general, podríamos resumirlo así:

- **El objetivo o idea que se pretende transmitir.** Debemos pensar en cuáles son las ideas y las impresiones que deseamos transmitir: vender, animar, recordar, divertir, reflexionar...
- **De qué forma se pretende hacer la exposición.** De forma secuencial o cronológica, por temas, partiendo de una idea general para llegar a una particular o a la inversa, comentada por orador o con explicaciones incluidas en la propia presentación, etc.
- **A qué tipo de personas va dirigida.** Por ejemplo, dentro del campo profesional o empresarial, al alumnado de una universidad, instituto o escuela infantil, a la familia o amistades, etc.

Caso práctico inicial

En una presentación se considera idóneo el número de diapositivas mediante el cual se consigue transmitir la idea que se pretende. Para ello se ha de utilizar un conjunto de imágenes, objetos y textos representativos del total de la información.

Recuerda

El conjunto de diapositivas que componen una presentación debe tener un diseño homogéneo y adecuado al tipo de personas al que van dirigidas.

1.2. Aspectos formales de una presentación

- **Imágenes.** Las imágenes que se utilicen han de ser de buena calidad y mantener sus proporciones originales. Se debe adaptar un espacio a la imagen y no adaptar la imagen al espacio disponible.
- **Música.** Es necesario que exista una armonía entre la idea que se transmite y el tipo de música que se inserta.
- **Transición entre diapositivas.** La transición entre una diapositiva y otra podrá ser manual o automática. En el segundo caso debe ser suficiente para que el receptor pueda captar la idea, mientras que un tiempo de espera excesivo le haría perder el interés.
- **Contenido.** No es conveniente introducir mucho contenido en una sola diapositiva. Las presentaciones han de ser esquemáticas y no recargadas. Si es necesario, el contenido de una diapositiva puede dividirse en varias sucesivas. En cuanto al texto, cabe decir que «una imagen vale más que mil palabras».
- **Armonía.** Toda la presentación debe tener en su conjunto un diseño agradable y armónico, evitando sobresaltos en las transiciones y en la animación de imágenes y otros objetos.

Caso práctico inicial

La fuente de texto utilizada debe ser nítida y de un tamaño apropiado para facilitar su lectura. Se deben evitar párrafos enteros en cursiva, mayúscula o con fuentes de formas complicadas.

2. Microsoft PowerPoint 2010

El contenido de esta parte de la unidad está dirigido a realizar presentaciones con diapositivas mediante la aplicación PowerPoint, del paquete ofimático Microsoft Office 2010.

2.1. Interfaz y acceso

Se accede al programa desde el botón Iniciar ⟶ Todos los programas ⟶ Microsoft Office ⟶ Microsoft PowerPoint 2010.

Las herramientas, pestañas y botones tienen la misma disposición que el resto de aplicaciones de Microsoft Office 2010 que has estudiado. Las diferencias propias del programa las iremos estudiando sucesivamente.

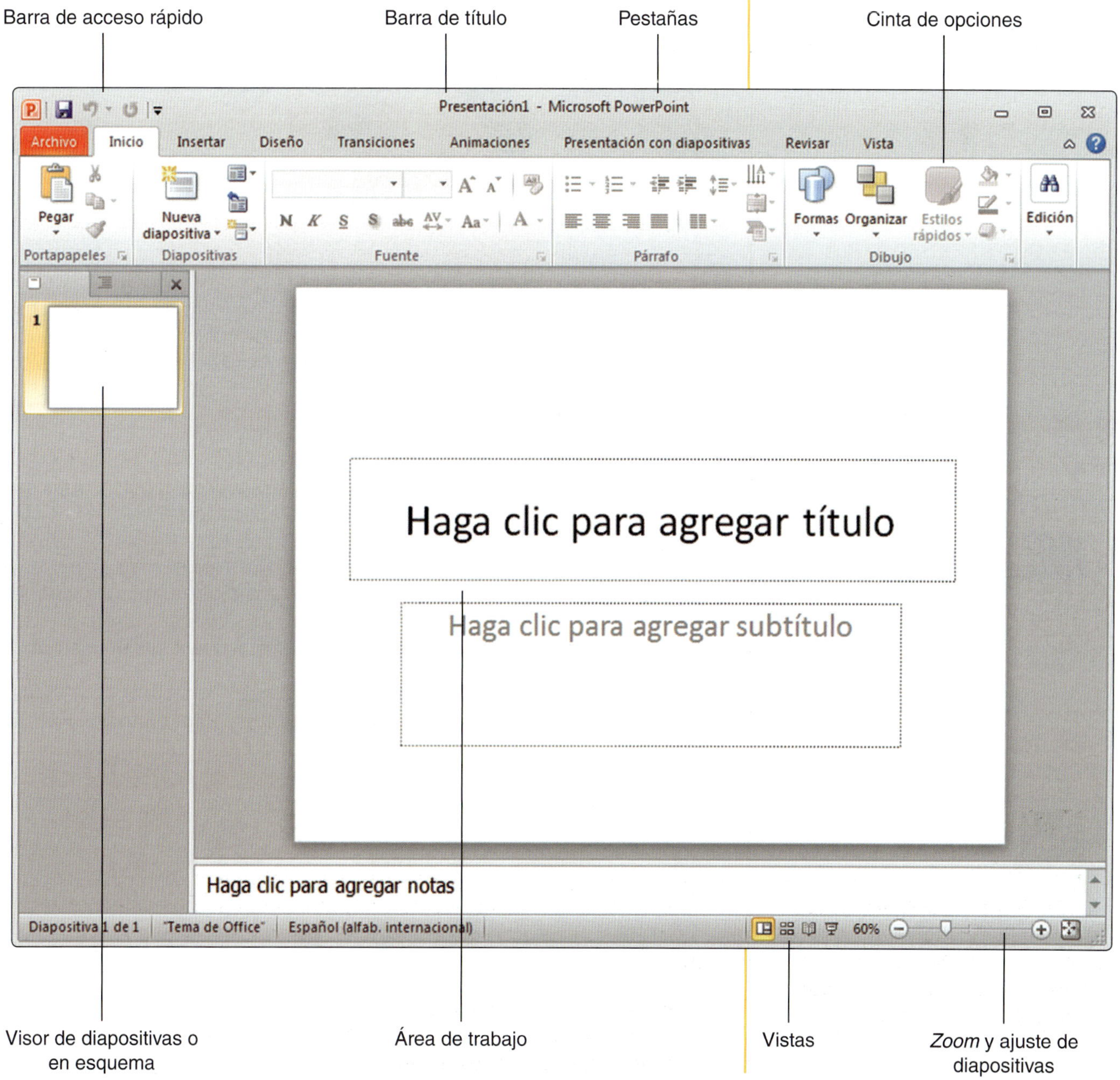

Plantillas de Ejemplo.

2.2. Crear una presentación

Al abrir PowerPoint se muestra una presentación en blanco lista para el diseño. En el centro está la diapositiva en blanco, a la izquierda una miniatura de la misma. A medida que se van creando diapositivas para la presentación, siempre tendremos una en el área de trabajo y su miniatura activa a la izquierda, como puedes observar en la imagen siguiente:

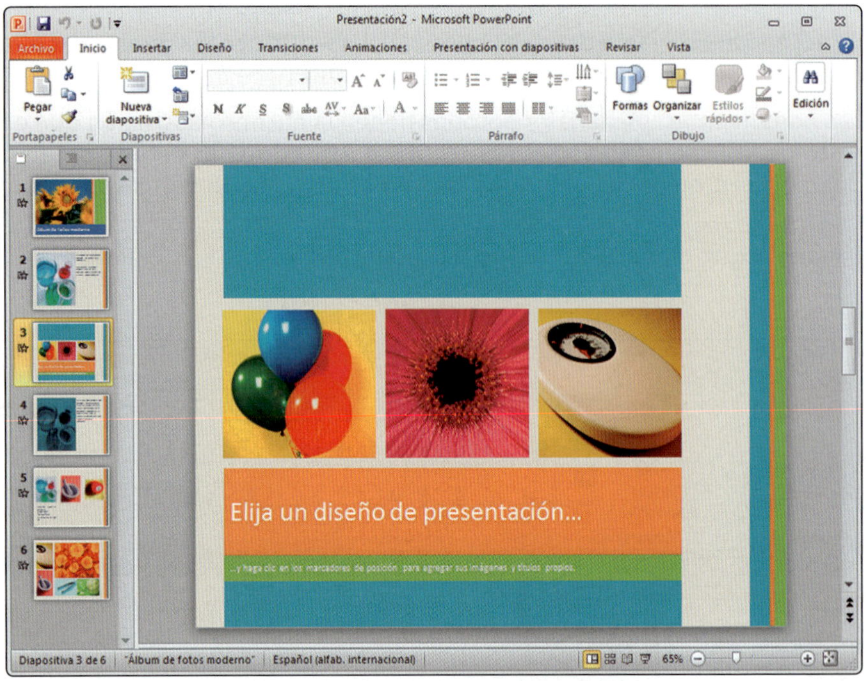

2.2.1. Crear una presentación con plantilla

Una presentación puede crearse utilizando las plantillas, temas y otras categorías de diapositivas que se instalan con la aplicación. Para ello hay que pulsar en el menú **Archivo ⟶ Nuevo**.

Plantillas *online* sobre niños.

Desde la página oficial de Microsoft Office o desde otros sitios de internet pueden descargarse otras plantillas y temas. En la siguiente imagen puedes ver cómo empezar a crear una presentación con las plantillas de ejemplo.

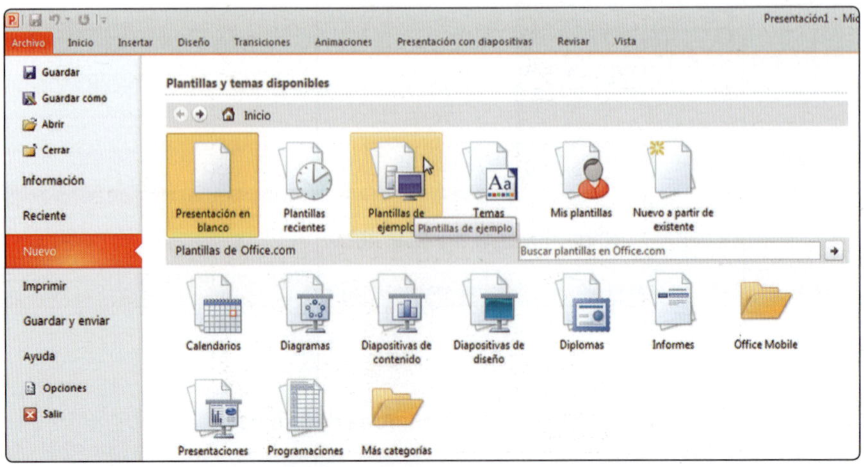

2.2.2. Crear una diapositiva nueva

Se hace clic en la pestaña **Inicio** y a continuación en la parte inferior del botón **Nueva diapositiva**, con lo cual se abrirá una lista con imágenes ilustrativas de los diseños que representan; incluso de diapositiva en blanco, que no contiene ningún diseño previo de títulos ni de objetos. Si en cambio se pulsa en la parte superior del botón **Nueva diapositiva**, se creará una nueva con el diseño de **Título y objetos**.

Cuando esa nueva diapositiva se crea sobre una presentación con plantilla, la lista se muestra de igual manera aunque con las características de su plantilla, como en el siguiente ejemplo de Plantilla de diseño **Álbum de fotos moderno**.

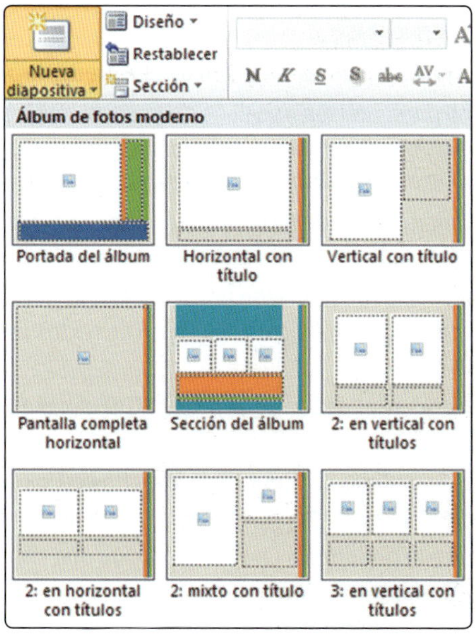

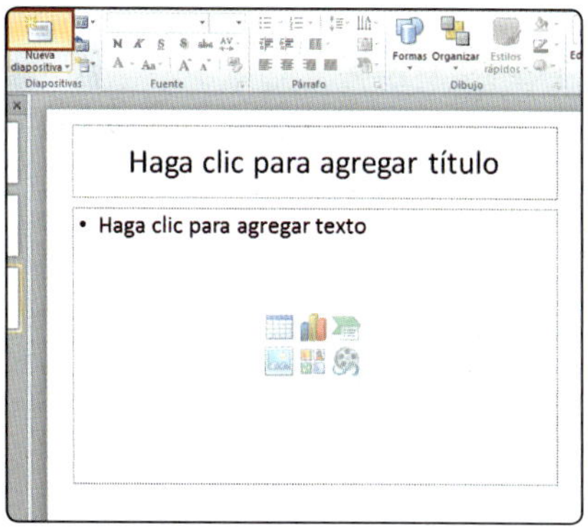

Diapositiva que se abre al pulsar sobre la **parte superior** de Nueva diapositiva.

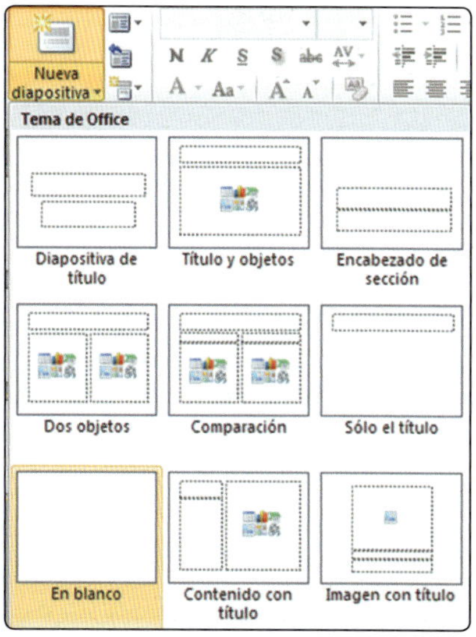

Diapositiva que se abre al pulsar sobre la **parte superior** de Nueva diapositiva.

Caso práctico inicial

Al realizar una presentación se puede elegir una plantilla cuyo diseño se adapte al tema que se debe exponer y a las personas que asistirán a su exposición.

Saber más

En la imagen lateral están todos los tipos de archivo que pueden guardarse con PowerPoint.

Junto a cada tipo se muestra la extensión que tendrá el archivo. Las más comunes son **.pptx**, que muestra las diapositivas en edición y **.ppsx**, que las muestra en modo presentación.

Recuerda

Si quieres ver las **extensiones de los archivos**, abre una carpeta y en Organizar ⟶ Opciones de carpeta y búsqueda ⟶ Ver ⟶ desmarca Ocultar extensiones...

2.3. Guardar una presentación

La presentación, al igual que en el resto de aplicaciones de Microsoft Office que se han estudiado, se puede guardar desde el menú **Archivo ⟶ Guardar** como, que permite, entre otras cosas, guardarla en versiones antiguas.

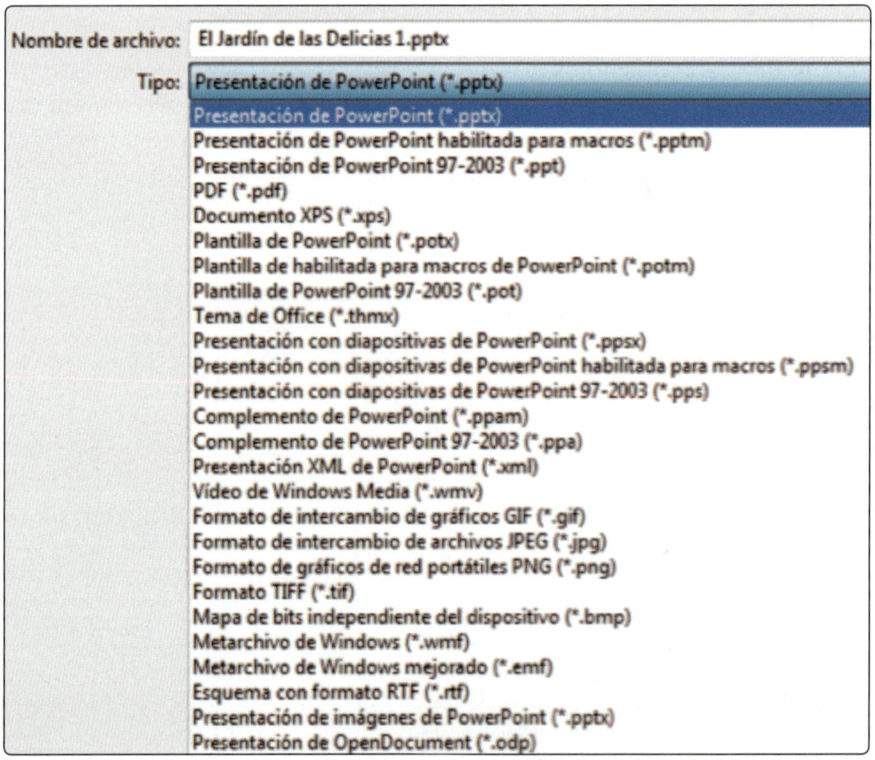

Actividades propuestas

1. Nombre del documento: **Teoría PowerPoint**

Tipo: **Documento de Word**

En un documento de Word que guardarás con el nombre indicado, escribe las siguientes preguntas y sus respuestas:

a) ¿Por qué es importante planificar el diseño de una presentación con diapositivas?

b) Si has de hacer una presentación y ya tienes varios objetos insertados en una diapositiva en la quieres poner también una foto más ancha que alta, pero el espacio que te queda es más alto que ancho, ¿qué harás para insertar esa foto?

c) ¿Sabes de qué manera se puede reducir una imagen de tamaño en una diapositiva para que no varíen sus proporciones reales?

d) Si deseas insertar en una presentación una diapositiva nueva que esté completamente en blanco, sin ningún diseño de objetos ni de textos predeterminado, ¿qué pasos deberás dar?

e) ¿Sabes si se puede guardar desde PowerPoint 2010 una presentación en formato PDF? ¿Cómo?

f) ¿Se podrá guardar una presentación realizada en PowerPoint 2010 en una versión anterior de PowerPoint? ¿Cómo?

g) ¿Qué tipo de música le pondrías a una presentación que creases para celebrar el cumpleaños de un compañero de trabajo joven?

Actividades resueltas

Nombre del documento: **El Jardín de las Delicias 1**

Tipo: **Presentación de PowerPoint**

PLANIFICACIÓN DEL TRABAJO

1. **Planificación de la presentación y contenido de las diapositivas**

A lo largo de las actividades crearemos una presentación que llamaremos **El Jardín de las Delicias** para mostrar el cuadro del mismo nombre, de El Bosco, y explicar algunas de sus características.

Decidimos hacer un esquema de cómo deseamos organizar las diapositivas. En rojo están los números de cada una. Las flechas anaranjadas son hipervínculos, la azul transición:

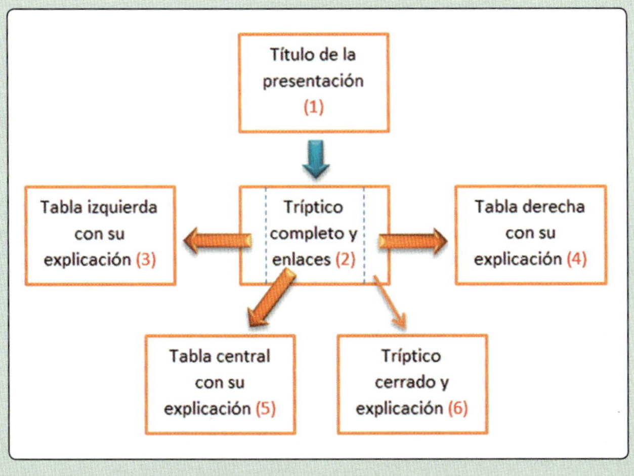

- Diapositiva 1. Se utilizará para ponerle título a la presentación.
- Diapositiva 2. Mostraremos las tres tablas de que consta el tríptico, que enlazaremos respectivamente a las diapositivas 3, 4 y 5. Tendremos también un hipervínculo de texto que enlazará con la diapositiva 6.
- Diapositiva 3. Detalle de la tabla izquierda y explicaciones sobre la misma.
- Diapositiva 4. Detalle de la tabla derecha y sus correspondientes explicaciones.
- Diapositiva 5. Detalle de la tabla central y explicaciones sobre la misma.
- Diapositiva 6. Vista del tríptico cerrado, así como una pequeña explicación sobre el mismo.

2. **Transición de las diapositivas**

a) La transición de la diapositiva 1 a la diapositiva 2 se hará de forma automática después de un tiempo de exposición que decidiremos más adelante.

b) La diapositiva 2 no tendrá transición hacia ninguna otra diapositiva, ni automática ni mediante clic de ratón, porque queremos que sea exclusivamente el usuario quien decida cuál será la siguiente diapositiva a visualizar, que elegirá de entre los hipervínculos creados.

c) Las diapositivas 3, 4, 5 y 6 tampoco tendrán transición: el usuario elegirá si quiere volver a la 2, a la 1 o finalizar de ver la presentación.

3. **Animación de objetos**

Cuando hablamos de objetos nos referimos a textos, imágenes y otras ilustraciones. Los efectos de animación se realizarán con prudencia para darle vistosidad a la presentación sin volverla pesada, y decidiremos en su momento qué efectos hacer y sobre qué objetos.

4. **Formato de las diapositivas**

Las diapositivas se montarán sobre un tema en blanco y con fondo blanco.

5. **Sonido**

Al terminar el trabajo de composición de las diapositivas, insertaremos un archivo de sonido incrustado de tipo .wav que se reproducirá ininterrumpidamente a lo largo de toda la presentación.

Importante: *Debes tener en cuenta este esquema y planificación en todo momento mientras estés realizando la presentación para comprender qué se está haciendo en cada uno de los pasos que iremos dando.*

Actividades resueltas (cont.)

Nombre del documento: **El Jardín de las Delicias**

Tipo: **Presentación de PowerPoint**

Creación de las diapositivas

6. Abre la aplicación Microsoft PowerPoint 2010. Guarda desde ahora el documento con el nombre y tipo que se indica al principio.
7. En los recursos adicionales del libro, en la carpeta correspondiente a esta unidad didáctica encontrarás la subcarpeta **Imágenes para actividades.** Dentro están las imágenes que necesitas para esta actividad. Vamos a hacer una presentación para explicar brevemente este cuadro. Decidimos hacer una diapositiva de tipo **Título** que dará paso a otra de tipo **Índice** con la imagen principal, después haremos otras diapositivas con imágenes parciales del cuadro, que expliquen brevemente el significado de las mismas. (ver fase planificación en la página anterior).
8. **Diapositiva 1.** En la pantalla inicial, en *Haga clic para insertar título*, escribe **El Jardín de las Delicias**. En *Haga clic para insertar subtítulo*: **Hieronymus Bosch**.

9. **Diapositiva 2.** Inserta nueva diapositiva desde la pestaña **Inicio**, presionando en la parte inferior del botón **Nueva diapositiva**. Luego haz clic en el tema Solo el título. Inserta la imagen del tríptico abierto desde la pestaña **Insertar** ⟶ **Imagen**, explorando hasta la carpeta donde está guardada. En el título introduce **El Jardín de las Delicias**.

   Desde la pestaña **Insertar** ⟶ **Formas**, introduce tres cuadros de texto como puedes ver en la imagen siguiente:

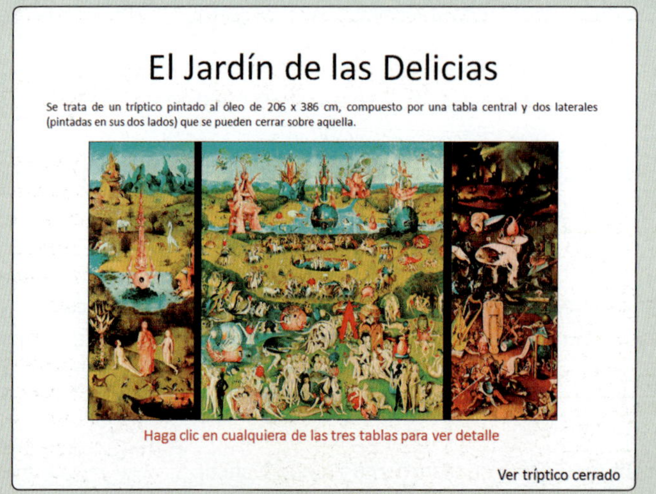

   Formato de los cuadros de texto:

   - El primero (Se trata de...), justificado; fuente Calibri 14; color negro.
   - El segundo (Haga clic en...), centrado; fuente Calibri 18; color rojo oscuro.
   - El tercero (Ver tríptico...) alineado a la derecha; fuente Calibri 18; color negro.

10. Ajusta la imagen y los textos para que tengan la apariencia que ves en la imagen anterior.

Actividades resueltas (cont.)

11. **Diapositiva 3.** En el lateral disponible de la diapositiva 3 introduce: arriba, el título **El Jardín del Edén** con WordArt (modelo Relleno anaranjado – énfasis 6, biselado mate cálido) en Calibri cuerpo 54. Más abajo, un cuadro de texto en fuente Calibri 20. Diseña la diapositiva lo más fielmente posible a la siguiente imagen.

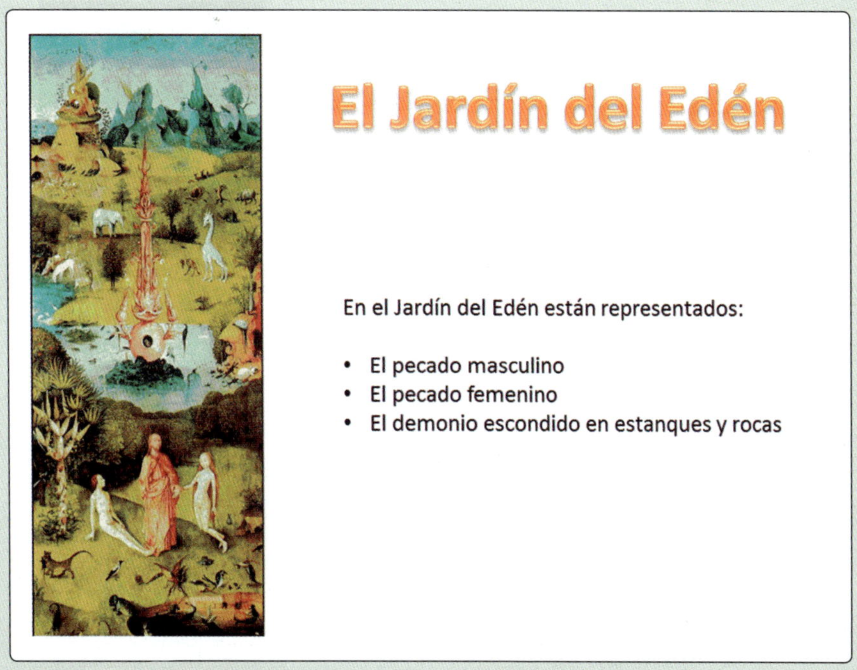

12. Diseña la diapositiva 4 con el mismo formato de WordArt y el mismo tipo y tamaño de fuente para los cuadros de texto que la diapositiva 3.

Actividades resueltas (cont.)

13. **Diapositiva 5.** Diséñala con el mismo formato de WordArt y el mismo tipo y tamaño de fuente para los cuadros de texto que las dos anteriores diapositivas.

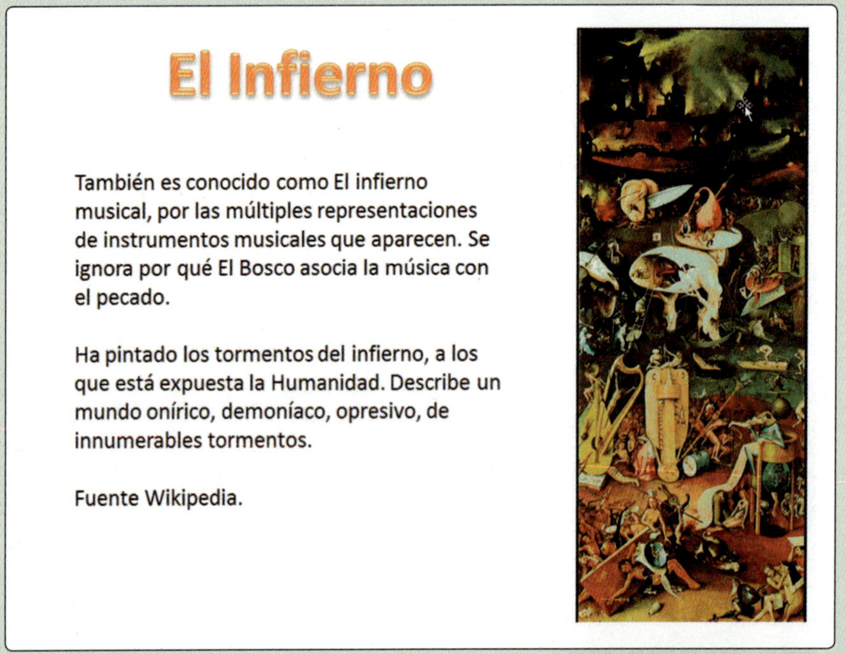

14. **Diapositiva 6.** El texto de WordArt será **Relleno degradado – gris, contorno – gris**, fuente Calibri 54. El cuadro de texto, con viñetas. Fuente Calibri 20, en rojo y negro.

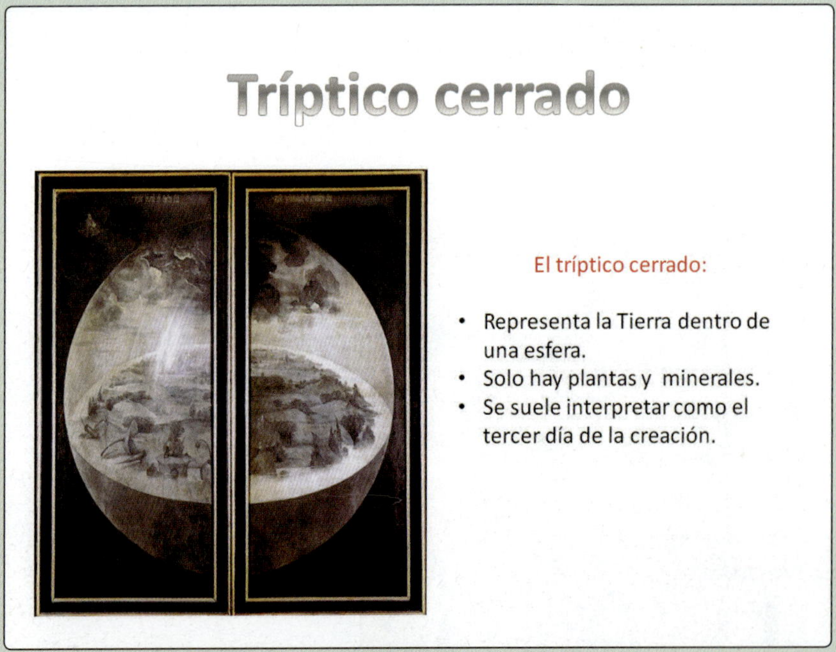

2.4. Animación de objetos

Para darle mayor vistosidad a las presentaciones, los objetos que contienen (cuadros de texto, imágenes, gráficos...) pueden animarse con movimientos y otros efectos.

Para conseguir animar un objeto, en primer lugar se debe seleccionar y a continuación activar la **pestaña Animaciones**. En la cinta de opciones se encuentra el **grupo Animaciones**. Si las desplegamos mediante la flecha de la derecha, podremos ver todo el conjunto. Si tenemos seleccionado algún objeto de la presentación, por ejemplo una imagen, al pasar el ratón por las animaciones de la cinta de opciones, podremos comprobar directamente el efecto que causa cada una sobre esa imagen.

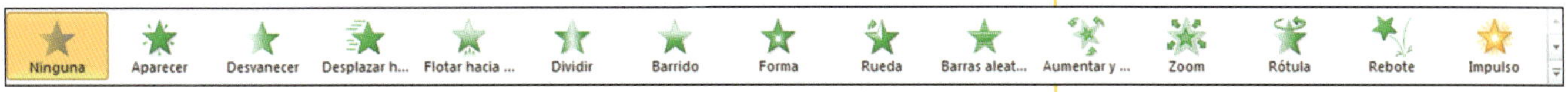

Con **Opciones de efectos**, que está a la derecha del grupo Animaciones, algunas animaciones pueden personalizarse más.

Cuando ya se ha aplicado una animación desde el grupo Animaciones, a la derecha de dicho grupo hay otros dos: **Animación avanzada e Intervalos**.

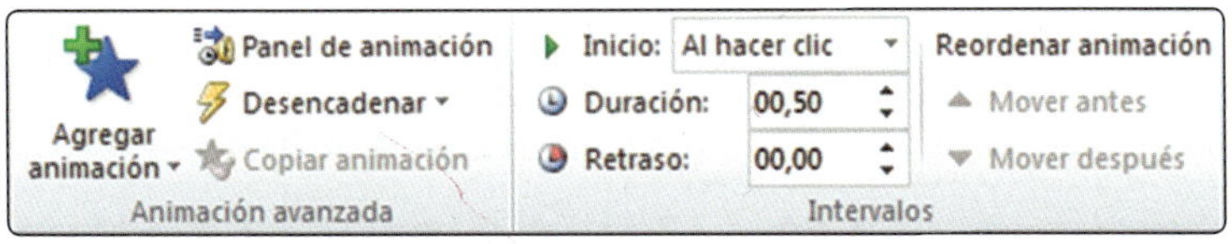

Estos dos grupos de la cinta de opciones permiten afinar la configuración de cada animación ya establecida o reordenar las animaciones para que se produzcan en distinto orden.

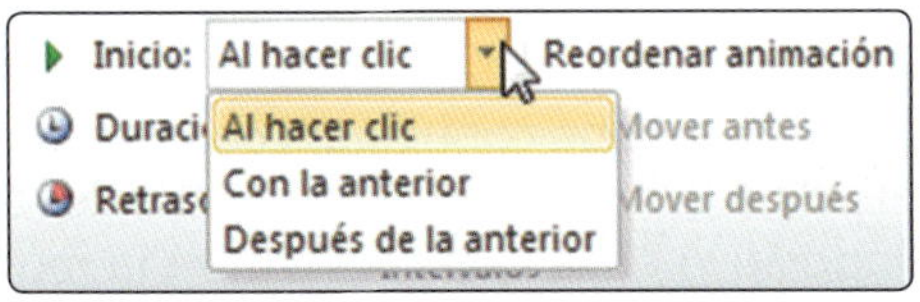

Por ejemplo podemos configurar si la animación va a empezar al hacer clic con el ratón, o a la vez o después de la animación anterior.

2.4.1. Varias animaciones sobre un mismo objeto

Un solo objeto de la presentación puede tener sucesivas animaciones, que se irán visualizando una tras otra con los tiempos que establezcamos.

2.4.2. Tipos de efectos de animación

- **De entrada.** La animación se produce cuando el objeto entra en la diapositiva. Se identifican en la galería por su color verde.
- **De salida.** La animación hace que el objeto desaparezca de la diapositiva. Tienen color rojizo.
- **De énfasis.** No se produce ni una salida ni una entrada, sino un efecto *in situ*, como puede ser un giro, un *zoom*, un cambio de color y otros.
- **Trayectoria de animación.** El objeto sigue una trayectoria predeterminada o decidida por quien esté diseñando la presentación. Se las identifica por su color predominante amarillo anaranjado.

Caso práctico inicial

Una presentación sin animaciones de objetos puede resultar aburrida, pero muy recargada de efectos puede resultar igualmente aburrida, estresante o desviar la atención del objetivo principal.

Saber más

Eliminar una animación

Una vez hecha una presentación, aparece un número junto al objeto animado. Para eliminarla, mientras se tiene seleccionado el objeto se elige el número de animación que se quiere eliminar y de la galería de animaciones escogemos **Ninguna**.

Saber más

Sonido vinculado

El sonido puede ser vinculado. En ese caso puede tener cualquier extensión (.mp3, .wma...). Al igual que los vídeos, se inserta como clip multimedia en la pestaña **Insertar grupo Clip multimedia.**

En cualquier caso, hay que preguntarse si conviene o no poner sonido a una presentación.

2.5. Transición de diapositivas

La transición de diapositivas define el modo como se verá el paso de una a otra diapositiva a otra.

Para configurar la transición de la diapositiva activa se pulsa en la pestaña **Transiciones** y se escoge una transición del grupo **Transición a esta diapositiva**, que ocupa casi todo el ancho de la cinta de opciones y es desplegable mediante la flecha de la derecha. Más a la derecha aún están las Opciones de efectos que pueden aplicarse a algunas transiciones.

Saber más

Sonido incrustado

En la transición de diapositivas el sonido **incrustado** ha de ser **.wav**. La conversión a wav desde otros formatos puede hacerse con varios programas como Nero Wave Editor o Audacity (gratuito).

Dentro del grupo **Transición a esta diapositiva** están las **Opciones de efectos**. Desde ese botón se puede afinar y configurar con más precisión alguna de las transiciones. No todas se prestan a ello.

Al final de la cinta de opciones por la derecha está el grupo **Intervalos**, para fijar el tiempo de la transición, si se pasará de una diapositiva a otra mediante ratón o después de un tiempo, o si le insertaremos sonidos a la presentación.

Opciones de efectos de la transición «Desvanecer».

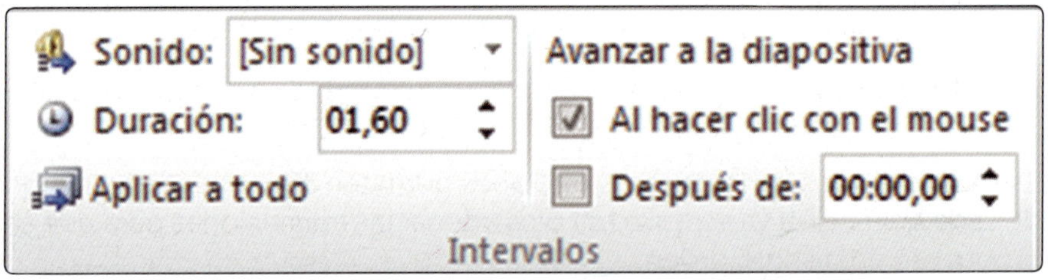

Sonido. Puede especificarse un sonido de los que hay en la galería o uno de archivo. Este apartado se debe configurar cuando se desea que toda una presentación o parte de ella tenga sonido o música de fondo. En este caso se selecciona la diapositiva en la que comenzará la música; en la lista de sonidos se debe marcar Otro sonido y examinar en el equipo hasta encontrar el deseado. Solamente admite formato **.wav**.

Aplicar a todo. Se marca si se desea para toda la presentación la misma transición que se ha configurado para la diapositiva activa. Hay que tener cautela antes de pulsar **Aplicar a todo** si no tenemos la seguridad de que es eso lo que queremos. Si se pulsa por error habrá que reconfigurar una a una las diapositivas que no deban cumplir el requisito de transición que les hemos aplicado. Lee el Saber más referido a este tema.

Saber más

¡OJO con Aplicar a todo!

Hay que tener cautela al pulsar sobre **Aplicar a todo**, puesto que todas las diapositivas de la presentación adquirirán la misma transición, pero ante todo nunca se debe pulsar si se desea que un sonido se reproduzca a lo largo de toda la presentación, ya que entonces el sonido empezaría cada vez que pasásemos de una diapositiva a otra.

2.5.1. Avanzar diapositiva

En la parte **Avanzar diapositiva** configuraremos el modo como se hará la transición:

- Haciendo clic con el ratón.
- De forma automática después de haber permanecido determinado tiempo expuesta.

Actividades resueltas (cont.)

Antes de continuar con las actividades, es importante haber estudiado y comprendido el contenido del epígrafe 2.4.

Animación de objetos

15. Si está cerrada, vuelve a abrir la presentación **El Jardín de las Delicias**.

16. **Diapositiva 1.** Animaremos el título de la diapositiva. Haz clic sobre el borde del texto del título. Activa la pestaña **Animaciones** y escoge la de entrada llamada **Forma**. Haz clic en **Opciones de efectos**, dentro del mismo grupo, y elige **Rombo**.

    Configura el grupo **Intervalos** seleccionando en la opción **Inicio: Con la anterior**. El tiempo que dura la animación y el retraso se dejan como están.

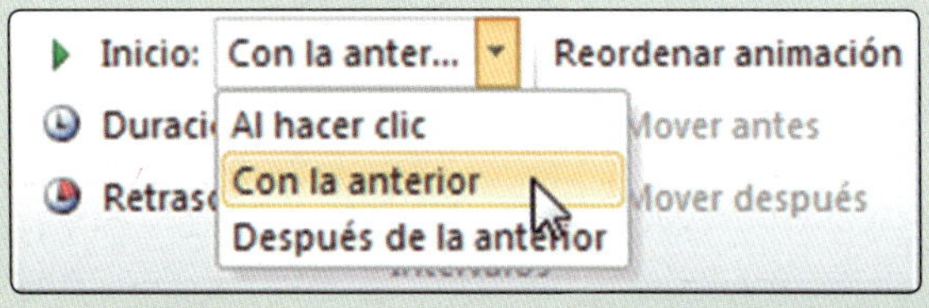

17. **Diapositiva 2.** Al título de esta diapositiva aplícale el mismo efecto que al de la diapositiva 1 y con las mismas opciones de efecto. Cuando aún está seleccionado el título, en el grupo **Intervalos** selecciona en **Inicio: Con la anterior**. Eso significa que la animación se ejecutará al mismo tiempo que lo anterior que ocurra en la diapositiva, que en este caso es aparecer.

    A la imagen aplícale el efecto de entrada **Desvanecer**. En el grupo **Intervalos** selecciona en **Inicio: Después de la anterior**, dejando el tiempo y el retraso como vienen por defecto. «Después de la anterior» significa que la animación se hará después de que acabe lo anterior que ocurra en la diapositiva, es decir, después de la animación que hemos hecho en el punto anterior.

18. **Diapositiva 3.** Solo le pondremos animación a la imagen. En este caso le pondremos la animación de entrada llamada **Flotar hacia dentro**. El inicio de la animación será: **Con la anterior**.

19. **Diapositiva 4.** A la imagen le pondremos la animación de entrada **Aumentar y girar**. Inicio: **Con la anterior**. Al cuadro de texto le vamos a poner una animación de énfasis: **Pulso de color**. En opciones de efectos haz clic en Por párrafo. Después en esa misma ventana marca el color **rojo**. En Inicio: **Después de la anterior**.

20. **Diapositivas 5 y 6.** Configura las imágenes y los cuadros de texto de las diapositivas 5 y 6 del mismo modo como hemos configurado la número 4.

21. Guarda los cambios realizados a la presentación.

22. Ahora vamos a visualizarla para comprobar que los efectos de animación se producen como los hemos diseñado y para darnos cuenta de que todavía le queda algo por configurar a las diapositivas: la transición entre ellas.

    Para visualizar la presentación desde el principio, activa la pestaña **Presentación con diapositivas**. En el grupo **Iniciar presentación con diapositivas** haz clic en **Desde el principio**.

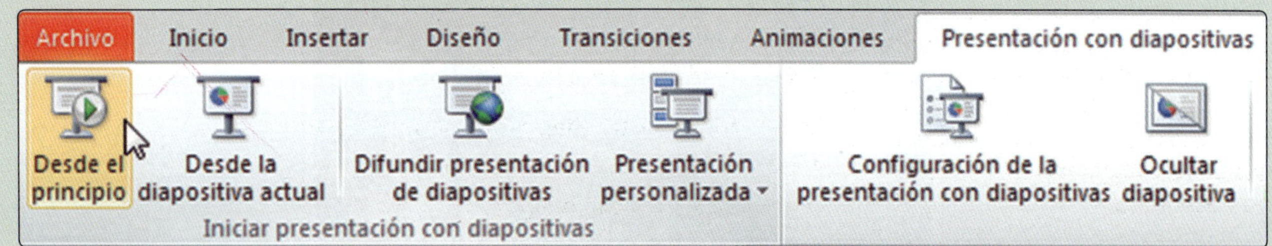

23. Si hay que hacer alguna rectificación, hazla.

2.6. Hipervínculos

Como en las anteriores aplicaciones del paquete Office hemos visto hasta el momento, en PowerPoint se pueden hacer hipervínculos tanto internos (dentro de la propia presentación) como externos (a otros documentos almacenados en el equipo o páginas de internet). Del mismo modo se pueden realizar enlaces al correo electrónico para enviar mensajes.

Todos los hipervínculos se pueden configurar sobre texto o sobre otros objetos.

Actividades resueltas (cont.)

Hipervínculos

24. Si está cerrada, vuelve a abrir la presentación **El Jardín de las Delicias**.

25. Volvemos a mostrar la planificación inicial para comprobar qué hipervínculos teníamos previsto hacer:

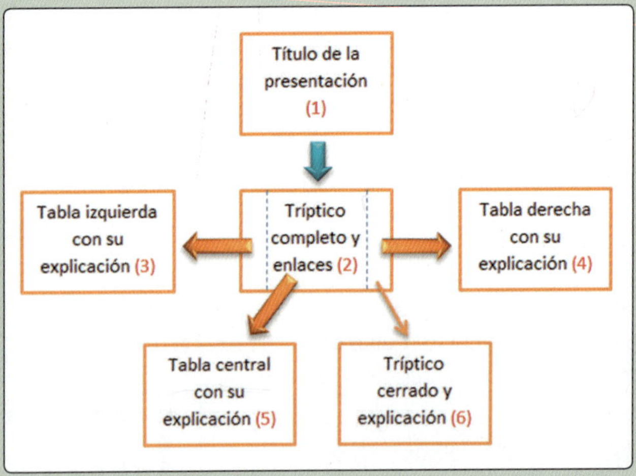

Hipervínculos previstos

Diapositiva 2

- Desde la izquierda de la imagen un enlace a diapositiva 3.
- Desde el centro de la imagen un enlace a diapositiva 5.
- Desde la derecha de la imagen un enlace a diapositiva 4.
- Desde un cuadro de texto, un enlace a la diapositiva 6.

Diapositivas 3, 4, 5 y 6. No los habíamos previsto, pero haremos un enlace de retorno a la diapositiva índice (la 2).

26. Diapositiva 2. Podríamos hacer un hipervínculo desde la imagen, pero tenemos que hacer 3 hipervínculos desde la misma ¿y eso cómo se puede conseguir? Aplicaremos un truco muy útil en estos casos, que será trazar sobre la imagen tres **Formas** (rectángulos) y los hipervínculos los haremos desde esas formas. Más tarde haremos que esas formas resulten invisibles, aunque quedarán presentes.

Desde la pestaña **Insertar** → **Formas** escoge el rectángulo y traza con él la parte izquierda de la fotografía.

Actividades resueltas (cont.)

27. Haz clic con el botón secundario sobre ese rectángulo que hemos creado. Escoge **Hipervínculo**. En la ventana que se muestra, en la parte izquierda marca **Lugar de este documento**. Y como lo que queremos es que después al hacer clic desde ese lado nos muestre la diapositiva 3, en el centro de la ventana marcamos la diapositiva 3.

28. Ahora, siempre después de haber hecho el hipervínculo, vamos a ocultar la forma del rectángulo: haz clic con el botón secundario sobre el rectángulo ⟶ **Formato de forma**. En **Relleno** ⟶ Sin **relleno. En Color de línea** ⟶ Sin **línea**.

29. De la misma manera que hemos creado un hipervínculo desde el lateral izquierdo de la imagen, hazlo también en el centro y enlázalo a la diapositiva 5. Después en la derecha, y enlázalo a la diapositiva 4. Terminados los hipervínculos, oculta los rectángulos.

30. Al fondo de la diapositiva 2 tenemos un cuadro de texto que dice **Ver tríptico cerrado**. Haz clic con el botón secundario sobre **el borde** de dicho cuadro de texto. **Hipervínculo** ⟶ A **Lugar de este documento**. Enlázalo con la diapositiva 6.

31. Guarda los cambios realizados a la presentación hasta el momento.

    Aún queremos hacer unos hipervínculos desde cada una de las diapositivas «de final de trayecto» (3, 4, 5 y 6) hacia la diapositiva Índice (la 2), pero los haremos de otra manera, a la vez que aprendemos el uso de los botones de acción.

2.7. Botones de acción

Son formas que tienen asociadas unas acciones predeterminadas y también configurables por el usuario para navegar entre diapositivas. Como en todas las formas, pueden diseñarse las líneas y el relleno.

Se accede a los botones de acción desde la pestaña **Insertar** ⟶ **Formas**. Se encuentran al final de todas las formas de la galería.

Con solo ver estos botones de acción, podemos adivinar cuál es la acción que llevan asociada, pero podemos cambiársela si así lo deseamos.

Actividades resueltas (cont.)

Hipervínculos con botones de acción

32. Abre la diapositiva 3 de la presentación **El Jardín de las Delicias.**

33. Desde la pestaña **Insertar** ⟶ **Formas**, escoge el botón de acción que representa una casa (Inicio). Traza con él un rectángulo en un ángulo de la diapositiva. En ese momento se abrirán las opciones por defecto, pero las vamos a cambiar para que desde ese botón se vaya a la diapositiva Índice (**la 2**). Luego acepta dos veces.

Actividades resueltas (cont.)

34. El proceso del punto anterior es el siguiente, en imágenes:

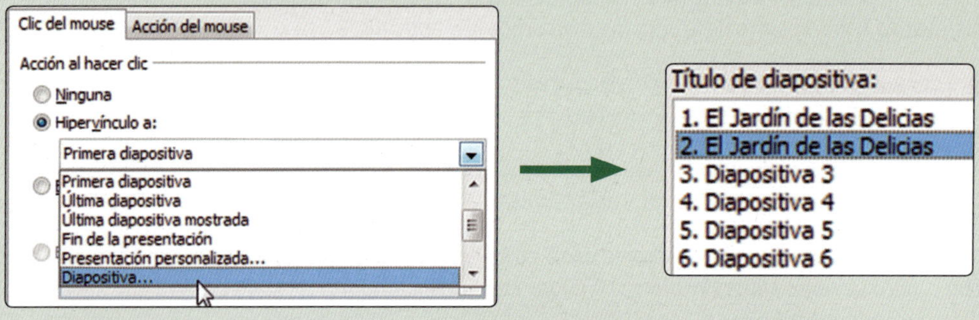

35. Podemos darle forma a ese botón de acción para que resulte más estético. Por ejemplo podemos querer que no tenga relleno. Se configura como cualquier otra forma haciendo clic con el botón secundario sobre el botón.

36. Como ya tenemos configurado el botón, podemos pegarlo en las otras tres diapositivas donde hemos decidido ponerlo. Al pegarlo conservará el hipervínculo a la diapositiva 2.

De ese modo, copia el botón de la diapositiva 3 y pégalo en las diapositivas 4, 5 y 6. Si no deseas que se quede en el lugar donde se han situado, cámbialo a otra posición dentro de la diapositiva.

37. En la imagen que hay en el lateral puedes ver cómo hemos decidido colocar los botones en las cuatro últimas diapositivas. Puedes ponerlos en cualquier otro lugar.

38. Guarda los cambios.

39. Visualiza la presentación como ya conoces, desde el principio. Comprueba que funcionan todos los hipervínculos que hemos ido creando, tanto los que se han hecho sobre la imagen de la diapositiva 2 mediante formas, como los que hemos introducido ahora mediante botones de acción.

40. Si algún hipervínculo no funciona, repasa las actividades donde se insertan y rectifica los posibles errores.

41. ¿Qué ocurre si mientras visualizas la presentación, haces clic en cualquier lugar de la diapositiva 2 que no sea un hipervínculo? Que la presentación continuará por la diapositiva 3. Tendremos que hacer algunos arreglos para darle una mayor eficacia a nuestra presentación, y lo haremos mediante las transiciones

Actividades resueltas (cont.)

Antes de continuar con las actividades, es importante haber estudiado y comprendido el contenido del epígrafe 2.5.

Transiciones de diapositivas

42. Si está cerrada, vuelve a abrir la presentación **El Jardín de las Delicias.**

43. **Diapositiva 1.** La transición de esta diapositiva hacia la siguiente (la 2) se hará mediante un tiempo, transcurrido el cual se verá la diapositiva 2.

Activa la pestaña **Transiciones**. Decidimos que esta diapositiva esté visible durante 6 segundos y que se avance a la siguiente automáticamente sin clic de ratón. Configura, por tanto, el grupo **Intervalos** del siguiente modo:

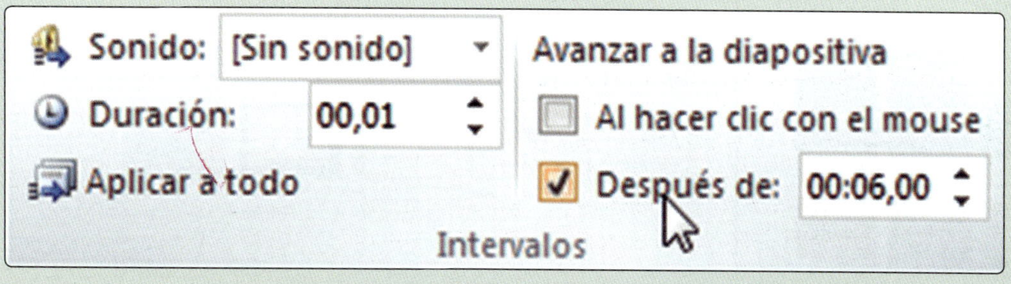

No aplicaremos ninguna transición a esta diapositiva, así que no cogeremos ningún efecto de transición de la galería.

44. La diapositiva 2 no va a tener transición, ya que consiste en un grupo de enlaces a otras diapositivas y queremos poder elegir hacia dónde vamos. Si le ponemos transición con clic de ratón o con tiempo, se desplazará a la diapositiva siguiente (la 3) y no es eso lo que pretendemos. Entonces anulamos cualquier avance de diapositiva, y así:

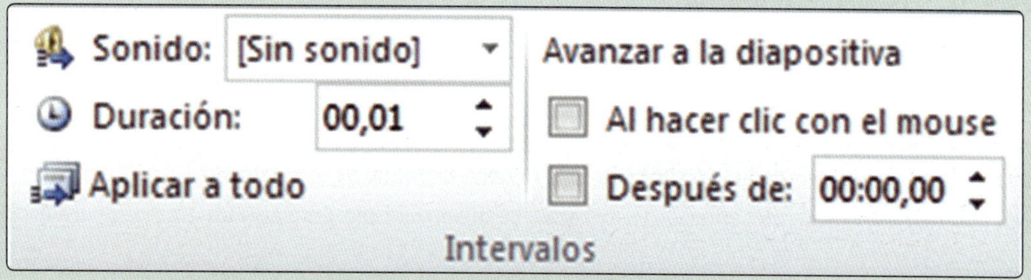

45. De la misma forma que hemos hecho con la diapositiva 2 tenemos que hacer con todas las demás, excepto la 1. Configura la transición de las diapositivas 3, 4, 5 y 6 como hemos hecho con la 2.

46. Guarda los cambios.

47. En cuanto a los efectos de transición, vamos a ponerle el mismo efecto a todas, excepto a la 1, que no lleva efecto de transición. Una a una, desde la 2 a la 6, aplícales los siguientes efectos de transición de la galería del grupo **Transición a esta diapositiva**:

(2) Cuadros bicolores

(3) Cubrir

(4) Revelar

(5) Transportador

(6) Destruir

48. Guarda los cambios, visualiza la presentación completa y si todo está bien, ciérrala.

Caso práctico inicial

Es importante diseñar todas las diapositivas de una presentación de manera homogénea o al menos que dé un sentido al conjunto. Esto es válido también para los fondos de diapositiva, que se diseñarán pensando en el ambiente de la sala de exposición, tamaño y número de asistentes.

2.8. Fondo y temas de diapositiva

Si las presentaciones se hacen con una plantilla o con algún tema instalado, el fondo estará determinado por esa elección. No obstante, en las presentaciones libres el fondo puede configurarse en cualquier momento. Puede consistir en una imagen, una trama, una textura, un color o un degradado de dos o más colores.

El fondo se configura teniendo activa la pestaña **Diseño**, en el grupo **Fondo → Estilos de fondo**.

Los temas están también bajo la pestaña **Diseño**. En el grupo **Temas** se encuentra la correspondiente **galería**.

Actividades resueltas (cont.)

49. Abre la presentación **El Jardín de las Delicias.**

50. Con cualquiera de las diapositivas en el área de trabajo, activa la pestaña **Diseño**. Despliega los temas desde el ángulo inferior derecho y pulsa sobre el tema llamado **Papel**. A partir de ese momento todas las diapositivas adquirirán la apariencia del tema elegido: fondos, fuentes y sus colores.

51. A los botones de acción habría que hacerles algún cambio de color para hacerlos más visibles. Para editar y modificar los botones de acción haz clic con el botón secundario. En **Relleno** elige **Relleno de fondo de la diapositiva**.

52. Guarda los cambios de esta nueva presentación y visualízala desde el principio. Conserva los efectos de transición y las animaciones.

2.9. Música en la presentación

Anteriormente hemos hablado del sonido vinculado y del sonido incrustado. El primero puede ser cualquier tipo de archivo de audio (mp3 por ejemplo), pero el segundo ha de ser necesariamente **wav**.

La desventaja de vincular sonido es que para enviar una presentación tiene que enviarse también el archivo de audio correspondiente y además tiene que estar en la misma carpeta que estaba cuando se incrustó. El sonido incrustado pertenecerá a la presentación de PowerPoint y se desplazará con ella.

Actividades resueltas (cont.)

Sonido incrustado

53. Abre la presentación **El Jardín de las Delicias.**
54. Vamos a insertar música en nuestra presentación de manera que se reproduzca mientras estemos navegando por la presentación. Necesitamos una diapositiva por donde solo se pase una vez, la primera. En ella insertaremos la música. Esto es así porque si se inserta en una diapositiva a la que accedamos de vez en cuando, cada vez que pasemos por ella la música se detendrá y comenzará de cero otra vez. Sabemos que por la **diapositiva 1** solo se pasa una vez, al principio de la presentación, y luego no se puede volver a ella.
55. En tu carpeta de trabajo de esta unidad hay una subcarpeta llamada **Sonidos wav**. Dentro hay varios temas musicales. Puedes escoger cualquiera de ellos para la presentación.
56. Pon la diapositiva 1 en el área de trabajo y activa la pestaña **Transiciones**. El grupo **Intervalos**, a la izquierda, debe ser configurado así: en **Sonido** hay que ir hasta el final de la lista y hacer clic al final del todo sobre **Repetir hasta el próximo sonido**. Luego una línea más arriba elige **Otro sonido**. Se abrirá el explorador de Windows. Accede a la carpeta de los recursos donde están los archivos wav y escoge uno cualquiera de ellos.
57. Guarda los cambios.
58. Nuestra presentación está finalizada. Reprodúcela desde el principio y si algo no funciona bien en cuando a transiciones, animaciones, hipervínculos o sonido, realiza los cambios oportunos.

Actividades resueltas (cont.)

Nombre del documento: **El Jardín de las Delicias**

Tipo: **Presentación con diapositivas de PowerPoint**

59. Abre la presentación **El Jardín de las Delicias**. Guárdalo ahora con el **nuevo tipo**. Esto servirá para que la presentación, cuando se haga clic sobre ella, se empiece a reproducir sin tener que verla antes en modo Diseño.
60. La extensión de los archivos de Presentación con diapositivas de PowerPoint son **.ppsx,** mientras que los del tipo Presentación de PowerPoint son **.pptx**.
61. Los archivos con extensión .ppsx y los que tienen extensión .pptx tienen iconos diferentes si se visualizan en la carpeta donde están alojados en vista **Esquema** o en vista **Lista**.

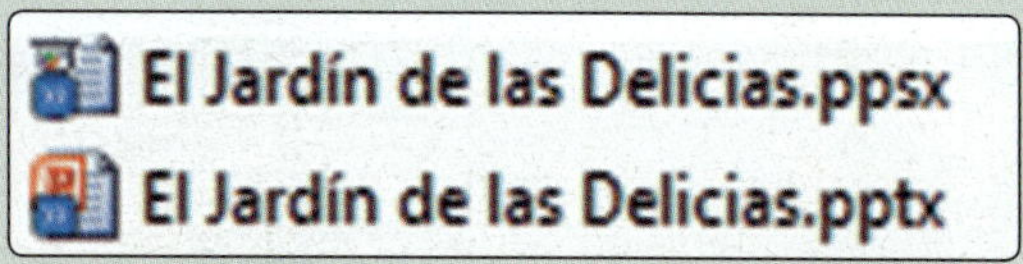

OpenOffice.org – Impress

1. Trabajar con Impress

1.1. Crear una presentación

Inicio de Impress

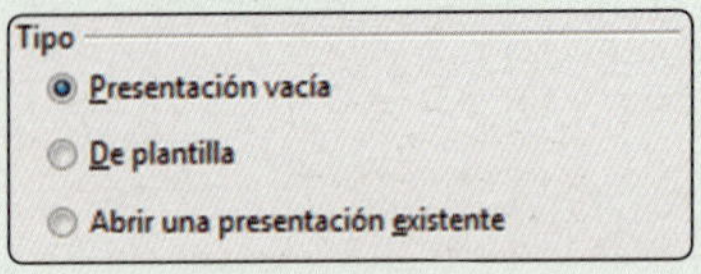

Se accede al programa desde el botón de Inicio → Todos los programas → OpenOffice.org.(versión) → OpenOffice.org Impress.

La **pantalla 1** nos permite crear una presentación vacía, abrir una existente o crear una presentación con plantilla.

La **pantalla 2** nos permite establecer unos **fondos** de diapositiva para toda la presentación así como elegir el modo de exposición de la misma, que por defecto es **Pantalla**.

La **pantalla 3** es para establecer las **transiciones** de una diapositiva a otra. Podemos dejarlo sin configurar porque las transiciones se pueden establecer más tarde. En esta pantalla tenemos el botón **Crear**, que abrirá la nueva presentación lista para ser diseñada.

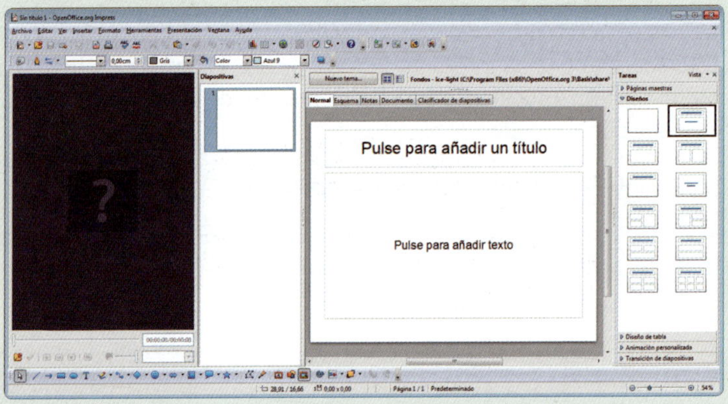

La primera diapositiva en pantalla aparece por defecto como **Página de título**, pero podemos cambiarla eligiendo otro diseño desde el panel de tareas, que se encuentra a la derecha. Pasando el ratón por la galería de diseños sabremos el nombre de cada uno de ellos.

1.2. Guardar una presentación

Desde **Archivo** → **Guardar como**, podemos darle nombre y ubicación a una presentación, así como elegir su tipo. Por defecto se guardará como Presentación ODF, pero hay otras posibilidades, incluida guardarla en formato PowerPoint 97-2003.

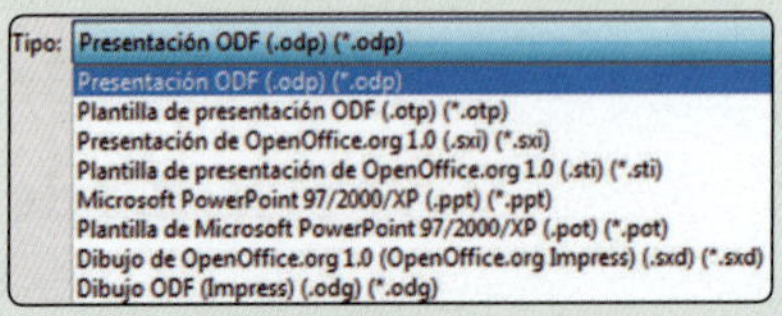

1.3. Hiperenlaces

Se pueden insertar sobre texto o sobre otros objetos. Pueden ser internos, que nos llevarían a otra diapositiva de la presentación, o externos hacia un documento que tengamos archivado o a una dirección de internet. Una vez seleccionado el objeto sobre el que se hará el hiperenlace, se hace clic en Hiperenlace de la barra de herramientas.

1.4. Transición de diapositiva

Se puede diseñar la transición de las diapositivas desde el menú **Presentación → Transición de diapositivas**. A la derecha se abrirá el panel de tareas y podremos configurar tanto la forma de la transición como el tiempo que tarde o la manera de hacer el cambio de una diapositiva a otra: con clic o después de un tiempo.

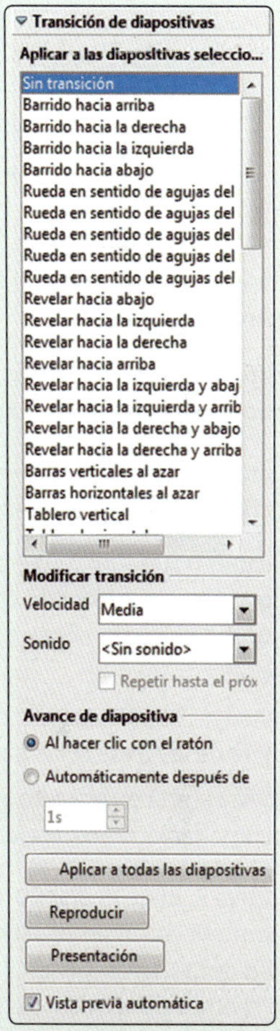

1.5. Animación de objetos

La animación consiste en aplicar efectos visuales, de sonido o de movimiento a un objeto o a un texto. Se anima un objeto seleccionado haciendo clic en el menú **Presentación → Animación personalizada**. En el panel de tareas de la derecha tendremos que hacer clic en Agregar. Ahí tenemos por pestañas efectos de entrada, de salida, de énfasis y de desplazamiento.

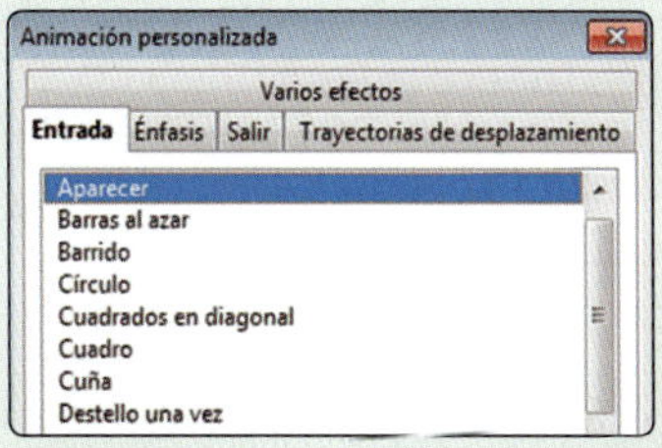

Actividades resueltas

Nombre del documento: **Impress El Jardín de las Delicias**

Tipo: **Presentación ODF**

Vamos a crear una presentación con las mismas Imágenes que hemos utilizado para las actividades de PowerPoint, que están en los recuros adicionales, en la carpeta correspondiente a esta Unidad didáctica. Incluso es válido el esquema creado al principio y que volvemos a recordar:

Actividades resueltas (cont.)

Crear la presentación

1. Accede a Impress.
2. En la pantalla 1 deja marcado **Presentación vacía**. Siguiente. Deja los parámetros que vienen por defecto en las pantallas 2 y 3. En la pantalla 3 haz clic en **Crear**.
3. Cuando ya tengas la pantalla de diseño de la presentación, guárdala en la carpeta de actividades de esta unidad con el nombre y el tipo arriba indicados.
4. **Diapositiva 1.** La primera diapositiva, que es la que aparece por defecto, la dejaremos igual que está. En el título escribiremos **El Jardín de las Delicias**. En el texto de abajo: **Hieronymus Bosch**.
5. **Diapositiva 2.** Inserta una nueva diapositiva desde el menú Insertar → Diapositiva. Desde el panel de tareas a la derecha, escogemos el diseño **Título, contenido 2 sobre contenido**. En el título escribe **El Jardín de las Delicias**.

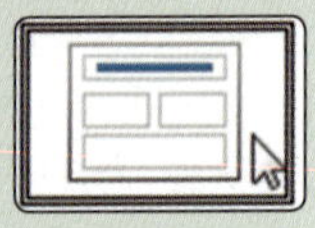

En el recuadro superior izquierdo, elimina la viñeta y escribe el siguiente texto en Arial 18: **Se trata de un tríptico pintado al óleo de 206 x 386 cm, compuesto por una tabla central y dos laterales (pintadas en sus dos lados) que se pueden cerrar sobre aquella**. Reduce desde abajo el cuadro de texto para ajustarlo al contenido que tiene ahora.

En el recuadro superior derecho, elimina la viñeta y escribe el siguiente texto en Arial 14 y color rojo: **Haga clic en cualquiera de las tres tablas para ver detalle**. Reduce desde abajo el cuadro de texto para ajustarlo al contenido.

Estira hacia arriba el recuadro inferior hasta llegar al límite del superior izquierdo. Después pulsa sobre el icono Insertar imagen que aparece en el centro del cuadro. Inserta la imagen **Tríptico abierto**.

6. **Diapositiva 3. Elige el diseño Título y contenido 2**. Como título, introduce El Jardín del Edén. En el recuadro de la izquierda haz clic en el icono Insertar imagen e inserta la imagen **Tabla 1**. En el recuadro de la derecha inserta el siguiente texto con viñetas en fuente Arial 24. Cuando lo hayas escrito centra verticalmente el cuadro de texto en la diapositiva.

> En el Jardín del Edén están representados:
> - El pecado femenino
> - El pecado masculino
> - El demonio escondido en estanques y rocas

7. **Diapositivas 4, 5 y 6.** Todas ellas tendrán la misma configuración que la diapositiva 3, a excepción del recuadro en el que introduciremos la imagen, que será así:

4. A la izquierda. Imagen: **Tabla 2**. Título: **El Jardín de las Delicias**.

5. A la derecha. Imagen: **Tabla 3**. Título: **El infierno**.

6. A la izquierda. Imagen: **Tríptico cerrado**. Título: **Tríptico cerrado**.

Los textos de esas tres últimas diapositivas son respectivamente:

> - Un falso paraíso en el que la humanidad ya ha sucumbido en plano al pecado, especialmente a la lujuria, y se dirige a su perdición.
> - Decenas de símbolos diferentes, cuyas claves solo pueden sospecharse, pueblan este espacio opresivo y angustioso en el que la locura se ha apoderado del mundo.
>
> Fuente Wikipedia

> - También es conocido como el infierno musical por las múltiples representaciones de instrumentos musicales que aparecen.
> - Ha pintado los tormentos del infierno a los que está expuesta la humanidad.
> - Describe un mundo onírico, opresivo, de innumerables tormentos.
>
> Fuente: Wikipedia

> - Representa la Tierra dentro de una esfera.
> - Solo hay plantas y minerales.
> - Se suele interpretar como el tercer día de la Creación.

Actividades resueltas (cont.)

Hiperenlaces

8. Diapositiva 2. Vamos a hacer tres hipervínculos desde la imagen de esta diapositiva. Haremos como en PowerPoint: valernos de unas formas que luego ocultaremos para lanzar los enlaces desde las mismas.

Con las formas que hay al fondo de tu pantalla, traza un rectángulo sobre la parte izquierda de la imagen. Con el rectángulo ya seleccionado, en la barra de herramientas haz clic en **Hiperenlace**. En la ventana que se abre, en el centro haz clic en **Destino** y luego escoge Página 3, que es la diapositiva 3. Aplicar. Aplicar. Cerrar.

Haz lo mismo en la parte central de la imagen. Enlazarás el rectángulo con la Página 4 (diapositiva 4). Más adelante ocultaremos todos los rectángulos.

Y por último repite la operación con la parte derecha de la imagen, que enlazaremos con la Página 5 (diapositiva 5).

9. Para ocultar los rectángulos trazados sigue este procedimiento para **cada uno de ellos**: Clic sobre el rectángulo con el botón secundario del ratón. Elige **Línea**, estilo **Invisible**. Vuelve a hacer clic con el botón secundario en el rectángulo. Ahora elige **Área**: Activa la pestaña **Transparencia** y dale una transparencia del **100%**. Aceptar.

10. Guarda los cambios hechos a la presentación.

11. Vamos a visualizarla para comprobar que funcionan los hiperenlaces que hemos hecho en la diapositiva 2. Sitúa en el área de trabajo la diapositiva 1. Para ver la presentación: Menú **Presentación ⟶ Presentación**.

12. Cuando llegues a la diapositiva 2, haz clic en cualquiera de las tres partes de la imagen para comprobar que, en efecto, nos lleva a la diapositiva que representa y que le hemos configurado.

13. Volvemos al modo edición. En la diapositiva 2 y en el ángulo inferior derecho insertamos la imagen Tríptico cerrado y la hacemos pequeña. Desde esta imagen lanzaremos un hiperenlace a la Página 6 (diapositiva 6).

14. Ahora en cada una de las diapositivas 3, 4, 5 y 6 inserta la imagen **Tríptico abierto** en pequeño y en cualquiera de sus esquinas inferiores. Cuando las hayas insertado, lanza hiperenlaces desde esas imágenes a la Página 2 (diapositiva 2). Para ahorrarte trabajo, hazlo en la diapositiva 3 y luego copia y pega en las diapositivas 4, 5 y 6.

Animación personalizada

15. Vamos a realizar animaciones personalizadas en las imágenes de las diapositivas 3, 4 y 5. Selecciona la imagen de la diapositiva 3. Después, desde el menú **Presentación ⟶ Animación personalizada**, se abrirá el panel de tareas. Haz clic en Agregar y elige el efecto de animación **Barrido**. En Inicio de la barra de tareas elige **Con anterior**. Repite todo el proceso para las diapositivas 4 y 5.

16. Guarda los cambios de la presentación. Pon en el área de trabajo la diapositiva 1 y visualiza la presentación desde el menú **Presentación ⟶ Presentación**, para comprobar las animaciones.

Transición de diapositivas

17. Sitúa la diapositiva 1 en el área de trabajo. Desde el menú Presentación ⟶ Transición de diapositivas se abre el panel de tareas a la derecha. Elige la transición **Barrido hacia la derecha**. Observa que, en la parte inferior del panel de tareas, en **Avance de diapositiva** está siempre con Clic de ratón. Lo vamos a dejar así, de modo que nuestras diapositivas pasarán todas con clic de ratón. Después haz clic en la parte inferior del área de trabajo en **Aplicar a todas las diapositivas**.

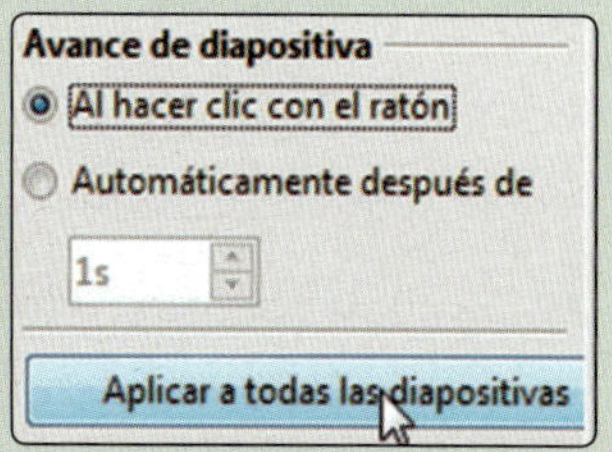

18. Guarda los cambios realizados y visualiza la presentación.

Actividades resueltas (cont.)

Miniaturas de la presentación

19. Para que tengas una idea más exacta de cómo tiene que haber quedado tu presentación, a continuación puedes ver las miniaturas de las seis diapositivas creadas:

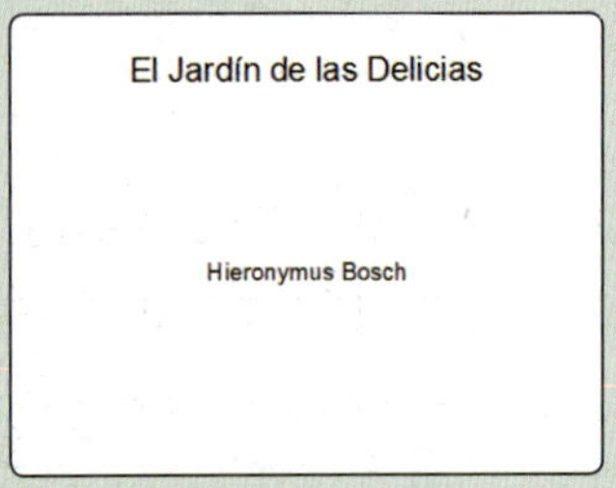

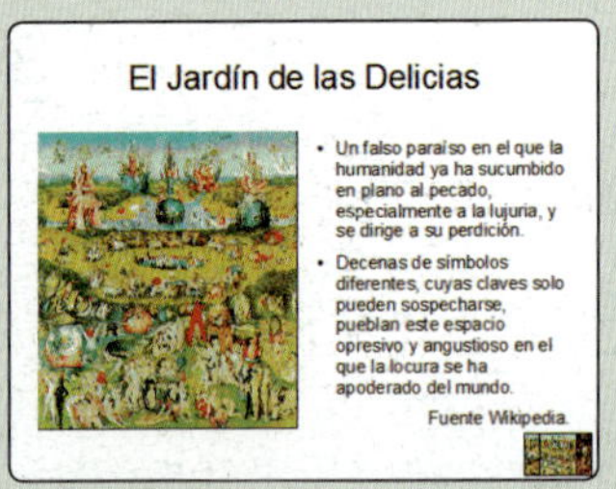

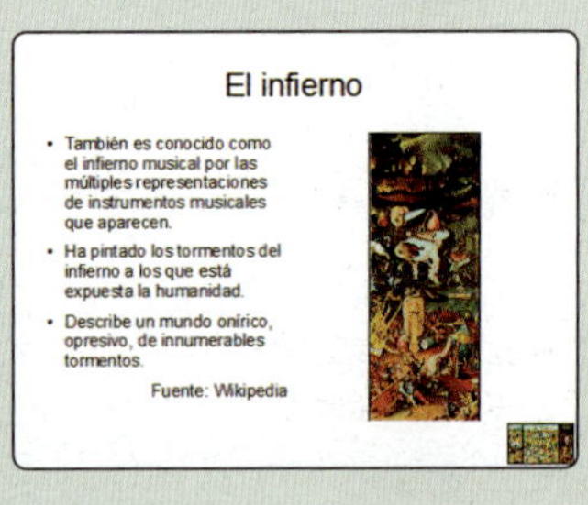

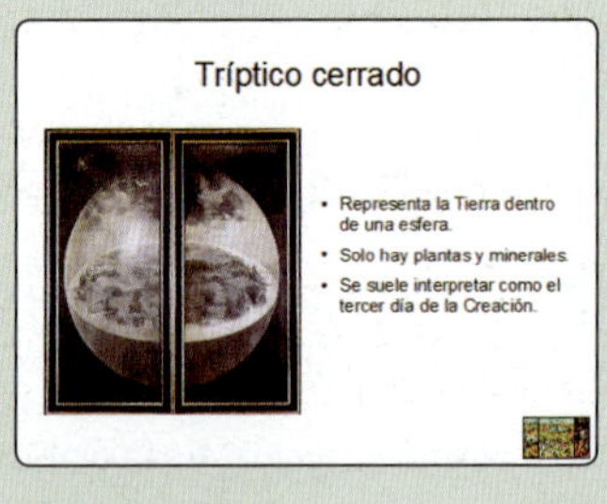

Música durante la presentación

20. Vamos a **incrustar** música en nuestra presentación. Habríamos podido vincularla, pero ya sabemos que luego habría que adjuntar el archivo si queremos enviar o copiar la presentación en algún soporte de almacenamiento. En el área de trabajo ha de estar presente la **diapositiva 1**, que es donde vamos a insertar la música.

21. Desde el menú **Presentación → Transición de diapositivas**, se abrirá el panel de tareas de transiciones.

22. En la parte de abajo del panel de tarea, en Modificar transición, solo tenemos que añadir **lo que está enmarcado en rojo** en la siguiente imagen. El archivo musical que vamos a insertar puede ser cualquiera de los que tenemos en formato wav en la subcarpeta **Sonidos wav** de los recursos adicionales, dentro de la carpeta correspondiente a esta unidad didáctica.

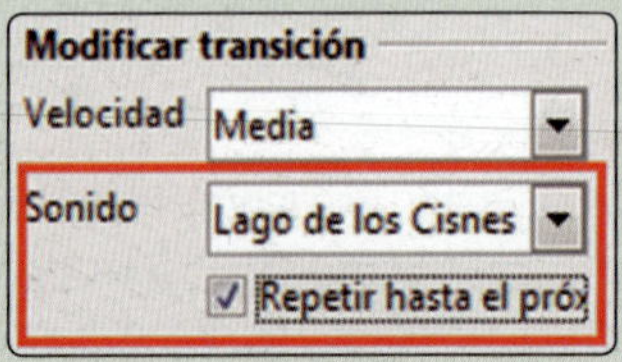

23. Guarda los cambios. Visualiza la presentación y, si todo está correcto, la presentación habrá sido configurada con éxito.

PRÁCTICA PROFESIONAL

Desarrollo de una presentación multimedia

Objetivos

- Planificar el diseño de una presentación con diapositivas.
- Diseñar las diapositivas de la presentación conforme a la planificación.
- Animar objetos.
- Decidirse por la utilización de temas o plantillas o bien por el diseño personal de cada diapositiva.
- Configurar la transición de las diapositivas en función de la intervención o no de un orador u oradora.
- Incrustar o vincular un archivo de audio en toda la presentación o en parte de la misma, procurando que la música no interfiera con las explicaciones orales.

Instrucciones

1. **Tema**
   - Elige un tema sobre el que versará la presentación o realiza el que te asigne el profesor o profesora.
2. **Asistentes**
   - Considera que la presentación se elaborará con vistas a ser expuesta en público en una sala, mediana o grande, mediante un proyector y una pantalla.
   - Las personas que asistan a la proyección tendrán alguna relación con el tema que debes exponer.
   - El número de asistentes a la proyección será como mínimo de 20 o 30.
3. **Planificación**
   - Elabora a mano o en el ordenador un esquema que contenga:
     - El título y una descripción del tema.
     - Los subtemas que vas a tratar y un corto resumen del contenido de cada uno.
     - Número aproximado de diapositivas que necesitarás para exponer cada tema y subtema.
   - Recopila y guarda en una carpeta las imágenes y otros objetos que usarás en la elaboración de las diapositivas.
4. **Elaboración**
   - Diseña todas las diapositivas de la presentación teniendo en cuenta los aspectos formales del epígrafe 1.2 de esta unidad.
   - Decide qué objetos estarán animados y qué tipo de animación tendrán.
   - Inserta botones de acción para facilitar la navegación entre diapositivas, procurando que una diapositiva no pase automáticamente a la siguiente si, por ejemplo, esa diapositiva es el final de una serie o subtema (recuerda y repasa la presentación El jardín de las delicias, realizada a lo largo de esta Unidad).
   - Configura la transición de diapositivas: algunas con transición automática y otras con clic de ratón.
   - Utiliza una plantilla si lo consideras conveniente.
   - Incrusta en la presentación un archivo de música adecuado al tema o bien vincula algún clip de audio.
   - Guarda la presentación en tu carpeta de trabajo de esta unidad, en formato .pptx y en formato .ppsx, con el nombre Práctica profesional presentaciones.

17 Facturación electrónica y gestión administrativa telemática

Vamos a conocer...

1. La firma electrónica
2. La factura electrónica
3. Gestión administrativa telemática

SOFTWARE LIBRE

Facturae

PRÁCTICA PROFESIONAL

Gestiones administrativas telemáticas

Y al finalizar esta unidad...

- Identificarás la firma electrónica avanzada y los certificados reconocidos.
- Conocerás formatos electrónicos de factura.
- Sabrás utilizar distintas aplicaciones de emisión de facturas electrónicas.
- Descubrirás las ventajas de gestionar telemáticamente las operaciones con las entidades financieras.
- Conocerás las operaciones electrónicas que los empresarios pueden realizar con la Agencia Tributaria.
- Observarás el sistema de intercambio de información con la Seguridad Social.

Caso práctico inicial

Situación de partida

Ana ha iniciado sus prácticas en un establecimiento comercial dedicado a la venta de artículos de deporte. Este establecimiento cuenta con dos empleadas con dos turnos de jornada ininterrumpida.

Durante el periodo de prácticas, Ana realiza una venta de trofeos al ayuntamiento de la localidad para premiar a los participantes en los campeonatos escolares que se organizan para promocionar el deporte entre los jóvenes. Esta operación tiene un valor 4.530 euros IVA incluido, que se cobrará dentro de 30 días mediante transferencia bancaria.

El interventor del ayuntamiento le solicita una factura electrónica para realizar la transferencia bancaria. Pero el establecimiento no dispone de ninguna aplicación para realizar este tipo de factura. Tras llamar a la gestoría la informan de que estas facturas tienen que ir firmadas digitalmente y pueden ser enviadas por vía telemática: correo electrónico. El dueño del establecimiento no posee ninguna firma digital.

La empresa recibe una comunicación del catastro notificándole una modificación, y le proporciona una dirección web (<http://www.sedecatastro.gob.es/>) para que pueda realizar las operaciones necesarias, pero antes tiene que poseer un certificado digital.

Durante el mes de abril también se tiene que presentar la liquidación del Impuesto sobre el Valor Añadido (IVA) correspondiente al primer trimestre. Como en otras ocasiones, lo realiza el dueño de la empresa pero ya que ha aprendido a realizar gestiones telemáticamente, se propone hacer todas las gestiones con la Hacienda pública de forma *online*.

Estudio del caso

Antes de empezar a estudiar y analizar el contenido de la unidad, trata de responder a las cuestiones que se plantean a continuación. Si alguna te resulta especialmente complicada o no sabes qué responder, no te preocupes. Al finalizar la unidad seguro que lo tienes mucho más claro.

1. ¿Qué es una factura electrónica?
2. ¿Qué programa informático necesita para realizar la factura electrónica que le reclama el ayuntamiento?
3. ¿Necesita comprar algún *software* específico para hacer facturas electrónicas, o puede hacerlo de forma gratuita?
4. ¿Quién tiene que firmar la factura electrónica? ¿Y cómo se firma?
5. ¿Tiene que ir al banco pasados 30 días para saber si están ingresados los 4.530 euros?
6. Una vez realizada la liquidación de IVA ¿tiene que llevar los documentos a la Agencia Tributaria?

Recuerda

La firma electrónica reconocida tendrá respecto de los datos consignados en forma electrónica el mismo valor que la firma manuscrita en relación con los consignados en papel.

Saber más

DNIe

Un ejemplo de dispositivo seguro de creación de firma es el chip del DNIe (Documento Nacional de Identidad Electrónico).

Recuerda

1. La firma electrónica

Los rápidos avances tecnológicos y la extensión de internet han hecho que, primero las empresas y después los ciudadanos y la Administración, estén haciendo cada vez más uso de las telecomunicaciones y de las tecnologías. Hay un crecimiento exponencial de las transacciones telemáticas de carácter económico. El desarrollo de la sociedad del conocimiento crea desconfianza, sobre todo en las actividades comerciales, y por ello las administraciones públicas regulan los sistemas que garanticen la autenticidad, la integridad y la confidencialidad de los datos que se transmiten a través de la red.

Se trata de un sistema electrónico que reproduzca lo convencional, es decir, la firma manuscrita, y que además asegure la identidad de las partes. Esta es la firma electrónica y los servicios de certificación.

En España, la firma electrónica viene regulada por la Ley 59/2003, de 19 de diciembre, de firma electrónica, y modificada por la Ley 56/2007, de 28 de diciembre, de Medidas de Impulso de la Sociedad de la Información.

La firma electrónica se entiende como aquel conjunto de datos en forma electrónica, consignados junto a otros o asociados con ellos, que pueden ser utilizados como medio de identificación del firmante.

1.1. Tipos de firma electrónica

- La **firma electrónica** es el conjunto de datos en forma electrónica que identifican al firmante.
- La **firma electrónica avanzada** es la firma electrónica que permite identificar al firmante y detectar cualquier cambio ulterior de los datos firmados, que está vinculada al firmante de manera única y a los datos a que se refiere y que ha sido creada por medios que el firmante puede mantener bajo su exclusivo control.
- Se considera **firma electrónica reconocida** la firma electrónica avanzada basada en un certificado reconocido y generada mediante un dispositivo seguro de creación de firma.

La firma electrónica reconocida **se equipara** funcionalmente a **la firma manuscrita**, lo que significa que no basta con la firma electrónica avanzada para la equiparación con la firma manuscrita, sino que es preciso que la firma electrónica avanzada se base en un certificado reconocido y haya sido creada por un dispositivo seguro de creación.

La Ley 59/2003, de 19 de diciembre, se refiere a los dispositivos de creación de firma electrónica como un instrumento *hardware* y/o *software* que sirve para aplicar los datos de creación de firma y que ofrece, al menos, las siguientes garantías:

- Los datos utilizados para la generación de firma pueden producirse solo una vez y se asegura, razonablemente, su secreto.
- Existe seguridad razonable de que dichos datos no puedan ser derivados de los de verificación de firma o de la propia firma y de que la firma no pueda ser falsificada con la tecnología existente en cada momento.
- Los datos de creación de firma pueden ser protegidos fiablemente por el firmante contra la utilización por otros.
- El dispositivo utilizado no altera los datos o el documento que deba firmarse ni impida que este muestre al firmante antes del proceso de firma.

1.2. Certificados reconocidos

Un **certificado electrónico** es un documento firmado electrónicamente por un prestador de servicios de certificación que **vincula** unos datos de verificación de **firma a un firmante y confirma su identidad**.

Son certificados reconocidos los certificados electrónicos expedidos por un prestador de servicios de certificación que cumpla los requisitos establecidos, en cuanto a la comprobación de la identidad y demás circunstancias de los solicitantes, y a la fiabilidad y las garantías de los servicios de certificación que presten.

El **período de validez** de los certificados electrónicos reconocidos **no** podrá ser **superior a cuatro años**.

El certificado electrónico reconocido cumple con los principios de:

a. **Autenticación**: la firma digital identifica al firmante, es equivalente a la firma física de un documento.

b. **Integridad**: es posible verificar que los documentos firmados no hayan sido alterados por terceras partes.

c. **No rechazo en origen**: el emisor no puede negar haber enviado el mensaje.

En definitiva, el certificado electrónico reconocido ofrece todas las garantías de seguridad para introducir la documentación electrónica en cualquier negocio.

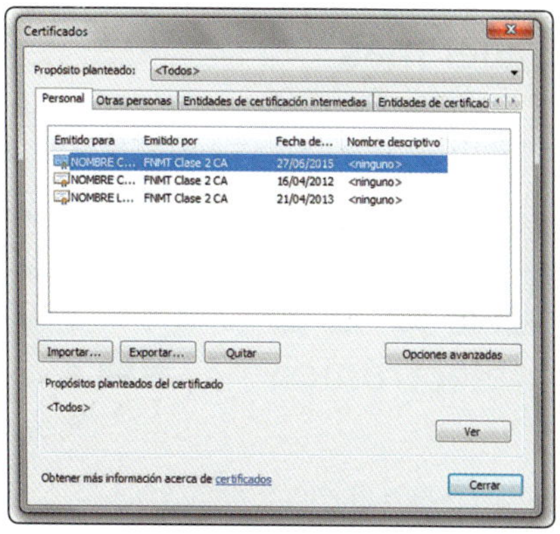

Caso práctico inicial

El firmante es la persona que posee un dispositivo de creación de firma y que actúa en nombre propio o en nombre de una persona física o jurídica a la que representa.

1.2.1. Obligaciones previas a la expedición de certificados reconocidos

Antes de la expedición de un certificado reconocido, los prestadores de servicios de certificación deberán cumplir las siguientes obligaciones:

a. Comprobar la identidad y circunstancias personales de los solicitantes de certificados con arreglo a lo dispuesto en el artículo siguiente.

b. Verificar que la información contenida en el certificado es exacta y que incluye toda la información prescrita para un certificado reconocido.

c. Asegurarse de que el firmante está en posesión de los datos de creación de firma correspondientes a los de verificación que constan en el certificado.

d. Garantizar la complementariedad de los datos de creación y verificación de firma, siempre que ambos sean generados por el prestador de servicios de certificación.

1.3. Documento Nacional de Identidad electrónico (DNIe)

El documento nacional de identidad electrónico es el documento nacional de identidad que **acredita electrónicamente** la identidad personal de su titular y permite la firma electrónica de documentos.

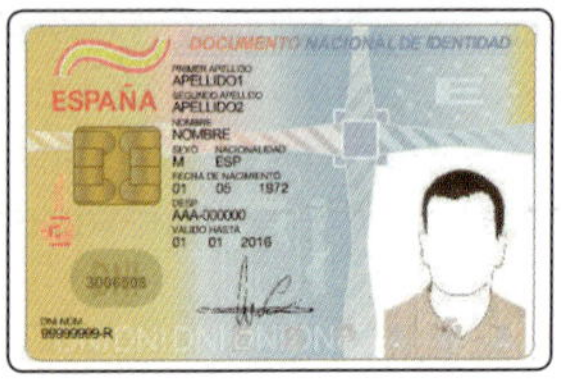

El DNI se ha ido adaptando y ha incorporado innovaciones pero la llegada de la sociedad de la información ha hecho necesario adecuar los mecanismos de acreditación de la personalidad a la nueva realidad y disponer de un instrumento eficaz que traslade al mundo digital las mismas certezas con las que operamos cada día en el mundo físico y que, esencialmente, son:

- **Acreditar electrónicamente** y de forma inequívoca la identidad de la persona.
- **Firmar electrónicamente documentos digitales,** otorgándoles una validez jurídica equivalente a la que les proporciona la firma manuscrita.

Para responder a esta nueva era se **incorpora un pequeño circuito integrado (chip)**, capaz de guardar de forma segura información y de procesarla internamente. Este chip contiene la siguiente información:

- Datos de fijación del titular.
- Imagen digitalizada de la fotografía.
- Imagen digitalizada de la firma manuscrita.
- Plantilla de la impresión dactilar.
- Certificado reconocido de autentificación y de firma.
- Certificado electrónico de la autoridad emisora.
- Par de claves de cada certificado electrónico.

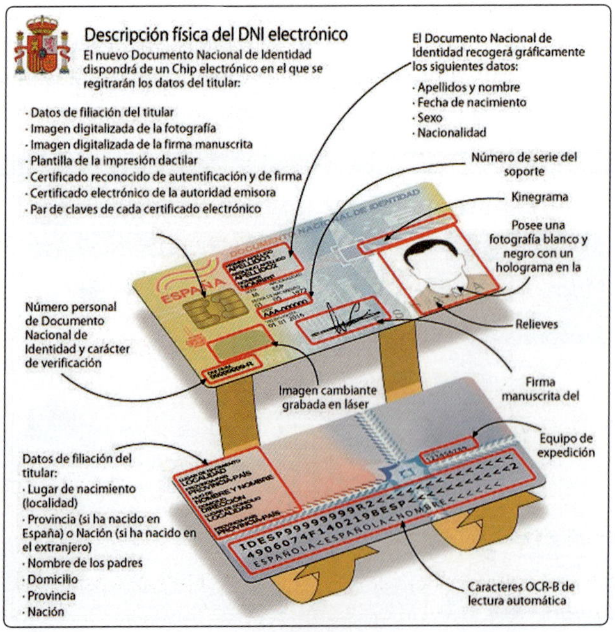

Saber más

<http://www.dnielectronico.es/>

Saber más

Existen aplicaciones para **Smartphone** que te permiten firmar electrónicamente todo tipo de documentos.

Ejemplo:

Actividades propuestas

1. ¿Qué es una firma electrónica?
2. Busca en la web **prestadores de servicios** de certificación de firma electrónica.
3. Enumera cuatro prestadores de servicios de certificación.
4. ¿Qué es CERES?
5. Entra en la web de CERES **<http://www.cert.fnmt.es>**, y haz clic en **Ciudadanos**. Enumera los pasos a seguir para obtener un certificado reconocido.

6. En este caso entra en la web oficial de la Seguridad Social **<http://www.seg-social.es>**. Como se muestra en la siguiente imagen, en el menú inferior derecho está la opción **Certificados digitales**, haz clic y **busca** para qué tipo de certificados puede actuar como Autoridad de Registro.

7. ¿Qué incorpora el **chip** del DNI electrónico?
8. Busca en la web **aplicaciones** para realizar firmas electrónicas en los Smartphone.

2. La factura electrónica

Con el avance de las tecnologías y la proliferación del comercio electrónico las administraciones públicas tratan de impulsar, entre otras, la factura electrónica, así como la utilización de los medios electrónicos en todos los procesos administrativos y comerciales, entre empresas, intentando promover procesos de contratación entre usuarios y consumidores con estas empresas para garantizar la interlocución electrónica, mejorar el comercio electrónico...

La Administración central ha puesto en marcha **el Plan Avanza** que está suponiendo una verdadera apuesta para el desarrollo de la sociedad de la información y del conocimiento.

La segunda fase del plan se encuadra en la estrategia 2011-2015 (Plan Avanza 2), que centra sus esfuerzos en la consecución de diez objetivos que facilitarán la superación de los retos definidos, entre los que se encuentran:

- Mejorar la capacidad y la extensión de las redes de telecomunicaciones.
- Extender la cultura de la seguridad entre la ciudadanía y las empresas.
- Incrementar el uso avanzado de servicios digitales por la ciudadanía.
- Extender el uso de soluciones TIC de negocio en la empresa.

La Estrategia 2011-2015 del Plan Avanza 2 pretende situar a España en una posición de liderazgo en el desarrollo y uso de productos y servicios TIC avanzados. A través de cinco ejes de actuación más concretos, aquí destacamos por la importancia que tiene para el comercio:

- Confianza y seguridad, donde el objetivo es mejorar la confianza de los usuarios y las PYME en la red.
- Capacitación tecnológica, extendiendo los beneficios de las TIC en las pyme, pero especialmente a las microempresas.

Para conseguir estos objetivos se proponen una serie de medidas y reformas normativas, entre la que destacamos la creación de una web temática sobre la factura electrónica, **Extender el uso de la contratación electrónica y en particular de la factura electrónica, el** impulso del comercio electrónico...

Saber más

Comercio electrónico

Se aprecia una importante diferencia de utilidad en el uso del comercio electrónico en las microempresas: el 10,6% de estas realiza compras a través del comercio electrónico, mientras que únicamente el 2,8% realiza ventas.

2.1. Facturación electrónica

La facturación viene regulada por el R.D. 1619/2012, de 30 de noviembre que transpone las Directivas Europeas a nuestro ordenamiento jurídico.

La Directiva trata de garantizar el correcto funcionamiento del mercado interior, siendo sus principales objetivos reducir las cargas administrativas de los sujetos pasivos, garantizar la igualdad de trato entre las facturas en papel y las facturas electrónicas, facilitar las transacciones económicas y contribuir a la seguridad jurídica de los agentes económicos en la aplicación de la normativa reguladora de la materia.

Asimismo, esta regulación en materia de facturación supone un decidido impulso a la **facturación electrónica**, bajo el principio de un mismo trato para la factura en papel y la factura electrónica, como instrumento para reducir costes y hacer más competitivas a las empresas.

La estrategia 2011-2015 recoge que el uso de la factura electrónica trae consigo:

- La mejora en la eficiencia del proceso de facturación, eliminando riesgos en el proceso de grabación manual de una factura en el sistema informático.
- Disminuye los tiempos de cobro y pago.
- Reduce el espacio físico necesario para el almacenamiento.
- Produce mejoras ambientales al disminuir el consumo de papel.

La factura electrónica va teniendo mayor protagonismo en el ejercicio de las actividades empresariales y comerciales internacionales y nacionales, y por ende en todos los países europeos.

Importante

Hay que tener muy en cuenta la Directiva 2010/45/UE, de 13 de julio de 2010, por la que se modifica la Directiva 2006/112/CE relativa al sistema común del Impuesto sobre el Valor Añadido, y las normas de facturación, que debe transponerse al ordenamiento jurídico interno de los Estados miembros **antes del 1 de enero de 2013**.

En España es regulada por el Real Decreto 1619/2012, de 30 de noviembre, que aprueba el reglamento por el que se regulan las obligaciones de facturación (BOE, 1 de diciembre de 2012).

Saber más

Ventajas de la factura electrónica

- Ahorro de costes.
- Mejora de la eficiencia.
- Integración con las aplicaciones de gestión internas de la empresa.
- Optimización de la tesorería.
- Obtención de información en tiempo real.
- Reducción de tiempos de gestión.
- Agilidad en la toma de decisiones.
- Administración y contabilidad automatizadas.
- Disminución de costes de los documentos en papel.
- Control de acciones erróneas.
- Uso eficaz de los recursos financieros.
- Flujos de transacciones agilizados.

El 23% de las empresas del grupo de países de los 27 han recibido o enviado facturas electrónicas. Lituania ocupa la primera posición del *ranking* europeo con un porcentaje del 41%, Estonia se sitúa en la segunda con un 40%. Destaca España por haber tenido un fuerte crecimiento pasando del 12 al 17%.

Puede identificarse como un equivalente funcional de la factura en papel, así lo recoge la norma, y consiste en la transmisión de las facturas o documentos análogos entre emisor y receptor por medios electrónicos (ficheros informáticos) y telemáticos (de un ordenador a otro).

Es importante recalcar que todavía hay un número importante de empresas que desconocen el verdadero significado de lo que es una factura electrónica, confundiendo este concepto con el de emisión o recepción de facturas a través de canales telemáticos, pero sin la correspondiente firma electrónica.

2.2. Aspectos generales

El artículo 9 del Real Decreto 1619/2012, de 30 de noviembre, recoge:

1. *Se entenderá por factura electrónica aquella factura que se ajuste a lo establecido en este Reglamento y que haya sido expedida y recibida en formato electrónico.*
2. *La expedición de la factura electrónica estará condicionada a que su destinatario haya dado su consentimiento.*

La norma no distingue entre factura en papel y factura electrónica; tan solo añade el consentimiento previo del destinatario para que pueda ser expedida por el emisor, y que haya sido expedida y recibida en formato electrónico.

El formato electrónico de la factura es libre, siempre y cuando, se respete el contenido legal y se cumplan los requisitos de autenticidad e integridad.

Existen diferentes formatos de fichero, pero es recomendable utilizar uno estándar y de uso extendido, al facilitar la compatibilidad con el *software* del destinatario (Pdf, Doc, Xls, Html, Xml, Edifact).

Un formato estándar o de uso extendido facilita también la integración del contenido de la factura electrónica en los procesos administrativos y de gestión de la empresa.

2.2.1. Autenticidad e integridad de la factura electrónica

Un aspecto importante de las facturas electrónicas lo constituye la garantía de autentificar el origen y la integridad del contenido, y es regulado de la forma siguiente:

- Mediante una firma electrónica avanzada basado en certificado reconocido.
- Mediante un intercambio electrónico de datos (EDI).
- Mediante otros medios que los interesados hayan comunicado a la Agencia Estatal de Administración Tributaria con carácter previo a su utilización y hayan sido validados.

Caso práctico inicial

Tipos de facturas:

- Completa u ordinaria.
- Simplificada.
- Recapitulativas.
- Rectificativas.

2.2.2. Requisitos de todas las facturas

Adicionalmente, y como requisito de todas las facturas independientemente de cómo se transmitan, en papel o en formato electrónico, el artículo 6 del RD 1619/2012 que regula el contenido de una factura, establece que los campos obligatorios de una factura son:

a) Número de factura, y en su caso serie, correlativa.

b) Fecha de expedición.

c) Nombre, apellidos, razón o denominación social completa, tanto del obligado a expedir como del destinatario.

d) NIF de emisor y receptor.

e) Domicilio del obligado a expedir y del destinatario.

f) Descripción de las operaciones (base imponible).

g) Tipo impositivo o tipos impositivos, en su caso.

h) Cuota tributaria.

i) Fecha en que se hayan efectuado las operaciones.

j) En los casos de operaciones exentas, indicación de esta circunstancia.

Existen otros contenidos para casos especiales, como son entregas de medios de transporte nuevos, facturación por el destinatario, inversión del sujeto pasivo, régimen especial de las agencias de viajes, régimen especial de los objetos de arte...

También se recoge la obligatoriedad de especificarse por separado las parte de base imponible correspondiente a cada una de las operaciones, cuando haya operaciones exentas y no exentas, estén sujetas a diferentes tipos impositivos o distintos destinatarios.

Recuerda

Los empresarios o profesionales están obligados a expedir y entregar, en su caso, facturas u otros justificantes por las operaciones que realicen en el desarrollo de su actividad empresarial o profesional, así como a conservar copia o matriz de aquellos.

Saber más

Factura simplificada

Para facilitar el funcionamiento de los pequeños y medianos empresarios, así como de los profesionales, se establece un sistema de facturación basado en la factura simplificada, que viene a sustituir a los denominados tiques.

2.2.3. Otros aspectos:

- Cumplimiento de la obligación de expedir factura por el destinatario o por un tercero.
- Medios de expedición de las facturas.
- Plazo para la expedición.
- Duplicados de las facturas.

2.3. Aplicaciones informáticas para generar e-facturas

Existen varias aplicaciones para generar facturas electrónicas, tanto comerciales como gratuitas. Destaca la iniciativa realizada por el Ministerio de Industria, Energía y Turismo, con el desarrollo de la aplicación **Gestión de Facturación Electrónica** realizado con *software* abierto. Es un programa especialmente dirigido a pymes, micropymes y trabajadores autónomos, a los que permitirá dar solución a problemas derivados del almacenamiento de facturas en papel.

Caso práctico inicial

Existe software gratuito que permite la generación de facturas electrónicas con formato Facturae (Orden PRE/2971/2007) de una manera cómoda y sencilla.

http://www.facturae.es/es-ES/Descargas/Paginas/index.aspx

Saber más

XML, siglas en inglés de *e***X***tensible* **M***arkup* **L***anguage* (lenguaje de marcas extensible), es un lenguaje de marcas desarrollado por el World Wide Web Consortium (W3C).

A diferencia de otros lenguajes, XML da soporte a bases de datos, y es útil cuando varias aplicaciones se deben comunicar entre sí o integrar información.

Se puede usar en bases de datos, editores de texto, hojas de cálculo y casi cualquier cosa imaginable.

Saber más

Existen tres tipos de aplicaciones que podemos utilizar para generar facturas electrónicas:

- **Modelos online,** como por ejemplo «Hazte una Facturae».
- **Aplicaciones de escritorio:** Facturae.
- **Plugins de programas:** FactOffice.

Aplicaciones gratuitas para generar facturas electrónicas:

- **Hazte una facturae**. Esta aplicación *online* permite realizar facturas a empresarios que tengan que hacerlo puntualmente o su volumen sea muy pequeño, se encuentra disponible en la siguiente dirección web: <www.hazteunafacturae.com>.
- **Facturae**. En este caso la Administración central pone a disposición de las pequeñas y medianas empresas *software* gratuito que puede descargarse para distintos sistemas operativos: Linux, Mac o Windows. Gestión de facturación electrónica 3.0. Disponible en la dirección web: <<http://www.facturae.es/es-ES/Descargas/DescargaAplicaciones/Paginas/DescargarAplicacionesv2.aspx>.
- **Ef4ktur**. Es una iniciativa de las diputaciones forales vascas para dotar gratuitamente a sus emisores de facturas de una solución de factura electrónica que de forma sencilla y práctica permite a las empresas trabajar entre sí y con las administraciones vascas. Disponible en la web: <http://www.ef4ktur.com>.
- **Factoffice**. Es un complemento de Microsoft Word 2007 para permitir la gestión (emisión, recepción y visualización) de las facturas electrónicas, basadas en el formato XML español de Facturae. El complemento utiliza Word como una plantilla para la captura de datos en el caso de la emisión, para la visualización de una manera amigable en el caso de la recepción. Disponible en la web: <http://factoffice.codeplex.com/>

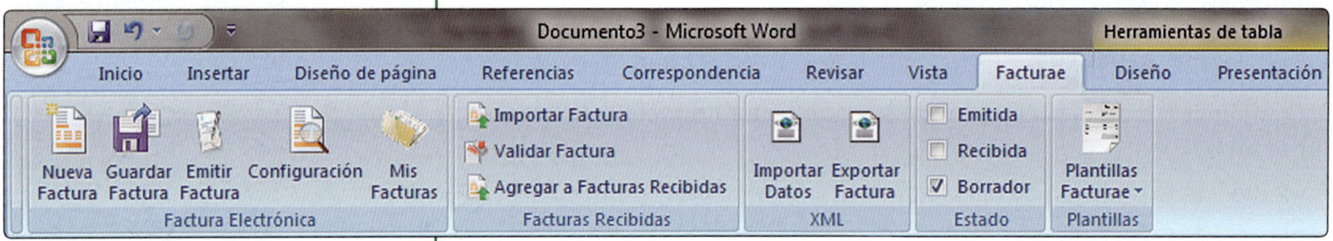

Los programas comerciales de gestión contable y/o facturación tienen integrados los módulos de facturación electrónica que permiten generar e-facturas, firmarlas electrónicamente con firma reconocida e integrarlas en la gestión administrativa de la empresa, contabilizándolas automáticamente. Como ejemplo, podemos destacar Contaplus (Grupo SP) por ser un programa extendido entre las pymes.

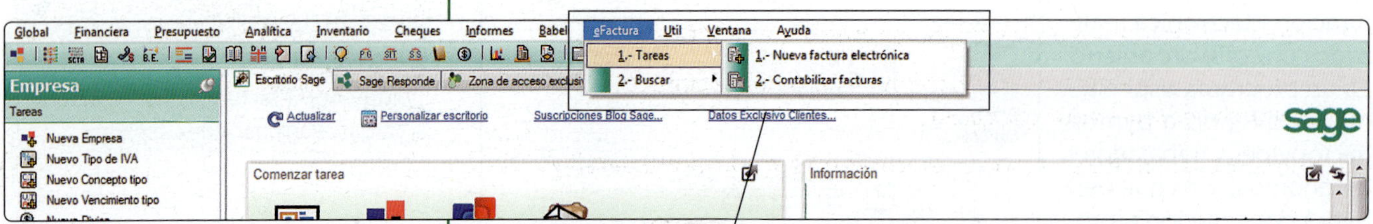

Genera facturas electrónicas y las contabiliza.

Actividades resueltas

Instalación de la aplicación gratuita Facturae que nos proporciona el Ministerio de Industria, Energía y Turismo. En la sección final Software libre aprenderemos a utilizarla.

1. Abre un navegador (Explorer, Firefox, Chrome...) y teclea **www.google.es.**
2. Introduce como palabra de búsqueda «facturae». Obtendrás varios resultados: pincha sobre **www.facturae.es.**
3. Una vez dentro de la web de facturae, ve a la **zona de descargas**.
4. Dentro de la zona de descargas tienes tres opciones:
   - Utilidades Facturae.
   - **Aplicación de Gestión de Facturación Electrónica.**

   Haz clic sobre la segunda opción.

5. Al final de esta página, en Aplicación de Gestión de Facturación Electrónica, dispones de dos guías: usuario y guía rápida. **Descárgate el manual de usuario.**
6. Posteriormente pincha en **Descargar aplicaciones**; se abrirá una nueva página.
7. Selecciona **Solicitar «Gestión de facturación electrónica 3.0 – Windows»** – Versión 3

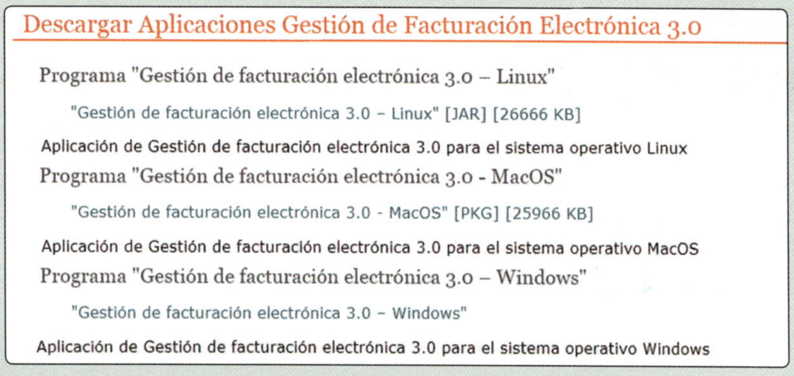

8. Selecciona el sector al que pertenece la empresa, en tu caso **Privado**. Recuerda que puedes elegir público si estuvieras en una empresa u organismo público.
9. Pulsa **Enviar**. A continuación podrás descargarte el programa comprimido en **formato ZIP**, haciendo clic sobre él y según el tipo de explorador, te dará la opción de ubicar el archivo comprimido.
10. Una vez descargado tienes que hacer doble clic sobre el archivo cuyo nombre es **«Facturae_3.0_Setup.zip»**. Aparecerá un archivo denominado **Facturae_3.0_Setup.exe**. Vuelve a realizar doble clic sobre este archivo .exe.
11. Lee los términos de la licencia y si estás de acuerdo pulsa **Aceptar**.
12. En la selección de los componentes te recomendamos que pinches en **Siguiente**. Realiza una instalación por defecto, y en caso contrario elige la ubicación que quieras.
13. Con la instalación se crea un acceso directo en el escritorio de tu ordenador.

3. Gestión administrativa telemática

3.1. Banca electrónica

La banca electrónica es un servicio telemático prestado por las entidades financieras que permite a sus clientes realizar operaciones y transacciones con sus productos de forma autónoma, independiente, segura y rápida.

En la lucha por atribuir un nombre adecuado a esta innovación tecnológica, aparecen términos como banca virtual, banca en línea, *e-banking* o genéricamente banca electrónica y últimamente la llamada *mobile banking* o banca móvil, aunque conviene aclarar qué se entiende por cada una de ellos.

Según el profesor Muñoz Leiva son:

- La **banca electrónica** hace referencia al tipo de banca que se realiza por medios electrónicos, como pueden ser cajeros electrónicos, teléfono y otras redes de comunicación.
- La **banca por internet o en línea** comprende aquellas herramientas que ofrece una entidad para que sus clientes hagan sus operaciones bancarias a través del ordenador utilizando una conexión a la red internet.
- La **banca virtual o sin presencia física**. Se considera a un banco virtual como un banco sin oficina y normalmente se asocia el concepto banca virtual al de banca electrónica. En términos generales, este mercado no debería denominarse virtual, siendo más adecuada la denominación de banca electrónica o por internet.
- La **banca móvil** comprende las aplicaciones que se descargan el móvil personal y con el que se puede realizar una operativa habitual con la entidad financiera; cada entidad tiene creadas sus propias aplicaciones para cada sistema operativo de Smartphone.

Desde el punto de vista del consumidor, la banca en línea ofrece una serie de ventajas que permiten crear valor:

- Comodidad y servicios de conveniencia, 24 horas al día, 7 días a la semana. Operaciones desde casa.
- Acceso global.
- Ahorro en tiempo.
- Ahorro en costes para el banco que pueden o deben repercutir en el cliente.
- Transparencia en la información.
- Capacidad de elección de los clientes.
- Oferta de productos y servicios personalizados.
- Y con la **banca móvil** hay un mayor control del gasto y mejor gestión de los pagos, disminuyendo los quebrantos de tesorería o descubiertos en la cuenta.

Saber más

¿Sabías que la *banca telefónica* apareció en España a mediados de 1995 de la mano del Banco Español de Crédito (Banesto) y del Banco Central Hispano (BCH)?

Web de bankinter

Web de la Caixa

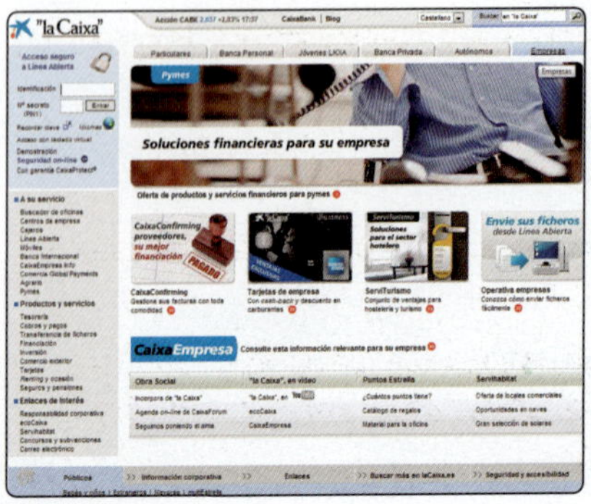

Web de BBVA

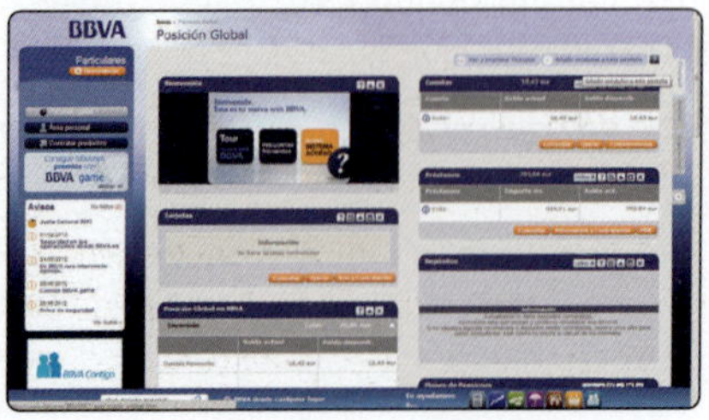

3.2. Tributos *online*

Cuando hablamos de tributos normalmente nos referimos a los impuestos estatales que gestiona la Agencia Tributaria. Estos son entre otros: Impuesto sobre la Renta de las Personas Físicas (IRPF), Impuesto sobre el Valor Añadido (IVA), Impuesto sobre Sociedades (IS), etc.

Pero la Ley General Tributaria establece que los tributos, cualquiera que sea su denominación se clasifican en tasas, contribuciones especiales e impuestos. Si atendemos al organismo recaudador estos pueden ser de carácter estatal, autonómico o local.

Denominamos **tributos *online*** a todas aquellas gestiones tributarias que se realizan de forma telemática con las distintas administraciones públicas, ya sean con la Agencia Tributaria, catastro, comunidades autónomas o agencias forales y más recientemente con los Ayuntamientos.

En la página web de la Agencia Tributaria <www.agenciatributaria.es>puedes acceder a la sede electrónica que se encuentra en la parte superior derecha.

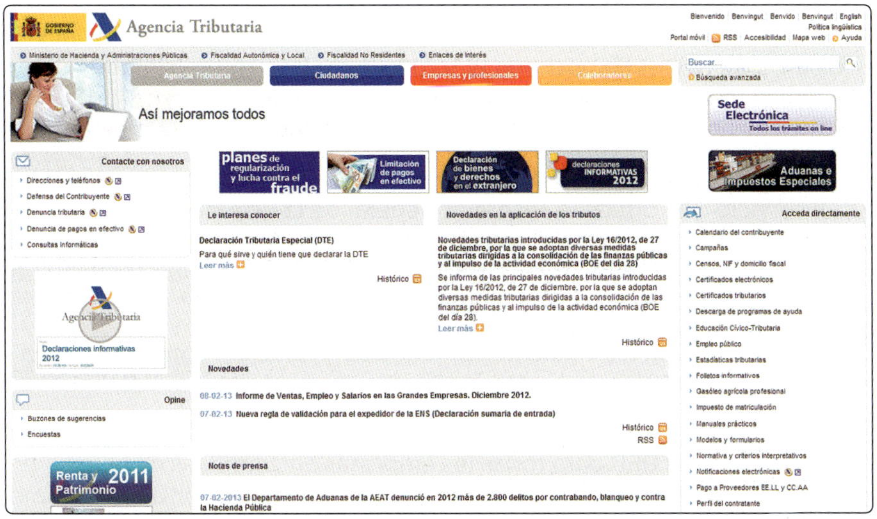

Son numerosas las operaciones a las que están obligados aquellos declarantes que tienen forma de sociedad anónima o de sociedad de responsabilidad limitada. Se estableció de forma obligatoria la presentación telemática de las autoliquidaciones modelos 110, 115, 117, 123, 124, 126, 128, 202, 300 y de las declaraciones resumen anual o informativas modelos 180, 187, 193, 198, 345, 347, 349 y 390, lo que progresivamente ha ido ampliándose a otros modelos, estableciéndose la presentación obligatoria por vía telemática a través de internet de las declaraciones resumen anual o informativas, modelos 156, 183, 192, 194, 195, 196, 199, 291, 346, 611 y 616.

Saber más

En el artículo 2 punto 1 de la Ley 58/2003, de 17 de diciembre, General Tributaria, se establece: *Los tributos son los ingresos públicos que consisten en prestaciones pecuniarias exigidas por una Administración pública como consecuencia de la realización del supuesto de hecho al que la ley vincula el deber de contribuir, con el fin primordial de obtener los ingresos necesarios para el sostenimiento de los gastos públicos.*

Caso práctico inicial

Sede electrónica del Catastro

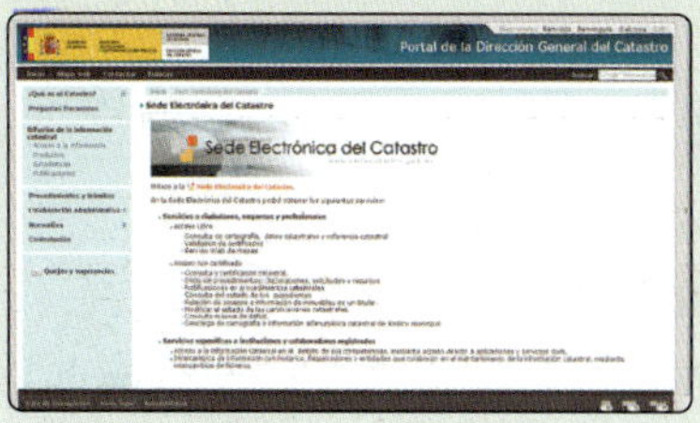

Saber más

Otras administraciones públicas también tienen su sede electrónica para poder realizar gestiones *online*; aquí te mostramos la sede del ayuntamiento de Granada

Actividades resueltas

Accede a la sede electrónica del catastro <http://www.catastro.meh.es/>. En el apartado de acceso libre selecciona la opción Consulta de cartografía, datos catastrales y referencia catastral.

En la consulta de datos catastrales puedes acceder por Referencia catastral o por Localización. Por esta última opción introduce los datos de tu vivienda y obtendrás los datos de referencia catastral, superficie, coeficiente de participación, año de construcción, tipo de finca..., puedes ver la parcela e incluso descargarte la consulta descriptiva y gráfica en pdf.

Saber más

Web de la Seguridad Social: <http://www.seg-social.es>.

Saber más

SILCON

Para poder garantizar la seguridad de las comunicaciones a través de una red pública como es el caso de internet, la Tesorería General de la Seguridad Social utiliza el certificado SILCON que lo proporciona como entidad certificadora.

Este certificado tiene una validez de tres años, y es necesario renovarlo una vez transcurrido este plazo. La TGSS permite la posibilidad de renovar automáticamente el certificado. Para ello, el usuario deberá utilizarlo en los servicios *online* al menos una vez durante los noventa días anteriores a su caducidad.

El certificado SILCON es un mecanismo de seguridad electrónica y confidencialidad que garantiza la integridad, identidad y no repudio en las comunicaciones electrónicas.

3.3. Seguridad Social *online*

La Tesorería General de la Seguridad Social es un organismo encargado de la gestión de la Seguridad Social, tutelado por el Ministerio de Empleo y Seguridad Social, con personalidad jurídica propia, donde por aplicación de los principios de solidaridad financiera y caja única se unifican todos los recursos económicos y la administración financiera del sistema de la Seguridad Social.

Entre sus numerosas funciones se encuentran las siguientes:

- La inscripción de empresas.
- La afiliación, altas y bajas de los trabajadores.
- La gestión y control de la cotización y de la recaudación de las cuotas y demás recursos de financiación del sistema de la Seguridad Social.
- El aplazamiento o fraccionamiento de las cuotas de la Seguridad Social.
- La organización de los medios y el diseño y gestión de los procesos necesarios para el ingreso de las cuotas y demás recursos financieros del sistema de la Seguridad Social.
- La ordenación del pago de las obligaciones de la Seguridad Social y la distribución en el tiempo y en el territorio de las disponibilidades dinerarias para satisfacer puntualmente dichas obligaciones.

Al igual que otras administraciones públicas, dispone de una sede electrónica, además de un sistema de remisión electrónica de documentos (RED). Es un servicio que ofrece la Tesorería General de la Seguridad Social a empresas, agrupaciones de empresas y profesionales colegiados, cuyo objeto es permitir el intercambio de información y documentos entre las distintas entidades a través de medios telemáticos.

Este servicio abarca los siguientes ámbitos de actuación: cotización, afiliación y remisión de partes de alta y baja de incapacidad temporal.

A partir de 1 de enero de 2011 tienen la obligatoriedad de incorporación efectiva al sistema RED para todas las empresas encuadradas en el régimen general, sea cual sea el número de trabajadores que tengan en alta, así como para las empresas incluidas en el resto de regímenes con más de 10 trabajadores en alta. Y a partir del 1 de marzo de 2012 también tienen la obligatoriedad las empresas encuadradas en el régimen especial de la Seguridad Social de los trabajadores del mar y que tengan diez o menos de diez trabajadores en alta.

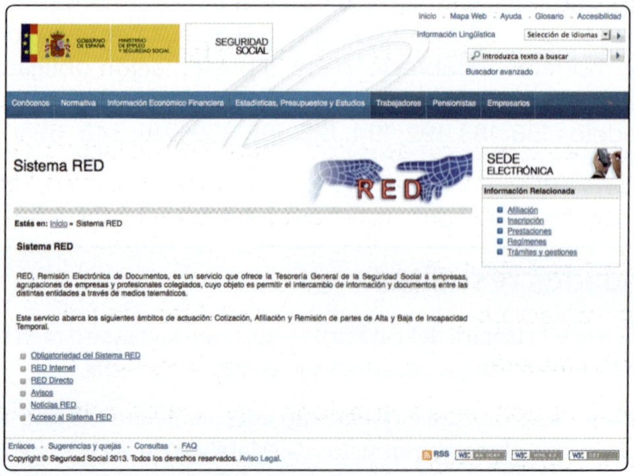

Facturae

Disponemos de una aplicación gratuita e instalada en nuestro ordenador, ¿cómo se utiliza? Para utilizar el programa Facturae haz clic sobre el acceso directo del programa.

Obtenemos una ventana como se muestra en la siguiente ilustración:

El árbol de facturas:
muestra el listado de facturas del tipo elegido.

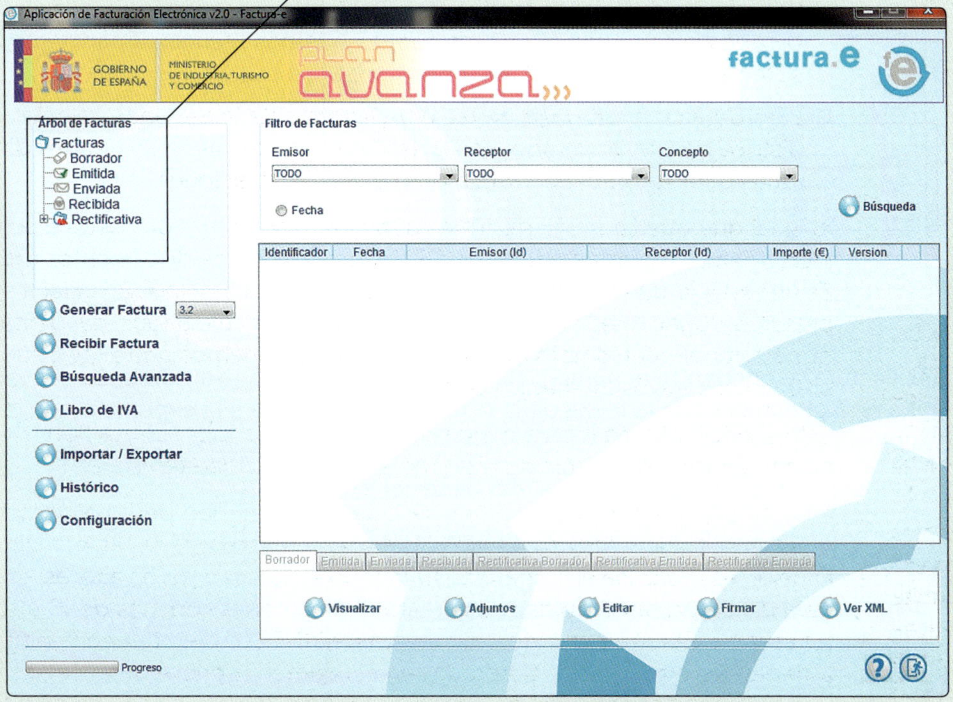

Con la aplicación **facturae** podrás realizar:

- Filtros de facturas, para la búsqueda de facturas.
- Listado de facturas.
- Operaciones específicas asociadas a cada tipo de factura, donde podrás: Visualizar, Editar, Rectificar, Ver Rectificaciones, Adjuntos, Firmar, Enviar/Reenviar, Ver el XML de una factura y Visualizar facturas con formato.
- Funcionalidad general:
  - Generar factura.
  - Recibir factura.
  - Configuración de la aplicación.
  - Búsqueda avanzada.
  - Libro de IVA.
  - Histórico.
  - Exportar/Importar.

Saber más

Tienes una guía del usuario en la siguiente dirección:

http://www.facturae.es/es-ES/Descargas/DescargaAplicaciones/Descarga%20Aplicaciones/Versión%203_0/Guia-Usuario-Facturae-v3-0.pdf

Generar facturas con la aplicación Facturae

1. Abre la aplicación haciendo clic sobre el acceso directo de Facturae.
2. Haz clic sobre **Generar factura** en el menú de la izquierda. Generar Factura 3.2
3. Obtendrás una pantalla como se muestra a continuación. Si colocas el puntero del ratón encima de cualquier icono obtendrás información sobre su utilidad.

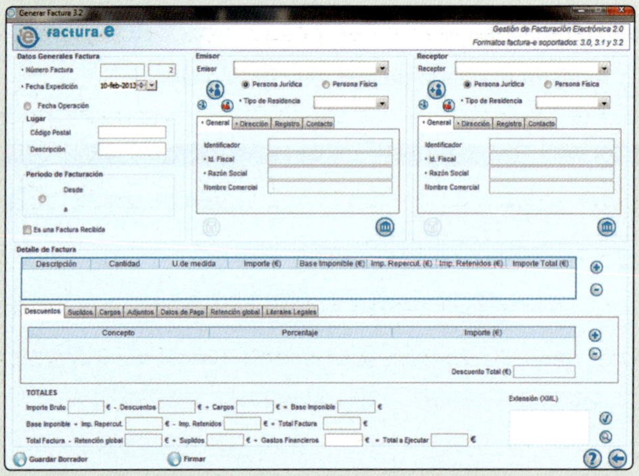

4. Dentro de **Datos Generales Factura** se encuentra el número de la factura, que se pone automáticamente. Si aún no has hecho ninguna será el número 1. Si la fecha de la operación es distinta a la expedición de la factura, solo tienes que pulsar en esa opción.
5. Hay que rellenar los datos del emisor y del receptor, y para ello tienes el icono.
6. Los conceptos que facturar se añaden dentro de **Detalle de factura**; solo tienes que hacer clic en el icono añadir. Aparecerá una nueva pantalla:

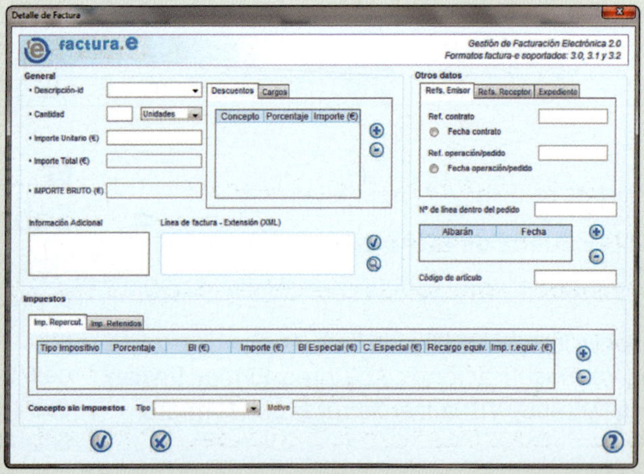

7. Cuando completamos el detalle de la factura se acepta, pinchando sobre este icono.
8. Una vez terminada podemos guardarla como borrador o firmarla digitalmente.
9. Para cualquier duda puedes pinchar sobre el icono con la interrogación, que es una ayuda con algunas instrucciones de uso.

Gestiones administrativas telemáticas

1. Firma electrónica y certificados reconocidos

1. ¿Qué datos deben incluir los certificados reconocidos?
2. ¿Qué pasos hay que seguir para conseguir un certificado reconocido por la Fábrica Nacional de Moneda y Timbre?
3. Si desconozco cómo utilizar la firma electrónica con el DNIe, ¿qué pasos debo seguir?

2. Genera facturas con el complemento de Microsoft Word Factoffice

a) Descárgate el complemento Factoffice de la siguiente dirección: <http://factoffice.codeplex.com/>.

b) Instala el complemento. Visualizarás el complemento en el menú superior de Microsoft Word.

c) Configura primero la factura, para ello pincha sobre **configuración** e introduce los datos de la empresa:

- NIF: 87654321X
- Tipo de persona: Persona física
- Tipo de residencia: Residente UE
- Nombre y Apellidos: Santiago Compostela Coruña
- Teléfono y Fax: 958 00 00 00
- Email: cmd@comercialmisdetalles.com
- Dirección: C/ Julio Romero de Torres, 120
- Código Postal: 18001
- Provincia: Granada
- Localidad: Granada
- País: España

d) Pincha sobre nueva factura. Será la factura número 12 serie 1.

e) Como datos del cliente introduce tus propios datos.

f) Estos son los conceptos, unidades y precios de que debes introducir (IVA 21%):

- Set de limpieza con cepillo, 15 unidades, a 2,23 €/ud.
- Conjunto para yoga y pilates, 10 unidades, a 26,45 €/ud.
- Portafolios con cremallera, incluye calculadora, 5 unidades, a 9,18 €/ud.

g) Una vez finalizada la factura, comprueba que todos los datos introducidos son los correctos: base imponible, descuentos, cuota de IVA y total a pagar.

h) Guarda la factura en tu ordenador, observa si se produce algún cambio en la factura.

i) Emite la factura electrónica (se abrirá un cuadro de diálogo para firmarla electrónicamente). Emite la factura en papel.

3. Genera facturas con Facturae_2.0

Vamos a realizar facturación con cinco compañeros de clase, y cada uno va a utilizar sus propios datos (si no quieres mostrar tu NIF, invéntalo y busca en la web cómo obtener la letra de un DNI).

La actividad consiste en realizar facturas emitidas y recibir facturas de tus compañeros o compañeras, utilizarás la aplicación Facturae_3.0 que ya tienes instalada en tu ordenador.

Estos son los productos que comercializar:

Producto	Precio por unidad	Unidades	Tipo de IVA
Paquete folios (500)	10,25 €	100	21%
Caja bolígrafos rojo (50 unidades)	11,50 €	10	21 %
Caja rotulador rojo (50 unidades)	16,50 €	20	21%
Borradores de pizarra	3,50 €	50	21%

a) Da de alta a dos proveedores (dos compañeros de clase).

b) Da de alta a dos clientes (dos compañeros de clase).

c) Vende el 50% a cada uno de tus clientes. Tendrás que generar las correspondientes facturas y guárdalas como borrador. Posteriormente emite la factura[1].

d) Edita una de las facturas en borrador y cambia la información adicional, añadiendo "Pago al contado"

e) Visualiza las facturas en formato .xml, guarda el archivo de cada una y envíalas por correo electrónico a cada cliente.

f) Compra el 50% de los productos a cada uno de los proveedores. Te tienen que enviar la factura por correo electrónico.

g) Para registrar las facturas recibidas, pincha sobre **Recibir Factura**, y posteriormente elegir **Factura convencional**. Antes de guardar eliminar, adjunta el archivo .xml que has recibido de tu proveedor.

h) Edita una factura recibida y cambia el precio de uno de los productos.

i) Genera el libro de IVA de facturas recibidas.

j) Exporta datos de facturas.

k) Haz un filtro de edición de una factura en el histórico.

---

[1] Si no tienes un certificado reconocido no puedes emitir la factura. Para enviar la factura a tu cliente filtra las facturas en borrador. Selecciona la factura correspondiente y pincha en ver .xml. Se abrirá Internet Explorer, donde visualizarás el formato .xml de la factura. Guarda ese archivo (crtl+s) y guárdalo para enviarlo por correo electrónico.

4. Gestiones con la banca electrónica

a) Busca en Youtube vídeos sobre la banca móvil y realiza un resumen de los resultados que has visualizado.

b) Enumera los inconvenientes que tiene la banca electrónica para el usuario.

c) Entra en las webs oficiales de cuatro bancos o cajas diferentes y realiza un cuadro donde se recojan las semejanzas y diferencias que ofrecen cada entidad financiera.

5. Gestiones con los tributos de forma telemática

a) Entra en la sede electrónica del Catastro – acceso libre – consulta de cartografía, datos catastrales y búsqueda de referencia catastral. Busca la referencia de tu vivienda habitual.

b) En la Agencia Tributaria puedes encontrar varios perfiles de acceso: ciudadanos, empresas y profesionales y colaboradores. Entra en el Perfil empresarios y profesionales. ¿Qué diferencias encuentras entra las opción Empresas individuales y profesionales y la opción Empresas?

c) Entra en Modelos y formularios, y selecciona el modelo 303. ¿Cómo se rellena este modelo? ¿Qué trámites se pueden realizar *online* con este modelo?

d) Accede a la sede electrónica de la Agencia Tributaria y realiza una simulación de la renta.

e) Descárgate el programa de ayuda del Impuesto de la Renta de las Personas Físicas (IRPF).

6. Gestiones con la Seguridad Social *online*

a) ¿Qué ventajas aporta el sistema RED de la Seguridad Social?

b) ¿Qué diferencias hay entre los certificados SILCON y los certificados emitidos por SERES?

c) Entra en la web de la Seguridad Social <www.seg-social.es> y dentro del perfil empresarios busca cómo realizar el alta de un trabajador. Descárgate el modelo necesario para realizar el alta del trabajador.

d) ¿Qué es la incapacidad temporal? Busca los tramites que se deben realizar en la web de la Seguridad Social.

Edición: Mencía Granados

Coordinación editorial: Elsa Tébar

Diseño de colección: Juan Pablo Rada / Paso de Zebra

Fotocomposición, maquetación y realización de gráficos: MT Color & Diseño, S. L.

Fotografías: autores, 123RFLimited, web (Dirección General de la Policía, Fábrica Nacional de Moneda y Timbre, Gimp, Google, Hotmail, IBM, Inskcape, Microsoft, Ministerio de Educación y Ciencia, Ministerio de Empleo y Seguridad Social, Ministerio de Hacienda y Administraciones Públicas, Ministerio de Industria, Energía y Turismo, Mozilla, MSN, OpenOffice, Wikipedia, Youtube) y archivo Editex.

Preimpresión: José Ciria

Dirección de producción: Santiago Agudo

El presente material didáctico ha sido creado por iniciativa y bajo la coordinación de Editorial Editex, S. A., conforme a su propio proyecto editorial.

Vía Dos Castillas, 33. C.E. Ática 7, edificio 3, planta 3ª, oficina B
28224 Pozuelo de Alarcón (Madrid)

ISBN: 978-84-9003-270-1

Depósito Legal: M-7624-2014

Imprime: Gráficas Muriel
Impreso en España - *Printed in Spain*